法大诉讼法学博士文库

总主编　卞建林

刑事冤案比较研究

——一个国际的视角

苑宁宁　著

中国人民公安大学出版社
·北　京·

图书在版编目（CIP）数据

刑事冤案比较研究：一个国际的视角/苑宁宁著．—北京：中国人民公安大学出版社，2016.11

（法大诉讼法学博士文库/卞建林主编）

ISBN 978-7-5653-2455-0

Ⅰ.①刑…　Ⅱ.①苑…　Ⅲ.①刑事犯罪—案例—对比研究—世界　Ⅳ.①D914.04

中国版本图书馆 CIP 数据核字（2015）第 267920 号

刑事冤案比较研究

——一个国际的视角

苑宁宁　著

出版发行：中国人民公安大学出版社
地　　址：北京市西城区木樨地南里
邮政编码：100038
经　　销：新华书店
印　　刷：北京兴华昌盛印刷有限公司

版　　次：2016 年 11 月第 1 版
印　　次：2016 年 11 月第 1 次
印　　张：17.5
开　　本：880 毫米×1230 毫米　1/32
字　　数：471 千字

书　　号：ISBN 978-7-5653-2455-0
定　　价：60.00 元

网　　址：www.cppsup.com.cn　www.porclub.com.cn
电子邮箱：zbs@cppsup.com　zbs@cppsu.edu.cn

营销中心电话：010-83903254
读者服务部电话（门市）：010-83903257
警官读者俱乐部电话（网购、邮购）：010-83903253
法律图书分社电话：010-83905745

总 序

21 世纪的中国诉讼法学将向何处去？这是每一位诉讼法学者都应当关心的重要问题。历史是昭示未来的一面镜子。我们不妨先从历史的角度来考察一下我国诉讼法学发展的轨迹和趋势。

我国近代诉讼法学肇始于一百多年前的清末修律。1906 年，清政府创办了京师法律学堂，由沈家本亲自制定的法律学堂章程将刑事诉讼法与民事诉讼法均列为主要课程，这标志着诉讼法学作为一门新兴的学科开始独立存在。之后，夏勤、陈瑾昆、蔡枢衡、熊元襄、石志泉、邵勋、邵锋等学者在翻译和介绍日本、德国等国诉讼法律与诉讼理论方面都作出了杰出贡献，并在此基础上对诉讼法学基本原理进行了可贵的探索。至 20 世纪 40 年代，旧中国的诉讼法学理论体系得以初步形成。

新中国成立以后，随着旧中国的“六法全书”被废除，原有的诉讼法学理论体系和研究成果也被抛弃。受当时的政治环境影响，中国的法学理论工作者开始将目光转向苏联。在 20 世纪 50 年代，伴随着苏联法学教授来华授课，一批苏联的诉讼法学著作被翻译推介到我国。我国学者开始在学习苏联诉讼法律制度与法学理论的同时，结合中国无产阶级专政的实际经验与需要，尝试创建我国的诉讼法学理论体系。然而，不久后的“反右”运动和“文化大革命”动乱，法律虚无主义甚嚣尘上，诉讼法学研究长期陷入停滞。这种状况一直持续到 20 世纪 70 年代末期。

1978 年改革开放以来的 30 余年，是我国诉讼法学的恢复和迅速发展时期。随着1979年中国第一部刑事诉讼法的颁布实施，我国诉讼法学开始全面“复苏”。在“解放思想、实事求是”方针的指引下，诉讼法学的学术研究变得活跃起来，关于刑事诉讼、民事诉讼、证据理论、司法制度方面的多本专著先后问世。特别是20世纪80年代初、中期，国家统一组织编写刑事诉讼法学、民事诉讼法学、证据法学教材。这些统编教材，发行量大，适用面广，读者群众，影响力巨，基本确立了诉讼法学与证据学的理论框架与教学体系。诚然，此时的诉讼法学仍不够成熟，大多停留在注释法学的阶段，教学和研究的目的主要是解释法律、宣讲法律，先进的诉讼理念尚未确立。至20世纪90年代，此种状况得到很大改善。“刑事诉讼法学的研究登上了一个新的台阶……在理论方面，对刑事诉讼基础理论的研究开始起步并初有成就。”① 其标志性成果是一系列有关诉讼目的、诉讼构造、起诉制度、审判原理等基本理论问题的学术专著陆续出版。随着我国政治、经济、社会、文化等各个方面日新月异的发展与进步，随着“依法治国，建立社会主义法治国家”基本治国方略的确立与实施，我国社会主义民主与法治建设取得巨大成就。在此大背景下诉讼立法进程加快，诉讼制度日臻完善，诉讼法学理论研究也在不断深入。“程序正义”、“人权保障”等先进的诉讼价值观念得到大力弘扬和广泛传播，公平、正义、人权、自由、秩序、效率等价值观不仅是诉讼理论界热衷探讨的命题，并逐步得到立法和司法实务部门的理解和认同，甚至成为普通百姓耳熟能详的大众话语。进入21世纪以来，诉讼法学研究方面最显著的进展莫过于研究方法的转型。不仅实证研究方法受到重视，多元化、跨学科的研究方法也得到了提倡，哲学、社会学、逻辑学、经济学等多学科的研究方法被广泛地应用于诉讼法学和证据法学研究。甚至文理汇聚、社会科学与自然科学交融的现象

---

① 陈光中、卞建林：《刑事诉讼法学研究现状与发展趋势》，载《法学家》1996年第2期。

也已出现，国家自然科学实验基地中国政法大学证据科学研究院的成立就是明证。通过研究方法上跨学科、多学科的融通交汇，我国诉讼法学研究的广度和深度得到进一步拓展。

不同于单纯的理论法学研究，诉讼法学研究还具有时代性和实践性的鲜明特点，在研究基础理论的同时，应当及时反映司法现实、回应社会关切。随着“全面建成小康社会、全面深化改革、全面依法治国、全面从严治党”战略布局的提出与落实，政治、经济、社会、文化、军事等各个领域的全面改革成为我国现代化进程中的主旋律。司法体制改革是全面深化改革的重要一环，是全面推进依法治国的主要抓手。一系列司法改革重大举措的制定并落地，推进中国特色社会主义诉讼制度和司法体系日趋成熟完善。在此背景下，我国诉讼法学研究也愈加关注司法体制改革与社会现实问题，探求司法规律，彰显中国特色，研究成果更加务实、更加中肯、更具实际参考和应用转化价值。

回顾历史，笔者在为我国诉讼法学发展历程的艰难曲折而感叹的同时，也为当前诉讼法学研究所取得的巨大成就感到欢欣鼓舞。然而，值得注意的是，从历史上看，我国诉讼法学的成长始终伴随着对外来法律文化的学习：从萌芽与初创阶段对日、德等国诉讼理论的借鉴，到重建与停滞阶段对苏联诉讼理论的模仿，再到恢复与提升阶段对美、英等国诉讼理论的引入。达马斯卡曾经告诫我们：“与私法领域相比，程序法的意义和效果更加依赖于外部环境——尤其是直接依赖于所在国家司法制度运行的制度背景。”① 诉讼法对其制度背景的依赖使得这门学科较之其他学科具有更强的地域性特征。所以，我们需要思考的一个问题是：我们仿效外国经验而建构起来的理论，我们从西方国家那里所引入的理念以及我们参考国外做法而采用的研究方法，是否真的适合于我国？即使这些理论、

---

① ［美］米尔吉安·R. 达马斯卡著：《比较法视野中的证据制度》，吴宏耀等译，中国人民公安大学出版社2006年版，第231～232页。

理念和方法能够适合于我国，中国学者对人类法治文明的独特贡献又何在？

笔者认为，21 世纪的中国诉讼法学应当以创建中国特色、中国风格的诉讼法学理论体系为努力方向。回首过去的一个多世纪，中国诉讼法学在对国外诉讼理论持续不断的“效仿”过程中渐渐迷失了自我，始终未能确立起自身的独立品格。因此，我国学者应当从中国实际出发，在了解和借鉴他国诉讼理论的同时，着力构建具有中国特色、中国风格的诉讼法学理论。这是一项艰巨而长期的历史任务。其艰巨性在于，曾经在世界法制发展史上占有一席之地的中华法系早已风光不再，一百多年来我国所进行的各项法制改革大多是跟在西方国家后面亦步亦趋，我国法学理论缺乏自主发展的传统。其长期性在于，我国民众存在着根深蒂固的“重实体、轻程序”观念，而观念的转变绝非一朝一夕可以实现的。昂格尔就曾经针对我国古代法律评论道，与其他非欧洲的法相比较，中国法是离“法治”（rule of law）理念最为遥远的一极。[①] 当然，伴随着我国全面推进依法治国和大力深化司法体制改革，我国诉讼法学研究已经开始摆脱西方话语体系、西方逻辑的研究“窠臼”，逐步走向自醒自觉，探索建立符合中国国情和司法规律二元目标的社会主义诉讼法学理论体系已经起步。同时也要认识到，建成体现中国特色、中国风格的具有独立思维和独立话语体系的社会主义诉讼法学理论体系非一时之功，可能需要几代学人的共同努力。

历史的经验告诉我们，对于任何事业来讲，人才都是关键。从我国京师法律学堂的创办与诉讼法学的诞生可以看出，诉讼法学学科的发展与诉讼法学人才的培养是分不开的。因此，针对我国诉讼法学研究任务的艰巨性和长期性，我们应当进一步加大对青年诉讼法学高级人才，尤其是对诉讼法学博士生的培养力度。法学博士生

---

① ［日］滋贺秀三：《中国法文化的考察——以诉讼的形态为素材》，载《明清时期的民事审判与民间契约》，王亚新等编译，法律出版社 1998 年版，第 3 页。

群体是一支重要的科研力量。博士生们大多风华正茂，正处于人生创造力最为旺盛的时期，有可能提出富有原创性的学术观点；博士生们思维活跃，较少受到成见的束缚，有利于发掘新思维、新视角，不断推陈出新；博士生们拥有最有利的学习环境和条件，有足够的时间和精力就某些专门问题深入钻研。也正是基于这些原因，有人认为，博士学位论文常常能够代表学者一生的最高学术成就。

中国政法大学是全国最早获得诉讼法学博士学位授予资格的高等学府，由于师资队伍、培养模式、图书资料、学术交流等诸多方面的优势，法大培养的诉讼法学博士人数众多，质量上乘，为我国诉讼法学的学科发展作出过重要贡献。早在 20 世纪 80 年代末期，中国政法大学前校长、诉讼法学学科带头人陈光中先生就呼吁学界进一步加强对刑事诉讼法学基本理论的研究和创新，并引进自然科学和其他社会科学中的相关学科的成果，开拓刑事诉讼法学研究的新领域。[①] 在法大导师们的指引下，一批优秀的法大诉讼法学博士生开始对诉讼法学基础理论进行了大胆探索，取得了很多填补空白的开拓性研究成果。我国诉讼法学界在 20 世纪 90 年代出版的具有代表性的基础理论著作大多是在他们的博士学位论文基础上完成的。曾经取得的辉煌成就使中国政法大学的诉讼法学学科在全国享有盛誉。1999 年，中国政法大学诉讼法学研究中心（2006 年更名为中国政法大学诉讼法学研究院）成立，这是诉讼法学专业唯一入选全国普通高等学校人文社会科学百所重点研究基地的研究实体。2013 年，由中国政法大学牵头，以中国政法大学诉讼法学研究院和证据科学研究院为科研依托平台，联合吉林大学理论法学研究中心（教育部人文社会科学重点研究基地）和武汉大学环境法研究所（教育部人文社会科学重点研究基地）申报的司法文明协同创新中心顺利通过教育部和财政部的认定，成为全国首批 14 家“2011 计划”协同创新中心之一。自此，中国政法大学在诉讼法学

① 陈光中：《中国刑事诉讼法学四十年（下）》，载《政法论坛》1989 年第 5 期。

学科建设和人才培养方面掀开了新的一页。

“法大诉讼法学博士文库”是中国政法大学诉讼法学研究院主持编选并组织出版中国政法大学诉讼法学专业（含刑事诉讼法学、民事诉讼法学、行政诉讼法学、证据法学）博士学位论文的系列丛书。这套丛书旨在搭建学术平台，推出诉讼法学新人新作，营造百家争鸣的学术氛围。此外，由于博士学位论文不仅能够反映博士生个人的勤奋和智慧，还常常凝聚了博士生导师们的辛劳和心血。因此，这套丛书的出版也是对法大诉讼法学教学成果的集中展示。我们希望能够通过丛书的出版，进一步培养和造就高素质的诉讼法学博士生，推动诉讼法学年轻学者之间的互动和交流，促进我国诉讼法学的繁荣和发展。

中国政法大学诉讼法学研究院院长　卞建林

2016 年 11 月 16 日于北京

目 录

序

作为老师，最高兴的事情莫过于自己喜欢的学生在学业及学术上取得进步和成就。2015 年，苑宁宁接二连三给我带来了喜讯：2015 年 1 月，中国政法大学评选出 10 篇优秀博士论文，苑宁宁的博士论文名列其中；2015 年 8 月，在台湾政治大学第四届思源人文社科优秀博士论文奖评选中，苑宁宁的博士论文获得法律学科首奖。苑宁宁请我为此论文出版作序，我喜不自禁，欣然从命。

苑宁宁常跟人说，是我把他领进了冤案的研究领域。也许这是事实，但取得今天的研究成果则是他自己坚持、刻苦、努力的结果。我还记得 2011 年 4 月，我赴美国辛辛那提大学法学院参加由该法学院承办的“冤案国际研讨会”（An International Exploration of Wrongful Convictions）。那是我第一次知道美国民间组织发起的“洗冤工程”（Innocence Project），并在会上结识了后来成为朋友的辛辛那提大学法学院从事洗冤工程的马克（Mark Godsey）教授。

那是一次令我终身难忘的集会：不仅来自世界各国从事无辜者洗冤行动的学者、律师、前法官、前检察官齐聚一堂，交流经验、互致问候，而且来自全美各地被洗冤工程援救出狱、获得清白的近百位冤狱受害人在沉重的背景音乐和特效灯光的映衬下一个接一个地站上主席台，黑压压的一片，与大家见面，向援救者致意。我的心灵深受震撼！之后又观看了他们自己创作的节目，那首由原被判终身监禁、服刑 17 年后被马克教授亲自援救出狱的受害人——罗伯特·麦克伦登（Robert McClendon）创作并朗诵的诗作《你好，真相》再次深深击打着我的心房：

“你好，真相！
你一直都在那里，
却有人对你视而不见，
不愿对你保持信念！
你好，真相！
我们为你而战，
我们因你而战，
却依然有人与谎言为伴，
与谎言同眠！
你好，真相！
他们在你与证据之间玩起捉迷藏的把戏，
你已被谎言和欺骗所包围，
以致耗费漫长的时间才能找到你！
你好，真相！
你召唤上帝的盔甲，把我守护。
我知道，最终你会为我祝福！
你好，真相！”①

就是在这次集会上，我购买了刚在美国出版发行的两本新书：一本是 *False Justice*：*Eight Myths that Convict the Innocent*，另一本是 *Illustrated Truth*：*Expressions of Wrongful Convictions*。前者是由原俄亥俄州检察长吉姆·佩特罗（Jim Petro）先生和他的妻子南希·佩特罗（Nancy Petro）女士共同完成的总结冤案成因的专著；后者则是由学者、艺术家和冤狱受害者共同创作出版的，以艺术形式表现一个个冤狱受害者的肖像画和蒙冤故事集。回到北京后，我便组织我指导的十余名博士、硕士研究生翻译这两本书。博士研究生苑宁宁

① 参见［美］特蕾莎·马丁内斯-莫尔韦恩编：《你好，真相！——蒙冤者的告白和他们的故事》，陈效、苑宁宁等译，顾永忠审校，北京大学出版社2013年版。

和陈效各负责一本书的翻译工作。2012—2013 年，这两本书分别以中文名《冤案何以发生——导致冤假错案的八大司法迷信》和《你好，真相！——蒙冤者的告白和他们的故事》由北京大学出版社出版发行。

参与此次翻译后，苑宁宁对研究冤案产生了强烈的兴趣，并与我交流、商定以冤案研究作为博士论文选题。为此，他在国家留学基金委资助博士研究生联合培养计划实施中，申请到辛辛那提大学法学院进行为期一年的访问研究。不料，第一次申请未获批准。但他宁可申请延期毕业一年，也不放弃和改变原定计划。第二年终于如愿赴美，在马克教授的指导下，对冤案专门研究了一年，回国后按期完成了博士论文。但他并没有就此止步，毕业后又多次自费赴美、赴台，参加冤案的学术会议和交流活动。更令我意外的是，为了继续进行学术研究，他辞去在国家民委的工作，又申请到北京师范大学刑事法律科学研究院从事博士后研究工作。这一切充分说明，他能有今天的学习成绩、研究成果，完全是他自己刻苦努力的结果！

今天各位看到的这本书就是苑宁宁在其博士论文的基础上修改完成的。对此，作为他的导师，我无论怎么评价他都难以避免"护短"或"抬举"之嫌。我想，以台湾政治大学第四届思源人文社会科学博士论文奖评审委员会对该博士论文的评语作为评价最恰当不过："1. 本论文主题，深具司法实务意义与学术价值。2. 作者首先区分冤案与司法错误的区别，认为冤案是司法错误当中最为严重的一类。对于可能涉及冤案的因素，作者有甚为完整的分析与讨论。3. 作者所阅读的文献，非常可观。英文文献不但丰富而且新颖。在作者严密的构思底下，呈现的论文结构极为严谨，极见作者的用心，并可预测作者将来必成为学术圈的领航者。4. 作者不但阅读广泛，勤于思考，更与国外相关学者有电子邮件上的讨论，寻求解答。本论文虽非第一手的实证调查，却也显示出作者积极求证的科学精神。5. 本论文结构不仅严密而且庞大，但全文没有无谓的堆砌，都是极具价值的叙述，即使是国外的相关研究，恐怕也难有等量齐观的学术论著。本论文必然成为后续研究者的重要参考资料。6. 作者的行文清楚易读，没有学术圈可能发生的故弄玄虚。这一点可以印证作者可贵的学术真诚。”基于以上评语，评审委员会对该论文打了 92 分的高分，并最终评为法律学科博士论文首奖。

不言而喻，面对上述评语，我再对本书说什么都显得多余、苍白。但我愿借此机会，就书中涉及的几个学术问题谈一些看法，与各位读者交流，也与该研究领域的学者、专家切磋。

首先，是将司法错误作为研究课题的表述问题。目前，中国学术界大体上有四种表述：其一是“冤假错案”，其二是“冤错案件”，其三是“冤案”，其四是“错案”。“冤假错案”是比较传统的用语，实际包含三种情形：“冤”代表“冤案”，指将无辜之人错误定罪判刑；“假”代表“假案”，指将根本不存在的案件认定为案件；“错”既然与“冤”、“假”相并列，应当是指代冤、假案以外的其他司法错案。至于“冤错案件”，则与“冤假错案”有天然的联系，实指排除“假案”后的冤案和错案。而“冤案”，无论独立使用还是与“假案”、“错案”并列使用，其含义应该一致、稳定，都是指将无辜之人错误地定罪判刑。唯有“错案”一词在单独使用时含义模糊，容易产生歧义。因此，学术界有些人试图给“错案”下定义，但始终难以达成共识，争论不断。之所以如此，原因在于“错”字的汉语词义解释虽只是“不正确”三个字，实际含义却非常丰富，司法活动中的任何错误似乎都可以纳入其中。不仅中文如此，而且法语也大抵如此。在法律出版社出版的法国著名律师勒内·费洛里奥的著作《错案》的译作中，对于“错案”的解读是：“‘错案’这两个字，通常会使人想到一个无辜者在牢狱里服刑的情景，而实际上他没有犯罪。这样的概念太狭窄了。因为并非都是被判了刑的人，才成为司法错误的受害者。例如，一个不幸的人在被告知不予起诉之前，被无辜地羁押了几个月，毫无理由地忍受着恶劣的司法管制。同样，民事审判中也存在许多错案。

在离婚案件中，按道理本应该胜诉的丈夫，却打输了；在车祸事件中，受害人得不到应有的补偿等，都是常见的案例。”

以上足见，如果以“错案”作为研究课题，其研究范围极其广泛，具体研究对象可列出不少，由此不仅会导致研究难度大大增加，而且研究层次不够清晰、研究重点不够突出，研究价值也会大打折扣。基于此认识，在刑事司法错误研究领域，我主要研究冤案问题，书面发表的论文、口头发表的言论，都使用“冤案”的表述。在我看来，“冤案是人类社会最不能容忍的司法错误。因此，追求司法公正最重要的方面就是严防冤案的发生”。在苑宁宁博士论文的选题过程中，我与他围绕英语“Wrongful Convictions”的含义进行了深入讨论。该词组从字面上看似乎是错误定罪或错案的意思，但放在英语相关学术著作的语境和背景中，其含义实质上还是讲无辜者被定罪，理解成“冤案”更为准确。于是，他的博士论文选题明确限定在“冤案”范围内，并且在第一章“冤案的定性认识”中就“Miscarriages of Justice”与“Wrongful Convictions”两个英语词组进行了辨析，指出前者是“刑事司法错误”，后者是“冤案”，冤案仅仅是刑事司法过程中出现的一类错误，当然也是“最严重的刑事司法错误”。最后，他对“冤案”的界定是：“（1）产生冤案的前提：事实上无罪的公民；（2）产生冤案的过程：从立案侦查到审判；（3）产生冤案的标志：生效的有罪判决。”应该说，苑宁宁的上述论述是富有见地和创新的，不仅为刑事司法错误与冤案厘清了关系，更揭示出了冤案的内涵，为深入研究冤案奠定了基础。

其次，是中外冤案的成因比较问题，涉及两个方面：一个方面是，以往国内不少人盲目迷信西方国家的刑事司法制度，认为在那种司法制度下不会发生冤案。苑宁宁的博士论文从比较法的视角，以大量的事实告诉我们：不论哪个国家，也不论什么司法制度，都会发生冤案。我们不应当把冤案的发生简单地归因于某种司法制度。另一个方面是，虽然各国、各种司法制度都会发生冤案，并且像苑宁宁在论文中描述的那样，导致冤案的成因也大同小异，但中国冤案的成因却明显不同于西方国家。总结近年来中国公开披露、纠正的冤案可以发现，几乎所有冤案大都是因为违反法定诉讼程序、侵犯被告人诉讼权利和人身权利、严重不重视律师的辩护意见造成的。应该说，都是“低水平”的冤案。

最后，关于陪审团制度对冤案的防范作用问题。近年来，一些人，包括一些学者针对中国发生的冤案提出了不少防范措施。其中有一种颇具代表性的意见，就是主张中国应当借鉴英美国家的做法建立陪审团制度。这种主张的初衷是好的，但是试图用陪审团制度防范冤案则是值得深思的。应该说，陪审团制度有利有弊。“利”主要是指在陪审团审判制度下，控辩双方平等对抗，切实保障被告人及其辩护律师的辩护权，严格贯彻传闻规则和非法证据排除规则，充分体现了程序的公正。同时，采用陪审团审判，最大限度地排除了法外干扰，体现出审判独立。“弊”则主要表现在陪审团审判对于维护和保障实体公正、防范冤案发生有很大的局限性。以美国为例，近年来经“洗冤工程”发现并援救成功的冤案大都是由陪审团审判造成的。因此，对于陪审团制度防范冤案的作用，我们应当保持清醒的头脑，特别是中国的冤案都是“低水平”的。当前，中国正在推进以审判为中心的诉讼制度改革，其实质就是强调审判在刑事诉讼中的中心地位和强化庭审在审判中的中心地位。如果这一改革获得成功，前面指出的那些突出问题将会得到解决，冤案的发生也会大大减少。因此，我们应当积极投入到这项重大改革中。

顾永忠
中国政法大学诉讼法学研究院副院长
二〇一六年十一月

前　言

在很长一段时间内，刑事诉讼法学受到了英美法系的深刻影响，在研究有关问题时都是以英美法系国家的做法为完善建议的蓝本。进行比较法研究，吸收借鉴国外先进的做法，本是没有问题的，但进行比较法研究的前提，必须是全面、客观、真实地了解一国的法律及其实施状况。在2007年和2010年先后分别攻读刑事诉讼法学期间，我在学习和研读英美刑事司法制度时，很少看到有教材或者数据提及英国、美国刑事司法制度存在的问题或者弊端，甚至有的学者宣称英美的刑事司法制度是最先进的。但是，英美法系特别是美国的刑事司法制度真的有看上去那么美好吗？

2010年，国内纠正了一起重大冤案——赵作海故意杀人冤案，引起了社会的广泛关注，在学界也引起热议。在顾永忠教授的引领下，我开始关注冤案问题。2011年，顾永忠教授赴美参加无辜者联盟的年会，收获颇丰，带回两本关于美国冤案的最新书籍，组织我等博士、硕士翻译成中文并出版。在翻译的过程中，我开始逐渐了解美国冤案的状况，并对此议题产生了浓厚的兴趣。之所以如此，是我对美国冤案前后认识形成的强烈反差，刺激着我去弄清楚到底是怎么一回事。之前，我一直认为美国应该很少有冤案，毕竟美国的刑事司法制度非常强调正当程序，强调保障犯罪嫌疑人、被告人的人权，秉持着“宁可错放十个罪犯，也不冤枉一个好人”的理念。然而，当看到《你好，真相！——蒙冤者的告白和他们的故事》一书中一例例鲜活的冤案时，当读到《冤案何以发生——导致冤假错案的八大司法迷信》一书中俄亥俄州前总检察长感慨在美国纠正冤案何等艰难时，用震惊来形容我的感受实不为过。冥冥之中自有注定，关注和研究美国的冤案，或许正好可以给我提供另外一个视角，来了解、审视美国的刑事司法制度。

翻译完这两本书，只是长征路上的“第一里路”。自此，我对域外冤案的研究兴趣便一发不可收拾。检索外文数据库、浏览相关外文网站，成为起初满足我心中好奇的主要方式。后来，以延期一年毕业为代价，我最终如愿去美国辛辛那提大学法学院进行访学，在俄亥俄州洗冤工程（Ohio Innocence Project）项目进行了一年的学习。虽然辛辛那提大学法学院在美国的排名不是很高，但是俄亥俄州洗冤工程在美国久负盛名，主任马克（Mark Godsey）教授更是美国研究冤案和民间从事冤案平反的代表人物之一。在他和他的团队的帮助及指导下，我不仅旁听了有关课程，收集了大量的一手资料，而且还亲历了种种：跟着被救援出来的无辜者四处演讲宣传、旁听启动重审案件的法庭审理、参加有关学术会议。在这个过程中，在马克教授的引荐下，我不仅认识了美国多位研究冤案的权威人士，而且还与多国研究冤案的代表学者建立了学术联系。这为我之后撰写博士论文、从事相关研究打下了坚实的基础。

回国后，我并没有停止对域外冤案问题的关注。除了研读大量英文文献外，得幸于马克教授负责的“冤案博客”，我总能在第一时间了解到世界范围内冤案方面的最新研究动态和实践事件。同时，也开始尝试研究中国的冤案问题。2012 年，中国再次修改了刑事诉讼法，诸多修改完善的制度或程序都有预防冤案的意义。如何预防、纠正冤案，逐渐成为一个比较热门的话题。于是，在具体构思博士论文题目时，很自然地选择了从比较的视角系统地研究冤案问题。在我看来，这一题目很有学术价值和现实意义，主要因为：第一，冤案是世界性难题，各国有共性，也有差别，彼此之间可以相互借鉴经验、吸取教训。但是，在世界范围内尚没有从比较的视角系统地研究冤案的科研成果。第二，冤案是刑事司法制度的彻底失败，不仅没有惩罚到真凶，而且还冤枉了无辜。因此，提升刑事司法制度预防和纠正冤案的能力，是实现司法正义的重要内容。第三，美国的刑事司法制度未必都是先进的，至少冤案问题应当是考虑评价其制度的重要标准。因此，研究域外的冤案，最起码可以破除对英美司法制度的过分迷信，让学界、实务界乃至社会更加客观、全面、辩证地看待这一事实。第四，无论是在刑事诉讼法的修改中，还是在开展的新一轮司法改革中，预防和纠正冤案已经成为重要目标。放眼法治发达国家，吸收有益经验，立足本土探索，准确把握实际问题，既有助于少走弯路，也能切实解决问题。

在写作过程中，我的确碰到了很多挑战和困难。尽管最终得以成文，但自己心里明白尚有许多不足，怀着忐忑的心情通过了博士论文答辩。后来，我的博士论文被评为校级优秀论文，还被第四届思源人文社科博士论文奖评为法律学科首奖。特别是在看到台湾地区有关专家的评语时，一方面觉得受之有愧，总觉得尚有改进空间，另一方面也倍感欣慰，自己的辛苦得到了肯定。作为鼓励，台湾政治大学出版社也决定出版我的博士论文。今天这本专著就是在博士论文的基础上修改完成的。

“文章千古事，得失寸心知。”在撰写和修改本书的过程中，很多问题在脑中盘旋，值得继续深入思考和研究。特借自序这一平台不吐不快，与读者分享，期待更多、更深入的研究。

第一，到底有多少冤案？一直以来，包括现在，总有人质疑研究和关注冤案的必要性。他们认为，冤案是追求司法公正的必要代价，只要数量控制在可以容忍的范围内，就没必要大惊小怪，更不用为此而大费周章，修改刑事司法制度。然而，从域外的经验来看，冤案并不是偶发的，且数量已经远远超出想象。但是具体有多少，如何精确地统计出来，似乎是一个不可能完成的任务。尽管如此，仍有许多学者提出了“冰山一角”理论，认为目前令人震惊的冤案数量仅仅是一小部分。因此，如何估算甚至是精确地统计出冤案的数量与比例，已经成为一个难题。

第二，对抗制与冤案之间有何关系？综观两大法系发现，英美法系国家发现的冤案数量远远多于大陆法系国家，这一现象非常值得研究。推敲起来，无非有两种解释：一是对抗制诉讼更容易产生冤案，职权主义的诉讼构造能更有效地预防冤案；二是英美法系国家的诉讼程序设计更有利于发现纠正冤案，大陆法系国家的诉讼程序很少能够发现纠正冤案。然而，当前多位美国学者都认为，对抗制才是美国产生如此多冤案的根源，而且这一观点越来越受到认可。笔者认为，这一观点尚缺乏充分的科学论证。这一结论能否成立以及如何论证，尚有待于挖掘。

第三，辩诉交易是不是导致了更多的冤案？近年来，有的学者指出，辩诉交易的运行机制本身就具有引发冤案的因子，很多无辜者出于趋利避害的考虑，为了避免可能更糟糕的结果，最后承认了犯罪。由于在许多辩诉交易的案件中，犯罪嫌疑人往往最后都会被处以并不是很严厉的刑罚，所以也没有足够的动力在事后去寻求救济推翻之前的有罪判决。所以，有大量的冤案是客观存在的，并未被发现纠正。当然，也有学者提出了不同的观点，认为很少有真正无罪的人会主动承认自己有罪。辩诉交易及其类似制度会不会导致大量冤案，以及如何尽量降低产生冤案的因子，的确需要深入研究。

第四，域外冤案的成因能否为中国提供借鉴价值？对比中美冤案的成因，两个非常明显的区别是违法性问题和体制问题。美国目前发现纠正的冤案，产生的原因主要是程序设计或者制度安排本身存在问题，如辨认程序存在疏漏、警察的讯问技巧具有导致虚假供述的风险、辩护律师的无效辩护等。可以说，美国冤案的发生往往没有司法人员的违法行为或者恶意行为，主要是程序或者制度存在疏漏、不合理、不科学的地方。反观中国，近些年来发现纠正的冤案往往伴有严重的侦查违法行为，最典型的就是刑讯逼供。另外，在侦查产生错误的情况下，由于司法体制脱离司法规律，检察权、审判权运行不顺，很难预防冤案。相比之下，中国冤案的成因尚处于初级阶段，“水平较低”。因此，要有效防范冤案，必须从中国的实际出发“对症下药”，解决违法侦查的问题，理顺司法体制。

那么，英国、美国等这些法治发达国家冤案的成因，到底有没有以及有何借鉴意义呢？笔者认为，随着中国法治的进步，冤案的成因肯定会逐渐发生变化，诸多不完善的程序或制度未来会成为冤案的主因。对此，我们要有前瞻意识，在解决当前主要矛盾或者主要问题的同时，也可以借鉴英美法系国家的经验，完善有关制度或程序，防微杜渐，少走弯路。例如，当前的辨认程序、侦查讯问程序和技巧、有效辩护制度、科学证据审查认证等均需要规制或完善。

第五，中国防范冤案的机制能否发挥预期效用？近年来，中国为了有效预防冤案，在充分吸收已发现纠正冤案的教训的基础上，对刑事司法制度进行了一系列的改革。先是2012年刑事诉讼法的修改，后是2014年启动的第三轮司法体制改革，还有未来不久将启动的刑事诉讼法第三次修改，等等。虽然采取的诸多措施并不单纯是预防冤案，但的确所要解决的症结恰恰是诱发冤案的因素。特别是在中央通过的有关文件中，重点强调了要健全冤假错案有效防范、及时纠正的机制，并在确保依法独立公正刑事审判权检察权、优化司法职权配置、推进严格司法、完善人权司法保障等方面明确了多项措施。目前，中国已经形成了“四位一体”式的冤案预防体系。这个体系能否解决问题、发挥作用，有待于实践观察。

总体而言，中国关于冤案的研究仍然处于起步阶段，研究水平相对较低，研究方法较为单一，研究视角较为局限。另外，从世界范围看，至今没有学者从比较的视角研究冤案问题，难度可想而知。受限于此，本书尽管做了努力和尝试，但肯定还有诸多疏漏和不足。其中，有一点不得不向读者交待，那就是本书虽然立足比较研究，但读者会发现本书的资料和文献仍然主要集中于英美法系国家。造成这一先天不足的主要原因是，大陆法系国家发现纠正的冤案很少，学术研究和探讨自然是寥寥无几。或许等待将来时机成熟，能和同仁弥补这一缺憾。

不忘初心，方能始终。英美法系国家的刑事司法制度并不是包治百病的灵丹妙药，在借鉴或者效仿有关制度时，应当秉持客观、理性和谨慎的态度。例如，近些年来，一直有人呼吁应当效仿英美法系国家的陪审团制度，对中国的人民陪审员制度进行改革。对此，笔者持坚决反对意见。其中一条重要的理由就是，陪审团制度在事实认定的问题上经常出现错误。以美国为例，在目前发现纠正的冤案中，有80%左右案件是由陪审团作出的有罪裁决。之前，有学者认为法官在事实认定上并不比普通公民有任何优势，并以此作为推广陪审团制度的重要论据。可是事实已经表明，在事实问题与法律问题很难截然分开的情况下，陪审团出错的概率非常高。另外，由于陪审团的事实裁决具有相当权威，在上诉中几乎无法受到挑战，导致上诉制度很难预防冤案。可见，英美法系的陪审团制度并不是看上去那么美好，其并不是实现司法民主的最佳选择。

绪 论

●问题与意义

冤案是一个带有普遍性的世界性问题。在追求刑事司法正义的过程中，必然会产生冤案。换个角度说，对冤案的纠正和预防也是追求刑事司法正义的另类途径。正如肯斯所言，“冤案仿佛打开了一扇改良刑事司法体制的窗户，我们应当从冤案中寻找推动司法改革的现实方法，而不要让机会白白流失”。人类应当首先客观承认，无论如何精密地设置刑事司法体制，冤案依然会产生。对待这一客观事实，我们能做的就是最大限度地预防冤案，及时有效地发现纠正冤案。

放眼国外，以美国为首的西方法治发达国家近年来逐渐兴起“无辜者运动”，即在民间力量的推动下，救济冤案中的无辜者，改善刑事司法体制，提高保护无辜者的能力。这说明：一方面，国外在理论上的研究处于世界领先水平，产生了大量的研究成果；另一方面，在实践中进行了积极、大胆的探索。

相比之下，我国针对冤案的理论研究和实践探索一直以来处于相对落后的状态，冤案也不断惊现于新闻媒体，导致公众对刑事司法的信任度极大降低，司法公信力面临着前所未有的严峻挑战。然而，目前理论界对冤案的研究仍停留在个案研究、现象描述以及简单分析的层面。虽然其中不乏真知灼见，但在研究方法、研究深度以及理论体系方法上仍处于捉襟见肘的窘境，未能跟上司法实践的需要，未能为司法改革提供应有的指导。同时，尽管司法实务界也在积极探索避免或者减少冤案尤其是死刑冤案的各种对策，但由于缺乏足够的理论支撑，缺乏明确的战略目标和改革方向，疲于"被动应付"，几乎是处于"摸着石头过河"的状态。直到2012年，我国开始全面深化改革，开启刑事诉讼法的再修改，预防冤案的产生成为一个刻不容缓的问题。这不仅需要从理论上研究我国冤案产生的成因，而且需要在实践中探索我国发现纠正冤案的机制和预防机制。在这种大的背景下，本书从国际视野对冤案问题进行了系统性的比较研究。

这一研究具有重要意义：其一，研究国外的冤案，有利于我们更加客观、全面地看待国外的刑事诉讼制度，尤其是美国等国的刑事司法状况，破除对美国等国刑事诉讼制度的盲目推崇。其二，在这种国际视野下，比较性地探索和研究中国冤案问题，在明晰中国冤案的特殊情况的基础上，有助于我们合理吸收其他国家的先进经验。

●方法与思路

在研究过程中，本书使用了以下研究方法：

其一，文献分析的方法。学术研究是一个许多人之间松散的集体努力，因而学术研究必然离不开参考文献的运用。无论拟采用的是社会科学中的哪种方法，对某个问题进行累积性知识的回顾，都是研究过程中基础性的早期阶段。一方面，文献本身能够提供有用的资料，有利于全面了解与研究与主题有关的理论；另一方面，文献可以帮助研究者掌握该领域的研究现状，避免不必要的重复劳动，既可节省时间和精力，也有利于学术创新。因此，笔者收集并研读了大量的国内外有关论文、专著、研究报告等，将其作为分析和参考的重要依据，以拓宽研究视野，弥补个人研究可能存在的固有缺陷。值得一提的是，笔者阅读了近500篇外文期刊论文和学术报告，精读了其中的近200篇，同时还精读了12本英文著作。可以说，本文的资料和数据既是全面的，也是最新的。

其二，比较研究的方法。美国等国家对于冤案的研究已经非常发达，很多研究机构和志愿组织加入到无辜者保护的事业中来，不仅从理论上总结出许多规律，而且在实践中开展了大量实实在在的工作，为减少对无辜者的错判作出了巨大的努力。相比之下，我国的相关工作起步太晚，甚至有的方面还是空白。因此，本书在不同章节中介绍了美国、英国、德国、法国、日本的司法实践情况以及研究成果，加以分析比较，发现异同，以期获得某些启发。

其三，个案分析法。冤案问题在国内外都没有系统的官方统计，研究资料主要来源于法院公布的再审改判无罪案件情况、新闻媒体的报道以及有关民间组织或个人收集和整理的相关材料等。因此，本书在进行研究分析的过程中收集了多例典型的冤案作为理论分析的样本。通过对这些个案的研究，可以更加直观、形象、客观地反映冤案的种种真实面貌。

其四，间接访谈法。从事比较研究，是非常困难和辛苦的工作。其中，最大的障碍莫过于语言的问题。不过，值得庆幸的是，当前典型的大陆法系国家针对冤案的研究刚刚起步，研究成果非常之少，这或许在某种程度上减轻了笔者在收集资料过程中的困惑。当前，关于冤案的研究主要集中在英国和美国，而且研究水平在世界上处于领导地位，英文资料是最多的。然而，既然是国际视野，就不能忽略其他国家。为此，笔者与意大利、法国、德国、日本、荷兰等国家多位懂英语的学者保持着密切联系，通过电子邮件向他们请教了有关问题。尽管本文涉及除英美之外其他国家的信息不多，但这些学者无疑向笔者提供了各国相关研究当前最重要的信息和最新的动态。

本书立足国际研究的最新成果，写作思路有内在的逻辑主线，即什么是冤案——有多少冤案发生——冤案的发生成因是什么——如何发现纠正冤案——如何有效救助冤案的无辜者——如何预防冤案。

这条主线有着严密的内在逻辑关系：首先，什么是冤案界定了本书的研究对象：无辜者被定罪判刑的现象。这是全书研究的逻辑起点。其次，有多少冤案发生决定了研究冤案的必要性和重要性。很久以来，一直存在一个声音：冤案是人类追求司法公正的必要代价，可容忍范围内的少量冤案是正当的，无须担心。然而，事实并非如此。远比想象中多的冤案决定了必须对这一现象保持清醒的头脑，展开深入研究。再次，既然冤案不可能完全避免，那么就要研究和明晰冤案的成因到底是什么，这既是研究如何纠正、预防冤案的前提，也是在司法实践中设计冤案发现纠正机制和预防对策之前必须明确的问题。又次，在明确冤案成因的基础上，我们要设计有效、及时的冤案发现纠正机制，尽早纠正这种最严重的刑事司法错误。同时，冤案的纠正并不代表着完事大吉，冤案给无辜者及其家庭的伤害是灾难性的和长期性的。如何帮助释放后的无辜公民适应并融入隔绝多年的社会是一项系统工作，不仅仅需要有效、合理的经济赔偿，更需要多方面的社会救助。最后，从预防的角度完善刑事诉讼制度，尽量减少冤案的数量。

在这一研究主线的引领下，本书一共分为六章。主要内容简介如下：

首先，从定性和定量的角度认识冤案是研究的逻辑起点。从定性角度而言，第一章在介绍国外关于冤案概念的最新研究趋势的基础上，构建了中国本土的“刑事司法错误”和“冤案”这两个概念，竭力澄清当前国内混淆“冤案”和“刑事错案”的现象。从定量角度来看，第二章通过梳理国外关于冤案发生数量的研究成果，论证了研究冤案的必要性；通过介绍国外的有关研究方法，总结了一些规律性结论，以对中国开展类似研究提供参考。

其次，从成因的角度剖析冤案。美国、英国对这一领域的研究处于世界领先水平。第三章在总结和对比英美等法治发达国家冤案成因的基础上，提出了中国冤案发生模式的概念及其特点：中国当前的冤案发生模式处于初级阶段，具有典型的“侦查主导型”特征。因此，我们既不能完全照搬国外的研究结论，生搬硬套在中国，也要注意吸收其中合理的成分，尤其是带有人类普遍性的问题。

再次，从发现纠正机制的角度来研究冤案。各国都设立了冤案的发现纠正机制，但彼此之间存在着差异，各有利弊。第四章对各国的发现纠正机制进行了理论抽象，归纳出了三种模式。对比我国审判监督程序在发现纠正冤案方面的缺陷，笔者提出了一系列具有国际视野的建议。

又次，从救济的角度最大限度地降低冤案造成的伤害。第五章以联合国有关人权公约为背景，介绍了美国、法国、中国以刑事赔偿为主要内容的无辜者救济制度，概括了冤案无辜者救济机制的未来发展趋势。从《公民权利和政治权利国际公约》第 14 条第 6 款的规定来看，冤案的无辜者应当具有定罪后获得刑事赔偿权。各国对此条款采取了不同的态度，有的国家接受，有的国家提出保留或解释性声明。以此为参照，在分析美国、法国和中国现行冤案赔偿制度的基础上，笔者提炼出了四个关于冤案赔偿的基本问题：一是冤案赔偿的归责原则，二是冤案赔偿的范围是否包括疑罪从无的案件，三是冤案赔偿程序的发展趋势，四是需要构建全面、系统的无辜者救济体制。

最后，从预防机制的角度来分析冤案。冤案是个国际性问题。以美国、英国为代表的西方法治发达国家为预防冤案采取了一系列的行动，并仍处于不断探索和尝试之中。2012 年中国修改了刑事诉讼法，启动了新一轮的司法改革，冤案的纠正、预防已经成为了司法改革不可回避的议题。第六章在介绍域外相关情况的基础上，根据中国冤案发生模式的特点，有针对性地构建和提炼中国“四位一体”式的冤案预防机制。

●结论与创新

本书在观点、结论和方法上有以下创新之处：

其一，视角创新。中国当前专门针对冤案的研究非常之少，从国际视野下进行比较研究更是空白。因此，本书是国内第一篇从比较法的视角来研究冤案的著作。

其二，概念创新。针对国外关于冤案概念的最新趋势，笔者提出了中国本土的“刑事司法错误”和“冤案”这两个概念，并对这两个概念进行了细致地剖析和界定。这对我国当前相关概念使用混乱、不规范的现状，有着更加直接的现实意义。值得注意的是，笔者所使用的“刑事司法错误”概念与李建明教授的概念存在着巨大差别。

其三，理论创新。

(1) 本书在剖析中国冤案成因时，提出了冤案发生模式理论，并将冤案发生模式区分为初级阶段和高级阶段、侦查主导型和审判主导型。以此理论为基础，笔者提炼出了中国冤案发生模式的特点：初级阶段和侦查主导型。

(2) 本书在介绍其他国家发现纠正冤案机制时，根据各国机制存在的异同，抽象出了三种模式：分离模式、相对分离模式和同一模式。这既是一种理论提炼，也是一种观点创新。

(3) 本书在梳理中国预防冤案的措施时，提出了中国“三位一体”的冤案预防机制。

(4) 本书对《公民权利和政治权利国际公约》第14条第6款进行了反思与重新解读，提出了“定罪后获得刑事赔偿权”的概念。

其四，观点创新。在本书各章节的论述过程中，笔者提出了许多具有新颖性、启发性的观点。例如，笔者认为当前中国冤案的产生根源是侦查行为失当；建议在省级人民法院内部设立专门机构，负责审查符合条件的原审被告人提出的再审申请；提出了冤案的实然判断标准；等等。此处不再一一列举。

第一章 冤案的定性认识

所有政权都会基于维护社会秩序的目的而创设一系列制度和公共机构，社会的持续发展与这些制度和机构的有效运转息息相关，如果它们无法按照既定的规则有效运作，社会将会分崩离析从而混乱不堪。[①] 为了通过惩治犯罪来维护社会秩序，国家创设了刑事司法体制，以国家刑罚权来打击犯罪。这些国家机构在按照既定刑事诉讼程序有效运转实现刑事司法公正的同时，必然会产生刑事司法错误。公正与不公如同硬币的正反两面，相互依存。一方面，在查明过去发生的犯罪事实时，由于人类在特定条件下的理性有限和各种非理性因素，认识时常会出现错误；另一方面，现代刑事诉讼活动中充斥着各种价值追求，真实有时候会被有限牺牲。因此，在追求刑事司法公正的道路上，刑事司法错误是必然附带的产物。

然而，司法作为社会公平正义的最后一道防线，尤其是刑事司法通常会涉及公民的财产和人身自由乃至生命，应当对错误是零容忍并与之彻底绝缘的。这构成了近现代刑事诉讼活动中最核心的一对矛盾，成为近现代各国刑事司法理念研究和制度构建的原动力。如何最大限度地保障刑事司法公正、减少刑事司法错误，成为现代社会的重要课题。国内外的学者和实务界都意识到了这一问题，并从不同的角度进行了深入研究，其中最具代表性的是帕克（Packer Herbert）教授以此为思路归纳总结的犯罪控制模式与正当程序模式，以及理查德·诺波斯（Richard Nobles）以此为逻辑起点构建

① 参见 Tyler R. Tom and Yuen J. Huo, Trust in the law: Encouraging Public Cooperation with the Police and Court, Russell Sage Foundation, 2002。

的刑事司法错误理论。①

辩证地看，有公正，就会有不公正和错误。对于不公正和错误的防治和纠正，也是追求和实现公正的一条必经路径。我们不仅要从正面积极实现刑事司法公正，而且也要从反面来保障和促进刑事司法公正。刑事司法公正的实现离不开对刑事司法错误的预防与纠正。因此，人类应当采取的正确态度是：

首先，要承认刑事司法错误的客观存在，没有必要遮遮掩掩。从某种角度来说，作为刑事诉讼程序运作的内在产物，刑事司法错误是为维护社会秩序所付出的必要代价。正如所有的人类活动都会

① 美国斯坦福大学著名教授帕克以刑事程序运作过程中存在的两种相互冲突的价值理念为基础，塑造了两种抽象的诉讼模式：正当程序和犯罪控制。参见 Packer Herbert，“Two Models of the Criminal Process”，University of Pennsylvania Law Review，Vol. 113，Issue 1，1964，pp. 5 –6。英国教授理查德在其著作中开篇就指出，刑事司法是追求真实（正确的判决）和公正（正当程序和人权）两大价值的混合体，刑事上诉制度的历史可以被理解为对悲剧的选择的一系列回应：刑事司法过程中的价值冲突和选择。参见 Richard Nobles and David Schiff，Understanding Miscarriages of Justice：Law，the Media and the Inevitability of a Crisis，Oxford University Press，2000，Chapter 1.（A）。日本学者松尾浩也指出：“刑事诉讼的指导理念，是既要对被疑人、被告人等关系者按正当程序加以保护，同时又要尽可能查明事实真相这两个方面。在日本，无论是现行法，还是旧《刑事诉讼法》都是相同的，是妥当的；从比较法的角度来看，无论是大陆法系国家，还是英美法系国家，也没有太大的差别。但是‘解明真相’与‘正当程序’两者终归是不能两全的。”参见［日］松尾浩也著：《日本刑事诉讼法（新版）》（上），丁相顺译，中国人民大学出版社 2005 年版，第 13 页。德国学者指出：“刑事诉讼的重要任务之一，就是在判决发生形式上或者内容上有瑕疵时，用上述所提及之三项目的，来加以权衡，并从中建立法律标准，即在实务个案处理时，应权衡以何目的为优先考量。”参见［德］克劳斯·罗科信著：《德国刑事诉讼法》，吴丽琪译，三民书局 1998 年版，第 3 页。美国执法和司法总统委员会在 1967 年发布的报告《自由社会中犯罪带来的挑战》中，明确指出刑事司法体制应当兼顾犯罪防控和公平正义。参见 President's Commission on Law Enforcement and Administration of Justice（1967），“The Challenge of Crime in a Free Society”，U. S. Government Printing Office，ISBN 0 –306 –70124 –3。在加拿大，刑事司法体制的宗旨是平衡犯罪防控与公正（平等、公平、人权保护）这两个目标。参见 Schmolka Vicki，“Principles to Guide Criminal Law Reform”，Department of Justice，Government of Canada。

引起无辜者的伤亡，都要承担必要的风险，如建造房屋、驾驶汽车和参与高尔夫球或足球运动。①

其次，采取一切可能的防治措施，有效预防刑事司法错误，及时纠正已经发生的刑事司法错误。

最后，最大限度地防治最严重的刑事司法错误——冤案。② 刑事司法错误存在不同类型，不同类型的刑事司法错误之间存在着一定程度的内在紧张关系，应当集中防治其中最严重的错误——冤案。正如顾永忠教授所言，“冤案是人类社会最不能容忍的司法错误。因此，追求司法公正最重要的方面就是严防冤案的发生”。③

笔者将冤案比喻为刑事司法体制的“阿喀琉斯之踵”，④ 因为它意味着刑事司法体制的彻底失败，会令刑事司法程序的合法性陷入尴尬境地。从刑事诉讼的任务来说，如果无辜者被定罪，不仅仅没有惩罚到真凶，恢复社会秩序之和谐，而且还相当于国家对无辜的公民实施了“犯罪行为”，守护社会公平正义底线的司法荡然无存。当无辜的人被误判入狱时，国家进行刑事诉讼活动的正当性便

---

① 参见 Margolick David, 25 Wrongful Executed in U. S., Study Finds, New York Times, Nov. 14, 1985。

② 参见陈光中：《转变观念完善制度 严守底线防范冤案》，载《检察日报》，2013年8月29日第3版；顾永忠：《以最大的责任防范冤案发生》，载《人民法院报》，2013年6月7日第2版；卞建林、白思敏：《守住证据底线 防止冤错案件》，载《法律适用》2013年第9期。

③ 参见顾永忠：《刑事冤案发生的深层认识原因剖析——以刑事审判为分析视角》，载《法学杂志》2013年第12期，第85页。

④ 此谚语来自欧洲神话，现在一般是指致命的弱点、要害。古希腊神话中的阿喀琉斯是海神之子，《荷马史诗》中的英雄。传说他的母亲曾把他浸在冥河里使其能刀枪不入，但因冥河水流湍急，母亲捏着他的脚后跟不敢松手，所以脚踵是其最脆弱的地方，是一个致命之处，也因此埋下祸根。长大后，阿喀琉斯作战英勇无比，但终于被人发现了弱点，太阳神用毒箭射中了阿喀琉斯的脚后跟，结束了这位勇士的生命。

遭受了毁灭性打击，刑事司法的公信力大幅降低。①

一言以蔽之，防治刑事司法错误的核心问题是如何预防和纠正冤案。一国刑事司法体制防治冤案的能力已经成为考量该体制的基本指标之一，能否有效保护无辜者不被定罪已经成为检验一国刑事司法体制合法性的最低标准。反过来，通过提升对无辜者的保护，也可扩大刑事诉讼制度进步的空间。

要研究某一社会现象和社会问题，首先需要准确抽象和把握这一社会现象或问题的本质，即所谓的概念提炼。这是从事任何社会科学研究的起点。因此，要研究无辜者被定罪这一现象，必须先要准确构建冤案的概念。

当前，我国学界鲜有人用及冤案这一概念，而更多地使用“刑事错案”、“冤错案”、“刑事误判”等。不仅概念的使用处于混乱状态，而且某些概念还存在内在的不合理性，这在极大程度上阻碍了我国针对无辜者被定罪这一现象的深入研究。为了改变这一现状，笔者认为首先需要理顺“冤案”与其他相关概念的关系。放眼国外相关的研究现状，现在的大趋势也是构建清晰合理的概念体系。界定冤案现象，必然涉及与其他刑事司法错误现象的关系。基于此，首先需要明确“刑事司法错误”这一概念，然后再从中剥离出“冤案”的概念，最后才能科学合理地明晰“冤案”的内涵与外延。

---

① 刑事诉讼活动的正当性和合法性来源之一是司法过程中的所有决定旨在维护社会公正，社会民众认为应当遵守这些合理正确的规则和决定。关于刑事司法体制合法性的论述详见 Morris Zelditch，“Processes of Legitimation：Recent Development and New Directions，” Social Psychology Quarterly，Vol. 4，Issue 1，pp. 4 – 17。

第一节 概念的域外考察

一、刑事司法错误的概念

布莱恩·福斯特（Brian Forst）曾就司法错误进行过系统性的研究，他在其颇具影响力的著作《司法错误论——性质、来源和救济》中，从刑事司法管理体制的角度解读了刑事司法错误的来源与防治。他指出："一般而言，司法错误（Errors of Justice）是指在法律的解释、实施程序或者执行过程中出现的各种错误——违反正当程序的错误往往会导致无辜者被定罪，这就是典型的司法错误。……因此，当无辜者（特定案件所牵涉的无辜者）遭到烦扰、拘禁或者惩罚的时候，又或者当一个应当受到刑事处罚的犯罪行为人受到较重或者较轻的惩罚甚至是逃避惩罚的时候，司法错误就产生了。"[①] 他认为，在正义女神所持天平的两端[②]都会发生错误。从社会无法发现某些严重犯罪，到警察对于某些发现的犯罪无动于衷或者无计可施，再到错误的逮捕和错误的定罪以及错误的无罪释放，最后到量刑、执行以及帮助罪犯成功回归社会，都会出现偏差而导致刑事司法错误（Miscarriages of Justice）。简而言之，在刑事诉讼的整个过程中，刑事司法机制的运行只要出现错误，就属于刑事司法错误。[③] 尽管布莱恩的深刻

① 参见 Brian Forst, Errors of Justice: Nature, Sources and Remedies, Cambridge University Press, 2004, pp. 3 – 4。此书已经翻译成中文出版，［美］布莱恩·福斯特著：《司法错误论——性质、来源和救济》，刘静坤译，中国人民大学出版社 2007 年版。

② 正义女神所持天平的一端是人权与自由，另一端是国内安宁和社会秩序。

③ 参见 Brian Forst, "Managing Miscarriage of Justice from Victimization to Reintegration", Albany Law Review, Vol. 74, Issue 3（2010 – 2011）, pp. 1209 – 1210。

论述得到了诸多学者的赞同，[①] 但他们中的多数人巧妙地回避了刑事司法错误的概念问题，只是抽象归结为刑事司法整个过程中出现的各种错误，笼统地谈及刑事司法错误的存在范围。[②]

在刑事司法的语境下，英文中的“Miscarriages of Justice”是一个开放性的模糊概念，由于它有多种不同的理解角度和使用方式，且这一概念本身存在无法回避的内在冲突与矛盾，所以迄今为止学术界没有形成一个精确的统一定义。[③]

---

① 例如，波汉姆（Bohm）指出，刑事司法错误（Miscarriages of Justice）可以发生于警察侦查、检察官起诉、法庭审判和服刑矫正阶段，而不论是出于故意还是无意的失误。参见 R. M. Bohm，“Miscarriages of Criminal Justice：An Introduction”，Journal of Contemporary Criminal Justice，Vol. 21，2005，p. 196。

② 尽管布莱恩提出了刑事司法错误这一问题，但他通过引用福利经济学中社会成本（Social Costs）的概念回避了刑事司法错误的概念问题。他认为，只要偏离处理刑事案件的最佳社会成本就属于刑事司法错误。他的这一概念并没有从根本上界定刑事司法错误是什么，实际上只是提供了一种衡量刑事司法结果的标准而已。此外，诸多学者也只是泛泛地谈及刑事司法错误的范围，回避了刑事司法错误的概念问题。例如，英国学者格雷格（Gregg Barak）在其编著的《刑事司法的争议焦点概览》一书中指出，刑事司法错误包括错误的逮捕、错误的指控和起诉以及错误的量刑，甚至包括执法者的骚扰，律师未能提出及时上诉和矫正机构未能及时释放服刑完毕的囚犯。因此，警察和其他执法者、辩护律师、检察官、法官、陪审员和矫正机构人员都会导致刑事司法错误。参见 Gregg Barak，Battleground：Criminal Justice，Greenwood Press，2007，p. 464。

③ 参见 Michael Naughton，The Innocence and the Criminal Justice System：A Sociological Analysis of Miscarriages of Justice，Palgrave Macmillan，2013，pp. 15 – 27；Hannah Quirk，“Identifying Miscarriages of Justice：Why Innocence in the UK is not the Answer?” The Modern Law Review，Vol. 70，Issue 5，2007，pp. 759 – 777；Hugo Adam Bedau and Michael L. Radelet，“Miscarriages of Justice in Potentially Capital Cases”，Stanford Law Review，Vol. 40，No. 1，1987，p. 39。格瑞尔指出，采用不同的诉讼模式作为分析背景来理解 Miscarriages of Justice，得出的结论也有所不同。参见 Steven Greer，“Miscarriage of Criminal Justice Reconsidered”，The Modern Law Review，Vol. 57，1994，pp. 58 – 59。理查德指出，在不同的话语背景下，字面上统一的 Miscarriages of Justice 有着不同的理解，尽管从媒体、官方和法学角度的理解可能会有些类似的含义，但要想在不同的话语体系内构建一个内在和谐的概念是异常困难的。参见 Richard Nobles and David Schiff，Understanding Miscarriages of Justice：Law，the Media and the Inevitability of a Crisis，Oxford University Press，2000，p. 1 and p. 14。

从学术文献来看，国外学者对“Miscarriages of Justice”的使用经历了一个从具体案例的描述到在理论上建构概念框架的过程，其内涵的演变呈现越发丰富的趋势，外延亦是日益扩张。①

（一）刑事司法错误内涵的演变

1. 两种相互冲突的解读

从社会民众的角度来看，刑事司法错误是直接明了的，主要是指刑事司法的结果不符合真相，涉及错判无辜者或者错放真凶。这从新闻报道、电视节目、电影或者小说自传中可见一斑。时任英国内政大臣的查尔斯（Charles Clarke）准确地总结了社会大众对刑事司法的理解：公民所期望见到的是法律体制能够准确地分辨是非，根据客观事实来断定哪些人是有罪的哪些人是无辜的，而不是依据法律程序有没有得到正确执行。② 当刑事司法体制的实际运行偏离社会大众不枉不纵的期望时，刑事司法错误就出现了。因此，社会大众这种直觉性认识直接决定了他们对刑事司法错误的理解限于实体结果方面：错判无辜和错放真凶。有一部分学者从这个角度对刑事司法错误进行了最低限度的解读，即公民从直觉上认为不公正（特别是无辜者被定罪时）的情形。③

---

① 相关的文献参见 Sion Jenkins, From Victimisation to Mobilisation: the Dynamics of Campaigning against Miscarriages of Justice [Dissertation], University of Portsmouth, pp. 33 – 46。

② 参见 A. Travis, “Anger at Legal Compensation Shakeup”, The Guardian, 20 April 2006。此外，英国政府的白皮书《所有人的公正》（Justice for All）也强调了社会大众对刑事司法的理解：我们有绝对的信念去构建一个满足社会期望和赢得公民信赖的体制：惩罚真正的罪犯和保护无辜者。参见 Home Office, Justice for All（Cm. 5563）。

③ 类似的定义可见 B. MacFarlane, “Convicting the Innocence: A Triple Failure of the Justice System”, Manitoba Law Journal, Vol. 31, 2006, p. 483; Ronald Huff, “What Can We Learn from Other Nations About the Problem of Wrongful Convictions?”, Judicature, Vol. 86, 2002, p. 92。英国皇家刑事司法委员会（Royal Commission on Criminal Justice）也采用了这一定义，参见 M. McConville and L. Bridges, Keeping Faith with their own Convictions: The Royal Commission on Criminal Justice, in M. McConville and L. Bridges (eds.), Criminal Justice in Crisis, Elgar, 1994, p. 11, fn23。

从刑事司法体制的内部来看，刑事司法错误完全是刑事司法体制运行的内在产物，它完全取决于现实中刑事司法的运作模式和程序规则。根据法的自创性理论，刑事司法体制有着一套独立的理论体系和内在的自我逻辑。① 与社会大众要求的绝对忠于客观事实不同，刑事司法的运作更趋于现实性和实用性，刑事审判的本质是决定是否有足够的可采性证据证明被告人实施了被指控的犯罪。②由于无法验证实体结果是否符合客观真相，“现实中的司法没有过于热衷追求绝对的客观事实，而是更关心在可能会犯错的法庭面前依据形式化的证明规则进行的证明能否达到所要求的标准”。从这个层面上讲，刑事司法错误完全是个法律概念：它要根据当时的法律进行界定，完全取决于刑事司法体制的程序和规则如何规定；如果这些程序和规则发生了变化，刑事司法错误所包括的内容也会发生变化。于是，理查德·诺波斯（Richard Nobles）对刑事司法错误作了一个相对的定义：当实践中的诉讼活动偏离刑事司法体制所要求的价值（如正当程序、犯罪嫌疑人的人权等）时，就会产生刑事司法错误。③无独有偶，格瑞尔（Steven Greer）指出，虽然刑事司法错误的含义取决于具体的诉讼模式（正当程序模式、犯罪控

---

① 关于刑事司法体制的自创性理论分析，参见 R. Nobles and D. Schiff, Understanding Miscarriages of Justice: Law, the Media and the Inevitability of a Crisis, Oxford University Press, 2000; R. Nobles and D. Schiff, “Miscarriages of Justice: A System Approach”, The Modern Law Review, Vol. 58, No. 3, 1995。

② 刑事司法过程并不是理想状态下的毫无限制，而是讲究实效的。它所涉及并不是哲学意义上或者自然科学意义上的证明，而是相对没有那么严格要求的证明。它的正当性并不是来源于绝对符合客观事实的理想主义，而是实用主义。法庭不是为了追求哲学意义上或者自然科学意义上具有绝对确定性的证明，而是迅速作出决定。因此，法庭限定了法律意义上的证明要求。检察官不用证明所有的事实，只需要提供充分的证据即可。法律规定了证据充分的标准，法官的职责就是检验这一证明过程是否满足了作出有罪判决的标准。参见 D. McBarnet, Conviction: Law, the State and the Construction of Justice, Macmillan, 1981, pp. 12 – 13。

③ 参见 Richard Nobles and David Schiff, Understanding Miscarriages of Justice: Law, the Media and the Inevitability of a Crisis, Oxford University Press, 2000, p. 35。

制模式和矫正模式），但所有的刑事司法体制的核心任务是为司法过程中的任何决定提供充分的正当理由。当司法关机提供的理由具有严重缺陷时，就属于刑事司法错误。[①]

由上可知，从外部来看，社会公众认为刑事司法应当追求客观真实；从内部来看，刑事司法体制的运行严格坚持程序优先和证据证明规则，二者在本质上是存在冲突的。从不同的话语角度来看，对刑事司法错误内涵和外延的理解不能完全一致。[②]

2. 争论中另觅他径

（1）英国学者贝罗尼（Belloni）和霍奇森（Hodgson）试图打破这两种角度的冲突，尝试着糅合刑事司法错误的这两个视角。

他指出：[③] 刑事司法错误，是指刑事程序的运行无法产生出从以下不同角度看来均是公正的结果：直接参与刑事程序的当事人以及深受其影响的人、负责刑事程序运行的人、刑事程序所服务的整

---

① 至于如何界定严重缺陷，取决于特定的刑事司法体制。参见 Steven Greer, "Miscarriage of Criminal Justice Reconsidered", The Modern Law Review, Vol. 57, 1994, p. 61。

② 例如，被告人（事实上是真凶）的有罪证据因属于非法证据被排除以后，其因达不到排除合理怀疑的定罪标准最后被法庭无罪释放，在社会公众看来这是刑事司法错误，错放了真凶，但从刑事司法体制内部来看这却不属于刑事司法错误；反之，如果法庭违反规则采纳了这一非法证据将被告人定罪判刑，在社会公众看来不是刑事司法错误，但从刑事司法体制内部来看则属于刑事司法错误。再如，受布兰登（Brandon）和戴维斯（Davies）的影响，诸多学者和社会舆论将上诉法院撤销有罪判决的案例作为无辜者被定罪的证据。这其实是一种误解，混淆了客观事实与法律拟制（无罪推定）之间的界限。参见 R. Brandon and C. Davies, Wrongful Imprisonment: Mistaken Convictions and their Consequence, George Allen & Unwin, 1973, p. 19; J. Baldwin and M. McConville, Jury Trials, Clarenden Press, 1978, pp. 68－71; P. Foot, "Hanratty's Appeal is Over, But Justice is Yet to be Done", The Guardian, May 13, 2002; A. Gillan, "Innocent 'dumped like sacks of garbage'", The Guardian, March 14, 2001; A. Green, Fitting Up: A Analysis of the Manufacture of Wrongful Convictions [Dissertation], University of Keele, p. 8; A. Sanders and R. Young, Criminal Justice, Butterworths, 2000, p. 9。

③ F. Belloni and J. Hodgson, Criminal Injustice: An Evaluation of the Criminal Justice Process in Britain, MacMillan, 2000, p. 1.

个社会。因此，刑事司法错误的范围极为广泛。此外，尽管通常认为刑事司法错误源于刑事程序，但刑事法律方面的缺陷本身也有可能是导致刑事司法错误的因素。

（2）学者克莱夫·沃克（Clive Walker）从公民权利的视角重新界定了刑事司法错误（Miscarriages of Justice），旨在打破在不同角度下所产生的困惑和混乱。

他指出，从字面上讲，“Miscarriage”是指没有达到既定的目标和目的。因此使用“Miscarriage of Justice”这一概念，是指没有实现期望的公正。由于对公正的期望标准内在地决定着哪些属于不公正的现象，所以需要进一步剖析“公正（Justice）的含义以及那些可能阻碍公正实现的因素”。在一个自由民主的现代社会里，公正意味着每个人享有平等的权利并受到平等的对待。以此作为起点，沃克从正当程序和人权的角度构建了分析刑事司法错误的概念框架，融合了不同语境下刑事司法错误的多种不同解释。① 沃克强调，如果不考虑证据和证明的问题，至少存在七类刑事司法错误，即：

---

① 克莱夫·沃克在书中指出，公正是关于分配的问题——旨在协调人与人之间进行公平分配和受到公平待遇。就刑事司法而言，我们认为在自由民主的社会中，刑事司法所要求的公正待遇是指国家应当平等地尊重每个人的权利。参见 Ronald Dworkin，Taking Rights Seriously，Duckworth，1977，chs. 7，12。刑事诉讼的运作则会影响到公民的权利，包括自由、隐私甚至是生命。一旦涉入刑事诉讼尤其是成为犯罪嫌疑人或者被告人，个人所付出的代价是非常巨大的。然而，犯罪行为和反社会行为同样也会给社会众多公民的权利带来不利的影响甚至是损害。因此，为了保护社会公众的权利，应用刑事司法体制和刑事诉讼程序来限制或者剥夺犯罪嫌疑人和囚犯的权利是必要的且正当的。与此同时，我们也应当理智地意识到，国家公正地对待每个公民的责任会引发一定的负面效果。如果国家提供的有罪或者无罪的理由具有严重缺陷，或者被追诉者受到的待遇毫无根据或者超出必要比例，具体的个人和整个社会都会严重受损。“宁可错放十个，也不可错判一个”的经典格言深刻反映了刑事司法出现错误的风险。此外，控方承担证明责任的规则以及反对强迫自证其罪的特权也都反映了这一理念。沃克因此认为，只要在刑事司法过程中权利因特定原因受到国家的不当侵犯，就属于刑事司法错误。参见 Clive Walker and Keir Starmer，Miscarriages of Justice：A Review of Justice in Error，Oxford University Press，1999，p. 31 and p. 33。

当个人的权利（尤其是犯罪嫌疑人、被告人或者囚犯的权利）基于以下任一个原因而受到国家（机构）的侵犯时，刑事司法错误就产生了：(1) 程序及其适用存在缺陷；(2) 针对他们适用的法律；(3) 不利待遇或者惩罚缺乏事实理由；(4) 犯罪嫌疑人、被告人或者囚犯所受到的不利待遇超出了保护社会公众权利的必要限度和相称比例；(5) 犯罪行为所危害的权利没有受到国家适当或有效的保护和维护；(6) 法律本身的问题。……可能在施加惩罚的过程中造成第七类错误从而减损刑事司法体制的公正性和损及整个社会。①

沃克在此基础上总结了刑事司法错误的四个特征：首先，刑事司法错误的发生不局限于法庭审理阶段或者服刑阶段，如警察滥用强制性权力同样也是刑事司法错误；其次，法律本身的缺陷和适用法律时出现的偏差同样会导致刑事司法错误；再次，刑事司法错误必然牵涉国家需要承担一定责任的瑕疵；最后，司法错误应当相对于个人权利来界定。②尽管沃克的这一定义存在一定问题，受到一些质疑，③ 但瑕不掩瑜，其解读刑事司法错误的视角深入到了刑事司法的本质层面：权力与权利的关系。这有助于从理论上系统地建

① 参见 Clive Walker and Keir Starmer, Miscarriages of Justice: A Review of Justice in Error, Oxford University Press, 1999, p. 31 and p. 33。

② 参见 Clive Walker and Keir Starmer, Miscarriages of Justice: A Review of Justice in Error, Oxford University Press, 1999, pp. 37 – 38 and p. 33。

③ 例如，刑事司法错误的界定首先需要界定什么是人权，对人权的解读不同，刑事司法错误的内容也会不同。如此一来，刑事司法错误这一概念便要取决于人权内容的界定。再如，从人权和正当程序的角度来理解刑事司法错误，有简单化这一问题的嫌疑。又如，这一解读方式与社会大众的视角以及刑事司法体制的视角也存在一定的偏差。参见 Michael Naughton, The Innocence and the Criminal Justice System: A Sociological Analysis of Miscarriages of Justice, Palgrave Macmillan, 2013, pp. 24 – 27。针对其他理论的批评，沃克（Walker）作出了有理有据的回应，并指出了其他关于刑事司法错误理论的缺陷。具体参见 Clive Walker and Keir Starmer, Miscarriages of Justice: A Review of Justice in Error, Oxford University Press, 1999, pp. 38 – 44。

构刑事司法错误的概念，其观点开始成为学术界和实务界的主流观点。①

（3）在有关的国际公约中，虽然没有对“Miscarriages of Justice”进行解释，却使用了这一术语。例如，《公民权利和政治权利国际公约》第14条第6款规定，当某人依照最终裁决而被判决有罪后，他的定罪因新的或者新发现的事实确实能够证明存在刑事司法错误而被推翻或者被赦免，该人因该有罪判决而遭受的惩罚应当根据法律获得赔偿，除非经证明当时不知道的事实未被及时揭露完全是或部分是由于他自己的缘故。②《欧洲人权公约》第七议定书第3条也有类似表述。③这两个条款的目的是规定申请国家赔偿的条件，不限于被定罪的无辜者申请国家赔偿的情形，因此此处的

① 格瑞尔（Greer）在文章（“Miscarriage of Criminal Justice Reconsidered”）中表达了与沃克相同的观点，也从人权的角度界定了刑事司法错误这一概念。二人的理论逐渐在学界受到普遍认同，并取得了支配性地位。参见 Michael Naughton，Miscarriages of Justice：Exception to the Rule [Dissertation]，University of Bristol，pp. 43 –46。随着人权运动的发展，沃克的理论迎合了这一趋势，同时也与大多数国家的人权立法存在相互契合的关系。

② “When a person has by a final decision been convicted of a criminal offence and when subsequently his conviction has been reversed or he has been pardoned on the ground that a new or newly discovered fact shows conclusively that there has been a miscarriage of justice，the person who has suffered punishment as a result of such conviction shall be compensated according to law，unless it is proved that the non – disclosure of the unknown fact in time is wholly or partly attributable to him.”载 https：//treaties. un. org/doc/Publication/UNTS/Volume%20999/volume –999 – I –14668 – English. pdf，2013年10月最后访问。

③ 《欧洲人权公约》的规定与《公民权利和政治权利国际公约》的规定几乎一模一样：“When a person has by a final decision been convicted of a criminal offence and when subsequently his conviction has been reversed，or he has been pardoned，on the ground that a new or newly discovered fact shows conclusively that there has been a miscarriage of justice，the person who has suffered punishment as a result of such conviction shall be compensated according to the law or the practice of the State concerned，unless it is proved that the non—disclosure of the unknown fact in time is wholly or partly attributable to him.”《欧洲人权公约》在这一条款上的标题为“Compensation for wrongful conviction”，是对“wrongful conviction”作了扩大的理解，并不限于无辜者被定罪的情形。

"Miscarriage of Justice" 解读为刑事司法错误更为恰当。

3. 两个需要澄清的概念

然而，也有许多英美法系的学者在狭义层面使用 "Miscarriages of Justice"，将其作为 "Wrongful Convictions" 的同义语使用，他们认为二者的意思均是将事实上没有犯罪的无辜者定罪判刑，即冤案。① 从种属关系上来看，冤案明显仅仅是刑事司法过程中出现的一类错误。② 将 "刑事司法错误"（Miscarriages of Justice）这一概念单纯缩减为 "冤案"（Wrongful Convictions）会导致概念上的混乱不堪，引起不必要的争论。③

---

① 例如，理查德在梳理冤案的研究历史以及未来走向时，交替使用了 Miscarriages of Justice 和 Wrongful Convictions 这两个词，均为冤案的意思。参见 Richard A. Leo，"Rethinking the Study of Miscarriages of Justice：Developing a Criminology of Wrongful Conviction"，Journal of Contemporary Criminal Justice，Vol. 21，pp. 201 - 223。雨果和迈克尔在文章中用 Miscarriages of Justice 指代那些事实上无辜的被告人被定罪的案件。参见 Hugo Adam Bedau and Michael L. Radelet，"Miscarriages of Justice in Potentially Capital Cases"，Stanford Law Review，Vol. 40，No. 1，1987，pp. 45 - 46。再如，根据布莱克法律词典的解释，刑事司法错误（Miscarriages of Justice）是指 "在司法程序中产生的极其严重不公平的结果，即：尽管缺乏相关证据证明构成犯罪的必备事实，但被告人依然被定罪"。由此可知，词典对这一概念作了狭义解释。许多学者论及司法错误的文献基本上也都是集中在无辜者被定罪这一问题上，然而，这仅仅是刑事司法错误中的一类。参见 Gregg Barak，Battleground：Criminal Justice，Greenwood Press，2007，p. 464。英国非政府组织 JUSTICE 设置了自己的工作机制和工作范围后，许多学者将刑事司法错误（Miscarriages of Justice）定义为无辜者被定罪的情形，并为此进行了激烈的争论。参见 Michael Naughton，Miscarriages of Justice：Exception to the Rule [Dissertation]，University of Bristol，pp. 29 - 35；Sion Jenkins，From Victimisation to Mobilisation：the Dynamics of Campaigning against Miscarriages of Justice [Dissertation]，University of Portsmouth，pp. 36 - 44。

② 参见 Steven Greer，"Miscarriage of Criminal Justice Reconsidered"，The Modern Law Review，Vol. 57，1994，p. 74；R. M. Bohm，"Miscarriages of Criminal Justice：An Introduction"，Journal of Contemporary Criminal Justice，Vol. 21，2005，p. 196。

③ 参见 S. Savage and R. Milne，Miscarriage of Justice，in Tim Newburn，Tom Williamson and Alan Wright（eds.），Handbook of Criminal Investigation，Willan Publishing，2007，p. 612。

越来越多的学者呼吁应当厘清这两个术语，不能混用。[①] 例如，美国研究冤案方面的著名教授罗纳德·赫夫（Ronald Huff）指出，刑事司法错误这一概念比冤案更加宽泛和具有兼容性，[②] 他在其负责主编的最新研究成果《冤案与刑事司法错误》中，虽然研究侧重点仍然限于冤案，但却将冤案这一问题置于刑事司法错误这一更为广阔的视野下进行考察，并对以前没有受到学者重视的其他类型的刑事司法错误进行了梳理和探讨。[③]

除了学界提出这一主张外，在司法实践中也存在区别这两个概念的现实性需要。例如，加拿大关于司法部长复审程序和定罪后复查程序的立法中都使用了“Miscarriages of Justice”这一术语，虽然立法没有明确解释这一术语的概念，但从司法实践来看，“Wrongful Convictions”属于“Miscarriages of Justice”，但“Miscarriages of Justice”并不等同于“Wrongful Convictions”。另外，加拿大米尔加得冤案调查委员会（Commission of Inquiry into the Wrongful Conviction of David Milgaard）的报告指出，“Miscarriages of Justice”除了存在于“Wrongful Convictions”中，而且还存在于被告

---

① 此类主张参见 S. Robert and L. Weathered，“Assisting the Factually Innocent：The Case of Contradictions and Compatibility of the Innocence Project and the Criminal Cases Review Commission”，Oxford Journal of Legal Studies，Vol. 29，Issue 1，2009，pp. 43 – 70；S. P. Savage，J. Grieve and S. Poyser，“Putting Wrongs to Right：Campaigns against Miscarriages of Justice”，Criminology and Criminal Justice，Vol. 7，issue 1，2007，pp. 83 – 105；L. Weathered，“Does Australia Need a Specific Institution to Correct Wrongful Convictions?”，Australian and New Zealand Journal of Criminology，Vol. 40，Issue 2，2007，pp. 179 – 198；A. N. Doob，An Examination of the Views of Defence Counsel of Wrongful Convictions，Centre of Criminology，University of Toronto，1997，pp. 1 – 20。

② 参见 C. Ronald Huff and Martin Killias，Wrongful Conviction：International Perspectives on Miscarriages of Justice，Temple University Press，2008，p. 5。

③ 参见 C. Ronald Huff and Martin Killias（eds.），Wrongful Convictions and Miscarriages of Justice：Causes and Remedies in North American and European Criminal Justice Systems，Routledge of the Taylor & Francis Group，2013，p. 2。

人没有得到公正审判的案件中。[①] 只要被告人受到不公正审判，"Miscarriages of Justice"就会发生。如果将二者等同起来，仅限定为事实上无罪的冤案，毫无疑问会大大缩减复查程序所能纠正的司法错误，并且会提高获得救济的标准。[②]

（二）刑事司法错误的外延

从上述学者对刑事司法错误内涵的分析可以看出，刑事司法错误类型多样、内容繁杂，因此诸多学者试图从特定角度对刑事司法错误的类型进行梳理和划分。[③] 下文仅介绍较为有代表性的两种分类。

1. 正当程序错误和放纵犯罪错误

---

① "当一个无辜的公民被错误地定罪时，毫无疑问是刑事司法错误（Miscarriages of Justice）。但刑事司法错误同样可能存在于新证据表明被定罪人很有可能没有受到公正审判的案件。因此，司法部长认为存在合理依据表明发生刑事司法错误的决定并不等于宣布被定罪者事实上无罪。这一决定只是会将案件发回到司法审判系统，由法庭依法对有关的法律问题进行裁决。"该立法文件来源于 http：//laws - lois. justice. gc. ca/eng/regulations/SOR - 2002 - 416/page - 1. html，2016 年 4 月 30 日最后访问。

② 该报告来源于 http：//www. justice. gov. sk. ca/milgaard/，2016 年 4 月 30 日最后访问。

③ 例如，沃克将刑事司法错误归结为七类。参见 Clive Walker and Keir Starmer, Miscarriages of Justice：A Review of Justice in Error，Oxford University Press，1999，pp. 33 - 38。再如，萨维奇和米尔恩将刑事司法错误区分为两类：不作为形式的刑事司法错误和作为形式的刑事司法错误，前者如怠于展开侦查已知的犯罪和保护受害者的权利，后者如冤案。参见 S. Savage and R. Milne，Miscarriage of Justice，in Tim Newburn，Tom Williamson and Alan Wright（eds.），Handbook of Criminal Investigation，Willan Publishing，2007，pp. 612 - 613。

通过借鉴统计学假设检验中关于两类推理错误的理论[①]以及帕克教授构建的两类刑事诉讼模式，布莱恩将刑事司法过程中经常出现的错误总结为两类：正当程序错误和放纵犯罪错误。

（1）正当程序错误（Errors of Due Process）。[②]

简单而言，英美的正当程序条款要求国家必须依照正当程序的要求才能剥夺公民的特定权利。这样做的主要目的之一，是通过公正的程序来产生更加精确的结果，以防止错误地剥夺公民权利，如未经授权的侵犯、拘禁或者定罪，或者针对犯罪嫌疑人施加的过度制裁。正当程序不仅旨在保护犯罪嫌疑人、被告人的权利，也旨在防止包括无辜者在内的所有人受到不当或过度的侵犯。[③] 如果正当程序提供的保护措施未能得到有效贯彻落实或者失效，不仅犯罪嫌疑人、被告人会受到不公正或者不当的对待，而且无辜者也很有可能遭到不当的侵犯、拘禁甚至被定罪服刑，这些均是正当程序错

---

① 假设检验是反证法的思想，依据样本统计量作出的统计推断，其推断结论并非绝对正确，结论有时也可能有错误。错误分为两类：第一类错误（Ⅰ类错误）也称为 α 错误，是指当虚无假设正确时，而拒绝假设所犯的错误。这意味着研究者的结论并不正确，即观察到了实际上并不存在的处理效应。第二类错误（Ⅱ类错误）也称为 β 错误，是指虚无假设错误时，反而接受虚无假设的情况，即没有观察到存在的处理效应。犯Ⅰ类错误的危害较大，由于报告了本来不存在的现象，则因此现象而衍生出的后续研究、应用的危害将是不可估量的。相对而言，Ⅱ类错误的危害较小，因为研究者如果对自己的假设很有信心，可能会重新设计实验再次来过，直到得到自己满意的结果（但是如果对本就错误的观点坚持的话，则可能会演变成Ⅰ类错误）。

② 参见 Brian Forst，Errors of Justice：Nature，Sources and Remedies，Cambridge University Press，2004，pp. 10－17。

③ 参见 Orth John，Due Process of Law：A Brief History，University Press of Kansas，2003；Lanrence H. Tribe，“Structural Due Process”，Harvard Civil Rights－Civil Liberties Law Review，Vol. 10，Issue 2，1975，pp. 269－321；Martin H. Redish and Lawrence C. Marhsall，“Adjudicatory Independence and the Values of Procedural Due Process”，Yale Law Journal，Vol. 95，Issue 3，1986，pp. 455－505；Philip B. Kurland，“Supreme Court，the Due Process Clause and the In Personam Jurisdiction of State Courts－－From Pennoyer to Denckla：A Review”，University of Chicago Law Review，Vol. 25，Issue 4，1958，pp. 569－624。

误。至于正当程序错误的来源，既包括诚实的错误，也包括恶意的行为，还包括介于这两者之间的所有行为。

（2）放纵犯罪错误（Errors of Impunity）。[①]

国家有责任保护公民的权利不受其他人的侵犯，因此需要有些易感触的力量，来阻止个人专横的心灵令社会的法律重新沦于古时的混乱之中。[②] 将那些侵犯人权的人提交给司法机关进行处理，对于避免放纵犯罪并有效地预防进一步的犯罪而言，具有十分重要的作用。[③] 如果刑事司法体制未能采取有效的措施来应对和惩罚犯罪，应受惩罚的罪犯处于自由状态或者逃脱处罚，将给被害人个人和整个社会带来有形或者无形的损害。这种未能实现正义的状态，称为放纵犯罪错误。

不容否认，基于维护刑事司法的正当性和合法性，刑事司法系统应当尽力去减少错误。然而迄今为止，没有哪位伟大的思想家或者学者能够提出一种方法，既能避免放纵犯罪的错误，又能消灭正当程序的错误。布莱恩的这一分类令我们意识到两种错误之间存在的冲突。因此，我们应当在综合考虑两种司法错误所产生后果的基础之上进行平衡。但无论如何取舍，冤案应当是竭力避免的。因为无辜者被定罪这种最糟糕情形不仅破坏了正当程序的根基，是最严重的正当程序错误，而且降低了刑事司法系统控制犯罪的能力，使真凶逃脱处罚，导致放纵犯罪的错误。

2. 不当的有罪责难和不当的放纵犯罪

格瑞尔（Steven Greer）认为，当刑事司法过程中的决定缺乏

---

① 参见 Brian Forst，Errors of Justice：Nature，Sources and Remedies，Cambridge University Press，2004，pp. 22－26。

② 参见 Cesare Beccaria，On Crimes and Punishments，Create Space Independent Publishing Platform，2009，p. 9。

③ 参见 Amnesty International，Equatorial Guinea：An Opportunity to Put an End to Impunity，1997，available at http：//www. amnesty. org/pt－br/library/info/AFR24/001/1997/en。

正当性理由或者理由存在严重缺陷时，即会产生刑事司法错误，由此可以将错误大致分为两类：不当的有罪责难（Unjustified of Conviction）和不当的放纵犯罪（Unjustified Avoidance of Conviction）。在这一框架下，根据错误的来源又可以将每类错误具体区分为系统性错误（Structure）和任意性错误（Agency）。[①] 不当的有罪责难的系统性成因可以归纳为三个方面：刑法上将某些正当行为犯罪化、辩诉交易和特定反恐案件下获得的有罪判决程序；任意性成因可以归结为两个方面：恶意的不当行为和诚实的错误，其中恶意的不当行为又包括法庭带有偏见的裁决和其他司法机构或人员严重背离正当程序的行为。不当的放纵犯罪的系统性成因可以分为两个方面：实体刑法的缺陷与刑事诉讼程序的某些瑕疵；任意性成因也可以分为两个方面：不当的终止追诉或不起诉的决定和不当的无罪释放判决。[②]

类型 / 成因	刑事司法错误	
	不当的有罪责难	不当的放纵犯罪
系统性	①刑法上将某些正当行为犯罪化； ②辩诉交易； ③特定反恐案件下获得的有罪判决程序	①实体刑法的缺陷； ②刑事诉讼程序的某些瑕疵

① 刑事司法机制的某些现行制度和程序的某些特征本身可能就会导致刑事司法错误，而不论由谁来执行或者采取何种执行方式。这种错误来源于刑事司法制度本身，称为系统性错误；而特定机构或者人员作出的决定所导致的错误称为任意性错误。然而，不得不承认在实践中区分这两类错误是非常困难的，因为通常认为如果相关的制度规制或程序约束能更有效的话，则会导致机构及其人员的行为发生变化。布莱恩·福斯特也提出过这一区分方法，参见 Brian Forst，Errors of Justice：Nature，Sources and Remedies，Cambridge University Press，2004，p. 4。

② 详细论述见 Steven Greer，“Miscarriage of Criminal Justice Reconsidered”，The Modern Law Review，Vol. 57，1994，pp. 63 - 73。

续表

类型 成因	刑事司法错误	
	不当的有罪责难	不当的放纵犯罪
任意性	①恶意的不当行为： a. 法庭带有偏见的裁决； b. 其他司法机构或人员严重背离正当程序的行为。 ②诚实的错误	①不当的终止追诉或不起诉的决定； ②不当的无罪释放判决

二、冤案的界定

“它们（冤案）破坏了公平正义的根基：任何人都不应当因自己未实施的犯罪而受到惩罚。它们侵犯了被定罪的无辜者及其在乎他们的人的权利。它们不仅给被误判的无辜者而且给那些在物质上和精神上依赖无辜者的人们造成了直接的且长期的损害（成本）。它们浪费了本可以发挥积极作用的司法资源。它们（在大多数情况下）还会引发第二类司法错误：当无辜者被逮捕定罪，正义并没有实现，真凶仍在逍遥法外，继续危害社会。它们毁灭性地打击了刑事司法制度的合法性。当冤案时常发生时，公民报告犯罪、出庭作证或者担任陪审员的积极性将会大幅度降低。”①

根据布莱恩的以上描述，冤案可谓最严重的刑事司法错误。然而，多年来学界就如何界定冤案以及术语的使用展开了激烈的争论。

（一）理论上的争论与分歧

根据外国学者使用“Wrongful Convictions”的语境，对它可以

① 参见 Brian Forst，“Wrongful Convictions in a World of Miscarriages of Justice”，in C. Ronald Huff and Martin Killias（eds.），Wrongful Convictions and Miscarriages of Justice：Causes and Remedies in North American and European Criminal Justice Systems，Routledge of the Taylor & Francis Group，2013，pp. 16 – 17。

有多种不同的理解，主要有广义和狭义两种界定视角。① 从广义的视角而言，“Wrongful Convictions”泛指所有在程序上或者事实上不公正的有罪判决，如有的学者将“Wrongful Convictions”界定为错误的定罪，并进一步区分事实层面的错误定罪（actual wrongful convictions）和程序层面的错误定罪（procedural wrongful convictions），前者指无辜者被定罪的情形，后者指存在法律错误或程序瑕疵的有罪判决。② 从狭义的视角而言，“Wrongful Convictions”仅限于无辜者被错误定罪的情形，即冤案。

越来越多的学者认为从狭义的视角使用这一术语更为合理，有利于规范学术探讨。这一视角逐渐成为主流学说。然而，在剖析冤案的内涵时，学者们对“Innocence”（无辜者）的理解出现了分歧：

有的学者，尤其是早期的一些学者，认为冤案是一个法律范畴，应当在现有的司法视角内认定无辜者，他们认为冤案是指被告人在控方的有罪证明未能达到排除合理怀疑的标准下依然被定罪的所有情形，而被告人事实上是否实施了犯罪行为在所不问。换言之，只要控方的证据和证明未能成功推翻无罪推定的法律拟制，所

---

① 参见 Emily Hughes, “Innocence Unmodified”, North Carolina Law Review, Vol. 89, 2011, pp. 1083 – 1086; Marvin Zalman, “An Integrated Justice Model of Wrongful Convictions”, Albany Law Review, Vol. 74, 2011, p. 1470; D. M. Risinger, “Innocents Convicted: An Empirically Justified Factual Wrongful Conviction Rate”, Journal of Criminal Law and Criminology, Vol. 97, Issue 3, 2007。

② 参见 D. Michael Risinger, “Innocents Convicted: An Empirically Justified Factual Wrongful Conviction Rate”, Journal of Crime Law and Criminology, Vol. 97, 2007, p. 762, n. 2; M. Zalman, B. Smith and A. Kiger, “Officials’ Estimates of the Incidence of Actual Innocence Convictions”, Justice Quarterly, Vol. 25, 2008。再如，桑德拉和约翰认为以下两类现象都可以称为冤案（wrongful convictions）：（1）某个事实上没有实施犯罪行为的被告人认罪或者经审判认定有罪；（2）在司法过程中发生偏见或者其他可纠正的错误，被告人事实上是否有罪在所不问。参见 Saundra D. Westervelt and John A. Humphrey (eds.): Wrongful Convicted: Perspectives on Failed Justice, Rutgers University Press, 2001, p. 7。此外，《欧洲人权公约》第七议定书第 3 条标题中使用的“wrongful conviction”也是广义的理解。

有被定罪的人就都是无罪的，在这种情况下被定罪的案件均是冤案。①

随着“无辜者运动”（Innocence Movement）的兴起，② 更多的学者和文献从事实层面来界定无辜者，强调被告人在事实上是无罪的。③ 他们认为，冤案是指事实上未实施特定犯罪行为的公民因该错误追诉而被定罪的情形，如赫夫（Huff）认为，冤案仅仅指“公民受到犯罪指控后承认有罪或者经审判认定有罪，但客观上并未实

① 参见 Victor Streib，“Intentional Wrongful Convictions of Children”，Chicago – Kent Law Review，Vol. 85，2010，p. 163；*In re* Winship，397 U. S. 1970，pp. 364 – 365。

② 无辜者运动（Innocence Movement），是指美国自 20 世纪 90 年代中期起，由律师、心理学家、社会学家、法学家、政府人员、记者、自由作家以及民权人士等发动和参与的拯救狱中服刑的无辜者和纠正冤案成因的一系列活动。参见 Marvin Zalman，“An Integrated Justice Model of Wrongful Convictions”，Albany Law Review，Vol. 74，2011，p. 1468；Keith A. Findley，“Toward a New Paradigm of Criminal Justice：How the Innocence Movement Merges Crime Control and Due Process”，Texas Tech Law Review，Vol. 41，2008；Andrew M. Siegel，“Moving Down the Wedge of Injustice：A Proposal for a Third Generation of Wrongful Convictions Scholarship and Advocacy”，American Criminal Law Review，Vol. 42，2005，p. 1219。有的学者将这一运动称为“无辜者革命”，参见 Lawrence C. Marshall，“The Innocence Revolution and the Death Penalty”，Ohio State Journal Of Criminal Law，Vol. 1，2004；Samuel R. Cross et al.，“Exonerations in the United States 1989 Through 2003”，Journal of Criminal Law and Criminology，Vol. 95，No. 2，2005。还有的学者将这一运动称为“新的民权运动”，参见 Daniel S. Medwed，“Innocentrism”，University of Illinois Law Review，Vol. 2008，2008，p. 1550。无论具体称谓是什么，现在这一运动潮流已经成为世界性趋势，世界无辜者联盟（The Innocence Network）作为洗冤工程（Innocence Project）的世界性联盟组织，截至 2013 年已经拥有 79 个成员（其中包括 11 个来自美国以外其他国家和地区的成员）。参见 http：//www. innocencenetwork. org/members。

③ 参见 Edwin Montefiore Borchard，Sixty – Five Actual Convicting the Innocent：Errors of Criminal Justice，Forgotten Books，2012（分析了那些事实上无辜的被告人受到错误指控并定罪的案件）；Barry Scheck et al.，Actual Innocence：Five Days to Execution，and Other Dispatches from the Wrongful Convicted，Doubleday，2000（作者在书中透露了事实上无辜的观点）；在美国和其他国家与地区兴起的洗冤工程（Innocence Project）的任务之一就是救助那些在事实上无辜的被定罪者，强调所受理的案件仅限于冤案，参见 The Cardozo School of Law Innocence Project，The UBC Law Innocence Project 的网站。

施该特定犯罪行为”的情形。①

随着这种分歧的加深，越来越多学者注意到“Innocence”一词可能具有多种界定标准，他们从多个层面对这一术语进行了深入全面的剖析，并最终将“无辜”和“冤案”这两个术语的范围严格限定在事实层面。总的来说，主要分为“二元说”和“三元说”。

（1）“二元说”。简言之，“无辜”区分为事实上无罪（Factual Innocence）的情形和法律上无罪（Legal Innocence）的情形。学者李辛格（Risinger），认为至少存在三种类似的错误的有罪判决：第一类错误的有罪判决属于事实层面的错误，包括案件所认定的犯罪事实根本没有发生和被告人不是所指控犯罪行为的真凶两种情形。在此类错误中，被告人在事实上是无罪的。第二类错误的有罪判决属于法律层面的错误，即被告人的确实施了特定的犯罪行为但具有免责抗辩事由的情形（如被告人属于精神病人或者被告人的行为属于正当防卫等）。在此类错误中，被告人客观上的确实施了特定行为，只是在法律上不构成犯罪。第三类错误的有罪判决属于程序层面的错误，即被告人虽然实施了特定犯罪行为且需要承担刑事责任，但因在刑事程序中存在有害的程序错误和技术瑕疵而不应当被定罪的情形（如证据未能排除合理怀疑）。在此类错误中，被告人在事实层面上的确是有罪的。只有出现第一类错误，即被告人

① 参见 C. Ronald Huff, A. Rattner, and E. Sagarin, Convicted but Innocent: Wrongful Conviction and Public Policy, Sage Publications, 1996, p. 10。类似的概念界定参见 D. Anderson and B. Anderson, Manufacturing Guilt: Wrongful Convictions in Canada（2nd Edition）, Fernwood Publishing, 2009；A. N. Doob, An Examination of the Views of Defence Counsel of Wrongful Convictions, Centre of Criminology, University of Toronto, 1997, pp. 1–20；L. Weathered, “Does Australia Need a Specific Institution to Correct Wrongful Convictions?”, Australian and New Zealand Journal of Criminology, Vol. 40, Issue 2, 2007, pp. 179–198；M. Zalman, B. Smith and A. Kiger, “Officials' Estimate of the Incidence of 'Actual Innocence' Convictions”, Justice Quarterly, Vol. 25, Issue 1, 2008, pp. 72–100；S. P. Savage, J. Grieve and S. Poyser, “Putting Wrongs to Right: Campaigns against Miscarriages of Justice”, Criminology and Criminal Justice, Vol. 7, issue 1, 2007, pp. 83–105。

在事实上是无罪的（Factual Innocence），这类案件才属于冤案。如果出现第二类和第三类错误，被告人因法律规定或受无罪推定原则的保护而只在法律层面上是无罪的（Legal Innocence），则属于冤案以外的其他刑事司法错误。[①] 据此，在界定冤案时，应当排除被告人仅在法律层面上无罪的案件，那些①被告人客观上实施了特定犯罪行为，②但缺少必需犯意（*Mens Rea*）、具有抗辩事由、未接受公正审判或者被告人其他实体性或者程序性权利受到侵犯，③却最终被定罪的案件，并不属于冤案。[②]

（2）“三元说”。学者玛格丽特（Margaret）认为“无辜”至少可以区分为三种情形：第一种情形是陪审团相信被告人实施了犯罪行为并且具备构成犯罪的所有要素，但是他们的相信无法达到法

---

① 参见 D. M. Risinger，“Innocents Convicted：An Empirically Justified Factual Wrongful Conviction Rate”，Journal of Criminal Law and Criminology，Vol. 97，Issue 3，2007，pp. 762 – 763。许多学者都阐述了类似的观点，参见 Stanley Z. Fisher，“Convictions of Innocent Persons in Massachusetts：An Overview”，Boston Univ. Public Interest Law Journal，Vol. 12，2002，p. 5 & n. 13（区分了事实上的无辜和法律上的无辜，并将无辜限定为事实上的无辜）；Larry May and Nancy Viner，“Actual Innocence and Manifest Injustice”，Saint Louis University Law Journal，Vol. 49，2004，p. 482；Tony G. Poveda，“Estimating Wrongful Convictions”，Justice Quarterly，Vol. 18，Issue 3，2001，pp. 690 – 691（讨论了事实上无辜和法律上无辜的区别）；Lisa David，Wrongful Convictions：A Review and Assessment of Miscarriage of Justice in Canada [Dissertation]，The University of British Columbia，pp. 7 – 8（事实上的无辜是不解自明的，被定罪人客观上没有实施罪名所涉及的行为；法律上的无辜，包括但不限于被告人可能实施了特定犯罪行为，但控方的指控没有排除合理怀疑的情形）；Carol S. Steiker and Jordan Steiker，“Seduction of Innocence：The Attraction and Limitations of the Focus on Innocence in Capital Punishment Law and Advocacy”，Journal of Criminal Law and Criminology，Vol. 95，Issue. 2，2005，pp. 587 – 624；Ken Strutin，“The Age of Innocence：Actual，Legal and Presumed”，from http：//www. llrx. com/features/ageofinnocence. htm，2013 年 11 月 22 日最后访问。

② 参见 Stanley Z. Fisher，“Convictions of Innocent Persons in Massachusetts：An Overview”，Boston Univ. Public Interest Law Journal，Vol. 12，2002，p. 5 & n. 13；Hugo Adam Bedau and Michael L. Radelet，“Miscarriages of Justice in Potentially Capital Cases”，Stanford Law Review，Vol. 40，No. 1，1987，p. 39（将仅存在法律错误的案件排除在冤案之外）。

律要求的程度，这种情形被称为“证明责任意义上的无罪”（Burden of Proof Innocence）；第二种情形是陪审团发现被告人具备构成犯罪的部分要素，但由于缺乏某些必备要素或者具有某些正当理由而无法认定为犯罪，最典型的例子就是被告人实施了特定的犯罪行为，但是缺乏法定的犯意（*Mens Rea*），这种情形被称为“法律意义上的无罪”（Legal Innocence）；第三种情形是根本没有犯罪事实发生或者被告人并非真凶，这种情形被称为“事实意义上的无罪”（Factual Innocence）。[①] 威廉（William）同样认为可以从三个层面来理解无罪，但与玛格丽特的区分略有不同，他认为根据证明标准的不同，“无罪”可以区分为“法律上的无罪”（Legal Innocence）、“犯罪构成上的无罪”（Actual Innocence）[②] 和“事实上的无罪”（Factual Innocence）。他认为，“法律上的无罪”源于无罪推定，即无论被告人是否实施了特定的犯罪行为，所有的被告人都是无罪的，直到法庭认为达到了排除合理怀疑的程度而认定为有罪。“犯罪构成上的无罪”是经常在上诉中运用的一种证明标准，被告人在上诉中提出这类无罪主张时，必须向法庭提交证据以动摇事实审理者之前作出有罪判决的信心：①如果当初具备此证据，事实审判者很有可能会作出无罪释放的判决；②缺失令理性裁判者认定被告人有罪的关键证据；③证据足以支持无罪的可能性。“事实上的无罪”是冤案的被告人在主张国家赔偿时所要求的一种证明标准，被告人必须有足够的证据支持没有犯罪事实发生或者被告人并非真

---

① Margaret Raymond, “The Problem with Innocence”, Cleveland State Law Review, Vol. 49, 2001, p. 456.

② 二元说的学者一般认为犯罪构成上的无罪（Actual Innocence）等同于事实上的无罪（Factual Innocence），仅为事实意义上的无罪。参见 Ken Strutin, “The Age of Innocence: Actual, Legal and Presumed”, from http://www.llrx.com/features/ageofinnocence.htm，2013 年 11 月 22 日最后访问；Brandon L. Garrett, “Convicting the Innocent: Where Criminal Prosecutions Go Wrong”, Harvard University Press, 2011。

凶。[①]

尽管各学说之间具体的认识存在分歧，但冤案仅限于无辜者事实上无罪的情形已经基本达成共识。

（二）实践中的挑战与困惑

尽管学者们将冤案限定在事实层面，但在实践中要判断某个案件是否为冤案并不像理论上那样清晰明了，主要是因为在有些情况下，我们根本无法断定案件的被告人到底有没有实施被指控的犯罪行为。[②] 除了上帝以外，只有被告人自己最清楚，但被告人无罪申诉的可信度又难以检验，所以判断其有没有实施特定的犯罪行为显得异常困难。[③] 然而，开展冤案研究需要具体案件作为样本，于是有关学术机构和学者就此提出了不同的判断标准。

1. 主观标准

早期的一些学者，尤其在利用DNA技术洗冤之前，基本上采用主观的界定标准来判断和收集冤案，其中最具代表性的是贝道（Bedau）与拉德勒特（Radelet）的研究和利奥（Leo）与奥夫实（Ofshe）的研究。贝道与拉德勒特界定和收集冤案的标准是“他们认为大多数中立的旁观者根据所披露的证据相信被告人是无罪的案件”。[④] 利奥与奥夫实通过审阅案件材料和二手信息将案件区分为“高度盖然的冤案”和

① 参见 William S. Laufer，“The Rhetoric of Innocence”，Washington Law Review，Vol. 70，1995，p. 331，n. 4。

② 参见 Saundra D. Westervelt and John A. Humphrey（eds.）：Wrongful Convicted：Perspectives on Failed Justice，Rutgers University Press，2001，p. 7；Ruth Brandon and Christie Davies，Wrongful Imprisonment：Mistaken Convictions and Their Consequences，George Allan & Unwin，1973，p. 19；Keith A. Findley，“Defining Innocence”，Albany Law Review，Vol. 74，p. 1162。

③ 波韦达就此进行了分析，他指出：要判断一个人事实上没有实施特定的犯罪行为几乎是不可能的。被定罪者的有罪判决随后被推翻或者撤销并不等于他没有实施特定的行为，而仅仅可能是因为控方的有罪证明没能达到排除合理怀疑的程度。参见 Povada Tony，“Estimating Wrongful Convictions”，Justice Quarterly，Vol. 18，No. 3，2001，p. 690。

④ 参见 Hugo Adam Bedau and Michael L. Radelet，“Miscarriages of Justice in Potentially Capital Cases”，Stanford Law Review，Vol. 40，No. 1，1987，p. 47。

“已经证实的冤案”。[①] 尽管保罗（Paul）批判了上述研究者采用的主观标准，但他提出的标准也并未摆脱主观性，只是判断者变成了检察官而已。他认为判断冤案的最佳方法是限定于那些之前负责指控的控方最终认为被告人没有实施犯罪的案件。[②] 尽管警察和检察官具有避免和推翻冤案的职业道德，但是检察官与辩方相对立的角色、带有偏见的认识以及体制压力令其难以承认自己的错误。[③] 因此，以检察官的判断作为标准依旧具有浓厚的主观色彩和偏见。

现在，越来越多的学者反对采用具有主观性的标准，因为客观事实具有绝对性并且是不可知的，没有人具有绝对精确的方法来发现事实。[④] 但是，这并不妨碍我们在个案中通过足够的证据确定被告人是无罪的。在意识到上述主观标准的不可靠性之后，有学者认为，最切实可行的方法是采用法律体制确定的“有罪”与“无罪”标准。

2. 法律标准

世界上并没有完全绝对的无罪证明，就如没有完全绝对的有罪证

---

① 参见 Richard A. Leo and Richard J. Ofshe，“The Consequences of False Confession：Deprivations of Liberty and Miscarriages of Justice in the Age of Psychological Interrogation，” Journal of Criminal Law and Criminology，Vol. 88，1998，p. 429。利奥与奥夫实在文中所列清单实际上都是虚假供述的案件，而其中只有部分存在虚假供述的案件最后导致了冤案。参见上文第 435 ~ 436 页。

② 参见 Paul G. Cassell，“The Guilty and the ‘Innocent’：An Examination of Alleged Cases of Wrongful Convictions from False Confession”，Harvard Journal of Law and Public Policy，Vol. 22，1999，p. 581。

③ 参见 Susan Bandes，“Loyalty to One's Convictions：The Prosecutor and Tunnel Vision”，Howard Law Journal，Vol. 49，No. 2，2006；Alafair Burke，“Neutralizing Cognitive Bias：An Invitation to Prosecutors”，NYU Journal of Law & Liberty，Vol. 2，2007；Keith A. Findley and Michael S. Scott，“The Multiple Dimensions of Tunnel Vision in Criminal Cases”，Wisconsin Law Review，Vol. 2，2006；Daniel S. Medwed，“The Zeal Deal：Prosecutorial Resistance to Post－Conviction Claims of Innocence”，Boston University Law Review，Vol. 84，2004，pp. 140－144；Amy Bach，“Extraordinary Wrongful Convictions，Ordinary Errors—Why Measurement Matters”，Albany Law Review，Vol. 73，2010，p. 1221. Hofstra University Legal Studies Research Paper No. 07－4。

④ 参见 Richard A. Posner，The Problem of Jurisprudence，Harvard University Press，1990，pp. 217－218（作者指出客观事实在审判中是不可知的）。

明一样。从这个意义上讲，要求绝对的确定性就等于不可能。① 司法上的认定是我们唯一可以利用的相对客观的标准，如果否定这一标准，无疑等于否定司法，这必将导致对“有罪”和“无罪”的评判再次陷入毫无意义的无休止的主观性标准的争论中。② 因此，许多学者和学术机构在界定和统计冤案时采用了较为明确的法律标准，即被告人在被定罪后又经官方除罪释放（Exonerations）的案件。

塞缪尔（Samuel）等学者指出，除罪释放不同于初次审判后经历上诉审的无罪释放，它是一种官方的宣示行为，专门用来指称那些有罪判决已经生效甚至已经服刑的被告人后被改为无罪的情形，具体包括四种情形：①基于无罪的证据，通过州长的赦免或者其他类似的执行行为而除罪释放之前被定罪的囚犯；②出现新的无罪证据后，法官据此撤销有罪判决下所有指控的情形；③上诉法院启动重新审判后，法庭根据被告人无罪的新证据（在之前审判中并未提交的新证据）而决定无罪释放的情形；④政府通过发布正式的公示承认服刑期间死亡的囚犯在事实上是无辜的情形。以上述条件作为标准，塞缪尔筛选了从1989年至2003年的340例案件进行研究。③

---

① 参见Keith A. Findley，“Defining Innocence”，Albany Law Review，Vol. 74，pp. 1161－1162。

② 许多学者意识到，否定司法的认定，完全采用主观性的标准来判断谁是无罪的谁是有罪的几乎是不可能完成的任务，更加无法准确测量冤案的数量与范围。参见Paul G. Cassell，“The Guilty and the ‘Innocent’：An Examination of Alleged Cases of Wrongful Convictions from False Confession”，Harvard Journal of Law and Public Policy，Vol. 22，1999，pp. 571－573。因此，有学者指出，在利用DNA技术洗冤之前的一些学者在其文献中针对有罪无罪的标准相互争论不休，并相互指责对方的标准只是带有个人主观色彩的评判而已。参见Richard A. Leo，“Rethinking the Study of Miscarriages of Justice：Developing a Criminology of Wrongful Conviction”，Journal of Contemporary Criminal Justice，Vol. 21，p. 206。

③ 参见Samuel R. Gross et al.，“Exoneration in the United States，1989 through 2003”，Journal of Criminal Law and Criminology，Vol. 95，No. 2，2005，p. 524。这一分类排除了那些在上诉过程中上诉法院因发现定罪证据不足而改判无罪释放的案件，因为在这些案件中并未出现新的无罪证据。采用类似法律标准的文献还有Ruth Brandon and Christie Davies，Wrongful Imprisonment：Mistaken Convictions and Their Consequences，George Allan & Unwin，1973，p. 19。

美国除罪释放登记机构（National Registry of Exonerations）也采取了类似的标准，它认为除罪释放是指之前被定罪的被告人之后又被无罪释放的以下两种情形：①有关的国家机关或其工作人员宣布被定罪者在事实上是无罪的情形；②有相关权限的国家机关或其工作人员采取特定行为解除有罪判决之后果的情形。可以解除有罪判决之后果的特定行为包括：①州长或者其他有权的机构或人员的赦免决定，而不论在决定中是否明确指出被告人无罪的根据；②法庭经重审后改判为无罪释放；③法庭撤销之前有罪判决下的所有指控或者检察官撤回之前成功定罪的所有指控。这些解除有罪判决之后果的特定行为，必须是全部或者部分基于被告人无罪的证据作出的（或者是在审判时没有提交的无罪证据，或者是在被告人认罪时不为被告人、辩护律师和法官所了解的无罪证据）。[①]

尽管以官方的正式决定作为认定标准较为明确且操作性极强，但这一标准存在致命的缺陷：具有混淆事实上无罪与法律上无罪的嫌疑。尽管上述官方的正式决定均强调以无罪证据作为根据，但法

① 根据法律规定，这些解除有罪判决之后果的特定行为并不一定要求都要以无罪证据为基础。但是，美国除罪释放登记机构在统计登记冤案时，仅限于那些全部或者部分因无罪证据而被解除有罪判决之后果的案件。参见 https：//www. law. umich. edu/special/exoneration/Pages/glossary. aspx，2013 年 11 月 20 日最后访问。（Exoneration—A person has been exonerated if he or she was convicted of a crime and later was either：（1）declared to be factually innocent by a government official or agency with the authority to make that declaration；or（2）relieved of all the consequences of the criminal conviction by a government official or body with the authority to take that action. The official action may be：（i）a complete pardon by a governor or other competent authority，whether or not the pardon is designated as based on innocence；（ii）an acquittal of all charges factually related to the crime for which the person was originally convicted；or（iii）a dismissal of all charges related to the crime for which the person was originally convicted，by a court or by a prosecutor with the authority to enter that dismissal. The pardon，acquittal，or dismissal must have been the result，at least in part，of evidence of innocence that either（i）was not presented at the trial at which the person was convicted；or（ii）if the person pled guilty，was not known to the defendant，the defense attorney and the court at the time the plea was entered. The evidence of innocence need not be an explicit basis for the official action that exonerated the person.）

庭的判断标准是该证据足以对有罪证明造成合理怀疑，而对这种证据能在多大程度上证明被告人没有从事特定犯罪行为并无要求。[①] 换言之，通过这一标准所界定的冤案并非完全准确，其中必定包含一些虚假的成分，如被告人的确从事了特定的犯罪行为，但某些新证据令原有的有罪证明出现合理怀疑，被告人因而被除罪释放的案件。[②] 从严格意义上而言，这类案件并不是冤案，因为没有足够的证据证明被告人没有实施特定的犯罪行为。此外，这一标准忽视了大量客观存在的冤案，即那些因缺乏无罪证据而无法成功推翻有罪判决的无辜者。[③]

3. 客观标准

随着“无辜者运动”的兴起，DNA 技术提供的有力证据帮助越来越多的无辜者证明了自己在事实上是无罪的。因此，越来越多的学者强调冤案的客观事实标准：没有犯罪事实发生或者被定罪者不是真凶的情形。既不能完全以官方的除罪释放决定作为标准，更不能以某些学者或者研究机构的主观认识作为标准。据此，冤案可

---

① 在不同管辖区的不同法庭，无罪证明要达到何种程度才能决定除罪释放的标准并不相同。参见 Keith A. Findley，“Defining Innocence”，Albany Law Review，Vol. 74，p. 1162。例如，有的法庭要求，如果新证据比没有该证据的情况下增加了理性的陪审团作出有罪判决的可能性即可，这一标准类似于无罪证据必须达到优势证据的程度，高于“动摇定罪的信心”这一标准，低于“明确且令人信服的程度”这一标准，参见 Schlup v. Delo，513 U. S. 298（1995），p. 327；Murray v. Carrier，477 U. S. 478（1996），p. 496。又如，大多数洗冤工程所列举的案件都是经过 DNA 鉴定后完全确定被告人不是真凶的情形，在这些案件中，DNA 证据达到了明确且令人信服的程度，毫无疑问属于冤案。参见 Know the Cases：Browse Profiles，Innocence Project，http：//www. innocenceproject. org/know/Browse – Profiles. php，2013 年 11 月 30 日最后访问。

② 参见 Samuel R. Gross et al.，“Exoneration in the United States，1989 through 2003”，Journal of Criminal Law and Criminology，Vol. 95，No. 2，2005，p. 524；Joshua Marquis，“The Myth of Innocence”，The Journal of Criminal Law and Criminology，Vol. 95，No. 2，2005，p. 508。

③ 参见 Margaret Raymond，“The Problem with Innocence”，Cleveland State Law Review，Vol. 49，2001，pp. 452 – 453。

以分为四类：第一类冤案是无辜者之前被定罪但之后因新的无罪证据而被除罪释放的情形。在此类刑事案件中，无罪证据达到了相当确定的程度。第二类冤案是虽然没有足够的证据证明无罪，但事实上无罪的被定罪者因诉讼中的某类不当行为而有罪判决被撤销的情形。第三类冤案是事实上无罪的被定罪者因州长的赦免而被释放，但有罪判决未被推翻的情形。第四类冤案是无辜者永远得不到救济，有罪判决永远不会被推翻的情形。① 这种观点认为，任何刑事司法制度都不可能完全避免冤案，而且也不可能发现和纠正所有的冤案。判断冤案的标准只能是客观事实，不为人的意志所转移。采用客观标准的代表学者是爱华德·博查德（Edward Borchard），他在著作中分析的65例冤案都是已经被证实的，主要是受害人复活或者真凶被抓的情形。②

第二节　概念的本土建构

从国外的研究现状和研究趋势来看，对刑事司法错误（Miscarriages of Justice）与冤案（Wrongful Convictions）两个概念的研究已经相当深入，内涵与外延逐渐清晰，术语使用越加规范。相比之下，目前我国学界几乎很少专门使用“刑事司法错误”和“冤案”这两个术语，更是鲜有文献深层次剖析二者的内涵及界

① 参见 Robert Joseph Ramsey, False Positives in the Criminal Justice Process: An Analysis of Factors Associated With Wrongful Convictions of the Innocent [Dissertation], University of Cincinnati, 2003, pp. 8 – 10。

② 参见 Edwin Montefiore Borchard, Sixty – Five Actual Convicting the Innocent: Errors of Criminal Justice, Forgotten Books, 2012。

定标准。[①]从现有的文献来看，大多数学者偏爱使用“司法不公”、“刑事错案”、“冤假错案”、“刑事误判”等表述，同时还存在表述不合理和术语使用混乱的问题。[②]所有社会科学研究的逻辑起点是明确研究对象，只有首先将社会现象概念化和表述规范化，才具有开展针对性研究和共同探讨的平台。在某种意义上，研究刑事司法正义的“反面”——刑事司法过程中发生的错误与研究刑事司法正义同等重要，不能偏执一端。因此，我国学界应当在借鉴国外相关理论的基础上，首先构建与国际接轨又具

---

① 近几年，我国少数学者开始使用刑事司法错误这一概念，主要有南京师范大学的李建明和上海交通大学的林喜芬。参见李建明著：《刑事司法错误——以刑事错案为中心的研究》，人民出版社2013年版；林喜芬著：《转型语境的刑事司法错误论——基于实证与比较的考察》，上海人民出版社2011年版；以下较为有代表性的文献使用了“冤案”这一概念，赵琳琳著：《刑事冤案问题研究》，中国法制出版社2012年版；董坤著：《侦查行为视角下的刑事冤案研究》，中国人民公安大学出版社2012年版；陈永生：《我国刑事误判问题透视——以20起震惊全国的刑事冤案为样本的分析》，载《中国法学》2007年第3期；邓子滨：《使刑事冤案得以昭雪的制度空间》，载《环球法律评论》2003年第2期；王永杰：《程序异化的法社会学考察论纲》，载《政治与法律》2007年第3期和第4期；庄琳：《刑事冤案形成的原因及对策》，载《河南公安高等专科学院学报》2010年第4期。此外，我国尚有大量文献使用了“刑事冤案”或“冤案”，但都没有提及这一术语的概念。

② 现在国内大量的文献更加喜欢使用“刑事错案”，如刘品新主编：《刑事错案的原因与对策》，中国法制出版社2009年版；刘丽云主编：《刑事错案与七种证据》，中国法制出版社2009年版；胡志风著：《刑事错案的侦查程序分析与控制路径研究》，中国人民公安大学出版社2012年版；郭欣阳著：《刑事错案评析》，中国人民公安大学出版社2011年版；王佳著：《追寻正义法治视野下的刑事错案》，中国人民公安大学出版社2011年版；王乐龙编：《刑事错案——症结与对策》，中国人民公安大学出版社2011年版；李建明著：《刑事司法错误——以刑事错案为中心的研究》，人民出版社2013年版；张德利、陈连福主编：《非法取证与刑事错案问题研究》，中国检察出版社2007年版；陈学权：《刑事错案的三重标准》，载《法学杂志》2005年第4期；何家弘、何然：《刑事错案中的证据问题——实证研究与经济分析》，载《政法论坛》2008年第2期；张保生：《刑事错案及其纠错制度的证据分析》，载《中国法学》2013年第1期；陈卫东：《刑事错案救济的域外经验：由个案、偶然救济走向制度、长效救济》，载《法律适用》2013年第9期；卞建林、龙宗智等：《非法取证与刑事错案——法学名家高峰论坛》，载《证据学论坛》2007年第1期。

本土化特点的概念。

一、刑事司法错误的概念

改革开放以来，随着法治建设的进步，各类刑事司法错误现象越来越受到实务界和学术界的重视，它们也作出了一些智识努力和理论回应。[①] 然而，相比司法公正等法治话语的正向强调，对司法错误等反向素材的研究依然薄弱。即使从当前这些成果来看，也大都局限于个案中存在的具体问题或者某一类现象，缺乏提炼概念和构建理论的意识。由于缺乏统摄性的概念和系统性的理论框架，针对各类刑事司法错误现象的研究处于“一盘散沙”的状态，这从实务界和学术界使用的形形色色、尚待统一规范甚至存在冲突的表述中可见一斑。如同硬币的两面，刑事司法系统既会产生司法正义，同样必然也会出现错误和产生不正义。因此，针对刑事司法错误现象的研究需要常态化、系统化、规范化和理论化，这首先要求立足实践，准确界定现实中存在的问题，在整合现有表述的基础上建构科学合理的概念。

采用何种表述才能做到既精确又全面地描述刑事司法过程中发生的偏差现象，这是问题意识的逻辑起点。借鉴国外相关研究成果，笔者认为，采用“刑事司法错误”这一术语既具有国际对话平台，又具有较高的抽象性和足够的包容性。这与我国著名学者李建明的观点不谋而合。[②]

---

① 学界和实务界对于各种刑事司法错误的探索参见林喜芬著：《转型语境的刑事司法错误论——基于实证与比较的考察》，上海人民出版社 2011 年版，第 2 ~ 5 页。

② 参见李建明著：《刑事司法错误：以刑事错案为中心的研究》，人民出版社 2013 年版，第 8 ~ 9 页。尽管在采用中文表述上一致，但笔者认为“刑事司法错误”一词应当对应英文中的“Miscarriages of Justice”的习惯用法，而不是李建明教授所采用的“Errors of Criminal Justice”。因为在英文语境中，“Miscarriages of Justice”是学界已经采用的一个规范性的概念与术语，而“Errors of Criminal Justice”是一种普通的描述性词汇，并不是一个独立的法律范畴。

（一）刑事司法错误的涵义

根据《现代汉语词典》的解释，“错误”一词的含义是：①“[形]不正确：与客观实际不符合：如错误思想，错误的的结论”；②“[名]不正确的事物、行为等：如犯错误，改正错误”。[①] 由此可见，错误一词的对立面是正确，只要偏离正确的标准就是不正确，即错误。于是在界定错误之前，首先需要明确正确的标准。

就刑事司法层面而言，刑事司法错误的对立面是刑事司法公正。[②] 因此，剖析刑事司法公正的标准是界定刑事司法错误的前提，这与上文所述国外学者沃克界定刑事司法错误的思路不谋而合。刑事司法公正是一个历史性范畴，因此刑事司法错误的内涵必然取决于不同的历史形态。[③] 具体到现代刑事司法制度而言，刑事司法公正是指在刑事司法活动中，刑事司法机关及其工作人员依法履行职责，正确适用刑事程序法和刑事实体法，依据证据相对公平合理地处理刑事案件，做到各守其位、各司其职，使利害关系各方尽可能得

---

① 中国社会科学院语言研究所词典编辑室编：《现代汉语词典》（第6版），商务印书馆2012年版，第229页。

② “公正是诉讼的灵魂和生命，是人类始终不渝的追求，而这种追求最集中的体现就是司法公正。因为司法活动是调整社会关系、调处社会争议、调控社会矛盾最重要的手段，也是最后一道屏障，一旦发生司法不公，人们对公权力势必丧失信心，社会必然发生混乱。”由此可见，刑事司法公正是刑事诉讼和刑事司法的灵魂和生命，其对立面是各种司法不公现象。参见顾永忠：《司法公正和效率若干问题辨析》，载陈光中主编《诉讼法理论与实践》，中国政法大学出版社2001年版，第84页。刑事司法错误其实就是对这些司法不公现象的提炼和概括。

③ 林喜芬在其著作中分别分析了原始社会的法、司法及司法错误，早期稳定社会的法、司法及司法错误，中期稳定社会的法、司法及司法错误，近现代社会语境的法、司法及司法错误。详见林喜芬著：《转型语境的刑事司法错误论——基于实证与比较的考察》，上海人民出版社2011年版，第23～32页。

其所应得。[①] 一般来说，司法公正包括程序公正和实体公正。[②] 据

---

① 探讨刑事司法公正，首先要探讨何为“公正”和“刑事司法”。的确，正义（公正）有着一张普洛透斯似的脸，变幻无常，随时可呈不同形状并具有极不相同的面貌。因此，自古以来，学者们对公正和司法公正的理解众说纷纭。笔者认为，公正指的是人们在社会关系中，能够公平地分配权利和义务，合理地处理各种利益关系，以及维护社会全体成员的共同利益，协调成员间的社会关系，使每个社会成员尽量能够得其所应得（即获得其相称的、正当的利益或者结果）；同时，公正也指（一般）公开、相对公平、普遍公认的正义（正义即各守其位、各司其职，得其所应得等）。该定义引自《刑事司法公正的内涵及其实现》一文，载 http：//lawlife1. fyfz. cn/b/220983。至于“刑事司法”等同于“刑事诉讼”，对“司法”和“刑事司法机关”最广义之解读，刑事司法机关包括公安机关及其他侦查机关、检察机关和人民法院以及涉及部分执行活动时的有关机关。其中部分执行活动限于刑事诉讼活动，仅指人民法院的交付执行、监狱及其他执行机关对刑罚的执行和刑罚变更等。参见陈光中主编：《刑事诉讼法》，北京大学出版社 2013 年版，第 402 页。根据以上这些观点，笔者总结了刑事司法公正的定义。此外，关于公正、司法公正的多种学说和深入探讨可参见以下文献：张曙著：《刑事司法公正论》，中国人民公安大学出版社 2009 年版，第 1 ~ 88 页。关于司法公正或刑事司法公正的讨论比较有代表性的成果还有：王晨著：《司法公正的内涵及其实现》，知识产权出版社 2013 年版；李修源著：《司法公正理念及其现代化》，人民法院出版社 2002 年版；高其才等著：《司法公正观念源流》，人民法院出版社 2003 年版；白建军著：《公正底线：刑事司法公正性实证研究》，北京大学出版社 2008 年版；姚莉：《司法公正要素分析》，载《法学研究》2003 年第 5 期；何家弘：《司法公正论》，载《中国法学》1999 年第 2 期；谢佑平、万毅：《论司法改革与司法公正》，载《中国法学》2002 年第 5 期；吕忠梅：《司法公正价值论》，载《法制与社会发展》2003 年第 4 期；陈兴良：《刑事司法公正论》，载《中国人民大学学报》1997 年 1 期。

② 程序公正和实体公正是学界的主流学说，至于程序公正和实体公正的内容，详见陈光中：《坚持程序公正与实体公正并重之我见——以刑事司法为视角》，载《国家检察官学院学报》2007 年第 4 期，第 3 ~ 4 页。至于司法公正的内容，学界有多种观点，主要有以下三类认识：（1）广义说。此说大致又可细分为四种：①“程序、实体和制度”三个层次说。参见徐显明：《何谓司法公正》，载《文史哲》1999 年第 6 期，第 87 页。②“程序、权利和结果”三个层次说。参见文敬：《论司法公正的评判原则》，载《人民司法》2000 年第 1 期，第 11 页。③“实体、程序和形象”三个层次说。参见华福龙：《浅析司法公正的价值取向》，载 http：//www. jhcourt. cn/NewsShow. aspx？ id = 2600，2013 年 11 月 19 日最后访问。④“整体公正与个体公正”说。参见何家弘：《司法公正论》，载《中国法学》1999 年第 2 期，第 16 页。（2）中义说。此说主要有三种：①“冲突时程序优先”说。参见汤维建：《论司法公正的保障机制及其改革》，载《河南省政法管理干部学院学报》2004 年第 6 期，第 31 页。②“冲突时实体优先”说。③“程序和实体并重”说。参见陈光中：《坚持程序公正与实体公正并重之我见——以

此，笔者认为，刑事司法错误是指刑事司法机关及其工作人员在刑事司法过程中履行职责时，违反法定程序，或者错误认定事实，或者错误适用法律，以及其他损害程序公正或实体公正的客观现象。由此可以看出，刑事司法错误的主体是刑事司法机关及其工作人员，①时空范围限定在刑事诉讼过程中履行职责时，②主要表现形式是违反法定程序，或者错误认定事实，或者错误适用法律等，后果是损害了程序公正或实体公正。

笔者提炼的定义与李建明教授的定义③稍有差别，李建明教授主张刑事司法错误对受害人造成了司法侵害，对受害人造成司法侵害是刑事司法错误的一个基本特征，对此笔者认为值得商榷。④主要基于以下两个理由：

第一，李建明教授其实在其著作中也承认，“对受害人造成司法侵害作为刑事司法错误的基本特征时，实际上只是在讨论两类刑

刑事司法为视角》，载《国家检察官学院学报》2007年第4期。(3) 狭义说（片面公正说）。此说有两种：①程序公正说。②实体公正说。参见何家弘：《司法公正论》，载《中国法学》1999年第2期，第13页。

① 详见李建明著：《刑事司法错误：以刑事错案为中心的研究》，人民出版社2013年版，第31～33页。

② 详见李建明著：《刑事司法错误：以刑事错案为中心的研究》，人民出版社2013年版，第33～34页。

③ 刑事司法错误“是指刑事司法机关或刑事司法工作人员在刑事司法过程中，违反法定程序，或者错误认定事实，或者适用法律错误，从而对有关公民（或组织）造成司法侵害的行为”。参见李建明著：《刑事司法错误：以刑事错案为中心的研究》，人民出版社2013年版，第30页。

④ 李建明教授认为刑事司法错误应当具有以下三个特征：第一，刑事司法错误的主体是刑事司法机关和刑事司法工作人员；第二，刑事司法错误是刑事司法人员的司法职务行为；第三，刑事司法错误对受害人造成了司法侵害。笔者认为，刑事司法错误的确具备前两项特征，但第三项特征有待商榷。参见李建明著：《刑事司法错误：以刑事错案为中心的研究》，人民出版社2013年版，第36页。

事司法错误中的一类而已”。[1] 将司法侵害这一特征作为刑事司法错误的内涵，会将放纵犯罪这一类刑事司法错误排除在外。尽管在冤枉无辜和放纵犯罪这两类错误之间存在一定的冲突，而且现代刑事司法理念更强调避免冤枉无辜，但这并不足以构成否定这一类刑事司法错误的理由。无论是冤枉无辜还是放纵犯罪，其实都是没有实现“得其所应得”的司法公正，都属于刑事司法过程中出现的错误。从对上节国外关于刑事司法错误内涵和外延的研究上看，学者们都毫无例外地强调了刑事司法错误应当涵盖这两类错误，这也是他们深入研究这两类错误之间关系的前提。因此，在抽象和提炼刑事司法错误的概念时，必须考虑到所有类型司法错误的共性，这既符合科学严谨的研究精神，也是本土概念构建时兼顾国际视野的必然要求。鉴于李建明教授所强调的上述理由：“不枉”与“不纵”之间存在的紧张关系，笔者认为，应当在刑事司法错误这一概念的前提下探讨两类错误的关系以及如何进行价值选择，这并无任何不妥。

第二，将司法侵害作为刑事司法错误的特征之一，就意味着那些未造成他人合法权益损害的错误不能归入刑事司法错误行为。根据刑事司法错误是否有害，国外司法实践界将其区分为“有害错误”和“无害错误”。所谓“无害错误”，是指只在技术上违法，并未剥夺对被告人实体权利保护的错误，或者对于案件处理结果没有影响的程序性错误。[2] 尽管如此，这类错误依然损害了刑事司法公正尤其是程序公正，应当归入刑事司法错误的范畴。换言之，只要刑事司法机关及其工作人员在刑事诉讼的过程中出现违反法定程序、法律适用错误或事实认定错误，不管危害的是程序公正还是实体公正，以及危害程度大小，均是损害了司法公正，当然属于刑事

① 参见李建明著：《刑事司法错误：以刑事错案为中心的研究》，人民出版社2013年版，第31～36页。

② 参见［美］韦恩·R. 拉费弗等著：《刑事诉讼法》，卞建林等译，中国政法大学出版社2003年版，第1420～1432页。

司法错误。至于这类刑事司法错误行为的效力问题，以及刑事司法制度如何进行修正或者处理，则是另外一个问题。例如，讯问是依法进行的，但没有按照法律的规定制作讯问笔录，这依然是刑事司法错误，至于这类笔录有无证据能力在所不问。

（二）刑事司法错误的特征

通过借鉴和总结国内外关于刑事司法错误的研究成果，笔者认为，刑事司法错误有以下几项特征：①

（1）附属性与历史性。刑事司法错误的对立面是刑事司法公正。在不同的历史时期，公正和司法公正的内涵相去甚远，刑事司法错误的界定标准也会随之而变化。刑事司法错误依附于具体历史形态下司法公正的内涵，是一个历史范畴。例如，在中西方封建社会的大部分时间里，刑讯逼供都普遍被作为一种合法的刑事证据调查手段，这完全符合当时“唯实体真实为公正”的标准。② 而今，刑讯逼供已为现代法治国家和国际公约所禁止，因其违背了现代刑事诉讼程序正义的理念。因此，剖析刑事司法错误的逻辑起点应当是解读特定历史条件下刑事司法公正的内涵。就目前国际范围的理论来看，通常认为刑事司法公正包括程序公正和实体公正两个层面

---

① 除本文介绍的特征外，刑事司法错误还具有客观性，其应当理解为与刑事司法公正相背离的客观状态，而非主观意义上的“过错”或者“违法”等，此论述详见李建明著：《刑事司法错误：以刑事错案为中心的研究》，人民出版社2013年版，第38~44页。

② 例如，德意志帝国1532年颁布的《加洛林纳法典》和法国1670年颁布的《刑事诉讼法》都规定，调查官为查明“事实真相”可以采取一切手段，包括对嫌疑人和证人实施秘密的或公开的刑讯逼供。同样，“刑讯”之制，在我国历史上起源甚古，迟至西周，在礼法中已经有所规定。《礼记·月令》曰：“毋肆掠，止狱讼。”注云：“掠为捶治人”。从《睡虎地秦墓竹简》看，战国时代有关“刑讯”的规定已经相当完备。其后，历代（直到清末）对“刑讯”的规定更加严密。参见徐朝阳著：《中国诉讼法溯源》，商务印书馆1973年版，第31~33页。此外，有关中国古代刑讯制度及其评价的文献参见：姜小川：《中国古代刑讯制度及其评析》，载《证据科学》2009年第5期；左卫民、周洪波：《从合法到非法：刑讯逼供的语境分析》，载《法学》2002年第10期；赵春燕：《中国古代刑讯制度演变规律之研究》，载《中国刑事法杂志》2003年第4期；崔敏主编：《刑讯考论：历史 现状 未来》，中国人民公安大学出版社2011年版。

的要求。[①] 然而，程序公正和实体公正的标准同样一直处于发展和变化之中，各国之间甚至一个国家的不同时期也存在差别。

就程序公正而言，尽管学者们的阐释见仁见智，[②] 但目前在中国，刑事案件程序公正的标准至少包括：①严格遵守刑事诉讼法的规定，当然，这是以刑事诉讼法的公正内容为前提的；②认真保障当事人和其他诉讼参与人，特别是犯罪嫌疑人、被告人和被害人的诉讼权利；③严禁刑讯逼供和以其他非法手段取证；④真正实现司法机关依法独立行使职权；⑤审前程序尽量透明，审判程序公开；

---

① 参见 Linda C. Relf, The Ombudsman, Good Governance, and the International Human Rights System, Martinus Nijhoff Publishers, 2004, p. 80; Mirjan Damaska, "Reflections on Fairness in International Criminal Justice", Journal of International Criminal Justice, Vol. 10, Issue 3, 2013; Banach – Gutierrez and B. Joanna, "Some Reflections on the Concept of Due Process: What Kind of Doing Justice Is Emerging in Contemporary Criminal Proceedings", New Journal of European Criminal Law, Vol. 3, Issue 1, 2012; Jean M. Landis and Lynne Goodstein, "When is Justice Fair? —An Integrated Approach to the Outcome Versus Procedure Debate", American Bar Foundation Research Journal, Vol. 1986, Issue 4, 1986。

② 例如，美国学者提出的程序公正之九个标准，参见［美］戈尔丁著：《法律哲学》，齐海滨译，生活·读书·新知三联书店 1987 年版，第 240 ~ 241 页。中国学者提出的"最低限度程序公正标准"，参见陈瑞华著：《刑事审判原理论》，北京大学出版社 1997 年版，第 60 ~ 61 页。其他有关的程序公正的标准，参见孙笑侠：《两种程序法类型的纵向比较——兼论程序公正的要义》，载《法学》1998 年第 8 期；杨一平著：《司法正义论》，法律出版社 1999 年版，第 153 页。国外学者关于程序公正的讨论详见：R. A. Macdonald, "A Theory of Procedural Fairness", Windsor Yearbook of Access to Justice, Vol. 1, 1981; Tom R. Tyler, "What Is Procedural Justice – Criteria Used by Citizens to Assess the Fairness of Legal Procedures", Law and Society Review, Vol. 22, No. 1, 1988; Lawrence B. Solum, "Procedural Justice", Southern California Law Review, Vol. 78, Issue 1, 2004; M. Cherif Bassiouni, "Human Rights in the Context of Criminal Justice: Identifying International Procedural Protections and Equivalent Protections in National Constitutions", Duck Journal of Comparative and International Law, Vol. 3, 1993; Tom R. Tyler, "Procedural Justice, Legitimacy, and the Effective Rule of Law", Crime and Justice: A Review of Research, Vol. 30, 2003; Bruce Dyer, "Determining the Content of Procedural Fairness", Monash University Law Review, Vol. 19, Issue. 1, 1993; John Thibaut et. al, "Procedural Justice as Fairness", Stanford Law Review, Vol. 26, Issue 6, 1974。

⑥在审判程序中，控辩双方平等对抗，法庭居中裁判；⑦按照法定期限办案、结案。[①] 由此可以看出，程序公正的标准是明确的，程序公正也因此被称为“看得见的正义”。[②]

实体公正则稍显复杂。一般认为，刑事案件的实体公正至少包括：①据以定罪量刑的犯罪事实必须根据证据准确地加以认定，做到证据确实充分；②正确适用刑法，准确认定犯罪嫌疑人、被告人是否有罪及其罪名；③认定犯罪嫌疑人、被告人有罪或罪重在事实上法律上发生疑问的，应当从有利于被追诉人的方面作出处理；④按照罪刑相适应原则，依法适度判定刑罚；⑤已生效的裁判得到合理有效的执行，使实体公正最后得以真正实现；⑥对于错误处理的案件，特别是无罪作有罪处理的案件，依法采取救济方法及时纠正、及时补偿。[③]

由此可见，刑事案件实体公正的标准涉及多重环节：事实认定、法律适用、量刑以及执行。假设法律适用正确、量刑准确以及刑罚得到有效执行，那么实体公正的标准主要集中于事实认定这一问题上。怎样的事实认定才符合实体公正的标准呢？是以客观真实为标准，还是以法律真实为标准？[④] 从世俗化的角度来看，普通民众和社会期望尤其是涉诉的公民更强调刑事司法应当保持不枉不纵的理想状态，刑事案件在实体上的公正应当以符合客观事实为标

---

① 参见陈光中主编：《刑事诉讼法》，北京大学出版社、高等教育出版社2013年版，第13页。

② 将程序正义视为“看得见的正义”，其实是英美法系国家的一种法律文化传统和观念。这源于一句人所共知的法律格言：“正义不仅应得到实现，而且要以人们看得见的方式加以实现。”（Justice must not only be done，but must be seen to be done.）引自陈瑞华著：《看得见的正义》，中国法制出版社2000年版，第2页。

③ 参见陈光中主编：《刑事诉讼法》，北京大学出版社、高等教育出版社2013年版，第13页。

④ “客观真实”，即客观存在的事实。“法律真实”，即达到法定的证明标准而被法庭认定为真的事实。法律真实和客观真实的论争最早是在刑事证明标准问题中被论及的，在刑事证明标准问题上，有论者坚持刑事证明应当以客观真实作为证明标准，要求裁判者只有在正确反映犯罪事实真相时，才能裁判被告人有罪，即通常所说的客观真实论。有论者则主张以法律所确立的标准作为裁判的尺度，裁判者对案件事实的认识只要达到了法定的裁判尺度，即视为真实并可以据此作出有罪裁判。该种主张通常被称为法律真实论。

准：犯罪得到应有的惩罚，无辜者不受惩罚。[①] 若要“让人民群众在每一个司法案件中都感受到公平正义”，[②] 就必须保障案件的处理结果符合客观事实，这也是多年来最高人民法院多次重申的“确保每一起案件都办成经得起历史检验的铁案”。然而，从刑事司法体制的角度来看，发现客观事实并不是唯一目标，刑事司法机制在发现事实上也不可能是完美无缺的，因此应当在刑事司法制度的现有框架内从法律技术和证明制度上对实体结果是否公正进行评价，即裁判者作出的事实认定是否满足法律技术和证明制度的要求。例如，如果“据以定罪量刑的犯罪事实根据证据准确地加以认定，做到证据确实充分”，就实现了实体公正，法律真实是否与客观事实一致在所不问。虽然上述两种标准表面上看起来存在一定的冲突，但二者并非对立，二者在本质上是实质与形式的关系。从理念上来讲，刑事司法应当追求客观事实，裁判结果只有符合客观事实才具有正当性，这是实体公正的实质性要求；但从法律制度上讲，刑事司法人员只能依据证据裁判原则在规定的证明制度内进行事实裁判，这是实体公正的形式体现。笔者认为，刑事案件实体公正的标准应当是实质和形式的统一：既要满足法律真实，又要符合客观事实。

在剖析中国当前刑事司法公正的内涵后，刑事司法错误的内涵也就不言而明：一切与刑事司法公正的标准相左的行为和结果都属于刑事司法错误，主要包括但不限于以下三类情形：违反法定程序、事实认定错误和法律适用错误。

---

① “发现实体真实，蕴含正反两种含义：对于无辜的被告，只当裁判结果确认并开释无辜时，才是发现了实体真实，也才是实体正确；反之，对于真正的犯人，只当裁判确认其犯罪事实并依照刑法施加处罚时，才是实体真实与正确。所以，发现实体真实的完整意义是‘毋枉毋纵，开释无辜，惩罚罪犯’，并不能将之片面地理解为‘有罪必罚’。此种力求发掘犯罪事实真相，既不容罪及无辜，亦不许犯人逍遥法外的想法，导源于正义的观念，因此也称为正义原则。”参见林钰雄著：《刑事诉讼法》（上），中国人民大学出版社2005年版，第7页。

② 《中共中央关于全面深化改革若干重大问题的决定》，载新华网，http://news.xinhuanet.com/politics/2013-11/15/c_118164235.htm，2013年11月30日最后访问。

（2）固有性与普遍性。刑事司法公正和刑事司法错误如同硬币的两面，在某种程度上二者是相互依存的。如同工厂的流水生产线，虽然可以保障绝大多数产品合格，但不可能避免出现个别的残次品。刑事司法体制在生产刑事司法公正的同时，必然会伴随产生刑事司法错误。没有刑事司法公正，也就无所谓刑事司法错误。

从历史上看，无论何种形态以及何种形式的刑事司法机制都不可能杜绝刑事司法错误，人类追求刑事司法公正的过程在某种层面上讲就是预防和纠正刑事司法错误的过程。从逻辑上看，刑事司法机制是由在特定历史条件下能力有限的人类所设计和运行的，内在的缺陷必然会导致刑事司法错误。这可以从两种具有代表性的理论中得以论证。从认识论的角度看，吴宏耀教授一方面指出诉讼认识具有一般认识活动的属性——历史性、社会性、实践理性，诉讼认识存在出错的可能性，另一方面着重论证了诉讼认识的特殊性——“法律规范下的历史性认识”，诉讼认识活动自身就包含了不可避免的可错性。① 从系统论和控制论的角度看，刑事司法体制作为一个系统，“由复数的要素，即侦查、起诉、审判、上诉等要素组成，各个要素一方面各自发挥自己的机能，另一方面相互联系在一起，服从时间性的进展，也服从整体的共同目的。使这个系统发挥作用的是警官、检察官、律师、法官等的专业人员”。② 在控制论看来，所有系统都要在输出端寻求质量和

① 参见吴宏耀著：《诉讼认识论纲：以司法裁判中的事实认定为中心》，北京大学出版社2008年版。

② 参见［日］松尾浩也著：《日本刑事诉讼法》，张凌译，中国人民大学出版社2005年版，第384页。自从美国律师基金会（American Bar Foundation）自从以实证角度研究刑事司法以来，学者们经常使用“系统”一词来描述刑事诉讼体制。参见S. Walker，“Origins of the Contemporary Criminal Justice Paradigm：The American Bar Foundation Survey，1953 –1969”，Justice Quarterly，Vol. 9，Issue 1，1992，pp. 47 –76。从系统论角度研究刑事司法体制的代表文献有Thomas J. Bernard et. al，“General Systems Theory and Criminal Justice”，Journal of Criminal Justice，Vol. 33，2005，pp. 203 –211；J. P. Van Gigch，Applied General System theory（2nd ed.），Harper and Row Publishers，1978，pp. 23 –25；Peter B. Kraska and John J. Brent，Theorizing Criminal Justice：Eight Essential Orientations，Waveland Pr. Inc.，2004。

效率之间的最佳平衡，零缺陷通常不是系统所追求的，也是永远不可能实现的目标。[①] 就此而言，冤案以及在刑事司法过程中出现的其他错误就是刑事司法体制中的潜在缺陷所导致的误差或事故。[②] 根据系统的突变性原理和自组织原理以及优化演化规律，[③] 刑事司法系统正是在不断发现和纠正潜在缺陷的过程中保持稳定和自我完善的。由此可见，刑事司法错误是刑事司法机制的必然产物和普遍产物，是刑事司法机制运行和完善的必要途径。

（3）客观性。刑事司法错误是一类不可回避且不可否认的客观事实，是因违反法定程序、事实认定错误或者适用法律错误而被评价为有违司法公正的客观现象。从其产生来看，刑事司法错误的出现具有客观性。根据诉讼认识规律，客观事实及其法律性质是可以被认识的，但诉讼认识活动的复杂性决定了刑事司法机关不可能永远不犯认识错误，无法保证每一个案件都符合客观事实。另外，由于在刑事司法过程中无法排除种种非理性因素的干扰，必然会产生错误的司法决定。刑事司法错误是客观存在的事实，刑事司法错误既不以公安司法机关的纠正为前提，也不以诉讼参与人的意志为转移。

（4）广泛性和多样性。上文已经提到，本书的刑事司法等同于刑事诉讼。换言之，刑事司法错误贯穿于刑事诉讼的整个过程。从立案到侦查，再到起诉、审判乃至执行，都存在出现刑事司法错误的可能。有的刑事司法错误仅存在于某一个诉讼阶段，如刑讯逼供一般存在于侦查阶段；有的刑事司法错误贯穿于整个刑事诉讼阶段，如冤案。刑事司法错误的外延极为广泛，类型亦是多种多样，国内外学者根据不同的标准对刑事司法错误进行了分类。例如，刑

---

① 参见 Thomas J. Bernard et. al，“General Systems Theory and Criminal Justice”，Journal of Criminal Justice，Vol. 33，2005，p. 209。

② 参见 James M. Doyle，“Learning from Error in American Criminal Justice”，The Journal of Criminal Law and Criminology，Vol. 100，No. 1，2010，p. 109。

③ 相关理论参见魏宏森著：《系统论——系统科学哲学》，中国出版集团 2009 年版；［美］冯·贝塔朗菲著：《一般系统论：基础、发展和应用》，清华大学出版社 1997 年版。

事司法错误可以分为认定事实错误与适用法律错误、实体性错误与程序性错误、结果性错误与过程性错误、责任性错误与无责任性错误、实质性错误与形式性错误。①

（三）刑事司法错误的一种内在紧张及其启示

惩罚犯罪和保障人权是刑事诉讼的双重目的。② 惩罚犯罪要求国家专门机关应当及时、准确地查明犯罪事实，惩罚犯罪分子，不能放纵犯罪；保障人权要求国家专门机关应当保护公民的权利，特别是犯罪嫌疑人、被告人的权利，避免无罪的人受到刑事追究。这种“不纵不枉”的要求最直接地体现了刑事司法公正。然而，这仅仅是刑事司法的理想状态，世俗中的刑事司法不仅可能错误地放纵犯罪（错放犯罪），而且可能错误地惩罚无辜（误判无辜）。这种类似的思路是国外学者针对刑事司法错误一种较为通行的划分方法，如上文提到的正当程序错误和放纵犯罪错误、不当的有罪责难和不当的放纵犯罪。

为了保障最大限度地实现司法公正，应当竭力避免这两类最为明显的刑事司法错误。然而，经过国内外学者研究和论证发现，这两类刑事司法错误之间存在一种不可调和的内在紧张关系。二者的发生概率表现为一条此消彼长的“无差异曲线”，具体表现为：在制度设计时，为了降低放纵犯罪的概率，采取更严格的措施来控制犯罪，必然会导致无辜者可能被误判的概率，反之亦然。③ 因此，

---

① 参见李建明著：《刑事司法错误：以刑事错案为中心的研究》，人民出版社2013年版，第44～53页。再如，刑事司法错误分为实体错误和程序错误两种情况，实体错误又可划分为错判与错放，参见林喜芬著：《转型语境的刑事司法错误论——基于实证与比较的考察》，上海人民出版社2011年版，第12～16页。

② 参见陈光中主编：《刑事诉讼法》（第五版），北京大学出版社、高等教育出版社2013年版，第11～12页。

③ 关于错放犯罪和误判无辜之间存在的紧张关系，参见论述王兆鹏著：《刑事诉讼法讲义》（一），台湾元照出版公司2003年第2版，第5～6页；戴昕：《冤案的认知维度和话语困境》，载苏力主编：《法律与社会科学》（第1卷），法律出版社2006年版，第121页；［意］戴维·奈尔肯编：《比较刑事司法论》，张明楷等译，清华大学出版社2004年版，第101页。

我们不得不面对这一两难境地，究竟选择“宁可错杀一百，不可放过一个”，还是选择“宁可错放一百，也不错杀一个”？经过人类理性的思考，普遍地达成了“宁纵勿枉”的价值共识，形成了“布莱克斯通公式”（也称为“布莱克斯通比率”）：让十个有罪之人逃避惩罚总要好于让一个无罪之人枉受惩罚。[①] 虽然这种理念受

---

① “宁纵勿枉”的价值理念由来已久，其与刑事诉讼中的无罪推定紧密关联。这一价值理念最早出现在《圣经》中（创 18：23－32）：亚伯拉罕近前来说：“无论善恶，你都要消灭吗？假若那城里有五十个义人，你还消灭那地方吗？不为城里这五十个义人饶恕其中的人吗？将义人与恶人同杀，将义人与恶人一样看待，这断不是你所行的，审判全地的主，岂不行公义吗？……”他（主）说：“（即使只有十个义人，我）为这十个的缘故，我也不毁灭那城。”参见 Alexander Volokh，“n Guilty Men”，University of Pennsylvania Law Review，Vol. 146，1997；Alan M. Dershowitz，Why Terrorism Works：Understanding the Threat，Responding to the Challenge，Yale University Press，2003。12 世纪的法学家迈蒙尼德（Maimonides），详细阐述了《圣经：出埃及记》第 23 章（“不可杀无辜和有义的人”）和上段经文，他认为在任何无法绝对确定的前提下将被指控的罪犯执行死刑将会逐渐导致法官肆意作出有罪判决。因此，应当反对使用推定的证据，因为放过一千个有罪之人要好于将一个无辜的人判处死刑。参见 Moses Maimonides，Charles B. Chavel trans.，The Commandments，Neg. Comm. 290，Soncino Press，1967，pp. 269－271；Warren Goldstein，Defending the Human Spirit：Jewish Law's Vision for a Moral Society，Feldheim Publisher，2010，p. 269。15 世纪的约翰·福蒂斯丘爵士（Sir John Fortescue）在其著作中提到，我们宁愿二十个有罪之人逃脱死刑的惩罚，也不愿意一个无辜的人被判处死刑。与此类似，1692 年 10 月 3 日，在谴责针对女巫赛伦（Salem）的审判时，应克里斯·马瑟（Increase Mather）引述了福蒂斯丘的论述，并写到“宁愿十个有嫌疑的女巫逃脱惩罚，也不应当责难一个无辜之人”。参见 Increase Mather，Cases of Conscience Concerning Evil Spirits，p. 66，from http：//salem. lib. virginia. edu/speccol/mather/mather. html。到了近现代，这一价值理念被英美法系所推崇并奉为格言，本杰明·富兰克林（Benjamin Franklin）也曾经讲过，“一百个有罪之人逃脱惩罚总要好于惩罚一个无辜者”。但在这一理念的发展过程中，一些推崇专制的人士也表达过反对的声音，如俾斯麦（Bismarck）认为十个无辜的人受罚要好于放纵一个罪犯，波尔布特（Pol Pot）和沃尔夫冈·朔伊布勒（Wolfgang Schäuble）也曾表达过类似的言论。参见 Henri Locard，Pol Pot's Little Red Book：The Sayings of Angkar，Silkworm Books，2004，p. 209；Schäuble，Zur Not auch gegen Unschuldige vorgehen，from http：//www. faz. net/aktuell/politik/inland/innere－sicherheit－schaeuble－zur－not－auch－gegen－unschuldige－vorgehen－1434436. html。

到了一些质疑，但笔者认为不应当将这一公式作僵硬化理解，其背后蕴含的意思是误判无辜这一类刑事司法错误的严重性远远高于放纵犯罪。[①] 错放犯罪与误判无辜，其实是一个很简单的数学问题：错放犯罪，只犯了一个错误，而且以后有继续追究刑事责任的可能；而误判无辜，则是犯了两个错误，不仅错误地惩罚了无辜的公民，而且可能会永远地放纵了真凶，可能会使其继续危害社会。于是，如何平衡这两类刑事司法错误的关系，如何更好地保护无罪之人免受惩罚，最大限度地降低冤案的发生，成为现代刑事诉讼制度无法回避的重要课题。

二、冤案的界定

（一）应然：冤案的构成要素

从上述刑事司法错误的角度看，冤案是最严重的错误，相当于英文中的“Wrongful Convictions”。[②] 中国古人曾言，“无过而受罪，世谓之冤”。冤案是在事实认定上发生了根本性错误，即事实上无

① 边沁（Bentham）曾经指出这一公式或格言的逻辑弊端，“但是我们必须警惕走向另外一个极端，采用极其的悲观视角，以保护无辜公民的名义来放纵犯罪的趋势。起初，放纵几个罪犯要远远好于惩罚一个无辜的公民。有些人将这一格言更进一步，将代价锁定为放纵十个罪犯；后来又有一些人将这一代价扩至一百个罪犯甚至是一千个罪犯。所有这些人都认为被告人不会被判决有罪，除非证据达到了精确或绝对的程度。如果根据这种理解，所有人都不会被定罪惩罚，以免误判无辜者。”但是，边沁也意识到了放纵犯罪与错判无辜之间的差别。边沁认为这两种错误都是惨痛的，但后者明显制造了更加严重的不公正。参见 Jeremy Bentham，“Principles of Judicial Procedure：With the Outlines of a Procedure Code”，The Works of Jeremy Bentham，Vol. 2，W. Tait，1843；类似的质疑可参见 Vidar Halvorsen，“Is It Better That Ten Guilty Persons Go Free Than That One Innocent Person Be Convicted?” Academic journal article from Criminal Justice Ethics，Vol. 23，No. 2，2004。

② 根据上文国外最新的研究成果和趋势，“Miscarriages of Justice” 和 “Wrongful Convictions” 应当是需要严格区分的两个概念。然而某些中国学者认为二者等同，甚至说 “Wrongful Convictions” 更多出现在被判处死刑的冤案中，这种提法实际上是一种误区。此类观点参见董坤著：《侦查行为视角下的刑事冤案问题研究》，中国人民公安大学出版社 2012 年版，第 13 页。

罪的人经法院审判被判决有罪且生效的案件。据此，冤案包括以下三个要素：

1. 产生冤案的前提：事实上无罪的公民

国外关于“Innocence”（无罪）的理论争论经历了一个从单一认识到多层次剖析的过程。在中文中，国内关于“无罪”一词的认识和使用尚处于混乱状态，在不同语境下有着相异的含义和指代。因此，笔者认为在展开探讨前，需要多层面剖析“无罪”一词的涵义，厘清它们之间的内在关系，统一对话的平台。

从历史上看，在古老的刑事司法制度中，人们认为只有神知道过去发生的客观事实，因此被告人有罪与否的证明通常是通过神明裁判的方式完成的。[①] 例如，欧洲中世纪和后中世纪的司法审判手段包括司法决斗、热铁审、沸水审和冷水审等。[②] 这些审判方法借助神灵示意，通过对被告人身体的巨大挑战来验证被告人在事实上是否有罪。司法决斗中的胜利者和手掌触摸热铁后没有任何疤痕都是神的旨意，被告人借此可以证明自己在事实上是无罪的，反之在事实上就是有罪的。[③] 随着神明裁判的消亡和近现代司法制度的确立，证明责任从被告人转移至控诉人，无罪推定原则确立，审判活动的焦点不再是被告人如何证明事实上无罪，而是围绕控诉人能否以及如何证明被告人在法律上有罪。[④] 从逻辑上分析，“无罪”根据使用的语境，主要有两种理解：从事实角度来看，根据《现代汉语词典》

① 参见 James Fitzjames Stephen, A History of the Criminal Law of England, Macmillan and Company, 1883; Leon Radzinowicz, A History of English Criminal Law and it's Administration From 1750, Stevens & Sons, 1948。

② 有关神明裁判的理论与实践介绍参见 John H. Wigmore, A Kaleidoscope of Justice, Washington Law Book Co., 1941。威格摩尔（Wigmore）关于欧洲、亚洲、非洲、美洲、大洋洲古代司法审判实践的调查可谓卓越。

③ 参见 Marcello T. Maestro, Voltaire and Beccaria as Reformers of Criminal Law, Octagon Books, 1972, p. 13。

④ 参见 William S. Laufer, The Rhetoric of Innocence, Washington Law Review, Vol. 70, 1995, pp. 331 – 332。

的解释，“无罪”是指“没有犯罪”，即没有实施刑法所责难的行为；从现代法律角度来看，“无罪”是指法庭在裁判过程中无法依据规则和证据而作出有罪认定的一种状态，如“无罪推定”、“无罪判决”等。通过对刑事司法制度演变的梳理和语义逻辑分析，在表述被告人罪与非罪时存在两个不同的语境：客观事实和法律认定。

从客观事实来看，被告人是否实施了特定的犯罪行为，应当是泾渭分明的，分为“事实上有罪”和“事实上无罪”；从法律认定来看，依据无罪推定原则，在有罪判决生效以前，被告人在法律上是被假定为无罪的，分为“法律上有罪”和“法律上无罪”。由此分化出来的上述四个概念和称谓有各自的内涵和指代，不能混用。[①] 在理想状态下，司法认定应当与客观事实保持一致。然而，在现实生活中由于受主客观因素的影响，司法认定并不总是能够符合客观事实，刑事司法错误就此产生：当事实上有罪的被告人被认定为法律上无罪的时候，属于放纵犯罪；当事实上无罪的被告人被认定为法律上有罪时，属于冤案（如图 1 所示）。基于此，作为最严重的刑事司法错误，冤案的错误之处在于将事实上无罪的公民错误地认定为法律上有罪。

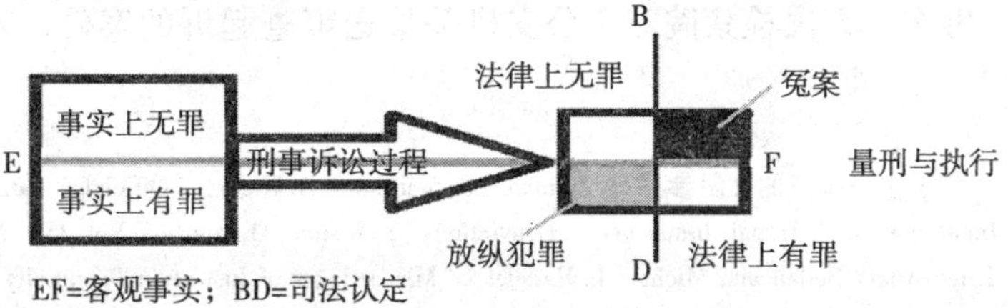

图 1　客观事实与法律认定关系图示

① 易延友教授曾经提出过这一区分，即无论是“无罪”还是“有罪”，这两个概念都存在“事实上的有罪”和“法律上的有罪”以及“事实上的无罪”和“法律上的无罪”之间的区别，但未进行深入阐述。参见易延友：《冤狱是怎样炼成的——从〈窦娥冤〉中的举证责任谈起》，载高鸿钧、张建伟主编：《清华法治论衡（第 10 辑）——冤狱是怎样造成的（下）》，清华大学出版社 2008 年版，第 14 页。

由此可以看出，事实上无罪是产生冤案的前提。“事实上无罪”是指某人根本没有实施或参与刑法犯罪构成意义上的特定行为。通过总结归纳国内外的冤案，笔者认为，“事实上无罪”主要限于以下两种情形：第一种是所责难的犯罪事实根本没有发生；第二种是尽管发生了特定的犯罪事实，但并非被定罪人所实施。[①] 前者如佘祥林案和赵作海案，控方指控他们的故意杀人事实根本不存在；后者如浙江叔侄奸杀冤案和安徽于英生案。

2. 产生冤案的过程：从立案侦查到审判

根据认识规律，从立案到侦查，再到审查起诉，随着诉讼程序的推进，诉讼的认识活动呈现出递进性的特点，案件事实逐渐清楚，证据逐渐丰富，有些事实认定错误会随之被及时发现和纠正。我国刑事诉讼法和有关司法解释对办案机关及时发现和纠正诉讼过程中的根本性事实认定错误作出了明确的规定。[②]

首先，公安机关或检察机关的侦查部门经过初查认为没有犯罪事实的，不予立案。[③] 其次，经过侦查发现没有犯罪事实的，应当撤销案件；犯罪事实不是被立案侦查的犯罪嫌疑人实施的，应当对有关犯罪嫌疑人终止侦查；犯罪嫌疑人已被逮捕的，应当立即释放。[④] 再次，人民检察院对于公安机关移送审查起诉的案件，发现

---

① 关于这一观点的文献参见 M. Zalman，B. Smith and A. Kiger，“Officials’ Estimates of the Incidence of ‘Actual Innocence’ Convictions”，Justice Quarterly，Vol. 25，2008，p. 75；Hugo Adam Bedau and Michael L. Radelet，“Miscarriages of Justice in Potentially Capital Cases”，Stanford Law Review，Vol. 40，No. 1，1987，p. 42 and p. 45。

② 事实认定错误，是指对具有犯罪构成意义上的事实的认识出现偏差，侦查阶段认定的主体是侦查机关，审查起诉阶段认定的主体是检察机关，审判阶段认定的主体是人民法院。此处，笔者使用了根本性的事实认定错误，意指办案机关和办案人员在犯罪事实是否发生和犯罪嫌疑人是否为真凶这两个基本问题上出现的错误。

③ 参见《刑事诉讼法》第 110 条，《公安机关办理刑事案件程序规定》第 175 条，《人民检察院刑事诉讼规则》第 176 条。

④ 参见《刑事诉讼法》第 161 条，《公安机关办理刑事案件程序规定》第 183 条，《人民检察院刑事诉讼规则》第 190 条。

犯罪嫌疑人没有犯罪事实的，经检察长或者检察委员会决定，应当作出不起诉决定；[①] 检察机关的公诉部门对于本院侦查部门移送审查起诉的案件，发现犯罪嫌疑人没有犯罪事实的，应当退回本院侦查部门，建议作出撤销案件的处理。[②] 最后，经过审理，法庭认为案件事实清楚，证据确实、充分，依据法律认定被告人无罪的，应当判决宣告被告人无罪。[③] 这些程序设置犹如层层"过滤器"，提醒办案机关和办案人员全面收集证据，及时发现并纠正根本性的事实认定错误，尽量减少对无辜公民的侵害。然而，冤案的发生意味着所有的"过滤器"失灵了，根本性的事实认定错误顺畅地通过了层层"过滤器"。从这个层面上来讲，冤案是从立案侦查到起诉再到审判，根本性的事实认定错误一直未被纠正的案件。据此，笔者并不赞同将冤案的概念泛化，将某个刑事诉讼阶段的根本性事实认定错误，如无辜的公民被立案侦查而受到羁押和讯问的情形，或无辜的公民被提起公诉，但最终被法庭终审认定为无罪的情形归为冤案。[④] 这既不符合诉讼活动的认识规律，也是对冤案本质的误读，混淆了刑事错案与冤案的界限。

3. 产生冤案的标志：生效的有罪判决

冤案的本质是国家错误地动用了刑罚权，惩罚了事实上无罪的

---

① 参见《刑事诉讼法》第 173 条，《人民检察院刑事诉讼规则》401 条。

② 参见《人民检察院刑事诉讼规则》402 条。

③ 参见《刑事诉讼法》第 195 条，《最高人民法院关于适用〈中华人民共和国刑事诉讼法〉的解释》第 241 条。

④ "从严格意义上讲，冤案是指审判机关将无辜之人定罪科刑且判决已生效的案件。侦查机关将无辜之人当作犯罪嫌疑人立案侦查并采取强制措施，如果发现错抓则纠正；检察机关将无辜之人当作被告人起诉至法院，如果被审判机关发现并判决无罪，都不能称之为冤案。而审判机关将无辜之人定罪科刑则无疑是冤案。"参见顾永忠：《以最大的责任防范冤案发生》，载《人民法院报》2013 年 6 月 7 日。有的学者认为侦查机关错误地逮捕了无辜的公民，并在侦查终结后移送审查起诉，后经人民检察院提起公诉，一审作出无罪判决，或者一审作出有罪判决，二审改为无罪判决的案件也是冤案，笔者并不赞同，这当属刑事错案的范围，而不属于冤案。

公民。根据我国《刑事诉讼法》第12条的规定，未经人民法院依法判决，对任何人都不得确定有罪。这意味着只有人民法院享有依法定罪权，只有人民法院生效的有罪判决才是确定公民有罪和实施刑罚的唯一依据。在人民法院的有罪判决生效之前，根本性的事实认定错误尚未成为终局性的结果，尚未对被告人产生任何国家刑罚权意义上的不利后果，自然不可能产生冤案。因此，冤案产生的直接标志是有罪判决开始生效。例如，1992年，湖南省的姜某因涉嫌故意杀害张某及其儿子而被公安机关立案侦查，经过审查起诉后，一审法院判决姜某故意杀人罪成立，判处死刑。姜某上诉，二审法院下达撤销原判发回重审的裁定。历经反复，1998年最终由湖南省高级人民法院作出终审判决，宣告姜某无罪。① 尽管历经6年，无辜的姜某一直处于羁押状态，案件的裁判结果一直反复，但有罪判决自始至终都未生效，因此不能构成冤案。尽管如此，这并不代表这种"马拉松式"的刑事审判是可取的，其危害性不言而喻。只是这类刑事错案与冤案存在本质区别，不可相提并论。

只要符合上述三个要素，冤案就客观存在了。作为一类客观现象，冤案并不以事后是否得到官方的纠正为前提。② 尽管目前社会上所曝光的冤案都是经过官方纠正的，这些足够幸运的无辜者在服刑过程中因为偶然的机会最后沉冤昭雪，如"亡者归来"令佘祥林冤案和赵作海冤案真相大白、"真凶落网"令张氏叔侄最终得以彻底洗刷冤屈等，但无可否认，肯定有无辜者没有如此佳运，他们或许永远不会再有机会重新获得清白，有的甚至已经被执行死刑或者抱憾饮恨狱中。虽然这一数字依然是个谜，但是谁也无法否认这

---

① 案件资料来源于 http://blog.sina.com.cn/s/blog_5d80aaa80100bx2c.html，2013年11月30日最后访问。

② 有的学者将官方的纠正作为冤案的构成要素，相关论点参见王新环：《铁案、冤案：防错与追责》，载高鸿钧、张建伟主编：《清华法治论衡（第10辑）——冤狱是怎样造成的（下）》，清华大学出版社2008年版，第91页［所谓冤案，是由司法程序正式宣布被指控的被告人（大多被羁押）根本就没有实施过被指控的犯罪行为的案件］。

一事实。正因如此，人类才有必要不遗余力地系统研究冤案的成因，寻找对策积极预防，设置程序及时发现和纠正。既要在人类能力范围内遏控冤案的发生，又要使冤案的发现和纠正制度化、必然化。起源于美国、盛行于英美法系国家，甚至有席卷全球趋势的“无辜者运动”正是对这一客观事实的最好回应。

（二）实然：冤案的识别标准

上文从理论的应然层面剖析了冤案的构成要素，这有助于我们把握冤案的本质。毫无疑问，符合上述三个要素的案件就是冤案。然而在现实中，如何准确地识别冤案并非易事，甚至有些不可能。依据冤案应然层面的三个构成要素，识别冤案的关键在于如何确定被定罪者事实上无罪。多年来，国外的学术界就这一问题争论不休。

笔者赞同客观说，认为冤案是客观存在的司法错误，冤案既不能以包括律师、当事人、学者等人在内的主观判断为依据，也不能以办案机关和办案人员的纠正为前提。例如，不能说许多民众认为河北聂树斌案是冤案，聂树斌案就属于冤案；又如，即使佘祥林的妻子张在玉不出现，司法机关没有纠正，佘祥林案依然是冤案，只不过我们很有可能永远都无法发现这一冤案。据此，识别冤案的依据只能是客观事实。即便不可能再现客观事实，我们也不能否认这一依据。然而，在特定的历史条件下，受制于主客观条件，人类认识过去客观事实的能力是有限的，认识结论也有一定的局限性。人类在无限接近客观事实这一绝对真理的道路上不得不作出妥协。要百分之百证实一个人在事实上无罪，在很多情况下几乎是不可能完成的任务。因此，在坚持客观事实这一应然依据的前提下，采取怎样的实然标准最大限度地确定被告人事实上无罪才是更现实的问题。从本质上讲，识别冤案也是一种证明活动，一种需要证据证明被告人事实上无罪的活动。既然是证明活动，那么就存在一个证明标准的问题。

首先，现代刑事审判制度并没有明确规定确定被告人事实上无罪的标准。在现代刑事诉讼制度中，随着无罪推定的确立和贯彻，审判活动的焦点不是被告人事实上有罪或无罪，而是控诉人能否证明被告人法律上有罪。于是，被告人事实上无罪的证据和证明被边缘化，缺乏对应的法律概念和具体的司法认定规则。① 在法庭作出生效的有罪判决以前，被告人仅在法律上被假定是无罪的。当控方的证据和证明满足了证明标准，法庭作出了生效的有罪判决，无罪的法律假定被推翻，被告人被确定为法律上有罪；反之，被告人法律上无罪，至于是否属于事实上无罪，法庭不会深究。作为无罪推定原则的延伸，法庭的无罪判决并不代表被告人事实上无罪，被告人可能未实施特定的犯罪行为，也可能实施了特定的犯罪行为，但属于疑罪而从无。

其次，从世界各国冤案和我国冤案的事后救济来看，只有出现具有足够说服力的线索或证据后，无辜者才申请或者启动救济程序，而待确有证据完全排除了被定罪者的犯罪嫌疑之后，有罪判决才能被彻底推翻。例如，美国无辜者运动的兴起就是源于利用 DNA 技术来推翻冤案，DNA 证据的可靠性和绝对的说服力足以证明被定罪者的清白。截至 2013 年 12 月 12 日，美国的洗冤工程已经利用 DNA 技术成功发现 312 例冤案。② 我国目前发现的冤案，绝大多数是出于偶然性的因素，只有“亡者归来”或“真凶落网”这些绝对性的无罪证据出现后，司法机关才不得不进行复查纠正，如佘祥林冤案和赵作海冤案中的被害人复活、郝金安冤案中的真凶落网。由此可见，在域内外冤案事后救济的司法实践中，无罪证据能够排除被定罪者

---

① 参见 Daniel Givelber，Meaningless Acquittals，Meaningful Convictions：Do We Reliably Acquit the Innocent? Rutgers Law Review，Vol. 49，No. 2，1997，p. 1323（笔者注意到，因为现代刑事司法体制只关注发现和证明有罪，在大多数情况下不关心事实上的无罪，所以刑事司法制度存在内在的“司法不对称”）；Michael N. Howard et al.，Phipson on Evidence，Sweet & Maxwell，1990，p. 91；George P. Fletcher，Two Kinds of Legal Rules：A Comparative Study of Burden－of－Persuasion Practice in Criminal Cases，Yale Law Journal，Vol. 77，1968，pp. 889－900。

② 这一数据来自 Innocence Project 官网，http：//www. innocenceproject. org/，2013 年 12 月 12 日最后访问。

的犯罪嫌疑是识别冤案的实然标准。

据此，笔者认为，排除被定罪者的犯罪嫌疑应当是识别冤案的实然标准，至少包括以下三种情形：其一，有证据表明被指控的犯罪根本没有发生，如指控佘祥林杀死妻子，妻子却“死而复生”；其二，有证据表明被指控的犯罪不是被告人所为，而是他人所为，如杜培武案件，发现并确定了真凶；其三，虽然尚未查明被指控的犯罪是何人所为，但有足够的证据能够排除是被告人所为，如通过DNA检测对比，确认被告人不是被指控犯罪的实施者，至于真凶是谁尚未查明。由此可见，这一标准排除了疑罪从无的案件。

在明确识别冤案的这一应然标准时，笔者需要作出以下两点特别说明，以免引起不必要的误解：

第一，这一应然标准不具有周延性，无法识别所有的冤案。在上文中，笔者已经指出识别冤案的应然标准只能是客观事实，但客观事实又无法重现，在大多数时候发现客观事实几乎是不可能的，于是在冤案的司法救济过程中才逐渐形成了完全排除犯罪嫌疑这一实然标准。在应然与实然之间本来就有鸿沟，而且是人类能力暂时无法逾越的鸿沟。因此，完全排除犯罪嫌疑这一实然标准并不是绝对和周延的，它不可能像应然标准一样能够识别所有的冤案，它只能保证符合这一标准的案件确定无疑是冤案。换言之，它没有否定不符合这一标准的案件是冤案。例如，如果只是有新证据对控方的有罪证据提出了合理怀疑，导致控方的有罪证明无法成立，之前的有罪判决很有可能会被推翻，被定罪者很有可能会被无罪释放，但无法完全排除被定罪者的犯罪嫌疑，这类案件是否属于冤案尚存疑问。但不可否认的是，这类案件属于刑事错案的一类，对当事人依然可以依法进行纠正。

第二，这一应然标准具有限定性，只用来识别冤案。由于DNA证据以及其他绝对性无罪证据发现冤案的范围具有局限性，以及被定罪者难以提出满足这一标准的证据，这一标准逐渐受到了质疑。[①] 因为在没有生物证据的大多数案件中，要想通过证据完全排除蒙冤者的犯罪嫌疑困难重重，这或许会成为蒙冤者在洗刷冤屈过程中遇到的又一道障碍，建议适当放宽确定事实上无罪的实然标准。例如，有的学者指出，只要新证据对原有的有罪证明构成合理怀疑即是冤案，根据新证据的证明程度又可以将冤案区分为事实上的冤案和法律上的冤案，前者等同于笔者所称的冤案，后者指称新证据无法达到完全排除犯罪嫌疑程度但已经对原先之有罪证明构成合理怀疑的案件。[②]笔者对该标准并不赞同：其一，该标准人为地复杂化了冤案；其二，这一宽泛的标准混淆了冤案和刑事错案的区分。正因为冤案是最严重的刑事司法错误，我们才有必要将其从刑事错案中剥离出来单独研究。如果回到刑事错案的大概念之下，这种研究就丧失了意义。

---

① 代表性观点参见 Susan A. Bandes，Framing Wrongful Convictions，Utah Law Review，Vol. 5，2008。其完整版的报告参见 Susan A. Bandes，After Innocence：Framing Wrongful Convictions，载 http：//www. law. uchicago. edu/files/files/379. pdf。该文作者指出，DNA 证据发现事实上无罪的可靠性与绝对性让人们产生一种简单化的误区，即证明无罪其实很简单，因为与复杂的思想相比，人们通常更加偏爱简单的观点。如果将 DNA 证据称为黄金标准，那么要发现绝大多数没有 DNA 案件中的冤案就会成为一个问题。此外，这种简单化的误区同样威胁到了刑事司法制度中最重要的原则——无罪推定原则，包括 DNA 案件在内的所有案件，都出现了证明责任转移的风险。此类观点参见 Abbe Smith，In Praise of the Guilty Project：A Criminal Defense Lawyer's Growing Anxiety About Innocence Projects，University of Pennsylvania Journal of Law and Social Change，Vol. 13，2010，p. 324；Margaret Raymond，"The Problem with Innocence"，Cleveland State Law Review，Vol. 49，2001，p. 453（"蒙冤者可以并且已经证明自己事实上无罪的客观事实，很有可能导致被追诉者可以或者应当进行事实上无罪的证明以避免冤案"）。

② 相关观点参见 Clive Walker and Keir Starmer，Justice in Error，Blackstone Press，1993，p. 4（只要之前定罪的证据出现了疑问即可）；Paul R. Wilson，"When Justice Fails：A Preliminary Examination of Serous Criminal Cases in Australia"，Australian Journal of Social Issues，Vol. 24，Issue 1，1989，p. 3。有的学者针对这一扩大标准早已进行了批判，参见 Morris B. Hoffman，"The 50TH Anniversary of 12 Angry Men：The myth of Factual Innocence"，Chicago－Kent Law Review，Vol. 82，2007；Hugo A. Bedau and Michael L. Radelet，"Miscarriages of justice in Potentially Capital Cases"，Stanford Law Review，Vol. 40，1987。

（三）冤案与类似概念

综观国内关于冤案的文献，称谓不统一，多个相近概念并用或者混用，如“冤狱”、“刑事错案”、“冤假错案”、“误判”等。规范的概念和术语是开展学术研究的前提，因此笔者认为，迫切需要规范相关概念的表述，厘清类似概念之间的关系，尤其是纠正我国学界普遍存在的混用“刑事错案”和“冤案”的现象。

1. 冤狱、冤假错案、刑事误判

冤狱是我国古代文献中对冤案的指称，《大辞海》中解释为“犹冤案”。例如，《汉书·魏相传》记载：“遣谏大夫博士巡行天下，察风俗，举贤良，平冤狱，冠盖交道。”唐朝骆宾王在《萤火赋》写道：“知战场之有燐，悟冤狱之为虫。”清朝俞樾在《春在堂随笔》卷十中提到：“疑自宋相传有十五贯冤狱。”张书绅在京剧传统剧目《正气歌》中写道：“在这血雨腥风的日子里，冤狱遍中国，冤案堆如山。”① 我国台湾地区至今仍在沿用冤狱这一称谓，如台湾地区于 2012 年正式成立了以冤案救援为核心价值的组织——冤狱平反协会。由此可见，在通常情况下，冤狱等同于冤案，只是古今称谓的差异而已。但是，值得注意的是，台湾地区的“冤狱赔偿法”则对冤狱作了扩大性的解释：“根据《冤狱赔偿法》的规定，凡依刑事诉讼法令受理的案件，在不起诉处分或无罪判决确定前曾经受到羁押（除外情形之外），或原案经过再审、非常上诉程序改判无罪确定前曾经受到羁押或曾受刑之执行者，该案受害人（被告或受刑人）可以请求国家赔偿。其他不依法令受羁押的受害人，也可以依照该法请求国家赔偿。”② 这里的冤狱赔偿其实等于刑事赔偿，但对冤狱作了非常宽泛性的理解，即公民在无过错

① 来源于百度百科的印证解释，http：//baike. baidu. com/link？ url = 7aB87XJW47wJ-2616K6pCy6 – RVPrBsWqI8iCK8avl3KTkNzeEV6woXAOff8r3Tq3b8mUulugYxTmnSBlE9Si9Aq，2013 年 12 月 10 日最后访问。

② 参见朱石炎：《台湾地区的行政赔偿和冤狱赔偿制度》，载《法学家》1994 年第 3 期，第 46 页。

的情况下而受到错误的羁押或者惩罚。

冤假错案是一个高度概括而笼统的合成词，是冤案、假案、错案的合称，这是我国尤其是实务界的一种习惯提法。笔者认为，冤案、假案、错案在很多方面存在差异，有必要作进一步的划分和解释，而不应当这样简单笼统地杂糅在一起。冤案，即刑事冤案，是指事实上无罪的人经法院审判被判决有罪且生效的案件；假案，是指某人（包括办案人员）出于某种不合法的动机或目的而故意捏造的刑事案件，而犯罪事实根本不存在或者犯罪嫌疑人根本没有犯罪，假案其实是性质非常恶劣的一类冤案；错案，这里是一个兜底型概念，是除冤案、假案外其他在办理刑事案件中出现的事实认定错误、法律适用错误以及量刑错误等一系列案件的合称。① 由于这一习惯提法存在内在的混乱和不合理之处，鉴于学术的严谨性，应当慎用。

刑事误判一语主要为我国学者陈永生所使用，其在文章《我国刑事误判问题透视——以20起震惊全国的刑事冤案为样本的分析》中使用了“刑事误判”这一表述，但其没有明确刑事误判的概念。② 综观上下文，陈永生所使用的这一表述等同于冤案。此外，张建伟在《刑事误判案件选编》［载《清华法治论衡：冤狱是怎样造成的》（上）］中也将刑事误判等同于冤案。在具体的论文

① 在2013年10月7日北京召开的“刑事冤案的成因、发现及纠正研讨会”上，陈卫东教授表示，冤案、错案和假案是有区别的。冤案是指将好人定罪、判刑；而事实认定错误、案件定性错误和量刑错误都是错案；假案是指人为制造的案件。上述三种案件一旦发生后，责任追究是不同的。冤案和假案通常都应追究责任，除非有特殊理由或原因；对于错案则应区别对待，承办人有重大过失且导致严重后果应当担责，只是认识不同的原因就不应追责。来源于《法制日报》，http：//news. qq. com/a/20131010/012287. htm，2013年11月20日最后访问。关于这一称谓的分析参见王乐龙著：《刑事错案：症结与对策》，中国人民公安大学出版社2011年版，第22页；林喜芬著：《转型语境的刑事司法错误论——基于实证和比较的研究》，上海人民出版社2011年版，第11页；赵琳琳著：《刑事冤案问题研究》，中国法制出版社2012年版，第7页；李建明著：《冤假错案》，法律出版社1991年版，第1页；张军著：《刑事错案研究》，群众出版社1990年版，第9页。

② 参见陈永生：《我国刑事误判问题透视——以20起震惊全国的刑事冤案为样本的分析》，载《中国法学》2007年第3期。

或者著作中，虽然我们可以推知作者将刑事误判等同于冤案，但在没有特定说明的情况下，刑事误判的含义仍有待商榷。从字面上来看，误判意为错误的判断，刑事误判意为刑事诉讼中司法主体所作的错误裁判，理应包括含事实层面的错误和法律适用方面的错误在内的一系列错误。例如，李某实际上犯了盗窃罪，而法院判决为抢劫罪，这是不是刑事误判？因此，刑事误判是否等于冤案，值得推敲和商榷。

2. 冤案与刑事错案

目前，我国学者对“刑事错案”的概念和界定标准作出了多种多样的解释，主要有实体错案说、程序错案说、主客观统一错案说、形式错案说、责任追究错案说、多重标准说、语境标准说等。① 笔者在引入刑事司法错误这一概念之后，刑事错案当属其中。刑事错案是一类刑事司法错误，那么在具有刑事司法错误的一般特征基础上，究竟什么是刑事错案呢？刑事错案是一类不可否认的客观现象，而不是理论问题。鉴于此，笔者并不认同李建明教授对刑事错案的概念理解，其违背了刑事错案是一种客观存在的大前提。② 综观其他学者关于刑事错案的概念和界定标准，大都也是为特定的研究目的和研究内容服务的，甚至有的还将刑事错案问题与错案责任追究或刑事赔偿问题混为一谈，从责任追究或国家赔偿的

---

① 关于这些概念和界定标准的归纳介绍，详见刘品新主编：《刑事错案的原因与对策》，中国法制出版社 2009 年版，第 3 ~ 8 页；胡志风著：《刑事错案的侦查程序分析与控制路径研究》，中国人民公安大学出版社 2012 年版，第 8 ~ 28 页。作者在这两部著作中对我国当前学界对刑事错案的概念和界定标准进行了系统的梳理。

② 李建明教授认为刑事错案是一种已被后续诉讼环节否定的司法决定，言外之意，刑事错案必须被法律所发现和纠正，这与其所主张的刑事错案是一类客观事实的观点相互冲突。尽管他通过形式错案和实质错案的分类进行了解释，但有牵强之意，而且这种分类方法本身就与刑事错案的客观性相冲突。参见李建明著：《刑事司法错误——以刑事错案为中心的研究》，人民出版社 2013 年版，第 59 页。笔者赞同刘品新教授提出的界定刑事错案的应然标准和实然标准之说，具体参见刘品新主编：《刑事错案的原因与对策》，中国法制出版社 2009 年版，第 11 ~ 19 页。

角度来界定刑事错案，实属本末倒置。出于种种利益的考量，他们提出的概念和界定标准难免带有局限性，不能全面客观地呈现刑事错案的本来面貌。只有从客观现象本身入手去分析刑事错案的内涵与外延，得出的认识才会更加准确和饱满。基于此，笔者赞同刘品新教授对刑事错案的概念和界定标准，刑事错案的本质是认定事实错误和适用法律错误（定性错误、实体法适用错误、量刑错误），刑事错案是公安司法机关在刑事诉讼的各个阶段作出司法决定时出现事实认识错误或者法律适用错误的案件，主要有立案环节的错案、逮捕环节的错案、侦查终结环节的错案、起诉环节的错案、审判环节的错案与执行环节的错案。刑事错案不仅包括错判的案件，而且包括错放的案件。就错判案件而言，又可以分为冤错案（绝对无辜错案）、疑错案（相对无辜错案）、法律适用错案。① 由此可见，刑事错案与冤案是包含与被包含的关系，冤案是最严重的一类刑事错案。

在理清刑事错案与冤案关系的基础上，有必要澄清国内当前学术研究中存在的两个误区：

第一，虽然当前国内很多学者把研究对象集中于冤案这一现象上，但主要采用刑事错案的称谓，鲜有谈及冤案这一概念。② 尽管有个别学者提出了“冤案”的概念，但都没有从本质上厘清“冤案”与“刑事错案”之间的关系，更没有呼吁学界纠正“刑事错案”与“冤案”混

① 参见刘品新主编：《刑事错案的原因与对策》，中国法制出版社2009年版，第8~24页。

② 例如，国内学者在研究佘祥林冤案、赵作海冤案以及浙江叔侄冤案等冤案现象时，都偏爱使用刑事错案的称谓，当然这一提法不能说是错，毕竟冤案是一类典型的刑事错案，但是，刑事错案的范围较大，尤其是不同类型的错案之间存在着本质的差别。参见何家弘：《诉讼制度的改良与刑事错案预防》，载《法律适用》2003年第9期。

同使用的误做法。[①] 虽然刑事错案包含冤案，但冤案仅仅是众多刑事错案中的一类，冤案与其他类型的刑事错案有着巨大的差别，如错放罪犯的错案与冤案存在本质性的差异。如果仅以刑事错案这一上位概念来指称错判无辜的现象，既不符合严谨精确的科学精神，也无法突出冤案的独立特征。既然国内学界已经意识到冤案的严重性以及针对性研究冤案的必要性，何不构建并使用“冤案”这一概念呢?[②] 出于深入研究的需要，笔者强烈呼吁在细化刑事错案分类的前提下，区别使用这两个概念，以便展开有针对性的深入研究。[③]

第二，很多学者将英文中的“Wrongful Convictions”直译为刑

---

① 我国目前阐述“冤案”之概念的，主要有赵琳琳的《刑事冤案问题研究》和董坤的《侦查行为视角下的刑事冤案问题研究》，二位对“冤案”的概念进行了解读，尤其是赵琳琳对冤案的概念解读与笔者有着非常默契的共同认识，特别是在对“Wrongful Convictions”的理解上。不过遗憾的是，二位都没有对“刑事错案”与“冤案”的关系进行深入剖析。

② 中国政法大学教授张保生在其最新的研究成果《刑事错案及其纠错制度的证据分析》一文中，着重论述了我国刑事错案种类泛化的问题。他指出，如此众多的刑事错案种类，不仅模糊了人们对刑事错案本质的认识，而且分散了错案救济的重点，在一定程度上浪费了宝贵的再审和司法监督资源。问题在于，以“公正司法”为宗旨的中国司法制度建设，究竟应当均分司法资源对付五种刑事错案，还是应当着力解决真正的刑事错案即无罪认定为有罪的刑事错案?由此可以看出，张保生教授意识到了集中研究无罪认定为有罪这一现象的重要性和必要性，笔者对此表示强烈赞同。然而可惜的是，张保生教授并没有提出“冤案”的概念，而是主张限缩“刑事错案”的种类。在我国学界的确已经存在较为成熟理论阐述刑事错案的前提下，这种主张无疑会进一步引起概念上的混乱，因此，笔者建议应当构建并确立“冤案”的概念。张保生教授在文中考察了美国、法国、德国和日本四国关于冤案的救济，即无辜者被定罪的事实认定错判，其实与笔者所主张的“冤案”这一概念是一致的。参见张保生：《刑事错案及其纠错制度的证据分析》，载《中国法学》2013 年第 1 期。此外，笔者也在此回应一下《布莱克法律词典》中对“Miscarriage of Justice”的解释，这一解释其实并未反映当前英美学界的概念发展趋势，因为该词典中并未收录“Wrongful Convictions”这一词汇。

③ 2013 年 10 月 7 日，在由中国政法大学诉讼法学研究院举办的“刑事冤案的成因、发现及纠正研讨会”上，陈卫东教授就反复强调了区分刑事错案和冤案的必要性。这也是当前我国学界的一种必然趋势，如顾永忠教授在最新研究成果《刑事冤案发生的深层认识原因剖析》一文中，就已经独立使用“冤案”这一概念，并将冤案作为一种刑事错案理解。

事错案，并将二者作为对应概念使用，着实是一种误区。① 首先，上文已经提到国外主流学者使用的“Wrongful Convictions” 主要是指无辜者被定罪的情形，应当等同于本书的“冤案”一词。其次，就我国学者目前对刑事错案的界定来看，将其对应为英文中的“Wrongful Convictions” 也无法准确表达其完整的内涵。② 为了与国际学术领域对接，搭建共同的话语平台，本着“中国的问题，世界的眼光”，③ 笔者认为“Miscarriages of Justice” 应当对应上文构建的“刑事司法错误”，“Wrongful Convictions” 对应“冤案”。④ 至于“刑事错案”，笔者认为其是介于二者之间的一个概念，是中国学者在研究冤假错案现象的过程中所建构的一个中国式概念。

---

① 例如，王乐龙在其著作《刑事错案：症结与对策》中，其将西方国家的“Wrongful Convictions”（冤案）作为对等概念进行对比研究，其实是一种混淆。又如，在刘品新主编的《刑事错案的原因与对策》一书中，尽管作者对刑事错案进行了充分的解读，但在第三编介绍外国刑事错案的理论与实证时，同样存在类似的误区，其所介绍的都是美国、加拿大和英国关于“Wrongful Convictions”（冤案）的研究成果，而不是刘品新所解读的上位概念刑事错案；此外，在该书的引文标题和英文目录中，他将刑事错案翻译为“Wrongful Convictions”，将二者等同起来，这在学术日益国际化的今天尤其值得商榷。现在这一问题在我国学界非常普遍。笔者认为，我国学界当前在理论界定上存在分歧的刑事错案其实更多的是中国学者独创的一个概念，并无英文之对应概念。至少从我国学者对刑事错案的解读来看，不应当与英文中的“Wrongful Convictions” 画等号。

② 其中一个非常明显的矛盾在于，何家弘教授和刘品新教授所称的刑事错案包括错判和错放两类，但无论如何理解“Wrongful Convictions”，都不可能包括错放的错案。

③ 陈瑞华：《中国的问题，世界的眼光（代序言）》，载陈瑞华著：《问题与主义之间——刑事诉讼基本问题研究》，中国人民大学出版社 2003 年版。

④ 笔者的这一主张得到了美国冤案方面权威学者的支持，而且这也是当前英美冤案研究的一个主流趋势，即严格区分“Miscarriages of Justice” 和“Wrongful Convictions” 并规范使用。例如，笔者在 2013 年 4 月于夏洛特举行的“无辜者联盟” 年会上，向多位著名学者就这一问题进行了请教并取得了上述认识。此外，马克 · 戈德森（Mark Godsey）和马丁 · 扬特（Martin Yant）在 FACEBOOK（脸书）上也就这一问题进行了交流，其中马丁 · 扬特指出：You are correct that that we need greater clarity in our use of terms like “Miscarriage of Justice” and “Wrongful Conviction”。马克 · 戈德森指出：I believe that miscarriage of justice also includes guilty people who are wrongfully acquitted and guilty people who are over – sentenced to too harsh a punishment。

第二章　冤案的定量认识

有刑事司法的地方，就会有冤案，冤案已经成为一种普遍的国际现象。这已不再仅仅是一个理论推断，而是一个冷冰冰的事实。以美国为首的、现在大有席卷全球之势的无辜者运动，充分说明冤案不仅客观存在和发生着，而且还有一定的数量，值得警醒。于是，公众的视线从“是否发生冤案”转移至“冤案的发生数量”。

冤案的发生概率到底有多大，数量有多少呢？由于受限于人类的认识能力，缺乏官方的统计数据，准确地计算冤案的发生数量几乎是一项不可能完成的任务。尽管如此，各国的学者们都没有放弃探究这一问题，尤其是美国学者在这一问题上做了大量深入研究，研究方法和研究成果均处于世界领先水平。在从定性角度界定冤案的基础上，本章首先详细梳理了美国关于冤案发生数量的研究，分析美国冤案的数字特征，随后介绍包括中国在内的其他国家的有关情况，最后经比较得出一些启发性结论，目的是从定量的角度更加全面地认识冤案这一普遍的国际现象。

第一节　美国冤案的定量认识

一、梦想破灭：冤案发生之识

1692 年，美国马萨诸塞州的塞勒姆兴起了女巫审判。在这次持续一年多的审判中，先后有 20 多人死于这起冤案，另有 200 多人被逮捕或监禁。[①] 尽管塞勒姆审巫案在 1693 年彻底结束，但人们无法释怀的是，为什么在一片有司法、正式设立法庭的土地上，经过正式的司法程序却处死了几十个绝对无辜的人？

美国人经过反思意识到，必须强调法庭程序，特别是有关证据的程序。只有经过一定程序认定的确切无疑的证据，方能在法庭上作为陪审团判断的依据。塞勒姆审巫案中的无辜者用鲜活的生命完善了美国法律。当年牺牲在绞架山上的几十个无辜者，用他们的生命奠定了后世美国司法的一个重要原则："宁可放过十个坏人，不能冤枉一个好人。"[②] 这些惨痛的教训让美国在建国之初就特别注

---

① 一个牧师的女儿突然得了一种怪病，随后与她平素形影不离的 7 个女孩相继出现了同样的症状。当时人们普遍认为，让孩子们得了怪病的真正原因，是村里的黑人女奴提图芭和另一个女乞丐，还有一个孤僻的从来不去教堂的老妇人。人们对这 3 名女人严刑逼供，"幽灵证据说"被法庭所接受，"女巫"和"巫师"的数量也一点点开始增加。受到指控的人面对漫无边际的指控和证据，求生的唯一机会就是认罪，并且还要揭发别的"巫婆神汉"和"恶魔"。随着越来越多的人出现被病魔折磨的症状，对女巫的指控和审判也来越来越多。1962 年至 1963 年，在马萨诸塞州的塞勒姆大约有超过 150 名嫌疑犯被错误地指控涉嫌使用巫术而犯重刑罪，并受到监禁。监禁期间，有 5 人由于监禁的条件恶劣而去世。在这次审判中，有 29 人被发现有罪，19 人被处以绞刑，1 人被石头堆压死。在强大的舆论压力下，菲普斯（Phips）总督与于 1692 年 10 月 29 日下令：除非万不得已，不得关押巫术嫌疑犯，并不要伤害任何在押的嫌疑犯。10 月 29 日，他又下令解散特别审判法庭。1693 年 1 月，最后一场审判巫术嫌疑犯的案件结束。1693 年 5 月，菲普斯总督大赦所有在押的巫术嫌疑犯并终止所有的审判。截至此时，塞勒姆女巫审判案已使得 19 人被处以绞刑。1992 年，马萨诸塞州议会通过决议，宣布为所有受害者恢复名誉。相关文献参见 G. Adams，The Specter of Salem：Remembering the Witch Trials in Nineteenth – Century America，University of Chicago Press，2009；Paul S. Boyer，Stephen Nissenbaum eds.，Salem – Village Witchcraft：A Documentary Record of Local Conflict in Colonial New England，Northeastern University Press，1972；Chadwick Hansen，Witchcraft at Salem，Brazillier，1969。

② 曾任第一任哈佛学院院长的英克里斯·玛泰（Increase Mather），原来也赞成审巫，后来发现审巫案的株连愈演愈烈，连他的妻子也有可能被别人揭发为"巫婆"了，他终于醒悟过来。他发表了《良心案》（Cases of Conscience），被后世称为"北美的第一部证据系统"。他指出，"错放过十个巫婆也比冤枉一个无辜的人要好"。参见 http：//salem. lib. virginia. edu/speccol/mather/mather. html，2013 年 12 月 15 日最后访问。

重和强调程序的正当性以及保护无辜者，美国宪法尤其是权利法案赋予了刑事被追诉人大量的权利，其中包括免于不合理的搜查与扣押、正当程序、禁止双重审判、不得被迫自证其罪、陪审团审判、犯罪所在地公开且迅速地审判、律师权、有权与原告证人对质以及无罪推定等。①

出于对这些宪法保护措施处于至高无上的地位且一直发挥着作用的认识，美国人一直对自己的刑事司法体制充满了信心，正如塞缪尔·R. 格罗斯（Samuel R. Gross）所言："我们并不是一个谦逊的国家。我们一直坚信美国的刑事司法体制是世界上最好的。"② 1912 年，北美监狱大会曾经对是否有无辜者被执行死刑进行过调查。大会授权调查每一例被报告为定罪不公正的案件，试图发现是否有对无辜者判处或执行了死刑。通过一年的调查，得出的结论是并没有这样的案件存在。③ 美国大法官伦纳德·汉德（Leonard

---

① 美国从一个英国殖民地发展为今天由 50 个州组成的国家，其中一个重要的原因是自由的信念。直到现在，这种信念仍然吸引着众多人涌入美国，它产生于几百年前，经过发展、变革并持续到今天。自由信念的核心是正当程序的理念——除非经由一个公正的第三方作出裁判，否则不得随意剥夺任何人的权利和自由。正当程序原则自从确立以来，已经发展为刑事司法中最重要的理念。它使得许多处于弱势的当事人胜诉并由此产生正义的判决，这些判决在今天仍然影响着司法实践。引自"Due Process Revolution"，载 http：//www. collegetermpapers. com/TermPapers/Government_ &_ Politics/Due_ Process_ Revolution. shtml，2014 年 1 月 1 日最后访问。

② 参见 Samuel R. Gross，"Convicting the Innocent"，Annual Review of Law & Social Science，Vol. 4，2008，p. 174。

③ 参见 R. H. Gault，"Find No Unjust Hangings"，Journal of the American Institute of Criminal Law and Criminology，Vol. 3，1912，p. 131。此次调查的方法之一是向加拿大和美国每所监狱的典狱长寄送询问信件，询问他们是否认为有无辜者被错误执行。大会并没有公布回复率，但是指出几乎所有的回复都是否定的。其中唯一的例外是来自堪萨斯州李文渥斯堡的一位典狱长，他指出有一个或两个人在他看来可能是被错误执行了死刑。这一审查结论直接支持了当时所盛行的观点：冤案几乎不会发生，至少是在死刑案件中。即使发生了，这些冤案在实际执行前也会通过正常的司法或执行程序被纠正。参见 Carolyn Strange，"Comment：'Capital Case Procedure Manual'"，Criminal Law Quarterly，Vol. 41，1999，p. 184。

Hand）在1923年曾表示：“我们的程序一直受困于那些被冤枉定罪的无辜者的幽灵，这其实只是一个虚幻的假想而已。”① 长期以来，公众一直相信无辜者是绝对不可能被错误定罪的，即使有个别案例，也是极其偶然的现象。② 因此，美国公众并未重视历史上偶尔被发现的冤案。例如，除去塞勒姆审巫案，美国历史上第一例被曝光且有档案记载的冤案——1820年两位无辜者被认定为犯了谋杀罪而被判处死刑，但案件中的受害者事后却出现在了其他城市。③

直到20世纪90年代前，几乎没有几个美国人认为冤案是一个问题。然而，自从1989年首次利用DNA技术发现冤案以来，随着现代学者关于冤案现象的研究日益深入以及新近发生的一系列事件，美国社会开始有意识地甚至迫切地审视冤案这一现象。爱德华·博查德在1932年出版的《误判无辜：刑事司法体制下65例真实的错误》（*Convicting the Innocent*：*Sixty - five Actual Errors of Criminal Justice*）开启了美国现代学界关于冤案的研究；20世纪90年

① United States v. Garsson，291 F. 646，649（S. D. N. Y. 1923）.

② 参见B. Scheck et al.，Actual Innocence：When Justice Goes Wrong and How to Make It Right，NAL Trade，2003；关于这种认识的表述还可参见Morris B. Hoffman，“The myth of Actual Innocence”，Chicago - Kent Law Review，Vol. 82，2007，pp. 664 and pp. 668（“对陪审员和陪审团制度的尊重与信任让我无法相信那些无辜者运动主张者们所坚称的观点：即使冤案不是常态，至少也是非常常见的例外。……当然，事实上无罪的会被错误地逮捕和定罪，正如许多洗冤工程所发现的一样，但从太古之初人类就知晓这一点”）；Edward Borchard，Convicting the Innocent：Sixty - five Actual Errors of Criminal Justice，Nabu Press，2010，p. vii；（据报道，一位美国马萨诸塞州伍斯特市的地方检察官曾说：“无辜的人是绝对不会被定罪的。不用担心，这个世界上绝对不会发生。这在刑事司法体制中是不可能发生的。”）Daniel Givelber，“Meaningless Acquittals，Meaningful Convictions：Do We Reliably Acquit the Innocent?” Rutgers Law Review，Vol. 49，No. 2，1997，pp. 1317 and pp. 1328（“对于今天的法庭而言，受冤的无辜者的鬼魂仍然是一个虚幻的假象。真正的问题仍是那些陈旧的形式主义和过度担心的感情，这都阻碍了耽误了和保护了对犯罪的控诉”）。

③ 参见F. R. Baumgartner et al.，The Decline of the Death Penalty and the Discovery of Innocence，Cambridge University Press，2008，p. 53。

代以后，美国对冤案的关注达到空前高度；① 始于20世纪90年代初期的利用DNA证据发现冤案的无辜者运动蓬勃发展，以洗冤工程为代表的民间组织积极开展无辜者的救助工作；② 伊利诺伊州在暂停执行死刑多年后，终于通过废除死刑的法案；③ 参议员吉姆·

① 耶鲁大学法学院教授爱德华·博查德在其1932年的著作中，讨论了65例冤案，其中最早的可以追溯到1812年。尽管在这部著作出版之后的很长一段时间内，关于冤案的研究一直没有较大进展，但不可否认这部著作的确是美国现代学界关注冤案的奠基之作。随着美国20世纪70年代采取“打击犯罪”的强硬政策，以及80年代晚期DNA技术的运用，美国关于冤案的研究如雨后春笋，特别值得注意的是赫夫（Huff）和罗圭斯特（Lofquist）两位教授试图建构关于冤案的理论框架。R. A. Leo，“Rethinking the Study of Miscarriages of Justice：Developing a Criminology of Wrongful Conviction”，Journal of Contemporary Criminal Justice，Vol. 21，2005；S. Christianson，Innocent：Inside Wrongful Convictions Cases，New York University Press，2004.

② 正是肇始于美国1989年第一例运用DNA证据发现的冤案，从20世纪90年代初开始，被发现的冤案越来越多。自此，以“洗冤工程”为典型标志的无辜者运动开始席卷美国。在救助被冤枉的无辜者的同时，无辜者运动也推动了美国的刑事司法改革与立法，其中最典型的就是确立定罪后DNA检测的法案，以及改革如何在刑事司法中更加规范地收集和保存犯罪现场的生物证据。参见M. Zalman，“Criminal Justice System Reform and Wrongful Convictions：A Research Agenda，Criminal Justice Policy Review”，Vol. 17，2006，pp. 468 –469；D. S. Medwed，“Looking Forward：Wrongful Convictions and Systemic Reform”，American Criminal Law Review，Vol. 42，p. 1117。

③ 据悉，自1977年该州恢复执行死刑以来，有13名死囚被无罪释放，另外还有12名确信是凶手的死囚接受致命的肌肉注射。而侥幸逃脱死亡的13名囚犯是通过接受DNA测试、证人撤回证供或完全不依赖警方的调查结果等方法而被证明清白的。伊利诺伊前州长乔治·瑞安（George Ryan）在2000年宣布该州暂停死刑，以防无辜者被误判死刑而遭处决。他在记者招待会上曾表示：“我们了解到的有13个错误，我不能支持一个已被证实是错漏百出的制度，它几乎可以称得上是噩梦：正剥夺无辜的生命。”他表示，会执行这一决定直到复查过去死刑执行程序的结果出来为止。伊利诺伊州也成为美国第一个宣布暂停执行死刑的州。继任的前州长罗德·布雷格日威奇（Rod Blagojevich）和现任州长帕特·奎因（Pat Quinn）继续实施暂停死刑。直到2011年，伊利诺伊州立法机关通过了废除死刑法令。伊利诺伊州至此成为美国第16个废除死刑的州。参见Associated Press，Illinois Puts Executions on Hold，from http：//www. apbnews. com；NPR Staff and Wires，Illinois Abolishes the Death Penalty，from http：//www. npr. org/2011/03/09/134394946/illinois – abolishes – death – penalty。

韦伯（Jim Webb）为呼吁司法正义，剖析刑事司法体制的缺陷而提议设立全国刑事司法委员会；[1] 等等。美国的实务界和学术界逐渐涌现无辜者的思潮，冤案成为一个为公众热议和担忧的社会问题。

二、各执一词：冤案发生数量之争

冤案的存在证据确凿，但到底这一问题有多严重，美国实务界和学界的观点不尽统一。

有些顽固人士主张不必担心冤案的严重性，他们认为问题远未有想象中严重，冤案数量之少可以忽略不计，为此而进行任何改革更是小题大做。[2] 例如，大法官斯卡利亚（Scalia）在 2006 年指

① 2008 年参议员吉姆·韦伯提议成立计划存在 18 个月的全国刑事司法委员会（National Criminal Justice Commission），旨在系统综合性地检查美国刑事司法体制存在的缺陷，特别是冤案问题。然而 2011 年 10 月，韦伯的这一努力受到了参议院中共和党人的抵制和阻挠。得克萨斯州的参议员凯·贝利·哈钦森（Kay Bailey Hutchinson）批判了这一提议，他认为这样的委员会势必会僭越国家的立法权和立法能力。甚至有的参议员认为这样的提议是不符合宪法的。尽管这一提议尚未得以通过，但是提倡者和反对者都认为 18 个月的系统综合性的检查是绝对不充分的。此外，由政客或司法实践人员组成的委员会势必会带有既定的立场或利益来进行调查，缺乏必要的客观性。因此，由学术界进行这一工作将会更加真实地反映问题的本质以及体制中存在的不可靠性。参见 Shaky Arguments Block Federal Commission on Crime, The Washington Post, 2011, October 30, p. E2; Continue Fight for National Criminal Justice Commission, from http://www.brennancenter.org/blog/continue-fight-national-criminal-justice-commission。

② 参见 Joshua Marquis, "The Myth of Innocence", Journal of Criminal Law and Criminology, Vol. 95, 2005, p. 501（作者批评无辜者运动将冤案描述为普遍的现象，他认为冤案仅仅是非常偶然的）; Andrew M. Siegel, "Moving Down the Wedge of Injustice: A Proposal for a Third Generation of Wrongful Convictions Scholarship and Advocacy," American Criminal Law Review, Vol. 42, 2005, p. 1221（检察官和执法人员对无辜者运动所描述的刑事司法体制存在的问题以及提出的改革方案表示出极大的抗拒和反对）; Stephen J. Markman and Paul G. Cassell, Protecting the Innocent: A Response to the Bedau-Radelet Study, Stanford Law Review, Vol. 41, 1988, p. 121（将无辜者执行死刑的风险非常微小，以至于不能作为是否废除死刑的考虑因素）; Herrera v. Collins, 506 U. S. 390, 420 (1993)(J. O' Connor, concurring)（我们的社会高度信任我们的刑事审判制度，在很大程度上是因为宪法规定了空前无比的保护措施来预防冤案）。

出："目前可以得到的实证数据显示，重罪判决中冤案的比例为 0.027%——或者换一种说法，准确率为 99.973%。"[①] 科罗拉多州的法官莫里斯·霍夫曼（Morris Hoffman）对此更为乐观，在 2007 年他采用类似的分析方法得出的结论是：冤案的比例最多高达约 0.033%，最低约为 0.0016%。[②]

然而，有人对此结论并不赞同，认为上述数据是错误的。[③] 之后，更多的人对此认识表示不乐观，认为美国的刑事司法体制总体上是不可靠的且容易出错，认为现在发现的冤案仅仅是冰山一角而

① Kansas v. Marsh，548 U.S. 163，198（2006）. 斯卡利亚以塞缪尔·R. 格罗斯及其同事在研究成果中主要以通过媒体收录的发生于 1989 年至 2003 年的 340 例冤案为依据，考虑其他因素后乘以十几倍，认为在这段时间内发生了 4000 例冤案。并以这 4000 例冤案作为分子，以这段时间的重罪判决——全国多于 1500 万的重罪判决作为分母，他计算出了令人吃惊的低比例——0.027%。

② 参见 Morris B. Hoffman，"The myth of Actual Innocence"，Chicago－Kent Law Review，Vol. 82，2007，p. 673。霍夫曼同样以格罗斯及其同事所收录的发生于 1989 年至 2003 年的 340 例冤案为依据，认为在过去的 20 年间总共可能发生了 500 例冤案（莫名其妙地比斯卡利亚少了 3500 例）。在过去年的 20 年间洗冤工程发现 500 例冤案（当初均经历了正式的审判程序而被定罪）的同时，全国大概有 200 万次法庭审判。因此，在这 200 万次审判中仅有 500 次造成了冤案，因此冤案的发生比例约为 0.033%。同时，他注意到 95% 的案件并未经过审判程序，在这些认罪答辩的案件中几乎不存在冤案，他据此进一步得出了整个刑事司法体制发生冤案的比例仅约为 0.0016%。

③ 基斯·A. 芬德利（Keith A. Findley）对上述两位法官的计算方法进行了彻底的批判，他指出他们使用的分子和分母都是错误，得出的结论不可能准确。具体参见 Keith A. Findley，"Defining Innocence"，Albany Law Review，Vol. 74，2011，pp. 1166－1169。类似的批判参见 Dan Simon，"Are Wrongful Convictions Episodic or Epidemic?"，Paper presented at the annual meeting of the The Law and Society Association，Jul 04，2006。

已。[①] 例如，大法官苏特（Souter）指出，现在已经有明确的证据表明无辜者会被错误地定罪并且很有可能会被判处死刑，数量之多是我们在运用 DNA 检测发现冤案前所根本没有也不敢预想的。[②]

三、接近现实：计算冤案发生数量的方法

作为对自由民主社会最大的威胁，大量的冤案直击美国刑事司法体制的根基。到底冤案的数量有多少？这既是一个科学问题，更是一个涉及刑事政策和制度改革的基本问题。[③] 尽管很多学者认为要准确计算出美国冤案的数量存在相当难度，甚至具有不可能性，[④] 但仍有多名学者就此进行了尝试性的研究，主要有两种定量方法：一是累计列举已发现的冤案，二是实证分析专业人员的预测与估算数据。[⑤]

---

① 持此结论的文献参见 R. A. Leo，“Rethinking the Study of Miscarriages of Justice: Developing a Criminology of Wrongful Conviction”，Journal of Contemporary Criminal Justice，Vol. 21，2005；J. Savage，J. Grieve and S. Poyser，“Putting Wrongs to Right: Campaigns against Miscarriages of Justice”，Criminology and Criminal Justice，Vol. 1，2007；Samuel R. Gross et al.，“Exonerations in the United States 1989 through 2003”，Journal of Criminal Law and Criminology，Vol. 95，2005；T. G. Poveda，“Estimating Wrongful Convictions”，Justice Quarterly，Vol. 18，2001。

② 参见 Kansas v. Marsh，548 U. S. 163，208（2006）（Souter，J.，dissenting）。

③ 例如，塞缪尔 · R. 格罗斯教授如下描述这一问题的政策意义，“关于冤案最重要也是最基本的问题是：到底无辜者被定罪的比例有多大？如果冤案真的极为稀少——0.027%，那么这将不是一个问题”。参见 Samuel R. Gross，“Convicting the Innocent”，Annual Review of Law & Social Science，Vol. 4，2008，p. 176。

④ 社会学家提出，“如果不调查每一例有罪判决的案件，根本无法知晓现在监禁中的囚犯到底有多少是无辜的”。参见 Robert Carl Schehr，“The Criminal Cases Review Commission as a State Strategic Selection Mechanism”，American Criminal Law Review，Vol. 42，2005，p. 1291。又如，“我们并不知道刑事司法体制中总体的错误比例，而且这也是不可知的。”参见 Dan Simon，“Are Wrongful Convictions Episodic or Epidemic?”，Paper presented at the annual meeting of the The Law and Society Association，2006，from http://citation.allacademic.com/meta/p95411_index.html。

⑤ 参见 Marvin Zalman et al.，“Officials' Estimates of the Incidence of 'Actual Innocence' Convictions”，Justice Quarterly，Vol. 25，No. 1，2008，p. 72。

累计列举已发现的冤案，实际上会忽略现实中潜在的大量冤案。因此，这一方法缺乏客观性。许多机构只是列出了已发现冤案的清单，并未以此计算冤案的发生数量，[①] 但也有个别学者以此方法进行了推算。

实证分析专业人员尤其是刑事司法人员的预测是一种较为常用的方法，虽然学者们承认这一方法并不是真实地直接计算冤案的发生数量，但经常参与刑事司法活动的专业人员在这一问题上最具有发言权，他们的认识与预测能最大限度地真实反映冤案的存在范围和发生数量。

四、现实之维：累计列举已发现的冤案

正如上文所述，使用这一方法来计算冤案的发生数量具有无法避免的内在缺陷。因此，个别学者只是使用这一方法来统计特定类型案件内冤案的发生比例。例如，有关人员利用死刑信息中心（the Death Penalty Information Center）列举的发生于1973 年至2004 年的117 例死刑冤案来推算出死刑案件中冤案的发生比例为1.55%。[②] 又如，有学者利用这一方法计算了纽约州谋杀类案件中冤案的发生比例为1.4%。[③]

在这些研究中，李辛格（Risinger）关于强奸杀人类死刑案件中冤案发生数量的实证研究最具代表性。首先，李辛格将案件范围限定在强奸杀人类死刑案件，这样使分母的统计变得现实可行；其次，李辛格只统计了那些通过 DNA 检测发现的冤案，以保证被告

---

① 总体来说，有四个机构即时公布了美国被救助的无辜者的名单：卡多佐法学院下属的洗冤工程、西北大学法学院下属的冤案研究中心（the Center on Wrongful Convictions）、美国无辜者登记中心（the National Registry of Exonerations）和死刑信息中心。

② 参见 T. P. Bonczar and T. L. Snell，“Capital Punishment，2004”，Bureau of Justice Statistics，NCJ211349，2005。

③ 参见 Tony G. Poveda，“Research Note：Estimating Wrongful Convictions”，Justice Quarterly，Vol. 18，2001，pp. 695 – 697。

人在事实上确定是无罪的。作为保守预测，他以 10.5 例冤案作为分子，以 319 例案件作为分母，得出了 3.3% 的结论。就分子而言，虽然洗冤工程的清单中列举了 11 例发生于 1982 年至 1989 年的强奸杀人类死刑冤案，但为了回应对 DNA 检测出错的质疑，李辛格特意减去 0.5，以 10.5 例作为分子；就分母而言，以利伯曼（Liebman）等人统计提供的 1982 年至 1989 年发生的 479 例强奸杀人类死刑案件为基础，以洗冤工程预计的 33.3% 的强奸杀人类死刑案件中没有可以利用的 DNA 证据为标准，李辛格得出了 319 例这一分母。作为激进预测，他考虑到了那些定罪后辩护律师最终没有要求或者成功申请 DNA 检测的案件。如果那些成功申请 DNA 检测的案件可以占到 319 例样本的一半，那么强奸杀人类死刑案件中发生冤案的比例将上升到 6.6%。然而，李辛格认为在现实中成功申请定罪后 DNA 检测的案件可能少于样本的一半，据此他估计 5% 是最高比例。

通过上述学者的研究，我们可以发现，累计列举已发现的冤案来预测冤案的发生比例仅适合计算特定类型案件中冤案的发生数量。①

五、认识之维：刑事司法人员的预测

美国学者普遍认为，在当前不可能准确计算冤案发生数量的情况下，通过调查分析刑事司法人员对这一数量的预测，或许是最为可取的办法，因为刑事司法人员经常参与刑事司法活动，有着丰富的经验和阅历，他们的认识和预测最具有可信性。于是，许多学者利用这一方法预测了美国冤案的发生数量，而且这一实证研究正处于不断深入的过程中：方法越来越先进，分析越来越深入，结论越

---

① 参见 D. Michael Risinger，"Innocents Convicted：An Empirically Justified Factual Wrongful Convictions Rate"，Journal of Criminal Law and Criminology，Vol. 97，2007，pp. 768 –780。

来越可信。

（一） 赫夫的研究①

赫夫认为，并没有精确和科学的方法可以计算出到底有多少无辜者被定罪。换言之，我们根本无法得知到底有多少冤案，尤其是考虑到那些无辜者进行有罪答辩所导致的冤案时，问题就会变得更加复杂。然而，为了了解冤案这一现象的普遍程度，赫夫等人首次调查了俄亥俄州刑事司法人员对这一问题的看法，收集了有效且有用的信息。②

如表一所示，1983 年他们向美国俄亥俄州的刑事司法人员寄出了 353 份调查问卷，收到了 229 份有效回复，回复率为 65%。

---

① 本节的写作主要参考 C. Ronald Huff, Arye Rattner and Edward Sagarin, Convicted but Innocent: Wrongful Convictions and Public Policy, Sage Publications, 1996, pp. 53 - 62; C. Ronald Huff, Arye Rattner and Edward Sagarin, "Guilty Until Proven Innocent: Wrongful Conviction and Public Policy", Crime and Delinquency, Vol. 32, Issue 4, 1986, pp. 518 - 544。

② 赫夫等人认为，采用调查问卷这一方法收集的关于俄亥俄州的信息对于认识冤案的规模是有效且有用的。主要基于以下理由：第一，到目前为止，研究冤案规模的最佳方法就是观察，由于刑事司法人员切身参与其中，他们可能具有极为丰富的经验和资料，因此他们的认识最有可能接近客观事实。第二，这种方法有社会学家权威的理论作为支持，从齐美尔（Simmel）和托马斯（Thomas）到墨顿（Merton）都认为：人们如何认识一个现象是他们如何行为的一个决定性因素，认知因素是行为的动因之一，而且也是理解某一现象的关键。基于此，选择那些经常参与刑事司法活动的人员作为样本研究，有利于理解冤案这一现象。此外，赫夫等人之所以选择集中研究俄亥俄州，主要出于以下几个原因：第一，在开展这项调查时，所有的作者都长期或者临时居住在俄亥俄州，与当地的犯罪学家和实务界人士有着密切的往来和交流，这有利于保证问卷的回收和调查的成功。此外，也有利于在这项研究中更为便利地与有关人士进行交流和对话。第二，俄亥俄州在当年是美国人口第九多的州，是一个城区、郊区和乡村交融的州，人口和种族都具有足够的多样性，其刑事司法体制具有相当的代表性。第三，根据 FBI（美国联邦调查局）公布的数据，俄亥俄州的重罪犯罪率接近于全美的平均水平，其监禁率也与其他较大的州处于类似水平，因此俄亥俄州具有样本研究的典型代表性。第四，在这项调查研究过程中发现的具有全国影响力的 20 例冤案中，有 2 例发生在俄亥俄州。这 2 例都属于强奸罪冤案。这有利于了解当地新闻媒体和社会公众的反应，也方便与这 2 例冤案的参与者和涉及者进行交流。最重要的是，这 2 例影响力巨大的冤案让当地刑事司法人员有了更加谨慎的认识。

在调查问卷中，并没有提及无辜的犯罪嫌疑人进行有罪答辩的问题，所以被调查者根据他们自己的认识在估算冤案的比例时是否考虑了这一因素不得而知。

表一 调查问卷回复情况（1983 年）

调查对象	调查人数	回复人数	回复比例
俄亥俄州县级普通诉讼法院的首席法官	88	55	63%
俄亥俄州县级检察官	88	53	60%
俄亥俄州县级共设辩护人	28	21	75%
俄亥俄州 7 座主要城市的县级警长	95	59	62%
州总检察长*	54	41	76%
总计	353	229	65%

*包括 50 个州以及加美属萨摩亚、关岛、波多黎各、哥伦比亚特区。

根据收到的回复情况来看，刑事司法人员估算的比例从从未发生到高达 6% ~10% 不等，其中认为重罪判决中冤案的发生率低于 1% 的人数最多（见表二）。鉴于 0.5% 处于 0 和 1% 之间，赫夫等人认为可以采用 0.5% 这一较为保守的估计。① 换言之，在重罪案件的有罪判决中有 99.5% 是准确的。当换算成为冤案的数量时，这一数字令人沮丧。以 1993 年为例，根据美国司法部统计局的统计，1993 年有 2848400 人因涉嫌八类严重犯罪（Index crimes，又

① 赫夫认为，其估算的比例在总体上是偏保守的。因为选择调查的对象集中在刑事司法人员上，他们普遍对冤案的认识持较为保守的态度，大部分人都持有理由来捍卫刑事司法体制的准确性，有着低估冤案的趋势。在所有被调查人员中，公设辩护人对刑事司法体制的态度是最为严苛的，但其比例仅仅占所有样本的 9%。

译为“犯罪指数”）而被逮捕和控诉。[①] 尽管州与州之间不同类型的刑事案件的定罪率存在差异，但从得到的数据来看，以全美75个大县作出重罪判决的比例分析，重罪案件中70%的定罪率是合理的。[②] 据此，赫夫等人估算出了1993年八类严重犯罪中可能发生冤案的数量：

1993年因涉嫌八类严重犯罪而被逮捕的人数	2848400
* 定罪率70%	×0.7
1993年因涉嫌八类严重犯罪而被定罪的人数	1993880
* 冤案的比例0.5%	×0.005
1993年冤案的数量	9969

如果上述略带保守的估算准确的话，意味着每年在八类严重犯罪的有罪判决中会发生近10000件冤案。同时应当注意到，这一估算并没有包括那些八类严重犯罪的有罪判决之外的案件。如果考虑到这些案件中存在的冤案，这一数字将会更加令人吃惊和担忧。

表二 美国冤案的估算统计（1983年）

类别	回复数量	比例	调整比例
从不发生	10	4.4%	5.6%
少于1%	127	55.5%	71.8%
1% ~5%	36	15.7%	20.3%
6% ~10%	4	1.7%	2.3%

① 参见U. S. Department of Justice, Bureau of Justice Statistics, Sourcebook of Criminal Justice Statistics, 1994, Government Printing Office, 1995, p. 374。Index crimes，译为”八类严重犯罪”或“犯罪指数”，是FBI每年用以评估美国犯罪状况的八类严重犯罪。

② 参见U. S. Department of Justice, Bureau of Justice Statistics, Sourcebook of Criminal Justice Statistics, 1994, Government Printing Office, 1995, p. 497。

续表

类别	回复数量	比例	调整比例
无从考证	52	22.7%	—
总计	229	100.0%	100%

此外，赫夫等人还从卡尔文（Kalven）和蔡塞尔（Zeisel）之前关于美国陪审团的经典研究成果中寻找依据，以证明上述估算比例是合理的。卡尔文和蔡塞尔在得到多名法官的支持后，曾经做过一项调查——法官与陪审团就是否有罪的认识是否一致。① 尽管是否有罪的判决由陪审团作出，但法官在每个案件审判后也会记录下自己独立的结论。经过分析比对发现，在19%的案件中，法官和陪审团的意见出现了不一致的情况。其中，有15%的案件，陪审团作出了无罪判决，而法官认为被告人有罪；有4%的案件，陪审

① 参见 H. Kalven and H. Zeisel, The American Jury, Little, Brown, 1966。还有其他学者通过收集陪审团与法官在被告人是否有罪问题上出现分歧的数据进行研究，他们建构的统计模型显示，陪审团所作的有罪判决中有10%是错误的。这类研究参见 J. Baldwin and M. McConville, Jury Trials, Clarendon Press, 1979, p.41；J. L. Gastwirth and M. D. Sinclair, "Diagnostic Test Methodology in the Design and Analysis of Judge－Jury Agreement Studies", Jurimetrics, Vol. 39, p.59；B. D. Spencer, "Estimating the Accuracy of Jury Verdicts", Journal of Empirical Legal Studies, Vol. 4, Issue 2, 2007。通过这一方法研究冤案的存在比例和规模有较大的局限性：其一，这一研究方法忽视了那些被陪审团和法官都错误认为有罪的无辜者；其二，这一研究方法无法区分法官作出无罪结论的依据，因为法官可能认为被告人事实上无罪，也可能认为被告人事实上有罪，但因为程序或者证据等因素而不应当作出有罪判决；其三，这一研究方法仅仅局限于陪审团审判的案件，但美国有95%的重罪案件都是认罪答辩的案件。尽管存在上述种种局限，但这些学者的研究成果确定了一个非常重要的事实：法官和陪审团是我们所信任的两类事实裁判者，二者之间结论的不一致表明在刑事有罪判决中存在许多错误，即使我们无法直接计算出这一数字。参见 Samuel R. Gross, "How Many False Convictions Are There? How Many Exonerations Are There?", in C. Ronald Huff and Martin Killias ed., Wrongful Convictions & Miscarriages of Justice: Causes and Remedies in North American and European Criminal Justice Systems, Routledge, 2013, p.47.

团作出了有罪判决，而法官认为被告人无罪。由于赫夫等人重点研究冤案，即无辜者被错误定罪的情况，所以上述15%的案件可以暂时忽略。在这剩余的4%的案件中，陪审团的结论正确、法官的结论错误的情况占据一半，意味着2%的案件中被告人是无辜的。再假设其中有一半案件的被告人成功上诉，则最后只剩下1%的案件。考虑到并不是所有案件中的被告人都会被判处监禁刑，尤其是在法官与陪审团意见不一致，法官认为被告人事实上无罪的时候，法官更有可能判处缓刑，所以实际上只有不到1%的重罪案件的被告人会进入监狱服刑。据此，赫夫等人认为二位学者的研究结果与他们调查后得出的结论保持了惊人的一致。

（二）拉姆齐（Ramsey）和弗兰克（Frank）的研究①

在赫夫等人进行调查分析之后的20年里，科学证据领域取得了空前的成就，尤其是DNA检测对于发现冤案发挥了关键性作用。鉴于此，拉姆齐和弗兰克于2002年至2003年再次针对俄亥俄州的刑事司法人员进行了类似但更为科学的问卷调查。②

调查对象包括警察（县治安官和警察局局长）、检察官（检察长和助理检察官）、辩护律师（私人律师和公设辩护人）、法官（普通诉讼法院、上诉法院和州最高法院的法官）四类人群，共计1500人。调查内容为包括刑事重罪判决中冤案的发生比例是多少在内的四个问题。调查方法采用了迪尔曼（Dillman）发明的问卷

---

① 本节的写作主要参考 Robert J. Ramsey and James Frank，“Wrongful Conviction: Perceptions of Criminal Justice Professionals Regarding the Frequency of Wrongful Conviction and the Extent of System Errors”，Crime and Delinquency，Vol. 53 No. 3，2007，pp. 436 - 470。

② 从调查设计上看，调查选项更加精细化，分为十个等级，见表四和表五。从调查对象上看，增加了对辩护律师的调查。从调查内容上看，更加具有针对性，总体上可以分为四个大的问题：重罪判决中冤案的比例是多少？冤案的可接受比例是多少？刑事司法体制中的各类错误的比例是多少？刑事司法人员中不同群体之间的认识是否存在差异？从调查方法上看，采用了迪尔曼设计的五步多重邮寄程序，以保证调查问卷的回收率。在分析数据时，使用了统计学方法中的方差分析和事后检验显著性差异。同时，在调查问卷中突出强调了冤案的含义，即事实上无罪的无辜者被定罪的现象。

调查分析方法，其中包括五步多重邮寄程序，以保证问卷的回收率。在调查中，共发出问卷 1500 份，收到回复 798 份，回复率为 53.2%（见表三）。

表三　问卷调查回复率

调查对象	邮寄数量	回复数量	回复比例
警察	488	274	56.1%
县治安官	88	62	70.4%
警察局局长	400	212	53.0%
检察官	220	103	46.8%
检察长	88	62	70.4%
助理检察官	132	41	31.1%
辩护律师	488	235	48.2%
私人律师	238	98	41.1%
公设辩护人	250	137	54.8%
法官	304	186	61.2%
普通诉讼法院	230	142	61.7%
上诉法院	67	41	61.2%
州最高法院	7	3	42.9%
总计	1500	798	53.2%

从整体上分析本司法管辖区域内（俄亥俄州）重罪判决中冤案的预测比例时，被调查者认为介于 0.5% ~1%。比较不同群体之间的预测结果时发现，辩护律师预测的比例要高于法官、检察官和执法人员。平均来说，辩护律师认为本司法管辖区域内重罪判决中冤案的发生比例在 1% ~3%，法官认为在 0.5% ~1%，检察官

和警察都认为低于0.5%。其中值得注意的是，通过方差分析可以检验四类群体的平均数之间存在的显著性差异。事后平均数检验发现，他们彼此之间存在明显差异，但存在一个例外，即检察官与警察这两个群体之间的平均数并不存在显著性差异（见表四）。

表四　本司法管辖区域内（俄亥俄州）重罪判决中冤案的预测比例

群体	警察		检察官		辩护律师		法官		总体	
预测比例	%	n	%	n	%	n	%	n	%	n
0%	33.2	91	29.0	29	1.8	4	15.5	26	19.5	150
低于0.5%	43.4	119	49.0	49	2.2	5	31.0	52	29.3	225
0.5%～1%	13.5	37	13.0	13	9.3	21	21.4	36	13.9	107
1%～3%	6.2	17	6.0	6	26.5	60	19.0	32	15.0	115
4%～5%	3.3	9	1.0	1	18.6	42	6.0	10	8.1	62
6%～10%	0.4	1	2.0	2	17.3	39	5.4	9	6.6	51
11%～15%	—	—	—	—	9.3	21	1.2	2	3.0	23
16%～20%	—	—	—	—	7.1	16	0.6	1	2.2	17
21%～25%	—	—	—	—	5.3	12	—	—	1.6	12
高于25%	—	—	—	—	2.7	6	—	—	0.8	6
总计	100	274	100	100	100	226	100	168	100	768

在预测美国所有司法管辖区域内重罪案件中冤案的发生比例时，有了三个明显的重要发现：第一，有将近1/4（24%）的被调查者认为发生比例在1%～3%之间，有40.7%的人认为发生比例高于3%。第二，对于每类被调查者而言，他们对全美的预测比例都要高于对本司法管辖区域的预测比例。第三，在比较每类被调查者的预测比例后，再次发现辩护律师的预测比例要高于其他三类群体。方差分析可以揭示四类群体之间平均数存在的显著性差异。事

后数据分析验证了辩护律师的预测比例显著异于其他三类群体，而其他三类群体之间并不存在显著性差异。然而，在预测本司法管辖区域内冤案的比例时，法官的预测比例明显异于其他三类群体（见表五）。

表五　美国重罪判决中冤案的预测比例

群体	警察		检察官		辩护律师		法官		总体	
预测比例	%	n	%	n	%	n	%	n	%	n
0%	1.1	3	1.0	1	0.5	1	—	—	0.7	5
低于0.5%	21.3	57	30.2	29	1.9	4	17.0	26	15.8	116
0.5%～1%	23.6	63	31.3	30	6.0	13	20.3	31	18.7	137
1%～3%	29.6	79	24.0	23	14.4	31	28.1	43	24.0	176
4%～5%	14.2	38	10.4	10	25.9	56	18.3	28	18.0	132
6%～10%	5.2	14	1.0	1	19.4	42	10.5	16	10.0	73
11%～15%	2.2	6	2.1	2	8.8	19	3.9	6	4.5	33
16%～20%	2.2	6	—	—	13.0	28	1.3	2	4.9	36
21%～25%	0.4	1	—	—	2.3	5	—	—	0.8	6
高于25%	—	—	—	—	7.9	17	0.7	1	2.5	18
总计	100	267	100	96	100	216	100	153	100	732

在此基础上，拉姆齐和弗兰克将他们的研究结论与赫夫的研究结论进行了比较分析。通过比对发现，在这20年间，刑事司法人员对冤案比例的预测在总体上呈现增长趋势，认为刑事司法体制不会发生冤案的刑事司法人员越来越少。这说明，随着近年来通过DNA检测发现冤案的数量越来越多，刑事司法人员逐渐意识到了冤案的严重性。

（三）扎尔曼（Zalman）等人的研究[①]

扎尔曼等人借鉴拉姆齐和弗兰克的方法，调查分析了密歇根州刑事司法人员对冤案比例的预测，并将密歇根州的数据与俄亥俄州的数据进行了比较分析。2005 年至 2006 年，扎尔曼向密歇根州的警察、检察官、法官以及辩护律师总计 853 人发放了调查问卷，收到 467 份回复，回复率为 54.7%。大部分的回复者为白人（92.8%）、男性（85.8%），近一半（44.9%）的回复者的年龄介于 50～59 岁。这次调查的回复率与俄亥俄州的调查差不多，但在每类人群的回复率上稍有差别，特别是密歇根州检察官的回复率偏低，辩护律师的回复率偏高（详见表六）。其原因可能是检察官群体内关于冤案的政策冲突导致他们较为抵制此类调查，而来自于州上诉法院辩护律师办公室（State Appellate Defender's Office）和密歇根州刑事辩护律师协会（Criminal Defense Attorneys of Michigan）的辩护律师更为乐意接受此类调查。

表六　密歇根州与俄亥俄州调查问卷回复率对比

类别	密歇根州的回复率	俄亥俄州的回复率
总体	54.7%	53.2%
警察	63.3%	56.1%
检察官	27.7%	46.8%
辩护律师	61.8%	48.2%
法官	47.4%	61.2%

① 本节的写作主要参考 Marvin Zalman et al.，"Officials' Estimates of the Incidence of 'Actual Innocence' Convictions"，Justice Quarterly，Vol. 25，No. 1，2008；Marvin Zalman，"Qualitatively Estimating the Incidence of Wrongful Convictions"，Criminal Law Bulletin，Vol. 48，No. 2，2012。

表七是密歇根州刑事司法人员关于本司法管辖区域内重罪判决中发生冤案比例的估算情况。综合来看，本司法管辖区域内重罪判决中发生冤案的比例低于0.5%。就总体而言，将近20%的人相信不会发生冤案，有超过25%的人认为冤案的发生比例低于0.5%，近11%的人认为发生比例在0.5%~1%，近半数的人（44%）估算这一比例在1%以上。就各群体之间的差异而言：其一，警察和检察官之间的差异并不显著，因为这两类人都是控诉人员，总体上他们都认为冤案的发生比例偏低，约80%~90%的警察和检察官认为冤案的发生比例低于0.5%，甚至其中有近一半的警察（41%）和检察官（47.8%）认为从不发生冤案。其二，辩护律师估算的比例偏高，没有一个律师认为不会发生冤案，近一半的辩护律师估算比例在4%~10%。辩护律师与警察和检察官的估算形成完全相反的结果。其三，法官估算的比例介于辩护律师与警察和检察官之间。

表七　本司法管辖区域内（密歇根州）重罪判决中冤案的预测比例

群体	警察		检察官		辩护律师		法官		总体	
预测比例	%	n	%	n	%	n	%	n	%	n
0%	41.0	73	47.8	11	—	—	5.3	6	19.7	90
低于0.5%	41.0	73	43.5	10	2.8	4	28.3	32	26.0	119
0.5%~1%	10.7	19	4.3	1	4.2	6	20.4	23	10.7	49
1%~3%	5.1	9	4.3	1	16.8	24	26.5	30	14.0	64
4%~5%	1.7	3	—	—	24.5	35	9.7	11	10.7	49
6%~10%	0.6	1	—	—	22.4	32	6.2	7	8.8	40
11%~15%	—	—	—	—	9.8	14	1.8	2	3.5	16
16%~20%	—	—	—	—	6.3	9	0.9	1	2.2	10
21%~25%	—	—	—	—	7.0	10	—	—	2.2	10

续表

群体	警察		检察官		辩护律师		法官		总体	
预测比例	%	n	%	n	%	n	%	n	%	n
高于25%	—	—	—	—	6.3	9	0.9	1	2.2	10
总计*	100.1	178	100	23	99.9	143	100.1	113	100	457

*因为四舍五入，百分比总和不一定是100%。

表八是密歇根州刑事司法人员关于全美重罪判决中发生冤案比例的估算情况。综合平均来看，刑事司法人员认为发生冤案的比例为1%～3%，高于他们对本司法管辖区域的估算。就总体而言，只有2位回复者否认冤案的存在，28.1%的回复者估算的比例较低（0%～1%），24.8%的回复者估算的比例在1%～3%，28.4%的回复者认为在4%～10%。就各群体之间的差异而言，警察与检察官的估算较为一致，没有明显差异，他们普遍认为美国冤案的比例偏低；辩护律师估算的比例偏高，而法官则介于二者之间。

表八 美国重罪判决中冤案的预测比例

群体	警察		检察官		辩护律师		法官		总体	
预测比例	%	n	%	n	%	n	%	n	%	n
0%	0.6	1	4.5	1	—	—	—	—	0.4	2
低于0.5%	23.6	41	45.5	10	1.4	2	9.4	10	14.1	63
0.5%～1%	26.4	46	13.6	3	3.4	5	6.6	7	13.6	61
1%～3%	29.3	51	22.7	5	11.0	16	36.8	39	24.8	111
4%～5%	16.1	28	—	—	20.7	30	19.8	21	17.7	79
6%～10%	2.3	4	13.6	3	17.9	26	14.2	15	10.7	48

续表

群体	警察		检察官		辩护律师		法官		总体	
预测比例	%	n	%	n	%	n	%	n	%	n
11% ~15%	0.6	1	—	—	16.6	24	6.6	7	7.2	32
16% ~20%	0.6	1	—	—	10.3	15	5.7	6	4.9	22
21% ~25%	—	—	—	—	9.7	14	—	—	3.1	14
高于 25%	0.6	1	—	—	9.0	13	0.9	1	3.4	15
总计*	100.1	174	99.9	22	100	145	100	106	99.9	447

*因为四舍五入，百分比总和不一定是100%。

通过对比表七和表八发现：46%的回复者认为本司法管辖区域内（密歇根州）冤案的发生比例为0%或低于0.5%，但只有15%的回复者如此估算全美冤案的发生比例；相比之下，30%的回复者认为本司法管辖区域内冤案的发生比例在4%以上，但有高达47%的回复者如此估算全美冤案的发生比例。由此可以看出，密歇根州的刑事司法人员普遍认为本司法管辖区域内冤案的发生比例远低于其他州。

通过对比表五和表七、表六和表八发现：其一，密歇根州和俄亥俄州刑事司法人员总体上的各项估算指标趋于一致。其中，差距最大的指标只有5.9%的出入。相比之下，无论是本司法管辖区域还是全美国，更多俄亥俄州的刑事司法人员相信冤案的发生比例偏低（1%以下），而更多密歇根州的刑事司法人员相信冤案的发生比例偏高（4%以上）。其二，两个州同一群体之间的认识具有较高的一致性。其中，只有密歇根州检察官和俄亥俄州检察官之间存在细微差别。密歇根州检察官更加怀疑冤案在本司法管辖区域内的发生与存在。

最后，扎尔曼根据以上实证数据分析指出，密歇根州的刑事司法人员对美国重罪判决中冤案的估算比例在1% ~3%，对本司法管辖区域重罪判决中冤案的估算比例在0.5%～1%，这与俄亥俄州的调查结果惊人的一致。出于保守和谨慎，扎尔曼将0.5%～1%视为美国重罪判决中冤案的发生比例。随后，他以2002年美国司法统计局公布的数据为基础将这一比例换算成具体数字：2002年有1051000例重罪判决，其中41%的案件被告人会被判处监禁刑。[①] 据此，美国2002年有5255～10510名无辜者被错误定罪，其中至少有2154～4309名无辜者入狱服刑。因此，扎尔曼预测美国每年至少有5000～10000例重罪冤案，其中有2000～4000名无辜者要入狱服刑。

2012年，扎尔曼又再次撰文从定性的角度论证了这一比例和数字的合理性。[②] 他承认，在直接对冤案的比例进行定量研究不具有可能性的前提下，通过调查刑事司法人员的认识间接地预测和推算冤案发生数量的方法存在一定问题，[③] 但他依然通过寻找各种证据来论证依据上述实证数据得出的估算比例是合理且可信的。他在文中具体阐述了两个论证过程：其一，实证数据表明，死刑案件中冤案的比例在1%～5%，但在死刑案件中发生冤案的可能性要高

---

① 这一数字来源于M. R. DuRose and P. A. Langan，"Felony Sentence in State Courts，2002"，Bureau of Justice Statistics，2004，NCJ206916。

② 参见Marvin Zalman，"Qualitatively Estimating the Incidence of Wrongful Convictions"，Criminal Law Bulletin，Vol. 48，No. 2，2012。

③ 对这一方法的批评参见Morris B. Hoffman，"The Myth of Factual Innocence"，Chicago－Kent Law Review，Vol. 82，2007，p. 668，n. 23（一个存在严重缺陷的方法）；Samuel R. Gross and Barbara O' Brien，"Frequency and Predictors of False Conviction：Why We Know So Little，and New Data on Capital Cases，" Journal Empirical Legal Study，Vol. 5，2008，p. 930（只不过是系统性的猜想而已）；John B. Gould and Richard A. Leo，"One－Hundred Years Later：Wrongful Convictions After a Century of Research"，Journal of Criminal Law and Criminology，Vol. 100，2010，pp. 833－834，n. 44（这些发现并不能精确反映现实的刑事司法体制中潜在的错误率，因为它们本质上只是猜测而已）。

于其他重罪案件;[①] 其二，近来关于美国刑事司法中侦查、起诉和审判质量的各项研究表明，刑事司法制度存在不同程度的缺陷。[②] 尽管他认为任何预测都有出错的可能，但他坚信0.5%～1%这一估算比例几乎已经达到了排除了合理怀疑的程度或者几乎确定的程度。

六、深入剖析：美国冤案的多面向

虽然无法统计美国到底存在多少冤案，但近年来，尤其是20世纪90年代以来，随着DNA技术运用于发现冤案，大量的冤案鲜活地出现在公众视野中。致力于冤案救济和研究的非政府机构——美国无辜者登记中心（The National Registry of Exonerations）和洗冤工程尽量收录了近年来发现的所有冤案，并对有关情况和信息进行了统计分析。

---

① 根据已知的死刑冤案的数量，多名学者论证了死刑案件中发生冤案的比例，相关文献参见 Samuel R. Gross and Barbara O' Brien, "Frequency and Predictors of False Conviction: Why We Know So Little, and New Data on Capital Cases", Journal Empirical Legal Study, Vol. 5, 2008, pp. 944－945（1973年至2004年死刑案件中发生冤案的比例为1.5%，而在1973年至1984年死刑案件中发生冤案的比例为2.3%）; Tony G. Poveda, "Research Note: Estimating Wrongful Convictions", Justice Quarterly, Vol. 18, 2001, pp. 695－697（纽约州谋杀类案件中发生冤案的比例为1.4%，而纽约州辩护律师协会用类似的方法计算出的谋杀类案件中发生冤案的比例为1.0%）; D. Michael Risinger, "Innocents Convicted: An Empirically Justified Factual Wrongful Conviction Rate", Journal of Criminal Law and Criminology, Vol. 97, 2007, pp. 775－779（他收集了于1982年至1989年发生的11例强奸杀人冤案，尽管这11例案件是通过定罪后DNA检测纠正的，但他为了保守起见以10.5作为分子，计算出强奸杀人案件中发生冤案的比例在3.3%～5%）。有关死刑案件中冤案发生比例偏高的原因分析参见 Samuel R. Gross, "The Risks of Death: Why Erroneous Convictions are Common in Capital Cases", Buffalo Law Review, Vol. 44, 1996, pp. 473－479。

② 这些研究包括：Fredric N. Tulsky, "Tainted Trials, Stolen Justice", San Jose Mercury News, 2006., from http: //www. mercurynews. com/taintedtrials; Steve Weinberg et al.; "Harmful Error: Investigating America's Local Prosecutors", Center for Public Integrity, 2003, from http: //www. publicintegrity. org/accountability/harmful－error; Amy Bach, Ordinary Injustice: How America Holds Court, Picador, 2010。

（一）总体概况

截至2012年年底，美国无辜者登记中心共收录1050例冤案。[①]在1989年至2012年发现的这1050例冤案（为方便研究，此处将冤案数量与无辜者数量之比设计为1:1）中：

■ 性别——93.2%的无辜者为男性（979/1050），6.8%的无辜者为女性（71/1050）。

■ 种族——97.6%的案件中被告人的种族是可知的（1025/1050），在种族可知的案件中：47.3%的无辜者为黑人（485/1025）、38.5%的无辜者为白人（395/1025）、12.3%的无辜者为拉美裔（126/1025）、1.9%的无辜者为印第安人或亚裔（19/1025）。

■ 定罪类型——9.4%的案件属于认罪答辩（99/1050），90.6%的案件经过审判定罪（951/1050）。其中有82.4%经陪审团审判定罪（865/1050），7%由法官定罪（73/1050），1.2%的案件无法查明是由陪审团还是由法官定罪（13/1050）。

■ DNA证据情况——32.5%的无辜者至少部分因DNA证据的帮助而获得释放（341/1050），67.5%的无辜者并没有利用DNA证据（709/1050）。

■ 服刑情况——从整体来看，所有无辜者在狱中的总服刑期将近11000年，平均每人服刑10年以上。从个体来看，大多数无辜者都在狱中服刑多年，其中有一半的无辜者至少服刑9年，超过75%的无辜者至少服刑4年。

（二）冤案的犯罪类型

截至2012年年底，从发现的冤案的犯罪类型构成来看，仍是杀人类犯罪（47%）和性侵犯类犯罪（33%）占据大部分。然而，与2003年报告中的数据相比，[②]其他犯罪类型的冤案数量处于攀

① 截至2014年1月13日，该机构收录的冤案已经增长至1289例。

② 此报告参见 Samuel R. Gross et al.，“Exonerations in the United States, 1989 through 2003”, Journal of Criminal Law and Criminology, Vol. 95, 2005。

升之中，从2003年报告中的4%增至20%。这说明2003年至2012年，在非杀人类犯罪和性侵犯类犯罪之外的案件中发现了越来越多的冤案。

（三）历年发现的冤案

从1989年开始，每年发现的冤案的数量呈增长趋势：从1989年的15例，快速增至1999年的42例，2000年之后总体上进入一个比较稳定的状态；在2000年到2012年间，受不同因素的影响，每年发现的冤案的数量在45例至75例不等，平均为58例。从总体上看，利用DNA证据发现的冤案仅占总数的32.5%（341/1050），而无DNA证据的冤案则高达67.5%（709/1050）。从历年数据来看，每年发现的无DNA证据的冤案的数量一直高于利用DNA证据发现的冤案的数量。而且，近十几年来，被发现的冤案数量的增长主要来自于无DNA证据的冤案数量的增长，因为DNA证据发现的冤案从2000年开始基本维持在每年平均22例的水平。

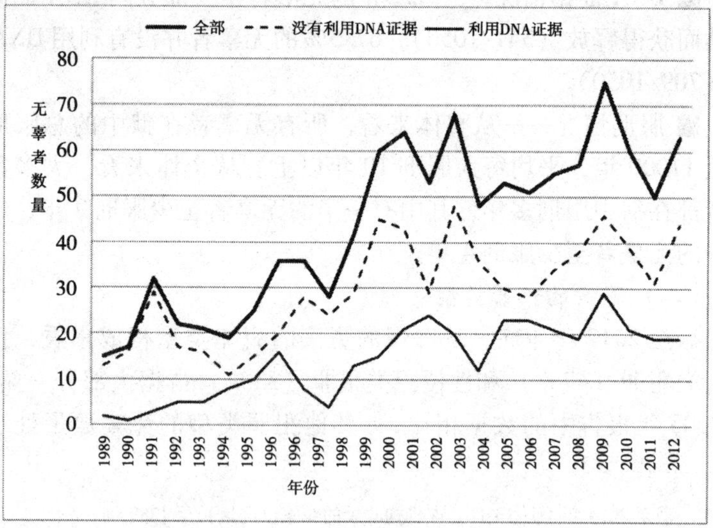

（四）利用 DNA 证据发现的冤案

通过观察下表可以看出，利用 DNA 证据发现的 341 例冤案主要集中于杀人类犯罪（130）和性侵犯罪（200）。然而，从各类犯罪案件中的冤案来看，在杀人类冤案中，仅有 26% 的案件利用了 DNA 证据；在性侵犯冤案中，虽然有 57% 的案件利用了 DNA 证据，但主要集中于针对成人的性侵犯罪案件。与 2003 年的报告相比，利用 DNA 证据发现冤案的比例呈缓慢下降趋势。

犯罪类型		利用 DNA 证据发现的冤案所占比例与数量*
杀人犯罪		26%（130/493）
性侵犯罪	针对成人	50.6%（176/348）
	针对儿童	6.9%（24/348）
其他暴力犯罪		9%（11/126）
毒品犯罪和财产犯罪		0%（0/83）

*该表中的比例，是指某一类犯罪中利用 DNA 证据发现的冤案在同一类犯罪中所占的比例，而不是在所有利用 DNA 证据发现的冤案中所占的比例。

括号中的数量，前一个数量是某一类犯罪中利用 DNA 证据发现的冤案数量，后一个数量是该类犯罪发现冤案的总数。

一直以来，利用 DNA 证据发现的性侵犯类案件中冤案的数量要高于杀人类案件中冤案的数量。然而，在过去的几年内，确切的说从 2008 年开始，利用 DNA 证据发现的杀人类冤案超过了性侵犯冤案。从 1989 年至 2007 年，利用 DNA 证据发现的冤案中有 66% 是性侵犯类案件；但从 2008 年开始，这一比例降至 42%。在 51.5% 的利用 DNA 证据发现的杀人类冤案中（67/130），无辜者同时被判决性侵犯罪；在 20.7% 的利用 DNA 证据发现的谋杀类冤案中，虽有强奸行为发生，但通常由于没有提出该项指控而使无辜者没有被判决强奸罪。换言之，利用 DNA 证据发现的冤案越来越多的是强奸杀人类案件。

（五）洗冤所需要的时间

通常来讲，除个别案例，大多数无辜者都需要等待很长时间才能成功推翻之前的有罪判决。从总体上看，从定罪到推翻有罪判决，每位无辜者平均需要等待10年以上。

从定罪类型来看，推翻重罪判决所等待的时间通常比较长，如推翻性侵犯罪的有罪判决和杀人罪的有罪判决平均需要等待13年，而推翻非暴力犯罪的有罪判决平均只需要等待4年。其原因可能是轻罪所判处的监禁时间较短，一旦无辜者服刑完毕获得释放，他们去推翻有罪判决的动力就会大为降低。

从有无DNA证据帮助推翻有罪判决方面来看，利用DNA证据推翻有罪判决所等待的时间要长于无DNA证据情况下推翻有罪判决所等待的时间。前者所等待的平均时间为15年，后者则为8年。在20世纪90年代初开始利用DNA证据推翻有罪判决时，情况并非如此。例如，美国1989年第一例利用DNA证据推翻的有罪判决发生于定罪后4年，1990年第二例利用DNA证据推翻的有罪判决发生于定罪后2个月。然而，多年之后情况发生了变化。在无DNA证据的情况下，2007年至2011年推翻有罪判决平均需要等待12年，相较于1989年至1993年的平均需要7.4年，增长了63%。在有DNA证据的情况下，2007年至2011年推翻有罪判决平均需要等待18年，相较于1989年至1993年的平均需要6.8年，增长了160%。

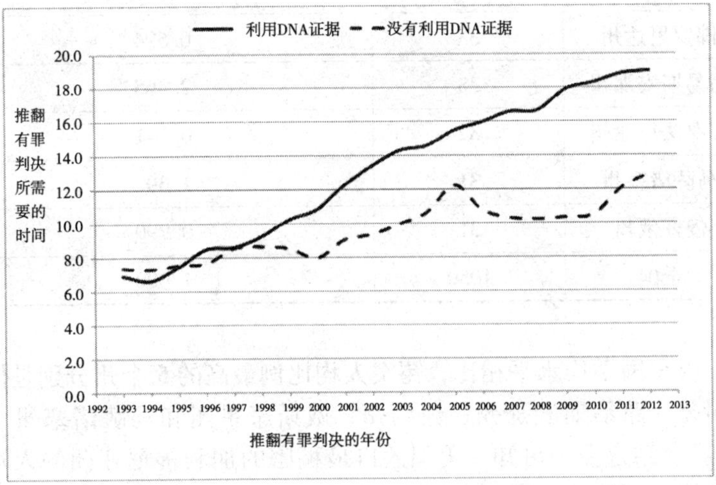

（六）冤案的地域分布

截至2012年年底的1050例冤案，来自于45个不同的州、哥伦比亚特区和波多黎各等。其中，发现冤案数量最多的5个州分别是加利福尼亚州、得克萨斯州、伊利诺伊州、纽约州和密歇根州，共计489例，占全国发现冤案总数的46.6%（489/1050）。这说明，发现的冤案的州际分布并不均衡，有些州的冤案有待于进一步发现或收集（见下表）。

地区	发现的冤案数量	人均比例（以全国平均水平为标准）①
加利福尼亚州	119	0.939
得克萨斯州	114	1.333
伊利诺伊州	112	2.567
纽约州	104	1.578
密歇根州	40	1.190
佛罗里达州	38	0.594
路易斯安那州	38	2.465
宾夕法尼亚州	32	0.741
马萨诸塞州	31	1.392
俄亥俄州	31	0.790
全国	1050	1.000

与全国平均水平相比，冤案人均比例最高的5个州分别是伊利诺伊州、路易斯安那州、纽约州、威斯康星州和马萨诸塞州（见下表）。结合上表可知，美国人口最稠密的加利福尼亚州的人均比例低于全国水平，这说明对该州冤案的情况有待于进一步发现。

① 这一标准是每100000人中发现0.340例冤案，即1050例冤案/308745538人。将这一全国平均标准定为1.000，来衡量各州的人均水平。例如，伊利诺伊州的人均比例为2.567，这说明伊利诺伊州每100000人中发现冤案的数量是0.340的2.567倍。

地区	人均比例（以全国平均水平为标准）	发现的冤案数量
伊利诺伊州	2.567	112
路易斯安那州	2.465	38
纽约州	1.578	104
威斯康星州	1.396	27
马萨诸塞州	1.392	31
得克萨斯州	1.333	114
密西西比州	1.288	13
俄克拉何马州	1.254	16
密歇根州	1.190	40
华盛顿州	1.137	26
全国	1.000	1050

（七）发现冤案过程中警察或检察官的配合情况

在发现和纠正冤案的过程中，警察或检察官主动配合的情况一直以来属于少数情形。但根据2012年的数据显示，警察或检察官主动配合的情况在该年度第一次占据多数，为54%。从1989年至2011年，警察或检察官主动配合纠正冤案的比例一直在11%至39%之间起伏不定。2012年似乎成为突破性的一年，警察或检察官主动配合纠正冤案的比例和案件数量均创历史最高。

这一变化可能基于以下几个原因：

第一，近年来，几个比较大的或者中等规模的检察官办公室成立了定罪公正性调查组（Convictions Integrity Units）：达拉斯于2007年设立，休斯敦于2009年设立，曼哈顿于2010年设立，圣何塞和布鲁克林于2011年设立，芝加哥和伊利诺伊州的莱克县于2012年设立。此外，某些州的总检察长承担着促进纠正冤案的项目，或者帮助特定的无辜者尽快纠正冤案的责任。

第二，近年来，许多州都制定和通过了定罪后 DNA 检测的有关法律，这些法律直接要求警察或者检察官必须在这些检测中主动配合，提供便利条件。

第三，随着近年来无辜者运动的兴起，越来越多的警察和检察官意识到，冤案客观存在而且数量不小。冤案作为一个严重的问题，需要执法人员的重视。

警察或检察官主动配合（Police and Prosecutor Cooperation，简称 PPC）纠正冤案的比例

	'89	'90	'91	'92	'93	'94	'95	'96	'97	'98	'99	'00	'01	'02	'03	'04	'05	'06	'07	'08	'09	'10	'11	'12	总计
PPC 案件	6	6	8	8	9	3	11	12	4	7	9	19	17	19	16	14	16	16	15	22	18	17	11	34	317
所有案件	15	17	32	22	21	19	25	36	36	28	42	60	64	53	68	48	63	51	55	57	75	60	50	63	1050
PPC 所占比例	40%	35%	25%	36%	43%	16%	44%	33%	11%	25%	21%	32%	27%	36%	24%	29%	30%	31%	27%	39%	24%	28%	22%	54%	30%

历年警察或检察官主动配合纠正刑事冤案的数量

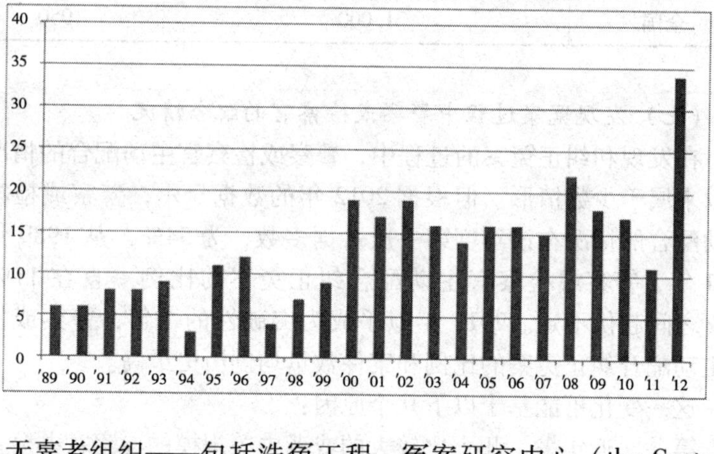

无辜者组织——包括洗冤工程、冤案研究中心（the Center of Wrongful Convictions）和百夫长援助组织（Centurion Ministries）以及其他在过去的 20 年间出现的类似组织，帮助纠正了 20% 左右的冤案（213/1050）。在无辜者组织帮助纠正的 213 例冤案中，警察或检察官主动配合的情况占 31%（67/213），这与在非无辜者组织帮助纠正的 837 例冤案中，警察或检察官主动配合的情况没有太大

差异，后者比例为29%（246/837）。

在利用DNA证据发现的冤案中，警察或检察官主动配合的比例要略高一些，为38%（128/341）；而在无DNA证据的冤案中，警察或检察官主动配合的比例为27%（189/709）。

在不同类型犯罪的冤案的纠正过程中，警察或检察官主动配合的情况存在较大差异。最低比例为0%，出现在歇斯底里式儿童性侵的案件中，没有一例警察或者检察官主动配合纠正的情况。其次在是死刑案件中，警察或者检察官主动配合纠正的比例为15%。而在非死刑判决的谋杀案件中，警察或检察官主动配合纠正的比例激增为31%。在一般儿童性侵案件和成人性侵案件中，这一比例分别是33%和36%。在毒品案件和抢劫案件中，这一比例则有小幅提升，分别是41%和44%。这一变化潜在的逻辑是：越是严重的案件，警察或检察官的抵触情绪越大，其主动配合纠正的可能性越小，特别是那些受到社会公众广泛关注的严重犯罪案件。

犯罪类型	PPC纠正冤案的比例
歇斯底里式儿童性侵案件	0%（0/49）
死刑案件	15%（16/104）
非死刑判决的谋杀案件	31%（115/375）
一般儿童性侵案件	33%（25/76）
成人性侵案件	36%（81/222）
毒品案件	41%（14/34）
抢劫案件	44%（28/63）

（八）冤案的两个主要类型

冤案基本上分为两类，一类是有犯罪事实发生，无辜者被错误地认定为真凶，另一类是根本没有犯罪事实发生。截至2012年年底，在已发现的1050例冤案中，有19%的冤案属于后者，即根本没有犯罪事实发生。换言之，在每5件已知的冤案中，就有1件属于无犯罪事实发生的情形。这类冤案往往发生于那些仅一个人（通常是所谓的受害者）就可以虚构编造犯罪事实发生的案件。从案件类型来看，这类冤案从多到少主要分布于儿童性侵案件（占该类冤案的70%左右）、毒品案件（占55%左右）、成人性侵案件（占15%左右）以及杀人案件（占7%左右）中。

第二节　其他国家冤案的定量认识

一、英国的情况

与美国一样，英国人一直认为西方国家尤其是英美法系国家的刑事司法程序在总体上是十分安全的，虽然极其偶尔会出现错误，但其危害性可以忽略不计。从20世纪80年代末以来，英国纠正了多起臭名昭著的冤案，如吉尔福德四人案（Guildford Four，1989）、伯明翰六人案（Birmingham Six，1991）、马奎尔等七人案（Maguire Seven，1991）、斯蒂芬冤案（Stefan Kiszko，1992）、布里奇沃特四人案（Bridgewater Four，1997）、加的夫报刊亭三人案（Cardiff Newsagent Three，1999）、斯蒂芬冤案（Stephen Downing，2002）、罗伯特冤案（Robert Brown，2002）、詹金斯冤案（Sion Jenkins，2004）、保罗冤案（Paul Blackburn，2005）、克拉克冤案（Sally Clark，2007）、戴维冤案（David Carrington - Jones，2007）、苏姗冤案（Suzanne Holdsworth，2008）、肖恩冤案（Sean Hodgson，2009）、维克托冤案（Victor Nealon，2013）等。①

在过去的这20年间，无辜者被定罪的现象逐渐成为社会热点

① 关于英国更多的已纠正的冤案参见 http：//innocent. org. uk/cases/。

话题，就此产生了大量的新闻报道、书籍甚至电影。[①] 与此同时，英国多名学者也意识到了冤案问题的严重性。英国学者罗斯玛丽·帕腾顿（Rosemary Pattenden）早在1996年就曾经指出，在狱中服刑5年以上的囚犯中，有5%的人坚称自己是无辜的，而且监狱工作人员认为其中至少有一半（约400人）可能属于冤案。[②] 无独有偶，邓肯·坎贝尔（Duncan Campbell）在报告中指出，曾经被错误定罪的无辜者帕迪·尼古拉斯（Paddy Nicholls）估算，在英国监狱中可能有多达2000名的无辜者在服刑，尽管他同时也暗示要给出一个近似的数字是不可能的。[③]

截至2013年9月30日，英国刑事案件审查委员会（Criminal Cases Review Commission，简称CCRC）共收到申请16792例，完成审查15624例，发回上诉法院537例，上诉法院审判完成509例，其中351例有罪判决被撤销，平均每年20例左右。[④] 有的学者据此推断英国冤案的比例在0.0015%，[⑤] 但更多的学者认为这一比例根本不符合客观情况。

---

① 就英国媒体在报道冤案方面的论述参见R. Nobles and D. Schiff, Understanding Miscarriages of Justice: Law, the Media, and the Inevitability of Crisis, Oxford University Press, 2000, chapter 4；英国关于冤案的书籍主要有：C. Mullin, Error of Judgment: the Birmingham Bombings, Chatto & Windus, 1986；R. Kee, Trial and Error: the Maguires, the Guildford Pub Bombing and British Justice, Hamish Hamilton, 1986；B. Woffinden, Miscarriages of Justice, Hodder & Stoughton, 1987；G. Conlon, Proven Innocent: the Story of Gerry Conlon of the Guildford Four, Hamish Hamilton, 1990；关于英国冤案的经典电影是In the Name of the Father, Universal Pictures, 1994。

② 参见Rosemary Pattenden, English Criminal Appeals, 1844－1994: Appeals Against Conviction and Sentence in England and Wales, Clarendon Press, 1996。

③ 参见Duncan Campbell, "Guilty Until Proved Innocent", Guardian, Aug. 19, 1998, p. 17。

④ 这一数据来源于CCRC官网，http://www.justice.gov.uk/about/criminal－cases－review－commission，2014年1月1日最后访问。

⑤ 参见Michael Naughton, Rethinking Miscarriages of Justice: Beyond the Tip of the Iceberg, Palgrave MacMillan, 2012, p. 41。

首先，不应当只计算那些受到高度关注的案件而忽略那些平时在司法实践中客观存在的错误，这种计算方式应当是最保守的估算，因为有证据表明，许多被定罪的无辜者无法满足 CCRC 的受理标准而无法推翻有罪判决。

其次，CCRC 只负责审查刑事案件中有无存在刑事司法错误的现实可能性，并不关注被告人事实上是否有罪的问题，其发回上诉法院的案件的有罪判决被撤销的原因也不局限于被告人事实上无罪的情形，因此被撤销的有罪判决案件并不一定是冤案。①

英国研究冤案方面的权威学者迈克尔·诺顿（Michael Naughton）认为，CCRC 纠正的只是英国刑事司法错误的冰山一角。他曾经尝试采用官方统计的历年上诉成功的案件数量来尽量还原英国刑事司法错误的整体面貌，② 但由于许多潜在的刑事司法错误并未经上诉程序纠正，也无法通过其他途径发现，所以诺顿教授的估算也只是保守性的估算。尽管如此，英国的学者们普遍认为那些未被发现的错误远超我们的认识与想象。③

---

① 参见 Miranda Jolicoeur，“International Perspectives on Wrongful Convictions：Workshop Report，September 2010”，pp. 10 and 55，from http：//www. innocencenetwork. org. uk/wp - content/uploads/2011/11/international - perspective - on - wrongful - convictions. pdf。

② 迈克尔·诺顿根据英国的上诉制度将刑事司法错误分为三类：例外型的刑事司法错误（Exceptional Miscarriages of Justice）、例行的刑事司法错误（Routine Miscarriages of Justice）和常规的刑事司法错误（Mundane Miscarriages of Justice），虽然他也承认这一方法有问题，但的确可以提供一种可行的视角来审视英国刑事司法错误的存在规模。当然，他在书中也承认这其实并不能代表最真实的情况，因为有些潜在的刑事司法错误并没有被发现和纠正。确切地说，这一数据代表了被官方发现和纠正的刑事司法错误的数量。

③ 参见 B. Woffinden，“The CCRC Has Failed”，The Guardian，November 30，2010，form http：//www. theguardian. com/commentisfree/libertycentral/2010/nov/30/criminal - cases - review - commission - failed。

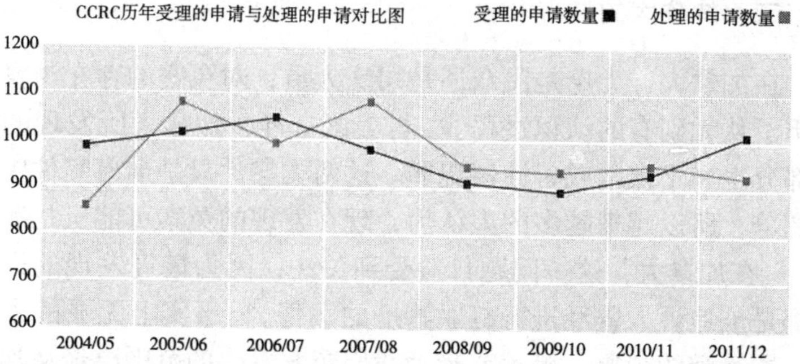
CCRC历年受理的申请与处理的申请对比图
受理的申请数量
处理的申请数量
1200
1100
1000
900
800
700
600
2004/05
2005/06
2006/07
2007/08
2008/09
2009/10
2010/11
2011/12

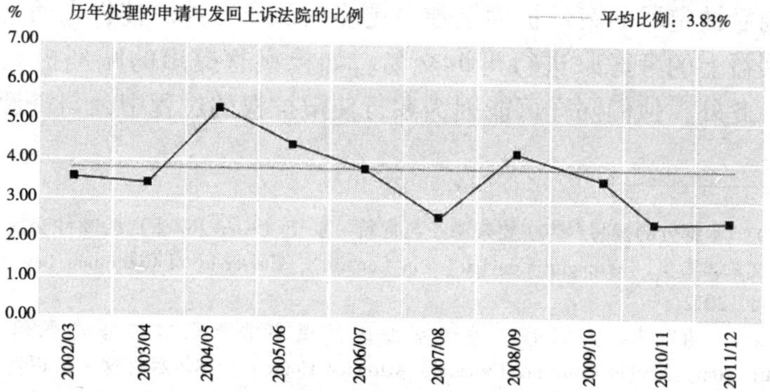
%
历年处理的申请中发回上诉法院的比例
平均比例：3.83%
7.00
6.00
5.00
4.00
3.00
2.00
1.00
0.00
2002/03
2003/04
2004/05
2005/06
2006/07
2007/08
2008/09
2009/10
2010/11
2011/12

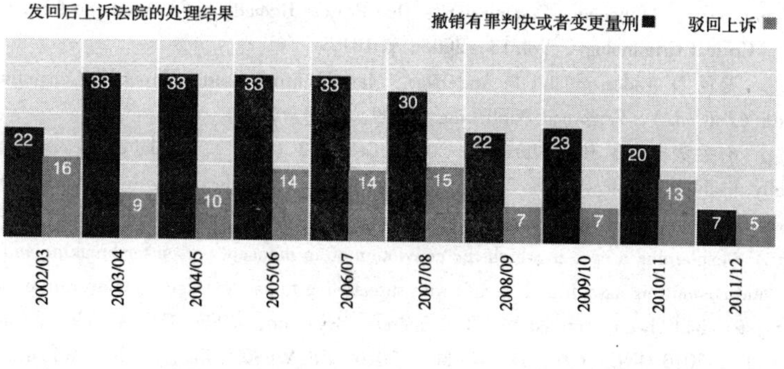
发回后上诉法院的处理结果
撤销有罪判决或者变更量刑
驳回上诉
22
16
33
9
33
10
33
14
33
14
30
15
22
7
23
7
20
13
7
5
2002/03
2003/04
2004/05
2005/06
2006/07
2007/08
2008/09
2009/10
2010/11
2011/12

二、加拿大的情况[①]

在加拿大，无论是民众还是司法人员，对冤案的存在与发生也经历了从无到有的认识过程。[②] 与美国一样，加拿大所发现的冤案大部分也属于谋杀或者性侵犯罪。这两类案件只是刑事案件中的一小部分，所以越来越多的人认为，现在发现的冤案可能只是冰山一角。[③] 在加拿大，这一问题日益受到关注，因为最近发现的许多冤案都是被追诉人曾经进行有罪答辩的案件。[④] 事实上无罪的人会进行认罪答辩的现象，提示或暗示我们冤案发生的范围已经从那些经审判后被定罪的案件扩大至数量更多的认罪案件。被告人通常会出于利益上的考虑来进行辩诉交易，如检察官提出的减刑极具诱惑力。此外，他们同样可能因为在行使辩护权的过程中，与资源更为

---

① 本部分的撰写内容主要来源于与肯特·罗切（Kent Roach）的邮件交流及其最新的文章，参见“Wrongful Convictions in Canada”, University of Cincinnati Law Review, Vol. 80，2012。

② 一直以来，人们都认为冤案发生的概率非常低或者非常偶然。参见 F. Carrington，Neither Cruel nor Unusual，Arlington House，1978。尽管这一认识持续了很长时间，但冤案一直客观地存在于整个刑事司法的演变历史中。参见 Robert Carl Schehr and Jamie Sears，“Innocence Commissions：Due Process Remedies and Protection for the Innocent”，Critical Criminology，Vol. 13，2005，p. 181。

③ 参见 D. Anderson and B. Anderson，Manufacturing Guilt：Wrongful Convictions in Canada（2nd ed.），Fernwood Publishing，2009，pp. 8－9。

④ 有关案例参见 R. v. Marshall，2005 QCCA 852（Can.）（explaining a case where a mentally disabled person who was falsely accused confessed and pleaded guilty to sexual assault, but was later exonerated by subsequent DNA evidence）；R. v. Hanemaayer，2008 ONCA 580（Can.）（explaining a case in which the conviction of an innocent person for breaking and entering, and committing assault and assault with threatening to use a weapon was overturned after a guilty plea had been entered）；R. v. Sheratt Robinson，2009 ONCA 886（Can.）；R. v. C. F.，2010 ONCA 691；R. v. C. M.，2010 ONCA 690（Can.）；R. v. Kumar，2011 ONCA 120（Can.）；R. v. Brant，2011 ONCA 362（Can.）（describing cases where parents pled guilty to reduced homicide in their child's death in the face of forensic pathology evidence later shown to be unreliable）。

丰富的检察官的对抗遇到了实际困难而不得不认罪，这就更加印证了“冰山一角”理论。

即使具有可能性，要发现加拿大冤案的数量也是异常困难的事情。主要原因是，加拿大的刑事司法体制注重纠正刑事司法错误，而不是冤案，因此无法统计刑事司法体制到底发现和纠正了多少冤案。① 上诉法庭宣布说他们缺乏法定权限来发现和宣布事实上无罪，但同时他们可以作出刑事司法错误的认定，有时候将案件形容为“冤案”，尤其是根据新证据撤销存在已久的有罪判决，被追诉者一般会被媒体和社会广泛认定为事实上无罪。总之，在加拿大，事实上无罪的认定是一个刑事司法体制无法完全胜任的带有社会性的科学任务。②

尽管加拿大的刑事司法系统通常并不认定事实上无罪，但它又将事实上无罪作为申请获得国家赔偿的一个正式要件。例如，联邦和省级的刑事赔偿指导规则要求事实上无罪。刑事法典第 748（3）条规定，当总督授予特赦后，有关人员自此以后绝对不会再被视为实施了特定犯罪。这一规定暗示了特赦可能意味着事实上无罪的认定。例如，在 1992 年，最高法院指出，如果大卫·米尔加德（David Milgaard）能够排除合理怀疑证明自己事实上无罪，特赦将是最佳的救济方法。而在 1992 年，米尔加德根本无法满足这一高标准。直至 1997 年运用 DNA 证据排除犯罪嫌疑之后，他才被无罪释放并获得了 1000 万美元的赔偿。这一案件足以说明，要在加拿大

① “如果具有可能性的话，要发现加拿大冤案的数量简直是异常困难。原因有三个：一个是冤案的界定本身就具有模糊性，二是法律体制不愿意查明也不关心到底谁是事实上无罪的，三是根本无法发现有多少冤案处于为被发现的状态。”参见 Kent Roach, “Wrongful Convictions in Canada”, University of Cincinnati Law Review, Vol. 80, 2012, p. 1470。笔者对此进行了提炼，总结为一个主要原因。

② 参见 Kent Roach, “Exonerating the Wrongful Convicted: Do We Need Innocence Hearings”, in Margaret E. Beare (ed.), Honouring Social Justice, University of Toronto, 2008, pp. 55 – 84。

的刑事司法体制中确定被告人事实上无罪，面临着重重困难，特别是在那些没有明确的DNA证据和类似确凿证据的案件中。以特赦作为衡量被追诉者事实上无罪的标准既显尴尬又有失恰当，① 其中一个问题就是特赦含有怜悯同情的成分；另外一个问题是，特赦是由联邦内阁来颁布的而不是由法庭。

或许，在加拿大可能计算冤案数量的方法是政府启动的针对冤案的一系列公共调查。自1986年以来，政府已经进行过七次公共调查。② 这些调查一般都由现任或者退休法官具体牵头负责。他们通常会用几年时间通过举办公共听证会等形式来调查冤案的情况，并提出预防冤案的对策和建议。通常来说，只有当冤案受到相当程度的媒体关注时，公共调查才会启动。

此外，另外一条统计部分冤案的途径是民间救助机构。在加拿大处于领导地位的洗冤工程——"Association in Defence of the Wrongfully Convicted（AIDWYC）"现在列举了43例冤案，其中最早的冤案可以追溯到1959年的史蒂文·特拉斯科特（Steven Truscott）案，18例冤案中的无辜者已经被除罪释放。③ 这18例冤案全部是谋杀类刑事案件，其中2例同时涉及性侵犯，1例同时涉及

① 参见 Kerry Scullion, "Wrongful Convictions and the Criminal Conviction Review Process pursuant to Section 696. 1 of the Criminal Code of Canada", Canadian Journal of Criminology and Criminal Justice, Vol. 46, 2004。

② 这七次公共调查分别是：The Marshall Inquiry（Hickman Commission）：Donald Marshall Jr.（Nova Scotia, 1989）；The Morin Inquiry（Kaufman Commission）：Guy Paul Morin（Ontario, 1998）；The Sophonow Inquiry（Cory Commission）：Thomas Sophonow（Manitoba, 2001）；The Dalton/Parsons/Druken Inquiry（Lamer Commission）：Ronald Dalton, Randy Druken, Gregory Parsons（Newfoundland and Labrador, 2006）；The Driskell Inquiry（Le Sage Commission）：James Driskell（Manitoba, 2007）；The Milgaard Inquiry（MacCallum Commission）：David Milgaard（Saskatchewan, 2008）；Inquiry into Pediatric Forensic Pathology in Ontario（Goudge Commission）：（Ontario, 2008）。

③ 参见 Association in Defence of the Wrongfully Convicted, "Case Overview", from http://www.aidwyc.org/AIDWYC_ Cases.html; Hans Sherrer, "Wrongfully Convicted Database Index", from http://forejustice.org/db/location/innocents_ l.html。

破门而入私闯民宅。加拿大的这些已经被证实的冤案的基本情况，与美国的冤案有着相似的特点。换言之，加拿大所发现的绝大部分冤案与美国相似，都涉及谋杀或者性侵犯。

到目前为止，加拿大公众已经熟知的无辜者有 David Milgaard、Thomas Sophonow、Guy Paul Morin、Steven Turscott、Jr. Donald Marshall、James Driskell 和 Gregory Parsons 等。①

在加拿大到底有多少未被发现的冤案呢？即使加拿大发生冤案的比例极低，仍然会有大量的冤案未被发现，因为加拿大的刑事法庭每年大约会作出 250000 例有罪判决，若只有 0.5% ~1% 的误判率，也会导致每年大约有 1275 ~2500 例冤案。由于在成人刑事案件中有 2/3 属于认罪的情形，有证据表明无辜者会出于合理或者非理性的动机进行认罪答辩，认罪答辩的被追诉人中有些在事实上是无罪的；而在另外 1/3 的刑事案件中，大部分情况下检察官会选择终止或撤销控诉，只有一小部分刑事指控进入了正式审判程序，因此，每年发生 1275 ~2500 例冤案应当是最保守的估计。②

总而言之，在加拿大几乎没有研究来计算冤案的数量，因为人们普遍认为这一数据是不可知的。但是，可以肯定的是，在加拿大有较多的冤案，因为除了正式审判存在误判以外，在更为经常使用的辩诉交易程序中，无辜者会基于不同的原因认罪。尽管刑事司法人员强调冤案只是偶尔发生，但现有的证据已经表明，我们所发现的冤案只是冰山一角。③

---

① 参见 Osgoode Hall Law School Innocence Project，“Wrongful Convictions in Canada”，from http：//www. osgoode. yorku. ca/innocence – project/resources/wrongful – conviction. Wikipedia，“Overturned convictions in Canada”，from http：//en. wikipedia. org/wiki/Overturned_ convictions_ in_ Canada。

② 参见 Myles Frederick McLellan，“The Real Number of Wrongful Convictions and Presumptive Innocence ”，2013，from http：//papers. ssrn. com/sol3/papers. cfm？abstract_ id = 2337506。

③ 参见 D. Anderson and B. Anderson，Manufacturing Guilt：Wrongful Convictions in Canada（2nd ed.），Fernwood Publishing，2009，pp. 8 –9。

三、荷兰的情况[①]

从某种角度上说，关于对抗式程序是否会比纠问式程序产生更多的冤案的争论，的确有些荒谬。因为根本就没有任何可靠的方法来知晓一国发生冤案的准确数量，更谈不上进行比较了。正如格罗斯所言，"显然，我们并不会意识到冤案的发生。如果我们意识到了，无辜的被告人在当初就不会被定罪了"。[②] 与美国相比，荷兰迄今为止几乎没有关于这一问题的实证研究成果。即使美国关于这一问题存在大量的研究，但估算的结果比例也存在较大差异，而且几乎所有的冤案的样本数据均是涉及谋杀或者强奸一类的严重犯罪。美国学界的估算结果从大约2.5%到10%不等，远远高于赫夫等人在1996年得出的0.5%的结论，这一差异很有可能是由于赫夫等人的研究对象包含了所有的重罪，而不仅仅是强奸和谋杀类案件。

与格罗斯的研究类似，荷兰的法庭心理学家皮特（Peter van Koppen）注意到绝大部分已知的冤案都涉及谋杀或者严重的性犯罪。尽管皮特参与的马斯特里赫特大学法律诊所的案件受理标准并没有排除其他类型的犯罪或者不是特别严重的犯罪，但其在实践中所处理的案件却也存在这一特点。皮特认为，仅以那些谋杀和强奸类的冤案来计算冤案的发生比例是错误的。这样计算出来的结果可能恰巧是正确的，但我们不应当忘记强奸和谋杀类犯罪会导致非常严厉的惩罚，而且能够引起社会的广泛关注，而那些轻罪类的冤案既不会引起媒体的兴趣，被追诉人也不太可能竭尽全力去推翻。

毫无疑问，在荷兰冤案的确在发生。近些年来，法院所高调纠正并公布的一系列冤案都是杀人案件。尽管如此，在其他类型的案

---

① 本部分的撰写内容主要来源于与布兰兹（Brants）教授的邮件往来内容和他最新的文章，参见 Chrisje Brants，"Wrongful Conviction and Inquisitorial Process：The Case of the Netherlands"，University of Cincinnati Law Review，Vol. 80，2012。

② 参见 Samuel R. Gross，"Convicting the Innocent"，University of Michigan Public Law Working Paper No. 103 ，Annual Review，2007。

件中肯定也存在冤案。根据1992年的一项研究成果，荷兰最高法院于1979年至1991年接到了346例案件重审的申请，71例申请成功，其中大多数是轻罪案件。同时，该研究还审查了35例所谓的“疑案”，即法院最终决定不予重新审判但律师认为存在错误的案件。尽管在这些案件中肯定存在冤案，但谁也无法准确地知道到底有多少。值得注意的是，在荷兰还有一些人非常不愿意承认荷兰的纠问式程序在某种程度上易于产生冤案，尽管有越来越多的证据表明司法实践中的纠问式程序确实存在体制性缺陷。这或许不仅解释了荷兰为什么缺乏实证数据方面的研究，而且也解释了为什么很少发现冤案。当上述研究成果在1992年公布后，几乎整个法律界都认为该结论缺乏科学性和合理性。

直到20世纪90年代前期，只有2例严重的冤案曝光，分别是1923年和1984年的谋杀冤案。在20世纪90年代，媒体报道了许多著名的冤案。2002年到2010年，5例冤案被重新审理并最后得以纠正。当前，至少有7例案件处于争议之中，有待进一步审查。荷兰的冤案看起来似乎并不是很多，但应当注意到，荷兰只是一个拥有1600万人口的小国家，与美国相比，犯罪率和监禁率都远远偏低。此外，荷兰的学术界、媒体和刑事司法人员都是最近20年才开始意识到冤案的客观存在并开始关注冤案的发生数量，研究工作和司法实践均有待进一步的深入。即使刑事司法机关现在已经明确承认冤案的发生和存在，但现行体制下可资利用的救济途径缺乏有效性，无法保障被错误定罪量刑的无辜者得以解救，发现的冤案数量自然不会很多。因此，这很有可能造成一种假象，即荷兰的纠问式程序看起来能够产生更加精确的结果。

四、中国的情况

进入21世纪之后，通过新闻媒体的报道，我们发现中国发现和纠正的冤案的数量越来越多。但是到目前为止，学界没有针对中国冤案的发生数量进行过任何研究。主要存在以下几个原因：其一，在很长一段时间内，公安司法机关乃至政府对冤案的话题“谈及色变”。冤案的发生数量在当时的政治环境中更是一个极为敏感的问题，鲜有人涉及。其二，由于我国缺乏科学合理的冤案发现纠正机制，冤案的纠正具有极大的偶然性，因此官方没有权威的数据统计。其三，当前没有任何可靠的途径能够收集已经纠正的所有冤案，只能靠新闻媒体的零星报道。

尽管困难重重，但是中国仍然有一些人士在努力，希望尽量收集已经发现纠正的冤案。例如，曾经的冤案当事人李秋伟在获得救济后，在博客上列举了当前中国已知的301例冤假错案，并进行实时更新。[①] 虽然其中只有部分案件是笔者所言及的冤案，但这份统计已经非常难能可贵，同时也是目前最为全面的统计。这些被收录的案例为研究中国冤案问题提供了宝贵的素材。

刘品新教授在其著作《刑事错案的原因与对策》中，对137例刑事错案各个方面的特征进行了深入剖析。虽然这137例刑事错案并不全是严格意义上的冤案，但是某些结论仍然值得注意。在这137例刑事错案中，涉及被告人164名，其中男性158名，女性6名。这些被告人因错判总计被羁押720年，平均每人超过4年。在这些案件中，故意杀人案70例，占50%以上；强奸案22例，抢劫案24例，故意伤害案17例，爆炸案4例。[②]

此外，陈永生以20例震惊全国的冤案为样本进行了深入剖析。虽然可能存在样本不够全面的缺陷，但某些发现还是非常具有启发性的。例如，被告人涉嫌的都是重罪并且大都被判处重刑；被误判的被告人大多数处于中国社会结构的中下层；犯罪嫌疑人大都因与被害人有某种关系，而被认为涉嫌犯罪；被误判的案件大多数发生

① 参见李秋伟：《刑事冤假错案名人录（1－301）》，载新浪博客，http：//blog. sina. com. cn/s/blog_ 5cddd8ed0102dt90. html，2014年3月15日访问。

② 参见刘品新主编：《刑事错案的原因与对策》，中国法制出版社2008年版，第170页。

于中国东北部及中部地区；等等。①

第三节　归纳、总结与启示

美国关于冤案的定量认识研究在世界上处于领先水平，这从上文的介绍中已经完全得到了印证。美国定量研究冤案的方法、思路和结论对其他国家具有参考价值和借鉴意义。由于其他国家在这方面的研究刚刚起步，因此上文对英国、加拿大和荷兰相关情况的介绍并不多。尽管如此，通过比较分析，笔者还是归纳、总结出了一些带有启发性的认识，以供进一步思考与研究。

一、关于统计或估算冤案数量

西方法治发达国家对冤案是否发生经历了一个从无到有的认识过程。在很长一段时间内，西方法治发达国家都认为不会发生冤案，即使发生，数量之少也可以忽略不计。特别是在英美法系，正当程序原则是刑事司法的重要根基之一，按理说无辜者绝对不会被错误定罪。然而，铁一般的事实证明这是谬误。于是，民众开始热议和关注冤案，冤案现象也逐渐成为政府不能再忽视的问题。事到如今，冤案是否发生已经不再是衡量法治国家的标准，如何采取有效措施控制和最大程度地降低冤案的数量和比例才是一国刑事司法制度必须重视的问题。

目前，没有任何国家的官方机构对冤案进行数据统计和数据分析工作。一方面，冤案问题是近些年来才被逐渐重视和关注的现象，属于新领域，官方尚未做出及时有效的应对；另一方面，如果正式进行此类统计分析工作，政府或多或少都会感受到压力，甚至担心过多的冤案可能会影响政府形象和损害司法权威。近年来，有

① 参见陈永生：《我国刑事误判问题透视——以20例震惊全国的刑事冤案为样本的分析》，载《中国法学》2007年第3期。

些学者开始关注这个问题，主要形成了两种研究思路：一是统计已发现纠正的案例，推算冤案的发生比例；二是通过对司法人员进行调查，估算冤案发生的数量。虽然他们估算的数字缺乏足够的说服力和科学性，但都充分论证了冤案的数量绝对超过预期，冤案并不是偶尔发生。美国、英国、荷兰、加拿大、挪威等多国的学者都提出了“冰山一角”理论，即当前发现纠正的冤案只是发生冤案的一小部分。主要理由有四个：第一，当前发现的冤案主要集中在经正式审判程审结的案件，或者是英美法系的陪审团审判，或者是大陆法系的普通审判程序。但有关研究已经表明，在简易程序中（或者是辩诉交易程序，或者是快速简便程序），同样会发生冤案，甚至更容易发生冤案，只是未予发现纠正而已。第二，当前发现的冤案主要集中在暴力犯罪等重罪案件中，在轻罪案件中同样会发生冤案，只是当事人纠正的动力没有那么强烈而已。第三，在已经发现的冤案中，很大一部分是依靠对生物证据进行 DNA 鉴定纠正的。然而，具有生物证据并能够在定罪后依然完好保存下来的案件比例非常小。这说明绝大部分刑事案件中肯定还存在着冤案，有待于发现纠正。第四，学者们对本国当前冤案发现纠正机制都提出了不同程度的批评，其中一个共同点是发现纠正冤案的实际功能偏弱，这说明现已发现纠正的冤案只是一小部分。总体而言，无论是官方还是学界，目前都无法准确回答到底有多少冤案。

尽管准确统计或者估算冤案的数量显得非常困难，甚至有人悲观地认为这是一项不可能完成的任务，但这的确是一个特别重要的问题，无法回避。在实务界和学术界，一直有人认为冤案的数量非常少，发生的比例非常低，并提出了看似合理的论据。在不同的国家或地区，这种声音或大或小，但已经成为防范、救援冤案以及刑事司法制度改革的一种阻力。就未来的趋势而言，学者应当运用更为科学的方法，加强对这一问题的研究。实务部门应当设计一定的措施，有效监控导致冤案的因素，最大限度地降低冤案的发生比例。

二、影响冤案发生比例的因素

各国都有冤案，但发生比例肯定存在差异。研究这些因素，具有重要意义。例如，在通常情况下，某一程序或制度会存在不同模式。在选择制度或者改革程序时，如果能够充分考虑和分析它们对冤案发生比例的影响，就可以实现刑事诉讼制度的优化。从现有的观察来看，案件类型、诉讼模式至少可以影响到冤案发生的比例和数量。

其一，案件类型与冤案发生的比例。当前发现纠正的冤案主要集中于暴力犯罪案件，特别是杀人案和性侵案。这一特征非常具有启发性，至少可以推断出两点值得深思的认识：①暴力犯罪案件中，是否更容易发生冤案？②暴力犯罪案件中，是否更有可能发现纠正冤案？就前者而言，暴力犯罪案件的社会危害性大，社会舆论关注度高，侦查难度大，因此侦查机制在面临侦破案件的巨大压力时，更容易发生错误。就后者而言，暴力犯罪往往会被处以重刑，相比轻罪轻刑，无辜的被告人更加积极、更有动力寻求救济；另外，在暴力案件中，经常存在生物证据，可进行定罪后 DNA 鉴定检测，更容易证明无罪。因此，笔者认为这两种认识都是成立的，在暴力犯罪案件中，既相对更容易发生冤案，也最有可能发现纠正冤案。换言之，在不同类型的刑事案件中，发生冤案的比例肯定是有差异的，暴力犯罪案件应当是冤案发生的“重灾区”之一。为此，司法机关在处理暴力犯罪案件时，应当更为谨慎，采取针对性的措施和程序，严格证据的审查认定和证明标准的判断。例如，在司法实务操作中，中国的最高人民检察院、最高人民法院完全可以针对不同类型暴力犯罪案件的证据审查认定出台具体的指南，以指导司法人员在办案过程中注意发现证据可能存在的问题，全面客观地综合判断全案的证据，避免出现低级的错误。又如，在上诉程序设计上，中国应当对被告人不认罪或者曾经翻供的暴力犯罪案件一律开庭审理，有利于发现可能存在的错误，及时纠正潜在的冤案。

其二，诉讼模式与冤案发生的比例。刑事司法制度是由人实施的，错误是普遍存在的。无论采用何种诉讼体制，也无论何时何地，冤案都会发生。然而，过去多年收集的证据表明，在不同的诉讼体制下，冤案的发生比例似乎存在显著差异。虽然世界各国暂时无法准确计算无辜者被定罪的比例，但相比之下，美国在重罪案件中发现冤案的比例远远高于欧洲其他国家。① 例如，格罗斯（Gross）等人统计了1989年至2005年发现纠正的冤案，其中有328名无辜者被判处了死刑或15年以上的长期监禁刑。这意味着每年平均大约发现纠正20例严重的冤案。相比之下，德国的这一数字是7例，即每年平均大约发现纠正7例无辜者被判处终身监禁或长期监禁刑的冤案；法国的这一数字是5例；瑞士的这一数字是每2年1例。② 由此推断，这3个欧洲国家发生冤案的比例可能远远低于美国。有关研究表明，某些因素是世界各国发生冤案的普遍性成因，如科学证据及专家证人、目击证人证言和适用范围越来越大的各种简易程序等。在文化较为相近的前提下，这种数量和比例反差似乎应当在诉讼体制层面上寻找原因。

众所周知，以美国为代表的英美法系国家的刑事诉讼制度具有明显的对抗制色彩，以法国、德国为代表的大陆法系国家的刑事诉讼制度更带有职权主义的因子。对抗制诉讼模式和审问式诉讼模式

---

① 参见 Marvin Zalman，“Qualitatively Estimating the Incidence of Wrongful Convictions”，Criminal Law Bulletin，Vol. 48，2012，pp. 221－277。

② 参见 Isabel Kessler，“A Comparative Analysis of Prosecution in Germany and the United Kingdom：Searching for Truth or Getting a ConvictioNn？”，in C. Ronald Huff and Martin Killias（eds.），Wrongful Conviction：International Perspectives on Miscarriages of Justice，Temple University Press，2008；Nathalie Dongois，“Wrongful Convictions in France：The Limits of ‘Pourvoi en Revision’”，in C. Ronald Huff and Martin Killias（eds.），Wrongful Conviction：International Perspectives on Miscarriages of Justice，Temple University Press，2008；Martin Killias，“Wrongful Convictions in Switzerland：The Experience of a Continental Law Country”，C. Ronald Huff and Martin Killias（eds.），Wrongful Conviction：International Perspectives on Miscarriages of Justice，Temple University Press，2008。

都存在着发生冤案的风险和因素，相比之下，是不是对抗制更容易导致冤案呢？换言之，是不是对抗制发生冤案的比例会更高呢？国外学者认为，暂时的确无法通过准确的实证数据予以论证，但通过分析两大诉讼模式的差异，似乎可以得到一些论据。①

从冤案产生的机理看，两大诉讼的主要差异是发现真相或查明事实的机制不同，笔者称之为“查明事实的机制”。毫无疑问，无论是对抗制诉讼，还是审问式诉讼，真实均是追求的价值之一。但是，真实价值在刑事司法价值体系中的地位和实现方式存在差异。概括而言，欧洲大陆各国的审问式诉讼更加注重追求事实真相，以英美为代表的对抗制诉讼更加注重追求程序公正。在欧洲大陆各国的审问式诉讼中，警察、检察官和法官应当防止或阻止对公民的不当指控，检察官的责任是查明事实真相，而不是一味追求有罪判决，法官在审判中处于主导地位，能够有效发现控辩双方提供的证据中存在的不可靠信息，能够最大程度地积极查明真相。无论是检察官，还是法官，他们有义务全面考虑有利于和不利于被追诉人的所有证据。在以美国为代表的对抗制诉讼中，控辩双方主导审判，法官处于完全消极的地位。在检察官当事人化的框架下，控辩双方只需要提交有利于自己一方的证据和信息。在审判过程中，通过完

① 尽管在英美法系和大陆法系内部同样存在着各种差异，但由于普通法的同源性，《欧洲人权公约》中刑事司法标准对欧洲各国刑事司法制度的广泛影响力，仍然可以以英美法系国家和欧洲大陆国家作为参照对象，来比较两类诉讼模式。参见 P. J. Van Koppen and S. D. Penrod,“Adversial or Inquisitorial: Comparing Systems”, in P. J. Van Koppen and S. D. Penrod (eds.), Adverairal versus Inquisitorial Justice: Psychological Perspectives on Criminal Justice Systems, Kluwer Academic, 2003, pp. 1－19。

全对立的控辩双方的激烈对抗，事实真相自然显现。①

可见，对抗制诉讼和审问式诉讼两种查明事实机制存在着实质性的差异。从冤案的角度来看，至少有五个方面的区别可以直接影响到发生的比例：

（1）辩护律师的权利与角色。在欧洲大陆，法庭查明事实真相过程中，辩护律师的角色与英美等国家存在巨大差异。英美等国家的辩护律师可以进行有利于己方的调查，在实践中通常会投入大量的时间和资源。如此一来，英美等国家的辩护律师能够掌握更多的信息，可以更加主动地反驳控方的指控。总体上看，他们的辩护策略更富有攻击性和侵略性，在实践中能够有效地影响事实裁判者（尤其是陪审团）的决定。欧洲大陆的辩护律师在侦查的早期阶段可以接触到控诉材料。当他们认为某些事实或证据需要进一步彻底调查时，只能向检察官（或间接地向警察）提出相关申请，随后将所有调查材料和结果与起诉书一同移送至法院。检察官一般会接受所有合理的调查申请，否则之后的审判过程中法庭可能会中断庭

---

① 关于两大诉讼模式查明事实机制的深入研究，参见 Philip L. Reichel, Comparative Criminal Justice Systems: Topical Approach, Prentice Hall Publishing, 2002; M. K. Block et al., "An Experimental Comparison of Adversarial versus Inquisitorial Procedural Regimes", American Law Econ. Revision, Vol. 2, 2000; Marvin E. Frankel, "The Search for Truth: An Umpireal View", University of Pennsylvania Law Review, Vol. 123, 1975; Rachel A. van Cleave, "Offer You Can't Refuse—Punishment without Trial in Italy and the United States: The Search for Truth and an Efficient Criminal Justice System", Emory Int'l Law Revision, Vol. 11, 1997; Matthew T. King, "Security, Scale, Form, and Function: The Search for Truth and the Exclusion of Evidence in Adversarial and Inquisitorial Justice Systems", Int'l Legal Persp., Vol. 12, 2001; Felicity Nagorcka et al., "Stranded between Partisanship and the Truth – A Comparative Analysis of Legal Ethics in the Adversarial and Inquisitorial Systems of Justice", Melb. University Law Review, Vol. 29, 2005; Ray Finkelstein, "The Adversarial System and the Search for Truth", Monash University Law Review, Vol. 37, 2011; Thomas Weigend, "Is the Criminal Process about Truth: A German Perspective", Harvad Journal of Law and Public Policy, Vol. 26, 2003; Keith A. Findley, "Adversarial Inquisitions: Rethinking the Search for the Truth", New York Law School Law Review, Vol. 56, 2011。

审，要求检察官完成有关调查。在欧洲大陆，辩护律师通常不会挑战那些能够明显证明被告人有罪的事实和证据，而是主要提出各种减轻情节，尽可能争取缓刑。在欧洲大陆各国刑罚相对轻缓的背景下，这一辩护策略通常会取得成功。

（2）检察官的地位。近年来，无论是欧洲大陆国家还是英美国家，都在强调检察官的客观公正义务和追求事实真相。[①] 尽管如此，二者的检察官仍然存在着一个实质性差异：英美国家的检察官当事人化倾向更重。虽然理论上检察官当事人化与客观公正义务并不必然冲突，但英美国家的司法实践表明，在司法竞技理念的促使之下，具有当事人地位的检察官会有意或者无意地一味追求胜诉和有罪判决，实际上仅发挥着指控的功能。

（3）审判的功能。总体上而言，由于法官的角色差异，欧洲

① 中国学者曾经认为，客观公正义务只是大陆法系国家检察官的特征，英美法系国家的检察官并不负有客观公正义务，因此客观公正义务不具有普遍性。但实际上，考察英美法系国家的做法可知，多数英美法系国家均规定了检察官负有客观公正义务。例如，在美国1935年的“伯格诉合众国”一案中，大法官萨瑟兰（Sutherland）指出：“美国检察官代表的不是普通的一方当事人，而是国家政权，他应当公平地行使自己的职责；因此检察官在刑事司法中不能仅仅以追求胜诉作为自己的目标，检察官应当确保实现公正，也就是说，从这个特别的、有限的意义上讲，检察官是法律的奴仆，具有双重目标，既要惩罚犯罪，又要确保无辜者不被错误定罪。检察官可以而且也应当全力以赴地追诉犯罪，但在他重拳出击时，却不能任意地犯规出拳。不允许使用可能产生错误结果的不适当手段追诉犯罪，与用尽全部合法手段寻求公正的结果，二者同样属于检察官的职责。”参见［美］爱伦·豪切斯泰勒·斯黛丽、南希·弗兰克：《美国刑事法院诉讼程序》，陈卫东、徐美君译，中国人民大学出版社2002年版，第230页。1963年，联邦最高法院在“布来迪诉马里兰州”一案中，明确将检察官依法开示一切与定罪量刑有关的证据包括有利于被告人的证据规定为检察官的宪法义务。依据联邦宪法的“正当程序”条款进一步指出，控方在辩方提出请求的情况下隐瞒在定罪或量刑上有利于被告人的证据，同样是违反正当程序的。参见 Brady v Maryland，373 U. S. 83，1963；Bennett L. Gershman，“Reflections on Brady v. Maryland”，South Texas Law Review，Vol. 47，2006；Robert Hochman，“Brady v. Maryland and the Search for Truth in Criminal Trials”，The University of Chicago Law Review，Vol. 63，No. 4，1996；Victor Bass，“Brady v. Maryland and the Prosecutor's Duty to Disclose”，The University of Chicago Law Review，Vol. 40，No. 1，1972。

大陆国家的检察官和辩护律师受到法官更多的控制。审前控方具有证据披露义务（因为在欧洲大陆国家，辩护律师在诉前有权接触和了解全部材料），辩方理论上完全可以在审前不披露己方材料。但是在实践中，辩方的隐瞒做法一般会受到有效遏制，因为法庭一旦在审判过程中知悉了全新的事实主张，通常会中止审判，责令检察官（实际上由警察完成）进行补充调查。辩护律师故意隐瞒关键证据的做法是违背职业道德的，甚至有可能受到纪律处分。总之，欧洲大陆国家具有以预审为中心的诉讼传统，审判制度促使着双方在审前完全披露各自的主张和依据。与英美法系国家不同，欧洲大陆国家法庭审判的主要内容通常并不是查明相关事实，而是注重汇总所有情况证据，作出公正的量刑。虽然在某些情况下，控辩双方存在着彼此截然对立的事实主张，但由于辩方缺乏法定的调查权利，这种情形在当前的司法实践中是极其少见的。面对着足以令人信服的控诉证据，大部分辩护律师通常会建议被告人认罪，尽可能地争取最轻缓的刑罚。

（4）公民参与审判的方式与途径。对抗制诉讼模式的典型特征之一是陪审团制度，非专业人士组成的陪审团专门负责裁定事实。一旦陪审团做出有罪裁决，几乎无法通过单纯的上诉来挑战和推翻有罪裁决。在英美法系国家，一直存在着关于废留陪审团的争论。其中支持保留陪审团的人士认为，就事实认定而言，专业法官未必比一般公民能力更强，所得出的结论也未必更准确。然而，从目前发现纠正的冤案来看，有80%左右的冤案当初是由陪审团作出的有罪裁决。这似乎揭示了真实的状况，即一般公民认定事实出错的几率可能比职业法官要高，而且这种事实认定错误很难通过正常程序得以纠正。相比之下，在欧洲大陆的国家普遍采用的是参审制。从理论上讲，公民作为参审员，与职业法官共同参与审判，相互协作和监督的关系可以最大程度地保障事实认定的准确性。

（5）证据与证明制度的差异。大陆法系的证据制度和英美法系的证据制度走过了不同的发展道路。在英美法系国家，证据规则最初是围绕陪审团制度设置的；在大陆法系国家，证据制度却是为专业司法官员设计的。从内容来看，英美法系国家的证据法内容比较复杂，比较具体，缺乏内在的逻辑，而大陆法系国家的证据法内容比较简单，比较抽象，相对更为系统。英美法系国家的司法证明规则和方法与人们在社会生活中常用的认识事物的规则和方法有较大的区别，而在大陆法系国家，司法证明的规则和方法与人们在日常生活中使用的认识事物的方法没有太大的差异，法律对证明主体的认识活动限制较少，干预也比较少。换言之，这种司法证明更接近于证明活动的自然规律。因此有人讲，在英美法系国家，没有受过专门法律培训的人很难进行司法证明活动；而在大陆法系国家，任何人都可以利用其生活中的经验参与并完成司法证明的工作。① 由此可见，在英美法系国家，由普通公民组成的陪审团在了解并掌握负责的证据规则的基础上，进行颇具技术和难度的司法证明活动，其发生错误的可能性必然要高很多。另外，大陆法系国家一般都奉行心证公开原则，法律一般都要求法官在判决书中说明其判决所依据的理由，即以书面形式说明其“心证”是如何形成的。而在英美法系国家，陪审团无须公开解释自己采信证据的理由，这在某种程度上也增加了陪审团发生错误的可能。

综上，欧洲大陆国家与英美国家在事实查明机制上的一系列具体差异，导致各自冤案的发生机理不尽相同，或多或少、或深或浅地影响着冤案的发生比例和数量。② 至于具体会产生怎样的影响以及如何产生影响，有待于将来实证数据收集后的深入分析。

需要指出的是，这是当前国际学界关于冤案研究的一个全新课题。在美国司法部司法研究室 2010 年举办的一次关于冤案的国际

---

① 参见 Mirjan R. Damaska：Evidence Law Adrift，Yale University Press，1997，p. 11。

② 参见 Martin Killias，“Errors Occur Everywhere——But not at the Same Frequency：The Role of Procedureal Systems in Wrongful Convictions”，in C. Ronlad Huff and Martin Killias，Wrongful Convictions and Miscarriages of Justice：Causes and Remedies in North American and European Criminal Justice Systems，Routledge，2012。

研讨会上，诉讼模式与冤案的发生数量首次作为正式议题。[①] 与会专家对此进行了深入讨论，主要的观点包括：①在审问式诉讼模式下，法官处于更加积极的角色，有利于发现控辩双方提供的信息中的错误或者虚假成分。在对抗制诉讼模式下，法官处于消极中立的地位，负责听审控辩双方提交的证据和材料，最终由完全中立的陪审团作出事实裁决。证据规则的精明复杂实际上无法过滤掉虚假的信息，在预防冤案上是失败的。[②] ②在审问式诉讼模式下，辩护律师没有法定的调查权力和充足的资源，这或许有利于法庭发现真相，尤其是在贫穷的被告人无力聘请辩护律师或者公设辩护人办公室工作量过于繁重的情形下。在对抗制诉讼模式下，正义实现的前提是控辩双方平等武装和对抗。然而，尽管英美等国非常重视增强辩方的实力，但由于资金等现实条件所限，控方在资源和力量上远胜过辩方。③虽然乍看起来，对抗制诉讼模式似乎发生冤案的几率高于审问式诉讼模式，但这并没有十足的实证数据支持。相反，从理论上分析，审问式诉讼模式冤案的发生几率也有可能得以增加，因为过分倚重警察的侦查工作、科学证据和检察官等因素会增加冤案的发生风险。④因此，总体上来说，目前无法断定哪个诉讼模式发生冤案的几率更高、比例更多。但可以肯定的是，两大诉讼模式下都会发生冤案，诉讼模式是冤案发生比例的重要影响因素。

---

① 参见 Miranda Jolieur，"International Perspectives on Wrongful Convictions：Workshop Report"，National Institute of Justice，U. S. Department of Justice，2010，pp. 7 – 9。

② 参见 Lisa Dufraimont，"Regulating Unreliable Evidence：Can Evidence Rules Guide Jures and Prevent Wrongful Convictions?"，Queen' s Law Journal，Vol. 33，2007；Robert P. Mosteller，"Failures of the American Adversarial System to Protect the Innocent and Conceptual Advantages in the Inquisitorial Design for Investigative Fairness"，North Carolina Journal of International Law & Commercial Regulation，Vol. 36，No. 2，2011。

第三章　冤案成因的比较考察与分析

第一节　美国冤案具体成因剖析

一、概述：主流研究成果

大量针对美国冤案的研究成果表明，导致冤案的因素主要包括目击证人辨认错误、虚假供述（包括强迫虚假供述和诱供）、警察和检察官的不当行为、滥用线人或告密者、伪证、无效辩护或不力辩护、存在错误或者缺陷的科学证据、舆论压力、种族歧视等。通常来说，某个冤案并不是一个因素单独造成的，而是由多个相互牵连的成因所导致的。①

根据美国洗冤工程的数据统计和分析，导致冤案的六个高发因素分别是：目击证人辨认错误、不可靠或者不适当的科学证据、虚假供述、警察和检察官的不当行为、线人或告密者、不称职的辩护

① 参见 C. Ronald Huff，“Wrongful Convictions in the United States”，in C. Donald Huff and Martin Killias（eds.），Wrongful Conviction：International Perspectives on Miscarriages of Justice，Temple University Press，2008，p. 61。关于冤案成因方面的文献包括 H. A. Bedau and M. L. Radelet，“Miscarriages of Justice in Potentially Capital Cases”，Stanford Law Review，Vol. 40，1987，pp. 21 – 179；J. B. Gould and Richard A. Leo，“One Hundred Years Later：Wrongful Convictions After a Century of Research”，The Journal of Criminal Law and Criminology，Vol. 100，2010，p. 841。

律师。[①] 洗冤工程所研究和分析的绝大多数都是通过定罪后的 DNA 检测发现和纠正的冤案，虽然几乎能够确定这些案件中的当事人在事实上的确是无罪的，但这一统计结果也很有可能带有一定的局限性，因为具有生物证据并且能够完好保存下来的案件只是极小的一部分。

更具有说服力的是美国除罪释放登记机构（National Registry of Exonerations）的研究成果。其在 2014 年发布的更新报告中，统计分析了 1989 年 1 月至 2013 年 12 月间除罪释放的 1281 例案件的成因。[②] 具体数据如下表：[③]

① 信息来自于美国洗冤工程官网，地址为 http：//www. innocenceproject. org/understand/。根据其利用 DNA 技术发现和纠正的 225 例冤案，其统计了四项成因的比例，具体数据如下图：

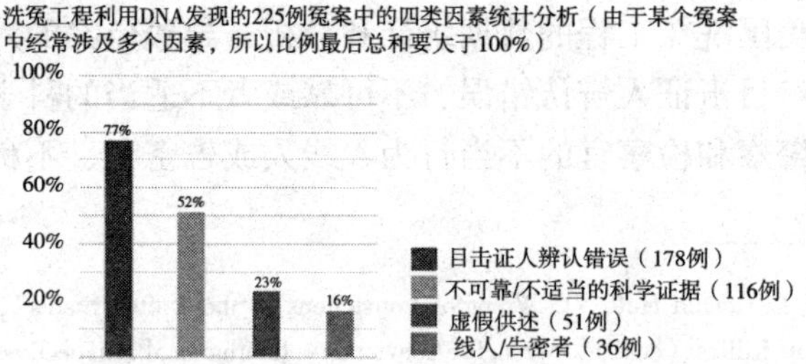

② 截止到 2014 年 2 月 22 日，登记的案件已经累计达到 1316 例。

③ 参见 The National Registry of Exonerations，“Exonerations in 2013”，2014，from http：//www. law. umich. edu/special/exoneration/Documents/Exonerations _ in _ 2013 _ Report. pdf。

1989－2013 年除罪释放案件成因分析表（1281 例）

	目击证人辨认错误	伪证或错误控告	虚假供述	错误或有误导性的科学证据	不当行为（警察或检察官）
杀人罪（597 例）	26%	65%	20%	23%	58%
性侵犯罪（244 例）	75%	32%	7%	34%	19%
儿童性侵犯罪（154 例）	18%	81%	7%	24%	47%
抢劫犯罪（77 例）	82%	21%	1%	5%	27%
其他暴力犯罪（92 例）	47%	48%	8%	13%	43%
非暴力犯罪（117 例）	9%	54%	2%	6%	56%
总计（1281 例）	38%	56%	12%	22%	46%

由上表可知，导致冤案的常见成因包括伪证或错误控告（56%）、警察或检察官的不当行为（46%）、目击证人辨认错误（38%）、错误或有误导性的科学证据（22%）以及虚假供述（12%）。同时，美国除罪释放登记机构进一步指出，上述数据应当是保守性的分析，因为有些案件中的某些因素是潜在的、未被发现的。例如，判断冤案中被告人是否曾经作出过有罪供述是相对容易的，但是识别证人是否在侦查阶段故意说谎作伪证或者警察是否存在不当行为则相对困难。同理，要发现和考量冤案中律师辩护不充分这一因素也是相对困难的。然而，这并不代表辩护律师对冤案的发生不会产生较大影响。美国除罪释放登记机构 2012 年发布的报告显示，虽然仅有 12% 的案件中存在律师辩护明显不充分的现象，但更多的案件实际上普遍存在这一问题，只是未被发现而已。在许多冤案中，如果当初辩护律师能够尽职尽责地充分工作，被告人很有可能不会被定罪。另外，除了非常明显地违背律师执业规范（如疏忽大意）外，在诉讼过程中被告人几乎没有去质疑辩护律师的机会和能力。因为上诉只是根据法庭笔录进行案件审查，很少去考虑律师辩护是否充分的问题；即使被告人想起诉不负责任的辩护律师，也必须在原审结束之后单独提起诉讼。此外，大多数被告人

根本没有能力聘请律师进行诉讼，尤其是这个阶段被告人还无权申请法律援助。[①] 因此，不充分的律师辩护在很大程度上是导致冤案的隐性因素，无法进行量化分析。基于此，美国除罪释放登记机构的报告中未包括这一成因，但其承认了它的重要性，并在其官网上将其列为导致冤案的高发因素。[②]

二、导致美国冤案的高发因素

（一）目击证人辨认错误

许多研究成果，尤其是较旧的一些文献，认为目击证人辨认错误是导致美国冤案发生的首要因素。但是，随着目击证人辨认错误外延的进一步规范和明确，目击证人辨认错误这一因素的发生频率有所降低。[③] 从美国除罪释放登记机构收集的案例来看，根据目击

---

① 参见 Eve Brensike Primus，“Structural Reform in Criminal Defense：Relocating Ineffective Assistance of Counsel Claims”，Cornell Law Review，Vol. 92，2007，p. 679。

② 参见 Samuel R. Gross and Michael Shaffer，“Exonerations in the United States 1989 – 2012：Report by the National Registry of Exonerations”，2012，from http：//www. law. umich. edu/special/exoneration/Documents/exonerations_ us_ 1989_ 2012_ full_ report. pdf。

③ 例如，Edwin Borchard，Convicting the Innocent：Sixty – Five Actual Errors of Criminal Justice，Hard Press Publishing，2012（在对65 例冤案分析后，发现目击证人辨认错误是首要成因）；C. Ronald Huff et al.，Convicted but Innocent：Wrongful Convictions and Public Policy，Sage，1996，p. 67；B. C. Scheck et al.，Actual Innocence：Five Days to Execution and Other Dispatches from the Wrongly Convicted，Doubleday，2000（其调查研究结果表明，84%的利用 DNA 发现的冤案中涉及了目击证人辨认错误的问题）；J. L . Devenport et al.，“Eyewitness Identification Evidence：Evaluating Commonsense Evaluations”，Psychology，Public Policy，and Law，Vol. 3，1997，pp. 338 – 361。此外，根据洗冤工程的数据分析，其认为目击证人辨认错误是导致冤案的最常见因素（75%）。然而，在上述这些研究成果中，目击证人辨认错误包括目击证人无意的错误和故意的错误。美国除罪释放登记机构的最新报告将上述两种情形严格区分，目击证人无意的错误属于严格意义上的目击证人辨认错误，目击证人故意进行的错误辨认属于伪证或错误控告这一范畴。因此，相比之前的统计结果，在美国除罪释放登记机构发布的报告中，目击证人辨认错误的发生频率有所降低。

证人的主观心理，目击证人进行的错误辨认大致可以区分为两种情形：无意的错误辨认和故意的虚假辨认。出于针对性研究的考虑，应当严格区分二者。根据美国除罪释放登记机构2012年的报告，其认为目击证人辨认错误仅限于前者，即目击证人无意之中作出的错误辨认；后者——目击证人故意的虚假辨认，应当归入伪证或错误控告这一范畴。

尽管目击证人证言在犯罪侦查过程中发挥着关键作用，对于法官或陪审团有比较强的说服力，[①] 但近百年来，尤其是近30年来，对目击证人辨认的社会科学研究已经充分证明，这一证据经常是不

① 据美国国家司法研究室的报告显示，美国每年大概有75000名被告人因目击证人证言而涉案。参见 Department of Justice，Post – conviction DNA Testing：Recommendations for Handling Requests，from http：www. ncjrs. org/pdffiles/nij/177626. pdf。费希尔（Fisher）在其文章《询问犯罪受害人和证人》中引用了1975年兰德公司（Rand Corporation）关于刑事侦查程序的研究报告，其中明确指出，决定某一案件是否能被侦破的主要因素是目击证人对犯罪过程叙述的完整性和准确性。参见 R. P. Fisher，“Interviewing victims and witness of crime”，Psychology，Public policy，and Law，Vol. 1，1995，pp. 732 – 764。此外，拉弗拉卡斯和贝克曼的研究成果验证了目击证人对于案件审判结果的重要性。他们调查走访了54名检察官，并询问了他们对于证人可靠性的认识，每位检察官都谈及了证人特性对于案件审判结果的影响。在调查过程中，他们设置了从“证人特性与案件审判结果毫无关系”到“证人特性与案件审判结果密切相关”5个不同程度的选项。结果显示：在检察官看来，证人的种族、性别、年龄和社会经济地位等特征对于案件审判结果不会产生什么实质性的影响；但是，受害人证言的可用性、受害人作证的能力以及证人关于良好记忆力和准确回忆的自信程度却极为重要。很明显，未被污染的目击证言被视为关乎案件审判结果的一个重要的决定性因素。此外，指控被告人的目击证言与被告人的口供在法庭审判中往往是最有影响力和说服力的证据。如果陪审团或法官相信目击证人诚实作证，那么这种信任将导致有罪判决。被告人不在场的申辩、情况证据以及大量证明被告人无罪的物证，都敌不过目击证人在法庭上的辨认。参见 P. J. Lavrakas and L. Bickman，“What makes a good witness?，Paper presented at the annual meeting of the American Psychological Association，Chicago，IL，1975，August。

可靠的。[①] 人类的记忆不同于录音录像设备，既无法精确记录所发生的事件，也无法客观真实回忆过去的情况。相反，证人的记忆与犯罪现场的其他证据一样，需要妥善保存和适当提取，否则可能会失真。根据主要的社会科学研究成果，影响辨认准确性的因素可以分为两类：估计者变量（estimator variables）与系统变量（system variables）。估计者变量是指影响证人对目击案件感知，同时也影响对案情信息的提取，但司法系统无法控制的变量。既包括目击时光线的条件、目击者距离真凶的距离等简单因素，也包括在犯罪实施过程中是否使用武器、目击者当时的紧张程度以及目击者的性别、种族等复杂因素。系统变量是指影响目击证人辨认但司法系统能够而且应当控制的变量，包括辨认主持者的行为、队列内容、队

① 德裔美国心理学家雨果·孟斯特伯格（Hugo Munsterberg）在一个世纪以前首次在《站在证人的立场》中论述了证人记忆的不可靠性。"行为归属于那些没有遗留任何蛛丝马迹的核心参与者；语言复述则出自于整个事件过程中处于安静状态的旁观者之口；因此许多证人的记忆便会遗漏悲喜剧的某些实质部分。"参见 Hugo Munsterberg, On the Witness Stand: Essays on Psychology and Crime, Fred B. Rothman & Co, 1981, from www. psychclassics. yorku. ca/Munster/Witness/。此外，论证目击证人辨认证据不可靠的代表性文献还有，Gary L. Wells and Donna M. Murray, "What Can Psychology Say about the Neil v. Biggers Criteria for Judging Eyewitness Accuracy?" Journal of Applied Psychology, Vol. 68, 1983; Gary L. Wells, Theory, Logic and Data: Paths to a More Coherent Eyewitness Science, Applied Cognitive Psychology, Vol. 22, 2008。

列呈现方式、事件后信息等因素。①

根据2014年的更新报告，在1281例冤案中，有38%的案件存在目击证人辨认错误。依据有关数据分析，影响目击证人辨认错误的因素主要有：

（1）警察的暗示。这个问题在司法实践中非常严重。加勒特（Brandon Garrett）在获取了161例利用DNA纠正的冤案的审判笔录并加以研究后，发现在87%的案件中目击证人在进行辨认时存

---

① 20世纪70年代后期，韦尔斯将影响目击证人辨认准确性的因素划分为估计者变量（estimator variables）与系统变量（system variables）。参见G. L. Wells，“Applied Eyewitness Testimony Research：System Variables and Estimator Variables”，Personality and Social Psychology，36，1978，pp. 1546－1557。估计者变量一般可以分为4类：目击者特征、事件特征、证言特征及证言评估者判断证言正误的能力。参见G. L. Wells & E. A. Olson，“Eyewitness testimony”，Annual Review of Psychology，54，2003，pp. 277－295。目击者特征（characteristics of witnessess），包括年龄、性别、视觉能力、种族、智力、人格等。事件特征（characteristics of the event），包括光线、罪犯面孔的呈现持续时间、武器的出现、区别性和吸引力、伪装等。证言特征（characteristics of testimony），对目击证人辨认语言特征的研究主要集中在对辨认自信心与辨认准确性的关系上。此外，证言特征还包括辨认时间等因素。证言评估者判断证言正误的能力（Lav observer´Judgments of Accuracy）：一般认为评估者（如陪审团）几乎没有能力区别目击证人辨认的正误。系统变量，包括：A. 辨认主持者的行为——辨认主持者的说明和提示、提问方式、反馈等都会影响目击证人的辨认表现。有关分析和论述参见R. S. Malpass and P. G. Devine，“Eyewitness Identification：Lineup Instructions and the Absence of Offender”，Journal of Applied Psychology，Vol. 66，1981，pp. 482－489；N. M. Steblay，“Social Influence in Eyewitness Recall：A Meta－Analytic Review of Lineup Instruction”，Law and Human Behavior，Vol. 21，1997，pp. 283－298；Gary L. Wells and Amy L. Bradfield，“Good，You Identified the Suspect：Feedback to Eyewitnesses Distorts Their Reports of the Witnessing Experience，” Journal of Applied Psychology，Vol. 83，1998，pp. 360－376。B. 列队内容。当警察抓到嫌疑人时，必然要选取陪衬者或填装者来组成辨认队列。参见R. Lindsay and G. L. Wells，“What Price Justice? Exploring the Relationship Between Lineup Fairness and Identification Accuracy”，Law and Human Behavior，Vol. 4，1980，pp. 303－314。C. 列队呈现方式。队列呈现方式，包括罪犯在列与罪犯不在列、同时列队辨认与依次列队辨认。D. 事件后信息。在证人目击了重要事件之后，他有可能会接触到关于这一事件的各种信息，这些相关信息就是事件后信息。事件后信息不仅能够提高现存的记忆，也能改变目击者的记忆，甚至使不存在的细节进入到先前获得的记忆中去。

在暗示。①

（2）目击证人的数量。法庭在审判过程中对单个目击证人进行的辨认比较担心，持非常谨慎的态度，但对多名目击证人进行的辨认较为信任。② 然而，不容忽视的是，同时导致多名目击证人辨认错误的客观因素的确存在。美国除罪释放登记机构在 2012 年公布的报告中指出，在 375 例发生辨认错误的冤案中，有 38% 的案件涉及两名以上的目击证人辨认错误。

（3）警察单纯以外貌来锁定犯罪嫌疑人。警察初步锁定犯罪嫌疑人范围的方式多种多样，其中以外貌来锁定初步犯罪嫌疑人的方法非常危险。警察在单纯地以外貌锁定了与犯罪分子相似的无辜者后，目击证人很有可能将其指认出来，因为相似的外貌极有可能令目击证人想起犯罪分子。③ 美国除罪释放登记机构在 2012 年公布的报告中指出，在 375 例发生辨认错误的冤案中，有 35% 的案件的犯罪嫌疑人最初仅是通过各种外貌信息锁定的。

（4）跨种族辨认。美国社会一直在与种族歧视作斗争，但依然没有根除这一现象。种族偏见和歧视在犯罪指控中，尤其是在性犯罪指控中，依然有着不小的影响。在这种背景下，跨种族辨认的风险不言自明。有关研究也证实了这一点，美国白人更有可能错误地指认无辜的黑人。④ 美国除罪释放登记机构在 2012 年公布的报告中指出，在性侵犯罪冤案中，有 80% 的案件存在辨认错误。在这些发生错误辨认的性侵犯罪冤案中，有超过 2/3 案件的被告人是

---

① 参见 Brandon Garrett，Convicting the Innocent：Where Criminal Prosecutions Go Wrong，Harvard University Press，2011，pp. 48 and 54 – 55。

② 例如，Wilson v. Mazzuca，570 F. 3d 490，506。（“控方的指控完全建立在单个目击证人辨认结果上，因此指控是非常微弱的。”）

③ 参见 Samuel R. Gross，“Loss of Innocence：Eyewitness Identification and Proof of Guilt”，Journal of Legal Study，Vol. 16，1987，p. 418。

④ 参见 C. A. Christian and J. C. Brigham，“Thirty Years of Investigating the Own – Race Bias in Memory for Faces：A Meta – Analytic Review”，Psychology，Public Policy，and Law，Vol. 7，2001，pp. 3 – 35。

黑人。在这些黑人作为被告人的冤案中，高达 72% 的案件受害人是白人。

（二）伪证或者错误控告

证人或者受害人提供的谎言一般会直接指向具体的无辜者，不仅在侦查阶段会直接误导警察的侦查范围，而且在审判阶段会直接影响陪审团的事实认定。因此，根据美国除罪释放登记机构 2014 年的更新报告，在 1281 例冤案中，存在伪证或错误控告的高达 56%。虽然具体到不同的案件，证人提供伪证或者受害人提出错误指控的动机多种多样，但仍然可以归纳为以下两类：

1. 目击证人的谎言

在伪证或者错误控告这一成因中，有一半以上是来自于目击证人的谎言（如下表所示）。目击证人的谎言可以具体分为两种情形：故意的虚假辨认（27%）和虚构的犯罪事实（11%）。前者是指目击证人明知某人不是真凶，却故意虚假地指认该人从事了特定犯罪；后者是指所谓的目击证人虚构根本未发生的犯罪事实，并声称亲眼看到了某人实施了该犯罪。所谓的目击证人故意虚构犯罪事实经常发生于针对儿童的性侵犯罪案件中，因为迫于亲属、警察或者治疗学家的压力，儿童往往容易虚构指控。

1989－2012 年冤案中伪证或错误控告成因分析表

	目击证人的谎言		其他类型的伪证或者错误控告	伪证或错误控告
	故意的虚假辨认	虚构的犯罪事实		
杀人罪（416 例）	44%	0.2%	22%	66%
性侵犯罪（203 例）	8%	8%	10%	26%
儿童性侵犯罪（102 例）	3%	67%	5%	75%
抢劫犯罪（47 例）	9%	4%	6%	19%
其他暴力犯罪（47 例）	26%	4%	15%	45%
毒品犯罪（25%）	48%	8%	16%	72%

续表

	目击证人的谎言		其他类型的伪证或者错误控告	伪证或错误控告
	故意的虚假辨认	虚构的犯罪事实		
其他非暴力犯罪（33 例）	6%	12%	21%	39%
总计（873 例）	27%	11%	16%	53%

2. 线人或者告密者提供的伪证

在获得金钱、检控豁免权、减轻处罚、从监狱中释放或者其他利益的刺激下，许多线人或者告密者以证人的身份提供了证言。这种证人证言的风险是非常明显的，因为有些证人为了追求利益，自己故意编造证言，或者受警察、检察官或监狱官唆使提供伪证。特别是狱中那些已经绝望的囚犯，或者那些以后可能受到指控的人，在没有真实信息可供交换的情况下，往往会想方设法撒谎提供伪证。有的线人或者告密者是自愿出现的，主要是为了获取交易利益；而有的线人或者告密者是警察、检察官所寻找的，让他们了解案情之后，提供控方所需要的证言。① 其中，最为典型的就是监狱线人（Jailhouse Informants），他们经常反复充当监狱告密者，根据需要来设计证言。在洗冤工程发现的 289 例冤案中，有 15% 的案件存在线人或告密者提供伪证的情形。在这些案件中，线人或者告密者提供的证言往往是定罪的关键证据。从地理分布来看，美国 50 个州都发生了因线人或者告密者提供伪证而导致的冤案。

---

① 参见 Alexandra Natapoff，“Beyond Unreliable：How Snitches Contribute to Wrongful Convictions，Golden Gate University Law Review”，Vol. 37，2006；Clifford Zimmerman，“From the Jailhouse to the Courthouse：The Role of Informants in Wrongful Convictions”，in Sandra Westervelt and John Humphrey（eds.），Wrongly Convicted：Perspective on Failed Justice，Rutgers University Press，2001，pp. 55－76；R. Warden，The Snitch System：How Incentivized Witnesses Put 38 Innocent Americans on Death Row，Northwestern University School of Law，Center on Wrongful Convictions，2004。

（三）虚假供述

1. 被告人的虚假供述

虚假供述是一类令人极度不安的证据，因为虚假供述比其他任何证据更有可能导致无辜者获罪。① 大多数人普遍认为他们绝不会承认自己从未实施过的犯罪，而且也极度怀疑会有人这么做。② 然而，事与愿违，有关研究不仅证明了虚假供述的发生，而且分析了是如何发生的。③根据美国除罪释放登记机构 2014 年的更新报告，在 1281 例冤案中，有 12% 的冤案存在虚假供述的现象。

总体来说，美国侦查阶段设计的讯问制度不是令人满意的，其中可能导致无辜者虚假供述的因素包括两类：环境因素和精神因

---

① 参见 Richard Leo, Police Interrogation and American Justice, Harvard University Press, 2009; Steven A. Drizen and Richard Leo, "The Problem of False Confessions in the Post - DNA World", North Carolina Law Review, Vol. 82, 2004, pp. 891 - 1008; Saul M. Kassin, "The Psychology of Confessions", Annual Review of Law & Social Science, Vol. 4, 2008, pp. 193 - 217; Saul M. Kassin and Gisli H. Gudjonsson, The Psychology of Confessions: A Review of the Literature and Issues, Psychological Science in the Public Interest, Vol. 5, 2004, pp. 33 - 67; Saul M. Kassin et al., "Police - Induced Confessions: Risk Factors and Recommendations", Law & Human Behavior, Vol. 34, 2010, pp. 3 - 38。

② 这方面的文献分析参见 Iris Blandon - Gitlin et al., "Jurors Believe Interrogation Tactics Are Not Likely to Elicit False Confession: Will Expert Witness Testimony Inform Them Otherwise?" Psychology, Crime and Law, Vol. 17, 2011, pp. 239 - 260; Danielle E. Chojnacki et al., "An Empirical Basis For the Admission of Expert Testimony on False Confessions", Arizona State Law Journal, Vol. 40, 2008, pp. 1 - 47; Mark Costanzo et al., "Juror Beliefs About Police Interrogations, False Confessions, and Expert Testimony", Journal of Empirical Legal Studies, Vol. 7, 2010, pp. 231 - 247; Lisa A. Henkel et al., "A Survey of People's Attitudes and Beliefs About False Confessions", Behavior Science and Law, Vol. 26, 2008, pp. 555 - 584。

③ 参见 Richard A. Leo, Police Interrogation and American Justice, Harvard University Press, 2008, pp. 195 - 236; Steven A. Drizin and Richard A. Leo, "The Problem of False Confessions in the Post - DNA World", North Carolina Law Review, Vol. 82, 2004, p. 996; Richard A. Leo and Richard J Ofshe, "The Consequences of False Confessions: Deprivations of Liberty and Miscarriage of Justice in the Age of Psychological Interrogation", Journal of Criminal Law and Criminology, Vol. 88, 1998, p. 482。

素。环境因素主要指在讯问持续过程中出现的各种问题，如饥饿、口渴、身体不适等；精神因素主要包括精神疾病、智力缺陷、高度紧张和抑郁、幻觉以及其他心理失调等问题。通常来说，美国学者将虚假供述主要分为以下三类：自愿性虚假供述（voluntary false confession）、强迫顺从性虚假供述、强迫内在化虚假供述。① 自愿性虚假供述，是指无辜者在没有受到警察强迫的情况下出于个人意志自由作出的认罪供述。自愿性虚假供述的理由多种多样，如源于对名声、社会重视甚或是声名狼藉的病态性追求，或者出于保护亲戚朋友而帮忙顶罪，或者为避免更为严重的犯罪指控，等等。② 强迫顺从性虚假供述，是指无辜者为了逃避现实的或者可以预见的威胁、避免不可预料的惩罚，或者得到应允或暗示的好处而勉强同意认罪并供述。除了以刑讯逼供为标志的身体强制容易导致强迫顺从性虚假供述外，心理强制的审讯情境因素与犯罪嫌疑人的个人因素相结合也容易导致强迫顺从性虚假供述。③ 强迫内在化虚假供述，是指无辜且脆弱的犯罪嫌疑人由于受到高度暗示性和诱导性审讯策略的影响，相信自己实施了所指控的犯罪行为而作出的陈述。④

根据美国除罪释放登记机构 2012 年的报告，在 873 例冤案中，有 135 例案件的被告人承认了自己从未实施过的犯罪。从数据上来看，无辜者之所以会认罪，主要是因为他们受到了各种形式的强迫

① 参见 L. E. Hasel and S. M. Kassin，“False Confessions”，in B. Cutler（ed.），Conviction of the Innocent：Lessons from Psychological Research，American Psychological Association Press，2010，Chapter 3。

② 参见 Ricard P. Conti，“The psychology of false confessions”，The Journal of Credibility Assessment and Witness Psychology，Vol. 2，1999，p. 1。

③ 参见 Saul M. Kassin and Gisli H. Gudjonsson，“The Psychology of Confessions：A Review of the Literature and Issues”，Psychological Science in the Public Interest，Vol. 5，2004，p. 44。

④ 参见 Saul M. Kassin，“Expert Testimony on the Psychology of Confessions：A Pyramidal Model of the Relevant Science”，in E. Borgida and S. T. Fiske（eds.），Psychological Science in Court：Beyond Common Knowledge，Blackwell Publishing，pp. 195 – 218。

——恐吓、欺骗、折磨。有明确证据证明被告人受到强迫而认罪的案件，占到了虚假供述案件的60%。另外，有12%的被告人否认自己曾经作出了有罪供述或者否认他的真实意思是认罪，另有11%的虚假供述是自愿作出的。由此可见，自愿性虚假供述仅占虚假供述的一小部分，大部分的虚假供述或多或少是由警察导致的。之所以会出现这样的结果，与美国警察在讯问过程中使用带有极强心理强制性的策略是分不开的。①

具体来说，在警察将无辜者错误锁定为犯罪嫌疑人的前提下，通过心理强制的方式所获得的有罪供述必然是虚假的。特别是在没有其他有罪证据的情况下或者重大案件中，这种讯问的心理强制性更为明显。在美国警察讯问实践中，讯问过程的强制性体现在两个方面：一是采用各种心理强制策略诱使犯罪嫌疑人放弃米兰达权利，这在某种程度上侵犯了犯罪嫌疑人是否接受讯问的自愿性。②二是犯罪嫌疑人一旦放弃米兰达权利后，则进入了被学者描述为以心理操纵为特征的两个程序，即警察通过心理强制的方式逼迫犯罪嫌疑人作出有罪供述：首先是通过驳斥犯罪嫌疑人的各种主张和理由，夸大现有的有罪证据或者虚构编造有罪证据，令犯罪嫌疑人感到彻底绝望，令其相信没有任何办法摆脱这种困局。其次是利用各

① 这个观点的代表性文献是 Richard J. Ofshe and Richard A. Leo，“The Social Psychology of Police Interrogation：The Theory and Classification of True and False Confessions”，Studies in Law，Politics，and Society，Vol. 16，1997，pp. 189 and 191 – 192 and 214 – 220。

② 美国有关的实证研究表明：犯罪嫌疑人对于米兰达权利的理解能力与警方采用心理强制的审讯策略相结合，是导致犯罪嫌疑人放弃米兰达权利的两个主导性诱因。这一结论来源于 Richard A. Leo，“Miranda's Revenge：Police Interrogation As a Confidence Game”，Law and Society Review，Vol. 30，1996，pp. 259 – 288。其中，警察诱使犯罪嫌疑人放弃米兰达权利而采用的心理强制审讯策略的论述，参见 Richard A. Leo and Welsh S. White，“Adapting to Miranda：Modern Interrogators´Strategies for Dealing With the Obstacles Posed by Miranda”，Minnesota Law Review，Vol. 84，1999，pp. 431 – 447。

种诱惑或策略说服犯罪嫌疑人作出有罪供述。① 在过去，这种心理强制的方式主要体现为传统的酷刑折磨，如剥夺食物、睡眠、水源或其他生活条件，禁止与外界联系，或者体力消耗以及折磨等。但从1940年以后，美国警察在讯问中逐渐不再使用这种传统的酷刑逼供，而是开始使用一些纯粹的心理策略，如明示或含蓄的宽大处理的允诺、受到严酷惩罚的威胁，以及谴责、重复、攻击否认犯罪的理由或者利用虚构的有罪证据等讯问手段。② 这种带有强制性的讯问策略导致许多无辜者作出了有罪供述，这一现象得到了有关研究和实证数据的充分印证。③

2. 共犯的虚假供述

截至2012年2月底，在收集的873例冤案中，有13%的案件至少部分因为所谓共犯的虚假供述而被定罪。值得注意的是，作为供述其他犯罪嫌疑人犯罪事实的回报，这些本应该一同被起诉而作为共同被告人的共犯通常被获准针对较轻的犯罪或者与该案毫不相关的犯罪进行有罪答辩，甚至有的共犯根本不会受到任何指控。这种实际的利益诱惑致使许多共犯作出了虚假的供述，导致许多无辜者被牵涉案件之中进而被定罪。

---

① 参见 Steven A. Drizin and Richard A. Leo，“The Problem of False Confessions in the Post - DNA World”，North Carolina Law Review，Vol. 82，2004，p913。关于这一讯问过程的详细论述参见 Jon B. Gould and Richard A. Leo，“One Hundred Years Later：Wrongful Convictions After A Century of Research”，The Journal of Criminal Law and Criminology，Vol. 100，2010，pp846 - 850。

② 参见 Richard A. Leo，Police Interrogation and American Justice，Harvard University Press，2008，pp. 155 - 162。

③ 参见 Saul M. Kassin，“Investigating True and False Confessions within a Novel Experimental Paradigm”，Psychological Science，Vol. 16，2005，p481。虚假供述导致冤案发生的具体过程参见 Richard A. Leo and Deborah Davis，“From False Confession to Wrongful Conviction：Seven Psychological Processes”，The Journal of Psychiatry and Law，Vol. 38，2010。

3. 未成年人或者智障者的虚假供述

普遍认为，尽管警察的压力或者心理强制是导致虚假供述的主要因素，但接受讯问的犯罪嫌疑人的心理承受能力也是不可忽略的因素之一。因此，那些容易受到警察压力影响的人更容易作出虚假供述。研究表明，相对其他群体而言，警察更容易从无辜的未成年人或者智障者那里获取虚假的有罪供述。① 截至 2012 年 2 月，在收集的 873 例冤案中，约有 1/6 的无辜者是未成年人或智障者，其中有近 60% 的未成年人或智障者作出了虚假供述。

4. 虚假供述与辩诉交易

在侦查阶段进行有罪供述的 135 例冤案中，最终有 35 例在法庭上进行了有罪答辩，占近 25%，其余冤案的被告人在法庭上撤回了之前的有罪供述。在未进行有罪供述的 738 例冤案中，最终只有 36 例在法庭上进行了有罪答辩，约占 5%。综合而言，在所有 873 例冤案中，8%（71/873）的被告人经过辩诉交易制度而获罪。这对于 95% 的重罪判决是通过辩诉交易制度作出的美国而言，的确令人感到吃惊。这是不是意味着无辜者几乎不会选择辩诉交易呢？其实不然，很有可能的一种合理解释是：许多甚至是大多数最终被定罪的无辜者选择了辩诉交易，只是他们很少被除罪释放而已。因为那些曾经进行有罪答辩的被告人要想说服他人相信自己是无辜的或者获得重审的机会，面临着无法想象的艰难，甚至是不可能完成的任务。更重要的是，因为选择了有罪答辩，他们往往获得了比经过正式审判更轻的刑罚，所以他们追求除罪释放的动力会大大降低。由于在法庭上很难推翻之前的有罪供述，加上经过正式审判所获的刑罚可能是极其严厉的，甚至是死刑，所以许多无辜者理

① 参见 Joshua Tepfler，Craig M. Cooley and Tara Thompson，Convenient Scapegoats：Juvenile Confessions and Exculpatory DNA in Cook County，IL，Rutgers Law Review，Vol. 62，2010；Allison D. Redlich，Mental Illness，Police Interrogation，and the Potential for False Confession，Law and Psychiatry，Vol. 55，2004。

性地选择了有罪答辩，说服自己去接受无奈的结局，并尽快忘记。

5. 虚假供述与DNA

DNA检测可以清楚地证明犯罪分子留下的生物证据（包括精子、唾液、血液、毛发等）不是被告人的。在许多案件中，DNA可以成为毫无争议的无罪证据。在谋杀类冤案中，有102例案件涉及虚假供述，其中有52例依靠DNA检测被发现，占比高达52%；在未涉及虚假供述的314例谋杀类冤案中，只有71例依靠DNA检测被发现，仅占23%。合理的解释可能是，许多检察官和法官坚信有罪供述通常是真实的，他们要求被告人提交无可辩驳的无罪证据后，才会同意除罪释放之前进行有罪答辩的被告人。① 然而，具备DNA证据的案件只是极小一部分刑事案件，绝大部分案件都不存在像DNA这般确凿的无罪证据。即使只是目击证人撤销了证言和辨认，或者发现线人提供了伪证，又或者提供了不在场的无罪证据，曾经进行有罪答辩的无辜者要想申请重审也是一件异常困难的事情。但是，如果无辜者当初没有进行有罪答辩，可能相对会容易一些。总之，曾经进行有罪答辩的无辜者要想推翻有罪判决，面临着巨大的困难。

（四）错误或者有误导性的科学证据

近些年来，科学证据在美国刑事司法过程中的使用遭到了大量的批评。科学证据存在诸多问题，从简单的错误到无效的技术，再到明目张胆的欺骗，例子比比皆是。自20世纪80年代以来，DNA帮助许多无辜者推翻了有罪判决，证明了自己的清白。尽管DNA技术取得了空前的进步，但许多其他法庭科学技术，如头发的显微镜检测、咬痕对比鉴定、脚印对比鉴定和枪支痕迹鉴定等，从未受到规范严格的科学评价。此外，还有些法庭科学技术虽然已经得到了严密的认证，如血型鉴定，但有时在检测过程中会出现操作不

---

① 参见Saul M. Kassin，“Why Confessions Trump Innocence”，American Psychologist，2012，from http：//www. ncbi. nlm. nih. gov/pubmed/22545597。

当，或者专家证人提供了不甚准确的证词，甚至有些法庭科学分析专家会蓄意编造结果或者参与其他不当行为。法庭科学证据方面存在的上述种种问题，都会造成冤案。美国研究委员会早已意识到了这一问题的严重性，在2009年就曾经指出，“美国的法庭科学证据体制总体上出现了支离破碎的分散状态和质量参差不齐的现状……这一系列的缺点对科学证据的质量和可靠性以及服务刑事司法的能力提出了极大的挑战和威胁”。①

根据美国除罪释放登记机构2014年的更新报告，在1281例冤案中，存在错误或者有误导性的科学证据的案件占22%。从犯罪类型来看，错误或者有误导性的科学证据对性侵犯罪冤案（37%，76/203）、杀人罪冤案（23%，96/416）和儿童性侵犯罪冤案（21%，21/102）影响最大。这其实并不令人意外，因为在性侵害案件中通常存在生物证据，尤其是在强奸类案件中需要DNA检测或者血液鉴定来锁定犯罪嫌疑人，在杀人类案件中往往需要病理学家作证说明受害人的死因，所以科学证据出现错误或者欺骗的机会更多。在其他冤案中，检察官往往利用错误或者有误导性的科学证据证明发生了犯罪事实，而不是仅仅是意外，如摇晃婴儿综合征系列冤案。

根据美国学者的研究成果，法庭科学证据主要存在三大问题：②

其一，有些法庭科学缺乏规范的科学标准和原理，甚至是伪科学或“垃圾科学”（junk science）。与DNA检测不同，法庭科学中的

---

① 参见National Research Council, Strengthening Forensic Science in the United States: A Path Forward, 2009。

② 参见Paul C. Glannelli, “Wrongful Convictions and Forensic Science: The Need to Regulate Crime Labs”, North Carolina Law Review, Vol. 86, 2008; Brandon L. Garrett and Peter J. Neufeld, “Invalid Forensic Science Testimony and Wrongful Convictions”, Virginia Law Review, Vol. 95, 2009; William C. Thompson, “Beyond Bad Apples: Analyzing the Role of Forensic Science in Wrongful Convictions”, Southwestern University Law Review, Vol. 37, 2008; John M. Collins and Jay Jarvis, “The Wrongful Convictions of Forensic Science”, Forensic Science Policy & Management: An International Journal, Vol. 1, 2009。

许多门类只是服务于犯罪侦查，如痕迹或物品对比鉴定。由于这些技术的应用范围过小、研究价值不大、研究经费匮乏，导致整体应用研究水平偏低。这样一来，很多法庭科学技术检测方法缺乏必要的科学性论证，可靠性与有效性有待商榷。此外，这些检测方法和手段缺乏控制质量和保障结果的统一的科学标准。因此，许多应用于具体案件的法庭科学分析结果缺乏成熟的科学原理，以此提供的专家证言虽然具有科学的名义和形式，但是没有最基本的科学元素。例如，所谓的专家所努力证明的被告人的咬痕与受害人身上的咬痕相一致，或者被告人的声音与语音邮件中的声音相吻合，等等。即使对于那些有着一定科学原理基础的法庭科学技术，有些专家有夸大其结论准确性的嫌疑。例如，有些专家会作出犯罪现场提取的毛发与被告人的毛发相匹配或者一致的结论，但是，由于缺乏关于毛发比对分析的准确性和可靠性的科学研究成果，专家其实也根本无法确定相似的程度和概率，其匹配或者一致的结论有些过于武断。①

其二，不当或错误的鉴定意见。在很多情况下，专家证人提供的证词会言过其实，令科学证据的说服力超过合理的界限。虽然缺乏严谨的科学原理，但许多在司法实践中使用了多年的法庭科学技术不停地被重复和接受，以至于陪审团产生了这类科学证据更具有说服力的印象，这在无形中增加了造成冤案的可能。即使对于那些已经相当成熟的法庭科学技术，其鉴定结果也存在出现错误的可能。例如，在 DNA 检测出现之前，血清鉴定是分析犯罪现场留下的血液、精液等体液的唯一途径。经过鉴定分析，专家完全可以识别出血型，并能适当地说明结论的意义和与真凶具有同种血型的人口比例。但是在有些案件中，专家无法判断出犯罪现场提取的生物

---

① 参见 Larry S. Miller，“Procedural Bias in Forensic Science Examinations of Human Hair”，Law and Human Behavior，Vol. 11，1987；Edward J. Imwinkelried，“Forensic Hair Analysis：The Case Against the Underemployment of Scientific Evidence”，Washington and Lee University Law Review，Vol. 39，1982。

样本是否是受害人和真凶的混合，受害人的血型完全可以掩盖真凶的血型，导致无法准确识别出真凶的血型。[①]

其三，法庭科学专家的不当行为。绝大部分法庭科学专家是不辞辛苦、尽职尽责的，拥有良好的职业道德。不论是否有利于被告人或者是否能够支持检察官，还是结论无法确定，他们始终能够利用最佳的科学技术手段来提供客观的、可靠的信息。但是，也有一些专家会违背职业操守从事某些不当行为。例如，有些专家会编造检测结果，在没有实际检测的情况下虚构检测结果，或者故意隐藏有利于被告人的部分结果。其中一个值得注意的原因是，美国从事法庭科学技术鉴定的实验室几乎都隶属于执法机构，专家往往受到官方机构理念的影响，帮助控方追究犯罪。

（五）警察或检察官的不当行为

尽管警察和检察官在名义上负责查明真相和实现正义，但在现实中他们往往会忽视这些义务，[②] 一味以追求有罪判决为直接目标，甚至使用一些非法的手段。从已经发现纠正的冤案来看，警察或检察官的玩忽职守、欺诈等不当行为是其主要成因之一。根据美国除罪释放登记机构 2014 年的更新报告，在 1281 例冤案中，有 46% 的冤案存在警察或者检察官的不当行为。由于警察或检察官的不当行为很少得以公开，这一数据统计尚存在低估的嫌疑。从犯罪类型来看，警察或检察官的不当行为在杀人类冤案中存在比例较高，因为此类案件一般较为重大，破案压力大，侦控难度高。

与其他上述四个因素不同，警察或检察官的不当行为不是一类证据，而是一系列影响证据及其认定的行为。这一集合行为范围非常广泛。从主体上来划分，主要包括两类：警察的不当行为和检察官的不当行为。

① 参见 Andre A. Moenssens, Novel Scientific Evidence in Criminal Cases: Some Words of Caution, Journal of Criminal Law and Criminology, Vol. 84, 1993。

② 参见 Bruce A. Green, "Why Should Prosecutors 'Seek Justice'?" Fordham Urban Law Journal, Vol. 26, 1998; Ross Galin, "Above the Law: The Prosecutor's Duty to Seek Justice and the Performance of Substantial Assistance Agreements", Fordham Law Review, Vol. 68, 2000。

警察的不当行为，是指在侦查过程中一系列导致产生错误证据的权力滥用行为：制造伪证、酷刑、强迫认罪、胁迫或欺骗目击证人、科学证据欺诈，甚至包括虚构从未发生过的犯罪事实。其中，最为严重的不当行为是控方向法庭和辩方隐匿被告人无罪的证据。① 值得注意的是，在侦查过程中产生的错误证据可能会也可能不会涉及不当行为。例如，只有存在权力滥用的情形时，获得虚假供述的讯问才属于警察的不当行为。再如，只有辨认程序中存在故意操作、暗示、引导甚至是强迫目击证人的行为时，才能归为警察的不当行为。根据美国实证研究成果，导致冤案的警察不当行为主要包括：在辨认过程中进行暗示、强制获取口供、强迫或干扰证人作证、未向检察官移交被告人无罪的证据、虚构或捏造证据、以利益交换告密者或线人不可靠的证据、就所见之事欺骗或者故意误导陪审员。②

从司法实践来看，美国检察官可能导致冤案发生的不当行为主要有三种：对证人进行带有明显暗示性的指导、③ 作出不适当的和煽动性的总结陈词、④ 未向辩方披露关键证据。根据有关研究成

① 参见 Kathleen M. Reilly and Maurice Possley，Preventable Error：A Report on Prosecutorial Misconduct in California 1997 - 2009，Veritas Initiative，2010。

② 参见 Robert J. Ramsey，False Positives in the Criminal Justice Process—An Analysis of Factors Associated with Wrongful Conviction of the Innocent [Dissertation]，University of Cincinnati，2003，pp. 82 - 88；Innocence Project，"Understand the Causes—Government Misconduct"，from http：//www. innocenceproject. org/understand/Government - Misconduct. php；Russell D. Covey，"Police Misconduct as a Cause of Wrongful Convictions"，Washington University Law Review，Vol. 90，2013。

③ 参见 Bennett L. Gershman，"Effective Screening for Truth Telling：Is It Possible? Witness Coaching by Prosecutors"，Cardozo Law Review，Vol. 23，2002；D. S. Medwed，Prosecution Complex：America's Race to Convict and its Impact on the Innocent，New York University Press，2012。

④ 参见 Andrea Elliott and Benjamin Weiser，"When Prosecutors Err，Others Pay the Price；Disciplinary Action is Rare after Misconduct or Mistakes"，New York Times，March 21，2004，at N. 25；D. S. Medwed，Prosecution Complex：America's Race to Convict and its Impact on the Innocent，New York University Press，2012。

果，其中受到普遍批判的是检察官未向辩方披露被告人无罪的证据。[①] 在有些案件中，检察官是故意为之；而在另外一些案件中，是警察未向检察官移送这类无罪证据，或者检察官没有意识到案卷中存在这类无罪证据。[②] 根据洗冤工程 2010 年发布的实证报告，其统计了利用 DNA 纠正的 255 例冤案中检察官存在不当行为的情况。其中，有 63 例冤案的当事人在救济程序中提出了检察官存在不当行为的理由，最终被法庭确认检察官发生了“有害错误”的案件为 13 例，其中最主要的两类不当行为是：检察官不适当的言论和提问，以及违反布兰迪规则（未能履行证据开示义务）。[③] 就原因而言，尽管职业伦理要求美国检察官必须客观公正，但以下三个因素往往会致使检察官忽视职业规范：民众要求检察官采取打击

---

① 2003 年，公共廉政中心发布了一份关于检察官不当行为的研究报告稿。报告显示，1970 年至 2002 年间，有 11452 例上诉案件提出了检察官存在不当行为，最后有 2012 例被法院认定存在“有害错误”，并且其中已经有 32 例被证明为冤案。经过分析，该报告指出最常见的检察官不当行为是未向辩方披露有利于被告人的证据。参见 The Center for Public Integrity，“Harmful Error：Investigating America's Local Prosecutors”，2003，from http：//www. publicintegrity. org/accountability/harmful – error。

② 参见 J. B. Gould and Richard A. Leo，“One Hundred Years Later：Wrongful Convictions After a Century of Research”，The Journal of Criminal Law and Criminology，Vol. 100，2010，pp. 854 – 855。除了这三类典型的不当行为之外，检察官的其他不当行为也可能导致冤案的发生，如故意使用不可靠的告密者、强迫证人作证、使用明知存在问题的科学证据和专家、阻碍有关信息及时传递给辩方、接受强制获取的口供、故意误导陪审团以及其他违背职业规范的策略。参见 Jim Petro and Nancy Petro，“The Prosecutor and Wrongful Convictions：Misplaced Priorities，Misconduct，Immunity，and Remedies”，in C. Ronald Huff and Martin Killias（eds.），Wrongful Convictions and Miscarriages of Justice：Causes and Remedies in North American and European Criminal Justice Systems，Routledge，2013，p. 97；Innocence Project，“Understand the Causes—Government Misconduct”，from http：//www. innocenceproject. org/understand/Government – Misconduct. php。

③ 参见 Innocence Project：“Court Findings of Prosecutorial Misconduct Claims in Post – Conviction Appeals and Civil Suits Among the First 255DNAExoneration Cases”，October 2010，from http：//www. innocenceproject. org/docs/2011/pmc _ appeals _ 255 _ final _ oct _ 2011. pdf。

犯罪的强硬态度、绝对豁免主义一直主张检察官几乎不用对冤案承担任何实质性不利责任，以及法院给予的司法谴责或者撤销裁定等处分不足以震慑检察官，检察官宁可铤而走险。①

（六）不充分的律师辩护

作为保护犯罪嫌疑人的最重要屏障，辩护律师对于预防冤案应当发挥重要作用。正如教授伯恩哈德（Bernhard）所言，辩护律师的职责正是保护无辜的委托人免受任何错误的不利影响：从目击证人辨认错误，到警察草率结案，再到检察官拒绝披露无罪证据。②否则，一旦律师的辩护工作不充分，极有可能构成无效辩护，这很有可能直接导致冤案。哥伦比亚大学一项关于死刑冤案的研究表明，1973 年至 1995 年，无效的律师辩护是导致冤案和死刑判决的首要因素。③另外，洗冤工程利用 DNA 纠正的冤案中，在初审和上诉审中存在着一系列辩护律师严重不称职的现象，如辩护律师在法庭上昏睡过去、辩护律师处于醉酒状态、辩护律师明显能力不足以及辩护律师的工作过于繁重。④

美国宪法第六修正案规定犯罪嫌疑人有权获取律师的帮助，美国最高法院确立了各州必须为贫穷的被告人提供法律援助的责任。然而，由于在设立以及资金保障上缺乏全国性的统一标准，大多数州的法律

---

① 参见 Rachel E. Barkow，“Organizational Guidelines for the Prosecutor's Office”，Cardozo Law Review，Vol. 31，2010，pp. 2089 - 2118。关于检察官不当行为发生的频率，以及制裁措施的缺失导致检察官不当行为的代表性研究，参见 Kathleen M. Reilly and Maurice Possley，Preventable Error：A Report on Prosecutorial Misconduct in California 1997 - 2009，Veritas Initiative，2010。

② 参见 Adele Bernhard，“Effective Assistance of Counsel”，in Saundra D. Westervelt and John A. Humphrey（eds.），Wrongly Convicted：Perspectives on Failed Justice，Rutgers University Press，2001，pp. 227 - 228。

③ 参见 James S. Liebman et al.，“Capital Attrition：Error Rates in Capital Cases 1973 - 1995”，Tex. Law Review，Vol. 78，2000。

④ 参见 Innocence Project，“Understand the Causes—Bad Lawyering”，from http：//www. innocenceproject. org/understand/Bad - Lawyering. php。

援助体系都面临着资金短缺、资源匮乏等问题。① 这不仅导致了公设辩护律师报酬低廉、工作繁重、能力参差不齐等尴尬局面，而且造成辩护律师在具体工作中缺乏必要的经费调查案件，辩护质量直线下降。② 尤其是在当前，大部分刑事案件的被告人由法院指定的律师或者公

① 参见 The Constitution Project, Justice Denied: America's Continuing Neglect of Our Constitutional Right to Counsel, 2009, from http://www.constitutionproject.org/pdf/139.pdf。

② 在许多地方，由于资金来源不足，导致虽然有律师，但他们有太多案件需要处理，没有足够的时间，并且没有其他资源可以帮助他们的委托人。纽约大学的布伦南司法中心总体上是支持刑事辩护援助体制的。2012 年，该中心在发布的报告中指出：那些为贫穷的被告人提供辩护的律师应当可以为他们的委托人提供更加广泛的社会援助，来解决那些使他们卷入刑事诉讼的问题。这篇报告的简介部分——社区导向的辩护：现在启动（"Start Now"）——描述了某些糟糕的状况："50 年来各级政府对此立法预算的忽略已经造成了公设辩护人制度资金不足的局面，不彻底的案件调查、缩减的案件准备和不充分的法庭辩护已经成为常态。一位公设辩护人会见被告人的平均时间往往低于 6 分钟。这基本上是律师出现并说明基本信息所用的时间，而且这些信息通常与案件无关。在许多较大的司法管辖区，超过一半的案件就这样被处理掉了。公设辩护人的建议工作量是每年 150 起重罪案件或 400 起轻罪案件。我国大多数司法管辖区都超过了这一建议工作量。在某些司法管辖区，公设辩护人机构可能同时要处理 300 起案件。在如此巨大的工作量下，即使是坚持最低限度的专业水准，也是不可能为每个委托人提供代理的。"参见 Thomas Giovanni, "Community - Oriented Defense: Start Now", 2012, p. 2, from http://www.brennancenter.org/publication/community - oriented - defense - start - now。

最高法院的某些大法官已经注意到，在刑事辩护的人均费用上，美国落后于英国。宪法项目报告指出了资金的变化情况：1962 年，在吉迪恩案裁决的前一年，据统计，如果由法庭指派的律师进行辩护代理，按照当时县政府支付的平均费用计算，估计为贫穷被告人的重罪案件提供刑事辩护援助的支出将达到 2500 万美元。到 1972 年，该支出估计为 8700 万美元；1976 年为 20000 万美元；1980 年为 43600 万美元；1982 年为 62500 万美元；1986 年为 99100 万美元。一份 1973 年的研究报告指出，为穷人提供辩护的每起案件的平均支出费用为 122 美元。尽管在吉迪恩案件之后为穷人提供辩护援助的费用增加了，但在 20 年之后，也就是 1982 年，有关资料显示刑事辩护服务仅仅占到了整个刑事司法体制总支出的 1.5%。然而，整个刑事司法体制也是资金不足的。1985 年的一份研究指出，"在美国政府的所有财政支出中，只有不足 3% 的比例用以支持所有的民事和刑事司法活动"。全国最新数据显示，2005 年 50 个州及其下辖的县在为穷人提供辩护援助方面大概投入了 35 亿美元。但笔者没有查找到当前的数据，因为没有全国范围内的资料统计和报告 50 个州在这方面的数据。参见 Jennifer P. Lyman, "Providing Criminal Defense Services to Indigent. Accused in the United States", 2012。

设辩护人担任辩护律师,[①] 公设辩护人辩护的有效性和充分性问题多多。此外，即使在那些没有申请法律援助的案件中，也存在消极辩护或者辩护不充分的现象。

从已经发现的冤案来看，律师辩护不充分的一系列表现行为很有可能导致无辜者被错误定罪，主要包括：辩护律师可能因为过于繁忙而没有时间与委托人充分交流，或者只是进行象征性的简单交流；辩护律师敷衍性地进行案件调查，或者只是进行表面调查，甚至不进行任何调查；忽视被告人无罪的证据；未能聘请必要的专家或者进行必需的鉴定；应付性地准备甚至是没有准备法庭审判事项；未能准确深入地开展交叉询问；等等。[②] 研究表明，导致无效辩护的背后原因是法律援助经费短缺、辩护质量控制规则缺失和律师动力不足。[③]

此外，上诉法院认定无效辩护的高标准也是导致冤案的一个重要因素。自从 1932 年著名的鲍威尔诉亚拉巴马州案（Powell v. Alabama）后，无效辩护在美国可以作为上诉的理由，但这样的上诉几乎很少能够成功。尽管州法院和联邦法院的法官普遍承认许多辩护律师没有充分准备辩护工作，但斯特里克兰诉华盛顿州案（Strickland v. Washington）为被告人证明辩护无效设立了特别高的标准，实现难度较大。[④] 有关实证

---

① 参见 R. Uphoff，“Convicting the Innocent：Why it is not just an isolated occurrence”，The Journal of the Institute of Justice and International Studies，Vol. 7，2007，pp. 1 –9。

② 参见 Sheila Martin Berry，“Bad Lawyering：How Defense Attorneys Help Convict the Innocent”，Northern Kentucky Law Review，Vol. 30，2003。

③ 参见 American Bar Association Criminal Justice Section，“Achieving Justice：Freeing the Innocent，Convicting the Guilty”，2006，from http：//apps. americanbar. org/crimjust/committees/innocencebook. pdf。

④ 具体来说即斯特里克兰标准，也称为双重标准。一是缺陷标准，即确定律师的辩护行为是否存在缺陷。这里的缺陷是未符合理性的客观标准，并且存在诉讼结果发生改变的合理可能性。二是偏见标准，即确定律师的缺陷行为对被告人的辩护是否带来损害和不利。前一标准为因，后一标准为果。参见 Strickland V. Washington，466U. S. 668（1984）；The National Right to Counsel to Counsel Committee，the Constitution Project，“Justice Denied：America's Continuing Neglect of Our Right to Counsel”，2009，at 1；43，from http：//www. constitutionproject. org/pdf/139. pdf。

研究表明，尽管在上诉程序或人身保护令程序中无效辩护是最为常见的理由之一，但只有很小一部分的案件最后能够成功得到法院的承认和救济。①

三、导致美国冤案的其他因素

（一）既定的狭隘视野/管状视野（Tunnel Vision）

所有人都一样，包括警察和检察官都容易受到既定狭隘视野的影响。具体来说，警察或者检察官越是坚信自己得出的结论——某位犯罪嫌疑人是有罪的，他们考虑其他人或者相信与其相冲突的假设的可能性越小。② 正如芬德利（Findley）与斯科特（Scott）所言，当刑事司法人员锁定特定犯罪嫌疑人后，他们都会有意或者无意地挑选或者剪裁证据，为证明该犯罪嫌疑人有罪而构建案件，从而忽略或者隐瞒其他与之相冲突的信息或证据。③ 如此一来，一旦错误锁定了无辜者，就产生了导致冤案的现实风险。

当然，这种既定的狭隘视野不仅仅会发生于警察或者检察官身上，其影响还存在于刑事司法过程各个阶段中。④ 例如，坚信目击证人辨认结果的警察极有可能会忽略其他背离既定结论的案件事实；法庭科学专家在进行毛发比对鉴定后发现犯罪嫌疑人与真凶的毛发存在近似的匹配，从而容易忽略指纹分析的相反结论；检察官由于过于相信口供的真实性，以至于忽略指向其他人的科学证据；

① Brandon Garrett，“Judging Innocence”，Columbia Law Review，Vol. 108，2008；Victor E. Flango，“Habeas Corpus in State and Federal Courts”，1994，from http：//www.ncsconline.org/WC/Publications/KIS _ StaFedHabCorpStFedCts.pdf # search =%22habeas%20tudy%22.

② 参见 D. L. Martin，“Lessons about Justice from the ‘Laboratory’ of Wrongful Convictions：Tunnel Vision，the Construction of Guilt and Informer Evidence”，University of Missouri – Kansas City Law Review，Vol. 70，2002。

③ 参见 Keith A. Findley and Michael Scott，“The Multiple Dimensions of Tunnel Vision in Criminal Cases”，Wisconsin Law Review，Vol. 2，2006，pp. 291 – 292。

④ 参见 Myrna Raeder，“What Does Innocence Have to Do with It?：A Commentary on Wrongful Convictions and Rationality”，Michigan State Law Review，Winter 2003。

辩护律师轻率地认为控方的指控无懈可击，于是懒得再去深入查看案卷。所有这些既定的狭隘视野都有可能解释为什么无辜者会被认定为犯罪嫌疑人，进而被顺利地起诉，最后被错误定罪。这不仅仅是一种理论上的可能，许多针对冤案的实证研究已经充分表明这些错误是现实存在的，并已经造成了惨痛的后果。①

（二）辩诉交易制度

从美国辩诉交易制度的最新动态来看，辩诉交易基本存在三种类型：指控交易（Charge Bargaining）、量刑交易（Sentence Bargaining）以及最新出现且不常见的事实交易（Fact Bargaining）。② 尽管辩诉交易制度在美国刑事司法体制中一直存在争议，但学界和实务界总体上还是肯定了辩诉交易制度的优越性。然而，随着美国无辜者运动的深入，辩诉交易制度可能存在的另外一个弊端是其是否会导致无辜者认罪。这个问题受到了学界的高度重视，甚至成为争论辩诉交易制度的一个主要指标。③ 反对者认为，辩诉交易制度对于无辜的

---

① 参见 Jon Gould，The Innocence Commission：Preventing Wrongful Convictions and Restoring the Criminal Justice System，NYU Press，2009；Innocence Project，"The Problem of Tunnel Vision in Criminal Justice"，from http：//www. innocenceproject. org/docs/TunnelVision_ WEB. pdf。

② 根据美国著名教授约翰·帕吉特（John Padgett）的研究，美国的辩诉交易有四种不同类型：隐性辩诉交易、检察官从轻指控辩诉交易、法官从轻定罪辩诉交易、检察官量刑建议辩诉交易。其中第二种和第三种类型属于指控交易，第四种属于量刑交易。参见 John Padgett，"Plea Bargaining and Prohibition in the Federal Courts，1908 – 1934"，Law and Society Review，Vol. 24，1990，pp. 413 –450。事实交易主要是被告人与检察官双方协定哪些案件事实为真并按照协定向法院提交有关主张。隐性辩诉交易通常存在事实交易。参见 Felicia Sarner，"'Fact Bargaining' under the Sentencing Guidelines：The Role of the Probation Department"，Federal Sentencing Reporter，Vol. 8，1996，pp. 328 –330；William T. Pizzi，"Fact – Bargaining：An American Phenomenon"，Federal Sentencing Reporter，Vol. 8，1996，pp. 336 –338。

③ 参见 O. Gazal – Ayal，"Partial Ban on Plea Bargains"，Cardozo Law Review，Vol. 27，2006，pp. 2295 –2351；Michael W. Smith，"Making the Innocent Guilty：Plea Bargaining and the False Plea Convictions of the Innocent"，Criminal Law Bulletin，2010；Lucian E. Dervan，"The Innocent Defendant's Dilemma：An Innovative Empirical Study of Plea Bargaining's Innocence Problem"，Journal of Criminal Law and Criminology，Vol. 103，2012；Oren Gazal – Ayal and Avishalom Tor，"The Innocence Effect"，Duke Law Journal，Vol. 62，2012。

被告人来说是极度危险的，因为它令无辜的被告人限于理性选择与道德价值的激烈冲突之中。被告人有时候认罪不是基于实际上实施了犯罪行为，而是因为检察官作出了让步或承诺，这种重大风险是现实存在的。无辜的被告人很有可能为了避免经正式审判而获得不可预期的严厉刑罚，而倾向于选择认罪，接受宽大的处理。因此，反对者们提出了废除辩诉交易制度的主张。① 尽管目前尚没有明确的实证研究成果证明是辩诉交易还是正式审判更有利于保护无辜者，但他们认为经过正式审判，无辜者被定罪的几率会大大降低。

首先，从有关数据来看，格罗斯（Gross）教授及其同事于2012年发布了报告《1989－2012年美国除罪释放案件分析》，在其所收集的873例案件中，仅有8%适用了辩诉交易制度。这项研究似乎表明无辜的被告人通常倾向于选择接受正式审判。但是，这一结果是否反映了真实情况呢？冤案是否更加普遍存在于历经正式审判程序的案件中呢？其实，不能如此武断。格罗斯领导的团队所收集的数据存在以下两点局限性：其一，这一数据并没有包括塔尔萨和洛杉矶的两次大规模的除罪释放案件，其中绝大多数的无辜者当初选择了辩诉交易；其二，其所收集的873件案例大部分是相当严重的犯罪案件，大多数被除罪释放的无辜者被判处了长期的监禁或死刑。而实际上大部分刑事案件是轻罪案件，相当比例的重罪案件会被判处缓刑或短期的监禁，所以这一数据并不具有代表性。此外，由于当事人申请除罪释放通常需要耗费和等待较长的时间，从定罪到除罪释放平均需要11年，所以主要是被判处长期监禁或者死刑的无辜者才会去积极地证明自己的无罪，而其他被定罪的无辜者往往会选择接受。因此，有学者指出，经过辩诉交易而产生的冤案的数量远比报告中的统计要多。

---

① 这类观点参见A. W. Alschuler，“Implementing the Criminal Defendant's Right to Trial：Alternatives to Plea Bargaining System”，University of Chicago Law Review，Vol. 50，1983，pp. 931－1050；J. H. Langbein，“Land without Plea Bargaining：How the German Do It”，Michigan Law Review，Vol. 78，1979，pp. 204－225；S. J. Schulhofer，“Plea Bargaining as Dissster”，The Yale Law Journal，Vol. 101，1992，pp. 1979－2009。

其次，从辩诉交易的适用来看，检察官在交易过程中享有巨大的权力，存在着滥用的风险，而法官对辩诉交易的有限监督又加剧了这一风险。在检察官和被告人达成协议以后，法庭必须批准。一般来说，只要法官相信被告人是在自愿且明知诉讼权利减损的情况下达成交易，并且有一定事实和证据支持其有罪答辩，法官就会接受辩诉交易。① 如此一来，如何判断被告人选择辩诉交易的自愿性便成为关键。最开始的时候，即使是虚假承诺、错误或者由误解所促成的辩诉交易，被告人的有罪答辩也被认为是自愿的。后来，法律明确禁止检察官使用欺诈或者虚假的承诺来促成辩诉交易。再后来，检察官故意隐瞒无罪证据也成为导致辩诉交易无效的一个重要理由，因为无罪证据对于被告人是否决定认罪有着实质性的影响。最后，如果检察官蓄意使用威胁或者承诺强制剥夺了被告人的选择权，则侵犯了被告人接受公正审判的权利。② 至于在何种情况下检察官使用的威胁或者承诺构成强制，在司法实践中是一个相当复杂且难以判断的问题。1978 年，最高法院在波顿诉海斯案（Bordenkircher v. Hayes）中首次论述了检察官恶意促成辩诉交易的适用范围及合法性问题。最高法院指出，检察官使用“可能会受到更严厉惩罚”之类的威胁来促成辩诉交易是合法的；在协商过程中，只要被告人有充分的自由选择接受或拒绝检察官的交易，检察官的各种策略就不是强制性的，那么最后的辩诉交易就是自愿达成的。③ 然而，最高法院在肯定

---

① 参见 M. Miller and R. F. Wright, Criminal Procedures: Prosecution and adjudication: Cases, Statutes, and Executive Materials, Wolters Kluwer Law and Business/Aspen Publishers, 2007。

② 参见 B. L. Gershman, Prosecutorial Miscouduct, Thomson/West, 2007 - 2008。

③ 参见 Bordenkircher v. Hayes, 434 US 357 (1978); Sara Hindman, "Bordenkircher v. Hayes", Criminal Justice Journal, Vol. 2, 1979; Wendell L. Griffen, "Bordenkircher v. Hayes: The Relationship between Prosecutorial Discretion and Vindictiveness in Plea Bargaining", Arkansas Law Review, Vol. 33, 1980; William T. Pizzi, "Prosecutorial Discretion, Plea Bargaining and the Supreme Court's Opinion in Bordenkircher v. Hayes", Hastings Constitutional Law Quarterly, Vol. 6, 1979; Stephen F. Ross, "Bordenkircher v. Hayes: Ignoring Prosecutorial Abuses in Plea Bargaining", California Law Review, Vol. 66, 1978。

了检察官合理利用威胁和承诺促使被告人选择认罪交易后，不得不面临另外一个更为棘手的难题：辩诉交易制度在有利于事实上有罪的被告人的同时，似乎会导致无辜的被告人陷入两难境地，因为无辜的被告人认罪后的道德伦理困境与被告人不认罪可能遭到更为严厉的刑罚之间存在着不可调和的冲突。尽管后来最高法院通过判例创设了“不辩护也不认罪的答辩”（Nolo Contendere Plea）——被告人可以在彻底不认罪的情况下接受或者请求较轻的刑罚，[①] 和“阿尔福德答辩”（Alford Plea）——允许被告人在认罪后进行交易的同时保持和积极宣称自己无辜的主张，[②] 试图解决这一难题，但是对无辜的被告人的保护依然缺乏力度，许多无辜者因辩诉交易制度而获罪，导致冤案。[③] 例如，2004 年的一项调查表明，有 76000 名囚犯声称曾经作出阿尔福德答辩，占辩诉交易案件的 8.5%；有

---

① “不辩护也不认罪的答辩”是刑事诉讼中被告人针对起诉书的指控，既不承认也不否认的一种答辩方案。一般情况下，只有经过法庭的同意，被告人才能作出此种答辩。在刑事法律后果上，虽然被告人拒绝认罪，但它具有有罪答辩的效果，即被告人可以请求较轻的处罚。从民事法律后果来看，这类答辩的区别仅在于，在以后基于同一行为而对该被告人提起的民事诉讼中，这种答辩不能作为对其不利的证据使用。参见 Nathan B. Lenvin and Ernest S. Meyers，“Nolo Contendere：Its Nature and Implications”，The Yale Law Journal，Vol. 51，1942。

② “阿尔福德答辩”是指被告人虽然自认为无罪或者清楚自己无罪，但是控方掌握的有罪证据十分具有说服力，而且被告人认为即使经过审判也不可能获得无罪释放，所以不得不认罪，采用有罪答辩来和控方达成降低处罚的交易，但同时在当庭的有罪辩诉过程中依然宣称自己无罪。这一答辩的缘起是，1963 年北卡罗来纳州的阿尔福德被指控一级谋杀，而且有罪的证据非常有力，阿尔福德为了避免死刑，不得不接受了辩诉交易，换取指控改为二级谋杀，但是在开庭中阿尔福德仍然坚称自己没有谋杀任何人。后来，该案上诉到联邦最高法院，最高法院认为这种方式符合宪法，便形成了“阿尔福德答辩”。参见 North Carolina v. Alford Citation：400 U. S. 25（1970）；Curtis J. Shipley，“The Alford Plea：A Necessary but Unpredictable Tool for the Criminal Defendant”，Iowa Law Review，Vol. 72，1987。

③ 参见 S. Bibas，“Harmonizing Substantive Criminal Law Values and Criminal Procedure：The Case of Alford and Nolo Contendere Pleas”，Cornell Law Review，Vol. 88，2003，pp. 1361 – 1411。

131100 名囚犯声称曾经作出不辩护也不认罪的答辩，占辩诉交易案件的 14.5%。[①] 虽然当前仍没有可靠数据表明其中到底有多少无辜的被告人作出了阿尔福德答辩，但通过这一答辩直接导致的冤案已经不容忽视。

此外，法庭也无法有效预防和发现无辜者作出的有罪答辩。由于检察官知悉案件的所有细节，法官对被指控的犯罪事实和被告人缺乏全面的背景信息，所以法庭几乎很少拒绝辩诉交易。此外，如果法庭认为检察官的决定或交易方案存在问题，则很有可能增加许多额外的工作量。因此，法庭只负责审查和确定被告人是否是理性的，是否理解行为的后果，而不检查被告人所承认的事实的真实性。法庭的唯一职责是依据成文法的规定确定被告人所承认的行为是否构成其所供述的犯罪。事实上，被告人责任的认定是在检察官办公室完成的，而不是在法庭。在决定是否惩罚被告人的时候，检察官的角色是一名寻求正确结果的调查官。据此，美国的辩诉交易可以被形容为发生在检察官办公室的非正式的带有行政色彩的调查裁决过程，与中立的裁判者通过对抗式审判程序裁决案件的机制形成了鲜明对比。[②] 巴尔科（Barkow）教授恰如其分地形容了辩诉交易实践中存在的这一风险，“检察官不用接受司法程序的审查，导致了体制性的权力失衡”。[③] 总之，辩诉交易中检察官的决定甚少受到监督和制约，这必然会引起权力滥用，增加产生冤案的风险。

（三）上诉制度的局限

在初审判决后，所有的被告人都有直接上诉的权利。从理论上

---

① 参见 A. D. Redlich and A. A. Ozdogru，“Alford Pleas in the Age of Innocence”，Behavioral Science and Law，Vol. 27，2009，pp. 467 - 488。

② 参见 G. E. Lynch，“Our Administrative System of Criminal Justice”，Fordham Law Review，Vol. 66，1998，p. 2135；G. E. Lynch，“Screening Versus Plea Bargaining: Exactly what are We Trading off?” Stanford Law Review，Vol. 55，2003，p. 1404。

③ 参见 R. E. Barkow，“Separation of Powers and the Criminal Law”，Stanford Law Review，Vol. 58，p. 1050。

讲，直接上诉制度的功能之一是纠正原审法院对无辜者作出的有罪判决；上诉制度是整个刑事司法体系发现真相的重要组成部分。[①] 然而，美国现行的上诉程序的目的只是纠正法律错误和程序错误，并不关注事实问题，包括事实错误。因此，美国的直接上诉制度没有预防冤案的功能。尤其是随着大量冤案的发现和纠正，在反思证据制度的同时，很多学者也开始意识到上诉制度并没有起到保护无辜者的作用。例如，有学者对此进行了严厉的批判，“上诉制度无法救助那些事实上无辜的被告人，这或多或少充满着讽刺的意味，因为尽管大部分司法管辖区为直接上诉制度提供了大量经费，但最需要帮助的无辜者的主张却得不到重视”。[②]

从上诉法院的审理来看，上诉法院主要审查案件是否存在“当然发回错误”。如果仅仅存在符合无害错误法则的“无害错误”，则不需要发回重审。[③] 可见，上诉法院在审理过程中只是关注法律错误

① 参见 Griffin v. Illinois，351 U. S. 12（1956），p. 18（— Appellate review has now become an integral part of the…system for finally adjudicating the guilt or innocence of a defendant. …All of the States now provide some method of appeal from criminal convictions，recognizing the importance of appellate review to a correct adjudication of guilt or innocence）。

② 参见 Helen A. Anderson，“Revising Harmless Error：Making Innocence Relevant to Direct Appeals”，Texas Wesleyan Law Review，Vol. 17，2011，pp. 391 –402。

③ 无害错误法则是指若原审法院所犯法律错误不会影响实质权利，上诉法院则无须将案件发回重新审判。《联邦刑事诉讼规则》第 52（a）条规定，任何错误、瑕疵、不合规范的情形或对规则的偏离，若未影响实质性权利，则不予考虑。无害错误法则的重要考虑是节省司法资源，将刑事审判的重心放在被告有罪与否和审判的公平性上。宪法错误，即原审法院违反宪法的错误，同样也适用无害错误法则，除非该宪法错误构成了当然发回错误。根据美国联邦最高法院的裁决，宪法错误原则上适用无害错误法则，但某些违反宪法权利的错误，应当产生“当然发回重审”的效果。在 1991 年的亚利桑那州诉富尔米兰提案（Arizona v. Fulminante）中，美国联邦最高法院提出了“结构瑕疵”和“审判错误”的分类，以此作为区别“当然发回错误”和“无害错误”的依据。结构瑕疵包括被告没有律师的协助、审判法官不公正和中立等。这些瑕疵影响了审判机制在架构上的公正性，属于当然发回错误。审判错误是指在审判过程中，法官对证据取舍裁定的错误，其与审判结构无关，适用无害错误法则。依据美国宪法判例，一些宪法错误为当然发回错误已无争议，例如，违反被告接受快速审判的权利，违反禁止双重危险、被告自行代理的权利等。

和程序错误，纯粹的事实认定错误并不在上诉法院的考虑范围之内。[①]此外，在直接上诉程序中，上诉法院无权接受新证据，也无权因认为判决存在错误而撤销或推翻它。许多司法判例表明，上诉法院并不会考虑未向原审法院提出过的新证据，需要法庭记录外的证据支持的主张不得在直接上诉中提出。[②]这当然包括证明犯罪嫌疑人无罪的新证据和新主张，如证人撒谎的主张。值得注意的是，被告人可以以正当程序权利中的重要内容——“证据不足不得获罪”为由提起上诉，由上诉法院负责审查：理性的事实裁判者在知悉案件所有证据后，能否得出有罪证明已经达到排除合理怀疑程度的结论。[③]虽然有的学者指出，这或许能在很大程度上缓解直接上诉制度存在的缺陷，但是这一主张只能保护被告人免受非理性的有罪判决，而非免受存在事实认定错误的判决。更何况，所谓理性与非理性也存在较大的裁量空间，未必能够有效救济无辜的被告人。正如最高法院在有关判例中所言：一旦被告人被判决有罪，事实裁定者的证据评价角色必须得到法院的尊重和维护；在所有的审查程序中，事实裁决者的结论就已经被假定为有最充分的证据支持。[④]参见 Jackson v. Virginia，443 U. S. 307 (1979)，p. 319。简言之，只有上诉法院发现原审判决的支持证据中的确缺乏足以令陪审团排除合理怀疑的证据时，其才能以事实证据不足为由推翻之前的有罪判决。[⑤]在假设检察官的证据充分的前提下，这一标准非常之高，以至于上诉法院在实

参见 U. S. Legal，“Harmless Error”，from http：//appeals. uslegal. com/appellate - determinations/harmless - error/；Steven H. Goldberg，“Harmless Error：Constitutional Sneak Thief”，Journal of Criminal Law and Criminology，Vol. 71，1980。

① 对这一问题的详细论证参见 Keith A. Findley，“Innocence Protection in the Appellate Process”，Marquette Law Review，Vol. 93，2009，pp. 601 - 607。

② 例如，United States v. Quintero - Barraza，78 F. 3d 1344，p. 1347。

③ 参见 Jackson v. Virginia，443 U. S. 307 (1979)，pp. 318 - 319。

④ 参见 Jackson v. Virginia，443 U. S. 307 (1979)，p. 319。

⑤ 参见 United States v. Coombs，222 F. 3d 253，p. 362。

践中很少以此为由推翻有罪判决。①

从有关实证研究来看，上诉制度的确也没有起到防范冤案的作用。其中最具代表性的是布兰登（Brandon L. Garrett）的研究成果：他研究了200例利用DNA纠正的冤案的上诉过程，发现其中有133例案件曾书面提出了上诉意见，最后仅有14%的被告人在上诉法院推翻了有罪判决并使案件得以发回重审。如果仅计算非死刑案件，这个比例则跌至9%，因为在死刑案件的上诉审理中发回重审的比例偏高。② 换言之，在这133例明确提出上诉的案件中，上诉法院未能救济或保护无辜者的比例为86%，在非死刑案件中为91%。③

由此可见，事实问题已经明显超出了上诉法院的权力范围。在没有发现存在有害的法律错误或者程序错误的情况下，无辜者无法通过直接上诉程序推翻错误的有罪判决。④ 现在，美国联邦最高法院已经意识到这一问题的严重性。⑤

（四）其他因素

此外，社会偏见和种族歧视、舆论压力、媒体的报道等都会或多或少地导致冤案的发生。美国学者不仅对此进行了大量的理论研

---

① 参见 United States v. Autuori，212 F. 3d 105。

② 参见 S. Liebman et al.，“A Broken System：Error Rates in Capital Cases 1973 - 1995”，Texas Law Review，Vol. 78，2000，pp. 1849 - 50。

③ 参见 Brandon L. Garrett，“Judging Innocence”，Columbia Law Review，Vol. 108，2008，pp. 58 - 61。此外，上诉法院无法发现导致冤案的错误证据和程序错误，更直接地体现了其无法保护无辜者这一缺陷。该论文对这一点也进行了翔实的数据论证。

④ 参见 Lissa Griffin，“The Correction of Wrongful Convictions：A Comparative Perspective”，American University International Law Review，Vol. 16，2001，p. 1272。

⑤ 参见 Brandon L. Garrett，“Judging Innocence”，Columbia Law Review，Vol. 108，2008，p. 107。具体判如 Schlup v. Delo，513 U. S. 298，325（1995）（— [C] oncern about the injustice that results from the conviction of an innocent person has long been at the core of our criminal justice system）；Evitts v. Lucey，469 U. S. 387，399 - 400（1985）（finding that the direct appeal process is necessary to ensure — that only those who are validly convicted have their freedom drastically curtailed）。

究，而且调查统计了有关实证数据来印证这些因素的存在。① 鉴于这些因素涉及了更多更广的社会问题，限于篇幅和论文的侧重，在此不再详细展开论述。

四、一个广泛的视野：社会科学的方法

随着近些年来针对冤案成因的研究越来越多，目击证人辨认错误、虚假供述、警察或检察官的不当行为等被普遍认为是导致冤案的高发因素。然而，在没有比较案例而得出结论的情况下，或者在仅仅比较错误的有罪判决和正确的有罪判决的情况下，直接说这些因素是导致冤案的成因，不免有直接贴上标签的嫌疑。因为有些因素可能只是相关，并不一定是成因。例如，有些错误指控的案件中可能也存在类似因素（如目击证人辨认错误），但是最后无辜的被告人没有被法庭定罪，避免了冤案的发生。因此，只有将发现和纠正的冤案与那些无辜者被控诉但最后无罪释放的案件比较之后，才能总结出导致冤案存在的独特因素，而这些仅存在于冤案中的因素才能被称为冤案的成因。古德（Jon B. Could）教授及其同事们以此思路为指导，运用定量与定性相结合的方法研究了 460 例冤案与近似冤案（near miss cases，指的是无辜者被错误指控但最后无罪释放的案件），最后得出了 10 个导致无辜者被定罪而没有被释放的原因：被告人的年龄和犯罪前科、各州刑法的严厉程度、违背证据开示义务、法庭科学证据错误、控诉微弱的案件、辩护不力的案

① 这方面的代表文献有 Earl Smith，“Race，Wrongful Conviction and Exoneration”，Journal of African American Studies，Vol. 15，2011，pp. 74 – 94；Andrew E. Taslitz，“Wrongly Accused：Is Race a Factor in Convicting the Innocent?” Ohio State Journal of Criminal Law，Vol. 4，2006；Marvin D. Free and Mitch Ruesink，“Race and Justice：Wrongful Convictions of African American Men”，Lynne Rienner Publishers，2012；E. D. Radin，The Innocents，William Morrow，1964，p. 55；C. Ronald Huff et al.，Convicted but Innocent：Wrongful Conviction and Public Policy，Sage Publications，1996，p. 75；Daniel S. Medwed，Prosecution Complex：America's Race to Convict and Its Impact on the Innocent，New York University Press，2012。

件、辩方提供的亲属证人、疏忽大意引起的辨认错误、非目击证人的谎言。从数据上来看，传统研究中所认定的其他成因，如虚假供述、警察或者检察官的其他不当行为等，大致同等数量地存在于冤案和近似冤案中。因此，这些因素仅仅可能会增加无辜的犯罪嫌疑人被检察官错误控诉的机会，但没有增加最后被法庭定罪的可能性。最后，定性研究发现既定的狭隘视野（tunnel vision）与上述成因紧密相连并恶化了这些成因的后果，导致刑事司法体制的自我纠正能力大大降低。①

五、制度反思：对抗制与冤案

20 世纪 80 年代末 90 年代初首次运用 DNA 技术成功洗冤后，美国开始了“无辜者运动”，关于冤案成因的研究也步入了“快车道”。如上所述，绝大多数学者都认为虚假供述、目击证人辨认错误、检察官不当行为等因素是导致冤案的成因。相比之下，很少有人关注诉讼程序，主流研究成果没有将对抗制列为冤案的成因。随着发现纠正的冤案数量越来越多，大家逐渐意识到可能是对抗式诉讼程序存在问题。从 21 世纪开始，有学者就指出对抗式审判程序是产生错误的来源，而且有 5 位具有影响力的学者专门撰文从冤案的视角反思对抗制，他们一致认为应当改革或者摈弃对抗制中的某

① 参见 Jon B. Gould et al., Predicting Erroneous Convictions: A Social Science Approach to Miscarriages of Justice, Iowa Law Review, 2013, from http://papers.ssrn.com/sol3/papers.cfm? abstract_ id =2231740。

些传统，以提高判决的准确性，最大程度得减少冤案。[①] 例如，芬德雷（Keith Findly）教授指出，如果让大家设计一套在刑事案件中发现真相的最佳机制，估计没有人会提出与美国现行诉讼制度相类似的程序。[②]

具体而言，李辛格（Risinger）认为美国当前的对抗式审判程序具有两大硬伤，导致冤案频发。一方面，正式的审判程序妨碍了陪审团正常的事实认定，导致出现错误，如大量复杂繁冗的证据规则将很多可能真实的信息被排除在法庭之外；更为糟糕的是，现有的程序安排过分顺从陪审团的裁决，在上诉审查中很难对其形成有效挑战。另一方面，由于对抗制的痴迷者过分夸张陪审团认定事实的能力，忽视了对抗制存在的缺陷，特别是当刑事案件的实际问题是被告人是否无辜的时候，陪审团关于有罪与否的事实认定并不能发挥任何实质作用。由于审判程序存在这两个方面的缺陷，法官特别是上诉程序中的法官可以顺理成章地不用承担避免冤案的责任。

贝肯（Tim Bakken）认为对真相的探求是发现无辜和预防冤案最有效的途径。但是，美国当前的对抗式诉讼制度设计并没有蕴含这一价值理念。在现有的制度安排下，政府不需要单纯地追求事实真相，而只是需要证明被告人有罪且程度要达到排除合理怀疑，这

---

① D. Michael Risinger, "Unsafe Verdicts: The Need for Reformed Standards for the Trial and Review of Factual Innocence Claims", Houston Law Review, Vol. 41, No. 4, 2004, pp. 1281 - 1336; Tim Bakken, "Truth and Innocence Procedures to Free Innocent Persons: Beyond the Adversarial System", University of Michigan Journal of Law Reform, Vol. 41, No. 3, 2008, pp. 547 - 584; Keith A. Findley, "Adversarial Inquisitions: Rethinking the Search for the Truth", New York Law School Law Review, Vol. 56, No. 3, 2011/2012, pp. 911 - 942; Samuel R. Gross, "Pretrial Incentives, Post - Conviction Review, and Sorting Criminal Prosecutions by Guilt", New York Law School Law Review, Vol. 56, No. 3, 2011/2012, pp. 1009 - 1032; Christopher Slobogin, "Lessons From Inquisitorialism", Southern California Law Review, Vol. 87, No. 3, 2014, pp. 699 - 732.

② Keith A. Findley, "Adversarial Inquisitions: Rethinking the Search for the Truth", New York Law School Law Review, Vol. 56, No. 3, 2011/2012, p. 912.

必然会导致如下局面：在证据不足的时候放纵罪犯，当证据充足的时候冤枉无辜。具体来说，根据现有的程序，无辜的被告人只能以不正式地方式辩称自己无罪，以由检察官调查核实他们无罪的主张。如此一来，控方在审判前很早就知悉了辩方的所有辩护主张，这在某种程度上很有可能会帮助控方提前做好针对性的准备，在审判时提出更具有说服力的证据。如果出现这种情况，被告人在法庭上会陷入极为被动的局面，唯一的办法只能是想方设法地攻击控方的证据体系，质疑控方的证明达到排除了合理怀疑的程度。这种辩护策略面临着极大的风险，因为提交给陪审团的辩护主张很有可能存在自相矛盾的地方。例如，被告人通常会在法庭上辩称："我是无辜的。但是，如果你们认为现有的证据证明我很有可能实施了犯罪，我强烈请求判我无罪，因为控方提交的证据不足以排除合理怀疑。"可见，现有的程序设计缺乏对无辜被告人的足够关注，缺乏对事实真相的追求，在某种程度上导致了冤案。

发现真相的最佳方式是平等的双方各自竭尽全力地对抗和竞争，这是对抗制的根本原理之一。然而，芬德雷（Keith Findly）认为美国现行的对抗制是经过现实挤压后的结果，是控辩双方在资源和力量上严重失衡状况后的一种异化，理想意义上对抗式庭审几乎是不可能实现的。在不平等的前提下，具有竞争关系的双方几乎主导者从调查到法庭举证的所有环节，他们在这个过程中的动机和终极目标是赢得诉讼，而不是发现真相。如此一来，控辩双方会按照对自己有利的方式指导证人、剪辑和筛选证据、运用技巧和策略、扭曲事实和操控事实裁定者，审判产生错误判决的几率自然会很高，其中包括错放真凶和冤枉无辜。此外，当前对抗式诉讼制度中的许多程序在客观上妨碍了真相的查明。例如，刑事诉讼程序中缺乏广泛的证据开示制度，司法实践中控辩双方依然可以在审前不披露很多证据。尽管法律规定了控方在审前有义务披露被告人无罪的材料，被告人往往也必须披露不在场的证据，双方通常还要必须披露各自证人的证言，但这些披露义务属于例外情况，并不是一般规则。于是，控辩双方为在竞争中处于优势，经常使用突袭策略，希望最后量出“底牌”，以让对方措手不及。这样的审判过程很难保障判决的准确性。又如，当前程序关于科学证据的产生和使用方式不利于发现事实真相。几乎所有的犯罪科学实验室都位于执法机构内，这在某种程度上增加受到警察和检察官干扰的风险，导致鉴定意见可能有失客观公正。同时，由于这种特殊关系，实验室的分析人员长期处于一种非客观公正的环境之中，他们的技术分析或多或少都会受到执法机构倾向和需要的影响。此外，执法机构内部的法庭技术实验室一般集中了当地法庭技术方面的精英，而且很有可能是当地唯一的实验室。如果控辩双方求助于官方实验室之外的专家，由于是有偿的且专家是经挑选的，其很有可能按照聘请方的需求提供专家意见，客观事实并不是首要目标。再如，非专家证人往往会受到控辩双方的引导，以提供支持他们主张的证言，这在某种程度上妨碍了真相的查明。最后，当前对抗式诉讼制度背后蕴含着多元价值，事实真相只是其中之一，有的与事实真相无关，有的与事实真相背道而驰，在很多情况下事实真相并不是最重要的价值。其中，以各种各样的证据排除规则和上诉程序设计最为典型。在法庭上，法官会根据证据规则将某些可能是真实的相关证据排除在法庭之外，这必然会影响到后续的事实裁定的准确性。在上诉程序中，审查内容主要是程序事项和法律适用，上诉法官一般不会直接审查无罪主张或新发现的无罪证据。整体而言，美国当前的对抗式诉讼制度在查明真相上特别是在保护无辜者方面存在诸多缺陷。

格罗斯（Samuel Gross）认为刑事司法最基本的两项任务是发现和保护犯罪嫌疑人中的无辜者，使真正有罪的犯罪嫌疑人认罪。然而，美国的刑事侦查制度实际上过分关注后者，使那些仅被认为是有罪的犯罪嫌疑人认罪。他指出，美国的刑事犯罪嫌疑人在审前面临着两种选择，一种是认罪，接受检察官提出的罪状和量刑，一种是接受正式审判，面临受到更为严厉刑罚的风险。多项研究和实践已经表明，无辜的被告人如果选择接受正式审判，现有的对抗式审判制度根本无法保障其可以脱罪，反而很有可能受到更为严厉的惩罚。于是，被告人几乎总会认罪，与检察官达成辩诉交易。据统计，放弃正式审判的案件可以达到98%。这就意味着绝大多数被告人因为压倒性的动机选择了认罪。不幸的是，这种动机刺激并无法区分无辜的被告人和真正有罪的人。言外之意，在现有制度下，数量不详的无辜者在两害相权取其轻的情况下选择了认罪，接受了辩诉交易。于是，格罗斯认可朗本（Langbein）教授的观点，认为在某种程度上，当前美国刑事司法制度中的辩诉交易与欧洲中世纪时期的刑事司法制度中的刑讯发挥着类似的作用，即以某种刺激换取无辜的被告人认罪，造成冤案。

斯罗博根（Christopher Slobogin）认为当前刑事审判出现大量错误的原因是对抗制色彩过于浓重，因为在控辩双方实际力量和资源悬殊的情况下，对抗式审判运行得越充分，裁判结果越容易偏离真相。首先，控辩双方主导的证人交叉询问制度在查明真相方面是具有严重瑕疵的。弗兰克（Jerome Frank）以及威格摩尔（John Wigmore）的研究已经充分论证了交叉询问对证人证言以及陪审团和法官所产生的影响不利于发现真相。例如，弗兰克在其著作《法庭上的审判》（Courts on Trial）指出："经验丰富的律师通常会使用各种策略尽量降低对其不利证言对法官或陪审团所产生的影响，即使他不怀疑证言的准确性。律师认为重要职责之一就是让法官或陪审团认为不利于己方的证人及其证言缺乏可信性。如果证人胆小怕事，通常会对法庭审判产生一种恐惧感，律师在交叉询问中会充分利用证人的这种情绪，以使证人局促不安，让人感觉他在故意隐藏一些重要的事实。……这些策略的目的就是组织审判法官或陪审团正确评估证人证言的可信性，排除那些有助于查明事实真相的证据。从实践来看，这些策略往往也的确发挥了这样的作用。"① 又如，威格摩尔指出："以咄咄逼人的方式发问可以让证人形成一种不安，认为

① 参见 Jerome Frank, Courts on Trial: Myth and Reality in American Justice, Princeton University Press, 1949, p. 86。

自己的答案或许并不符合自己所了解的客观事实。”① 其次，控辩双方完全可以根据自己的需要来筛选和准备证人证言，这种安排不利于查明真相。弗兰克指出：“在对抗式审判中，控辩双方的竞争关系严重影响了证人。证人通常会认为自己的任务不是协助法庭查明真相，而是帮助己方赢得诉讼。当证人带有了偏向和立场后，他们就会按照需要选择性地提供有利于己方的证言。”② 同时，对抗式审判形成的这种氛围和压力也在某种程度上影响了专家证人。一项对2000名审判法官的调查表明，最为常见的司法诉求之一就是专家证人具有放弃客观立场的倾向。再次，沉默权在某种程度上妨碍了事实真相的查明。被告人可能是关于犯罪过程唯一最重要的信息来源，但宪法修正案第五条规定他们有权在法庭保持沉默，拒绝作证，这使得事实认定者没有机会听取他们的陈述，丧失了查明事实可能最可靠的途径。最后，辩诉交易制度是美国对抗制的自然产物，其运行原理在本质上是不利于发现真相的，特别是会在某种程度上刺激无辜者认罪。由于控辩双方完全掌握着证据的收集和提交，在控方的手段和资源明显由于辩方的情况下，辩方往往处于较为被动的局面。为了避免经正式审判后受到更严厉的惩罚，被告人经常会选择认罪。一旦达成交易，案件提交至法官时，控辩双方已经就案件相关事实达成共识，庭审的主要任务是简要地审查关于犯罪的基本事实是否存在以及被告人是否理解放弃权利的后果，不再过分关注或者探求相关事实。

第二节　英国冤案具体成因剖析

一、概述：分析英国冤案成因的理论框架

英国学者格瑞（Andrew Green）梳理和归纳了当前解释刑事司

① 参见 Jerome Frank, Courts on Trial: Myth and Reality in American Justice, Princeton University Press, 1949, p. 82。

② 参见 Jerome Frank, Courts on Trial: Myth and Reality in American Justice, Princeton University Press, 1949, p. 85。

法错误成因的五种理论框架：①个人错误理论：刑事司法体制在总体上是没有问题的，刑事司法错误是个人故意或者无意的错误行为导致的；②刑事司法体制内在的权利不平衡性理论；③针对少数族裔或者群体的偏见理论；④社会阶级偏见或者贫富差距理论；⑤警察腐败堕落的内在倾向理论。[①] 在以上五种理论框架中，第一种明显区别于其他四种，第一种着眼于刑事司法体制运行过程中人的因素，而后面四种则从更为广阔的视野来分析刑事司法错误发生的体制根源。

鉴于这两类理论分析路径各有局限，应当结合起来全面分析刑事司法错误的产生原因，因此可将英国刑事司法错误的成因分为人为原因和程序原因。

二、导致英国冤案的人为原因

所谓人为原因，主要是指因个人的疏忽错误或故意违反正当程序导致刑事司法错误的情形。目前，关于英国刑事司法错误的人为原因的代表性研究主要有三份：

第一份是布兰登和戴维斯（R. Brandon and C. Davis）的研究。他们通过分析英国内政部（Home Office）1950 年至 1970 年赦免和发回重审的案件以及正义组织（JUSTICE）提供的多例错误监禁的案件，总结了导致刑事司法错误的七重原因：不符合要求的辨认；能力欠缺或者弱智人士所作出的认罪供述；检察官隐匿有利于辩方的证据；特定的联合审判；伪证，尤其是在性侵案件中；糟糕的辩护质量；污点证人。[②]

① 详细参见 Andrew Green，Fitting up：An Analysis of the Manufacture of Wrongful Convictions [Dissertation]，Keele University，1995，pp. 46 – 82。关于这五种理论框架的代表文献分别参见 J. D. May，The Guildford and Woolwich Inquiry，HMSO HC，1994；D. J. McBarnet，Conviction：Law，the State and the Construction of Justice，The MacMillan Press Ltd，1981；P. Hillyard，“New Labour and Ethnic Monitoring in Policing”，Radical Statistics，No. 70，1998，pp. 36 – 46；J. Reiman，The Rich Get Richer and the Poor Get Prison：Ideology，Class and Criminal Justice，Allyn & Bacon，1995；J. Morton，Bent Coppers，Warner，1994。

② 参见 R. Brandon & C. Davis，Wrongful Imprisonment：Mistaken Convictions and Their Consequence，George Allen & Unwin，1973，p. 21。

第二份是正义组织的报告，其深化了布兰登和戴维斯之前的研究，利用其所掌握的案件材料更加精细地分析了刑事司法过程的四个阶段——审前、审判、上诉和上诉后，最后发现导致刑事司法错误的五个普遍成因：错误的辨认、虚假供述、同案被告人或者其他证人的伪证、警察的不当行为、辩方糟糕的辩护策略。①

第三份是新近的研究成果，克莱夫·沃克（Clive Walker）受迪克森（Dixon）关于法律与政策关系研究的影响，认为刑事司法错误在很大程度上是一种"监守自盗"的行为，总体上是由刑事司法体制内的人员导致的，外部机构或外部因素的影响甚微。沃克通过研究分析刑事案件复审委员会（CCRC）发回上诉法院的80例案件，又发现了导致刑事司法错误的另外两个因素：科学证据方面专家的证人证言和审判法官的总结性提示。②

虽然布兰登和戴维斯的研究已经过去了四十年，正义组织的报告也过去了二十多年，但近年来发现和纠正的刑事司法错误和冤案依然表明，这些因素依然是普遍的人为原因。③ 因此，综合这三份研究可知，导致英国发生刑事司法错误的人为因素主要包括七个：错误的辨认；虚假供述；同案被告人或者其他证人的伪证；警察或者检察官的不当行为，尤其是未能向辩方开示重要的证据；辩方糟糕的辩护策略；科学证据及专家证人证言；审判法官存有问题的总结性提示。

（一）错误的辨认

在英国刑事侦查和审判过程中，一项重要的有罪证据是目击证人目击真凶的犯罪过程。④ 然而，目击证人辨认及其证言的可靠性存

---

① 参见 JUSTICE，"Miscarriages of Justice"，JUSTICE，1989，pp. 76－94。

② 参见 Clive Walker，"Miscarriages of Justice：An Inside Job?" Paper presented at the Annual Lecture of the Institute for Criminology and Criminal Justice，University of Hull，2002，from www. leeds. ac. uk/law/ccjs/an_ reps/13rep07f. doc?。

③ 参见 Michael Naughton，Rethinking Miscarriages of Justice：Beyond the Tip of the Iceberg，Palgrave MacMillan，2012，p. 66。

④ 参见 D. Eady，A Study of 12 Miscarriages of Justice in Wales［Dissertation］，Cardiff Univerisity，2003。

在诸多问题，极有可能导致冤案。学者们总结了关于这一领域的研究成果，指出导致目击证人在回忆过程中出现偏差的因素主要有：①社会观念，诸如偏见或者成见之类；②情境因素，诸如事件的类型、复杂性和持续时间，现场的光线条件以及事件本身所引发的情绪程度等；③目击证人的人口特征；④使用辨认列队和模拟人像拼图的询问情境，尽管最近越来越多使用视频列队和电子拼图。①

鉴于以上这些研究成果，以及在实践中发现许多刑事司法错误案件涉及目击证人辨认错误，有学者得出了这样的结论：目击证人辨认证据具有固有的不可靠性，因此通常不应当单独依此证据作出有罪判决。② 尽管一直存在这些改革建议，但当前辨认错误依然是刑事司法错误的首要成因。③

（二）虚假供述

根据 CCRC 的报告，虚假供述可以大致划分为三类：

（1）"自愿认罪的群体"：出于想出名或者幻想症而承认实施了某些臭名昭著的犯罪；

（2）"有罪群体"：由于生活或者精神问题导致在他们的观念

---

① 参见 R. Wilcock，R. Bull & R. Milne，Criminal Identification：Psychology and Practice，OUP，2008。关于目击证人辨认出现偏差的影响因素分析参见 J. E. Chance et al.，"The Other - Race Effect and Eyewitness Identification"，in R. S. Malpass and G. Koehnken (Eds.)，Psychological Issues in Eyewitness Identification，Lawrence Erlbaum Associates，1996，pp. 153 - 176；G. L. Wells & E. A. Olson，"Eyewitness Testimony"，Annual Review of Psychology，Vol. 54，2003，pp. 277 - 295；K. E. Patterson & A. D. Baddeley，"When Face Recognition Fails"，Journal of Experimental Psychology：Human Learning and Memory，Vol. 3，1977，pp. 406 - 417；J. C. Brigham & D. L. Cairns，"The Effect of Mugshot Inspections on Eyewitness Identification Accuracy"，Journal of Applied Social Psychology，Vol. 18，2006，pp. 1394 - 1410；G. Davies & A. Griffiths，"Eyewitness Identification and the English Courts：A Century of Trial and Error"，Psychiatry，Psychology，and Law，Vol. 15，2008，pp. 435 - 449。关于目击证人辨认出现偏差的案例分析参见 Michael Naughton，Rethinking Miscarriages of Justice：Beyond the Tip of the Iceberg，Palgrave MacMillan，2012，pp. 60 - 62。

② 参见 P. Lord Devlin，Report to the Secretary of State for the Home Department of the Departmental Committee on Evidence of Identification in Criminal Cases，HMSO，1976。

③ 参见 G. Davies & A. Griffiths，"Eyewitness Identification and the English Courts：A Century of Trail and Error"，Psychiatry，Psychology，and Law，Vol. 15，2008，pp. 435 - 439。

中总感觉自己有罪而想认罪并接受惩罚；

（3）“受强制群体”：容易受到潜在暗示影响的个人或者处于无法忍受情景之中的个人。①

在 CCRC 发回上诉法院后有罪判决被撤销的案件中，均可以发现这三类虚假供述。例如，在安德鲁冤案（Andrew Evans）中，安德鲁曾于1972 年10 月向警察作出的谋杀朱迪斯（Judith Roberts）的供述即属于第二类。1997 年12 月，在安德鲁服刑25 年之后，当新的精神病学上的证据表明安德鲁当时因极度焦虑和癔症状态而受到了虚幻记忆的影响时，他的有罪判决被上诉法院撤销了。② 又如，在英国发现的服刑时间最长之一的冤案——斯蒂芬冤案（Stephen Downing）中，斯蒂芬在狱中服刑的27 年间一直坚称自己是无辜的，理由就是自己是被强制进行认罪供述的。在斯蒂芬被逮捕时，尽管他生理上已经17 岁，但他的心理年龄只有11 岁。在讯问过程中，警察不仅严重违反了讯问规则，在其接受讯问的前7 个小时内并未告知其因涉嫌谋杀而被逮捕和认罪前有聘请律师的权利，而且在讯问过程中，还时不时地将他摇醒，导致斯蒂芬最后不得不进行了口头和书面供述。③

通过统计虚假供述在冤案中发生的频率，学者谷迪约森（Gudjonsson）研究了22 例在1989 年至2001 年发现的供述存在问题的冤案，并将虚假供述分为三类：

---

① 参见 JUSTICE，“Miscarriages of Justice”，JUSTICE，1989，pp. 15 – 16。布兰登和戴维斯在之前的研究中同样区分了三类虚假供述并进行了举例说明：精神智障者、年幼者以及具有心理倾向承认与之毫无关系的犯罪人士。参见 R. Brandon & C. Davis，Wrongful Imprisonment：Mistaken Convictions and Their Consequence，George Allen & Unwin，1973，pp. 49 – 65。

② 关于此案例的文献参见 R. Duce，“Murder Nightmare Ends After 25 years”，The Times，December 4，1997；C. Randall，“Ex – soldier Wins Appeal After Serving 25 years for murder”，The Daily Telegraph，December 4，1997。

③ 关于此案件的文献参见 J. Rozenberg，“Man Walks Free After Ruling on 1973 Killing”，The Telegraph，January 16，2002；D. Ward，“Prisoner's 27 Long Years of Defiance”，The Guardian，January 16，2002；J. Vasagar & D. Ward，“After 27 Years，Downing is Freed”，The Guardian，February 8，2001。

（1）自愿供述，主要由混淆现实和虚幻的精神病人、盲目追求名声的人以及试图保护他人的人作出，犯罪嫌疑人或许未能接受或者完全理解认罪所产生的实质后果；

（2）强制性顺从供述，犯罪嫌疑人明知供述是虚假的，但为了即刻利益或者暂时安慰而认罪，如希望讯问马上结束；

（3）强制性主观化供述，情境的压力导致易受暗示影响的个人出现临时性记忆混乱，错误相信自己的确是有罪的。

由此可见，虚假供述并非总是来源于警察施加的压力，讯问期间犯罪嫌疑人心理上的脆弱也可以导致虚假供述。不仅精神病人或者智障者会作出虚假的供述，正常人在接受讯问的时候也会虚假认罪。[①] 尽管在 1912 年至 1984 年，警察讯问犯罪嫌疑人要遵守《法官规则》（Judges Rules）中规定的程序和保护性措施，但司法实践表明警察经常忽视这些规定。[②] 1984 年出台的《警察与刑事证据规则》（The Police and Criminal Evidence Act，简称 PACE）虽然旨在增加犯罪嫌疑人的保障性权利和提高侦查讯问程序的透明度（如同步录音录像制度），[③] 甚至有人强调该规则出台之后，虚假供述导致的刑事司法错误将不会再出现，[④] 但事

① 参见 G. H. Gudjonsson，The Psychology of Interrogations and Confessions：A Handbook，Wiley，2003，p. 332。

② 参见 D. Eady，A Study of 12 Miscarriages of Justice in Wales [Dissertation]，Cardiff Univerisity，2003；E. Allison，"No Way Out"，The Guardian，March 5，2005，from http：//www. guardian. co. uk/books/2005/mar/05/highereducation. news1。

③ 参见 J. Doward，"Legal Aid Reform Could End Right to a Free Solictor"，The Guardian，June 25，2011，from htttp：//www. guardian. co. uk/law/2011/jun/25/legal - aid - reform - free - solicitor。

④ 参见 J. Steele，"Police Errors 'Could Not be Repeated'"，Electronic Telegraph Issue，March 22，2000，from http：//www. telegraph. co. ukm。有人对此持反对观点，桑德和扬认为 PACE 实际上让情况变得更糟糕，参见 A. Sander & R. Young，"The Legal Wilderness of Police Interrogation"，The Tom Sargant Memorial Lecture，1994，from http：//www. roughjusticetv. co. uk/sander. htm；此类观点还可参见 C. Coleman et al.，"Police Investigative Procedures：Researching the Impact of PACE"，in C. Walker & K. Starmer（eds.），Justice in Error，Blackstone Press Limited，1993。

实表明并非如此，虚假供述的现象依然还在发生，如阿什利冤案（Ashley King，1986）和加的夫三人冤案（Cardiff Three，1990）。[①] 究其根源，口供证据在刑事司法过程中被过分倚重的倾向以及包括无辜者不会进行认罪供述在内的常识性观念，都是滋生虚假供述导致冤案的因素。[②]

（三）同案被告人、囚犯证人或者其他证人提供的伪证

由于受利益驱使，同案被告人或囚犯狱友作为证人所提供的证言本身具有潜在的不可靠性倾向。虽然在司法实践中伪证的具体形式多种多样，但最鲜明的例证是狱友出于利益交换而作伪证证明犯罪嫌疑人曾经向其承认过犯罪。尽管这种毫无根据的证据缺乏可信性，但法庭依然会采信。[③]

此外，所谓的被害人，尤其是在性侵犯罪中的被害人，所提供的伪证往往也会导致冤案。例如，罗伊（Roy Burnett）仅因受害人捏造的强奸指控而在狱中服刑 15 年；[④] 又如，一个小女孩儿为了得到母亲的关注而谎称遭到了强奸，罗杰（Roger Beardmore）莫名其妙地被指认为犯罪嫌疑人而后被错误定罪服刑 3 年。[⑤] 在英国刑事司法实践中，被害人作伪证所导致的冤案比比

---

① 关于这两例冤案的具体细节参见 S. Sekar，“Still no Justice for the Cardiff Three”，The Guardian，December 1，2011，from http：//www. guardian. co. uk/commoentisfree/2011/dec/01/no – justice – for – cardiff – 3；C. Dyer，“Appeal Quashes Murder Conviction”，The Guardian，December 11，1999，from http：//www. theguardian. com/uk/1999/dec/11/claredyer。

② 参见 S. M. Kassin，“Confession Evidence：Commonsense Myths and Misconceptions”，Criminal Justice and Behaviour，Vol. 35，2008，pp. 1309 – 1322。

③ 参见 J. Bennetto，“Stone Murder Trial Jury ‘Knew Witness Was a Liar’”，The Independent，January 19，2005，from http：//www. independent. co. uk/news/uk/crime/stone – murder – trail – jury – knew – witness – was – a – liar – 487273. html。

④ 案件详情参见 Editorial，“Man Freed After Wrongful Rape Conviction”，The Guardian，April 7，2000。

⑤ 案件详情参见 L. Peek，“Prisoner Cleared After Girl Admits Rape Lie”，The Times，December 15，2001。

皆是，如约会强奸式冤案——奥斯汀冤案（Austen Donnellan）[①]和尼古拉斯冤案（Nicholas Buoy）[②]，以及最近纠正的沃伦冤案（Warren Blackwell）。[③] 虽然在不同案件中被害人作伪证的动机互有差异，但警察“拉网式”的侦查方法是其中一个最主要的诱因。2002年，民政事务专责委员会（Home Affairs Select Committee）发布了一份关于儿童家庭护理中性侵类案件的侦查和审判的报告。在该报告中，委员会对警察“拉网式”的搜索调查表示了担忧，因为这为所谓的受害人提供了断称性侵的机会。在所调查的案件中，所谓的受害人宣称的性侵大都发生在20年至30年前，这在客观上严重削弱了辩方的辩护能力。[④] 这些案件表明，受害人的证言如何导致冤案取决于他们接受调查的方式，特别是在调查过程中的诱导性提问。[⑤] 针对这一问题，许多机构和学者都纷纷建议，所有的受害人和证人在接受询问时都应当录像并以数字化的方式记录下来。[⑥]

---

① 案件详情参见 M. Berlins，“Weller's Call for Rape Trial Rights”，The Guardian，November 6，2000。

② 案件详情参见 S. Merritt，“Cry Rape，Not Wolf”，The Observer，September 10，2000。

③ CCRC 认为沃伦案件（Warren Blackwell）中宣称受到性侵的女性根本是谎称受到了侵犯，她根本未受到任何侵害，她身上的伤完全是由自己造成的。参见 S. Greenhill，“Man Freed But Serial Rape Accuser Remains Anonymous”，The Mail On Sunday，September 10，2006。

④ 参见 Home Affairs Select Committee，The Conduct of Investigation into Past Cases of Abuse in Children's Homes，HC836 -1，House of Commons，2002。

⑤ 参见 R. Milne，“False Testimony”，in R. Milne & R. Bull（eds.），Investigative Interviewing：Psychology and Practice，Wiley，pp. 91 -110。

⑥ 关于这一改革建议的论述参见 C. Clarke & R. Milne，National Evaluation of the PEACE Investigative Interviewing Course，Home Office，2001；M. Zander，“From Tape to Digital Recording of Interviews with Suspects”，Criminal Law and Justice Weekly，April 17，2010，from http：//www. criminallawandjustice. co. uk/index. php? /Analysis/from - tape - to - digital - recording - of - interviews - with - suspects. html。

（四）警察和检察官的不当行为

在冤案中，虽然警察和检察官的不当行为往往存在重叠，但警察和检察官的不当行为又可以进行更为细致的区分。可以说，警察主导的侦查程序应当对冤案的发生负有不可推卸的主要责任。[①] 警察在侦查过程中的下列不当行为都会导致刑事司法错误：警察先入为主的偏见和狭隘视野，主要表现为未成熟的结论和构建有罪案件；[②]

---

① 参见 S. Savage & J. Milne，“Miscarriages of Justice”，in T. Newburn et at. （eds），Handbook of Criminal Investigation，Willan，2007，pp. 610－627。

② 参见 D. L. Martin，“The Police Role in Wrongful Convictions：An International Comparative Study”，in J. A. Humphrey & S. D. Westervelt （eds. ），Wrongful Convicted：Perspectives on Failed Justice，Rutgers University Press，2002，pp. 77－95。“未成熟的结论”一语在论述警察询问证人制度时首次被使用，“在进行询问之前，警察通过处理有关信息已经先入为主地得出了结论”。参见 E. Shepherd & R. Milne，“Full and Faithful：Ensuring Quality Practice and Integrity of Outcome in Witness Interviews”，in A. Heaton－Armstrong et al. （eds. ），Analysing Witness Testimony，Blackstone Press，1999，p. 126。此外，该语也可以相对整个侦查程序使用，侦查往往起始于警察开放性的视野，他们会考虑许多潜在的线索，但在某个尚未成熟的阶段锁定在某个特定犯罪嫌疑人身上并得出了初步性有罪结论时，势必会导致侦查人员带着先入为主的偏见来选择性地使用信息或者材料，以构建符合其初步结论的案件经过。参见 A. Sanders & R. Young，Criminal Justice （5th ed. ），OUP，2010，p. 368。总而言之，未成熟的结论是指在侦查过程中，一旦警察初步锁定了犯罪嫌疑人，就会放弃其他可能性的线索，而转为集中寻找支持其假设的各种有罪证据。虽然英国颁布的 CPIA 意识到了这一问题，并要求警察应当注意收集和关注所有合理的线索，包括不利于和有利于特定犯罪嫌疑人的各种线索。在未成熟结论的基础上，警察会有意或者无意地选择证据甚至是捏造证据来支持之前的预想和假设，这就是警察构建有罪案件的现象。参见 S. Savage & J. Milne，“Miscarriages of Justice”，in T. Newburn et at. （eds），Handbook of Criminal Investigation，Willan，2007，pp. 610－627；M. Maguire & C. Norris，The Conduct and Supervision of Criminal Investigation，Royal Commission on Criminal Justice Research Study NO. 5，HMSO，1992。

警察的渎职行为或玩忽职守,[①] 如警察与主要罪犯恶意串通毁灭关键证据，既为了能够成功对无辜者定罪，又为了确保释放真凶;[②] 滥用告密者或情报;[③] 安置和培育证据;[④] 捏造证据以及蓄意妨碍或消极处理案件的侦查;[⑤] 等等。

检察官导致冤案的不当行为主要集中在控方未能向辩方开示有关证据上，特别是有利于辩方的证据。[⑥] 为了分离警察侦查和起诉的双重角色和避免警察的渎职行为，英国不仅于 1985 年成立了独

---

① 越来越多的证据表明，警察的渎职行为和玩忽职守是导致刑事司法错误和冤案最为常见的原因，而且的确在许多知名的冤案中都存在警察的渎职行为和玩忽职守，如伯明翰六人案、吉尔福德四人案、马奎尔等七人案以及最近的加的夫三人案。独立警署投诉委员会（Independent Police Complaints Commission，简称 IPCC）最近的一份报告显示，有证据表明警察的渎职行为和玩忽职守在英国依然会发生，在 2008 年至 2011 年有 8500 份针对警察贪污腐败的投诉。根据这些投诉，最终有 13 名警察被发现确实存在这些行为而获罪，但 IPCC 同时强调受限于权力和资源，它只是独立调查了其中最为严重 21 例案件而已。参见 Independent Police Complaints Commission, Corruption in the Police Service in England and Wales, Second Report, The Stationery Office, 2012; S. Israel, "Met Corruption Inquiry Ends with Nine Guilty, No Dismissals", Channel Four, December 30, 2012, from http://www.channel4.com/news/met-corruption-inquiry-finds-nine-guilty-but-no-dismissals; P. Lewis et al., "Police Recorded 8, 500 Corruption Allegations in Three Years", The Guardian, May 24, 2012, from http://www.guardian.co.uk/politics/2012/may/24/police-watchdog-corruption-complaints。英国采取了许多措施来减少和控制警察的渎职行为和玩忽职守，参见 A. Wright, "Ethics and Corruption", in T. Newburn et al. (eds.), Handbook of Criminal Investigation, Willan, 2007, pp. 586-609。

② 相关论述参见 J. Sweeney et al., "Elite Police Squad in Graft Probe", The Guardian, May 14, 2000。

③ 相关论述参见 N. Hopkins & V. Dodd, "Police Corruption Leads to Collapse of Arms Plot Trial", The Guardian, May 27, 1999。

④ 相关论述参见 N. Hopkins, "Corrupt Police Framed Three for Robbery", The Guardian, July 13, 2000; B. Woffinden, "No Judge or Jury Will Ever Believe Those Officers Fitted You Up. You' ve Just Got to Serve Your Sentence", The Guardian, July 13, 2000。

⑤ 相关论述参见 T. Thompson, "Corrupt Police Split Reward Cash With Fake Informants", The Guardian, December 17, 2000。

⑥ 参见 S. M. Gillard & L. Flynn, "DPP Inquiry into Collapse of Drugs Case", The Guardian, November 6, 2000。

立的皇家检察署（Crown Prosecution Service，简称 CPS）来承担审查和起诉的工作，[①] 而且还于 1996 年制定颁布了《刑事程序与侦查法》（Criminal Procedures and Investigations Act，简称 CPIA），来确保审前的证据开示，如该规则要求检察官提醒辩方注意那些在侦查过程中收集的但未准备使用的证据材料。尽管如此，司法实践一次次表明皇家检察署并没有独立行事，而是经常与警察相互勾结来隐匿那些有利于辩方特别是可能证明被告人无罪的证据。[②] 因此，检察官未能完全履行证据开示的义务，依然是当前导致刑事司法错误和冤案的一个普遍因素，[③] 典型案例有约翰冤案（John Suffield）[④] 和最近纠正的山姆案件（Sam Hallam）。[⑤]

（五）辩方糟糕的辩护策略

在许多案件中，律师不充分或者不适当的辩护是导致刑事司法错误和冤案的因素之一。例如，在马克（Mark Day）案件中，尽管有证据表明他根本不知道同案被告是谁，但他的辩护律师并没有意识到这一事实，也未提醒法庭这一细节，最后导致他被认定与其他两人共犯谋杀罪。[⑥]

值得注意的是，近年来聘请辩护律师的费用越来越令人无力承

---

① 参见 J. Baldwin，Pre – trial Justice，1986，OUP。

② 参见 F. Belloni & J. Hodgson，Criminal Injustice：An Evaluation of the Criminal Justice Process in Britain，Palgrave Macmillan，2000。

③ 参见 C. Taylor，“Advance Disclosure and the Culture of the Investigator：the Good Idea that Never Caught on?” International Journal of the Sociology of Law，Vol. 33，2005，pp. 118 – 131。

④ 案件详情参见 H. Carter & S. Bowers，“Verdict Quashed After 19 Years”，The Guardian，March 31，2000，from http：//www. theguardian. com/uk/2000/mar/31/helencarter. simonbowers；Liverpool Echo，“Police Must Find Out the Truth”，March 31，2000，from http：//www. innocent. org. uk/cases/johnkamara/index. html。

⑤ 案件详情参见 K. Evans，“Hallam's Case Will Send Shockwaves Through Criminal Justice System”，The Guardian，May 17，2012，from http：//www. guardian. co. uk/law/2012/may/17/sam – hallam – shockwaves – criminal – justice – system。

⑥ 参见 B. Woffinden，“Case for the Defence”，The Guardian，December 12，2001。

担，因为只有支付高额的律师费用，才能激励他们做好审前准备工作，如认真查阅控方开示的并不准备使用的证据材料。因此在许多案件中，辩护律师都存在审前准备不充分的问题。[①] 另外，由于几乎无法仅以辩护不充分为由进行上诉，许多刑事司法错误根本无法通过普通的上诉程序进行纠正。[②]

（六）不可靠的科学证据及专家证言

由于普遍存在高估科学证据及专家证人证言可靠性的倾向，因此由此导致的刑事司法错误和冤案比比皆是。[③] 例如，在萨利（Sally Clark）案件、安吉拉（Angela Cannings）案件中，原先用以定罪的科学证据及专家证人证言的基础都受到了毁灭性打击。[④] 在很多情况下，专家证人都盲目夸大了他们的自信程度，甚至会投机性地进入他们缺少经验的领域来错误地解释某些科学证据。[⑤] 在另外一些情况下，专家证人与警察还相互勾结，故意错误解读某类科学证据来支持控方所主张的案件事实。[⑥] 另外，科学证据材料与样

---

① 参见 J. A. Humphrey & S. D. Westervelt, Wrongly Convicted: Perspectives on Failed Justice, Rutgers University Press, 2002。

② 参见 R. Brandon & C. Davis, Wrongful Imprisonment: Mistaken Convictions and Their Consequence, George Allen & Unwin, 1973, pp. 101 – 102; JUSTICE, "Miscarriages of Justice", JUSTICE, 1989, pp. 51 – 55。

③ 参见 C. Walker, "Miscarriages of Justice and the Correction of Error", in M. McConville & G. Wilson (eds.), The Handbook of the Criminal Process, OUP, 2002, pp. 505 – 534。

④ 关于这两例案件的详细情况参见 J. Batt, Stolen Innocence: The Sally Clark Story – A Mother's Fight for Justice, Ebury Press, 2005; A. Cannings & M. L. Davies, Against All Odds The Angela Cannings Story: A Mother's Fight to Prove Her Innocence, Time Warner Books, 2006。

⑤ 参见 G. Edmond, "Constructing Miscarriages of Justice: Misunderstanding Scientific Evidence in High Profile Criminal Appeals", Oxford Journal of Legal Studies, Vol. 22, 2002, pp. 53 – 89。

⑥ 参见 D. Rose, In the Name of the Law: the Collapse of Criminal Justice, Vintage, 1996。

本的收集、保存和处理都存在不少问题，结论未必完全值得采信。[①] 总而言之，盲目采信科学证据和专家证人证言导致了许多刑事司法错误和冤案的发生。

（七）审判法官存有问题的总结性提示

这方面的典型案例是德瑞克（Derek Bentley）案件。德瑞克于1953年1月因涉嫌谋杀而被定罪并执行死刑。多年来，其家人一直坚持申诉此案存在刑事司法错误，终于在1998年7月在上诉法院成功上诉，官方作出了死后的赦免。上诉法院认为该案当时的审判法官应当负主要责任，其过激的总结性提示导致作出的有罪判决存有不安全性。[②] 上诉法院的首席法官曾表示，"在总结提示过程中，审判法官不仅未能引导陪审团慎重考虑控方的证明责任和证明标准，也未能充分重视和总结辩方的主张，反而对其作出了带有偏见性的评论，并暗示警察的证据比辩方的理由更具有可信性。这实际上否定了德瑞克接受公正审判的法定权利，因此他的有罪判决是不安全的"。[③]

三、导致英国冤案的程序原因

程序原因，是指刑事司法体制中导致刑事司法错误和冤案的程序和制度。

（一）辩诉交易制度

辩诉交易是导致刑事司法错误和冤案的最为明显和普遍的程序之一。在英国，辩诉交易可以理解为检察官与辩护律师私下达成协议进行交易以换取被告人认罪答辩的司法制度。尽管类似的制度在

---

① 参见C. McCartney, Forensic Identification and Criminal Justice: Forensic Science, Justice, and Risk, Willan, 2006。

② 参见D. Campbell, "Justice at Last, 45 Years Too Late", The Guardian, July 31, 1998。

③ 参见Time Law Report, "Bentley Trial Unfair Through Flawed Summing-up", The Times, July 31, 1998。

许多国家都被正式承认，但辩诉交易在英国一直饱受争议。

根据三十几年前的法庭规则，不应当进行辩诉交易，官方并不承认辩诉交易。[①] 尽管如此，在英国司法实践中却实际存在和发生着辩诉交易。例如，在罗宾（Robin Peverett）案件中，上诉法院首席法官就曾指出，辩诉交易并非总会违反律师的职业规范，应当留有严格的例外情形而不应当完全禁止。[②] 值得注意的是，一旦该有罪答辩被法庭接受，法庭唯一关心的就是作出适宜的刑罚，而不是查明案件事实真相，这无疑会导致有些无辜者被错误定罪。[③] 英国

---

① 参见 F. Gibb，"Trial Bargaining to be Outlawed"，The Times，December 4，2000。

② 上诉法院的首席大法官罗斯（Rose）曾经表示："当然会存在例外案件可以适当地适用辩诉交易，如被告人濒临死亡的情况……除了这些例外案件之外，辩诉交易通常不会带来任何益处。"参见 Times Law Report，"Court of Appeal Bound by Plea Bargain"，The Times，October 25，2000。此外，有学者区分了两类不同的辩诉交易，一种辩诉交易损害了司法公正，另外一种可以促进司法公正的实现，同时可以节约时间和成本。参见 G. W. Davey，"Plea－Bargaining"，The Times，December 6，2000。首席法官在近来的报告中提议，应当制定细化的减刑对照表，越早认罪减刑越多，以此鼓励尽早地进行辩诉交易。参见 R. Auld，"Review of the Criminal Courts of England and Wales"，November 29，2006，from http：//www. criminal－courts－review. org. uk。英国最早对私下沟通进行规范的是在特尼尔（Turner）案件（1970 年）中，并且由此制定了基本原则以指导有关的司法人员，即所谓的特尼尔规则。特尼尔规则确立后，私下协商的实践活动变得十分普遍，在《1994 年刑事司法和公共秩序法》（the Criminal Justice and Public Oder Act）的条文中，含蓄地承认了该实践的效力，表明作有罪答辩可以给予较轻的刑罚，即一名罪犯在诉讼程序中在（审判）法庭或其他法庭对某种犯罪作了有罪答辩，法庭在决定判处犯罪人刑罚时应该考虑：对犯罪过程的哪个阶段，罪犯表明作有罪答辩的打算以及表明（作有罪答辩）的条件。如果考虑到以上内容，法庭对犯罪人判处的刑罚比（根据罪行）的判决要轻，那么它应该在公开开庭时宣布该判决。更为引人注目的是，检察总长在 2000 年 12 月公布了一系列《接受答辩指南》（Guidelines on the Acceptance of Pleas）。参见［英］麦高伟、杰弗里·威尔逊主编：《英国刑事司法程序》，姚永吉等译、何家弘审校，法律出版社 2003 年版，第 325～332 页；英文文献参见 Mike McConville，Plea Bargaining，Handbook of Criminal Justice Process，Oxford University Press，2002，pp. 357－358 and p. 363。

③ 参见 Mike McConville，Plea Bargaining，Handbook of Criminal Justice Process，Oxford University Press，2002，p. 355。

皇家刑事司法委员会发布的《刑事法院研究》（Crown Court Study）调查了检察官对辩诉交易案件的看法。检察官们承认，七个案子中会有一个就是送上法庭也很难定罪，这七分之一中当然包括对事实上的无辜被告人的定罪。①

另外，根据鲍威尔和麦康维尔（Baldwin & McConville）关于伯明翰刑事法院发生辩诉交易频率的研究，无辜者极有可能因以下几个因素而进行认罪答辩交易：①控方蓄意提出过分指控，滥用权利吓唬被告人及其律师；②来自辩护律师的压力；③辩诉交易的透明度不高；④无法忍受审前的长期羁押。② 他们发现辩诉交易在伯明翰刑事法院十分常见，经协商达成的交易并不总是符合被告人的利益，参与协商交易的过程有时候已经违反了当时法律范围内被公开承认的指导规则。更加令人不安的是，他们发现从被告人的角度来看，在协商交易的过程中被告人承担了各种压力，要在很多情况

① 参见 Royal Commission on Criminal Justice（RCCJ），Report，HMSO，1993，p. 156。调查情况具体如下：

即使有审判，结果也一样	35%
控方得到了有罪判决	23%
节省了时间或金钱	21%
定罪本来可能很难	13%
使受害者和证人免受折磨	7%
被告对最严重的指控作有罪答辩	6%

② 参见 Should We Really “Ban” Plea Bargaining? The Core Concerns of Plea Bargaining Critics，from http：//www. fraudresearch. com/site_ indes/3. htm。在最早的、最全面的调查研究中，鲍威尔和麦康维尔试图发现被告人作有罪答辩的原因，其中因来自辩护律师的压力导致的有罪答辩比例最高。这方面的典型案例是斯特芬案件（Stephen Herbert）。在该案件中，被告人斯特芬和他的妻子以不同的贩毒罪名被起诉，斯特芬一直坚持他没有犯被指控的罪行，但在庭审期间，他从他的律师那里得知：如果他作有罪答辩，控方将不再起诉他的妻子，故他改为作有罪答辩。虽然斯特芬继续告诉律师他是无辜的，但是律师在得到斯特芬签名的文件后，将有罪答辩递交上去，而对于斯特芬所作的无辜的辩解以及导致答辩的交易真相，律师从来没有向审判庭详述。斯特芬对自己受到的不公正处理进行了辩护，结果上诉法院对该律师的过失行为在其执照上作出了违章记录。详情可见（1992）94 Cr. App. R 230，CA。

下被迫承认那些他们没有实施过的犯罪。

总而言之，在辩诉交易制度中，导致司法缺陷的明显来源之一是给予悔罪态度良好的被告人量刑减缓。①

（二）上诉制度

总的来说，就英国上诉制度来看，它的功能并不在于试图发现上诉人事实上是否有罪，而是在法律规则和正当程序规制下更加关注审判的公正性问题，即案件的司法过程是否符合正当程序的要求，而不是裁判结果是否符合真实。从上诉制度无法纠正潜在的冤案的角度来看，上诉制度也是导致刑事司法错误的原因之一。②

在英国，上诉程序难以发现和纠正潜在的冤案，主要基于以下

① 参见 J. Baldwin & M. McConville, Negotiated Justice: Pressure to Plead Guilty, Martin Robertson, 1977。现行的量刑减缓规则是：当法官对有罪答辩的被告人量刑时，他们必须考虑认罪答辩的阶段和场合。如果量刑减缓一旦获得了通过，法官必须在法庭中对此予以说明。上诉法院指出及时的认罪答辩才能获得三分之一的减刑。许多支持量刑减缓的人士认为，这一方法可以最大限度地避免被告人在毫无意义的辩护理由上浪费宝贵的时间和审判资源。例如，威廉（Williams）曾表示："……那些没有辩护理由的被告人被劝诫不要浪费法庭的时间和公众资源；有罪答辩通常不仅可以免去出庭作证证人的压力，而且还省去了出庭作证所带来的种种不便。辩诉交易的制度在根本上缓和了法庭当前严重超负荷的审判任务。"与此相反，鲍威尔和麦康维尔则批判和反对辩诉交易所带来的量刑减缓，因为英国法律一直以来以重视公民权利为豪，在刑事审判中要求控方提供的有罪证明必须达到排除合理怀疑的程度，但辩诉交易的存在则从根本上破坏了这一根基：即使控方无法排除合理怀疑，公民也会受到惩罚。此外，辩护律师和法官或许会抱怨浪费了他们时间。可是，他们付出的时间得到了公正的回报。因此，成本并没有诉诸他们身上，而是诉诸整个社会，而整个社会很有可能愿意付出这样的代价以保证任何一个公民不会在控方证据不足的情况下受到惩罚。似乎浪费时间去不适当地施加惩罚，才是过分的和不能容忍的。参见 J. Baldwin & M. McConville, Negotiated Justice: Pressure to Plead Guilty, Martin Robertson, 1977, pp. 106 - 109。

② 参见 S. Savage et al., "Putting Wrongs to Rights: Campaigns against Miscarriages of Justice", Criminology and Criminal Justice, Vol. 7, 2007, pp. 83 - 105。关于英国上诉制度的最新文献参见 Michael Naughton, Claims of Innocence: An Introduction to Wrongful Convictions and How They Might be Challenged, University of Bristol, 2010, pp. 20 - 27；宋英辉、孙长永、朴宗根等著：《外国刑事诉讼法》，北京大学出版社 2011 年版，第 40 ~ 50 页。

理由：

第一，大部分案件不会上诉，[①] 被告人行使上诉权不仅面临着重重障碍或不利因素，而且许多律师也不鼓励被告人上诉。

具体来说，英国存在两个平行的上诉系统，对治安法院（Magistrates'Court）判决的上诉和对刑事法院（Crown Court）判决的上诉。其中，最为常用的两种上诉方式是针对治安法院一审的有罪判决向刑事法院上诉和针对刑事法院一审的有罪判决向上诉法院（刑事庭）［Court of Appeal（Criminal Division），简称 CACD］上诉。[②] 然而，这两种上诉方式的法律规则存在巨大差异：相比之下，治安法院一审有罪判决的被定罪者享有更多的权利进行上诉，因为被告人对治安法院的有罪判决享有当然上诉权，而被告人对刑事法院有罪判决提出上诉的权利并不是当然享有的，一般需要向上诉法院提出上诉申请并获得批准才可以。[③]

根据《1981 年高级法院法》第 48 条的规定，刑事法院在审理

---

① 参见 Lissa Griffin，"The Correction of Wrongful Convictions：A Comparative Perspective"，American University International Law Review，Vol. 16，2001，p. 1267。

② 参见 J. Morrish & l. McLean，A Practical Guide to Appeals in Criminal Courts，Sweet & Maxwell，1971；I. McLean，Criminal Appeals：A Practical Guide to Appeals to and from the Crown Court，Sweet & Maxwell，1980。

③ 参见 R. Auld，"Review of the Criminal Courts of England and Wales"，from http：//webarchive. nationalachives. gov. uk/ + /http：//www. criminal - courts - review. org. uk/auldconts. htm；J. Spencer，"Does Our Present Criminal Appeal System Make Sense?" Criminal Law Review，August，2006，pp. 677 - 679。在治安法院作出判决后的 21 天内，被告人应该以书面方式向治安法院和检察官表示上述意愿。如果在这一期限内递交上诉通知，被告人享有当然的上诉权，无须批准。而被告人对刑事法院有罪判决提出上诉的权利并不是当然享有的，一般需要向上诉法院提出上诉申请，通常由上诉法院的独任法官在书面审查基础上作出是否批准的决定。如果该申请被拒绝，被告人可以向法院全体法官以书面或者口头方式申请上诉。在实践中，绝大多数被独任法官拒绝批准上诉的上诉人都不再向法院重新提出申请，因为一旦再次被拒绝，法院将有权力决定上诉人自上诉开始后被羁押的时间不计入刑期之内。当然也有例外，在下面两种情况下，对刑事法院有罪判决的上诉无须批准：一是上诉理由仅仅涉及法律问题；二是刑事法院的审判法官签发了认为该案适宜上诉的证书，但这种情况非常少见。

对治安法院有罪判决提出的上诉案件后，不仅有权作出维持、撤销有罪判决（甚至可以将案件发回治安法院进行进一步的重新审理）的裁判，而且有权减轻刑罚或者对被告人处以与原审不同或者更严厉的处罚。刑事法院的二审判决不适用“禁止不利益变更”原则。换言之，即使被告人只是针对定罪提出上诉，被告人最后也有可能获得更严厉的处罚。这无形中成为抑制被告人上诉的因素之一。此外，由于刑事法院是全案重新审理，它有权追加判处上诉人之前在治安法院被判处无罪的犯罪指控。这又成为阻碍被告人上诉的另外一个潜在的因素。①

根据《1995 年刑事上诉法》第 1 条的规定，被告人针对刑事法院有罪判决并无当然的上诉权，被告人只能在判决作出后的 28 天内向上诉法院的刑事庭表示上诉意愿并送达上诉书，能否启动上诉程序需要经过上诉法院刑事庭的批准或者许可。② 然而在司法实

① 参见 Senior Courts Act 1981，Section 48，from http：//www.legislation.gov.uk/ukpga/1981/54/section/48。

② 参见 Criminal Appeal Act 1995，Section 1，from http：//www.legislation.gov.uk/ukpga/1995/35/section/1。

践中，只有大约 1/4 的上诉申请最后获得批准。[①] 如果上诉人在刑

---

① 例如，1997 年，在由独任法官审查的 2318 例针对定罪的上诉申请中，有 537 例获得批准，另外有 87 例上诉申请获得法院全体法官的批准。在这 624 例批准上诉的案件中，只有 186 例成功推翻了有罪判决。参见 Frank Belloni & Jacqueline Hodgson，Criminal Injustice：An Evaluation of the Criminal Justice Process in Britain，St. Martin's Press，2000，p. 175。2011 年，英国上诉法院法官受理不服刑事法院定罪的上诉申请累计 1535 件，受理不服刑事法院量刑的上诉申请累计 5623 件。其中，由独任法官审结的上诉申请为 4606 件，最后批准上诉的案件累计 1284 件（批准针对定罪的上诉和针对量刑的上诉分别是 221 件和 1063 件），上诉申请的批准率为 27.8%。换言之，无论是不服定罪还是不服量刑而申请上诉，接近 3/4 的申请在审查许可阶段就被上诉法院基于裁量权驳回了，根本未能进入实体审理。参见 Ministry of Justice，Judicial and Court Statistics 2011，p. 63，from https：//www. justice. gov. uk/downloads/statistics/courts – and – sentencing/jcs – 2011/judicial – court – stats – 2011. pdf。下图是 2006 年至 2011 年上诉法院刑事庭受理上诉申请情况对比表：

	2006	2007	2008	2009	2010	2011
受理的上诉申请						
针对定罪的案件	1596	1508	1588	1435	1488	1535
针对量刑的案件	5082	5087	5422	5443	5454	5623
其他案件	259	305	230	317	308	317
总计						
独任法官审结的上诉申请						
针对定罪的案件						
批准	291	288	212	275	242	221
驳回	843	881	774	958	773	868
针对量刑的案件						
批准	1261	1363	1204	1298	1184	1063
驳回	2503	2763	2468	2948	2608	2454
总计	4898	5295	4658	5479	4807	4606
重新提出上诉申请						
针对定罪的案件	481	520	400	477	370	425
针对量刑的案件	831	845	670	763	667	607
总计	1312	1365	1070	1240	1037	1032
法院全体法官批准的重新上诉申请						
针对定罪的案件	137	125	146	117	148	167
针对量刑的案件	425	519	663	429	500	425
总计	562	644	809	546	648	592

事法院的原审中答辩有罪，一般更难以获得上诉的批准或者许可。[①]第2（1）条规定，如果上诉法院认为定罪不妥，应当允许对该定罪提出上诉，在其他情况下应予驳回，即上诉法院必须考虑该项定罪是否妥当、法官对法律问题是否作出了错误决定、在审判过程中是否有重大不规范行为等因素。如果存在上述情况之一，上诉法院需要进一步确定误判是否发生。如果上诉法院认定定罪不妥，它必须允许上诉并撤销对上诉人的定罪。撤销定罪的后果是，法院可以同时指令重新审理案件。否则，刑事法院原有的有罪判决即被宣告无罪的记录所取代，产生与陪审团认定上诉人无罪相同的效果。[②]根据上诉法院的判例，如果上诉法院认为上诉缺乏正当理由，上诉人有可能面临上诉期间的羁押不被计入刑期的风险。因此，不服定罪而提出上诉的人，如果上诉理由不能成立，不仅上诉会被驳回，而且他在二审期间被关押的时间还有可能根据上诉法院的指示不计入刑期，实际上等于被多关押了几个月的时间。这是对准备上诉的被告人的一种严重“威胁”，使得他们不敢轻易提出上诉。英国法对上诉进行的多重限制，对于减轻上诉法院的工作量、保证上诉质量当然是有积极意义的。但是，从为被告人提供适当的救济机会的角度来说，接受陪审团裁判的被告人是否还享有上诉的“权利”，

---

① 根据上诉法院的解释，作出有罪答辩的被告人只能在有下列情形之一时，才能就定罪提出上诉：（1）上诉人没有理解指控的性质或者不是有意要承认有罪；（2）根据他所承认的事实，在法律上他不可能被定所指控的罪。这两种情形在司法实践中是极其少见的，所以对定罪的上诉在通常情况下都是针对陪审团的有罪裁决提出的。参见 R v. Forde［1923］2 KB 400。

② 参见 Criminal Appeal Act 1995，Section 2（1），from http://www.legislation.gov.uk/ukpga/1995/35/section/2。

实际上是有疑问的。[①]

此外，在英国，有一半的被告人会被他们的律师建议不要提起上诉，主要原因有律师的辩护通常是缺乏对抗性的有罪辩护、有罪答辩盛行以及对“浪费时间条款”严厉性的误解（该条款规定，法院有权决定将审查是否批准上诉时的羁押期间不计入服刑期限）。[②] 此外，由于在申请上诉期间通常无法获得法律援助，上诉法院难以发现潜在的冤案。[③]

第二，在上诉审理过程中，法庭一般不关注被告人事实上是否有罪这一问题。[④]

根据《1981 年高级法院法》第 79 条第 3 款的规定，针对治安法

---

① 参见 Practice Direction（Crime：Sentence：Loss of time），［1980］1 WLR 270. “Both the Court and the single judge have power in their discretion to direct that part of the time during which an applicant is in custody after putting in his notice of application for leave to appeal should not count towards sentence. Those who contemplate putting in such a notice and their legal advisers should bear this in mind. It is important that those contemplating an appeal should seek advice and should remember that it is useless to appeal without grounds and that grounds should be substantial and particularised and not a mere formula. Where an application devoid of merit has been refused by the single judge and a direction for loss of time has been made，the Full Court，on renewal of the application，may direct that additional time shall be lost if it，once again，thinks it right so to exercise its discretion in all the circumstances of the case.”来自 The Consolidated Criminal Practice Direction，II. 16，from http：//webarchive. nationalarchives. gov. uk/20080814090439/justice. gov. uk/criminal/procrules_ fin/contents/practice_ direction/pd_ consolidated. htm。

② 参见 Frank Belloni & Jacqueline Hodgson，Criminal Injustice：An Evaluation of the Criminal Justice Process in Britain，St. Martin's Press，2000，p. 176；Robin C. A. White，The English Legal System in Action：The Administration of Justice，Oxford University Press，1999，pp. 210 - 211。根据上诉法院的判例，如果上诉缺乏正当理由，不仅上诉会被驳回，而且上诉人在二审期间被关押的时间还可能根据上诉法院的指示不计入刑期，实际上等于被多关押了几个月的时间。这是对准备上诉的被告人的一种严重“威胁”，使得他们不敢轻易提出上诉。

③ 参见 Joyce Plotnikoff & Richard Woolfson，Information and Advice for Prisoners about Grounds for Appeal and the Appeals Process，Royal Commission on Criminal Justice Research No. 18，HMSO，1993。

④ 参见 Lissa Griffin，“The Correction of Wrongful Convictions：A Comparative Perspective”，American University International Law Review，Vol. 16，2001，p. 1267。

院有罪判决向刑事法院提起的上诉通常由2名治安法官和1名刑事法院法官对全案重新审理，没有陪审团参加。审理方式采取“复审制”，其程序与简易审判程序完全相同。然而，这种全案重新审理同样只是依照刑事法院审判规则进行，并不探求上诉人事实上是否有罪的问题，而是根据向法庭提交的证据和法律规则判断控方指控的罪名是否成立。①

2. 英国上诉法院对不服刑事法院定罪或判刑的审理采用“事后审查制”，原则上不接受新证据，更不愿意质疑陪审团裁判的有效性。即使法院为了实现司法公正有权接受可信且可采的新证据，它们也很少愿意这么做。根据《1968年刑事上诉法》第23条的规定，上诉法院享有接受新证据的裁量权。上诉法院在决定是否接受新证据时，应当特别考虑下列因素：①该证据显得可信；②该证据可能提供支持上诉的理由；③证据在原审中也是可采的；④对原审中没有提供该证据有合理的解释。不过，这些因素并不是上诉法院接受新证据时必须满足的条件，而只是上诉法院在行使裁量权时应当考虑的因素。② 上诉法院

---

① 参见 Senior Courts Act 1981, Section 79, from http://www.legislation.gov.uk/ukpga/1981/54/section/79; Michael Naughton, “Redefining Miscarriages of Justice: A Revived Human Rights Approach to Unearth Subjugated Discourses of Wrongful Criminal Conviction”, British Journal of Criminology, Vol. 45, 2005, pp. 165 – 182。

② 参见 Criminal Appeal Act 1968, Section 23 (1) & (2), [23 (1): For the purposes of an appeal under this Part of this Act the Court of Appeal may, if they think it necessary or expedient in the interests of justice— (a) order the production of any document, exhibit or other thing connected with the proceedings, the production of which appears to them necessary for the determination of the case; (b) order any witness who would have been a compellable witness in the proceedings from which the appeal lies to attend for examination and be examined before the Court, whether or not he was called in those proceedings; and (c) receive any evidence which was not adduced in the proceedings from which the appeal lies. 23 (2): The Court of Appeal shall, in considering whether to receive any evidence, have regard in particular to— (a) whether the evidence appears to the Court to be capable of belief; (b) whether it appears to the Court that the evidence may afford any ground for allowing the appeal; (c) whether the evidence would have been admissible in the proceedings from which the appeal lies on an issue which is the subject of the appeal; and (d) whether there is a reasonable explanation for the failure to adduce the evidence in those proceedings.], from http://www.legislation.gov.uk/ukpga/1968/19/section/23。

之所以对接受新证据设定如此严格的限制，通常的理由是：事实的裁判者是陪审团，而不是上诉法院，因此所有相关的证据都应当提供给陪审团，以便陪审团作出准确的裁决。只有在极其特殊的情况下，由于上诉人希望提交的证据非常例外地有说服力，上诉法院才会出于司法利益的需要听取该证据。因此，上诉法院在司法实践中一直不愿意以陪审团裁判错误为由推翻有罪判决，也不愿意使用批准上诉的权力来审理新证据，它们担心如此会揭露陪审团制度的不可靠性。① 在原审审判中没有出现程序不公和法律错误的情况下，上诉法院不太可能仅仅因为有罪判决的正确与否而批准上诉。② 换言之，事实上无罪的证据也无法必然保证被告人上诉的申请获得批准，更不用谈推翻或者撤销有罪判决了。③

此外，上诉法院许可上诉申请的规定经历了一个巨大转变：从

---

① 参见 Report of the Royal Commission on Criminal Justice, The Stationery Office, 1993, p. 173; Andrew Ashworth, The Criminal Process: An Evaluative Study (2d ed.), Oxford University Press, 1998, p. 84; K. Malleson, "Appeals Against Conviction and the Principle of Finality", Journal of Law and Society, Vol. 21, 1994。除了建议成立 CCRC 之外，郎西曼委员会（Runciman Commission）建议上诉法院应当比过去更能或者更愿意推翻陪审团的事实裁决，并提出了推翻陪审团事实裁决的标准。此外，委员会还认为上诉法院应当放宽接受新证据的条件。尽管如此，国会依然保持着现状。Report of the Royal Commission on Criminal Justice, The Stationery Office, 1993, p. 162 and p. 174.

② 参见 Robin C. A. White, The English Legal System in Action: The Administration of Justice, Oxford University Press, 1999, p. 212。在司法实践中，很多上诉人在上诉理由中首先会提到审判时出现的特定的法律或程序性错误，然后再总结性地声称定罪是不安全的。但是，《1968 年刑事上诉法》第 2 条并没有限定以定罪不安全为由提出的上诉只能是上诉人能够指出在对他的审判中存在某些特定错误的案件。如果严格按照该条规定的字面解释，上诉人完全可以控诉证据不足以支持定罪为理由提出上诉。然而实际上，由于对证据证明力（包括证人的可信性）的判断属于陪审团的权限，上诉人要想通过攻击控诉方在审判中提供的证据的质量的方式使上诉审法官对于定罪的安全性产生疑问，是极其困难的。因此，假如在审判中没有发生法律上的错误，上诉人只有在能够以某种非常例外的情况使上诉法院断定可能发生了“不正义”时，他的上诉才能成功。

③ 参见 Michael Naughton, "The Innocent and the Criminal Justice System: A Sociological Analysis of Miscarriages of Justice", Palgrave Macmillan, 2013, pp. 140 – 141。

事实无罪到不安全定罪。依据《1907 年刑事上诉法》成立的刑事上诉法院（Court of Criminal Appeal）受理的上诉案件十分广泛，被告人可因法律或者事实问题上诉。其中，第 4 条规定了三种针对有罪判决上诉申请被许可的情形：陪审团的判决因不合理或者证据不足而无法获得支持、初审法官是否在法律问题上作出了错误的裁定、存在实质性的刑事司法错误。[①] 从这三类不公正的有罪判决上看，上诉制度的目的之一在于帮助无辜者推翻错误的有罪判决。具体来说，《1907 年刑事上诉法》承认陪审团完全有可能而且的确会犯错判无辜者的错误，因此允许刑事上诉法院重新审理案件并纠正陪审团的错误，并在第 9 条中规定了刑事上诉法院拥有的大量权力，以保证其可以发现上诉人事实上有罪与否的真相。[②] 然而，从刑事上诉法院成立伊始，法官们在司法实践中就不愿意因事实问题而推翻有罪判决。[③]

随后，1965 年成立的刑事上诉法院多诺万独立委员会（Donovan Committee）针对《1907 年刑事上诉法》提出了修改意见，导

---

① 参见 A. C. Forster Boulton，Criminal Appeals under the Criminal Appeal Act of 1907：With Rules of Court and Forms，Butterworth & Co.，1908，pp. 11 – 12，from https：//archive. org/details/criminalappealsu00bouliala。关于英国设立上诉制度的历史背景和过程参见 Ken Whiteway，“The Origins of the English Court of Criminal Appeal”，Canadian Law Library Review，Vol. 33，2008，pp. 309 – 312；Lester B. Orfield，“History of Criminal Appeal in England”，Missouri Law Review，Vol. 1，1936，pp. 326 – 338。

② 参见 A. C. Forster Boulton，Criminal Appeals under the Criminal Appeal Act of 1907：With Rules of Court and Forms，Butterworth & Co.，1908，pp. 30 – 32，from https：//archive. org/details/criminalappealsu00bouliala；Michael Naughton，The Innocence and The Criminal Justice System：A Sociological Analysis of Miscarriages of Justice，Palgrave，2013，pp. 145 – 146。

③ 参见 B. Woffinden，Miscarriages of Justice，Hodder & Stoughton，1987，p. 321；Richard Nobles，“An Academic's View on the Reform of the CCRC”，INQUIRY：The Newsletter of the Innocence Network UK，Vol. 5，p. 25。上诉法院拒绝以事实为理由撤销有罪判决的典型案例有贝克（Beck）案和辛普森（Thomas Simpson）案，后者相关的论述参见 R. v. Simpson（Thomas William）［1909］2 Cr. App. R. 128，pp. 128 – 130。

致情况变得更为糟糕。《1968年刑事上诉法》第2条对上诉申请被许可的情形进行了修改：定罪是否安全或者令人不满意、初审法官是否在法律问题上作出了错误的裁定、在审判过程中是否有重大违规的情形。这一修改进一步增加了无辜者推翻错误的有罪判决的难度。根据第23条的要求，除了例外情形，上诉人必须提交在初审中没有提出的新证据。①

最后，《1995年刑事上诉法》进一步对《1968年刑事上诉法》的第2条进行了修改，简化了上诉法院许可不服定罪的上诉的裁判标准。新的规定是：上诉法院"如果认为定罪是不安全的，应当支持上诉；在所有其他情况下，应当驳回上诉"。② 由此可见，上诉法院刑事庭推翻有罪判决的标准，是上诉法院相信原审法院作出的有罪判决是"不安全的"。所谓不安全的有罪判决是一个主观标准，指上诉法院法官认为原审法院对被告人作出有罪判决的公正性存有"潜在的疑问"。例如，一项定罪必须是合法的才能是安全的，如果审判本来就不应当发生，那么定罪就不能被认为是安全的。③

至此，历经多次改革，刑事上诉制度发生了根本性的改变，从议会起初设计的旨在发现事实有罪与否的机制逐渐演变为一个完全关心是否符合正当程序的制度，即上诉制度已经成为保障被告人依

① 参见 Criminal Appeal Act 1968, Section 2 and 23, from http://www.insidetime.org/resources/Legislation/Criminal-Appeal-Act_1968.pdf。

② 参见 Criminal Appeal Act 1995, Section 2, from http://www.legislation.gov.uk/ukpga/1995/35/section/2。

③ 虽然成文法没有精确解释"不安全"的含义和标准，但英国首席大法官宾汉姆（Bingham）曾经列举了五类明显的不安全的有罪判决，详见 R. v. Criminal Cases Review Commission, ex parte Pearson [2001], 1 Cr. App. R. 141, Paragraph 10。然而这并不符合实际情况，而且也没有客观反映刑事司法的真实状况，对此的评判参见 Michael Naughton, The Innocence and The Criminal Justice System: A Sociological Analysis of Miscarriages of Justice, Palgrave, 2013, pp. 151-157。

法受到正当程序审判的机制。① 然而，基于宪法的规定、司法资源的现实有限性以及司法终局性的考量，上诉法院刑事庭现在越来越不愿意仅以事实问题来推翻陪审团的有罪判决了，② 这种现象在客观上导致被定罪的无辜者难以推翻错误的有罪判决。因为根据这一标准，上诉法院刑事庭只是关注原审定罪过程中是否违反了正当程序，上诉人只要能够说明在原审定罪过程中出现了正当程序错误，他们就有可能推翻之前的有罪判决而获得释放。这就意味着，事实上有罪的被告人如果能满足这一标准，那么他们完全可能逃脱法律的制裁。更重要的是，对正当程序和有罪判决之安全性的审查根本无法保证事实上无罪的被告人推翻有罪判决，尤其是那些被陪审团错误定罪的无辜者和因辩护律师糟糕的策略而被错误定罪的无辜者，几乎无法推翻有罪判决。③ 根据现有的制度设计，无辜者必须通过上诉法院刑事庭的“陪审团受影响程度之审查”，才有可能推

① 参见 Rosemary Pattenden, English Criminal Appeal 1884 - 1994: Appeals Against Conviction and Sentence in England and Wales, Clarendon, 1996, pp. 57 - 58。上诉制度关注正当程序和审判的公正性还有另外两个好处，即保障刑事司法体制的公正性和赋予刑事审判制度及刑事司法体制合法性。

② 参见 Michael Naughton, The Innocence and The Criminal Justice System: A Sociological Analysis of Miscarriages of Justice, Palgrave, 2013, pp. 149 - 150; Royal Commission on Criminal Justice, “Report”, 1993, HMSO, p. 162; S. Robert, “Unsafe Convictions: Defining and Compensating Miscarriages of Justice”, Modern Law Review, Vol. 66, 2003, pp. 441 - 451。关于对造成这一现象的原因的分析和论述参见 K. Malleson, “Appeals against Conviction and the Principle of Finality”, Journal of Law and Society, Vol. 21, 1994, p. 158; John Spencer, “Does Our Present Criminal Appeal System Make Sense?” Criminal Law Review, August 2006, pp. 692 - 693; R. Nobles and D. Schiff, “The Right to Appeal and Workable Systems of Justice”, Modern Law Review, Vol. 65, 2002, pp. 679 - 684。

③ 参见 Michael Naughton, “Can Lawyers Put People before Law?” Socialist Lawyer, June 2010, pp. 30 - 32; Michael Naughton with G. Tan, Claims of Innocence: An Introduction to Wrongful Convictions and How They Might be Challenged, University of Bristol, 2010, pp. 56 - 59。

翻有罪判决。[1]

四、一个广泛的视野：刑事司法错误与冤案

在英国的刑事司法制度下，审判制度和上诉制度并不一味追求事实上的有罪与否，因为很多时候无法在有限的时间内轻易地百分之百准确地查清事实真相。基于此，英国司法实务界和法学界更为关注刑事司法错误这一概念，在刑事司法错误概念之下探讨冤案问题。官方撤销的有罪判决，只是表明该案存在刑事司法错误，并不意味着被定罪者事实上无罪。其中，有的是冤案，属于无辜者被错误定罪的情形；有的存在重大正当程序错误，被定罪者事实上是否有罪则无法确定。根据导致刑事司法错误的主观心理不同，刑事司法错误可以区分为两类：故意的刑事司法错误和无意的刑事司法错误。简言之，故意的刑事司法错误是由刑事司法体制内外的各种人为行为因违反正当程序而故意制造的错误；无意的刑事司法错误是受刑事司法体制内外各种不以人的意志为转移的因素影响而无意产生的错误。之所以如此区分，是因为这两类错误存在巨大差异。例如，故意的刑事司法错误带有故意心理，通常伴有故意违反法律程序的行为，而且是完全可以预防和避免的；而无意的刑事司法错误相当于刑事司法体制的意外事故，在遵守法律程序的前提下仍然会发生。按照此分类，冤案也可以分为两种：故意行为导致的冤案和

---

① 宾汉姆大法官曾经就此进行明确表述："上诉法院是审查法院，而不是审判法院。它不会侵犯陪审团的角色，因为法律规定陪审团是事实问题的裁判者。当上诉法院根据《1968 年刑事上诉法》第 23 条接受新证据的时候，它必须首先考虑新证据的质量。如果上诉法院认为新证据和原审审判中的证据或许能够使之前的陪审团或者一个理性的陪审团作出无罪的裁判，那么它应当许可上诉。这种审查主要是考虑如果新证据提交给原审陪审团，会对其产生怎样的影响。如果没有对新证据进行如此审查，上诉法院法官则禁止就新证据的可信度和价值作出自己的判断……基于上诉原因，上诉法院通常会明智地进行此类审查，他们会假定如果在原审审判中提交了新证据，该证据是否可能会合理地影响陪审团作出有罪判决。如果可能会，那么有罪判决就被认为是不安全的。"参见 R. v. Pendleton［2001］UKHL 66，Paragraphs 12 – 19。

正当程序下发生的冤案。在英国的司法实践中，后者发生的比例相对更多一些。由于这两类冤案的成因存在本质性差异，因此完全有必要分开单独进行探讨。①

（一）故意行为导致的冤案的成因

就故意行为导致的冤案而言，成因来自刑事司法体制内外的各种人为因素：

在刑事司法体制内部，包括警察和检察官在内的司法人员普遍存在忽视无罪推定的倾向，甚至故意违反正当程序和法律规定。具体表现为：警察为了获得有罪判决而故意虚构和制造有罪证据；检察官公然违反和滥用职业守则，拒绝披露不利于控方的证据。具体而言，尽管《警察与刑事证据法》（Police and Criminal Evidence Act）及其前8个行为守则和指南（Code A－H）详细规定了警察权力的框架，以及关于拦截、搜查、逮捕、拘留、侦查、辨认和询问以及讯问中的种种安全防范措施，尤其是行为守则和指南C（Code C）明确规定了警察在警察局、拘留所拘留和讯问犯罪嫌疑人（涉嫌恐怖犯罪的犯罪嫌疑人除外）的各种程序、行为守则和指南E（Code E）强制要求必须同步视频记录警察在警察局对犯罪

---

① 例如，英国研究刑事司法错误和冤案的权威诺顿（Michael Naughton）教授都在在刑事司法错误这一大概念下论述冤案问题，正如第一章所述，在理论上冤案是一类刑事司法错误，而且易于区分。但在司法实践中，刑事司法体制并不刻意求证被告人是否事实上无罪，所以无法识别出所有的冤案。因此，诺顿教授在谈及冤案的成因时，并没有完全脱离刑事司法错误这一上位概念。这一思路在其最新著作（The Innocent and the Criminal Justice System：A Sociological Analysis of Miscarriages of Justice）中得到了贯彻。在将刑事司法错误和冤案分类后，他对两类存在较大差异的现象分别进行了讨论。参见Michael Naughton，The Innocent and the Criminal Justice System：A Sociological Analysis of Miscarriages of Justice，Palgrave Macmillan，2013，pp. 27－31。

嫌疑人的讯问,[①] 但有关学术文献表明，警察故意违反上述规则的

① 在制定《警察与刑事证据法》之前，规范警察侦查和讯问行为的规则主要是《法官规则》(Judges' Rules)，由于法院经常排除警察的讯问证据，而不同的法官对相同情形的讯问又会有不同的决定，导致警察在实际操作中日感无所适从。因此，自 1906 年起，各地警察局局长纷纷请求大法官制定指导规则。1912 年，法官制定了四条规则；1918 年又增加了五条；1930 年又发布了一个解释，就讯问问题形成完整的法官规则。20 世纪初的九条法官规则的核心内容有以下几点：规则一明确规定了警察的讯问（询问）权，警察可以向所有可能提供信息的人提问。当然，被提问者有权保持沉默。规则二要求警察在决定指控嫌疑人时，要在提问前给予告知（Caution)。规则三规定，对于被逮捕后羁押的嫌疑人，警察在履行告知程序前不得进行讯问。规则五要求警察在正式指控嫌疑人时，履行告知程序，并明确告知内容。规则六指出，被羁押人的供述如果是在警察未及履行告知程序时作出的，供述并不因此必然被排除，在这种情形下，警察要尽快予以告知。该条一方面要求警察尽到告知职责，另一方面为特定情形下的事后告知留下余地。参见 St. T. E. Johnston, "The Judges' Rules and Police Interrogation in England Today", Journal of Criminal Law, Criminology, and Police Science, Vol. 57, 1966, pp. 86 - 90；夏菲：《论英国警察讯问权的发展》，载京师刑事法律网，http://www.criminallawbnu.cn/criminal/Info/showpage.asp? pkID=32918。1912 年法官规则在内容上并不是非常严密，无论是警察、律师还是法官都认为运用起来仍比较模糊。因此，1964 年，大法官们又发布了一个更为详细的法官规则。与 1912 年法官规则相比，其在内容上主要有三方面的变化。首先，规定了警察在调查不同阶段的讯问（询问）权以及应当履行的告知义务。案件发生后，警察可以向任何人询问调查。一旦警察拥有的证据使其有合理理由怀疑某人就是犯罪行为人时，他若再继续提问，则要对其进行告知。当嫌疑人被指控或者被通知将以某罪名起诉后，警察要再次告知。但此时，警察不得再进行讯问，除非是在特殊情况下出于预防或减少损害之必须。其次，规则统一了警察告知的内容。例如，对于嫌疑对象的告知，其内容为：你没有义务作任何陈述，除非你愿意，但是，你所说的可能将被记录并被作为证据使用。(You are not obliged to say anything unless you wish to do so but what you say may be put into writing and given in evidence.) 由此，避免因讯问人用词不当而导致证据效力受到质疑，如前文提到的女王诉德鲁案以及女王诉莫顿案。最后，规则在讯问程序方面规定更为详细，如被讯问人有权选择以书面或口头方式进行供述，供述内容要按程序规定予以记录等。参见 Home Office Circular, HMSO, 1964, Paragraphs 3 - 4; Home Office Circular, HMSO, 1978, Paragraphs 2。然而，法官规则不是制定法，因此不具有强制约束力，虽然法官通过证据排除权可以保障其效力，但违反法官规则而获得的证据仍然可能具有可采性，而且相关警察也不用承担任何法律责任。法官规则的制定和适用，在很大程度上起到了规范警察讯问行为的作用，特别是通过告知程序保障了嫌疑人无须自证其罪的权利。然而，对警察没有强制约束力的法官规则，同样也不是法官所必须遵循的。法官在确认嫌疑人供述是否能被采纳

情况时常发生[①]。尽管现行的《皇家检察官准则》（Code for Crown Prosecutors，2010）规定了检察官在审查案件、作出起诉与否决定时应当遵守的基本指导原则，并具体规定了起诉的检验标准，旨在预防检察官滥用权力，[②]但是从发现的冤案来看，检察官在司

时，主要还是依据“自愿性”原则，具有一定自由裁量空间，这也引发了一些争议。因此，有学者批判法官规则并未真正起到保护无辜者免于被错误定罪的作用。参见 D. McBarnet，“The Royal Commission and the Judges' Rules”，British Journal of Law and Society，Vol. 8，1981，pp. 109－117。为了保障证据的可靠性，同时也是为了保护犯罪嫌疑人的权利，警察的问责制度刻不容缓。在 RCCP 的大力提议之下，英国制定并颁布实施了《警察与刑事证据法》，通过制定法规范了警察的权力，保护了犯罪嫌疑人的权利，加大了预防冤案的力度。参见 Royal Commission on Criminal Procedure，“Report”，HMSO，1981，Paragraph 2. 18；Police and Criminal Evidence Act 1984（PACE），Codes of Practice A－H，from https：//www. gov. uk/police－and－criminal－evidence－act－1984－pace－codes－of－practice。

①此类研究参见 T. Newburn，“Understanding and Preventing Police Corruption：Lessons From the Literature”，Police Research Paper 110，Home Office，1999。在很多情况下，警察使用的某些计谋和策略是违反法律规定的，其中最为常见的情况之一是警察故意阻碍犯罪嫌疑人获得来自律师免费的法律帮助。相关研究参见 L. Bridges and A. Sanders，“Access to Legal Advice and Police Malpractice”，Criminal Law Review，July，1990，pp. 494－509。从 1997 年到 2011 年，处于羁押状态的犯罪嫌疑人要求获得律师帮助的比例一直都没有提高，在 34%～35% 之间徘徊。这类研究参见 T. Bucke and D. Brown，“In Police Custody：Police Powers and Suspects' Right under the Revised PACE Codes of Practice”，Home Office Research Study No. 174，Home Office，1997，pp. 19－24；P. Pleasence et al.，“The Justice Lottery? Police Station Advice 25 Years on from PACE”，Criminal Law Review，January，2011，pp. 3－18。

②这些基本指导原则包括：（1）检察官有义务保证正确的人受到正确的起诉，尽可能地将犯罪分子绳之以法；（2）检察官必须保证正确适用法律，所有相关证据都要提交法庭，并且有义务披露证据；（3）检察官必须以追求公正行事，而不仅仅是为了获得有罪判决；（4）检察官还必须履行此准则规定的其他义务。参见 Crown Prosecution Service，The Code for Crown Prosecutors'，CPS Communication Division，2010。决定是否起诉时，检察官适用的标准有两类：一类是完全准则检验标准（Full Code Test），适用于通常办理的普通犯罪案件；另一类是最低限度检验标准（Threshold Test），仅适用于准则第 5 条所列的有限情形。根据准则第 4 条，完全准则检验标准的适用包括两个阶段：（1）证据审查阶段。在本阶段，检察官必须确信，案件具有充足的证据并且对被告人的

法实践中普遍存在故意隐瞒和拒绝披露有利于辩方的证据的倾向，他们似乎更热衷于追求有罪判决，而不愿意履行准则中规定的职责：追求客观和公正。[①]

在刑事司法体制外部，主要成因有受害人故意进行错误的性犯罪控告（可能是为了报复、掩盖尴尬或者获得补偿等）、[②]监狱线人或者告密者与警察勾结编造虚假证言（可能受警察控制或者为了获得经济利益或者控方降低指控的回报）、[③]证人故意提供伪证，[④]以及科学证据专家配合警察的指控而故意裁制证据（可能是为了追求个人前途或者提高地位）。

每一项控罪都存在“定罪的现实可能”。（2）公共利益评估阶段。在案件通过第一阶段的证据检验标准之后，检察官必须基于“公共利益”考虑是否需要起诉。总而言之，皇家检察署应当摆脱偏见或者歧视的影响，客观公正行使职责，作出合理的决定。在处理案件的过程中，应当透明诚信。“我们既会同情和体谅受害者及证人，也会公正对待所有的被告人。我们需要向议会和公众负责，与其他同僚共同维持公众对司法的信任，提供一个卓有成效的刑事司法体制。”参见 Crown Prosecution Service，“The Principles We Follow”，from http：//www. cps. gov. uk/about/principles. html，2012。

① 大法官托尔森（Toulson）曾经指出，检察官拒绝披露证据是非常普遍的现象，“近些年来，检察官拒绝披露实质性的信息一直是令人感到麻烦的问题根源。尽管与此相关的适用原则完全清楚，甚至不需要重新阐释之前的规则，但在实践中一直是一个让人颇为关注的问题，因为当检察官拒绝披露实质性证据时，有罪判决完全有可能被撤销。”参见 R. v. Giles［2009］EWCA Crim. 1388，Paragraphs 12 – 13。最近这方面的典型案例参见 R. v. Vernett – Showers and Others［2007］EWCA Crim. 1767。

② 参见 D. McBarnet，Conviction：Law，the State and the Construction of Justice，Macmillan，1981，p. 14；Law Commission，Corroboration of Evidence in Criminal Trials，HMSO，1991，pp. 23 and 89。这方面的典型案例参见 R. v. Basil Anthony Williams – Rigby and Michael James Lawson［2003］EWCA Crim. 693。

③ 参见 J. Morton，“A Propos”，New Journal，Vol. 151，2001，p. 234。这方面的典型案例参见 R. v. Maynard and Others［2002］EWCA Crim. 1942。

④ 参见 K. Soothill et al.，“Perjury and False Statements：A Criminal Profile of Persons Convicted 1979 – 2001”，Criminal Law Review，November 2004，pp. 926 – 935；M. Watson，“Lying on Oath：New Light on Perjury”，Justice of the Peace，Vol. 29，2005，p. 548；M. Watson，“The Prevalence of Perjury”，Justice of the Peace，Vol. 36，2002，p. 700。这方面的典型案例是加的夫三人案，参见 R. v. Paris，Abdullahi and Miller［1993］97 Cr. App. R. 99。

(二) 正当程序下发生的冤案

尽管没有违反正当程序和法律规则，冤案依然会发生。总体而言，主要原因有两个：一方面，审前程序的目的之一是促使警察和检察官尽快合理收集和构建有罪证据链，最大限度地获得有罪判决。然而，在审前程序中，辩护律师通常无法为其委托人提供实质性的帮助，因为他主要依赖那些暗示其委托人有罪的证据进行工作。另一方面，为了使刑事司法体制作出有罪判决，证据制度有时候会允许采信某些内在具有不可靠性的证据。

1. 刑事司法体制内的困局

具体而言，在对抗制诉讼模式下，侦查程序中的警察并不负责调查和收集犯罪嫌疑人无罪的证据，他们只是集中精力调查所谓的犯罪现场和想方设法收集能够证明犯罪嫌疑人实施犯罪的证据。他们的角色并不中立，他们在整体上担任着惩罚潜在犯罪的角色。他们只有收集足够多的有罪证据，才能将案件移送给皇家检察署以顺利进行起诉。[①] 埃蒙（Eamonn）从心理学的角度对警察为何如此进行侦查进行了恰当的解释。他指出，我们都倾向于得到我们所希望看到或者正在寻找的结论。警察侦查工作的起点往往是假设，然后努力寻找证据来支持之前有罪的预设，而不是客观地寻找事实真相和中立地评价各种证据来发现可能发生了什么。这一现象通常被学界称为警察的“管状视野”。[②] 警察采用的这种假设求证的调查方法，已经首先假设了某特定犯罪嫌疑人有罪，随后的调查视野仅局限于想方设法寻找证据支持这一假设，这本身就是造成无辜者被错误追究刑事责任的潜在风险。

在司法实践中，检察官与辩方之间存在对立紧张的关系，检察

① 参见 M. McConville et al. , The Case for the Prosecution: Police Suspects and the Construction of Criminality, Routledge, 1991, pp. 36 - 55。

② 参见 E. O' Neill, Investigative Journalism After Watergate in the USA and UK: A Comparative Study in Professional Practice [Dissertation], University of Strathclyde, 2010, p. 6。

官赢得诉讼的愿望远远胜于追求实质司法公正的需要，这些现实状况与理论中的无罪推定原则和检察官承担排除合理怀疑证明责任的规则都存在一定冲突。① 在控方看来，承担证明责任并非一件好事。因为责任意味着沉重的负担，是一种引发担忧、充满困难和令人苦恼的义务。为了减轻和缓解控方承担的这一责任，回应无罪推定原则产生的障碍，一种有利于和便于获得有罪判决的法律框架便逐渐产生。这突出地表现为，近年来的法律修改和刑事司法体制的改革力在解决21世纪的犯罪问题和当前放纵犯罪这一最大的刑事司法错误，增加获得有罪判决的可能性和数量。② 例如，1994年的《刑事司法与公共秩序法》（Criminal Justice and Public Order Act 1994）大大削弱了被告的沉默权，警察权得以扩张。③ 再如，《2003年刑事审判法》删除了长久以来避免冤案的措施，其中包括

---

① 参见 M. McConville et al.，The Case for the Prosecution：Police Suspects and the Construction of Criminality，Routledge，1991。

② 当前的刑事司法体制无法解决21世纪的犯罪问题，具体参见 Michael Naughton，"'Evidence – Based – Policy' and the Government of the Criminal Justice System – Only if the Evidence Fits!" Critical Social Policy，Vol. 25，2005，pp. 47 – 69；时任英国首相的托尼·布莱尔指出，"或许当前最大的刑事司法错误是犯罪分子逃避了法律的制裁"。参见 T. Blair，"Prime Minister's Speech on 'Re – balancing of Criminal Justice System'"，June 18，2002，from http：//www. pm. gov. uk/output/Page1717. asp。

③ 在政府的大力推动下，1994年《刑事司法与公共秩序法》第34条至第37条对沉默权作出了限制。依照规定，在以下四种情形中，法官和陪审员可以作出适当推论：第34条是关于"伏击辩护"的，即嫌疑人在讯问阶段、被指控构成犯罪时以及被正式通知将被起诉时，有机会就相关事实回答问题，但他没有陈述，而在审理阶段又以此为辩护理由的情形；第35条规定的是被告在庭审的自我辩护阶段，在能够提供证据的情况下不提供，或者在宣誓后无正当理由拒绝回答问题的情形；第36条规定的情形是，如果警察逮捕嫌疑人时，发现嫌疑人人身、衣服或被逮捕地有与犯罪相关的可疑痕迹或物品，而嫌疑人不能给出合理解释的情形；第37条是关于嫌疑人是于犯罪发生时间、在犯罪发生地被逮捕，而嫌疑人未能就此给出解释的情形。也就是说，在上述四种情形下，法院可以作出不利于被告的推断。参见 Criminal Justice and Public Order Act 1994，Inferences from accused's silence，Section 34 – 37，from http：//www. legislation. gov. uk/ukpga/1994/33/part/III/crossheading/inferences – from – accuseds – silence。

可以有条件地采用传闻证据和不良品格证据。[①] 这些都说明，警察一贯主张的以“犯罪控制”为主要目的的刑事政策获得了政府的支持。在这种大背景下，检察官不再需要指纹、DNA 证据和目击证人证言等这些将犯罪嫌疑人与指控的犯罪联系起来的直接证据，他们可以在陪审团面前使用各种形式的间接证据和情况证据，这在无形中令检察官在对抗竞争中处于相对优势的地位。[②] 这一趋势与警察的侦查构成恶性循环关系：由于检察官在法庭上可使用证据范围的松动，警察在侦查过程中开始收集和利用某些间接证据和内在

① 英国《2003 年刑事审判法》对传闻证据规则的例外又进行了扩大。根据英国《2003 年刑事审判法》第 114 条的规定，不是以言词证据的形式提供的陈述，符合以下条件之一的，具备可采性：（1）《2003 年刑事审判法》第二章的任何条款或者任何其他成文法条款规定可采的；（2）第 118 条保留的任何法律规则规定可采的；（3）诉讼的各方当事人一致同意可采的；（4）法院认为司法利益要求其为可采的。这表明，法官对于传闻证据的可采性享有较大的自由裁量权。《2003 年刑事审判法》第 114 条第 2 款从 9 个方面具体规定了法官在行使自由裁量权时应当考虑的因素。具体内容请参见孙长永等译：《英国 2003 年〈刑事审判法〉及其释义》，法律出版社 2005 年版，第 104 页以下、第 592 页以下。

英国通过《2003 年刑事审判法》对品格证据规则重新进行了系统的构建。总体上说，这部法律废除了普通法规则，修正了《1865 年刑事诉讼法》第 6 条，并且废止了《1898 年刑事证据法》第 1 条第 3 款，以一章的内容几乎使有关刑事诉讼中不良品格证据可采性的法律法典化。在《2003 年刑事审判法》生效之前，被告人的不良品格证据只有在特殊情况下才可采。这一证据的运用受到以排除为原则、适用为例外的严格限制。《2003 年刑事审判法》第 101 条规定了被告人不良品格证据的可采性规则，其并非规定证据不能采纳的例外，而是反向地制定了 7 种证据可采的条件（gateway）。只要条件被满足，证据就具有可采性。第 5 种、第 6 种和第 7 种条件大大拓宽了以往被告人不良品格证据的可采范围。这 7 种条件具体是：（1）所有当事人都同意采纳的不良品格证据；（2）被告人自己提出的不良品格证据；（3）有重要证明力的证据（旨在采纳普通法中的“背景证据”）；（4）事关控辩双方之间重要问题的证据；（5）对被告人与其他同案被告人之间的重要问题有证明价值的证据；（6）纠正被告人虚假印象的证据；（7）被告人攻击了他人品格的情形。具体内容参见齐树洁主编：《英国证据法新论》，厦门大学出版社 2011 年版，第八章。

② 这一结论得到了有关研究的印证和支持，如麦克巴尼特（McBarnet）针对格拉斯哥市警局和地方法院的 105 例案件进行了针对性实证研究，其发现所构建的指导刑事程序运作的法律程序规则在本质上存在产生有罪判决的倾向。为此，“排除合理怀疑”从一个高度抽象的概念转换为现实的最低标准，可以轻易地被实现。参见 D. McBarnet，“The Royal Commission and the Judges’ Rules”，British Journal of Law and Society，Vol. 8，1981，pp. 15 and 155。

具有不可靠性的证据；反过来，在刑事司法实践中，检察官充当着仅凭警察提供的证据来审查侦查质量的角色，基本上无法发现侦查中被忽视或者被隐瞒的无罪证据，很难推翻警察得出的结论。警察和检察官之间的这种隐性的协作关系破坏了皇家检察署的独立性，使其实质上沦为警察的起诉代理机构。①

从理论上讲，辩护律师应当是避免无辜者被错误定罪的最大保障。然而，从已经发现和纠正的冤案可以看出，辩护律师并没有总是为委托人提供精密严谨的服务和周密的帮助。例如，学者约翰（John Baldwin）在为 RCCJ 研究分析的 400 份讯问犯罪嫌疑人的录音录像中发现，大部分律师在讯问室中实际上持消极被动的态度，他们基本上保持沉默或者很少说话，只是承担着一种名义上的角色，普遍上没有为犯罪嫌疑人提供实质性的帮助。② 从主观上讲，辩护律师倾向于认为委托人是有罪的，他们在很多情况下都会建议委托人进行有罪答辩，甚至有的律师会施加压力令委托人认罪。③ 从客观上讲，法庭上提交的证据主要是警察在侦查过程中发现和收集的证据，这些证据都是用来证明犯罪嫌疑人、被告人有罪的，这些信息和证据基本上无法帮助辩护律师进行有效的辩护。无论无罪推定原则在理论上如何能够避免刑事司法错误，但在现实中，辩方必须依照对抗程序在控方提供的预设事实和

---

① 参见 A. Sanders, "Prosecution Systems", in M. McConville and G. Wilson (eds.), Handbook of Criminal Justice, Oxford University Press, 2002, pp. 158 – 159。相比皇家检察署，警察明显处于主导地位，因为皇家检察署在现实中的地位仅仅是根据警察筛选的证据来审查警察移送的案件，"现实中，被提起公诉的案件通常被塑造为具有可诉性，于是警察只会筛选支持起诉的事实和证据，而忽略、隐藏或者毁灭那些相反的证据"。

② 参见 John Baldwin, "Legal Advice in the Police Station", New Law Journal, Vol. 142, 1992, p. 1762。非律师辩护人提供的法律建议的质量也存在问题，参见 L. Bridges and J. Hodgson, "Improving Custodial Legal Advice", Criminal Law Review, February 1995, p. 95。

③ 这方面的研究参见 J. Baldwin & M. McConville, Negotiated Justice: Pressure to Plead Guilty, Martin Robertson, 1977, p. 70; A. Mulcahy, "The Justifications of Justice: Legal Practitioners' Accounts of Negotiated Case Settlements in Magistrates' Courts", British Journal of Criminology, Vol. 34, 1994, pp. 411 – 430。

证明框架内进行辩护，这本身就是对辩方的一种不利和限制。[①] 由于控方承担有罪证明责任，而且必须达到排除合理怀疑的程度，辩方没有必要获得积极主动调查无罪证据的资源就成为顺理成章的必然逻辑，于是他们所做的只是竭力在一堆不利于委托人的材料和信息中寻找问题，如在法庭上只能以控方的证明未能排除合理怀疑进行微弱的抗辩。[②] 更为糟糕的是，最近英国对刑事法律援助的大幅缩减，直接导致许多主张无罪的囚犯无法获得辩护律师的帮助。[③]

2 刑事司法体制外的因素

（1）目击证人辨认。

在英国，目击证人辨认的不可靠性早已被认定为导致冤案的成因之一，而且深深地影响着英国刑事司法体制改革。[④] 在相关法律

---

① 关于这一问题的详细论述参见 A. Green，Power，Resistance，Knowledge：The Epistemology of Policing，Midwinter and Oliphant，2008。

② 参见 M. McConville and C. Mirsky，Jury Trials and Plea Bargaining：A True History，Hart，2005。

③ 参见 Law Society，Defending Rights：Access to Justice Review，Law Society，2010。

④ 在英国普通法中，首次实质上涉及目击证人错误辨认问题的案例是贝克案。贝克曾于 1896 年和 1904 年两次因目击证人辨认错误而被错误定罪，但最终在 1904 年 7 月被认定为无罪而获得完全的赦免。参见 T. Coates，The Strange Case of Adolph Beck，Stationery Office，2001，pp. 202 – 206。1976 年，由帕特里克·德夫林（Patrick Devlin）领导的刑事辨认证据专门委员会发布的报告（Departmental Committee on Evidence of Identification in Criminal Cases）以拉兹洛（Laszlo Zirag）案和卢克（Luke Dougherty）案为依据，系统分析了关于目击证人辨认制度的法律和程序。参见 P. Devlin，Report to the Secretary of State for the Home Department on the Departmental Committee on Evidence of Identification in Criminal Cases，HMSO，1976。该委员会的主要发现是，那些完全或者主要依靠目击证人辨认证据定罪的案件存在错误定罪的风险偏高，并据此提出了立法建议：审判法官必须明确告知陪审团完全或者主要依靠目击证人辨认证据定罪是不安全的，除非符合例外情形或者有其他实物证据或有关证据相互印证；此外，审判法官还必须提示陪审团哪些情形是可以被视为支持辨认证据的，同时指示陪审团如果无法发现此类支持情形或者其他印证证据，应当作出无罪判决（pp. 149 – 150）。尽管这些建议都未能转化为成文法，但是上诉法院刑事庭通过案例，特别是特恩布尔（Turnbull）案例吸收和体现了这些建议，将其转化为新的普通法规则。参见 R. v. Turnbull and Others［1976］63 Cr. App. R. 132，Paragraphs 228 – 229。

中，最具里程碑意义的是2011年3月6日正式生效的《警察和刑事证据法：行为守则与指南D》（Police and Criminal Evidence Act：Code D），其针对警察在刑事侦查过程中锁定犯罪嫌疑人的方法制定了大量的规则和程序。在这份长达56页的详细的行为指南中，第1.2条明确规定了避免目击证人辨认所导致的冤案，主要包括两方面的内容：必须检测目击证人识别和辨认之前见过某人的能力，以及避免错误辨认的安全措施。其中最关键的安全措施包括：如果犯罪嫌疑人对目击证人的辨认结果持有异议，必须进行正式的辨认程序（视频辨认、列队辨认或者群体辨认）（Code D 3.12）；在目击证人进行辨认之前，要求目击证人首先必须描述犯罪嫌疑人的特征并进行记录（Code D 3.1）；如果警察陪同目击证人到特定场所或者区域进行辨认，他们不能引导目击证人去特意关注某一个特定人（Code D 3.2b），而且警察必须迅速、及时、详细地记录所采取的行动（Code D 3.2e）；如果存在多名目击证人，必须采取一切措施以保证每位目击证人进行独立辨认（Code D 3.2c）；如果警察已经锁定了特定的犯罪嫌疑人，禁止向目击证人出示特定犯罪嫌疑人的照片或者画像（包括电子合成图或者人工素描肖像）（Code D 3.3）。[①] 尽管诸多措施都在竭力避免辨认错误，但从近来发现的冤案可以看出，辨认错误并没有被完全消灭。由于人的记忆并不如电子设备那般精确，存在出现错误的潜在风险，再加上警察无意中违背收集目击证人辨认证据的行为规则和法官无意中未能对陪审团进行正确的提醒和警示，目击证人辨认错误所导致的冤案在所难免。例如，肯尼斯（Kenneth Irvin）案、罗伯特（Robert North）案、约瑟夫（Joseph Quinn）案以及巴瑞（Barry Stanton）案等。[②]

① 参见Police and Criminal Evidence Act 1984 Code D：Code of Practice for the Identification of Persons by Police Officers，2011，from https：//www. gov. uk/government/uploads/system/uploads/attachment_ data/file/117600/pace－code－d－2011. pdf。

② 案件详情分别参见R. v. Irwin（Kenneth Anthony）［2007］EWCA Crim. 2701；R. v. North（Robert）［2006］EWCA Crim. 915；R. v. Stanton［2004］，EWCA Crim. 490。

（2）自愿供述。

即使没有故意的刑讯逼供，无辜的犯罪嫌疑人尤其是年幼或者精神存在问题的犯罪嫌疑人也会进行自愿的错误供述。布兰登和戴维在1973年的研究成果以及JUSTICE组织在1989年的研究成果已经充分印证了这一点。[①] 最近，吉斯里·谷迪约森（Gisli Gudjonsson）首次针对讯问的暗示性、心理的脆弱性与虚假供述进行了检测和应用性研究，这成为从心理学上解释犯罪嫌疑人为何会自愿承认从未实施过的犯罪的主要来源。更有意义的是，吉斯里列举了过去20年发现的具有代表性的因心理脆弱作出虚假供述而导致的冤案，并进行了系统性的分析，指出了心理学专家提供的证言在供述存疑案件中的可采性问题。[②] 尽管如此，最近发现的冤案表明在司法实践中仍然存在对心理脆弱的犯罪嫌疑人作出的有罪供述缺乏足够警觉的现象，有心理脆弱倾向的犯罪嫌疑人作出的自愿虚假供述仍然是导致冤案的成因之一，如劳利斯（Ian Lawless）案。[③]

（3）法庭科学与专家证据。

目前，警察和检察官越来越多地运用法庭科学和专家证据对犯罪进行指控，前者如指纹、DNA证据、电子证据、通信地点锁定、笔迹鉴定、声音识别等，后者如病理学家、毒理学家、儿科专家、精神病专家等各类专家提供的各类证言。

受美剧《犯罪现场调查》的影响，人们普遍认为各类科学证

---

① 参见R. Brandon and C. Davies, Wrongful Imprisonment: Mistaken Convictions and their Consequences, George Allen & Unwin, 1973, pp. 49-65；JUSTICE, Miscarriages of Justice, JUSTICE, 1989, pp. 15-16。

② 参见G. Gudjonsson, The Psychology of Interrogations and Confessions: A Handbook, Wiley, 2005。吉斯里在书中列举了12个典型的冤案，并阐明了不同类型的心理脆弱导致的自愿虚假供述（pp. 459-513）。

③ 参见R. v. Lawless (Ian) [2009] EWCA Crim. 1308. 94；BBC News, "Court Quashes Murder Conviction", June 16, 2009。

据以及专家证言具有极高的可靠性,[①] 但实践表明并非如此，因科学证据以及专家证言潜在的局限性导致的冤案并非少数。

首先，在各类科学证据中，指纹检测和 DNA 检测可谓是相对成熟的技术，具有极强的说服力。然而，司法实践表明仍然需要相当谨慎地采信这两类证据。在过去的一个世纪里，指纹曾被誉为“黄金标准”，但诸多案例和研究表明其具有内在的弱点，代表性案例是麦凯（McKie）案。[②] 2008 年，苏格兰成立了指纹调查处来详细调查麦凯案中运用指纹证据存在的种种问题，并对此提出了有关措施和改革建议以避免类似的错误。其在 2011 年提交的最终报告中指出，指纹证据应当被视为意见证据，而不应当当然地被视为事实，法官应当谨慎评价这类证据的可信度，并以此为基础提出了 86 项建议。如此一来，指纹鉴定者不应当再报告说他们的结论具有百分之百的准确性或者暗示指纹证据是不会出错的；他们应当接受培训，强化他们的结论只是个人意见的意识，而且这种个人意见容易受到鉴定材料、鉴定者能力等多重因素的影响。[③] 在指纹证据之后，DNA 证据成为了新的“黄金标准”，DNA 检测成为了锁定犯罪嫌疑人的重要工具。无论是传统的短串联重复序列（Short Tandem Repeat，简称 STR）鉴定技术，还是低拷贝数（Low Copy Number）DNA 鉴定技术，都存在一定的出错风险。尽管这一几率

① 参见 Y. S. Kim et al.，“Examining the‘CSI – Effect’in the Cases of Circumstantial Evidence and Eyewitness testimony：Multivariate and Path Analyses”，Journal of Criminal Justice，Vol. 37，p. 2；关于是否现实存在这一影响尚存在争论，有关文献参见 D. Shelton，“The‘CSI Effect’：Does It Really Exist?” National Institute of Justice Journal，Vol. 259，pp. 1 – 7；A. P. Thomas，“The CSI Effect：Fact or Fiction”，Yale Law Journal，Vol. 115，pp. 70 – 72。

② 关于这一案件的详细情况参见 I. Burrell，“The Trusted System that Wrongful Fingered a Detective”，The Independent，October 20，2000；E. O’Neill，“Mark of Innocence”，The Guardian，April 18，2006。

③ 参见 Fingerprint Inquiry Scotland，“The Fingerprint Inquiry Report”，APS Group Scotland，2011，p. 740。

极低，但完全可以说明 DNA 鉴定结论并非百分之百确定。[①] 此外，DNA 鉴定技术通常运用的是部分 DNA 图谱、[②] 犯罪现场获得的 DNA 样本通常是多人混合的 DNA，[③] 以及 DNA 存在偶然转移或二次转移的可能，[④] 这都增加了 DNA 鉴定结论出现错误的风险。

其次，从英国的普通法角度来看，专家证人证言的主要作用是具有某类专长知识的人帮助法官或者陪审团了解一般人所无法理解的事情。[⑤] 从成文法角度来看，专家证人的义务主要是客观公正地提供意见，不受控辩双方的控制；同时，如果他们的意见发生了变

---

① 参见 Michael Naughton and G. Tan，“The Need for Caution in the Use of DNA Evidence to Avoid Convicting the Innocent”，International Journal of Evidence and Proof，Vol. 15，2011，pp. 245－257。关于各类 DNA 鉴定技术及其优缺点的介绍参见 W. Goodwin et al.，An Introduction to Forensic Genetics，Wiley，2007；A. Jamieson，“LCN DNA－Devil in the Detail”，Journal Online：The Members' Magazine of the Law Society of Scotland，February 12，2007。

② 关于这一问题的论述参见 S. Semikhodskii，Dealing with DNA Evidence，Routledge，2007，pp. 36－37；Human Genetics Commission，“A Citizens' Inquiry into the Forensic Use of DNA and the DNA Database：Contractor's Report”，2008，from http：//www. hgc. gov. uk。

③ 官方低估了分析混合 DNA 样本的难度，参见 National Policing Improvement Agency，“The National DNA Database：Basic Facts－FAQS”，2010，from http：//www. npia. police. uk/en/13340. htm。关于混合 DNA 样本的分析难度的论述参见 J. Buckleton et al.，“Towards Understanding the Effect of Uncertainty in the Number of Contributors to DNA Stains”，Forensic Science International：Genetics，Vol. 1，2007，pp. 20－28；A. Jamieson，“Mixed Results”，The Guardian，February 28，2008。

④ 关于这一问题的论述参见 P. Gill and A. Kirkham，“Development of A Simulaiton Model to Assess the Impact of Contamination in Casework Using STRs”，Journal of Forensic Science，Vol. 49，2004，pp. 1－7；A. Lowe et al.，“The Propensity of Individuals to Deposit DNA and Secondary Transfer of Low Level DNA from Individuals to Inert Surfaces”，Forensic Science International，Vol. 129，2000，pp. 25－34。

⑤ 在过去的两个世纪里，英国通过案例法逐渐形成了规制专家证人角色的规则。在福克诉查德案（Folker v. Chadd）中首先明确了专家证人的角色，但在 1894 年的斯维洛克案（R. v. Silverlock）中关于专家证人的角色有了小小的变动，不再局限于经过特殊训练或者特殊经历的人，而只要求在某一方面的知识比普通人多。新近关于专家证人角色定位的案例有 1975 年的特纳案（R. v. Turner）、1984 年的博奈森案（R. v. Bonython）、1991 年的罗布案（R. v. Robb）和 2003 年的霍奇斯案（R. v. Hodges and Another）。

化，应当及时通知各方和法庭。[①] 尽管如此，知识本身具有的局限性以及特定专家的知识背景或者思维，都会导致专家证言存在一定的限制，如著名的儿科专家梅多（Sir Roy Meadow）教授因善意地提供错误的意见证据而导致了多例冤案。[②]

第三节 中国冤案具体成因剖析

一、概述：当前研究存在的问题

中国冤案的成因是什么？对于这个课题，国内目前有了少量的研究。然而，综观我国当前的相关文献，笔者发现，当前的研究成果主要存在以下两个问题：

其一，诸多学者都在刑事错案的概念下探讨和阐述这一问题，结论缺乏严谨性。[③] 笔者认为，刑事错案的成因固然是一个值得研究的课题，但是，必须注意的是，刑事错案的范围太广，不仅包括错判，而且包括错放；不仅包括事实上存在错误的案件，也包括程序上存在瑕疵或者法律上适用错误的案件。研究范围越宽泛，越难以得出有实际意义的具体的规律性结论。或许基于这一原因，国内

---

① 参见 Criminal Procedure Rules，"Part 33 Expert Evidence"，2011，from http：//www. justice. gov. uk/courts/procedure－rules/criminal/rulesmenu/part_ 33。

② 根据梅多的解释，其著名的专业解释套路完全违背了无罪推定原则。其构建的理论认为，因为无法解释的儿童死亡或者婴儿猝死在单个家庭是极其罕见的现象，而且难以通过自然原因解释，所以一个婴儿的猝死是悲剧，两个婴儿的猝死可疑，三个婴儿的猝死就是谋杀，除非有相反的证据。参见 R. Meadow（ed.），ABC of Child Abuse，BMJ Books，1989；L. Moss，"Study Casts Doubt on 'Meadow's Law' of Sudden Child Death"，The Independent，December 31，2004。

③ 当然，也有少量非常宝贵的文献题文相对，着重研究了冤案的成因，其中的典型代表是赵琳琳所著的《刑事冤案问题研究》、顾永忠教授最新发表的论文《刑事冤案发生的深层认识原因剖析——以刑事审判为分析视角》以及陈永生副教授的论文《我国刑事误判问题透视——以20起震惊全国的刑事冤案为样本的分析》。

几乎所有冠以“刑事错案”之名的文献最后实际上都只是在集中探讨冤案的成因。虽然有的作者在文中作出了特殊说明，但没有提出冤案这一概念，的确稍显遗憾。例如，刘品新在其主编的《刑事错案的原因与对策》一书中所收集和分析的大部分案例均是冤案；王乐龙撰写的《刑事错案：症结与对策》一书和王佳撰写的《追寻正义：法治视野下的刑事错案》一书的研究重点，实际都是冤案所涉及的问题；等等。如此一来，由于在他们收集和分析的样本中有些不是严格意义上的冤案，尽管他们的研究结论可能具有一定的合理性，但缺乏足够的说服力和科学严谨性。①

其二，现有的研究分析缺乏准确性，有泛化研究的趋势。正如国外学者所言，冤案是最大的刑事司法错误，因此应当首先采取一切可能的措施防治这一最严重的问题。如同治病一样，在确定治疗方案之前，必须先找到病灶所在，方有可能治标又治本。要想有效地防治冤案，必须首先准确发现冤案的成因。然而，我们不得不承认，冤案的成因是极其复杂的，往往是多种因素综合作用的结果。我们不仅要认识到这些复杂的因素，更要从这些错综复杂的因素中理出头绪，明晰各种因素的作用力，突出重点的根源性问题，这才是最有意义和价值的。从现有文献来看，它们大都试图全面性地发现导致冤案的各种因素，规律性结论因缺乏针对性而过于宽泛。其中，有的研究成果甚至将中国过去或者当前刑事诉讼体制中各阶段存在的各种问题都列为冤案的成因。这种“眉毛胡子一把抓”的全面性研究策略虽然有一定的可取之处，但似乎失去了重点和主次，甚至有可能脱离冤案这一特定问题。辩证地来看，当诉讼制度处处存在问题的时候，处处就不再是问题，反而模糊了根源性问

① 具体来说，在《刑事错案的原因与对策》一书所收集的样本案例中，包括了一审判决有罪但二审改判无罪的案件。这类案件的确是刑事错案，但绝对不是冤案，因为有罪判决尚未生效。虽然这类刑事错案也有相当的严重性和危害性，但被告人始终没有进入服刑阶段。

题。在这种结论下寻找预防冤案的对策，只能得出一堆没有主次，甚至会起到相反效果的方案。例如，李建明教授在《刑事司法错误——以刑事错案为中心的研究》一书中，将刑事错案（实际上主要是冤案）的成因归结为八大方面，如传统法律文化的消极影响、司法机关工作机制的非理性成分、刑事政策的偏差和刑事政策的误读等，都过于宽泛。从某种角度上看，这已经不再是论述刑事错案（冤案）的成因，而是在分析当前我国刑事诉讼过程中存在的普遍性问题。再如，赵琳琳在其撰写的《刑事冤案问题研究》中，将我国冤案的成因划分为证据的因素、人的因素、制度的因素、制度之外的因素等几方面。这种大而全的划分方式除了存在泛化的趋势之外，其内在逻辑也存在相互重叠和彼此冲突的问题。例如，证据的因素很多时候都掺杂了人的因素和制度的因素。另外，在具体阐述每个因素时，其研究视野很多时候并没有针对中国的具体情况，如在论述错误供述时，就完全照搬了美国学者的实证研究理论来阐述这一问题，已经脱离了中国的实际。所谓的强迫－内化型虚假供述并不是当前中国导致冤案的一个普遍因素。这或许解释了为何上述国外学者针对冤案成因的研究没有采取大而化之的全面性分析路径，而是诊断具体根源。

二、本书的研究思路

鉴于我国当前研究冤案成因存在的上述问题，受国外学者尤其是英美法系相对比较成熟的研究思路的启发，笔者在探究中国冤案成因时，在研究路径上突出了以下几个基本点：

其一，严格限定研究对象——冤案。笔者研究分析的案件全部都是严格按照本书第一章冤案的概念进行筛选的，即事实上无罪之人被定罪且有罪判决生效之后又得以重新释放的案件。

其二，以当前中国已经发现和纠正的冤案为基本素材。冤案的成因是一个不折不扣的实践性问题，必须从已经发现的冤案中探寻。虽然这种研究有一定的滞后性，但这也是唯一可行的现实性研究方法。

其三，突出剖析导致冤案的独特因素。美国学者在反思关于冤案成因的传统研究时，提出了一些质疑。他们认为，只有在比较之中，才能发现冤案的真正成因。换言之，将冤案与那些因被错误逮捕、错误侦查、错误起诉而被法庭判为无罪（包括一审或二审）的案件比较后，才能发现导致无罪之人被错误定罪的独特因素，这才是导致冤案的真正成因。

其四，理清冤案成因的层次性。现代刑事司法的运行是建立在无罪推定基础之上的，控方需要承担证明责任，只有法庭认为这一证明满足了证明标准之后，被告人的无罪推定才被推翻，从而成为法律上的有罪之人。在这一过程中，从侦查机关收集证据到检察机关审查证据，再到法庭评价证据，每一个步骤都可能会出现问题导致冤案。但是，每个阶段具体的因素导致冤案的影响力各不相同，需要区别对待。“从导致冤案发生的原因来看，无疑与侦查机关关系最大，检察机关次之，审判机关再次之。”①

三、研究样本——18 例典型冤案及其特点

冤案被告人	原案诉讼期间和地点	原案判决情况	发现纠正冤案的原因、时间	律师来源及其辩护意见	导致冤案的主要直接因素
陈满②	1992～1999 海南	判决：以故意杀人罪、放火罪； 一审：死缓； 二审：驳回抗诉，维持原判	申诉； 2016 年 2 月再审改判无罪	委托律师； 证据不足、无罪辩护	刑讯逼供； 缺乏物证和鉴定材料； 口供定罪； 警察作伪证； 省人大督办

① 参见顾永忠：《刑事冤案发生的深层认识原因剖析——以刑事审判为分析视角》，载《法学杂志》2013 年第 12 期，第 87 页。

② 参见《陈满冤案始末》，载腾讯网，http：//cd. qq. com/p/topic/20160202037673/ index. html，2016 年 7 月 1 日访问。

续表

冤案被告人	原案诉讼期间和地点	原案判决情况	发现纠正冤案的原因、时间	律师来源及其辩护意见	导致冤案的主要直接因素
佘祥林①	1994～1998年湖北	判决：故意杀人罪； 一审：死刑； 二审：发回重审； 重审一审：15年有期徒刑； 重审二审：维持原判	被害人“复活”； 2005年4月再审改判无罪	委托律师； 证据不足、无罪辩护	刑讯逼供； 侦查工作不充分； 警察捏造证据； 未利用科技证据； 辨认结论存疑； 三长联席会议； 疑罪从轻
王本余②	1994～1996年内蒙古	判决：故意杀人罪、奸淫幼女罪； 一审：死缓	真凶落网； 2013年7月再审改判无罪	委托律师； 证据不足、轻罪辩护	刑讯逼供； 侦查工作不充分； 疑罪从有
许玉森、许金龙、张美来、蔡金森③	1994～1999年福建	判决：抢劫罪； 一审：许玉森、许金龙、张美来死刑，蔡金森死缓； 二审：改判许玉森、许金龙、张美来死缓期，维持对蔡金森的一审判决	申诉； 2016年2月再审改判无罪	指定律师； 证据不足、无罪辩护	刑讯逼供； 口供定罪； 缺乏作案工具等物证印证； 忽视无作案时间的证人证言； 侦查人员伪造证据； 滥用鉴定结论

① 参见《湖北杀妻冤案》，载新浪网，http：//news. sina. com. cn/z/hbshaqi/，2013年12月24日访问。

② 参见《聚焦“王本余错案”：18年后杀人罪名终洗清》，载中国法院网，http：//www. chinacourt. org/article/detail/2015/02/id/1544667. shtml，2016年7月1日访问。

③ 参见《福建莆田4人被控抢劫杀人22年后判无罪 专家呼吁冤案纠正建制》，载凤凰网，http：//news. ifeng. com/a/20160205/47368222_0. shtml，2016年8月1日访问。

续表

冤案被告人	原案诉讼期间和地点	原案判决情况	发现纠正冤案的原因、时间	律师来源及其辩护意见	导致冤案的主要直接因素
黄家光①	1994～2000年海南	判决：故意杀人罪；一审：无期徒刑；二审：维持原判	申诉；2014年9月再审改判无罪	指定律师；证据不足、无罪辩护	刑讯逼供；虚假证词；忽视不在场的线索
呼格吉勒图②	1996～1996年内蒙古	判决：故意杀人罪；一审：死刑；二审：维持原判	真凶落网；2014年12月再审改判无罪	指定律师；有罪辩护	刑讯逼供；鉴定结论错误
孙万刚③	1996～1998年云南	判决：故意杀人罪；一审：死刑；二审：发回重审；重审一审：死刑；重审二审：死缓	申诉；2004年1月再审改判无罪	委托律师；证据不足、无罪辩护	刑讯逼供；不可靠的科技证据；侦查工作不充分；疑罪从轻
于英生④	1996～2002年安徽	判决：故意杀人罪；一审：死缓；二审：发回重审；重新一审：死缓；重新二审：发回重审；再次重新一审：无期徒刑；再次重新二审：维持原判	申诉；2013年8月再审改判无罪；2013年11月真凶落网	委托律师；证据不足、无罪辩护	刑讯逼供；警察捏造证据；侦查工作不充分；疑罪从有从轻

① 参见《海口男子“杀人”冤案17年后昭雪 曾遭吊打逼供》，载腾讯网，http：//news. qq. com/a/20141210/012895. htm，2016年8月1日访问。

② 参见《呼格吉勒图案再审 受害者母亲至今不知女儿遇害》，载腾讯网，http：//news. qq. com/a/20141121/004577. htm，2016年9月1日访问。

③ 参见《孙万刚冤案综述》，载司法案例研究网，http：//www. njucasereview. com/web/hot/hot/2000/20120223/100734. shtml，2015年12月24日访问。

④ 参见《安徽于英生冤案真凶受审》，载人民网，http：//legal. people. com. cn/n/2015/0106/c42510－26331785. html，2016年8月10日访问。

续表

冤案被告人	原案诉讼期间和地点	原案判决情况	发现纠正冤案的原因、时间	律师来源及其辩护意见	导致冤案的主要直接因素
郝金安①	1998 年山西	判决：抢劫罪（致人死亡）；一审：死缓	意外发现真凶；2008 年 1 月再审改判无罪	指定律师；证据不足、无罪辩护	刑讯逼供；侦查工作不充分；暴力取证
杜培武②	1998 ~ 1999 年云南	判决：故意杀人罪；一审：死刑；二审：死缓	意外发现真凶；2000 年 7 月再审改判无罪	委托律师；证据不足、无罪辩护	刑讯逼供；侦查工作不充分；警察造假；不可靠的科学证据；疑罪从轻；三长联席会议
徐辉③	1998 ~ 2001 年广东	判决：故意杀人罪、强奸罪；一审：死缓；二审：维持原判	申诉；2014 年 4 月再审改判无罪	委托律师；证据不足、无罪辩护	刑讯逼供、疲劳审讯；口供定罪；口供彼此矛盾；滥用鉴定结论；关键物证缺失

① 参见《本报记者临汾调查郝金安冤案》，载《法制日报》2010 年 8 月 1 日。

② 参见郑显才、施家三：《杜培武错案的前前后后》，载人民网，http://unn.people.com.cn/GB/channel23/176/842/200011/08/6165.html，2015 年 1 月 10 日访问。

③ 参见《死缓犯徐辉的 16 年申诉路 从有罪到无罪释放》，载新浪网，http://gd.sina.com.cn/zh/news/2014-09-30/101513890.html，2016 年 8 月 1 日访问。

续表

冤案被告人	原案诉讼期间和地点	原案判决情况	发现纠正冤案的原因、时间	律师来源及其辩护意见	导致冤案的主要直接因素
刘吉强①	1998～2003 年吉林	判决：故意杀人罪；一审：死缓；二审：发回重审；重审一审：死缓；重审二审：维持原判	申诉；2016 年 4 月再审改判无罪	委托律师；证据不足、无罪辩护	刑讯逼供；侦查工作不充分；口供定罪；无人证物证
张绍友②	1999～2003 年河南	判决：故意杀人罪、强奸罪；一审：死刑；二审：死缓	抓获真凶；2008 年 12 月再审改判无罪	委托律师；证据不足、无罪辩护	刑讯逼供；侦查行为不充分；未进行 DNA 鉴定
王俊超③	1999 年河南	判决：奸淫幼女罪；一审：徒刑 9 年	真凶自首；2005 年 8 月再审改判无罪	委托律师；证据不足、无罪辩护	刑讯逼供；未进行 DNA 鉴定
覃俊虎、兰永奎④	1999～2000 年广西	判决：故意杀人罪、抢劫罪；一审：覃俊虎死缓、兰永奎无期；二审：维持原判	真凶自首；2003 年 6 月再审改判无罪	委托律师；证据不足、无罪辩护	刑讯逼供；侦查工作不充分；未利用科学证据

① 参见《吉林男子刘吉强被控杀人 3 次判死缓 18 年后改判无罪》，载法制网，http：//www. legaldaily. com. cn/legal_ case/content/2016 - 05/27/content_ 6650598. htm? node = 33128，2016 年 8 月访问。

② 参见《女医生被沉尸井中 嫡亲叔叔蒙冤入狱 8 年》，载网易新闻，http：//news. 163. com/09/0109/05/4V6N8VF900011229. html，2015 年 12 月 1 日访问。

③ 参见《19 岁青年被判强奸侄女：入狱 6 年后真凶招供》，载网易新闻，http：//news. 163. com/05/0830/18/1SE2ITUC0001122E. html，2015 年 12 月 1 日访问。

④ 参见《刑讯逼供造成的冤假错案》，载光明网，http：//www. gmw. cn/content/2005 - 02/04/content_ 177726. htm，2015 年 7 月 24 日访问。

续表

冤案被告人	原案诉讼期间和地点	原案判决情况	发现纠正冤案的原因、时间	律师来源及其辩护意见	导致冤案的主要直接因素
赵作海①	1999～2003年河南	判决：故意杀人罪； 一审：死缓	被害人“复活”； 2010年5月再审改判无罪	指定律师； 证据不足、无罪辩护	刑讯逼供； 侦查工作不充分； 暴力取证； 警察造假； 未充分利用DNA证据； 政法委干预
柯长桂②	2002～2004年陕西	判决：故意杀人罪； 一审：死缓； 二审：发回重审； 重审一审：有期徒刑15年； 重审二审：维持原判	申诉； 2016年7月再审改判无罪	指定律师； 证据不足、无罪辩护	刑讯逼供、诱供、骗供； 滥用测谎技术； 违法降低审级
张　辉、张高平③	2003～2004年浙江	判决：强奸罪（致人死亡）； 一审：张辉死刑、张高平无期徒刑； 二审：张辉死缓、张高平15年徒刑	发现“新证据”； 2013年3月再审改判无罪	委托律师； 证据不足、无罪辩护	刑讯逼供； 滥用监狱线人； 警察造假

分析上述18例近些年来发现纠正的重大冤案，可以总结出以

① 参见《赵作海冤案》，载腾讯网，http：//news. qq. com/zt2010/zhaozuohai/，2015年11月20日访问。

② 参见《盼了13年终沉冤昭雪》，载新浪网，http：//news. sina. com. cn/o/2016－07－02/doc－ifxtscen3155040. shtml，2016年8月1日访问。

③ 参见《依法纠正一起错案》，载正义网，http：//news. jcrb. com/jxsw/201307/020，2015年12月1日访问。

下几个特点：

第一，案件类型主要是严重暴力犯罪。其中，以故意杀人罪、强奸罪、抢劫罪最多，而且存在受害人死亡的结果，即俗称的“命案”。之所以如此，大致有以下几个原因：

（1）办案机关承受的压力较大。在严重的暴力犯罪中，特别是在被害人死亡的情况下，社会关注度通常比较高，被害人家属也会通过各种方式要求办案机关尽快将真凶绳之以法。出于维稳的考虑，侦查机关普遍存在着“命案必破”的要求，而且有时候还要“限期破案”。面对如此压力，当案件线索毫无头绪或者线索并不确切的时候，有些缺乏法治意识或者法治意识淡薄的侦查人员必然会采取一些包括刑讯逼供在内的非法手段，想方设法锁定犯罪嫌疑人，收集以认罪口供为中心的证据材料。

（2）办案人员容易受到急功近利的诱惑。很多一段时期内，侦查机关总是将查处犯罪案件的数量特别是大案要案含量作为工作目标和衡量政绩的标准。只要侦查机关单方面宣布侦破重大暴力犯罪案件，相关的办案人员就会得到各种立功、晋升等嘉奖。在这种现实利益的诱惑下，有些急功近利的办案人员会突破法律的底线，在毫无任何线索的情况下，想当然地先入为主，怀疑某某作案，千方百计收集各类证据材料，甚至不惜伪造捏造证据材料，完成所谓的案件侦破。

（3）无辜者及其家属有更大的动力倾尽其力坚持申诉。严重暴力犯罪案件中，被告人一般会被判处重刑甚至是死刑。当面临着长期被剥夺自由或者生命时，无罪的被告人或其家属肯定会有更大动力去翻案，多年来一直想法设法坚持申诉。例如，在上述18例典型冤案中，无辜者本人或其家属一直都在想方设法进行申诉，有的无辜者本人在服刑期间一直喊冤，拒不认罪，拒绝减刑，有的亲属甚至辞去了工作，专门向有关机关和部门反映问题，投入大量的财力物力，还有的在服刑完毕之后仍设法翻案。正是这种锲而不舍的申诉，才使得有些案件受到了媒体以及社会的关注，才有可能得以纠正。

第二，发案时间主要集中于上世纪90年代。从上述收集的18例典型冤案来看，主要是上世纪90年代发生的。主要原因可能有几以下几项：

（1）刑事诉讼法制化处于起步阶段。由于极左思潮以致十年动乱，建国初期的立法活动被彻底搁置。结果造成了中华人民共和国成立后的30年间，没有刑事诉讼法典。1976年10月，随着粉碎“四人帮”，十年动乱结束，制定刑事诉讼法的契机重新来临。1979年2月成立的全国人大常委会法制委员会，在1963年刑事诉讼法草案初稿的基础上，进一步总结经验，起草了新的法典草案，并于1979年6月提请第五届全国人大第二次会议审议，后于1979年7月1日通过。它的颁布和施行无疑是刑事法制建设的一个重要里程碑，从此，我国刑事诉讼活动正式纳入法制化的轨道，结束了办理刑事案件无法可依或者只凭政策、单行法规办案，甚至凭经验办案，以言代法的历史，公安司法机关办理刑事案件有了共同遵守的准则和程序。该法的制定和实施，对于保证准确及时地惩罚犯罪，保障改革开放和社会主义现代化建设的顺利进行，发挥了重要作用。但是，受其制定时的历史条件所限制，存在一些不足。例如，被告人在审判阶段才能委托律师为其辩护，权利最需要保障的侦查阶段却无权获得律师辩护，没有确立无罪推定原则，证明责任和证明标准以及疑罪案件的处理缺乏可操作性的依据，非法取得的证据效力不明，致使一些违反或变相违反刑事诉讼法的行为屡禁不止，等等。这些制度上的不足为冤案的发生埋下了隐患。

（2）人权保障的理念和程序意识较为欠缺。即使制定了刑事诉讼法，但是对于刑事诉讼法的认识仍然较为落后，许多公安司法人员受传统思想和惯性思维的影响，一时难以转变。有的认为刑事诉讼只是惩罚犯罪，特别是有一部分人无限上纲上线，将刑事司法作为无产阶级专政的有效工具，在司法实践中一味重实体，程序意识淡薄。由于无法全面正确理解和执行刑事诉讼法，出现冤案并不意外。

（3）受严打刑事政策的影响。1981 年中央召开了五大城市治安座谈会，并发布了第 21 号档。该文件第一次提出了“打击不力”的问题。指出：“目前群众意见最大，认为我们打击不力的，就是这百分之六左右的重大恶性案件的首要分子，我们要依法从重从快打击的，也就是这些人”。这些人，指的就是杀人、放火、抢劫、强奸、爆炸以及其他严重危害社会的现行犯罪分子。之后，全国人大常委会于 1983 年 9 月作出《关于严惩严重危害社会治安的犯罪分子的决定》，要求依法从重从快、稳、准、狠地打击严重危害社会治安的暴力犯罪、经济犯罪、黑社会犯罪等刑事犯罪活动，严打拉开了序幕。此后，严打成为我国刑事司法的主题，一直持续数十年，分为若干战役，主导着我国刑事司法活动。虽然严打可以迅速扭转一个地方社会治安面貌，但绝非长久之计，严打行动在司法实践中因无具体操作标准而出现盲目性和随意性，执行不一，加之“从严”、“从重”、“从快”的要求，产生冤案在所难免。

第三，绝大部分冤案存在不同程度的刑讯逼供，口供出现不合常理的反复甚至相互矛盾，而且没有关键物证予以印证。

“文化大革命”期间，我国各项事业百废待兴，公检法也遭到巨大冲击。在改革开放初期，经济发展水平相对不高的情况下，公安机关的侦查手段较为原始和简单，侦查技术水准有限。主要是通过走访或者现场勘查，锁定犯罪嫌疑人逐渐排查，以获取口供作为破案的突破口。过分依赖口供，必然会导致冤案的发生。

第四，绝大部分冤案的律师提出了无罪辩护，而且提出辩护意见后来证明是合理正确的。

在上述 18 例典型冤案中，都有律师担任辩护人，或者由犯罪嫌疑人、被告人委托的律师，或者是法院指定的辩护律师。他们针对案件都提出了合理的辩护意见，而且绝大部分提出了证据不足的无罪辩护。事实证明，这些律师的辩护意见都是正确的，基本上都指出了案件证据存在的重大疑点。可惜的是，法院基本上都是以一种简单的方式的拒绝采纳，而且没有说明具体的原由。

四、冤案的成因剖析

司法制度通常包括两个层面，即司法运行机制和司法体制。前者主要涉及司法运行的规则、具体程序、制度等微观技术方面内容。后者主要涉及司法机关之设置、职能、地位、人员及内外关系等宏观结构方面内容。冤案的成因大致也可以从这两个层面进行剖析。

古今中外，冤案的产生归根到底均是证据和证明出现了问题。基于这一思路，笔者在批判性吸收现有文献成果的基础上，结合分析近年发现和纠正的典型冤案的特点，认为中国冤案的成因可以从三个层面依次进行剖析。在证据的收集过程中，失当的侦查行为是导致冤案的根源。在证据的审查把关过程中，检察官监督职责失守是导致冤案的直接推手。在证据的审查判断过程中，审判人员疑罪从有、从轻的做法直接导致了冤案的产生。司法运行过程之所以会出现上述现象，根源在于司法体制出现了问题，职能配置上存在着不符合司法规律的地方。

（一）冤案的源头——失当的侦查行为

刑事诉讼起始于立案侦查。在发现犯罪事实且需要追究刑事责任时，侦查机关会立即立案并迅速开展侦查。在侦查过程中，侦查人员主要围绕两个核心问题展开一系列侦查行为，并收集相关证据：锁定犯罪嫌疑人，查明犯罪事实。综观我国目前发现和纠正的冤案，我们发现，侦查机关无一例外地都在这两个问题上出现了原则性错误。例如，在杜培武案中，犯罪事实的确存在，但是侦查机关锁定了错误的犯罪嫌疑人；又如，在佘祥林和赵作海案件中，侦查机关对犯罪事实调查出现了方向性的错误。

从理论上来讲，侦查机关通过收集证据在查证过去发生的事实时，往往会出现各种错误，大致可以分为两类：一类是在特定的历史条件下，限于主客观的因素，对有些事实的探知超出了侦查人员的能力范围。从某种程度上来讲，这种错误是不可避免的。另外一类是在各种非理性因素的影响下，侦查人员没有尽职尽责地进行客观调查，甚至不惜使用非法手段。从我国目前纠正的冤案来看，侦查阶段存在的错误几乎全部来源于后者。正如顾永忠教授所言，当前我国冤案的发生无不伴随着违法办案甚至严重的刑讯逼供。[①] 分析已经纠正的冤案的侦查环节，笔者发现，侦查人员失当的侦查行为是导致冤案的源头。[②] 其中，最为常见的有以下几个问题：

第一，以暴力手段为主的刑讯逼供，强迫无罪之人进行虚假的有罪供述。

口供不仅可以作为一种直接证据证明案件的主要事实，而且可以作为重要线索指引侦查人员发现收集其他证据，尤其是物证等间接证据。因此，口供一直以来被誉为“证据之王”。我国侦查机关的办案模式一直以来都是以口供为重要突破口，甚至在很多情况下是唯一的突破口。这种“由供到证”的办案模式不仅高效、成本低廉，而且能够帮助构建完整的证据链条，所以对于侦查人员有着现实性的吸引力和效益诱惑。[③] 案发之后，侦查人员的首要事情往往是排查犯罪嫌疑人，然后对锁定的犯罪嫌疑人进行高强度讯问；尤其是对待重大恶性案件的犯罪嫌疑人和侦查存在较大难度的疑难案件，更是不惜任何代价获取口供。在这种背景下，再加上我国诉讼制度中长期以来缺乏可操作性的非法证据排除规则等一系列预防

---

① 参见“蓟门决策”讲座第61期：冤狱防范与律师作为，为顾永忠教授的发言，来源于 http：//news. sina. com. cn/c/z/yuanyufangfan/。

② 董坤在其著作中得出了类似的结论，他认为证据出现问题多基于侦查行为。参见董坤著：《侦查行为视野下的冤案问题研究》，中国人民公安大学出版社2012年版，第29页。

③ 参见樊崇义著：《迈向理性刑事诉讼法学——樊崇义刑事诉讼法学文选》，中国人民公安大学出版社2006年版，第355页。

制度，刑讯逼供的泛滥不足为奇。①

从理论和有关国际公约的规定来看，刑讯逼供是指为了获得有罪供述，对犯罪嫌疑人使用肉刑或者变相肉刑，令其遭受到“蓄意的肉体上或精神上的痛楚”或此方面的威逼。② 从我国当前发现的冤案来看，几乎所有的冤案在侦查阶段都存在刑讯逼供现象，而且使用的都是明显的暴力手段。例如，在郝金安案的再审庭审中，出庭的检察官、审判长多次询问郝金安为什么当初会认罪，郝金安声音哽咽、潸然泪下：“他们打得我要死，我不承认，他们就要一直打我。”又如，在浙江张氏叔侄冤案中，张高平在沉冤昭雪后叙述了曾经在讯问过程中遭受到的各种虐待：“在杭州西湖刑警大队我苦头吃尽：他们让我站了7天7夜，让我蹲马步，不让我吃饭，我实在受不了赖在地上，他们就抓我的头发，我还是起不来，他们就提着我的手铐不停抖，我被抖到骨头都酥了才勉强站起；用拖把棍按我的脚，按到我骨头受不了不停地叫，……现在手臂上还有被他们用烟头烫的疤。”

受尽各种暴力刑讯方式逼供后，很多犯罪嫌疑人最后都不得不认罪，但基本上都是泛泛地承认自己从事了涉嫌的犯罪。然而，一旦让其交代犯罪过程，由于犯罪嫌疑人不知晓犯罪事实的细节，他的供述不可能与公安机关掌握的有关线索和预设的犯罪事实相吻合。于是，侦查人员便以犯罪嫌疑人不老实为由对其进行各种威逼利诱，或者采用诱导式问题进行诱供，或者告知犯罪嫌疑人有关信

① 参见何家弘：《中国刑事司法的十大误区》，载联合早报网，http://www.zaobao.com/wencui/politic/story20131010-263108，2014年1月10日访问；何家弘：《刑讯逼供和虚假口供是中国错案的主因》，载凤凰网，http://news.ifeng.com/opinion/phjd/sjdjt/detail_2013_09/09/29438657_0.shtml，2014年1月10日访问。

当前，我国关于刑讯逼供的成因研究已经相当成熟，其代表文献参见陈光中主编：《沉默权问题研究——兼论如何遏制刑讯逼供》，中国人民公安大学出版社2002年版；靳学仁著：《刑讯逼供研究》，中国检察出版社2007年版。

② 参见靳学仁著：《刑讯逼供研究》，中国检察出版社2007年版。

息后强迫其复述，甚至有的直接强迫犯罪嫌疑人在所谓的有罪供述上签字。在很多情况下，侦查人员都已经意识到了其锁定的犯罪嫌疑人可能存在错误，并且明知供述是虚假或不可靠的。

第二，通过以狱侦耳目为典型的造假行为，利用伪证构建所谓的有罪证据链。

依据我国刑事诉讼法的规定，公安机关对已经立案的刑事案件应当进行侦查，收集、调取犯罪嫌疑人有罪或者无罪、罪轻或者罪重的证据材料。公安部制定的《公安机关办理刑事案件程序规定》第 187 条指出，公安机关对已经立案的刑事案件，应当及时进行侦查，全面、客观地收集、调取犯罪嫌疑人有罪或者无罪、罪轻或者罪重的证据材料。从上述规定可以看出，侦查机关在侦查过程中，具有客观公正的义务。在收集有罪证据的同时，不能忽略无罪的证据。然而，从已经发现的冤案来看，侦查机关并没有认真、全面履行这一职责。上文国外研究理论已经表明，由于受侦查机关的控诉角色的限制，侦查人员的视野往往容易局限于有罪证据，这是一个世界性难题。当然，我国也不例外。

然而，在具体分析我国已经发现的冤案后，我们发现，侦查机关不仅没有调查甚至故意忽视可能排除犯罪嫌疑的证据材料，而且在侦查机关收集和移送的许多有罪证据中，许多都是侦查人员蓄意捏造或者通过各种不正当手段虚构的证据。有的侦查人员故意捏造和窜改证人证言，甚至暴力胁迫证人提供伪证。例如，在王子发案中，侦查人员故意曲解受害人临终的话语并蓄意改变受害人之子的证言；又如，在赵作海案中，赵作海的妻儿受侦查机关强迫而辨认包裹尸体的编织袋是自家的。有的侦查人员故意利用监狱线人，唆使其作伪证，提供不利于犯罪嫌疑人的证言。例如，在张氏叔侄案中，唯一直接证据来自于证人袁某这位警方的狱侦耳目提供的伪证；又如，在王子发案中，核心证据之一是证人兰某（与王子发关在同一个监舍的狱友）向侦查人员报告的伪证。由此可见，在侦查过程中，尤其是在疑难案件的侦查过程中，有些侦查人员为了侦破案件，尽快构建完整的有罪证据链，公然违背法律，蓄意制造或者利用伪证，弥补或者掩盖案件存在的疑点。

第三，鉴定错误或选择性利用鉴定。

随着科学技术的进步，鉴定在刑事案件侦查过程中发挥的作用越来越大。从理论上和各国的实践来看，鉴定是一把双刃剑，它既可以在很多情况下为案件的成功侦破提供关键性线索，又局限于现有的技术水平，可能会出现一些偏差或者错误；它既可以进一步印证犯罪嫌疑人的作案嫌疑，又可能排除某人的犯罪嫌疑，成为特定犯罪嫌疑人的无罪证据。因此，既不能完全忽视鉴定和鉴定意见，也不能绝对盲目相信鉴定和鉴定意见。

研究我国已经发现的冤案可以发现，大部分都在鉴定上出现了问题。在不考虑人类能力所限的前提下，错误的鉴定主要来自于“垃圾科学”。例如，在王子发案中，定罪证据之一就是王子发身上的刀伤系自伤，其所依据的原理在今天看来非常荒谬可笑。在后来的再审中，新的鉴定意见也推翻了上述判断，认为王子发的刀伤系他伤。在更多的冤案中，侦查人员在选择是否进行鉴定和如何对待鉴定意见上存在较大的随意性。要么侦查人员没有重视有关证据材料，未选择进行任何鉴定；要么在鉴定之后，因为鉴定意见有利于犯罪嫌疑人而被故意忽视甚至隐匿。例如，在赵作海案和佘祥林案中，侦查人员对于已经完全失去表征的尸体没有进行 DNA 鉴定核实身份，而是仅凭有关亲属含糊的辨认或法医的推测就草率地确定了案件的受害人。这种根源性错误直接导致侦查人员虚构了两例完全错误的案件。再如，在覃俊虎、兰永奎案中，公安机关并没有对重要物质（匕首）进行鉴定；在张绍友案中，侦查人员未对受害人体内可能存有的精斑进行 DNA 鉴定；在陈建阳等五人案中，公安机关隐瞒了重要的血指纹鉴定意见；在赵新建案中，犯罪现场提取的阴毛经鉴定与赵新建的并不一致，但公安机关认为这一鉴定意见不具有排他性而忽略了它；等等。

第四，没有足够重视作案工具等关键物证的缺失。

在我国所有这些被发现的冤案中，尽管大部分属于疑难案件，但只要侦查人员在侦查过程中稍微全面谨慎一些，重视案件存在和出现的疑点，许多冤案完全可以避免。非常明显，在上述笔者列举的12例冤案中，侦查机关尽管依靠口供以及其他一些旁证构建了所谓的完整证据链，但在许多冤案中侦查机关当时都没有找到最为重要的某些物证，如作案工具、掩埋的分尸、涉案的财物等。这些物证虽然不能直接证明案情，但却是证据链中重要的一环。当然，在有些案件中，随着环境的改变或者受其他因素的影响，可能无法发现和获得这些物证，但侦查人员在综合全案证据后必须去通过收集其他证据合理排除这一疑点，否则必然留下冤案的滋生空间。

综上，侦查阶段的错误是导致冤案的源头，突出表现为侦查过程中的上述四类现象或行为。然而，这只是表象，行为背后有着更深层次的原因。简单来说，笔者将这一深层次原因归纳为“既定管状思维现象”：侦查人员在破案压力的推动下，受既定管状思维（Tunnel Vision）影响，在缺失责任追究制的大环境下，违背职责要求片面追求惩罚犯罪是造成冤案的必然结果。

具体分析如下：

（1）外在的压力。侦查人员的破案压力是多方面的，有来自破案率等绩效考核的压力，也有来自包括受害人在内的民众的压力，还有来自上级单位和有关领导的压力。

（2）内在的因素。侦查人员受既定管状思维影响，是指在侦查人员锁定犯罪嫌疑人的同时，一般已经对犯罪事实产生了一种或者多种假设方案，侦查人员的调查目的是寻找线索或证据材料来支持其假设，调查重点是收集各种有罪证据。在这种既定管状思维影响下，侦查人员的工作思维已经沦为“求真”，而完全放弃了“证伪”。如此一来，不仅会导致侦查人员有意或者无意地围绕着其假设进行调查，发现、挑选甚至是伪造证据来构建证据链，而且会忽略案件的其他可能。

（3）责任追究的缺失。缺失责任追究制，是指公安机关的侦查人员不用对自己承办的案件承担任何实质性不利责任。尽管我国刑事诉讼法和有关司法解释都明确规定侦查人员应当全面客观办案，但在外界压力和内在既定思维的双重影响下，侦查人员存在偏向于惩罚犯罪的趋势。对于承办的错案不需要承担任何不利责任，加剧了侦查人员惩罚犯罪的偏向，即利用一切可能的措施和手段构建他心目中的“铁案”。在无后顾之忧的前提下，缺乏有效即时制约的侦查权极容易被滥用，案件侦查质量失去了保障。在上述相互促进的三重因素的影响下，产生冤案是必然的结果。

最后，笔者在这里需要澄清一个问题。国内诸多学者认为，当前侦查阶段导致冤案的一个主要因素是侦查人员的有罪推定，笔者认为这种提法值得商榷。在现代刑事司法体制下，无罪推定是刑事诉讼的根基之一。所谓无罪推定，是指控方需要承担证明责任，在法庭作出有罪判决生效之前，所有犯罪嫌疑人和被告人都被推定为无罪。这里的“有罪”、“无罪”是在法律层面而言的，主要价值在于明晰证明责任的分配。换言之，在法庭作出有罪判决生效之前，犯罪嫌疑人和被告人仅在法律上是无罪的。“法律意义上的有罪推定”是被严格禁止的。但是，“事实意义上的有罪推定”则不尽然，因为“事实意义上的有罪推定”是人们根据经验对过去事实的一种推测和判断。例如，侦查阶段当然禁止“法律意义上的有罪推定”，犯罪嫌疑人不用承担自己有罪或者无罪的责任。但同时，侦查人员的侦查行为几乎都是在“事实意义上的有罪推定”下展开的，如果没有这一推定，侦查人员实施的诸多侦查行为在很大程度上会丧失正当性，侦查也无从开展。这就是为什么现代法治国家一方面强调无罪推定，另一方面又允许侦查人员对犯罪嫌疑人采取强制性侦查措施。[①] 因此，泛泛而谈侦查人员有罪推定的思想

---

① 易延友阐述过类似的观点，参见《冤狱是怎么炼成的——从〈窦娥冤〉中的举证责任谈起》，载高鸿钧、张建伟主编：《清华法治论衡（第10辑）——冤狱是怎样造成的（下）》，清华大学出版社2008年版，第13~14页。

和观念是导致冤案的成因之一，有欠妥当。笔者认为，国内学者所诟病的侦查人员的有罪推定的思想和观念，实质上是国外学者们一直批判的侦查人员的既定管状思维。笔者赞同使用世界各国通用的这套理论来描述这一现象。

（二）冤案的推手——检察机关监督职责失守

根据我国宪法的规定，人民检察院是法律监督机关。它的这种法律监督职能在刑事诉讼过程中体现为三个方面：侦查机关之一、唯一的公诉机关和专门的诉讼监督机关。[①] 从诉讼监督职能来看，检察机关处于承上启下的中间环节，既要监督侦查机关，又要监督审判机关。从冤案的预防和救济来看，检察机关对审判机关的监督几乎没有任何实质作用，因为法庭审理的绝大部分案件是由检察机关审查完毕后决定提起公诉的，这说明检察机关已经认为被告人构成犯罪，并且已经达到犯罪事实清楚，证据确实、充分的程度，这个阶段监督的主要内容是审判程序的公正性以及法院的无罪判决。[②]因此，检察机关对于侦查机关的监督对于冤案的最终产生有着实质性的影响。如果检察机关对侦查机关的监督能够落到实处，发挥出预设的功效，很多潜在的冤案会被检察机关挡在审判的大门之外。

根据我国法律的规定，检察机关对侦查机关的监督主要体现为立案监督、逮捕监督和侦查监督。这些监督措施都具有预防冤案的作用。就立案监督而言，其中检察机关对不应当立案而立案的监督，无疑会将侦查机关的事实错误消灭在最开始的状态，避免无辜的公民卷入莫名其妙的侦查过程之中。就逮捕监督而言，主要包括两个方面：其一是检察机关对侦查机关提请批准逮捕犯罪嫌疑人具

① 参见陈光中主编：《刑事诉讼法》（第五版），北京大学出版社、高等教育出版社 2013 年版，第 67 页。

② 当然，这并不是否认检察机关对审判机关的监督在冤案救济方面的作用，如再审抗诉。

有审查决定权，其二是检察机关有责任对羁押的必要性进行定期审查。由于逮捕批准权的剥离，公安机关在采取逮捕这一强制措施时，必然受检察机关制约。科学合理的逮捕条件以及逮捕决定程序必然会起到纠正错误逮捕和羁押的功效，这对于防治潜在的冤案意义重大。就侦查监督而言，也是主要体现在两个方面：其一是对具体侦查行为的监督，其二是审查起诉程序本身的监督功能。总体而言，从法律规定和制度设计上来看，我国检察机关对侦查机关的监督职能在冤案的预防上发挥着重要的“守门人”作用。

然而，令人遗憾的是，通过分析我国现已发现和纠正的冤案，我们发现检察机关的这一“守门人”角色并未发挥应有的作用。许多本来应该被检察机关挡在审判大门之外的潜在冤案，由于检察机关监督职责的失守，而进入了审判程序。不仅如此，检察机关在法庭审判中还要充当控诉人的角色，直接推动了冤案的产生。例如，在大多数冤案中，犯罪嫌疑人或被告人都曾经不止一次向检察机关说明存在刑讯逼供，甚至有的都拿出了充分的证据和线索。然而，令人惊讶的是，没有一个检察机关启动监督侦查机关侦查行为的职能，去纠正侦查中的非法行为。相反，检察机关都偏执地相信了口供的真实性，对可能存在的刑讯逼供等违法行为采取了置若罔闻的态度。在杜培武案中，当杜培武当庭拿出血衣以证明受到了刑讯逼供时，检察机关根本未予理睬；在王俊超案中，在检察机关批捕和审查起诉阶段，王俊超曾多次申辩自己的有罪供述是因公安人员刑讯逼供和受害人家属诱供所致，并要求调查核实，但没有被采信。又如，在审查批准逮捕环节，检察机关对逮捕条件的审查流于表面，未能起到应有的监督作用。在有些情况下，即使已经发现了案件存在的明显疑点，最后依然作出了批准的决定。在赵新建案中，1998 年 9 月 17 日，亳州市公安局向亳州市检察院提请逮捕赵新建，亳州市检察院审查认为案件事实不清、证据不足，决定不予批准逮捕。赵新建被释放，变更为对其监视居住。但后来由于被害人家属不断上访，迫使检察机关撤销了不批准决定，重新批准逮捕了赵新建。再如，在审查起诉环节，检察机关对案件把关明显不到位，没有完全按照法律规定和要求尽职尽责审查，将一些明显不符合起诉条件的案件提起公诉。在赵作海案中，柘城县公安机关于1999年8月以故意杀人罪将案件移交柘城县检察院审查起诉。审查完毕后，检察院认为证据存在重大缺陷，无名男尸没有确定身份，被告人在检察机关推翻原来供词，所以将案件退回补充侦查。经过多次反复和沟通之后，检察院一直坚持自己的立场，坚称如果无法确定尸源身份，检察机关不再受理此案。然而，2002年在商丘市政法委的干预下，政法委会议集体研究决定案件具备了起诉条件，商丘市检察院最后受理了此案，并提起了公诉。总之，由于检察机关对侦查机关的监督制度没有落到实处，未能充分发挥应有的功效，这直接导致侦查机关侦查终结的某些存有明显疑点和严重问题的案件进入了审判环节，同时检察机关作为支持公诉的机关，进一步助推了冤案的产生。

深入分析现已发现和纠正的冤案，笔者发现，导致检察机关对侦查机关的监督失灵，防范冤案能力未发挥实效的深层次原因主要包括内因和外因：

其一，检察机关的职能配置存在一定的内在冲突。

从世界各国的检察制度现状及其历史起源来看，检察机关承担的核心职能是公诉，即代表国家追究犯罪分子的刑事责任。① 同时，为了防止检察官片面地追求有罪判决，近代以来各个国家都在

① 当然，除了公诉职能以外，检察机关还普遍存在不同程度的侦查职能，如职务犯罪侦查。特别是检察主导侦查的国家，检察机关有完全的侦查权和侦查指挥权，检察机关在审前程序中居于核心地位。但在司法实践中，侦查的主体依然是警察机关，检察机关在绝大多数情况下不具体行使侦查权或者侦查指挥权。实际上，受人员、专业技能等因素的限制，检察机关对侦查的指挥权仅仅具有象征意义。因此，检察机关在刑事诉讼中最核心的职能是公诉。

强调检察官的客观公正义务。[①] 换言之，现代各国更加强调检察官客观公正地负责公诉，既要准确地惩罚犯罪分子，又要避免殃及无辜。现代各国尤其是英美法系国家，越来越注重检察机关审前的证据开示义务，特别是无罪证据的强制披露义务，即最佳例证。[②]

由于我国政治体制的特殊性，我国检察机关的产生背景和功能定位都与其他国家存在一定的差异。在中国特色社会主义检察制度中，检察机关是我国唯一的专门的法律监督机关。在刑事诉讼过程中，公诉职能只是其践行法律监督权的方式之一。除了作为国家唯一的公诉机关承担公诉职能外，检察机关另外一项重要的职能是诉讼监督职能，包括对侦查机关的监督。这是我国宪政制度和检察制度的重大特色。[③] 检察机关一方面要在审判中支持公诉，直接充当控诉人的角色，另一方面又必须对案件严格把关，对侦查机关在侦查过程中的侦查行为和侦查终结后的案件进行审查监督。虽然这种双重角色在理论上并不存在绝对性冲突，但在实践中，由于检察长统一领导与检察委员会集体领导相结合的领导体制以及两种职能间的潜在冲突，导致了异化现象。检察机关在审查起诉过程中，首先

① 例如，Isabel Kessler，“A Comparative Analysis Of Prosecution in Germany and the United Kingdom：Searching for Truth or Getting a Conviction?” in C. Ronald Huff，Martin Killias（eds），Wrongful Conviction：International Perspectives on Miscarriages of Justice，Temple University Press，2008，pp. 213 – 248；Bennett L Gershman，“Prosecutor´s Duty to Truth”，Georgetown Journal of Legal Ethics，Vol. 14，2000；Ellen Yaroshefsky，“Wrongful Convictions：It is Time to Take Prosecution Discipline Seriously”，The University of the District of Columbia Law Review，Vol. 8，2004。

② 相关参考资料参见樊崇义等编著：《域外检察制度研究》，中国人民大学出版社 2008 年版；何家弘著：《检察制度比较研究》，中国检察出版社 2008 年版；甄贞等著：《检察制度比较研究》，法律出版社 2010 年版；

③ 相关参考文献参见孙谦主编：《中国特色社会主义检察制度》，中国检察出版社 2009 年版；樊崇义主编：《检察制度原理：中国特色检察制度原理研究》，法律出版社 2009 年版；陈光中著：《论检察》，中国检察出版社 2013 年版；朱孝清著：《论检察》，中国检察出版社 2013 年版；卞建林著：《论检察》，中国检察出版社 2013 年版；宋英辉著：《论检察》，中国检察出版社 2013 年版。

接受的信息几乎全部来自于侦查机关，均是不利于犯罪嫌疑人的有罪证据。由于受自身条件和资源的限制，检察机关主导的审查起诉程序几乎全部是围绕着公安机关移送的材料进行的。这种先入为主的影响势必会阻碍检察机关发现侦查过程中存在的非法行为和案件中存在的疑点。另外，由于检察机关在刑事诉讼中经常行使支持公诉的职能，与侦查机关具有相同的观点和目标，这潜移默化地削弱了检察机关监督侦查过程的内在动力。因此，在实践中，检察机关更多地体现出强势的公诉职能。

其二，检察机关独立行使检察权缺乏保障。

我国宪法和刑事诉讼法都明确规定，人民检察院依法独立行使检察权，不受行政机关、社会团体和个人的干涉。检察权在我国属于司法权范畴，依法独立进行检察活动已经成为一项普遍性原则。在检察机关审查批准逮捕、审查起诉时，检察权的司法性质最为明显。在这两项检察活动中，检察机关需要审查判断案件事实并作出相应决定。只有在这个过程中保障检察官的独立性，才有可能实现检察官的客观公正。因此，在检察活动中，检察机关应当排除任何不当的干扰，独立作出决定。这是检察机关预防和避免冤案的基本前提。

然而，分析我国现已发现和纠正的冤案，我们不难发现，检察机关的独立性时常受到外界的不当干扰，难有保障。有的不当干扰来自政法委，有的来自公安机关，还有的来自于社会舆论。例如，在赵作海案件中，检察机关一直坚持的立场在政法委协调下化为泡影，最终提起了公诉；又如，在佘祥林案和杜培武案中，三长联席会议使检察机关独立行使职权成为一句空话；再如，在赵新建案中，受害人不断上访所带来的压力最终迫使检察机关更改了自己不批准逮捕的决定。通过这些案件我们发现，在司法实践中，某些检察机关在独立行使职权时受到了诸多不当的干扰，本来可以避免的冤案一次次成为现实的悲剧。

因此，笔者认为，同样不能泛泛而谈检察人员的有罪推定是导致其监督职能失守的原因。在审查起诉过程中，检察人员的地位类似于“法官”，既不能有“法律意义上的有罪推定”，又禁止“事实意义上的有罪推定”。然而，检察人员在出庭支持公诉的过程中，虽然仍不能有“法律意义上的有罪推定”，但此时检察人员作为控诉方，同侦查人员一样肯定已经对特定被告人有了“事实意义上的有罪推定”，否则检察人员不可能会作出提起公诉的决定。

（三）冤案的最终产生——疑罪从有、从轻的怪圈

从理论上讲，无论是对抗式审判还是审问式审判，法庭审判均围绕着控方提交的有罪证据以及是否满足证明标准这一基本问题展开和推进，其核心任务是最大限度地发现事实真相。在控辩双方充分质证和发表意见的基础上，由中立的裁判者（陪审团或者法官）根据证据作出有罪与否的裁决。从某个角度上来看，刑事审判具有去伪存真的趋势。我国的刑事审判制度当然也具有这一特点，从公诉审查到开庭审判前的准备，再到开庭—法庭调查—法庭辩论—被告人最后陈述—评议宣判，都在试图发现检察机关提交的有罪证据中的错误或可疑之处。然而，从现已发现和纠正的冤案来看，所有案件当初都是疑罪案件。无论是一审还是二审，法庭审判基本上流于形式，成为法官不加甄别地全部采信和确认控方证据所走的“过场”，疑罪案件最后都成了“铁案”。法庭不是无法发现控方证据中的错误或者疑点，而是明知有罪证据或者证明存在疑点，却置若罔闻，仍然采信。导致这种疑罪从有、从轻现象主要有正反两个方面的深层次原因。

其一，疑罪从有、从轻的观念在审判人员中依然有相当的市场，诉讼制度没有全面贯彻疑罪从无。

“所谓疑罪是就同一案件而言，既无充分的证据证明被告人有罪，也无充分的证据证明被告人无罪，被告人介于有罪与无罪之间。冤案之所以多发生于疑罪案件之中，其根源在于审判机关及审判人员对疑罪案件尚未真正树立无罪推定、疑罪从无的现代司法理

念。相反，疑罪从有、从轻的观念还有相当的市场。”[①] 在被告人是否有罪并不明朗的情况下，不枉还是不纵这个选择摆在了审判人员面前。由于受传统惩罚犯罪思维的影响，相当数量的审判人员很多时候宁愿错判也不错放。许多法官认为，虽然有罪证据不充分，但被告人明显可能是有罪的，或者这些不充分的有罪证据至少不是空穴来风，他们不愿意也无法容忍错放真正的犯罪分子。于是，在这些疑罪案件中，法官作出了许多留有余地的判决。例如，在佘祥林案、孙万刚案、杜培武案、张氏叔侄案、赵新建案、张绍友案以及王子发案中，法庭已经意识到了案件可能存在的疑点，因此后来均改为留有余地的判决。

虽然我国刑事诉讼法的诸多规定体现了疑罪从无的思想，但是这种贯彻是不彻底的。就审判阶段而言，主要体现在两个方面：一是犯罪事实清楚，证据确实、充分的证明标准不够具体，缺乏可操作性；二是二审法院的发回重审制度限制较少。这种制度上的缺陷使得审判人员疑罪从有、从轻的观念有了现实性的土壤，必然会导致无罪的人被错误定罪。

我国1996年刑事诉讼法规定，法庭作出有罪判决的标准是犯罪事实清楚，证据确实、充分。法律没有阐述其准确内容，司法解释也未对其进行操作性的解释。[②] 虽然这一标准看似高标准、严要求，似乎完全可以保障无罪之人免受错误的定罪，但在实践中没有统一可操作性的标准，全部由审判人员自行掌握。在审判人员带有疑罪从有、从轻观念的前提下，这种不受限制的主观性极其容易导

---

① 参见顾永忠：《刑事冤案发生的深层认识原因剖析——以刑事审判为分析视角》，载《法学杂志》2013年第12期，第90页。

② 在2012年刑事诉讼法再修改之前，理论界围绕定罪的证明标准展开热烈的讨论，实务界也进行了积极的探索。参见顾永忠：《从定罪的“证明标准”到定罪量刑的“证据标准”——新〈刑事诉讼法〉对定罪证明标准的丰富与发展》，载《证据科学》2012年第2期；陈卫东、刘计划：《关于完善我国刑事证明标准体系的若干思考》，载《法律科学》2001年第3期。

致审判人员不自觉地甚至是故意地降低要求和标准，将疑罪判成铁案。[①] 这在一些冤案当初的有罪判决书中可见一斑，法官的定罪理由部分根本没有具体解释控方提交的有罪证据具体如何达到了事实清楚，证据确实、充分这一标准，而只是在结论中笼统地指出符合了这一标准。此外，犯罪事实清楚，证据确实、充分这一标准的模糊性也给二审法院审查一审法院的裁判带来了“无据可依”的困局。面对明显的疑罪，二审法院要么选择了发回重审，要么选择了改为留有余地的判决。例如，在杜培武案、张氏叔侄案、张绍友案、王子发案中，二审法院面对疑罪，维持了原审的有罪认定，只是将死刑立即执行改为了死缓。

我国刑事二审坚持全面审查原则，这本来有利于全面及时纠正之前诉讼程序中存在的错误，尤其是“张冠李戴式”的事实错误。然而，我国1996年刑事诉讼法在规定二审法院如何进行裁判时指出，对于原判决事实不清楚或者证据不足的，可以在查清事实后改判，也可以裁定撤销原判，发回原审人民法院重新审判。但是，在何种情况下由二审法院改判，在何种情况下发回重审，一直没有明确的法定标准。而且，发回重审的次数没有任何限制。当初设立这一制度背后的主要精神是追求不枉不纵，尤其是不轻易放纵犯罪分子。然而，这一制度的存在极容易被审判人员滥用，成为其疑罪从有、从轻的工具。翻看中国现已发现的冤案，在许多案件的审判程序中反复甚至多次出现发回重审的现象。当二审法院发现原判决事实不清楚或者证据不足时，甚至已经非常清晰地发现原判中明显存在疑点时，发回原审法院更多是为了给办案机关再多一次机会，让其重新查明相关事实细节后再进行有罪裁判。于是，我们看到，在许多冤案中，二审法院发回重审后，普遍存在检察机关补充证据材料的情节。在案件依然处于扑朔迷离的疑罪状态时，案件陷入了一

① 参见何家弘：《中国刑事司法的十大误区》，载联合早报网，http://www.zaobao.com/wencui/politic/story20131010-263108，2014年1月10日访问。

审二审再一审二审不断循环的怪圈。无论是一审法院还是二审法院，都缺乏依照疑罪从无理念作出无罪判决的勇气。在这种相互扯皮的拉锯战中，案件诉讼期间越拖越长，最终在一审二审法院的相互妥协下，疑罪成为铁案。例如，在佘祥林案、孙万刚案、赵新建案中，二审法院都曾经明确指出了原裁判中存在的疑点，但不仅没有依据证据不足改为无罪判决，而且在日后的重审一审和二审中，面对依然没有解决的疑点，偏执地再次作出或维持了有罪判决。

其二，律师的辩护意见形同虚设，无法有效制约疑罪从有、从轻。

现代辩护制度的主要功能之一是发现控方证据体系中虚假的和存在瑕疵的证据，从而维护被告人的合法权益。在我国，辩护律师在法庭调查中有权积极参与证据的调查核实，在法庭辩论中有权与公诉人就案件的事实和证据充分辩论，发表辩护意见。正所谓“兼听则明”，辩护律师的辩护意见可以帮助法官检验控方提交的证据，准确发现其中存在的疑点，保障案件处理的质量。正如顾永忠教授所言，“现代刑事诉讼构造的首要功能就是防止冤案发生，其中辩护律师的作用首当其冲，不可或缺，不可替代”。①

综观我国现已发现和纠正的冤案，无论是指定的辩护律师还是委托的辩护律师，他们都尽职尽责地履行了自己的辩护职责，都以证据不足为由提出了有理有据的无罪辩护意见。然而，辩护律师的这些辩护意见根本没有受到法官的重视，更不用说采纳了。后来纠正这些冤案的再审程序，印证了当初辩护律师提出的辩护意见都是正确的。如果当初法官能够充分重视这些辩护意见，或许能够避免相当多的冤案。一言以蔽之，辩护律师的辩护意见形同虚设，无法对法官的裁判产生实质性影响。这导致辩护意见无法有效制约法官的裁判，疑罪从有、从轻成为轻而易举的事情。据此笔者认为，从

① 参见顾永忠：《刑事冤案发生的深层认识原因剖析——以刑事审判为分析视角》，载《法学杂志》2013 年第 12 期，第 89 页。

辩护制度来看，导致冤案的最主要原因是辩护意见无法发挥作用，而不是学界普遍认为的有效辩护原则缺失、辩护律师不称职、辩护制度存在缺陷等。①

面对着有理有据的辩护意见，法院为何一律不予采纳呢？最高人民法院常务副院长沈德咏指出，“法官与律师关系中现在出现了一种非常奇怪的现象，对其深层次原因在哪里进行了深入分析：思想深处有无轻视刑事辩护、不尊重律师依法履职的问题？工作关系上有无存在重视法检配合而忽视发挥律师作用的问题？法官是否恪守了司法中立的原则和公正的立场？客观说这些问题都是存在的”。②

第一，审判人员对辩护律师的偏见和成见，导致其不愿意倾听和采纳其辩护意见。当前，许多社会民众认为辩护律师就是在为“坏人说话”，在钻法律的空子，与犯罪分子狼狈为奸，甚至一些法官也存在类似的错误认识，对辩护律师产生了种种偏见和成见。这直接导致有些法官根本不会去倾听辩护律师的辩护意见，更不会去采纳。

第二，对辩护人责任的定位和认识存在偏差。我国 1996 年刑事诉讼法规定，辩护人的责任是根据事实和法律，提出证明犯罪嫌疑人、被告人无罪、罪轻或者减轻、免除其刑事责任的材料和意见，维护犯罪嫌疑人、被告人的合法权益。其中“证明”二字存在一种潜在的导向，即辩护人不能只是发表辩护意见，还要提出相关证据予以证明。于是，法官们在刑事判决书中据此笼统地认为辩护意见不予采纳，如“辩护律师未能向法院提供充分证据证明其观点成立”；“辩护人未能提供证实其观点的证据”；“辩护律师提

① 当然，这些问题也非常重要，但并不是导致冤案的主要原因。

② 参见沈德咏：《我们应当如何防范冤假错案》，载《人民法院报》2013 年 5 月 16 日；顾永忠：《刑事冤案发生的深层认识原因剖析——以刑事审判为分析视角》，载《法学杂志》2013 年第 12 期，第 91 页。

出的事实不清、证据不足的主张不成立，不予采纳”；“辩护意见没有事实和法律依据，不予采纳”；等等。法律对辩护人责任定位的偏差以及审判人员对辩护意见的认识偏差，导致审判人员可以轻而易举地否定合理的辩护意见。

第三，法院与检察院之间存在天然的权力同源性，导致审判人员难以保持中立，更加倾向于采信检察人员的证据。如此一来，很难再接受与控方针锋相对的辩护意见。

（四）冤案的深层次根源——司法体制存在的问题

无论是侦查行为失当、检察机关监督职责失守，还是法院疑罪从有、从轻的怪圈，都是表象，司法体制存在的不足才是导致冤案的深层次根源。尽管我国现行的司法体制基本符合我国的国情，但这一司法体制也存在明显的不足，特别是一旦进入操作层面，在司法机关的对外和对内以及相互关系方面都凸显不少问题，司法地方化、行政化、司法权配置异化，导致司法受到不当干扰，成为阻碍司法公正实现的瓶颈。

第一，司法地方化。我国是单一制国家，司法权属于中央事权，人民法院和人民检察院均是“国家”的法院和“国家”的检察院。但是，根据我国现行人民法院组织法和人民检察院组织法，地方各级人民法院院长和地方各级人民检察院检察长由地方各级人民代表大会选举，副院长、庭长、副庭长、审判员、副检察长、检察委员会委员、检察员由地方各级人民代表大会常务委员会任免。地方各级人民法院和地方各级人民检察院的经费均由同级人民政府预算，同级人民代表大会审议，由政府部门划拨。[①] 在人、财、物均受制于地方的情况下，各级司法机关就不可能摆脱地方党政对司法工作的干预，司法机关及其工作人员在司法活动过程中容易受到地方机关或者地方利益团体的不当控制和干扰，导致司法机关及其

① 参见陈光中、魏晓娜：《论我国司法体制的现代化改革》，载《中国法学》2015年第1期，第105页。

工作人员丧失其应有的独立权力和地位，最终无法保证其独立行使权力。

第二，司法行政化。司法行政化是指违背司法的规律，将法院、法官及司法判断过程纳入行政体制的命令与服从关系之中，按照行政权的行使方式行使审判权，导致司法被行政“格式化”的异化现象。[①] 这一点在法院表现得尤为尖锐。由于“审判独立”被解释为法院整体的独立，并没有落实为审判人员的独立，因此在人民法院内部审判人员的人事管理和业务办理方面，行政化倾向十分突出。前者表现为将法官与一般公务员相等同，套用行政级别决定法官的薪酬、业务职称，以一些不合理的数字指针简单地评价考核司法工作；后者表现为法院内部业务办理方面形成的各种行政式“审批”、“请示”制度，以及审判委员会与合议庭之间“决定”与“执行”的关系上。[②] 这些做法与司法规律严重不符，导致司法应有的“被动性、独立性、中立性、亲历性、终极性”等难以体现。例如，在我国，通过指标对官员进行考核具有一定的历史传统。受此影响，政法机关出现了一些刑事拘留数、批捕率、起诉率、有罪判决率、结案率等不合理、不科学的考核指标。在实践中，为了让结案率的数字好看一些，每年 11 月份起，多家法院不立案，一审法院也不会再向二审法院移交上诉案；为了确保破案率、批捕率不轻易下降，不影响考核排名，一些地方公安机关“有案不立”、办案草率，甚至对嫌疑人进行刑讯逼供；更让人匪夷所思的是，一些检察机关甚至追求 100% 有罪判决率。也就是说，在法院判决前，检察机关已对每一起公诉案件做了有罪推定。这些怪相是畸形指标考核“绑架”下结出的恶果。当心中只有“数”时，目中就不再有“人”。当各种“数”和“率”取代“事

① 参见张卫平等：《司法改革的分析与展开》，法律出版社 2003 年版，第 16 页。

② 参见陈光中、魏晓娜：《论我国司法体制的现代化改革》，载《中国法学》2015 年第 1 期，第 105 页。

实”和“法律”，成为司法工作者的工作依据和追求时，司法工作的独立性和专业性势必会被破坏，滋生乱作为、滥作为。如此，公民基本权利将无法得到有效保障，很容易产生冤案。这种扭曲的司法政绩观背后，正是司法的过度行政化，助长了司法人员的功利主义，冲击了司法规律，背离了司法专业理性。又如，受行政化管理的影响，法院出现了“先定后审、上定下审”，“审者不判、判者不审”的“行政司法”现象，审判机关的“上下监督”关系变成“领导”关系，一审、二审的审级程序虚置化、替代化，纠错功能大大弱化。

第三，司法权运行异化。我国宪法和刑事诉讼法规定的法院、检察院和公安机关“分工负责、互相配合、互相制约”原则，对于保证案件质量起到了积极作用。但是，在实践运作中，这一原则也产生了一些明显的问题，主要表现在两个方面：其一，公安机关在三机关处于强势地位。从宪法和法律层面来看，我国实行“一府两院”制，人民政府、人民法院和人民检察院由同级人民代表大会产生，对它负责，受它监督。公安机关只是政府的一个职能部门，因此在法律位阶上与法院、检察院不在同一个层面上。但是，由于“公安统率司法”体制的历史影响，而且“公安局局长进常委”、“政法委书记或副书记兼公安局局长”等现象曾经是或者仍然是中国的政治现实，造成了公安机关在三机关中实际上处于强势的地位。公安机关的侦查权在司法实践中未能得到有效监督有力制约。其二，三机关之间配合有余，制约不足。法、检、公在办案过程中经常为搞好关系而互相“照顾”，不仅导致检察机关对公安侦查的案件，在批准逮捕和审查起诉中未能严格把关，而且在审判阶段没有发挥好庭审应有的关键性作用，少数案件特别是经有关领导机关协调过的案件，庭审虚化，证据没有在庭审中得到实质性的审查，判决则成为侦查结论的复制版。

例如，很多地方的公安机关和检察机关认识不一，案件诉讼程序难以进行时，各地政法委员会会组织由政法各部门、人大、政府有关方面的人成立的政法领导小组去协调案件，法院定罪判决之前也要向政府领导小组作汇报。有些部门在案件的协调会上对案件的实体结果和程序处理都会提出意见，甚至在公诉机关提起公诉前作出，这实质上是一种“先定后审”的严重违反法律规定的行为。虽然在我国目前的体制下，政法委代表各级党委对司法活动进行宏观指导是符合政治体制设置要求的，但无论如何，这种协调是名副其实的司法体制外的“干预”，这样一种无程序法依据的协调，没有辩方的参与，审判方与控方单方面接触交涉讨论对被指控者的处置问题，缺乏正当性依据。此外，这种案外协调还会给司法人员造成不正常的心理压力，即使法官认为应当“疑罪从无”，他们也有心无力，无法做到独立、公正、理性地办案，甚至对案件中出现的疑问不去认真调查核实，而盲目遵循所谓的“协调”意见的处理结果。而这正是过去一些冤案的最重要成因。

第四节　归纳、比较与启示

一、归纳：中国冤案发生模式

通过剖析中国典型的冤案，寻找导致冤案发生的原因，笔者总结出了现阶段中国冤案产生的一套特有模式：从立案侦查阶段开始，侦查人员滥用侦查权力和侦查行为，片面收集甚至是捏造各种有罪证据，到审查起诉阶段，检察人员审查监督职责缺失，沦为侦查机关的“代理人”，再到审判阶段，审判人员依照疑罪从有、从轻裁判，一件件冤案以“铁案”的表象出现在了公众面前。在此有必要再次澄清，笔者并不赞同那种“眉毛胡子一把抓”的分析思路，把我国刑事诉讼体制过去或者当前存在的问题归结为导致冤案的成因。当然，不可否认，这些问题或多或少在冤案的发生中产生过一定的影响，但并不能称得上是原因。中国冤案的发生模式背后常见的原因有：刑讯逼供、侦查机关伪造证据、鉴定制度的缺陷、侦查人员的既定管状视野、检察人员监督把关职责不到位、审判人员疑罪从有从轻的做法。中国冤案的发生模式具有以下两个明显的特点：

第一，我国冤案的发生模式具有明显的“侦查主导型”特征。当前，我国刑事诉讼的客观现状是“侦查中心主义”。在这种大背景下，侦查机关对于冤案的发生起着根源性的主导作用，案件侦查终结的质量直接决定着冤案的发生与否与数量多少。在“流水线式作业”的诉讼进程中，检察人员和审判人员成为了侦查机关惩罚犯罪的配合者，审查起诉环节和审判环节纠正错误的功能微乎其微。因此，冤案的产生也呈现出了类似的“流水线式作业”特征，一旦侦查错误锁定了犯罪嫌疑人，冤案的产生不可避免。后面的审查起诉环节和审判环节，只是成为对侦查机关结论的简单重复和确认而已，即使案件中存在明显的疑点。这从我国法院的无罪判决率偏低可见一斑，笔者称这种冤案的发生模式为“侦查主导型”。相反，在英美等国，刑事诉讼的中心是审判阶段，审判主导整个刑事诉讼。虽然导致冤案发生的诸多根源依然发生在侦查阶段，如错误的辨认、虚假口供等，但这并不会必然导致冤案的发生。尽管英美等国的检察机关纠正错误的现实性很小，但在典型的激烈的对抗式庭审中，辩护律师有所作为的空间相当大，能够帮助法官发现许多不具有可采性的证据和控方指控中存在的疑点或错误。例如，美国存在大量的“类似于冤案的案件”（Near Miss），即无辜之人被错误逮捕、错误侦查、错误起诉但最终被无罪释放的案件。在英美等国，审判环节的漏洞和失灵才是导致冤案的主导性因素，笔者称这种冤案发生的模式为“审判主导型”。

第二，我国冤案的发生模式处于初级阶段。当前，我国发现和纠正的所有案件都存在违法办案的情况，有得甚至已经构成犯罪。笔者认为，无论哪个国家，在法治建设落后、刑事诉讼制度不健全、刑事司法体制不完善的时期，违法办案带有普遍性，冤案发生过程中也大量存在这一现象。受顾永忠教授启发，笔者认为这是冤案的初级阶段。随着法治环境的提升、司法制度和诉讼体制的完善，以及办案人员法律意识的进步，这种违法办案的现象会越来越少。虽然依然会发生冤案，但是冤案的诉讼进程完全符合法律规定。相应的，笔者认为这是冤案的高级阶段。当然，这两个阶段并没有泾渭分明的界限，而是一个总体特征和趋势的差异。例如，在当前英美等国冤案的成因中，虽然也会有警察或检察官的不当行为，但是更多的关键原因是一些无法控制的错误因素，如目击证人的错误辨认、自愿的虚假供述、不可靠的科学证据、提供伪证的监狱告密者等。在绝大多数情况下，这些导致冤案的因素不容易被侦查人员所发现，直接误导了侦查人员的侦查视野。自从改革开放以来，我国才开始系统建设中国特色的社会主义法律体系，法治环境才开始有了突飞猛进的发展。改革开放初期，百废待兴，老百姓甚至理论学者都对刑事诉讼的规律和理论缺乏正确的认识，办案人员更是缺乏应有的专业素养和法律意识。直到1979年，我国才颁布了第一部刑事诉讼法，时隔17年才进行了第一次大修。在这种大背景下，我国发生的冤案几乎都存在侦查权力滥用等违法办案的情形，是冤案发生的初级阶段。

第三，我国冤案的发生模式带有浓厚的体制性色彩。从上节剖析我国冤案发生的原因可以看出，司法体制存在的不足是根源性问题，最主要的体现就是有一些制度安排和职能配置违反了司法规律。通常来说，现代刑事司法的规律要求必须控审分离、控辩平等、审判中立，裁判应当公开，具有及时性、总结性与说理性，特别是司法机关应不偏不倚、以事实为根据并依法律规定来裁决其所受理的案件，而不应有任何约束，也不应为任何直接、间接不当影响、怂恿、压力、威胁、或干涉所左右，不论其来自何方或出于何种理由。[①] 分析我国近年来发现纠正的冤案可知，我国的司法体制并没有完全依照这些普世的司法规律，甚至有些做法违背了司法规

---

① 参见杨宇冠：《论刑事司法规律》，载《法学杂志》2016年第3期。

律。例如，在公安相对强势的司法体制中，负责审理案件的合议庭经常受到外部和内部的各种压力，而不能完全依照事实与法律裁判，很多时候合议庭明白案件存在着诸多疑点，但也照判不误。在域外特别是英美法系国家，司法体制的安排与设计基本上符合了司法规律，冤案的发生没有像我国一样带有浓厚的体制性色彩。

二、比较：各国冤案成因之异同

美国、英国的学者既是研究冤案现象的先驱，又在冤案领域的研究中处于世界领先水平，具备丰富的研究素材，有一套相对成熟的研究方法和成果。在此影响下，许多英美法系国家纷纷开始借鉴英美两国的经验，对冤案开始进行理论研究，但是整体水平有待提高。至于大陆法系，由于法律传统和体制的差异，大多数国家对冤案的研究处于起步阶段，有的甚至尚未开展。因此，上文中只是详尽分析了美国、英国冤案的成因。下文将简单列举几个其他国家导致冤案的成因，并不会展开详细论述，只为进行比较提供一种全方位、大视野的背景知识。

在澳大利亚，冤案的成因与英美等国有着极大的相似性，只是严重程度存在些许差异。隐匿无罪证据、有缺陷的科学证据、虚假供述、目击证人辨认错误、官方不当行为、管状视野等在澳大利亚是导致冤案的常见因素。[①] 在加拿大，导致冤案的主要原因包括目击证人辨认错误、不可靠的科学证据、虚假的供述、警察的管状视

① 参见 Lynne Weathered, "Wrongful Convictions in Australia", University of Cincinnati Law Review, Vol. 80, 2012, pp. 1396 - 1405。

野、检方证据开示不充分、辩护不充分、监狱线人的伪证等。[①] 在审问式诉讼色彩极为浓重的荷兰，导致冤案的常见原因是带有偏见的侦查、管状视野的限制、虚假供述、不可靠的科学证据和专家证人、过度的专业司法。[②] 在瑞士，国家科学基金资助的研究项目系统考察了瑞士在 1995 - 2004 年 10 年间冤案的情况。根据该报告，在正式的审判中，导致瑞士冤案发生的主要原因有目击证人辨认错误、不可靠的科学证据和专家证言、虚假供述、受害人提供的伪证；在处罚令程序中，警察或检察官的玩忽职守、错误的证言、错误的辨认以及处罚令程序本身存在的缺陷是导致冤案的主要原因。[③] 在挪威，经挪威刑事案件审查委员会（Norwegian Criminal Cases Review Commission）纠正的冤案普遍存在的原因有错误的专家证言、不可靠的科学证据、虚假供述、证人提供的伪证、辨认错

---

① 参见 Bruce Macfarlane，"Convicting the Innocent：A Triple Failure of the Justice System"，Manitoba Law Journal，Vol. 31，2006；Report of the Federal/Provincial/Territorial Heads of Prosecutions Subcommittee on the Prevention of Wrongful Convictions，"The Path to Justice：Preventing Wrongful Convictions"，2011，from http：//www. ppsc. gc. ca/Eng/pub/ptj - spj/index. html；Kent Roach，"Wrongful Convictions in Canada"，University of Cincinnati Law Review，Vol. 80，2012。

② 参见 Chrisje Brants，"Wrongful Convictions and Inquisitorial Process：The Case of the Netherlands"，University of Cincinnati Law Review，Vol. 80，2012，pp. 1069 - 1114；Theodore A. De Roos and Johannes F. Nijboer，"Wrongfully Convicted：How the Dutch Deal with the Revision of Their 'Miscarriages of Justice' "，Criminal Law Forum，Vol. 22，2011。

③ 该份报告用德语撰写而成，参见 Martin Killias et al.，"Erreurs judiciaires en Suisse de 1995 à 2004：Report to the Swiss National Science Foundation"，2007，from http：//www. rwi. uzh. ch/lehreforschung/alphabetisch/killias/publikationen/Erreurs_ judiciaires_ rapport_ FNS. pdf；Gwladys Gilliéron，"Wrongful Convictions in Switzerland：A Problem of Summary Proceedings"，University of Cincinnati Law Review，Vol. 80，2012；Martin Killias，"Wrongful Convictions in Switzerland：The Experience of a Continental Law Country"，in C. Ronald Huff and Martin Killias（eds.），Wrongful Conviction：International Perspectives on Miscarriages of Justice，Temple University Press，2008。

误等。[①] 经意大利米兰大学教授卢卡（Luca Lupària）介绍，在意大利冤案的成因与在英国、美国所发现的非常类似，主要包括虚假供述、滥用科学证据、错误的辨认以及有限的指定辩护等。[②] 在日本，刑讯逼供获取的虚假供述是导致冤案的首要原因。此外，其他原因还包括受害人指认错误、证据开示义务的缺失、错误的科学证据、调查书审判、司法官僚制、律师失职等。[③]

由于各国法律制度、司法体制和法律文化存在的差异，各国冤案的成因不可能完全一致。综观现有的发现和结论，有一些成因是各国普遍存在的，有一些成因是某个国家或者某些国家所特有的。比较各国成因中的异同，既可以得到一些普遍性的共识，又可以发现差异，为观察和研究本国的情况提供了一个更为广阔的平台。笔者认为，从目前的各种研究现状来看，导致冤案的普遍性成因包

① 参见 Philos Svein Magnussen，"Prevention of Wrongful Convictions：Norwegian Legal Safeguards and the Criminal Cases Review Commission"，University of Cincinnati Law Review，Vol. 80，2012。

② 此信息是笔者与卢卡教授在一次学术讨论中获悉的，后来又专门写邮件请教和求证过这一问题。

③ 参见 Michael Fox，"Wrongful Convictions in Japan：Problems and Solutions"，Paper presented at the annual meeting of the The Law and Society Association，Hilton Bonaventure，Montreal，Quebec，Canada，May 27，2008，from http：//citation. allacademic. com/meta/p236447_ index. html；Michael Fox，"Wrongful Conviction and State Redress：Rising Consciousness in Japan"，Paper presented at the annual meeting of the The Law and Society Association，Hilton Hawaiian Village Resort，Honolulu，HI，Jun 03，2012，from http：//citation. allacademic. com/meta/p558782_ index. html；Hiroshi Fukurai and Kaoru Kurosawa，"Impact of Popular Legal Participation on Forced Confessions and Wrongful Convictions in Japan's Bureaucratic Court"，Paper presented at the annual meeting of the The Law and Society Association，TBA，Berlin，Germany，Jul 25，2007，from http：//citation. allacademic. com/meta/p185269_ index. html；Kazuko Ito，"Wrongful Convictions and Recent Criminal Justice Reform in Japan"，University of Cincinnati Law Review，Vol. 80，2012，pp. 1245 – 1275；Hiroshi Fukurai and Kaoru Kurosawa，"Impact of the Popular Legal Participation on Forced Confessions and Wrongful Convictions in Japan's Bureaucratic Courtroom：A Cross – National Analysis in the U. S. and Japan"，US – China Law Review，Vol. 7，2010。

括：

●警察或者检察官的管状思维。根据最新的心理学研究成果，这一现象是由于人内在的思维特性所决定的，在很多情况下具有不自觉性和潜意识性。除了作为普通人会受到人类这一特性限制，作为具有多年刑事司法经验的警察或者检察官往往更依赖于经验办案，更容易受到思维定势的影响。

●目击证人辨认错误。在很多年前，司法心理学方面的研究已经论证了这一问题的客观性和不可避免性。各国的辨认过程都要受到估计者变量和系统变量的影响。

●虚假供述。虽然各国的刑事司法制度都受困于虚假供述，但在具体情形上有所差别。例如，日本冤案中的虚假供述多是通过暴力的刑讯所获得，而英美等国冤案中的虚假供述更多的是由警察通过带有强制、暗示或诱导性的心理策略获得。

●检察官怠于向辩方披露证据，尤其是故意隐匿无罪证据。检察官在刑事诉讼过程中到底应当如何摆正自己的位置，这是各国司法实践中普遍遇到的一个难题。虽然从理论上讲，各国都在强调检察官的目的是追求真相，而不是单纯地获得有罪判决，检察官应当追求客观公正，既要起诉有充分证据证明的被告人，也有责任避免和纠正冤案，但是检察官在司法实践中更多地扮演着追究犯罪的角色，于是他们不愿意向辩方全面披露证据，尤其是不利于指控的无罪证据。

●不可靠的科学证据。随着近现代科学技术的发展，法庭科学呈现爆炸式发展，门类越来越多，领域越来越细。人在陌生领域的知识面前，对于所谓的专家或者结论根本不具备鉴别真伪的能力。参与刑事司法的人员一般不具备这些专业知识，所以普遍存在盲目信任或者依赖科学证据或者专家证人的倾向。正因如此，许多垃圾科学充斥在刑事司法的过程中，误导性的科学证据完全有可能将无罪之人“证明”为“真凶”。

●不充分的律师辩护。这一成因在主要国家体现为两个具体层面的问题：一是针对穷人的法律援助不充分，二是辩护律师提供的辩护不充分。

●辩诉交易式的刑事简易程序。虽然各国对刑事简易程序没有明确的界定，但是各国出于效率考虑都设立了多种多样的便捷快速的正式审判替代程序。其中，辩诉交易式的刑事简易程序为冤案的产生提供了空间。一方面，出于现实性考虑，许多无罪的被追诉者会选择认罪，换取较为轻缓的刑罚；另一方面，受限于法庭最终定罪的可能性问题，许多检察官也会利用各种策略在证据不足的情况下让无罪之人接受惩罚。

当然，这些普遍性成因在各国导致冤案的严重程度不尽相同。除了上述这些共同成因外，有些国家有着独特的原因。例如，种族歧视在美国是导致冤案的一个重要因素，但在英国或者加拿大等国就不存在这一问题。又如，司法官僚制在日本是导致冤案的问题，在其他国家则不存在类似问题。再如，上诉制度是导致英美两国冤案发生的重要原因。因此，各国既要重视导致冤案的普遍性成因，又要具体分析本国的独特性成因，唯此才能全面、准确地发现刑事司法体制存在的问题。

三、启发：中国冤案具体成因之透视

在归纳了中国冤案发生模式并比较了各国冤案成因之同异后，将中国冤案具体成因作一番细致观察，会得到许多颇具现实意义的启发。主要有以下几点：

第一，刑讯逼供和虚假供述问题。从现已发现和纠正的冤案来看，刑讯逼供获取的虚假口供是中国冤案发生的首要成因。笔者已经在上文提到过，由于研究的冤案样本都是发生在 20 世纪 90 年代中期之后的 10 年内，研究结论肯定带有滞后性。加之我国当前处在社会转型时期，刑事诉讼制度和刑事司法体制都在不断变革和进步之中，这种结论的滞后性更为明显。2012 年我国刑事诉讼法再修改，从多个方面采取了措施遏制刑讯逼供。虽然实效的大小有待

于检验，但刑讯逼供必然会受到不同程度的遏制。随着我国刑事诉讼制度的进步，中国冤案的发生模式必然会从初级阶段慢慢向高级阶段过渡，极有可能出现这样一种局面：刑讯逼供现象越来越少，但是虚假口供不会减少甚至会有增加的趋势。从国外的现状来看，没有刑讯逼供的虚假供述依然是导致冤案的主要原因之一。在不使用刑讯逼供的情形下，警察依然会想方设法利用各种带有诱导性、虚假性甚至是强制性的讯问策略。可见，解决了刑讯逼供问题，并不必然消除了虚假供述。作为一个普遍性问题，中国将来肯定不可能绕过这一问题。因此，从理论上来讲，合理吸收国外的经验，加强这个领域的研究是大势所趋。当然也不能过度超前，应当根据中国的具体情况，适时推进和加以规范。

第二，目击证人辨认制度。通过研究中国现已发现和纠正的冤案，我们发现，目击证人（包括受害人）辨认似乎对中国冤案的发生影响不大。其实不然，这与中国现已发现的冤案的类型有着莫大的关系。当前发现和纠正的绝大部分冤案，均是重大恶性暴力犯罪，被害人往往已经遇害，加上冤案大都是当初侦查难度较大的疑难案件，犯罪行为较为隐秘，往往不存在直接的目击证人，所以才会从目前已纠正的冤案得出这样的结论：目击证人的辨认并不是导致冤案的主要影响因素。虽然这一结论是否以偏概全尚无法检验，但或许能给我们两点深刻的启发：其一，从国外发生和纠正冤案的经验来看，目击证人辨认错误是一个非常高发的原因，这同时已经得到了发展相对成熟的司法心理学相关理论的支持和论证。如果这是一个必然性规律，那是不是意味着中国当前发现和纠正的冤案仅仅是“冰山一角的冰山一角”呢？换言之，在那些普遍利用目击证人辨认来锁定犯罪嫌疑人的案件中，是不是存在一定数量的因错误而引发的冤案未被发现呢？尤其是在当前我国刑事诉讼体制在发现和纠正冤案上面临重重障碍的前提下，这种担心并不是杞人忧天。其二，虽然在过去的司法实践中，目击证人辨认未能影响中国冤案的发生，但在将来肯定会成为一个主要因素。随着我国刑事诉讼制度和刑事司法体制的进步，冤案的发生模式也会从初级阶段向高级阶段过渡，即从侦查主导型向审判主导型过渡。在这一转型过程中，目击证人辨认在侦查过程中会越来越重要，成为发现和锁定犯罪嫌疑人的主要手段，在很多情况下甚至是唯一的手段。是否严格按照法定程序和规则进行辨认，直接影响着法官对这一证据的评价。与其他各国非常重视目击证人辨认程序的构建相比，我国对目击证人辨认程序的构建稍显随意，不够科学。这一问题同样值得警惕。

第三，科学证据与垃圾科学。科学证据似乎已经成为现代各种刑事司法体制面临的一个普遍困境。即使科学技术再发达，也永远有解决不了的难题，总是存在各种缺陷。一方面，科学证据的出现和使用在某种程度上确实可以提升打击犯罪的能力；但另一方面，科学技术内在的局限性和垃圾科学的出现，使科学证据成为一把双刃剑，同样可以导致冤案的发生。当前我国在这方面导致冤案的问题更多地体现为鉴定制度不健全、鉴定随意性过大、缺乏科学合理的规范与标准。在解决这一问题的过程中，应当具备国际视野，具备一定的前瞻性。

第四，检察官披露无罪证据的强制性义务。检察官在刑事诉讼中具有客观公正的义务，这已经成为世界各国的普遍共识。其中一项重要内容是保障无罪的人不受刑事追究。① 在英美等国，检察官证据开示义务中最重要的一项是必须将发现和持有的关于犯罪嫌疑人、被告人无罪的证据披露给辩方。然而，在司法实践中，检察官没有忠实履行这一义务。相反，检察官同警察一样经常选择隐匿无罪证据，最后导致无罪之人被起诉和定罪。从我国发生的冤案来看，主要是检察官在审查起诉过程中未能尽到客观公正的义务。从

---

① 参见顾永忠：《检察官在刑事诉讼中的客观义务》，载法制网，http：//www. legaldaily. com. cn/fxy/content/2010 - 04/28/content _ 2128125. htm? node = 21414，2014 年 1 月 10 日访问。

表面上看，二者貌似没有什么共通点，然而从总体上看，它们都是检察官客观公正义务的失守。我国立法只是从正面笼统地规定了检察官具有客观公正的义务，但并没有采取任何强制性的立法措施。与英美等国规定检察官披露无罪证据的强制义务相比，我国检察官在这方面的责任更容易成为一句空话。

第五，警察与检察官的既定管状视野。这一现象困扰着世界各地的警察与检察官，我国也不例外。这在上文分析英美两国和中国冤案成因时已经进行了详尽阐述，在此不再赘述。

第六，辩诉交易与刑事和解。辩诉交易或者类似于辩诉交易的制度到底会不会导致冤案的发生呢？从英国、美国、意大利、瑞士和德国纠正冤案的实践和关于此问题的理论研究来看，答案是肯定的。因此，一直有较为激进的学者主张应当废除辩诉交易制度。2013 年之前，我国刑事诉讼法没有设置辩诉交易制度或者类似制度。在 2012 年刑事诉讼法再修改时，我国设立了刑事和解制度，采取了犯罪嫌疑人与受害人协商的模式，没有采取检察机关作为和解一方介入的模式。从预防冤案发生的角度来看，这是值得肯定的。与美国等国的辩诉交易相比，这种刑事和解制度既可以提高诉讼效率、修复社会关系，又可以最大限度地避免产生冤案。

第七，上诉制度。在英美等国，现已发现和纠正的大部分冤案是由陪审团审判的。正因如此，上诉审中更多地集中审查法律和程序问题，原则上不接受新证据，无法纠正陪审团作出的错误裁判。英美等国的学者一直对此进行批判，并将上诉制度也列为导致冤案的一个重要原因。相比之下，我国并不存在类似问题，我国刑事二审是全面审，要全面审查事实问题和法律问题。从冤案成因的角度来看，我国刑事二审的主要问题是发回重审制度。这在 2012 年刑事诉讼法再修改时，已经作出了相关调整，值得肯定。

总之，与世界其他国家冤案问题的普遍成因相比，我国冤案的具体成因更多呈现出的是差异。这与我国冤案的发生模式处在初级阶段和典型的侦查主导型特征有着必然的联系。随着我国刑事诉讼体制的进步，冤案的发生模式会逐渐转变，冤案的成因也会越来越多地具有普遍性因素。我们一方面要认识到当前的差异，采取符合中国国情的冤案防治措施；另一方面更要预测到未来的趋向，借鉴各国的经验和教训，合时宜地提高中国刑事诉讼制度防治冤案的能力。

第四章 冤案发现纠正制度比较研究

第一节 美国冤案的发现纠正机制

一、官方的救济途径

美国是典型的联邦国家，存在51套不同的司法体制。就美国整体而言，在有罪判决生效以后，无辜的被定罪者主要可以通过三条正式的官方途径申请救济：定罪后提出重审动议、申请人身保护令以及赦免。① 具体来说，在穷尽直接上诉后，被告人可以通过提

① 关于美国无辜的被定罪者的救济程序的经典文献，参见 Daniel S. Medwed，“Up the River Without a Procedure：Innocent Prisoners and Newly Discovered Non – DNA Evidence in State Courts”，Arizona Law Review，Vol. 47，2005；Brandon L. Garrett，“Claiming Innocence”，Minnesota Law Review，Vol. 92，2008。关于联邦和各州定罪后的所有救济程序（不限于无辜者），参见 Donald E. Wilkes，State Postconviction Remedies and Relief Handbook with Forms，2013，The Harrison Company，2013；Donald E. Wilkes，Federal Postconviction Remedies and Relief Handbook：With Forms，The Harrison Company，2013。其中，《联邦定罪后救济与释放指南》规定了9种在联邦法院针对有罪判决的救济途径，分别是：The petition for a writ of habeas corpus，available to federal convicts under 28 U. S. C. A. § 2241；The motion to vacate，available to federal convicts under 28 U. S. C. A. § 2255；The petition for a writ of habeas corpus，available to state convicts under 28 U. S. C. A. § 2254；The motion in the nature of coram nobis，available to federal convicts under 28 U. S. C. A. § 1651；The motion to correct sentence，available to federal convicts under Federal Criminal Rule 35（a）；The motion to reduce sentence，available to federal convicts under 18 U. S. C. A. § 3582（c）（2）；The motion to correct clerical error，available to federal convicts under Federal Criminal Rule 36；The civil action in the nature of mandamus，available to federal convicts under 28 U. S. C. A. §1361；The motion for new trial or resentencing，available to federal convicts under the Federal Postconviction DNA Testing Statute，18 U. S. C. A. § 3600。

出重审动议的方式直接挑战有罪判决。在重审动议被否决后，如果在案件审理过程中存在侵犯公民宪法权利的现象，如辩护权被剥夺，被告人可以先后向州法院和联邦法院申请人身保护令。穷尽人身保护令之后，被告人还可以求助纯粹行政性质的赦免进行补救。以新发现的证据为由提出重审动议，是直接针对有罪判决可能存在的事实错误，是直接的救济途径。人身保护令一般是针对违反正当程序的案件，旨在保护公民的宪法权利；对于无辜的被告人来说，人身保护令只是一种间接的救济途径，其无法直接发现和纠正存在的事实错误。赦免完全是一种行政性的救济措施，是非常规的补救途径。此外，由于上述途径在发现纠正冤案方面的不足，美国有些州或地方进行了一些发现和纠正冤案的新尝试。

（一）定罪后提出重审动议——直接的救济途径

1. 重审动议

通常而言，联邦法院和州法院都设立了申请重审动议的程序，被定罪者可以以新发现的证据为理由提出重新审判的动议，其中当然包括新发现的无罪证据。就联邦法层面而言，《美国联邦刑事诉讼规则》第 33 条明确规定，如果为实现司法正义所必需，可以批准以新发现的证据为理由的重审动议。① 就州法层面而言，针对州法院作出的有罪判决，许多州都规定被定罪者有权依据新发现的证据提

---

① 参见 Federal Rules of Criminal Procedure，Rule 33，from http：//www. uscourts. gov/uscourts/RulesAndPolicies/rules/2010%20Rules/Criminal%20Procedure. pdf。［Rule 33. New Trial：（a）Defendant's Motion. Upon the defendant's motion，the court may vacate any judgment and grant a new trial if the interest of justice so requires. If the case was tried without a jury，the court may take additional testimony and enter a new judgment. （b）Time to File. （1）Newly Discovered Evidence. Any motion for a new trial grounded on newly discovered evidence must be filed within 3 years after the verdict or finding of guilty. If an appeal is pending，the court may not grant a motion for a new trial until the appellate court remands the case. （2）Other Grounds. Any motion for a new trial grounded on any reason other than newly discovered evidence must be filed within 14 days after the verdict or finding of guilty.］

出重审动议。① 例如，根据马里兰州法律的规定，被定罪者可以以新发现的证据向原审法官提出重审动议；② 又如，《纽约州刑事诉讼法》第440条明确规定了被定罪者提出撤销原判动议的情形。③

然而在现实中，这类动议很少获得成功，主要基于以下几个原因：④

其一，法院批准这类重审动议的标准一般都比较高，即被告人提出的新证据必须达到很有可能令原审判法庭作出不同结论的程度。具体而言，根据有关判例法，只有新发现的证据符合以下情况时，动议才有可能获得批准：①证据必须是在审判后所发现的；②提出重审动议的被告人一方，之前必须在试图获得这一新发现的证据时做到了足够的勤勉和注意；③新发现的证据不能仅仅是累计证据或者弹劾证据；④新发现的证据在重审中很有可能导致被告人无罪释放。⑤

其二，重审动议原则上只能向原法官提出，其可能存在的先入为主的偏见和维持自己结论的冲动无形中降低了动议获得批准的可能。

其三，动议的提出受到严格的时间限制。例如，《美国联邦刑

---

① 关于各州定罪后的具体救济程序和法律规定，参见最新版的《各州定罪后救济和释放指南》(State Postconviction Remedies and Relief Handbook with Forms，2013 -2014 ed.)。

② 参见 Annotated Code of Maryland Criminal Procedure，Title 7：Uniform Post Conviction Procedure Act，from http：//www.findmarylandlawyer.com/Post - Conviction/Uniform - Post - Conviction - Procedure - Act。

③ 参见 New York Criminal Procedure Law，Article 440，from http：//law.onecle.com/new - york/criminal - procedure/CPL0440.20 _ 440.20.html；A Jailhouse Lawyer's Manual—Chapter 20：Using Article 440 of the New York Criminal Procedure Law to Attack Your Unfair Convictions or Illegal Sentence，Columbia Human Rights Law Review，Ninth Edition，2011，from http：//www3.law.columbia.edu/hrlr/jlm/chapter - 20.pdf。

④ 参见 Daniel S. Medwed，"Up the River Without a Procedure：Innocent Prisoners and Newly Discovered Non - DNA Evidence in State Courts"，Arizona Law Review，Vol.47，2005，pp.689 -685，pp.664 and 714。

⑤ 参见 Thompson v. United States，188 F.2d 652，p.653（D.C. Cir. 1951）；United States v. Provost，969 F.2d 617，p.620（8th Cir. 1992）；United States v. Turns，198 F.3d 584，p.587（6th Cir. 2000）；United States v. Gillespie，210 F.3d 376（7th Cir. 2000）。

事诉讼规则》第 33 条规定，因发现了新的证据而提出的重审动议，必须在有罪判决后 3 年内提出，如果因其他理由提出的重审动议，必须在有罪判决后 14 天内提出；又如，据不完全统计，至少有 21 个州规定的时限低于 1 年。

其四，许多司法管辖区拒绝以弹劾证据为理由的重审动议，法官甚至有权不经过审讯即可驳回这类动议。如果被定罪者声称具有证明自己无辜的新证据，当然可以提出重审动议。如果被定罪者以新的无罪证据为理由的重审动议被否决后，或者被定罪者只有新发现的其他证据，他可以（继续）针对有罪判决存在的其他问题提出重审动议。①

由上可见，无辜的被定罪者想要重审动议获得批准，需要尽量提出符合法定要求的新发现的证据，最好是无罪证据。

2. 定罪后 DNA 检测

随着 DNA 检测技术的发展和成熟，DNA 比对检测具备了完全排除无辜者犯罪嫌疑的能力，DNA 检测提供的证据完全符合法定要求。为了获得救济，许多主张无辜的被定罪者纷纷开始申请进行定罪后 DNA 检测。由于当时没有明确的法律规定，被定罪者是否具有申请定罪后 DNA 检测的权利存在疑问，很多申请遭到了拒绝甚至是无视。② 联邦巡回上诉法院在这个问题上出现过严重的分歧：《美国法典》（U. S. Code）第 42 部分第 1983 条规定任何公民可以以权利被剥夺为由提起民事诉讼，那么申请获取 DNA 证据是否应当被识别为这类权利呢？③ 第四、五、六巡回上诉法院给出了

---

① 参见 Daniel S. Medwed, “Up the River Without a Procedure: Innocent Prisoners and Newly Discovered Non - DNA Evidence in State Courts”, Arizona Law Review, Vol. 47, 2005, pp. 658 and 665 - 666。

② 参见 Brandon L. Garrett, “Judging Innocence”, Columbia Law Review, Vol. 108, 2008, p. 117 and note 239; Frontline, “Requiem for Frank Lee Smith”, from http://www.pbs.org/wgbh/pages/frontline/shows/smith/eight。

③ 参见 Benjamin Vetter, “Habeas, Section 1983, and Post - Conviction Access to DNA Evidence”, The University of Chicago Law Review, Vol. 71, 2004。

否定的答复，[①] 而第二、七、九和十一巡回上诉法院则持肯定观点。[②]

在民间力量尤其是美国逐渐兴起的洗冤工程的推动下，从20世纪末开始，美国各州开始单独制定定罪后DNA检测的规则。[③] 在纽约州于1994年开创了这方面立法的先河之后，美国许多州纷纷开始借鉴效仿，到2004年已经有30多个州制定了类似的法律。[④] 与此同时，在国会议员的积极推动下，2004年美国国会通过、总统签署了《全民正义法》(Justice for All Act of 2004)，其中第四部分是《无辜者保护法》(The Innocence Protection Act of 2004)，明确规定了在联邦和州两套司法系统内利用DNA检测发现和纠正判处死刑或监禁刑的冤案的机制。[⑤] 在满足申请条件的情况下，一旦

① 参见 Harvey v. Horan，278 F. 3d 370，375 (4th Cir. 2002)；Boyle v. Mayer，46 F. App'x 340，340 - 41 (6th Cir. 2002)；Kutzner v. Montgomery County，303 F. 3d 339，341 (5th Cir. 2002)。

② 参见 Savory v. Lyons，469 F. 3d 667 (7th Cir. 2006)，cert. denied，127 S. Ct. 2433 (2007)；Osborne v. Dist. Attorney's Office for the Third Judicial Dist.，423 F. 3d 1050，1054 (9th Cir. 2005)，remanded to 445 F. Supp. 2d 1079 (D. Alaska 2006)，aff'd，521 F. 3d 1118 (9th Cir. 2008)，cert. granted，77 U. S. L. W. 3009 (U. S. Nov. 3，2008) (No. 08 - 6)；Bradley v. Pryor，305 F. 3d 1287，1290 (11 th Cir. 2002)。

③ 参见 Jennifer Boemer，"In the Interest of Justice：Granting Post - Conviction Deoxyribonucleic Acid (DNA) Testing to Inmates"，Wm. Mitchell Law Review，Vol. 27，2001，p. 1973。

④ 参见 McKithen v. Brown，481 F. 3d 89，99 (2d Cir. 2007)，cert. denied，128 S. Ct. 1218 (2008)；Sophia S. Chang，"Protecting the Innocent：Post - Conviction DNA Exoneration"，Hastings Constitutional Law Quarterly，Vol. 36，2008；Anna M. Franceschelli，"Motions for Postconviction DNA Testing：Determining the Standard of Proof Necessary in Granting Requests Comment"，Cap. University Law Review，Vol. 31，2003；Seth F. Kreimer and David Rudovsky，"Double Helix，Double Bind：Factual Innocence and Postconviction DNA Testing"，University of Pennsylvania Law Review，Vol. 151，2002。

⑤ 关于这一法案的提出背景参见 Rochelle L. Haller，"Innocence Protection Act：Why Federal Measures Requiring Post - Conviction DNA Testing and Preservation of Evidence are Needed in Order to Reduce the Risk of Wrongful Executions"，New York Law School Journal of Human Rights，Vol. 18，2001。

DNA 检测结果排除了无辜的被定罪者（申请人）的犯罪嫌疑，其可以提出重审动议。法庭必须为此类动议安排合理的时间表，确保及时处理和作出回应。在法院审查过程中，将 DNA 检测结果与案件的其他证据（不限于原审过程中提交的证据）结合考虑后，如果这些强有力的证据能够确定重审后会作出无罪释放的判决，法院应当批准重审动议。另外，该法还特别设置了“克尔克·布莱德华兹（Kirk Bloodworth）定罪后 DNA 检测补助计划”，通过为各州实施这一法案提供资金，鼓励各州采取充分的措施保存证据并为符合条件的主张无罪的囚犯提供定罪后 DNA 检测。① 在此推动之下，到目前为止，美国所有的州都已经制定了关于定罪后 DNA 检测的法律。② 尽管许多州在范围和内容上设定了限定，在立法过程中存在激烈争议③，但不可否认，定罪后 DNA 检测使无辜的被定罪者成功获得重审的机会大大增加，这也得到了有关研究报告的印证。④

3. 定罪后 DNA 检测面临的问题

尽管如此，许多囚犯在申请检测时依然面临着不可逾越的障

① 参见 Justice for All Act of 2004：Title IV—Innocence Protection Act of 2004，from http：//www. innocenceproject. org/docs/Justice_ For_ All. html。

② 参见 Emma Lloyd，“Post – Conviction DNA Testing Laws Enacted in All 50 States”，May 30，2013，from http：//law. scu. edu/northern – california – innocence – project/post – conviction – dna – testing – laws – enacted – in – all – 50 – states/。关于各州具体的立法参见洗冤工程网站，Innocence Project，“Do all states have post – conviction DNA access statutes?” from http：//www. innocenceproject. org/news/LawView2. php。

③ 参见 Rachel Steinback，“The Fight for Post – Conviction DNA Testing Is Not Yet over：An Analysis of the Eight Remaining“Holdout States”and Suggestions for Strategies to Bring Vital Relief to the Wrongfully Convicted”，The Journal of Criminal Law and Criminology，Vol. 98，2008。

④ 参见 Michael E. Kleinert，“Improving the Quality of Justice：The Innocence Protection Act 2004 Ensures Post – Conviction DNA Testing，Better Legal Representation，and Increased Compensation for the Wrongfully Imprisoned”，Brandeis Law Journal，Vol. 44，2005。关于定罪后 DNA 检测对纠正冤案的全面考察报告，参见 John Roman et al.，“Post – Conviction DNA Testing and Wrongful Conviction”，Urban Institute，2012，from https：//www. ncjrs. gov/pdffiles1/nij/grants/238816. pdf。

碍。定罪后DNA检测在立法上和司法实践中遇到了一些棘手的问题，引起了美国学界和实务界的重视和反思。具体而言：

从立法上看，当前关于定罪后DNA检测的法律普遍存在一些不足，其中许多学者批评现有法律规定的申请条件过于严格，提供的保护力度不充分。①

从联邦2004年《无辜者保护法》的规定来看，申请人要成功进行DNA检测，必须满足第3600条规定的10项条件。根据因联邦犯罪而被判处监禁刑或死刑的囚犯的书面申请，作出判决的法院只有在符合下列条件时，才会启动对特定证据的DNA检测：①申请人主张自己因伪证而被错误定罪，包括联邦犯罪或者特定情形下的州犯罪。②所申请检测的证据必须是在相关指控的调查和起诉过程中收集的。③所申请检验的证据，如果之前没有接受DNA检测，申请人必须没有表示过明确自愿放弃申请检测，或者之前提出的申请遭拒；如果之前接受过DNA检测，申请人必须说明使用新的检测方法可能会产生更具可靠性的结论。④所申请检验的证据必须为政府所持有，并且采取了充分的保存措施，保障证据不被替换、污染、篡改。⑤所申请的DNA检测在合理范围之内，使用科学合理的方法，与普遍接受的法庭科学实践保持一致。⑥申请人提出的辩护理由必须与在审判中提出的积极辩护相一致，并且是无罪辩护。⑦申请人经过审判后获罪，真凶的身份在审判过程中存在争议。⑧申请的DNA检测有可能产生新的证据材料，支持申请人之前提出的辩护理由，证明申请人没有实施犯罪存在合理的可能性。⑨申请人保证自己愿意提供DNA比对所需要的样本。⑩申请定罪后DNA检测的动议需要在规定的时间内提出。② 条件如此之多，直接

---

① 参见David A. Schumacher, “Post - Conviction Access to DNA Testing: The Federal Government Does Not Offer an Adequate, Leaving the States to Remedy the Situation”, Catholic University Law Review, Vol. 57, 2007, p. 1246。

② 参见Justice for All Act of 2004: Title IV—Innocence Protection Act of 2004, Sec. 3600 (a)。

阻碍了许多囚犯成功申请定罪后的 DNA 检测。[①]

从各州的立法来看，主要存在的普遍问题包括：[②] ①有些州为申请人设置了一些难以克服的障碍，如要求申请人必须有效地破案并能证明 DNA 证据会揭露真凶。②尽管在现已发现和纠正的冤案中有许多存在虚假供述和辩诉交易的现象，但仍有许多州的立法禁止起初供述犯罪或者有罪答辩的申请人进行定罪后 DNA 检测。[③] ③许多州的立法未能为保存 DNA 证据规定充分的措施。④有些州未向被否定申请检测的申请人提供申诉等救济措施。⑤许多州未能设计全面、公正和快捷的检测程序，导致申请人在狱中处于无限的焦虑和漫长的等待之中。

从司法实践来看，即使符合条件的定罪后 DNA 检测申请，也会遇到来自法官或者检察官的阻力，导致很少动议会获得批准。尽管联邦和所有州都通过了相关的成文法，允许符合条件的定罪后 DNA 检测，但近来最高法院在定罪后申请 DNA 检测的权利是否是宪法性的正当程序权利这个问题上一直存在摇摆和争议。2009 年，最高法院在地区检察署诉奥斯本案（District Attorney's Office for the

---

① 例如，United States v. Boose，498 F. Supp. 2d 887，pp. 890 – 892（N. D. Miss. 2007）（申请人的申请因未能满足 10 项条件中的 4 项而被拒绝）。

② 参见 Innocence Project，Access To Post – Conviction DNA Testing，from http://www.innocenceproject.org/Content/Access_ To_ PostConviction_ DNA_ Testing.php；Justin Brooks and Alexander Simpson，"Blood Sugar Sex Magik：A Review of Postconviction DNA Testing Statutes and LegislativeRecommendations"，Drake Law Review，Vol. 59，2011。

③ 关于这一问题的论述具体参见 Eunyung Theresa Oh，"Innocence after Guilt：Post-conviction DNA Relief for Innocents Who Pled Guilty"，Syracuse Law Review，Vol. 55，2004；J. H. Dingfelder Stone，"Facing the Uncomfortable Truth：The Illogic of Post – Conviction DNA Testing for Individuals Who Pleaded Guilty"，University of San Francisco Law Review，Vol. 45，2010；Rebecca Stephens，"Disparities in Postconviction Remedies for Those Who Plead Guilty and Those Convicted at trial：A Survey of State Statues and Recommendations for Reform"，The Journal of Criminal Law and Criminology，Vol. 103，2013。

Third Judicial District v. Osborne）中表达了否定的观点；[①] 2011 年，在斯金纳诉瑞士人案（Skinner v. Switzer）中，法官们又出现了争议，而且多数法官阐述了肯定的观点。[②] 就目前而言，这一法律争议仍未得到彻底解决，宪法的正当程序条款并没有要求州必须向通过《美国法典》第 42 部分第 1983 条寻求民事诉讼的当事人提供 DNA 证据的法律基础。[③] 这就意味着，法院有权否决申请人的动议。由于立法规定的条件严苛，法官批准动议设置的门槛较高，有的甚至存在滥用的情形。

此外，在司法实践中，申请人提出的定罪后 DNA 检测动议还经常受到来自检察官的故意抵制，这与检察官在定罪后救济程序中面临的角色冲突和尴尬的道德困境有着莫大的关系。[④] 有关研究表明，在利用 DNA 发现和纠正的冤案中，大约在 1/5 的案件中，检察官会反对进行定罪后 DNA 检测。[⑤] 他们往往会针对申请人的动议提出诸多反对意见，试图说服法官否定申请人的动议，有的甚至还会拒绝配合提供保存的证据，滥用裁量权恶意阻碍 DNA 检测的顺利进行。他们提出的理由多种多样，有的检察官会举出那些证明申请人有罪的证据（如目击证人辨认结果），说明 DNA 检测毫无必要；有的检察官会指出 DNA 样本可能是混合体，排除特定人的结论可能不具有可靠性，尤其是在有多名犯罪者的情况下，DNA 检测并不能够排除某人的犯罪嫌疑；有的检察官认为申请人提出动议纯粹

---

① 参见 District Attorney's Office for the Third Judicial District v. Osborne，557 U. S. 52，129 S. Ct. 2308（2009）。

② 参见 Skinner v. Switzer，562 U. S. _ ，131 S. Ct. 1289（2011）。

③ 参见 Skinner v. Switzer（09 - 9000），from http：//www. law. cornell. edu/supct/cert/09 - 9000。

④ 参见 Keith Swisher，"Prosecutorial Conflicts of Interest in Post - Conviction Practice"，Hofstra Law Review，Vol. 41，2012；Daniel S. Medwed，"Prosecutorial Ethics in the Postconviction Setting from A to Zacharias"，San Diego Law Review，Vol. 48，2011。

⑤ 参见 Brandon L. Garrett，"Judging Innocence"，Columbia Law Review，Vol. 108，2008。

是一种拖延策略，如果轻易允许这类动议，则会导致大量的申请接踵而至；还有的检察官会认为应当平衡保护受害人的利益和整个司法体制的稳定性，维持判决的终局性。①检察官抵制 DNA 检测乃至阻碍定罪后救济程序的根源，在于其面临着利益冲突与困扰。

（二）申请人身保护令——间接的救济途径

简单来说，人身保护令是指被宣告有罪的被告人主张其被非法羁押，从而针对羁押的合法性提出异议的民事诉讼，是一种旨在纠正毫无正当理由的或滥用权力的羁押的司法救济程序。② 无辜的被定罪者在穷尽上诉程序和重审动议程序后，可以通过人身保护令来寻求间接救济。如果是州犯罪案件，在穷尽向州法院系统申请人身保护令后，可以继续向联邦法院系统申请联邦人身保护令；如果是联邦犯罪案件，需要直接向联邦法院系统申请联邦人身保护令。

然而，在联邦法院层面，从 20 世纪六七十年代开始，一些判例逐渐开始强调联邦人身保护令的目的在于保护宪法规定的正当程序权利，而不是救济那些仅仅发现新的无罪证据的案件。③ 在埃雷拉诉柯林斯案

---

① 参见 "Prosecutors Block Access to DNA Testing for Inmates", New York Times, May 18, 2009, from http://www.nytimes.com/2009/05/18/us/18dna.html? pagewanted = all. Jonathan Turley, "Prosecutors Still Opposing DNA Access for Prisoners Despite New Laws", from http://jonathanturley.org/2009/05/18/prosecutors - still - opposing - dna - access - for - prisoners - despite - new - laws/. Jonathan Turley, "Prosecutors Oppose DNA Testing For Inmate ... DNA Tests Then Link Different Man To Murder", from http://jonathanturley.org/2013/12/05/prosecutors - oppose - dna - testing - for - inmate - dna - tests - then - link - different - man - to - murder/。关于这一问题的理论分析参见 Daniel S. Medwed, "Zeal Deal: Prosecutorial Resistance to Post - Conviction Claims of Innocence", Boston University Law Review, Vol. 84, 2004; Aviva Orenstein, "Facing the Unfaceable: Dealing with Prosecutorial Denial in Postconviction Cases of Actual Innocence", San Diego Law Review, Vol. 48, 2011; Bruce A. Green and Ellen Yaroshefsky, "Prosecutorial Discretion and Post - Conviction Evidence of Innocence", Ohio State Journal of Criminal Law, Vol. 6, 2009。

② 关于人身保护令的历史发展过程参见 Federal Judicial Center, "Habeas Corpus Jurisdiction in the Federal Courts", from http://www.fjc.gov/history/home.nsf/page/jurisdiction_ habeas.html。

③ 参见 Townsend v. Sain, 372 U.S. 293, p. 317 (1963)。

（Herrera v. Collins）的先例中，最高法院极大地限制了被定罪者以无罪主张申请人身保护令的权利。[①] 最高法院认为，申请人主张的新发现的无罪证据无法构成一个需要签发人身保护令进行救济的宪法问题。尽管最高法院没有彻底否定这类申请，保留了很小的例外可能，但其一直强调人身保护令的目的在于预防和纠正存在宪法错误或者以宪法错误为基础的有罪判决，而不是纠正事实错误。[②] 最高法院强调审判才是裁决有罪与否的平台，而且现有的许多程序安排和制度设计足以促进裁决的准确性，包括无罪推定、排除合理怀疑的证明标准、对质权、辩护权以及强制到庭程序等。因此，一旦被告人接受了公正审判并获罪后，他就不再是无罪之人，而是经过正当程序被定罪的人，无罪推定的假定已经被法庭的有罪判决所推翻。[③] 换言之，即使满足了无罪证明的要求，人身保护令程序一般也无法直接推翻错误的有罪判决，无辜的被告人并不能立即获得释放。

具体而言，在埃雷拉诉柯林斯案中，最高法院并没有进行事实审查，只是发现得克萨斯州法院和联邦法院都没有违反正当程序的现象。根据存在已久的先例，最高法院发现既没有判例支持以人身保护令来救济事实错误，又没有判例支持被告人以新发现的证据提出重审动议不应受任何时间限制。因此，最高法院最后裁定：得克萨斯州规定了被告人以新发现的证据提出重审动议要受到时间限制(30 天之内)，得克萨斯州法院以此否定申请人在定罪 8 年后提出的重审动议并没有违反正当程序，因此缺乏申请人身保护令的正当理由。[④] 大法官奥康纳（O’ Connor）和肯尼迪（Kennedy）将案

---

① 参见 Herrera v. Collins，506 U. S. 390（1993）。

② 参见 Herrera v. Collins，506 U. S. 390，p. 402（1993）。［与 Jackson v. Virginia，443 U. S. 307（1979）存在很大差别，在杰克逊诉弗吉尼亚州案（Jackson v. Virginia）中，最高法院之所以签发人身保护令，是因为该案中的有罪证据和证明能否达到排除合理怀疑的程度存疑，这是一个宪法问题，即有罪判决是否是理性作出的，而不是事实问题。］

③ 参见 Herrera v. Collins，506 U. S. 390，pp. 398 – 400（1993）。

④ 参见 Herrera v. Collins，506 U. S. 390，pp. 400 – 411（1993）。

件涉及的核心问题归结为：接受正当审判后而被认定为在法律上有罪的被告人，在定罪 8 年后，是否依然有权依据宪法申请另外一种司法程序来重新裁决其是否有罪。大法官奥康纳在给出否定答案时指出，美国社会之所以对刑事审判如此充满信心，在很大程度上是因为宪法提供了大量的避免无辜者被定罪的保护措施。[①] 同时，最高法院注意到，作为现代刑事司法体制的“故障修复器”，现行的赦免制度才是审查和处理申请人无罪主张的救济途径。[②] 当然，在最高法院公布的裁决中，有些法官并没有完全否定以无罪主张申请人身保护令的可能性：在死刑案件中，如果审判后出现了真实且令人信服的无罪证明和主张，那么继续执行死刑是违反宪法的。此时，如果州没有受理此类主张的司法途径，应当签发联邦人身保护令。以大法官布莱克曼（Blackmun）为首的小部分法官的意见表达了此类声音。他们认为，处决一位无辜者是违反第八修正案的，也是违背正当程序的。只要被告人能够说明他很有可能是无辜的，就应当考虑是否通过人身保护令进行救济。理由包括：①在很多情况下，定罪多年后才能发现新证据，而那时可能已经无法或者难以通过重审动议进行救济。②经过公正审判获罪后，被告人已经失去了无罪推定的假定，他需要承担证明自己无罪的责任，而不再仅仅是针对有罪指控提出疑问。如果申请人能够满足这一标准，应当给予重新听审的救济机会。[③] 由此可见，事实无罪的主张虽然不是申请人身保护令的传统理由，但在死刑案件中保留了例外。只不过最高法院设置的门槛（无罪的证明）非常之高，因为受理和批准这类申请必须考虑对裁判的终局性和案件重审工作可能造成的破坏性影响。只有呈现出极高的必要性之时，最高法院才会考虑这一例

① 参见 Herrera v. Collins，506 U. S. 390，pp. 420 - 425（1993）。

② 参见 Herrera v. Collins，506 U. S. 390，p. 415（1993）。

③ 参见 Herrera v. Collins，506 U. S. 390，pp. 442 - 446（1993）。

外。[①] 在司法实践中，由于这一例外标准过高，以至于从埃雷拉案件之后，最高法院尚没有以事实无罪为由启动过人身保护令程序。[②]

由上可见，对于无辜的被定罪者而言，人身保护令只是一种间接的救济方式，在通常情况下需要案件存在宪法性错误或宪法权利被侵犯的情形才能发挥实际的救济功用，单纯的事实无罪主张不能成为申请人身保护令的正当基础。[③] 即便如此，1996 年《反恐与有效死刑法》对人身保护令的普通法规则的大幅修改又进一步恶化了这一情况，[④] 客观上直接导致无辜的被定罪者更加难以获得人身保护令的救济，其中那些利用非 DNA 证据寻求救济的无辜者受到

---

① 参见 Herrera v. Collins, 506 U. S. 390, pp. 417 - 418 (1993)。

② 参见 Garrett L. Brandon, Convicting the Innocence: Where Criminal Prosecutions Go Wrong, Harvard University Press, 2011, p. 203; Joseph Hoffman and Nancy King, "Justice, Too Much and Too Expensive", New York Times, April 17, 2011。

③ 参见 Stephanie Roberts Hartung, "Missing the Forest for the Trees: Federal Habeas Corpus and the Piecemeal Problem in Actual Innocence Cases", Stanford Journal of Civil Rights and Civil Liberties, Vol. 10, 2013, p. 8; Joshua Lott, "The End of Innocence? Federal Habeas Corpus Law After In Re Davis", Georgia State University Law Review, Vol. 27, 2011, p. 453。

④ 从 20 世纪 90 年代开始，随着美国偏向打击犯罪的强硬政策，羁押人数和囚犯数量不断增长。随之而来的是越来越多的囚犯申请人身保护令，特别是有些囚犯完全是出于拖延执行的恶意目的不断地提出申请。这不仅造成了大量的申请积压，浪费了大量的司法资源，而且惩罚犯罪分子的效率也降低了。此外，联邦人身保护令程序一直就存在效率低下的老毛病。为了解决这一问题，美国国会在一片争议声中通过了 1996 年《反恐与有效死刑法》。参见 Mark Tushnet and Larry Yackle, "Symbolic Statement and Real Laws: The Pathologies of the Antiterrorism and Effective Death Penalty Act and the Prison Litigation Reform Act", Duke Law Journal, Vol. 47, 1997, pp. 4 - 22; Krystal Moore, "Is Saving an Innocent Man a 'Fool's Errand'? The Limitations of the Antiterrorism and Effective Death Penalty Act on an Original Wirt of Habeas Petition", University of Dayton Law Review, Vol. 36, 2011, pp. 203 - 204。

的不利影响最大。[①] 本是为了限制囚犯任意提出人身保护令申请，节约司法资源，提高人身保护令的审查效率，但《反恐与有效死刑法》的多项措施和规定却在客观上为无辜的囚犯以新发现的无罪证据为基础寻求救济设置了更多的障碍，这遭到了学者、政治评论员乃至法律职业者的一致批评。[②]

其一，严格限制连续申请。根据《美国法典》第 28 部分第 2244 条的规定，以同一理由为由提出的连续性申请和滥用理由提出的连续性申请通常会被直接驳回。[③] 与此类似，以之前申请中没有提出的新理由提出的连续申请一般也会被直接驳回，除非符合例外情况：新理由的依据是具有溯及力的宪法新规则，或者新理由的依据是之前通过足够的勤勉所无法发现的新证据。[④] 其实，由于最高法院不承认单独的事实无罪主张可以构成签发人身保护令的理由，第二种例外要受到很大的限制。此外，《反恐与有效死刑法》还为申请人提出二次申请或者连续申请设置了程序障碍。该法要求所有的连续申请必须首先提交给由上诉法庭法官组成的合议庭，由其负责审查决定申请人的连续申请是否在表面上符合第 2244（b）条规定的条件。这一程序门槛势必会将许多以事实无罪主张为基础

① 参见 Kenneth Williams，"The Antiterrorism and Effective Death Penalty Act：What's Wrong with It and How to Fix It" Connell Law Review，Vol. 33，2001，p. 925；Shawn Armbrust，"Reevaluating Recanting Witnesses：Why the Red – Headed Stepchild of New Evidence Deserves Another Look"，Boston College Third World Law Journal，Vol. 28，2008，p. 78。

② 参见 Lyn Entzeroth，"Struggling for Federal Judicial Review of Successive Claims of Innocence：A Study of How Federal Courts Wrestled with the AEEPA to Provide Individual Convicted of Non – Existent Crimes with Habeas Corpus Review"，University of Miami Law Review，Vol. 60，2005，87。

③ 参见 United States Code 28，section 2244（b）（1）；Lee Kovarsky，"Original Habeas Redux"，Virginia Law Review，Vol. 97，2011，pp. 80 – 91。

④ 参见 United States Code 28，section 2244（b）（2）；Lee Kovarsky，"Original Habeas Redux"，Virginia Law Review，Vol. 97，2011，p. 91。

的申请拒之门外，根本无法进入实质性的审查环节。①

其二，谨慎尊重州法院的决定。第2254（d）（1）条明确规定联邦法院原则上必须否决针对州法院的人身保护令，除非州法院在作出决定的过程中存在不合理之处。仅仅发现州法院的决定是错误的不是充要条件，必须还要发现州法院对联邦法律的解释在客观上是不合理的。②

其三，提出事实无罪的主张需要承担证明责任。申请人在附带提出事实无罪的理由而申请人身保护令时，必须承担更高的证明责任。在该法出台之前，根据史路普诉德勒案（Schlup v. Delo）的判例，最高法院认为在例外情况下审查以事实无罪的理由提出的申请时，申请人提出的证据仅需要符合优势证明的标准，对原罪判决提出合理怀疑即可。③ 该法出台以后，这一标准发生了变化，主张事实无罪的申请人需要承担更高的证据责任，必须通过明显且令人信服的证据证明任何理性事实裁判者都不会认为申请人有罪。这一过高的标准直接导致许多主张无罪的申请人不可能获得救济。④

其四，1年的期间限制。第2244（d）（1）条规定，因州法院的决定而处在羁押之中的申请人必须在1年之内向联邦法院提出申请。这一期间从最终决定作出之日或者相关法律变动生效之日起计算，不包括向州法院申请人身保护令的时间。许多学者对这一规定颇感愤怒，认为这一规定没有任何政策正当性。通常在没有律师帮

---

① 参见 United States Code 28，section 2244（b）（3）；Kenneth Williams，“The Antiterrorism and Effective Death Penalty Act：What's Wrong with It and How to Fix It”，Connell Law Review，Vol. 33，2001，p. 942。

② 参见 United States Code 28，section 2254（d）（1）；Krystal Moore，“Is Saving an Innocent Man a ‘Fool's Errand’? The Limitations of the Antiterrorism and Effective Death Penalty Act on an Original Wirt of Habeas Petition”，University of Dayton Law Review，Vol. 36，2011，p. 207。

③ 参见 Schlup v. Delo，513 U. S. 298（1995）。

④ 参见 United States Code 28，section 2254（e）；Limin Zheng，“Actual Innocence as a Gateway Through the Statute－of－Limitations Bar on the Filing of Federal Habeas Corpus Petitions”，California Law Review，Vol. 90，2002，p. 2133。

助的情况下，这一规定对申请人来说是极为苛刻的限制。①

总之，《反恐与有效死刑法》的出台进一步限制联邦人身保护令发现和纠正冤案的能力，甚至有学者将其比喻为“一次复杂而艰难的长途旅行”。②

（三）赦免——行政权的救济

在美国，国家首脑和州首脑具有赦免权，美国总统对联邦犯罪案件的被定罪者具有赦免权，州长或特定委员会对州犯罪案件的被定罪者具有赦免权。这些赦免权的运用纯粹基于自由裁量，通常情况下不受任何公共监督。由于赦免极容易招致非议和政治压力，这一行政程序在实践中的使用甚为谨慎。简言之，几乎没有人支持以此作为释放被定罪者的常规救济途径。③

从联邦层面而言，赦免权是美国总统的一项直接由宪法规定的专有权限，适用于美国所有联邦法院有罪判决中被宣告有罪的人（弹劾案除外）。赦免权的行使，既不受包括国会在内的任何机构的干涉和限制，也不需要进行任何解释和说明。任何部门或者个人都无权针对总统赦免权的使用提出异议，更无权否定或者推翻总统的决定。通常而言，针对具体的赦免申请所展开的一系列调查是秘密或者半秘密的，不太可能公开调查的存在和范围。在总统考虑行

① 参见 United States Code 28，section 2244（d）（1）－（2）；Limin Zheng，“Actual Innocence as a Gateway Through the Statute－of－Limitations Bar on the Filing of Federal Habeas Corpus Petitions”，California Law Review，Vol. 90，2002，pp. 2129－2131；J. Sussman，“Unlimited Innocence：Recognizing an Actual Innocence Exception to AEDPA's Statute of Limitations”，New York University Review of Law and Society Change，Vol. 27，2001，pp. 360－362。

② 参见 Peter Hack，“The Roads Less Traveled：Post Conviction Relief Alternatives and the Antiterrorism and Effective Death Penalty Act of 1996，”American Journal of Criminal Law，Vol. 30，2002，p. 173。

③ 参见 Clifford Dorne and Kenneth Gewerth，“Mercy in a Climate of Retributive Justice：Interpretations from a National Survey of Executive Clemency Procedures”，New England Journal on Criminal and Civil Confinement，Vol. 25，1999；Stuart Taylor，“All the President's Pardons：The Real Scandal”，National Law Journal，1999。

使赦免权时，调查通常是由检察机关完成的，有时候 FBI 或司法部其他人员也会参与调查。通常情况下，在穷尽所有司法救济后，由当事人以无罪证据为由向总统提出赦免申请，赦免的申请由总统转交给司法部下设的赦免检察官，赦免检察官完成调查后通过司法部副部长将附带建议的申请转交给美国司法部长，最后由司法部长向总统提交正式书面建议。在调查过程中，并没有任何要求和指导规则。① 从各州层面而言，也都存在类似的程序和制度。

尽管存在批评的声音，认为在现代民主法治社会，应当绝对尊重司法机关的权威，消除行政首脑的赦免权对司法权的不当侵扰，但也有许多支持的意见，他们认为总统或州长的赦免权具有相当的灵活性，可以在很大程度上纠正司法机关发生的错误，尤其是将无辜者定罪的错误，因为世界上没有一种司法制度是完美的。② 从历史上看，赦免权深深扎根于英美法系，有着一贯的传统，赦免权是在穷尽司法救济手段后预防和纠正刑事司法错误的历史性补救措施。③ 从数据上看，依据美国除罪释放登记机构 2014 年的更新报告，在 1281 例除罪释放的案件中，有 106 例的被告人是以无罪证

① 参见 Clifford Dorne and Kenneth Gewerth，“Mercy in a Climate of Retributive Justice：Interpretations from a National Survey of Executive Clemency Procedures”，New England Journal on Criminal and Civil Confinement，Vol. 25，1999，p. 439。

② 参见 Henry Weihofen，“Pardon：An Extraordinary Remedy”，Rocky Mntn. Law Review，Vol. 12，1939；K. M. Ridolfi，“Not Just An Act of Mercy：The Demise of Post – Conviction Relief and A Rightful Claim to Clemency”，New York University Review Law and Social Change，Vol. 24，1998；Jonathan Harris and Lothlórien Redmond，“Executive Clemency：The Lethal Absence Of Hope”，American University Criminal Law Brief，Vol. 3，2007，p. 10；Eli Paul Mazur，“‘I'm Innocent’：Addressing Freestanding Claims of Actual Innocence in State and Federal Courts”，North Carolina Central Law Journal，Vol. 25，2003，p. 217。还有学者虽然支持保留赦免，但是认为当前的制度在救济无辜者方面的能力有限，需要进一步改革，具体参见 Cathleen Burnett，“Failed Failsafe：The Politics of Executive Clemency”，Texas Journal on Civil Liberties and Civil Rights，Vol. 8，2003。

③ 参见 Herrera v. Collins，506 U. S. 390，p. 415（1993）。

据为基础通过赦免权获得释放的。[1]

(四) 无辜者调查委员会/定罪公正性调查组——新的尝试

随着美国发现冤案的数量超出预料，民众和政府逐渐意识到上诉制度以及定罪后的救济程序无法为被定罪的无辜者提供充分的救济。为了及时发现和纠正冤案，在法律学者和团体的积极建议和推动下，美国许多州进行了冤案纠正机制的新尝试。其中，最具代表性和影响力的是两类专门发现和纠正冤案的官方机构：无辜者调查委员会（The Innocence Inquiry Commissions）和定罪公正性调查组（Conviction Integrity Unit）。

1. 无辜者调查委员会

无辜者调查委员是专门调查和纠正冤案、救济无辜者的官方独立机构。这类委员会是在借鉴英国刑事案件审查委员会经验的基础上设立的，性质一般是政府资助的独立机构，任务是调查和处理申请人提出的事实无罪主张。[2] 尽管学界一直强烈呼吁各州甚至是联邦成立类似机构，[3] 但到目前为止，只有北卡罗来纳州付诸了实际行动，于2006年正式通过和签署有关法案，成立了美国现在唯一有权调查和处理事实无罪主张的官方机构——北卡罗来纳州无辜者调查委员会（North Carolina Innocence Inquiry Commission，简称

---

① 参见 The National Registry of Exonerations，"Exonerations in 2013"，2014，p. 9。

② 参见 David Wolitz，"Innocence Commissions and the Future of Post - Conviction Review"，Arizona Law Review，Vol. 52，2010，p. 1046。

③ 参见 Peter Orth et al.，"A California Innocence Inquiry Commission：Part of the Solutions to the Problem of Wrongful Convictions"，from http：//www. ccfaj. org/documents/reports/incompentence/expert/orth，sood，vital%20golden%20gate%20paper. pdf。

NCIIC)。[1]

作为另一个独立的、州政府资助的机构，北卡罗来纳州无辜者调查委员会享有调查具体案件的权力，专门负责审查重罪案件中被定罪者以新发现的无罪证据提出的无罪主张。该委员会包括8名选举产生的委员，大多数是曾经参与刑事司法活动的人士，其中必须至少包括1名曾经担任检察官的人员、1名曾经担任警长的人员、1名曾经担任高级法院法官的人员、1名曾经担任刑事辩护律师的人员和1名公众代表。该委员会每年除大概有30万美元的固定预算外，还会获得联邦政府鼓励进行DNA检测的费用。

申请人提出申请时，必须满足以下条件：①必须是北卡罗来纳州州法院作出有罪判决的案件；②必须是重罪案件；③申请人必须健在；④申请人提出的必须是完全无罪的主张；⑤必须存在可信并且可验证的新的无罪证据，调查委员会审查的案件范围不限于DNA案件，但其法定职责是受理和审查有充分证据表明很有可能是冤案的重罪案件，所以在实践中其纠正的大部分冤案都是存在DNA证据的案件；⑥提出的理由必须在之前的审判或者定罪后的救济程序中没有提出过。

在接到被定罪人向调查委员会提出的书面申请后，委员会首先

---

① 参见 Henry Weinstein, “North Carolina to Weigh Claims of Innocence: The state is the first to create a panel with the power to reconsider cases and send them to judges for review”, LA Times, August 4, 2006。另外，至少有5个州在借鉴北卡罗来纳州法案的基础上提出了自己稍有不同的法案，但至今都没有通过和签署正式成为法律。这5个州是印第安纳州、佛罗里达州、南卡罗来纳州、纽约州、亚利桑那州。参见 Peter Orth et al., “A California Innocence Inquiry Commission: Part of the Solutions to the Problem of Wrongful Convictions”, from http://www.ccfaj.org/documents/reports/incompentence/expert/orth, sood, vital%20golden%20gate%20paper.pdf。关于这一机构的成立过程及这一过程中存在的争议参见 Christine C. Mumma, “The North Carolina Innocence inquiry Commission: Catching Cases that Fall through the Cracks”, in Marvin Zalman and Julia Carrano (eds.), Wrongful Conviction and Criminal Justice Reform: Making Justice, Routledge, 2013, pp. 249-266。

要进行形式审查。如果符合上述条件，委员会通常会启动调查和实质审查。随后，程序可以划分为逐渐递进的四步：初步审查和调查—正式调查—举行听审—发回由合议庭作出司法裁决。

在调查过程中，调查委员会可以传唤证人，并可以像检察官那样给予证人豁免权。与此同时，申请人必须同意放弃某些程序权利和特权，积极配合委员会的调查并保证向委员会披露所有相关信息。如果发现有利于被指控者的证据，调查委员会有义务向其披露；如果发现任何违法犯罪行为的证据或者刑事司法人员不当行为的证据，调查委员会同样有责任将其转交给有关机构。

如果是被定罪者当初没有认罪的重罪案件，经过听审后，有5名以上（包括5名）的委员认为存在充分的无罪证据，需要进一步司法审查，案件即会被发回高级法院。如果是被定罪者当初认罪的重罪案件，经过调查和审查后，委员会必须一致认为申请人提出的无罪主张需要进一步司法审查，案件才能发回高级法院。随后，高级法院的首席法院会任命3名法官组成合议庭（不能包括原审法院）组织证据听审。合议庭可以强制任何证人作证，包括被告人。如果合议庭全体一致认为有明显且令人信服的证据证明被定罪者是无辜的，必须撤销有罪判决、驳回指控。委员会的决定和高级法院合议庭的裁决是不可上诉的。①

由上可见，北卡罗来纳州无辜者调查委员会与英国刑事案件审查委员会的最大区别在于前者仅仅关注事实上无罪的申请人，或者说其仅仅关注事实真相，并不关注程序错误和法律错误，这种明确

---

① 参见 North Carolina General Statutes, § 15A - 1560 - § 15A - 1475, from http://www.ncga.state.nc.us/EnactedLegislation/Statutes/HTML/ByArticle/Chapter_ 15A/Article_ 92.html; Kent Roach, "An Independent Commission to Review Claims of Wrongful Convictions: Lessons from North Carolina", Criminal Law Quarterly, Vol. 58, 2012, pp. 285 - 287;参见 The North Carolina Innocence Inquiry Commission, "Rules and Procedures", from http://www.innocencecommission - nc.gov./rules.html。

的目标恰恰促使和成就了北卡罗来纳州无辜者调查委员会的成功。[①] 从成立以来至 2014 年 3 月，无辜者调查委员会共计受理 1398 例申请，审查完毕 1197 例。其中，大部分无罪主张经过调查和审查后被拒绝或否定，共计发回了 3 例案件，通过高级法院释放了 4 名无辜者。[②]

2. 定罪公正性调查组

美国另外一个发现和纠正冤案的新机制是定罪公正性调查组，其通常是设立在检察官办公室的一个内部机构，典型代表是得克萨斯州达拉斯县地方检察官办公室下设的定罪公正性调查组。[③] 这个部门不是一个独立的机构，管辖区域也仅限于达拉斯县。当初基于刑事司法体制存在的缺陷以及检察官的确会犯错误的事实，达拉斯县地方检察官办公室设立了专门审查和纠正冤案的机构，为那些被错误定罪的无辜者提供救济途径。[④] 因此，达拉斯县地方检察官办公室设立的这个部门与无辜者调查委员会承担着类似的任务，并在实践中取得了显著的成功。

这个部门的任务包括两项：其一，通过复查或重新调查，发现和释放在达拉斯县内被错误定罪的无辜者；其二，总结在刑事司法体制中产生冤案的原因和问题。[⑤] 自 2007 年正式成立以来，该部门已经发现和纠正多例冤案，释放了 17 名无辜者，导致达拉斯县

---

① 参见 Jerome M. Maiatico，“All Eyes on Us：A Comparative Critique of the North Carolina Innocence Inquiry Commission”，Duke Law Journal，Vol. 56，2007。

② 参见 The North Carolina Innocence Inquiry Commission，“NC Innocence Inquiry Commission Case Statistics"，from http：//www. innocencecommission – nc. gov. /stats. html。

③ 参见 Mike Ware，“Dallas County Conviction Integrity Unit and the Importance of Getting It Right the First Time”，New York Law School Law Review，Vol. 56，2011。

④ 参见 Terri Moore，“Prosecutors Reinvestigate Questionable Evidence：Dallas Establishes ‘Conviction Integrity Unit’”，Criminal Justice，Volume 26，2011。

⑤ 参见 Mike Ware，“Dallas County Conviction Integrity Unit and the Importance of Getting It Right the First Time”，New York Law School Law Review，Vol. 56，2011，p. 1034。

成为美国发现冤案数量最多的县。①

可能是受到达拉斯县定罪公正性调查组取得惊人成功的刺激，美国个别州和地方检察官开始采取措施，在检察官办公室内设立类似部门。② 然而，大部分检察官办公室并没有积极效仿，这可能是因为或者至少部分是因为检察官存在抗拒定罪后无罪诉求的倾向和传统。③ 达拉斯县定罪正当性调查组的创始人之一兼主任迈克（Mike Ware）曾经指出，检察官抵制定罪后 DNA 检测申请的倾向可以合理解释这一问题：抵制最终导致除罪释放的程序是避免尴尬的最佳办法。④ 尽管从这个角度来看，定罪公正性调查组有些不合常理，甚至有人怀疑它的真实有效性和所谓的成功，⑤ 但它在短短几年内取得的惊人成绩或许可以启发其他检察部门应当考虑是否需要设立类似的机构。⑥

---

① 参见 Mike Ware，“Dallas County Conviction Integrity Unit and the Importance of Getting It Right the First Time”，New York Law School Law Review，Vol. 56，2011，p. 1041。

② 例如，布鲁克林、曼哈顿区、芝加哥以及圣克拉拉等地最近都成立了类似的机构，消息参见 Alan Scher Zagier，“Prosecutors help set record number of exonerations in 2013”，February 4，2014，Dallas News。

③ 参见 Brandon L. Garrett，Convicting the Innocent：Where Criminal Prosecutions Go Wrong，Harvard University Press，2011，pp. 226 - 227（讨论了检察官拒绝 DNA 检测的现象）。

④ 参见 Mike Ware，“Dallas County Conviction Integrity Unit and the Importance of Getting It Right the First Time”，New York Law School Law Review，Vol. 56，2011，p. 1040。

⑤ 纽约曼哈顿区定罪公正性调查组处理的一起案件引起了一些质疑，参见 Innocence Blog，“Decision of Conviction Integrity Unit Leaves Many Questions Unanswered”，May 15，2013，from http：//wrongfulconvictionsblog. org/2013/05/15/decision - of - conviction - integrity - unit - leaves - many - questions - unanswered/。另外，有的学者指出，这种机构实质上是检察官的自我约束机制，客观性、独立性以及有效性有待检验，参见 E. L. Malave and Y. Barkaiiv，“Conviction Integrity Units：Toward Prosecutorial Self - Regulation?” in Marvin Zalman and Julia Carrano（eds.），Wrongful Conviction and Criminal Justice Reform：Making Justice，Routledge，2013，pp. 189 - 206。

⑥ 积极呼吁设立类似机构的主张参见 Charles Kuffner，“We Need a Conviction Integrity Unit in Harris County”，November 24，2013，Dallas News。

（五）评析

通过上述梳理，我们发现美国无辜者要推翻有罪判决，通过发现纠正冤案的机制获得释放，依然是面临着重重困难。[①] 笔者总结了以下五个方面的原因：

其一，法院对重审动议提出的新证据要求苛刻。出于保护陪审团裁决的目的，以新证据提出重审动议挑战有罪判决的难度非常之大。从上文可以看出，申请人必须提出符合苛刻条件的证据，否则难以获得批准。虽然出现了定罪后 DNA 检测，能够帮助一小部分无辜者获得足够充分的证据，但是有 DNA 证据并且保存下来的案件非常之少。最糟糕的是，出现了 DNA 这种确凿的无罪证据之后，法官在审查没有 DNA 证据的重审动议时，会不自觉地提高对新证据的要求，这对大部分案件来说是不现实的。

其二，法院对被告人提出重审动议设定了严格的期限限制，而且根据严格的溯及力原则，之前的有罪判决不能适用新法。

其三，重审动议中的新证据一般不能是弹劾证据。美国法院不愿意以弹劾证据为依据来挑战陪审团的有罪判决，即使这一弹劾证据十分具有说服力。例如，如果有证据表明证人说了谎，或者有证据对证人提供的证言提出了质疑，那么是无法作为新证据来提出重审动议的。

其四，人身保护令的作用非常有限。从目前最高法院的判例来看，除死刑案件外，单纯地以事实上无罪为由，是不可能获得人身保护令的，即使申请人具有确凿无疑的无罪证据。只有申请人提出了在刑事司法过程中其宪法权利遭到了侵犯的证据，才有可能获得人身保护令的救济。

其五，无论是在定罪后提出重审动议，还是申请人身保护令，

---

① 参见 Lissa Griffin，“Correcting Injustice：Studying How the United Kingdom and the United States Review Claims of Innocence”，University of Toledo Law Review，Vol. 41，2009，pp. 137 – 150。

法律都没有规定向贫穷的申请者提供法律援助。如此一来，在没有专业律师提供帮助的情况下，大量的贫穷申请者要申请这些程序的救济，难度可想而知。

二、民间的救济途径——无辜者运动

在很长一段时间内，美国人以自己的刑事司法制度为骄傲，甚至极力标榜美国的刑事司法体制是世界上最好的。其中，他们认为最重要的一个理由是，经过正当程序革命洗礼之后的美国刑事司法不太可能产生冤案；即使产生，数量之少也在可容忍范围之内。这种司法迷信在很长一段时间内蒙蔽了美国民众和法律职业者的认识，反而在某种程度上导致了冤案，在很大程度上阻碍了冤案的发现和纠正。[①]

随着一例例冤案的曝光，美国社会一片哗然。在理想破灭之际，美国的刑事司法系统依然固守着原有的司法迷信，以民权人士为首的各种民间力量不约而同地开始批评谴责刑事司法系统的失败，帮助和救济被冤枉的无辜者，推动司法改革。尤其是在美国傲慢与自大的司法系统无视狱中申冤者的声音、盲目信赖法庭判决的大背景下，[②] 民间力量在发现和纠正冤案过程中就显得尤为重要。例如，亲戚朋友为救济处在狱中的无辜者自发组成一个团体，开设网站，积极调查案件，在各方面的帮助下努力推翻定罪；又如，有些调查记者与律师自发联合起来义务帮助被定罪的无辜者，调查记者不断地制造舆论压力，引起司法系统的重视，律师则免费为无辜者提供法律帮助，争取早日还其清白。总之，民间力量在美国当前愈演愈烈的“无辜者运动”中扮演着重要角

---

① 参见［美］吉姆·佩特罗、南希·佩特罗著：《冤案何以发生：导致冤假错案的八大司法迷信》，苑宁宁、陈效等译，顾永忠审校，北京大学出版社2012年版。

② 美国俄亥俄州洗冤工程主任马克（Mark Godsey）之语，参见滑璇：《洗冤工程：真相和正义的信仰》，载《中国新闻周刊》2013年第38期。

色。

在所有的民间力量中，能够有组织、系统、专业地救济无辜者的，非起源于美国的洗冤工程（Innocence Project）莫属。

概括而言，洗冤工程是一家非营利性的民间法律援助机构，致力于（主要）通过DNA检测来帮助纠正冤案，救济被定罪的无辜者。洗冤工程的创立动因源于美国司法部和美国参议院与卡多佐法学院合作进行的一项具有里程碑意义的研究的结果，即70%的冤案是由于目击证人的不正确认识所造成的。首个洗冤工程由舍克（Barry C. Scheck）和诺伊费尔德（Peter J. Neufeld）于1992年在纽约创立，起初是隶属于叶史瓦大学卡多佐法学院的一个非营利性法律诊所，直到2004年成为一个具有501（c）（3）资格的独立组织，但二者因为卡多佐的联系仍保持着紧密的关系。随着DNA技术的成熟和发展，洗冤工程也不断发展壮大。到目前为止，美国几乎所有州都成立了自己的洗冤工程，受其影响，英国、加拿大、澳大利亚、法国等纷纷开始借鉴效仿。为了更加广泛地救助那些被错误定罪的无辜者，洗冤工程作为倡导者之一还发动创立了无辜者联盟（The Innocence Network）。洗冤工程是包括法学院、新闻学院和公共辩护人办公室等在内的全球60余个独立机构的联合组织。[①] 虽然各州洗冤工程在细节上存在一定差异，但其宗旨和大致框架基本上是一致的。

洗冤工程作为一种特殊的法律教育诊所，通常以当地高校的法学院为依托，由法律专业的学生在法学教授、一支高素质律师团队和诊所工作人员的带领下，主要利用DNA检测（有些州只接受存在DNA证据的案件申请，有些州也接受非DNA证据的案件申请）

---

① 参见Innocence Project，“Frequently Asked Questions”，from http：//www. innocenceproject. org/about/FAQs. php。

救助被错误定罪的无辜者。[①] 更重要的是，洗冤工程致力于研究冤案的原因及对策，与州和联邦的立法人员、司法人员沟通协商，从事相关的研究和培训，提出有针对性的救济和预防措施，推动改善刑事司法体制。[②]

由于受资源的限制，为了向申请人提供有效且有针对性的帮助，洗冤工程制定了各自的案件受理标准和案件筛选程序。[③] 通常来说，从案件受理标准上看，洗冤工程只受理主张事实上无罪并且已经穷尽直接上诉手段的案件，有些州还要求必须存在生物证据。

从案件筛选程序上看，洗冤工程在收到无罪申请后，[④] 首先要进行初步审查，查看是否符合案件的受理标准。如果满足了既定的受理标准，即进入无罪申请评估阶段。评估过程包括三个递进的步骤：预先筛选评估、审查筛选问卷、初步调查。预先筛选评估主要是过滤掉洗冤工程明显无法提供帮助的申请，随后向无辜者发放问卷，收集案件的有关信息。在收集信息完毕后，安排一名工作人员彻底审查该问卷及申请材料，并以此撰写“评估备忘录”，对该案件进行评估，对该无罪申请今后的发展状况作出初步预期，并对本机构将来一系列的代理行为作出建议。在这个

---

① 因为各法学院的资源丰富程度存在差异，洗冤工程存在多种管理体制。虽然大多数洗冤工程是由教授管理和组织的发展完善的内设机构，但也有洗冤工程纯粹由学生自行管理，很少有教师监管，还有的洗冤工程把学生安置到当地公设辩护人机构中，使学生的实践场所与法学院的课堂教学有机结合起来。其中，肯塔基州就采取了最后这种模式。

② 参见 Innocence Project，“Frequently Asked Questions”，from http：//www. innocenceproject. org/about/FAQs. php。

③ 本部分的写作主要参考 Daniel S. Medwed，“Actual Innocents：Considerations in Selecting Cases for a New Innocence Project”，Nebraska Law Review，Vol. 81，2003。

④ 一般来说，洗冤工程收到的无罪申请主要来自于以下几个渠道：当事人或其亲属朋友的申请、法院分派、社会机构和法律服务者们的推荐以及媒体调查报道的案件。

过程中，洗冤工程的负责人要定期与负责审查案件的工作人员会面探讨案情，根据最新情况修正每份评估表。通过这个步骤，洗冤工程大概可以否定近50%的无罪申请，剩下的一般会进入初步调查程序。通常情况下，在发放筛选问卷的同时会向申请人发放一份授权书，需要申请人签字同意洗冤工程就该案进行初步调查。同时，洗冤工程会保留因各种原因随时终止调查该案的权利。在调查过程中，洗冤工程的工作人员会采取一切可利用的手段进一步了解案情，尽可能收集无罪证据。[①] 在初步调查结束之后，正式受理案件之前，洗冤工程通常还会邀请经验丰富的律师对经过初步调查后的无罪申请进行仔细评估，就无罪申请的合法性和可行性向洗冤工程提供意见。最后，在双方合意之下，洗冤工程与申请人签订代理服务协议，代替无辜者进行无罪申诉、参与诉讼等一系列活动。

洗冤工程在美国已经有20多年的历史，形成了一套成熟的制度。自1992年成立至今，美国各地的洗冤工程已经利用DNA证据帮助纠正了312例冤案。于是，有人指出，作为冤案防治领域的先驱，洗冤工程从某种意义上已经取代法院，成为无辜的囚犯申诉主张、寻求救济的最后防线。

与此同时，洗冤工程还研究各自区域内导致冤案的成因，提出了相应的建议和对策，并积极推动立法和司法改革。

最重要的是，这种以法学院为依托的诊所式教育，让即将从事法律职业的学生受益匪浅。这种实践性教学不仅锻炼了他们分析案件的能力，而且培养了他们预防和纠正冤案的意识。无论他们将来是成为刑事辩护律师，还是成为检察官或法官，都会将这种意识和思维带入以后的司法工作中。从长远来看，这种诊所式教育模式有

---

① 洗冤工程工作人员的初步调查手段通常包括：与申请者先前的辩护律师、证人及其他诉讼参与人员商讨案情，收集进一步的相关文件，如案件判决抄本、警方的报告等，寻找可靠的证明申请人无罪的证据。

助于提升整个刑事司法系统预防和纠正冤案的能力。① 总体而言，洗冤工程在美国取得了巨大的成功。②

然而，不得不承认，洗冤工程也面临着现实性难题与批评。例如，其经费来源没有充分保障，资源严重不足；又如，在调查或者代理申诉过程中，往往会遇到来自检察官的阻力；再如，还有人批评洗冤工程过分强调事实上无罪的申请，可能伤害了大多数的被告人，因为对事实上无罪的日益强调似乎使人们和司法系统忽视了对程序瑕疵的关注和救济。③

第二节 英国冤案的发现纠正机制

一、官方的救济途径——刑事案件审查委员会

（一）成立背景及其职责

经过上诉程序，如果被定罪者仍然认为存在刑事司法错误或者

---

① 参见 Keith A. Findley, "The Pedagogy of Innocence: Reflections on the Role of Innocence Projects in Clinical Legal Education", Clinical Law Review, Vol. 13, 2006, p. 234; Daniel S. Medwed, "Actual Innocents: Considerations in Selecting Cases for a New Innocence Project", Nebraska Law Review, Vol. 81, 2003, p. 1135; Jan Stiglitz et al., "The Hurricane Meets the Paper Chase: Innocence Projects New Emerging Role in Clinical Legal Education", California Western Law Review, Vol. 38, 2001; Ellen Yankiver Suni, "Ethical Issues for Innocence Projects: An Initial Primer", University of Missouri - Kansas City Law Review, Vol. 70, 2002。

② 参见 Steven A. Krieger, "Why Our Justice System Convicts Innocent People and the Challenges Faced By Innocence Projects Trying to Exonerate Them", New Criminal Law Review, Vol. 14, 2011, p. 333。

③ 参见 Abbe Smith, "In Praise of the Guilty Project: A Criminal Defense Lawyer's Growing Anxiety about Innocence Projects", University of Pennsylvania Journal of Law and Social Change, Vol. 13, 2009。对这一批评的回应参见 W. Tucker Carrington, "'A House Divided': A Response to Professor Abbes Smith's IN Praise of the Guilty Project: A Criminal Defense Lawyer's Growing Anxiety about Innocence Projects", University of Pennsylvania Journal of Law and Social Change, Vol. 15, 2011。

坚持无罪主张，那么他们可以继续通过上诉后的救济程序进行申诉。在1997年之前，根据《1968年刑事上诉法》第17条的规定，英国内政部下设的刑事案件小组C3部门（Criminal Case Unit of C3 Division）负责处理存在刑事司法错误的案件申诉。C3可以建议内政大臣行使权力命令重新调查可疑案件并将其发回上诉法院，或者启用皇家赦免权（Royal Prerogative of Mercy）。[①] 随着近20年来大量存在刑事司法错误的案件被高调曝光，以及郎西曼皇家刑事司法委员会（the Runciman Royal Commission on Criminal Justice）1993年公布的报告，[②] 英国修订后的《1995年刑事上诉法》规定了一个独立的复审机构，来专门负责处理和审查可能存在刑事司法错误

---

① 参见 Criminal Appeal Act 1968，section 17，from http：//www. legislation. gov. uk/ukpga/1968/19/pdfs/ukpga_ 19680019_ en. pdf。

② 在吉尔福德四人案件、马奎尔等七人案件以及伯明翰六人案件的直接刺激下，为了调查当时刑事司法体制中存在的问题，避免刑事司法错误和冤案，内政部成立了一个特别委员会：皇家刑事司法委员会，主席是郎西曼（Wisconsin Runciman）。经过两年的深入调查，皇家委员会于1993年7月向内政部提交了一份报告。在该报告中，其建议赋予内政部刑事案件复审权，并提倡成立独立的专门机构负责行使这一权力。该报告指出，由于“现行法赋予内政部的权力与英国司法与行政分立的宪法原则相悖”，因此尽管《1968年刑事上诉法案》没有作出要求，但历届内政部长“一般也仅仅在发现新证据或提出其他有价值的论证时才审查某一案件”，通常此时被告已用尽其普通申诉程序。当内政部长们仅仅因为法院已经审理过的证据而怀疑某一判决的可靠性时，也会尽量避免与司法权发生冲突，特别是怕引发上诉法院的敌对态度。内政部长们“如此谨守宪法原则，以致不愿行使权力对案件进行深入的调查”，因此，委员会“得出结论，让内政部直接对错案的审理和调查负责，就如同让其对法律秩序及警察负责一样，是既没必要也没益处的”。皇室赦免权也没能帮助内政部更好地独立行使第17条规定的权力。在实践中，内政部长们更愿意把案件发回上诉法院重审，而不是使用皇室赦免权。“显然他们不愿意直接推翻法院的判决，而宁可让法院重新对案件作出判决。”皇室赦免权仅仅在“有确实理由相信一个人无罪，但无罪建议又不可能被法院接受，如相关实物性材料无法作为证据提交时”，才会被使用。参见 Royal Commission on Criminal Justice，“Report”，1993，HMSO，pp. 180 - 182，from http：//www. official - documents. gov. uk/document/cm22/2263/2263. pdf；关于CCRC的成立背景亦可参见 John Weeden，“The Criminal Cases Review Commission of England，Wales，and Northern Ireland”，University of Cincinnati Law Review，Vol. 80，2012，pp. 1415 - 1419。

的案件。1997 年 4 月 1 日，刑事案件审查委员会（CCRC）正式成立并开始运作。

根据《1995 年刑事上诉法》，刑事案件审查委员会的主要职责包括：①

（1）根据第 9－12 条的规定，当委员会认为之前的有罪判决或者量刑存在不会被继续维持的现实可能性时，将案件发回适当的上诉法院（这是 CCRC 的核心职责）。

（2）根据第 15 条的规定，依据上诉法院的命令和指示，针对处在上诉审理中的案件的某些特定事项进行调查并向上诉法院报告。

（3）根据第 16 条第（1）款，考虑来自国务大臣关于启用皇家赦免权的意见，提出参考意见并阐明结论。

（4）根据第 16 条第（2）款，就为何在特定案件中决定国务大臣应当考虑建议启用皇室赦免权说明原因。

（5）根据计划 1 第 8 段，在每一财政年结束后尽快向内政部国务大臣提交年度报告披露其工作情况。

总体而言，刑事案件审查委员会通过上述具体工作，旨在提高公众对刑事司法的信心，给予那些被错误定罪者希望与救济，同时借机促进司法改革。②

（二）刑事案件审查委员会的构成

英国刑事案件审查委员会是世界上第一个负责审查刑事司法错误的法定公共机构，位于英国伯明翰市，故意远离首都伦敦，以免受到不必要的干扰。根据法律规定，刑事案件审查委员会至少包括 11 名委员，经首相提名后由女王任命，其中 1 人被委任为主席，

① 参见 Criminal Cases Review Commission，“Our History”，from http：//www. ccrc. gov. uk/about/about_ 28. htm；Criminal Appeal Act 1995，Section 9－12，15 and 16。

② 参见 Criminal Cases Review Commission，“About Us”，from http：//webarchive. nationalarchives. gov. uk/20110215111039/，http：//www. ccrc. gov. uk/about. htm。

任期为 5 年，连任不得超过 2 届。[①] 为了保持委员会的独立性，与刑事司法体制保持一定的距离，法律特意规定至少 1/3 的委员具备特定的法律资格，其他 2/3 委员只要具备关于刑事司法体制任一方面的知识或者经验即可。[②]

在刑事案件审查委员会中，大部分的审查工作是由被聘任的“案件审查专员”（Case Review Mangers，简称 CRMs）完成的。[③] 案件审查专员具有不同的职业背景，其中有的曾经作为警察、律师或者缓刑监督官等参与过刑事司法工作，有的来自于社会工作行业或者私人部门等与刑事司法没有太大联系的领域。在分配案件时，每位案件审查专员的专业背景是主要的考虑因素，如果申请主要涉及法律争议，则应当将其交给具备法律专业知识的专员审查；如果案件申请主要涉及事实争议，则应当将其交给调查经验比较丰富的专员审查。[④] 此外，刑事案件审查委员会有时也会雇用少数法律或者调查顾问，以便在特定情况下提供咨询和帮

① 参见 Criminal Appeal Act 1995，Section 8。委员可以是全职的，也可以是兼职的。在 2010 年 3 月 31 日，刑事案件审查委员会只有 10 名委员，低于法定的最低数量，而且因为财政预算缩减问题，这一情况很有可能持续下去。参见 Criminal Cases Review Commission，Annual Report and Accounts 2009－2010，2010，p. 16。主席的角色主要是管理性的，但是他同时充当着委员会的公共代言人和与政府进行沟通的联系纽带。参见 Home Office and Office for Criminal Justice Reform，Management Statement for the Criminal Cases Review Commission，2006，3. 4. 2－3. 4. 6。

② 参见 P. Duff，“Straddling Two Worlds：Reflections of a Retired Criminal Cases Review Commissioner”，The Modern Law Review，Vol. 72，2009，p. 700；Criminal Appeal Act 1995，Section 8。特定的法律资格具体是指，或者符合《1990 年法官和法律工作者法》第 71 条的规定具有 10 年工作资历，或者连续 10 年以上担任北爱尔兰律师公会的成员，或是北爱尔兰最高法院的事务律师，并具有至少 10 年的执业经验。

③ 委员偶尔也会亲自进行审查，尽管他们当时不会作出发回上诉法院的最终决定。

④ 参见 Criminal Cases Review Commission，Work in Detail（CRM Job Description），2005，p. 5。

助。①

（三）刑事案件审查委员会的性质

尽管刑事案件审查委员会由首相提名、女王任命，需要依靠内政部提供的资源和经费，而且内政部国务大臣需要就委员会的运行向议会负责，但是《1995年刑事上诉法》明确规定刑事案件审查委员会具有完全的独立性，不是皇室和政府的代理人或附属机构。②在受理申请和案件审查过程中，刑事案件审查委员会处于完全中立的地位，不偏不倚，它既不是控辩双方任何一方的代表，也不是法院系统的组成部分，甚至不是刑事司法系统的组成部分。③在实践中，这意味着委员会在业务上独立，即在处理和审查个案时不受任何政治干涉或影响，奉行独立、正直、中立、专业、负责和透明的价值，但在战略方向和经费资源上要受制于政府。根据针对委员会运行效果的定期评审，这一点已经非常明确。这甚至导致时任委员会主席的委员曾经在年度报告中评论道："说我们正在饱受疲劳审查的折磨只是一种缓和的说法而已。"④ 委员会可以利用的资源或措施存在周期性进行变动和调整，尤其是案件审查工作中存

---

① 参见 Criminal Cases Review Commission, Formal Memorandum: Legal And Investigations Advisers - Guidance on Use（Version 3）。

② 参见 Criminal Appeal Act 1995, Section 8（委员会不应被认为是皇室的附属机构或代理机构，或被认为享有皇室才享有的法律地位、豁免权或特权；委员会的财产也不应被认为是皇室的财产，或被认为代表的是皇室的利益）。关于提供经费的责任参见 Home Office and Office for Criminal Justice Reform, Financial Memorandum for the Criminal Cases Review Commission, 2006；政府对 CCRC 的权力限于分配资源和战略领导，参见 Home Office and Office for Criminal Justice Reform, Management Statement for the Criminal Cases Review Commission, 2006, 3.1。

③ 参见 Criminal Cases Review Commission, Annual Report and Accounts 2009 - 2010, 2010, p.10。

④ 参见 Criminal Cases Review Commission, Annual Report and Accounts 2006 - 2007, 2007, p.6; L. Elks, Righting Miscarriages of Justice? Ten Years of the Criminal Cases Review Commission, JUSTICE, 2008, p.335。

在重大不利影响因素时更为明显。[①] 除此以外，其实并没有证据表明委员会的具体运作受到了明显的政治干扰。在公众和政府相当关注刑事司法错误问题的大背景下，刑事案件审查委员会能够坚持独立工作，这其实多少令人感到意外。[②] 尽管某些政客偶尔会以代表选民的名义进行询问，但通常只是收到刑事案件审查委员会涉及一般政策的礼貌性回复。

(四) 刑事案件审查委员会的运作机制与权力

虽然刑事案件审查委员会有权审查在治安法院或者刑事法院审结的所有刑事案件，但从实践来看，它的工作重心主要是在刑事法院审判的比较严重的犯罪案件上。[③] 因此，下文主要介绍刑事案件审查委员会处理来自刑事法院案件的工作机制。

1. 刑事案件审查委员会决定将案件发回上诉法院的情形

在考虑是否将案件发回上诉法院时，刑事案件审查委员会需要依法对案件进行审查和检验。根据《1995 年刑事诉讼法》第 13 条的规定，在符合以下两种情形中的任意一种时，才能决定将案件发回上诉法院：[④]

(1) 委员会不得根据第 9 条至第 12 条的规定将某个案件发回

---

① 参见 Criminal Cases Review Commission, Annual Report and Accounts 2007 - 20008, 2008, p. 4。

② 参见 R. Nobles and D. Schiff, Understanding Miscarriages of Justice: Law, the Media, and the Inevitability of Crisis, Oxford University Press, 2000; P. Mason, "Press and Release: UK News Coverage of the CCRC Since 1996", in Michael Naughton (ed.), The Criminal Cases Review Commission: Hope for the Innocent, Palgrave MacMillan, 2009。

③ 参见 L. Elks, Righting Miscarriages of Justice? Ten Years of the Criminal Cases Review Commission, JUSTICE, 2008, p. 264。作者指出，从委员会成立到 2007 年 12 月，所有申请中只有 6.6% 是治安法院通过简易程序作出有罪判决的案件。亦可参见 K. Kerrigan, "Miscarriage of Justice in the Magistrates' Court: the Forgotten Power of the Criminal Cases Review Commission", Criminal Law Review, 2006, pp. 126 - 127。

④ 参见 Criminal Appeal Act 1995, Section 13。

上诉法院，除非——

a. 委员会认为（如果发回上诉法院后）之前的有罪判决或者量刑存在不会被继续维持的现实可能性；

b. 委员会认为——

（i）在作出某个定罪、裁断或判决的情况下，某辩论意见或证据未能在作出以上裁判的程序中提出，或未能在任何上诉或不服以上裁判的准许上诉申请中提出；或（ii）在作出某个判刑的情况下，一个关于法律的辩论意见或信息未能在作出该判刑的程序中提出，或未能在任何上诉或不服该判刑的准许上诉申请中提出；

c. 某个不服该定罪、裁断、判决或判刑的上诉已经用尽或不服该定罪、裁断、判决或判刑的上诉申请已被拒绝。

（2）如果委员会认为有例外情况存在，使得发回上诉法院是正当的，那么发回上诉法院的决定不受上述第（1）款 b 项（i）或 c 项规定的限制。

从上述条文可以明确看出，委员会并没有直接撤销或者改判案件的权力，委员会的审查范围也不限于主张事实上无罪的案件。[①]具体而言，委员会将案件发回上诉法院的情形主要有两类：

（1）委员会将那些穷尽上诉救济后仍存在强有力新证据或者新信息的案件发回上诉法院重新进行审判。[②] 具体而言，其检验标准是：如果发回上诉法院，因提交新证据和新信息，原定罪判决或者量刑存在不会继续被维持的现实可能性，简称为“现实可能性检验”。

虽然成文法未具体解释这一检验标准，但在判例法中宾汉大法

① 参见 S. Roberts and L. Weathered, “Assisting the Factually Innocent: The Contradictions and Compatibility of Innocence Projects and the Criminal Cases Review Commission ”, Oxford Journal of Legal Studies, Vol. 29, 2009, pp. 43 –70。

② 参见 Kate Malleson, The Criminal Cases Review Commission: How Will It Work, Criminal Law Review, 1995, p. 932。

官对这一标准作了权威解释："在委员会看来，这种可能性要高于微弱的可能性或者意外可能性，但是低于盖然性或似然性以及必然性。委员会必须认为至少可以合理地预期（如果发回上诉法院）有罪判决不会被维持。"[①] 这一相对宽泛的解释并不足够精确，因此引发了一个重要问题：这一法定检验是预测性的，还是规范性的呢？如果是预测性的，委员会所要负责考虑的问题是，根据当前上诉法院的历史和以往裁决情况来判断其是否具有撤销有罪判决的现实可能性。如果是规范性的，委员会的主要任务是，考虑理想化的上诉法院是否具有根据相关法律和事实从而撤销有罪判决的现实可能性。这两种具体解释虽然都承认委员会必须在法律评价框架内行使法定权力，但得出结论的方式和角度完全不同。从这方面而言，Pearson 先例中确定的标准其实并没有提供一个清晰严密的答案，而是同时支持了这两种检验方式。[②] 尽管如此，无论是预测性的检验方式，还是规范性的检验方式，委员会在进行现实可能性检验时，都不可避免地需要考虑上诉法院是否撤销有罪判决的标准：有罪判决是否具有安全性。换言之，委员会在考虑是否将案件发回上诉法院时，都会借鉴上诉法院检验有罪判决是否安全的标准，审查审判的公正性以及正当程序问题。

（2）例外情形。根据《1995 年刑事上诉法》第 13 条的规定，如果案件之前没有经过上诉程序，或者如果申请者向委员会提出的某辩论意见或证据已经在之前的审判或者上诉审判中提出过，那么

---

① 参见 R v. Criminal Cases Review Commission Ex p Pearson [1999] 3 All ER 498 (QB) 505。

② 参见 R v. Criminal Cases Review Commission Ex p Pearson [1999] 3 All ER 498 (QB) 520 - 521。关于这两种检验角度的理论分析与论证参见 P. Duff, "Straddling Two Worlds: Reflections of a Retired Criminal Cases Review Commissioner", The Modern Law Review, Vol. 72, 2009, p. 718; D. Kyle, "Correcting Miscarriages of Justice: The Role of the Criminal Cases Review Commission", Drake Law Review, Vol. 52, 2004, pp. 665 - 666; Malcolm D. Birdling, Correction of Miscarriages of Justice in New Zealand and England [Dissertation], St. Catherine's College, 2012, pp. 145 - 167。

只有委员会认为存在使得发回上诉法院具有正当性的例外情况时，才可以决定将案件发回上诉法院。然而，委员会的这一权力在实践中受到了极大的限制，因为法律规定必须存在使得发回上诉法院具有正当性的例外情况。例如，如果被告人当初准许上诉的申请被独任法官拒绝了，而且在司法实践中的确有很多上诉申请被拒绝了，那么委员会在审查这类案件时通常不仅会慎重考虑当初独任法官为何拒绝准许上诉的申请，而且会认真排除申请者曾经提出的、后被上诉法院曾经仔细考虑过的理由。然而，不得不承认，由于各种原因，上诉法院的独任法官甚至是全体法官在审查准许上诉申请时的确会犯错，会错误地否定某些具有价值的上诉理由。如此一来，在排除了上诉法院当初否认的理由后，委员会很难再寻找到具有正当性的例外情况将案件发回上诉法院。①

2. 刑事案件审查委员会的案件审查程序②

案件审查可谓是委员会的核心任务，自其成立以来，审查程序几经调整并逐渐完善。当案件分配给案件承担人（通常是案件审查专员）后，审查工作正式开始。在案件审查过程中，案件承担

---

① 参见 R. v. Thomas [2002] EWCA Crim. 941 74 – 75；L. Elks，Righting Miscarriages of Justice? Ten Years of the Criminal Cases Review Commission，JUSTICE，2008，pp. 124 – 131。在实践中，委员会尚没有明确地在缺乏新理由的情形下以例外情况为由将案件发回上诉法院，虽然其曾经在某一发回案件中含蓄地承认过，但富有争议。参见 WE O' Brian Jr，"Fresh Expert Evidence in CCRC Cases"，King's Law Journal，Vol. 22，2011，p. 2。

② 本部分的写作主要参考了以下文献：Criminal Cases Review Commission，Annual Report and Accounts 2002 – 2003，2003，pp. 13 – 16；Criminal Cases Review Commission，Annual Report and Accounts 2004 – 2005，2005，pp. 21 – 23；Criminal Cases Review Commission，Annual Report and Accounts 2005 – 2006，2006，pp. 16 – 19；Criminal Cases Review Commission，Annual Report and Accounts 2006 – 2007，2007，pp. 11 – 14；Criminal Cases Review Commission，Annual Report and Accounts 2007 – 2008，2008，pp. 10 – 13；Criminal Cases Review Commission，"How We Review Your Case"，from http://webarchive. nationalarchives. gov. uk/20110215111039/http://www. ccrc. gov. uk/canwe/canwe_ 33. htm。

人不仅会审查申请中所提出的问题，而且也会审查其所发现的任何问题，以发现是否可能存在将案件发回的理由。由于案件的复杂程度不同，案件承担人的审查工作可以分为逐渐递进的三个阶段。在任何一个审查阶段，案件承担人都可以作出决定，结束审查；如果无法作出决定，案件审查必须依阶段逐渐深入。这三个审查阶段依次是：

(1) 第一阶段的审查。

首先，审查申请是否合格。

主张存在刑事司法错误的当事人向刑事案件审查委员会提出申请后，委员会应当首先审查这一申请是否合格。刑事案件审查委员只受理符合特定条件的案件：①针对英格兰、威尔士或北爱尔兰作出的有罪判决；②除例外情况外，申请者已经用尽上诉程序。例如，针对民事案件或者针对苏格兰地区作出的有罪判决的申请都是无效的。又如，如果申请者所申请的案件正处于上诉审理之中，申请将被关闭，因为刑事案件审查委员会无权审查正在处于上诉程序的案件。

如果案件未经过上诉，委员应当考虑以下两个问题：①是否存在上诉成功的现实可能性或者通过调查是否可能产生这类现实可能性；②是否可能具有使发回具有正当性的例外情况。如果上述两个问题的答案是肯定的，案件将会经过筛选分类继续接受审查。否则，审查就此停止，委员将会作出临时结论，以信件方式通知申请者或者其代理人，申请者可以在28天内向委员会提交进一步的意见。如果委员会在规定时间内没有收到来自申请者的进一步意见，或者申请者的进一步意见未能改变委员的结论，委员将会正式终止案件审查，并向申请者或其代理人签发拒绝发回的最终结论。如果申请者的进一步意见成功地说服了委员改变临时结论，案件将会经过筛选分类继续接受审查。

如果申请者是再次向委员会提出申请的，由未曾参与该案件之前审查工作的委员决定申请者是否提出了支持继续审查的新理由。

如果没有，申请则会被拒绝。如果案件明显缺乏审查理由，如申请表格是空白的，或者申请理由只是明显重复之前审判或上诉审理中已经被考虑的事项，又或者审查因缺乏相关的文件而不可能进行，委员将会签发临时结论。经过 28 天之后，或者签发拒绝发回的最终结论，或者经过筛选分类继续接受审查。

其次，筛选分类和分配程序。

对于那些继续接受审查的案件，委员在一审查阶段的后续工作是根据复杂程度和工作内容对案件进行筛选分类，这一程序被称为“筛选分类工序”。此外，在这一阶段，委员还应当尽量说明哪些公职机构（如警局、法院或者检察署）持有审查时可能需要的材料和信息，并通知有关公职机构在委员会准备开始审查工作之前保存这些文件材料。总的来说，案件被划分为四类，每类案件作出决定的途径各有不同。这四类案件分别是：

A 类案件：清楚简单的案件，或者从可知的案件材料中完全能够发现问题并且不太可能涉及复杂法律问题的案件。这类案件通常能在分配后的 8 周之内审查完毕并进入决定阶段。①

B 类案件：涉及较为复杂问题的案件，可能需要审查大量的材料或者很有可能涉及另外一个机构。预计这类案件在分配后的 22 周之内能够进入决定阶段。

C 类案件：案件审查很有可能需要较长时间，涉及的问题宽泛而复杂，可能需要广泛的外部调查或其他的机构参与。每件 C 类案件都会指定一名委员，以帮助案件审查专员计划和展开审查工作。此外，所有的 C 类案件中都存在案件规划委员会，为案件审查工作设定目标期限。

D 类案件：首先需要提交给案件工作主任的例外案件。例如，某些极其重大的案件，或者从一开始明显需要动用《1995 年刑事

① 应当注意到，这里的期限指的是案件从分配后到审查结束后进入决定阶段的期限，并不包括作决定的时间。

上诉法》第 19 条之调查的案件。一旦决定了适当的路径，D 类案件也会被正常分配给案件审查专员，并根据需要使用 A 类案件、B 类案件或 C 类案件中的任一种审查路径。

在案件分类结束以后，需要将案件分配给具体的案件审查专员以正式开始第二阶段的审查。虽然绝大部分案件会按照受理的先后顺序进行分配审查处理，但出于效率的考虑，会将那些审查可能只需要较短时间的案件与那些审查可能需要较长时间的案件进行区分归类，因为委员会通常能够更加快捷地处理相对简单的案件。于是，B 类和 C 类案件由于需要较长时间，所以单独列在一起等待分配审查，A 类案件单列等待分配审查。此外，在分配案件时，申请者处在监禁中的案件较申请者处于自由的案件享有优先性，那些对刑事司法体制有特别重大意义的案件一般也享有优先性，申请者和证人的年龄、健康状况以及证据遭到破坏的可能性也是分配案件时应当考虑的因素。尽管如此，无论案件审查所需时间长短以及是否具有优先性，委员会保证所有案件都能接受同样程度的彻底审查和谨慎。

（2）第二阶段的审查。

这一阶段的审查是整个程序中最消耗资源的阶段。通常来说，C 类案件需要指定一名委员以帮助和指导案件审查专员，并且在很多情况下由案件规划委员会来制定案件审查的期限。案件承担者首先收集所需要的主要材料，其次是准备案件规划，列明需要调查的实质性事项和调查顺序。在这一阶段，委员会可以使用以下审查资源和手段：

第一，自己拥有的资源，如案件审查专员、法律和调查顾问（在大部分时间内，案件审查专员都是亲自实施所有的审查工作，可能包括阅读案件材料，获取科学、法律或者调查方面专家的意见或者报告，追查信息，会见有关人员，到访有关现场等）；

第二，依据《1995 年刑事上诉法》第 17 条的规定，有权获得公共部门持有的相关材料；

第三，雇用外部的专家进行调查或准备报告；

第四，依据《1995 年刑事上诉法》第 19 条的规定，要求正式任命调查官。

在这一阶段的审查过程中，如果出现很有可能拒绝发回上诉法院的迹象，案件承担者（通常是案件审查专员）会与 1 名之前未曾参与过该案件的委员讨论来决定是否关闭案件。如果该委员同意关闭案件，需要向申请者发送暂不发回结论阐明书，申请者可以在 20 个工作日内作进一步说明。如果申请者的进一步说明没有实质意义，该委员可以作出不发回的最终结论，并向申请者送达不予发回结论阐明书。如果案件承担者（通常是案件审查专员）认为案件特别复杂，或者存在发回上诉法院的理由，则需要将案件交由 3 名之前未参与过该案件的委员组成的小型委员会进行考虑。案件承担者需要向小型委员会提供案件的基本情况和所要求的法律意见、专家观点以及任何详细信息，但是不参与决定。如果小型委员会不准备发回，程序同上，需要向申请者发送暂不发回结论阐明书，给予申请者充分的补充说明机会后再作最后结论。如果小型委员会认为需要发回，则作出发回上诉法院的最终结论，并制作发回结论阐明书送达申请者、上诉法院、检察署以及其他控诉机构。

（3）第三阶段的审查。

如果进行特别复杂或者可能涉及其他犯罪的调查（如伪证罪），委员会可以任命 1 名调查官（通常是高级警官）。调查官在调查完毕之后，需要向委员会提交报告以供参考。从实践来看，很少有案件会进入到第三阶段的审查，如从 1997 年至 2006 年的 10 年间，委员会仅任命了 32 名调查官，调查了 40 例案件。

在所有审查结束后，案件承担者需要将有关信息提交给一名委员或者小型委员会作出决定。如果认为不存在发回的理由，委员可以作出暂不发回的结论，并制作暂不发回结论阐明书，给予申请者进一步说明的机会。如果申请者的进一步说明没有任何实质意义，委员可以作出不予发回的最终结论，并制作不予发回最终结论阐明书送达申请者。如果申请者认为具备了新理由，以后可以继续提出重新申请。如果认为存在发回的理由，交由小型委员会考虑决定。如果小型委员会认为发回理由不成立，不打算发回案件，程序同上。如果小型委员会同意发回，需要制作发回结论阐明书送达申请者、上诉法院、检察署以及其他控诉机构，刑事案件审查委员会的工作就此结束。

在审查结束后，虽然刑事案件审查委员会认为申请者提交的理由不符合第 13 条规定的发回上诉法院的情形，申请者提供的无罪证据未能通过“现实可能性”检验，但委员会在谨慎考虑后，认为申请者在事实上无罪却又（就上诉制度而言）缺乏必要的法律依据的，则可以依据第 16 条第 2 款的规定将特定申请提交给国务大臣，建议启用皇室赦免权给予申请者完全赦免。在刑事案件审查委员会成立之前，完全赦免的使用较为普遍，如在 1987 年至 1997 年的 10 年间，完全赦免了 7 例有罪判决。然而，在刑事案件审查委员会成立之后，其尚未使用过这一权力建议完全赦免。从刑事案件审查委员会的运作来看，这并不奇怪。因为从某种角度上看，委员会的审查相当于上诉法院刑事庭的“过滤器”，委员会并不会积极调查事实上无罪的证据，而只是审查那些在法律上质疑有罪判决安全性的新证据。换言之，刑事案件审查委员会在调查可能存在的刑事司法错误时，不太可能发现足以让委员会寻求完全赦免的无罪证据。

3. 刑事案件审查委员会的调查权力及其优势

从成文法的规定来看，刑事案件审查委员会的核心角色是一个积极的调查机构，它享有广泛的调查权和足够的行动空间。正如有关学者所言：“尽管调查仅限于能够发现使发回具有‘现实可能性’的事项，但调查过程具有潜在的无限性。委员会可以调查警察和检察官构建有罪证明的过程，以发现其中是否存在违反程序的现象和忽视的证据。此外，它可以委托进行重新检验或者追踪在原来审判中并不明显的新的调查线索。"① 刑事案件审查委员会在进行调查时可以使用大量的手段，其中有的是来自法律规定，有的是归因于机构设置和资源分配，有的甚至仅仅是来源于那些被要求提供信息的机构对刑事案件审查委员的尊重。

（1）第 17 条：获取文件等的权力。②

实际上，刑事案件审查委员会最有价值的权力是由《1995 年刑事上诉法》所规定的，它可以要求获取公共机构拥有或控制的、有助于委员会履行任何职责的材料。这是一项非常宽泛的权力，有着广泛的适用性。③ 即使在日常的案件审查中，委员会也可以使用这一权力来获取警察或者检察官的文件。此外，其可以要求的公共机构范围也是非常广泛的，如可以经常利用这一权力从当地官方机

---

① 参见 R. Nobles and D. Schiff, "The Criminal Cases Review Commission: Reporting Success?" The Modern Law Review, Vol. 64, 2001, p. 288。

② 《1995 年刑事上诉法》第 17 条：获取文件等的权力。

（1）本条规定适用于使委员会相信，在某个公职机构中任职的人拥有或掌握的某个文件或其他资料，有助于委员会履行他们的任何职责。

（2）在委员会提出的下列要求是合理的情况下，委员会可以要求该有关公职机构中的负责人——

a. 向委员会提供该文件或其他资料，或使委员会能接触该文件或其他资料；和

b. 允许委员会取走该文件或其他资料，或允许委员会以他们认为合适的方式复印该文件或其他资料并取走该复印件；以及可以命令该负责人在委员会撤销该命令之前不得损坏、毁坏或改变该文件或其他资料，而应保持该文件或其他资料的原貌。

（3）本条规定所涵盖的文件和其他资料，特别包括在对以下相关案件进行的任何调查或诉讼过程期间获得或产生的任何文件或其他资料——

a. 与委员会正在执行的职能有关的案件，或与可能需由委员会执行的职能有关的案件；或

b. 与该案件也许有某种联系的任何其他案件（无论该其他案件是否与委员会可能执行的职能有关）。

（4）在根据本条规定的要求履行义务时，不受任何保密义务或其他信息披露限制的影响（包括由某个法律规定的义务或限制，或由于某个法律的规定而产生的义务或限制），否则这些义务或限制会妨碍委员会接触该文件或其他资料。

③ 参见 D. Kyle, "Correcting Miscarriages of Justice: The Role of the Criminal Cases Review Commission", Drake Law Review, Vol. 52, 2004, p. 668。

构、国家医疗服务基金会、监狱、犯罪伤害赔偿机构、身份和护照服务中心以及就业与退休保障部等获取材料。

（2）第19条的权力：要求任命调查官的权力。[①]

刑事案件审查委员会另外一项强有力的权力是要求任命调查官。在委员会认为应该进行某项调查以协助他们对任一案件履行任

---

① 《1995年刑事上诉法》第19条：要求任命调查官的权力。

（1）在委员会认为应该进行某项调查以协助他们对任一案件履行任一职责的情况下，可以要求任命一位调查官去执行该项调查。

（2）在已由某个公职机构工作人员对与案件相关的任一罪行进行调查的情况下，委员会可以对下列人员提出符合本条规定的要求——

a. 该公职机构的负责人；或

b. 在该公职机构已经停止存在的情况下，可以要求任一警察局局长或任一公职机构的负责人，只要该公职机构的职责范围在委员会看来与停止存在的公职机构相似或包括了已停止存在的公职机构履行的职责。

（3）在没有与案件相关的罪行可供某一公职机构工作人员进行调查的情况下，可以对任一警察局局长提出符合本条规定的要求。

（4）委员会可以对警察局局长提出符合本条规定的下列要求——

a. 要求任命一位由他担任警察局局长的警察部门中的警察为调查官；或

b. 要求任命一位由该警察局局长挑选的，在另一个警察部门中任职的警察为调查官。

（5）委员会可以对某个公职机构的负责人但不是警察的人提出符合本条规定的下列要求——

a. 要求任命一位在该公职机构中任职的人为调查官；或

b. 要求任命一位警察，或在某个职责符合或包括犯罪调查的公职机构中任职（不是某个警察部门）、由该负责人挑选的人为调查官。

（6）委员会可以命令——

在虽然符合第4款或第5款的规定，但未经委员会同意时

a. 不应任命某人；或

b. 不应挑选某一警察部门或某一公职机构。

（7）有关公职机构的负责人根据本条规定进行了任命的，应将该任命通知委员会，如果委员会不满意被任命的人，可以指令——

a. 该负责人应在一旦具备合理可行的条件时就挑选另一人取代第一次被任命的人，并将他任命别人的提议通知委员会；和

b. 在未经委员会同意时．不应任命其他人。

一职责的情况下，可以要求任命一位调查官去执行该项调查。[①]

尽管从法条来看，这一权力适用范围广泛，但是委员会却采取了相对保守谨慎的政策。[②] 委员会认为这一权力是非常特别的措施，任命调查官的决定必须由小型委员会作出。[③] 在通常情况下，只有经过初步调查、申请的事项的确需要进一步调查，或者调查有可能会发现证明第三方有罪的证据，委员会才会考虑采取这一特别措施。其中，后者是在司法实践中采用这一特别措施最常见的动机，特别是有可能还存在需要追加的其他刑事指控。在调查过程中，调查官担任着多重角色，既要调查可能发生的刑事司法错误，又要根据指示同时进行平行的刑事调查，并有权逮捕、依据米兰达规则讯问和考虑是否移交起诉。[④] 案件调查官应当在委员会时常发出的合理指示下，进行与案件有关的调查。反过来，委员会有权采取他们认为适合监督调查官调查活动的任何措施，并制定具体程序。尽管如此，这并不等于说委员会总是满意于依据第 19 条进行的调查，特别是有关档案文件表明，委员会经常对完成调查和制作报告所花费的时间或者调查报告的质量表示失望。在结束调查之后，调查官需要提交正式的书面报告。这些报告无疑会在委员会作出最终结论的过程中发挥重要作用。尽管这些报告通常局限于某个案件中的特定事项，但调查有时也会发现之前未被考虑的新的上诉理由，进而可能导致委员会决定发回案件。此外，调查也会发现有

---

① 关于要求任命调查官的具体细则参见 Criminal Cases Review Commission，Formal Memorandum：Section 19 Requirements to Appoint an Investigative Officer（Version 4）。

② 在 CCRC 成立的 10 年内，委员会仅任命了 32 名调查官调查了 40 例案件。参见 L. Elks，Righting Miscarriages of Justice? Ten Years of the Criminal Cases Review Commission，JUSTICE，2008，pp. 22－23。

③ 参见 Criminal Cases Review Commission，Formal Memorandum：Section 19 Requirements to Appoint an Investigative Officer（Version 4），Paragraph 1。

④ 参见 Criminal Cases Review Commission，Formal Memorandum：Section 19 Requirements to Appoint an Investigative Officer（Version 4），Paragraph 21－22。

罪材料，供委员会在决定阶段考虑。①

(3) 其他的调查优势。

虽然刑事案件审查委员会在权力配置中一处明显的缺陷，即其无权要求私人机构提供有助于调查的材料，② 而且随着许多重要部门逐渐私有化以及某些部门公共机构的性质一直反复和无法确定，这一缺陷存在恶化的趋势，③ 但在调查过程中遇到的这些困难局面因刑事案件审查委员会的机构性质而有所缓和。作为完全独立于政府和司法系统的机构，刑事案件审查委员会往往能够获得个人以及

---

① 《1995 年刑事上诉法》第 20 条：调查官进行的调查。

(1) 被任命为有关案件调查官的人，应在委员会不时发出的合理指令下，进行与案件有关的调查。

(2) 被任命为调查官的人，应被允许执行与他所任职的有关公职机构的负责人应执行的类似职务。

(3) 英格兰和威尔士的警察首脑任命一位皇家北爱尔兰警官作调查官的，被任命的警官在英格兰和威尔士应拥有与本地警官一样的权力和特权；皇家北爱尔兰警察局局长任命一位英格兰和威尔士的警官作调查官的，被任命的警官在北爱尔兰拥有与皇家北爱尔兰警官同样的权力和特权。

(4) 委员会可以采取他们认为是适合于监督调查官调查活动的任何步骤。

(5) 委员会可以在任何时候命令被任命的有关案件的调查官停止调查活动；但作出这样的命令不妨碍委员会根据第 19 条的规定，要求对有关案件任命另一位调查官。

(6) 当被任命为有关案件调查官的人完成了委员会命令进行的与案件有关的调查时，他应该——

a. 准备一份调查结果报告；

b. 把它呈交给委员会；以及

c. 把副本送给任命他的人。

(7) 当被任命为有关案件调查官的人向委员会呈交他的调查结果报告时，他也应向委员会呈交在他被命令从事与案件有关的调查活动中收到的任何说明书、意见书和报告书。

② 参见 L. Elks, Righting Miscarriages of Justice? Ten Years of the Criminal Cases Review Commission, JUSTICE, 2008, p. 21；Criminal Cases Review Commission, Annual Report and Accounts 2004 - 2005, p. 34；Criminal Cases Review Commission, Annual Report and Accounts 2006 - 2007, p. 24。

③ 参见 L. H. Leigh, "The Criminal Cases Review Commission: Seven Years On", The Barrister, Vol. 22, 2004, p. 6。

私人机构的配合和帮助。然而，这仅仅是缓和而已。在某些案件中，私人机构被禁止或者不愿意披露有关信息时，委员会依然面临着无计可施的局面。①

刑事案件审查委员会的另外一项调查优势是其有权召集相关警察（在没有任命调查官的情况下），甚至在合适的案件中有权召集国际刑警、外国警察或者调查机构以寻求帮助。② 此外，在申请者难以获得有关证据的情况下，刑事案件审查委员会的介入往往能够化解这一困难。例如，委员会通过与监狱部门的沟通，允许申请者可以与专家证人会面。

鉴于刑事案件审查委员会的中立地位和独立性，经常会有公众直接联系委员会主动提供有关调查的信息。与此类似，刑事案件审查委员会的经验表明，它完全可以对某些不愿意提供证据的敏感证人以适当的方式进行谨慎询问。在有些情况下，潜在的证人在获得检控豁免权之后才会愿意向刑事案件审查委员会提供证词。虽然刑事案件审查委员会本身不能给予检控豁免权，但是有关先例表明，皇家检察署同意不会使用证人向委员会提供的信息来指控他。③

此外，刑事案件审查委员会具备足够的资金开展多种调查措施，尤其是某些明显超出贫穷的申请者承受能力范围的措施，其最典型的例子是获取专家证言。④ 再如，当认为调查需要进行当面询

---

① 参见 L. Elks, Righting Miscarriages of Justice? Ten Years of the Criminal Cases Review Commission, JUSTICE, 2008, p. 21 and ch. 9; Criminal Cases Review Commission, Annual Report and Accounts 2004－2005, p. 34。

② 参见 Criminal Cases Review Commission, Formal Memorandum: Police Assistance in Case Review (Version), Paragraph 14; Criminal Cases Review Commission, Annual Report and Accounts 2004－2005, p. 34。

③ 在有关案件中曾发生过类似的现象，证人在与其律师沟通后表示拒绝向刑事案件审查委员会提供证言，除非能够获得完全的检控豁免权。此类问题的具体论述参见 Criminal Cases Review Commission, Formal Memorandum: Interviewing (Version), p. 8。

④ 参见 L. Elks, Righting Miscarriages of Justice? Ten Years of the Criminal Cases Review Commission, JUSTICE, 2008, p. 77。

问的时候，刑事案件审查委员会可以承担证人的成本，包括交通费和工资补助等费用。

（五）刑事案件审查委员会的优势与不足

1. 优势

从上述刑事案件审查委员会的工作机制可以看出，其处理案件的程序不同于法庭，不是控辩积极对抗的审判模式，而是积极主动的调查方式，更多地依赖于书面材料。尽管如此，刑事案件审查委员会作为一个独立于王室和政府的公共机构，始终奉行独立、正直、中立、专业、负责以及透明的价值理念，彻底迅速认真地审查所有案件，建设性地与案件利益相关者积极合作，保证处理结果的最高质量，以诚信、尊重和周到的态度对待所有申请者以及审查工作所牵涉的人，促进社会公众理解和体谅委员会的角色与工作。① 因此，许多学者对刑事案件审查委员会的设立给予了高度评价，认为它不仅创设了治理冤案在内的所有刑事司法错误的新路径和新模式，而且的确最大限度地发挥了纠正刑事司法错误的的积极作用，有助于恢复英国民众对于刑事司法体制的信心。② 概括而言，这体现在以下几个方面：

（1）刑事案件审查委员会在工作过程的各方面非常注重追求自然正义。

这一点可以从以下制度中得以体现：暂不发回结论阐明书制度充分保障了申请者充分再次辩驳的机会；信息披露禁止制度及其例外和同意制度，既保护和尊重了相关人的隐私与自由，又适当合理

① 参见 Criminal Cases Review Commission，“About the Criminal Cases Review Commission”，from http：//www. justice. gov. uk/about/criminal - cases - review - commission。

② 这类观点参见 John Weeden，“The Criminal Cases Review Commission（CCRC）of England，Wales，and Northern Ireland”，University of Cincinnati Law Review，Vol. 80，2012，pp. 1418 - 1419。（“从现代文明社会来看，司法正义明显要求我们必须承认并纠正冤案。虽然偶尔发现和曝光的冤案会动摇公众对刑事司法体制的信心，但如果我们试图去掩盖或者拒绝纠正错误，公众的信心就会完全消失。英国也不例外，刑事司法体制肯定会出现错误。因此，根本性对策就是承认这一客观事实并设计一套纠正机制。刑事案件审查委员会就是英国的这类机制。”）

地运用了调查过程中掌握的有关信息；[①] 内部投诉制度和行政法院

① 《1995年刑事上诉法》第23条：信息披露罪。

（1）是或曾经是委员会的成员或雇员的人，不得泄露委员会通过履行它的任一职责而获得的任何信息，但根据第24条的规定允许对该信息进行披露的除外。

（2）是或曾经是调查官的人，不得披露他在调查中获得的任何信息，但根据第24条的规定允许对该信息进行披露的除外。

（3）委员会成员不应授权——

a. 委员会的雇员披露委员会通过履行它的任一职责而获得的任何信息；或

b. 调查官披露他在调查中获得的任何信息，但根据第24条的规定允许对该信息进行披露的除外。

（4）违反本条规定的行为是违法犯罪行为，行为人应承担法律责任，适用简易程序定罪，处5级以下的罚金。

《1995年刑事上诉法》第24条：不得披露义务的例外。

（1）本条规定是对第23条规定的信息披露或授权披露信息的例外规定，如果披露信息或授权披露信息——

a. 是为了任何刑事诉讼、民事诉讼之目的；

b. 是为了协助处理向国务大臣提出的、要求对审判不当进行赔偿的申请；

c. 是由一位委员会成员或雇员向另一位委员会成员或雇员或向一位调查官披露信息；

d. 是由一位调查官向一位委员会成员或雇员披露信息；

e. 是用于本法要求的任何说明书、报告书之中；

f. 是用于履行符合本法规定的任何职责或与此职责相关的行为；

g. 是在国务大臣颁发命令，允许披露信息的任何情况下。

（2）如果是由委员会的某位雇员，或某位调查官在某位委员会成员的授权下披露信息的，也属于本条规定的对第23条规定的一种例外。

（3）如果披露信息或授权披露信息是为了下列目的，也属于本条规定的对第23条规定的一种例外——

a. 是为了调查一项罪行；或

b. 是为了决定是否起诉某个被告人犯有某项罪行，除非某项保密义务或其他披露限制（包括由某法律规定的类似义务或限制，或由于某法律的规定而产生的类似义务或限制）规定不允许或不应该披露，否则，应适用本条规定。

（4）本条第1款或第2款规定的对第23条信息披露的例外规定，如无保密义务或其他披露限制的法律规定（包括由某法律规定的类似义务或限制，或由于某法律的规定而产生的类似义务或限制），应适用本条规定。

（5）以法律正式文件的形式颁布一项第1款g项之规定的命令的权力时，该法律正式文件的废除须以执行议会任一院的一项决议为条件。

司法审查制度，既能事前敦促刑事案件委员会依法谨慎地处理所有申请，又能在事后及时纠正和弥补案件审查工作中存在的瑕疵。①

《1995 年刑事上诉法》第 25 条：同意披露。

（1）根据第 17 条的规定被委员会提出要求的人，在通知委员会未经他的首旨，不得披露包括在要求提供的任何文件或其他资料中的有关信息的，委员会在未获得同意时，不得披露。

（2）被委员会提出要求的人不得拒绝同意，除非——

a.（除第 17 条的规定外）该人会由于保密义务或其他披露限制的禁止，而免予将该信息向委员会披露；和

b. 该人不同意委员会披露信息是合理的。

（3）如果该人保密的义务和披露的限制仅是因为未得到另一个人的授权，则该人不得援引第 2 款 a 项之规定不向委员会披露该信息，除非——

a. 已采取了合理的步骤去获得另一人的授权；或

b. 这种授权不可能合理地期望获得。

关于披露信息有关细则参见 Criminal Cases Review Commission，Formal Memorandum：Disclosure by the Commission（Version 1）。

① 刑事案件审查委员会内设了投诉制度。例如，在 2008 ~ 2009 年，委员会共收到 59 例投诉，其中大部分投诉（74%）是在申请被拒绝后作出的。参见 Criminal Cases Review Commission，Annual Report and Accounts 2008 – 2009，p. 25。申请后的投诉一般很少能够获得支持，因为投诉处理限于审查是否遵守了法定程序，即形式审查，并不对结论进行实质性的审查。参见 Criminal Cases Review Commission，Formal Memorandum：Complaints Procedure（Version 7），Paragraph 1. 3。作为法定机构，刑事案件审查委员会要接受司法审查。例如，在 2008 ~ 2009 年，行政法院收到了 21 例关于刑事案件审查委员会的司法审查申请，其中大多数针对的是委员会作出的不予发回的决定。参见 Criminal Cases Review Commission，Annual Report and Accounts 2008 – 2009，p. 24。尽管此类司法审查申请很难获得批准，如大法官斯科特·巴克（Scott Barker）指出，说服行政法院认为刑事案件审查委员会作出的不予发回的决定是不合法的门槛非常之高，但仍有申请者乐此不疲。参见 R. v. CCRC［2009］EWHC 474（Admin）［48］。即使司法审查的申请获得批准，行政法院也无权宣布委员会的决定是无效的，它只能要求委员会重新审查该案件，这就意味着委员会在重新审查完毕后依然可以维持之前的决定。尽管如此，由于成功申请司法审查的数量是衡量刑事案件审查委员会工作的重要指标之一，在某种程度上司法审查制度成为了委员会的工作质量控制装置。加上刑事案件审查委员会的资源有限，应对司法审查可能会占用甚至浪费不必要的资源，所以刑事案件审查委员会在其审查工作的各个阶段都采取了保护性策略，特别是从 2002 年起引入了司法审查申请前的通知制度，即拟申请司法审查的申请者应当将草拟申请书提交给委员会，委员会在 14 日内作出有关回复，同意或者反驳申请者所提出的异议。

（2）刑事案件审查委员会注重与申请者保持顺畅沟通的良好关系。

尽管刑事案件审查委员会的资源有限，但这并没有阻碍其采用更为广阔的视野来指导案件处理工作。显而易见，刑事案件审查委员会在实践中实际发挥着安抚和沟通的作用，刑事案件审查委员会在进行案件审查时，一直在尝试着以友好、善意和服务者的形象帮助申请者更好地了解和利用这一程序。例如，如果委员会拒绝了申请者的申请或者得出了不予发回的结论，它会帮助申请者理解申请失败的原因，至少让申请者感觉到他们关心的问题得到了重视和理解。再如，申请者可以轻而易举地获得简明英语书写的申请表格，表格详细解释了所需要的信息和材料。此外，委员会还为申请者或其代理人在提出申请前提供了对话平台，向其提供免费的咨询服务。刑事案件审查委员会这种便民服务的做法和负责沟通的角色已经成为其制度文化的重要组成部分，不仅赢得了民众的普遍信任，而且特别是与申请者保持了良好的关系。①

（3）刑事案件审查委员会不仅鼓励发挥律师的作用，而且注重与受害人的关系。

根据法律规定，被告人或者代表该被告人利益的人可以向委员会提出申请。② 从实践情况来看，多数申请由被告人亲自提交，并没有律师代理。然而，为了保障案件成功提交以及获得顺利处理，委员会的政策是鼓励律师参与的。③ 于是，向刑事案件审查委员会正式提出审查申请前，申请人可以获得法律援助。虽然有批评指出获得法律援助的门槛偏高，加上许多律师因报酬偏低和资金无法得

---

① 刑事案件审查委员会为保障与申请者的顺畅沟通特意制定了有关细则，具体参见 Criminal Cases Review Commission，Formal Memorandum：Communicating with Applicants（Version 5）。

② 参见 Criminal Appeal Act 1995，section 14（1）。

③ 参见 Criminal Cases Review Commission，Formal Memorandum：Applicants Representatives—Inadequate Representation（Version 1），Paragraph 1。

到充分保障不愿意接手此类案件，法律援助的实效并不令人满意，[①] 但是在申请阶段向申请人提供法律援助的必要性是无可争议的。有关学者就律师对这一程序产生的影响进行了周密而具体的研究，其结论也印证了律师代理的必要性，即由律师代理的申请具有更大的机会通过筛选阶段和成功说服委员会将案件发回上诉法院。[②] 换个角度理解，这可能是因为律师会帮助排除过滤掉某些理由严重不足的案件，只代理那些理由充分的申请。[③] 但无论怎样，由律师代理进行申请是值得肯定和鼓励的。此外，当申请者接到暂不发回结论阐明书或者申请最终被否定时，有关申请者更需要律师的帮助，或者帮助其提交深入的补充说明，或者在收集更多的信息和证据后重新提交申请。

《2004 年家庭暴力、犯罪和受害人法》的实施细则首先涉及了受害人与刑事案件审查委员会的关系，规定了特定的义务。[④] 委员会也出台了正式的政策和细则，以指导委员会是否在审查开始或者审查过程中联系受害人以及如何安排这种联系等事项。[⑤] 虽然通常情况下不会通知受害人有关案件正处于审查中，但往往需要通知受害人案件发回上诉法院的决定，而且委员会要采取措施确保在发布

---

① 参见 J. Hodgson and J. Horne，“The Extent and Impact of Legal Representation on Application to the Criminal Cases Review Commission”，Warwick University School of Law，2009，pp. 35 – 38；S. Bird，“The Inadequacy of Legal Aid”，in Michael Naughton（ed.），The Criminal Cases Review Commission：Hope for the Innocent？Palgrave MacMillan，2009。

② 参见 J. Hodgson and J. Horne，“The Extent and Impact of Legal Representation on Application to the Criminal Cases Review Commission”，Warwick University School of Law，2009，p. 42。

③ 同上。

④ 参见 Domestic Violence，Crime and Victims Act 2004，Victims' Code of Practice，2006。

⑤ 参见 Criminal Cases Review Commission，Formal Memorandum：Victims of Crime（Version 6）。

公告之前通知受害人。① 在偶尔的情况下，受害人在案件审查过程中也会主动联系委员会。他们有时会向委员会提供案件的有关信息，但是他们无权获悉正在进行的调查。由于受害人往往担心遭到打击报复，所以委员会一般不会向申请者披露其与受害人接触和联系的事实。

（4）从运行实效上来看，刑事案件审查委员会总体上是值得肯定的。

截至 2013 年 1 月 31 日，刑事案件审查委员会一共收到 17356 例申请，其中包括当初成立时从内政部移交过来的 279 例申请。平均来看，每年大概收到 1000 例左右的申请。其中，委员会已经完成审查 15898 例申请，并最终决定将 546 例案件发回上诉法院，每年平均发回 34 例案件，平均发回率为3. 43%。然而值得注意的是，近几年来，发回的案件数量和比例有下降的趋势。根据年度报告显示，2012 ~2013 年度完成审查 1269 例申请，最终决定发回 21 例案件，发回率仅为 1. 6%；2011 ~2012 年度完成审查 878 例申请，最终决定发回 22 例案件，发回率为 2. 5%；2010 -2011 年度完成审查 947 例申请，最终决定发回 22 例案件，发回率为 2. 3%。在所有决定发回的案件中，上诉法院已经开始重新审理的达 512 例，最终撤销有罪判决的达 353 例。简单来看，这意味着每年大概有 22 例案件能够成功推翻有罪判决，刑事案件审查委员会发回上诉法院的案件中有 68. 9% 的有罪判决会被推翻。② 官方和学者据此认为，刑事案件审查委员会的工作比前任 C3 部门更加富有成效，在

---

① 参见 Criminal Cases Review Commission, Formal Memorandum: Victims of Crime (Version 6), Paragraph 8 -9。

② 最新数据来源于 Criminal Cases Review Commission, “About the Criminal Cases Review Commission”, from https://www. justice. gov. uk/about/criminal - cases - review - commission. Criminal Cases Review Commission, Annual Report and Accounts 2012 -2013, 2013; Criminal Cases Review Commission, Annual Report and Accounts 2011 -2012, 2012; Criminal Cases Review Commission, Annual Report and Accounts 2010 -2011, 2011。

后者1980年至1992年间决定发回的案件中，平均每年只有5例成功推翻有罪判决。①

由此可见，无论是在理论上还是在实践中，刑事案件审查委员会的设立被普遍认为是一个巨大的进步。不仅仅在于它是一个独立于行政和司法系统的机构，而且在于与之前相比，其具备了较优越的资源、人员和专长。更重要的是，它的工作方式和态度以及对案件审查的细致程度与C3部门那种勉强、官僚的工作机制形成了鲜明对比。② 正如民政事务专责委员会（Home Affairs Select Committee）所提交的报告中所言，这是一个非常好的开始。③

2. 不足：事实问题和独立性问题

尽管刑事案件审查委员会的设立开创了纠正刑事司法错误的新思路，但是作为新鲜事物，其在工作程序与运行机制方面存在许多

① 参见Home Office，Criminal Appeals and the Establishment of a Criminal Cases Review Authority：A Discussion Paper，Home Office，1994；R. Pattenden，English Criminal Appeals 1884－1994：Appeals against Convictions and Sentence in England and Wales，Clarendon，p. 363。然而，也有学者就此发出了反对声音，认为刑事案件审查委员会与前任C3部门根本没有可比性。从资源配置和职责范围以及审查机制来看，二者是完全不同的。其本质性差异是，刑事案件审查委员会从上诉法院刑事庭的角度来考量有罪判决的安全性问题，而C3部门的重心是调查被定罪者是否为无辜者。详细分析参见Michael Naughton，The Innocent and the Criminal Justice System：A Sociological Analysis of Miscarriages of Justice，Palgrave Macmillan，2013，pp. 173－177。再如，诺博斯（Nobles）和希夫（Schiff）根据2006—2007年的司法数据进行了统计，在当年上诉成功的所有案件中，委员会只贡献了0.058%的案件。如果从这个角度来考量委员会的实效，其纠正刑事司法错误的作用非常有限。R. Nobles and D. Schiff，"After Ten Years：An Investment in Justice?" in Michael Naughton（ed.），The Criminal Cases Review Commission：Hope for the Innocent? Palgrave Macmillan，2009，p. 151－153。

② 参见Clive Walker and Carole McCartney，"Criminal Justice and Miscarriages of Justice in England and Wales"，in C. Ronald Huff and Martin Killias（eds.），Wrongful Conviction：International Perspectives on Miscarriages of Justice，Temple University Press，2008，p. 197。

③ 参见Home Affairs Select Committee，The Work of the Criminal Cases Review Commission，2003－2004 HC 289－I，Paragraph 18 and 19。

争议甚至误区。[①] 其中，为学界和实务界诟病最多的是现实中的刑事案件审查委员会的定位偏差和独立性问题。[②] 总体而言，由于刑事案件审查委员会并不关注申请人事实上是否有罪这一问题，而只是从法律角度审查有罪判决的安全性问题，因此丧失了实质的独立性，这直接导致了刑事案件审查委员会纠正刑事司法错误的能力大打折扣，尤其是在纠正冤案方面存在致命缺陷。

从刑事案件审查委员会的成立背景来看，刑事案件审查委员会完全背离了当初的设立初衷。20 世纪 90 年代发现和曝光的一系列冤案引发了公众对刑事司法体制的信任危机，官方为此于 1991 年成立了皇家刑事司法专门委员会，通过调查刑事司法体制存在的问题提出有针对性的对策。皇家刑事司法专门委员会在其报告中指出，要想化解当时公众对刑事司法的信任危机，必须成立一个独立于政府和司法系统的机构，负责处理可能发生的刑事司法错误（包括无辜者被定罪的冤案），在最大限度上克服无辜者被定罪或者有罪者逃脱法律制裁的风险。为了实现这一功能，刑事案件审查

① 英国的无辜者联盟（Innocence Network UK）曾于 2012 年 3 月召开刑事案件审查委员会改革专题研讨会，就现行刑事案件审查委员会存在的主要问题以及改革建议进行了充分的探讨。主要集中在以下几个议题：现实可能性检测以及上诉法院与 CCRC 的关系；新证据问题；CCRC 的组成问题；案件审查程序问题；事实无罪抑或安全性问题。详见 Michael Naughton and Gabe Tan，Innocence Network UK（INUK）Symposium on the Reform of the Criminal Cases Review Commission（CCRC），2012，from http://www.innocencenetwork.org.uk/wp-content/uploads/2013/01/CCRC-Symposium-Report.pdf. of the Criminal Cases Review Commission（CCRC）。

② 参见 Carole McCartney and Stephanie Roberts，"Building Institutions to Address Miscarriages of Justice in England and Wales：'Mission Accomplished?'" University of Cincinnati Law Review，Vol. 80，2012，pp. 1349-1353。其另外一个经常被批评的问题是案件积压以及审查延误。这方面的文献参见 A. James，N. Taylor and C. Walker，The Criminal Cases Review Commission：Economy，Effectiveness and Justice，Criminal Law Review，Vol. 140，2000；Clive Walker and Carole McCartney，Criminal Justice and Miscarriages of Justice in England and Wales，in C. Ronald Huff and Martin Killias（eds.），Wrongful Conviction：International Perspectives on Miscarriages of Justice，Temple University Press，2008。

委员会必须遵循一套完全不同于刑事司法的工作机制和审查思路，不能盲目按照上诉法院刑事庭的标准来判断是否需要将案件发回。原因如下：上诉法院刑事庭不愿意关注和审查事实问题，这是造成冤案的原因之一。上诉法院刑事庭在法律程序和法律规则内审查案件，其并不是最适合和最佳的纠正事实错误的机构。上诉法院刑事庭的这一缺陷完全可以通过设立彻底调查案件的独立机构得以弥补。①

然而，现实情况恰恰相反。成立后的刑事案件审查委员会并没有如皇家刑事司法专门委员会建议的那样运作，其并不关注申请者事实有罪与否这一问题，而只是审查和考虑上诉法院刑事庭会不会拒绝撤销有罪判决。② 例如，刑事案件审查委员会在其官网上表示：我们并不关注事实上是否有罪，而是关注是否有新证据或新意见对之前裁决的安全性提出质疑。刑事案件审查委员会的这一特点集中体现在其“现实可能性”检验制度上。刑事案件审查委员会在官网上适当地阐述了这一检验的关注内容：③

如果你向我们提出申请审查有罪判决，我们并不会像陪审团那样关注案件的每个事实并裁决你是否有罪。我们所关心的仅限于上诉法院所提出的问题，即有罪判决是否具有安全性。这就意味着我们只关心以下事项：

●从整体上而言，审判是否公正？④

---

① 参见 Royal Commission on Criminal Justice，“Report”，HMSO，1993，pp. 181－183。

② 参见 Michael Naughton，“The Importance of Innocence for the Criminal Justice System”，in Michael Naughton（ed.），The Criminal Cases Review Commission：Hope for the Innocent? Palgrave Macmillan，2009。

③ 参见 Criminal Cases Review Commission，“What We can Do for You”，from http：//webarchive. nationalarchives. gov. uk/20110215111039/http：//www. ccrc. gov. uk/canwe/canwe_ 32. htm。

④ 从理论上讲，司法公正应当包括实体公正和程序公正。然而在司法实践中，刑事案件审查委员会仅仅关注程序是否公正的问题，即是否遵守了既定的刑事司法程序。

●审判法官在审判过程中是否就法律事项作出了正确的决定(例如，关于证据披露的事项、证据的可采性问题等)?

●审判法官是否向陪审团适当地总结了案件并作出了正确的法律提示?

●非常重要的是，现在是否有在之前的审判中未提交的新证据?

从上述刑事案件审查委员会在检验案件时所关注的内容来看，委员会最后得出的结论实质上只是对上诉法院刑事庭是否会推翻有罪判决的二次预测而已。[①] 由于刑事案件审查委员会必须考虑第一次上诉时上诉法院的决定，故其不可能再以同样的理由将案件发回上诉法院。从某种角度来看，刑事案件审查委员会在决定是否要将案件发回时，考虑的不是新证据，而是新的新证据。这就意味着，尽管向刑事案件审查委员会提出申请的次数不受限制，但每次申请被审查的范围会越来越窄，被发回的机会也是越来越小。尽管刑事案件审查委员会形式上仍然具有独立性，但其审查标准注定其不可能具有实质的独立性，而是完全沦为上诉法院的“复审机构”。正因如此，刑事案件审查委员会并不会彻底深入调查申请者提出的事实上无罪的主张是否为真，只会调查是否存在违反程序的行为以及是否存在可能对原有罪判决造成影响的新证据。这种调查模式根本无法发现那些依照法定程序而被定罪的无辜者。[②]

更为糟糕的是，即使申请者提出了无罪的新证据，如果委员会认为无法通过“现实可能性”检验，案件依然不会被发回上诉法院。首席大法官宾汉姆对此有过深入的剖析，他指出：“委员会实际上只是在预测上诉法院很有可能如何回答《1968 年刑事上诉法》

---

① 参见 R. Nobles and D. Schiff, “The Criminal Cases Review Commission: Reporting Success?” Modern Law Review, Vol. 64, 2001, pp. 280–299。

② 参见 Michael Naughton, Rethinking Miscarriages of Justice: Beyond the Tips of the Iceberg, Palgrave Macmillan, 2007, ch. 3; J. Spencer, Jackson's Machinery of Justice, Cambridge University Press, 1989, p. 203; J. Spencer, “Does Our Present Criminal Appeal System Make Sense?” Criminal Law Review, August 2006, p. 683。

第23条规定的问题。换言之，在有新证据的情况下，委员会在决定是否发回时，实际上是在思考两个问题：我们是否认为（如果发回案件）上诉法院会有接受这一新证据的现实可能性？如果有，那么我们是否认为上诉法院存在不会继续维持该有罪判决的现实可能性？只有这两个问题都能得到肯定性回答，委员会才会决定发回案件。”① 换言之，如果其中任何一个问题得到否定性回答，即使有确凿的无罪证据，委员会也不能将案件发回上诉法院。虽然此时刑事案件审查委员会并不是无计可施，在理论上其可以利用《1995年刑事上诉法》第16条第2款的规定，建议开启皇家赦免权，但刑事案件审查委员会，成立以来尚未使用过这一权力。②

由此可见，与盛行的普遍认识相反，现实中的刑事案件审查委员会完全背离了通过深入的审问式调查，发现案件事实真相、纠正冤案的定位，甚至有人严厉地批评道，刑事案件审查委员会并没有根除无辜者被定罪的发生和纠正已经发生的冤案，而是转移人们的视线，不再继续声讨内政部在防治刑事司法错误方面的失败而已。③ 于是，学界针对这一突出问题提出了多种有针对性的解决方

---

① 参见R v. Criminal Cases Review Commission Ex p Pearson [1999] 3 All ER 498 (QB) 505，Paragraph 16－18。

② 关于这一问题的具体原因参见Michael Naughton，“Introduction”，in Michael Naughton (ed.)，The Criminal Cases Review Commission：Hope for the Innocent? Palgrave Macmillan，2009，pp. 30－37。

③ 英国多名学者得出了类似结论，刑事案件审查委员会并没有如普遍所认为的那样，成为防治冤案的万能对策，尤其是其无法确保无辜者推翻有罪判决。详细分析参见多位学者参与编写的Michael Naughton (ed.)，The Criminal Cases Review Commission：Hope for the Innocent? Palgrave Macmillan，2009。针对刑事案件审查委员会存在的这些突出问题，许多学者提出了解决方案：有的认为最简单的方式就是取消《1968年刑事上诉法》第23条对于新证据的限制。有的认为根本解决方案是改革上诉法院刑事庭的审理制度，令其更为关注事实问题；还有的认为在保持现有制度不变的情况下，扩大运用司法部长的赦免权也是一种解决方案。参见Carole McCartney and Stephanie Roberts，“Building Institutions to Address Miscarriages of Justice in England and Wales：‘Mission Accomplished?’” University of Cincinnati Law Review，Vol. 80，2012，pp. 1352－1353。

案。当然，面对这些批评和指责以及改革方案，刑事案件审查委员会和某些学术律师进行了反击和回应，他们的辩护理由主要集中在以下四点：其一，刑事案件审查委员会需要保持与上诉法院刑事庭相同的检验标准；① 其二，刑事司法体制的公正是至高无上的，有罪判决的安全性检验比事实上无罪的证明检验能更好地保护无辜者；② 其三，过分强调刑事案件审查委员会在救助无辜者方面的局限，可能存在侵蚀犯罪嫌疑人之正当程序权利的风险；③ 其四，议会制定的法律要求刑事案件审查委员会依照上诉法院刑事庭的标准进行案件审查，因此不应当责难刑事案件审查委员会在救助无辜者方面的缺陷。④

二、民间的救济途径——民权运动

包括英国在内的任何一个国家的刑事司法制度都无法保证发现和纠正所有的冤案，于是滋生了多种多样的非政府公益组织和民权运动，致力于帮助被定罪的无辜者推翻有罪判决，有的甚至还致力

---

① 此论点的支持文献参见 R. v. Steven Cottrell and Joseph Fletcher [2007] EWCA Crim 2016, Paragraph 55; G. Zeilick, “Facing up to Miscarriages of Justice”, Manitoba Law Journal, Vol. 31, 2005, pp. 555 – 564; M. Newby, “Historical Abuse Cases: Why They Expose the Inadequacy of the Real Possibility Test”, in Michael Naughton (ed.), The Criminal Cases Review Commission: Hope for the Innocent? Palgrave Macmillan, 2009, p. 104; K. Kerrigan, “Real Possibility or Fat Chance?” in Michael Naughton (ed.), The Criminal Cases Review Commission: Hope for the Innocent? Palgrave Macmillan, 2009。

② 此论点的支持文献参见 H. Quirk, “Identifying Miscarriages of Justice: Why Innocence in the UK Is Not the Answer”, Modern Law Review, Vol. 70, 2007, pp. 759 – 777; D. Jessel, “Innocence or Safety: Why the Wrongly Convicted Are Better Served by Safety”, The Guardian, December 15, 2009。

③ 此论点的支持文献参见 H. Quirk, “Identifying Miscarriages of Justice: Why Innocence in the UK Is Not the Answer”, Modern Law Review, Vol. 70, 2007, pp. 759 – 777。

④ 此论点的支持文献参见 G. Zellick, “Oral Evidence to the House of Commons Home Affairs Committee: The Work of the Criminal Cases Review Commission”, from http://www.publications.parliament.uk/pa/cm200506/cmselect/camhaff/1635/6101001.htm; J. Robins, “Criminal Cases Review Commission Comes Under Fire”, The Times, January 21, 2010。

于推动刑事司法改革，以期降低刑事司法错误的发生率。概括而言，主要包括以下几类组织和团体：

第一类是关注刑事司法错误一般性问题的援助组织，为被告人及其家属和朋友提供帮助。典型代表是司法不公联合对抗会（United Against Injustice，简称 UAI）[①] 和刑事司法错误联合组织（Miscarriage of Justice Organization，简称 MOJO）[②]。前者是各种旨在支持被告人抵制和纠正刑事司法错误的地方性非政府组织的联合体。该联合组织的下属成员通常通过例会和信息分享的方式向被告人及其家属提供帮助，其成员包括曼彻斯特地区的无辜组织（INNOCENT）、利物浦地区的默西塞德郡司法不公反对组织（Merseyside Against Injustice）、伦敦地区司法不公反对组织（London Against Injustice）等。后者是各种旨在反对和纠正刑事司法错误的全国性非政府组织的联合体。该联合体是一个人权机构，由培迪（Paddy Hill）和麦克（Mike O' Brien）（两人都曾经是被定罪的无辜者）于 1999 年发起设立。该联合体成立的目的是支持和帮助被告人及其家庭，致力于促进政府解决无辜者被释放后的福利待遇和生活安置等问题。

第二类是关注某一特定刑事司法错误成因或者关注某类特定案件的援助组织。例如，某类组织专门援助被错误控告的无辜者，尤其是性犯罪方面的错误控告，这类组织的典型代表是错误控告援助组织（False Allegations Support Organization，简称 FASO）[③] 以及错误控告教师或者护工援助组织（Falsely Accused Carers and Teachers）[④]。又如，有些组织针对种族歧视可能导致的刑事司法错误现象，典型代表是种族关系研究机构（Institute of Race Relations，IRR）[⑤]。再如，有的组织专门关注婴儿死亡现象所可能导致的刑事

---

① 该机构网址是 http：//www. unitedagainstinjustice. org. uk/。

② 该机构网址是 http：//www. miscarriagesofjustice. org/。

③ 该机构网址是 http：//www. false – allegations. org. uk/。

④ 该机构网址是 http：//www. factuk. org/。

⑤ 该机构网址是 http：//www. irr. org. uk/。

司法错误，这方面的典型代表是波西亚运动（The Portia Campaign）[①] 和百分之五组织（The Five Percenters）[②]。

第三类是关注因侵犯人权而导致的刑事司法错误的人权组织或团体。典型代表有自由组织（Liberty）[③] 和正义组织（JUSTICE）[④]。前者成立于1934年，是英国最古老的人权或民权组织之一，其关注的范围极为广泛，包括言论自由、反恐立法、未成年人权利等，侵犯人权而造成的刑事司法错误仅仅是其中一项内容。自由组织经常游说议会，试图揭露那些侵犯人权的法律并纠正它们。后者成立于1957年，是一家超党派的法律改革和人权推进机构，致力于改善法律体制和提高司法质量。

第四类是洗冤工程（Innocent Project）及英国无辜者联盟组织（The Innocence Network UK，简称INUK）。[⑤] 洗冤工程于20世纪80年代由美国首先发起设立，在无辜者运动日益国际化的背景下，澳大利亚、加拿大、英国、新西兰等国家纷纷设立了洗冤工程。

借鉴国外的经验，英国在没有正式成立任何洗冤工程之前，首先于2004年在教授麦克（Michael Naughton）的领导下创立了英国无辜者联盟，作为英国欲将设立的各个洗冤工程的联合组织。[⑥] 在此之后不久，英国第一家洗冤工程于2005年1月在布里斯托大学

---

① 该机构网址是 http：//www. irr. org. uk/。

② 该机构网址是 http：//www. sbs5. drcon. co. uk/five. htm。

③ 该机构网址是 http：//www. liberty – human – rights. org. uk/index. php。

④ 该机构网址是 http：//www. justice. org. uk/。

⑤ 本部分的写作资料来自于英国无辜者联盟的官网，网址为 http：//www. innocencenetwork. org. uk。

⑥ 参见 Innocence Network UK，"INUK History"，from http：//www. innocencenetwork. org. uk/about – us。在2004年9月3日布里斯托大学法学院举行洗冤工程专题研讨会（主要讨论在英国大学设立洗冤工程的可行性）前夕，麦克教授通过新闻发布会正式推出了英国无辜者联盟。新闻发布会的详细情况参见新闻报道 University of Bristol News，"Pioneering conference on miscarriages of justice"，from http：//www. bristol. ac. uk/news/2004/497. html；BBC News UK，"Injustice network to be launched"，from http：//news. bbc. co. uk/2/hi/uk_ news/england/bristol/somerset/3619540. stm。

成立。截至目前，英国无辜者联盟积极参与和支持了英格兰、苏格兰和威尔士地区大学内设立的 34 所洗冤工程和 1 个设立在律师事务所内的洗冤工程。在同意依照《英国无辜者联盟洗冤工程处理案件协议》工作后，英国无辜者联盟向其成员洗冤工程提供年度制的案件咨询服务。成员必须每年提交年度报告，英国无辜者联盟来考量之前咨询的案件是否取得了合理的进展，并决定是否继续保持其会员资格。英国无辜者联盟设立的初衷是帮助其成员——洗冤工程调查当事人主张事实无罪的案件，交流与冤案相关的所有信息，最终目的是通过纠正冤案来改善刑事司法体制的运行，从中总结经验和吸取教训，推动预防冤案的一系列司法改革。

洗冤工程通常是大学法学院成立的、在有关教授指导下法学院学生参与的诊所式机构，该机构专门负责调查和研究可能是冤案的案件，向已经穷尽所有官方救济手段（包括向刑事案件审查委员会申请）后仍然主张事实上无罪的被告人提供免费的法律帮助。洗冤工程通常会接受法学院的学术指导，在有条件的情况下与提供免费法律援助的见习律师合作。洗冤工程中案件工作者（通常是学生）的目标是彻底、客观和独立地调查有关当事人提出的事实上无罪的主张。在这个过程中，如果能够发现无罪的证据或者能对有罪判决提出怀疑的证据，洗冤工程会帮助当事人向刑事案件审查委员会提出申请，主张将案件发回上诉法院。此外，如果有强有力的证据表明当事人是被冤枉的，但又可能不符合刑事案件审查委员会发回案件的标准，洗冤工程很有可能向国务大臣申请启用皇家赦免权，以期获得完全赦免。洗冤工程并没有明确的案件审查标准，他们只是关注那些当事人主张事实无罪的案件，并不关注那些可能仅发生程序错误或者法律错误的案件。

刑事案件审查委员会非常欢迎英国无辜者联盟及洗冤工程的设立，因为他们承认自己在救助冤案的无辜者方面经常力不从心，尤其是在无法满足《1995 年刑事上诉法》规定的审查标准的时候。洗冤工程及其联盟可以从某种程度上缓解这一尴尬。此外，有关调查问卷的反馈信息表明，洗冤工程及其联盟的成立是个巨大的成功和进步，社会大众普遍认为其对刑事司法体制的改善是极为必要的。

第三节　法国和德国冤案的发现纠正机制

法国、德国作为传统的大陆法系国家，审问式诉讼体制的色彩浓重，历来有重视实体真实的传统。因此，法国、德国刑事诉讼制度中设置了专门用于纠正事实错误的制度。受限于刑事裁判的既判力，法国、德国的非常救济程序呈现出有限纠错的功能，即并不是只要存在错误就必须启动再审程序。从实际运行来看，其更多是纠正不利于原审被告人的错误，启动有利于原审被告人的再审。例如，在德国，依据有利于或者不利于原审被告人的不同情形，分别设置了再审启动事由，对后者作了更为严格的限制。即使德国刑事诉讼法允许提起不利于原审被告人的再审，但同时也明确规定了再审不加刑原则，不允许通过再审程序加重原裁判的刑罚。① 又如，在法国，“如果事实上的错误已经导致有罪的人被宣告无罪，这样的判决一经取得既判力，便构成一种绝对障碍，将阻止对‘错误地宣告无罪的判决’进行任何变更”。② 可见，法国、德国刑事诉讼制度中存在的非常救济程序的主要功用是启动有利于被告人的再

---

① 参见［德］托马斯·魏根特著：《德国刑事诉讼程序》，岳礼玲、温小洁译，中国政法大学出版社 2004 年版，第 230 ~ 232 页。

② 参见［法］贝尔纳·布洛克著：《法国刑事诉讼法》，罗结珍译，中国政法大学出版社 2009 年版，第 556 页。

审，这是两国发现和纠正冤案的主要机制。[1]

一、法国冤案发现纠正机制：再审之诉

尽管法国实行两级审理制度，并且有向最高司法法院就法律错误提出上诉的制度，但刑事裁判依然可能存在事实上的错误。这种事实上的错误主要分为两种，一种是将有罪之人错误地宣告无罪，另一种是将无辜之人错误地判决有罪。刑事裁判的既判力禁止对前者进行任何纠正，相反对后者却不加以限制。被错误判决有罪的无辜者可以通过“向最高司法法院提出再审申请（pourvoi en révision）”进行救济。[2] 法国刑事诉讼法典将这一制度称为“再审之诉”，[3] 是一种受最高司法法院刑事庭管辖的非常上诉，专门负责审查事实问题。

总体而言，法国的“再审之诉”在程序上分为两个大的阶段：各申请人首先需要将再审申请提交至“有罪判决再审委员会”（commission de révision des condamnations），通过审查后，再由委员会提交至最高司法法院刑事庭受理。其中，有罪判决再审委员会由最高司法法院的5名司法官组成，司法官由最高司法法院全体会议

---

① 需要说明的是，在欧洲地区欧盟成员国内的刑事案件，如在法国、德国发生的冤案，在其国内救济途径用尽之后，欧洲人权法院也有可能受理申诉，对法院作出的判决进行审查，从而可能认定法院的判决违反人权公约。基于欧洲人权法院的裁决，被定罪之人在符合法定条件的情况下可以申请对终局的刑事裁决重新进行审查。因此，这也构成了欧盟地区刑事错案救济的一种路径。本文研究各国国内发现和纠正冤案的机制，故不再详述这一制度。详细内容参见［法］贝尔纳·布洛克著：《法国刑事诉讼法》，罗结珍译，中国政法大学出版社2009年版，第560～561页。

② 参见Nathalie Dongois，“Wrongful Convictions in France：The Limits of ‘Pourvoi en Révision’”，in C. Ronald Huff and Martin Killias（eds.），Wrongful Conviction：International Perspectives on Miscarriages of Justice，Temple University Press，2008。

③ 参见《法国刑事诉讼法典》，罗结珍译，中国法制出版社2006年版，第622～626条。参见［法］雅克·博里康著：《法国法律中的“向最高法院提出再审上诉”》（朱琳译）；刘新魁：《法国刑事再审制度研究》，载陈光中主编：《刑事再审程序与人权保障》，北京大学出版社2005年版。

指定产生，其中一人从刑事庭成员中挑选，负责主持该委员会。

1. 第一阶段：有罪判决再审委员会的审查

在申请人向有罪判决再审委员会提出再审申请后，委员会主要会从三个方面来审查再审申请是否符合法定条件：

其一，申请再审的对象只能是重罪案件或者轻罪案件中作出的已经具有既判力的有罪判决（无论是否最后免刑），并且已经穷极所有其他司法救济途径。这就意味着不能对违警罪案件中作出的有罪判决申请再审。

其二，申请再审的法定情形。法国《刑事诉讼法典》第622条规定了四种法定情形：①在杀人案件中，有证据表明所谓的受害人仍然活着。②判决相互抵触。这种情形是指在非共同犯罪的情况下，两个人因同一重罪或者轻罪获得有罪判决。这种矛盾本身已经说明其中一人是无罪的。③案件曾经的证人因伪证罪被判刑。④发现新的事实或证据材料。“在案件定罪量刑之后，发生或发现法院在审理案件时不曾了解的新的事实或材料，足以对被判刑人有罪产生疑问。”值得注意的是，在司法实践中，这些发现的新事实或证据材料不限定于原审判结束之后才发现的新事实或材料，只要是原审判法官所不了解的都是新事实或材料；而且这些新事实或材料只要足以对有罪判决产生疑问即可，不要求足以确定原审被告人无罪。

其三，申请主体是否适格。根据法国《刑事诉讼法典》第623条的规定，司法部长、原审被告人，或者在原审被告人无能力的情况下，其法定代理人以及在原审被告人死亡或者宣告失踪的情况下，其配偶、子女、直系血亲、受遗赠人，或者受原审被告人明确委托的人，都可以提出再审申请。其中，原审被告人和司法部长提出再审申请时，由最高司法法院或最高行政法院律师代理或协助，或者由在律师公会符合规定登记注册的律师代理或协助。[1]

在审查过程中，尤其是审查再审申请是否具有法定情形时，委员会有权进行或者指派人员进行调查、取证、对质或审核。委员会既可以考虑申请人或者检察院提出的书面或口头意见说明，也可以考虑申请人在之前被驳回的再审申请中曾经援述过的所有新事实或证据材料。在审查结束后，如果委员会认为不符合法定条件，可以驳回提出的再审申请，案件即告终结；如果委员会认可了提出的再审申请，随后提交给最高司法法院刑事庭受理，刑事庭作为再审法庭对所提申请作出判决。

2. 第二阶段：刑事庭审理和裁判

案件从再审委员会移交到刑事庭后，产生了移审效果。此时，刑事庭不仅受理由申请人提出的事实问题，而且也受理法律问题。在刑事庭受理之后，如果认为案件事实需要进一步核实，可以进行或者派员进行任何调查、取证、对质以及必要的审核。在刑事庭认为案件已经准备就绪时，则开始对案件进行实体上的审查。在公开开庭过程中，刑事庭听取申请人及其律师作出的陈述，听取检察官的说明意见。最后，刑事庭以说明理由的不准许上诉的判决作出裁判。如果刑事庭认为再审申请依据不足，作出驳回的判决。相反，刑事庭认为再审申请依据充分时，则撤销原审有罪判决，同时有可

① 法国法律于1946年9月25日设置了一种仅适用于“文人社团”申请再审的特别制度。现行刑事诉讼法典颁布后未废止这一法律。保留这一特别制度的目的，在于准许申请撤销因作品中实施的“伤害风化罪”对作家作出的判刑判决。按照这一法律的规定，对以书籍实行的伤害风化罪宣告的判刑判决，可以在该判决最终确定后经过20年提出再审申请。提出再审申请的权利仅属于“文人社团”：或者依职权提出，或者应被判刑人的请求提出。参见［法］贝尔纳·布洛克著：《法国刑事诉讼法》，罗结珍译，中国政法大学出版社2009年版，第560页。

能发回重审，也有可能不发回重审。[①]

根据法国最高法院刑事判决再审委员会的统计，自1989年6月23日法律颁布到2008年年初，法国最高司法法院共受理刑事再审申请2080件，其中已经审结的为1987件。在审结的案件中，有54件进入再审程序。经过再审，只有32件撤销了原判，且最后仅有6例经过重新审判获得了无罪释放。由此可见，再审之诉程序在司法实践中有着极强的甚至是严苛的过滤作用。有学者对此提出了批评，他们认为实际发生的冤案不可能这么少，由再审之诉程序纠正的冤案如此稀少，只能表明这一程序的规则过于严格，限制了其发现纠正冤案的能力。万幸的是，法国已经废除了死刑，这至少可以避免无辜者被处死的悲剧。[②]

值得注意的是，受英美法系国家洗冤工程的启发，近年来法国的民间力量也成立了第一家类似的救援组织——法国洗冤工程（Project Innocence France），以帮助发现可能存在的冤案，促进再

① “刑事庭在撤销原判决时，原则上都是宣告将案件发回与作出的判决被撤销的原审法院同一性质的另一同级法院（《刑事诉讼法典》第625条第2款）。负责重新审理本案的受移送法院有自行裁判的自由：或者宣告原被判刑人无罪，或者不宣告其有罪，或者甚至确认被撤销的原判决并宣告有罪判决，但是不得违反‘上诉不加刑’原则，所以，受移送法院肯定不能判处比原审法院所判刑罚更加严厉的刑罚。通常来说，在有可能进行新的对席辩论的情况下，可以作出撤销原判、发回重审的判决（如被判刑人健在）（《刑事诉讼法典》第625条第2款）。与此相反，在不可能进行新的对席辩论的情况下（例如，大赦、被判刑人死亡、精神错乱，或者一名或数名被判刑人缺席、不负刑事责任，或者被判刑人有不负刑事责任的宥恕理由，诉讼或者刑罚已经完成时效），或者在对仍然健在的被判刑人撤销原判决之后，不再存在任何可以认定为重罪或轻罪的事实（被判刑人肯定无罪，或者犯罪的各构成要件已经消失），以及在撤销原判决并移送新的法庭进行重新审理之后，被判刑人死亡或精神错乱（《刑事诉讼法典》第625条第3～5款），这些情况下，（最高司法法院）再审法庭均只作撤销原判、不发回重审的判决。”参见［法］贝尔纳·布洛克著：《法国刑事诉讼法》，罗结珍译，中国政法大学出版社2009年版，第559～650页。

② 参见 Nathalie Dongois, “Wrongful Convictions in France: The Limits of ‘Pourvoi en Révision’”, in C. Ronald Huff and Martin Killias (eds.), Wrongful Conviction: International Perspectives on Miscarriages of Justice, Temple University Press, 2008, pp. 249 – 250。

审之诉的启动。现在这一机构位于法国里昂第三大学法学院。在正式成立之前的一次研讨会上，法国洗冤工程的支持者指出，洗冤工程这种民间性质的救济无辜者的组织早在几个世纪前就已经在法国出现过，法国社会思潮中亦具有类似的观念和传统。法国第一个旨在救济冤案的民间团体创立于1787年，名称为“司法慈善协会”（Association de Bienfaisance Judiciare），由布歇（M. Boucher d’ Argis）创立。这一协会不仅帮助穷人在法庭中辩护，而且对无辜者释放后的生活进行经济救助。协会的成员包括书籍经销商、出版社、贵族、律师等。在协会的不懈努力之下，1788年法国国王路易十六宣布有必要预防冤案。因此，法国学者指出，尽管美国近50年来在冤案问题上取得了骄人成就，但法国是世界上第一个正式承认冤案的国家。虽然目前无法考查这一协会到底帮助救助了多少无辜者，但现在有关学者已经开始研究和关注这一历史问题。由此可见，早在1787年法国民间就已经产生了保护无辜者的思想和观点，并将之付诸了实际行动。[①]

二、德国冤案发现纠正机制：刑事再审制度

为了平衡法的安定性原则和法的公平性原则的内在冲突，德国设立了刑事再审制度，直接目的在于纠正判决中存在的事实错误。根据刑事再审制度，在符合法律规定的情况下，可以例外地中断判决的确定力，对同一事项开启重新审判的大门。同时为了不过分损及裁判的既判力，刑事再审要受到严格限制：只有事后发现的事实使得原判决明显看来存在错误并为正义感无法容忍时，才不得已而为之。在有任何新事实和新证据材料的情况下，可以启动有利于原审被告人的再审程序（《刑事诉讼法典》第359条）；只有在非常严格的条件下，才可以考虑进行不利于原审被告人的再审（《刑事

① 参见Innocence Blog，“Project Innocence France”，from http：//wrongfulconvictionsblog. org/2013/01/15/project - innocence - france/，2013年12月访问。

诉讼法典》第362条)。[1] 由此可见，德国的刑事再审程序并不是全面纠错，而是针对某些不能容忍且强烈冲击公正的事实错误，[2] 并且主要是纠正不利于原审被告人的错误，启动的是有利于原审被告人的再审。德国的刑事再审程序是德国诉讼法中发现和纠正冤案的主要机制。

(一) 启动有利于原审被告人再审的法定理由

根据德国《刑事诉讼法典》第359条的规定，符合下列情形之一时，才能启动有利于原审被告人的再审：[3]

a) 审判时作为真实证书对受有罪判决人不利地出示的证书，是伪造或者变造的；

b) 证人、鉴定人犯有故意或者过失违反宣誓义务，或者故意作出违背誓言的虚假陈述之罪，对受有罪判决人不利地作了证词、鉴定；

c) 参与了判决的法官、陪审员，在与案件有关的问题上犯有不是由受有罪判决人所引起的、可处罚的违反其职务义务的罪行；

d) 作为刑事判决依据的民事法庭判决，已被另一发生了法律效力的判决所撤销；

e) 得到新的事实、新的证据材料，仅根据这些事实、证据材料，或者将它们与先前收集的证据相结合，使得有理由宣告被告人无罪，或者对他适用较轻的刑法从而判处轻一些的处罚或者科处完全不同的矫正及保安处分；

f) 如果欧洲人权法院确认违反《欧洲人权和基本自由保护公

---

① 参见［德］科劳斯·缇德曼著译：《德国刑事诉讼法导论》，载《德国刑事诉讼法典》，宗玉琨译，知识产权出版社2013年版，第29、68页。

② 当然，在极其例外的情况下也纠正两种法律错误。参见［德］克劳斯·罗科信著：《刑事诉讼法》，吴丽琪译，法律出版社2003年版，第542页。

③ 参见《德国刑事诉讼法典》，李昌珂译，中国政法大学出版社1995年版，第132页；《德国刑事诉讼法典》，宗玉琨译，知识产权出版社2013年版，第249~250页。

约》或其议定书，而该判决以此项违反为基础。

其中，发现新的事实或者新的证据材料是最常发生的情形。所谓“新的事实”，是指在法庭审理中未经讨论，从而对判决的形成没有产生作用的事实。例如，本应该在法庭审理中出现的有利于原审被告人的证人在判决作出后才出现；第三人对行为的供述；对新发现的事实作的新鉴定；原审被告人撤回先前的供认，如果其能够说出当时他作出虚假供述的动机，且该动机是可推断且可理解的，也被认为是新的事实。所谓新的证据材料，是指不为法院所知悉，或者虽然知悉但未使用的证据材料。在德国的司法实践中，对有关新的事实或新的证据材料的认定更显复杂。“德国的学者认为，法院在认定有关新的事实和新的证据材料时比较保守。”①

（二）再审诉讼程序

根据德国刑事诉讼法的规定，再审程序分为三个阶段：预审程序、再审理由成立与否审查程序、再审审理程序。②

1. 第一阶段：预审程序

再审的请求可以向原审法院提出，但是，原审法院应当向有再审管辖权的法院移送。根据《法院组织法》第140a条的规定，再审的管辖权原则上由与原审法院有同样管辖权的另一个法院行使。有管辖权的法院接到申请后，首先对再审的形式要件进行审查，主要包括审查申请人是否适格、是否具有法定理由以及是否符合其他法定形式要件。其中在审查是否有法定理由时，有义务对申请方提出的新事实和新证据材料进行初步调查，调查的目的仅限于确定申请人提出的理由和所附带的证据是否有可能在新的审判中导致原审

① 参见岳礼玲：《德国刑事再审制度及我国改革之借鉴》，载陈光中主编：《刑事再审程序与人权保障》，北京大学出版社2005年版。

② 参见［德］克劳斯·罗科信著：《刑事诉讼法》，吴丽琪译，法律出版社2003年版，第545～548页。

被告人获得有利的判决。如果审查法院认为没有这种可能性，可以直接裁定驳回申请。

2. 第二阶段：再审理由成立与否审查程序

一旦再审申请获得许可，即应向检察官送达申请，以便准备答辩说明。法院通常会指定一名法官对提出的理由及事实证据加以调查。根据职权调查原则，法官在此调查过程中不局限于申请人提出的证据范围，法官依职权应当将证据调查延伸至所有对于裁判具有意义的事实、证据上。证据调查结束后，检察官及原审被告人就证据调查结果各自进行解释和答辩。最后，法院据此就再审申请的理由是否成立作出裁决，其裁决的核心内容是再审申请中的主张是否具有足够的证明。然而，就如何理解“足够的证明”存在较大争议。主流观点认为，依据调查结果应该是显然证明有利于原审被告人的申请理由成立，支持启动再审；如果仅仅是有疑问，应当倾向于维持原有罪判决。也有人就此提出了批评意见，认为这样的高标准会严重阻碍错误判决的纠正，应当只要对有罪判决的正确性产生严重怀疑就符合了所谓的“足够的证明”。还有人对此表示担忧，认为如果一旦降低标准，很有可能对裁判的确定力造成巨大冲击。这一争议实质上是两个原则的争议：是“有疑唯利被告”，还是“有疑唯利确定力”。虽然存在诸多争议，但在司法实践中存在一个共识：申请人提出理由时，无须提供一个完整的证据。

3. 第三阶段：再审审理程序

再审审理是一种重新审理，与原审判程序无关，具有独立性。在审理过程中，依然贯彻无罪推定原则，举证过程重新进行，由控方承担证明被告人有罪的责任，辩方不用承担任何证明无罪或者有罪的责任。最后，由法官综合全案的证据和事实进行裁判，可能是无罪判决，也可能是有罪判决。如果是无罪判决，必须同时撤销原判决。

在司法实践中，由于法院对于新事实和新证据材料的把握标准偏高，所以据此最终进入再审的案件并不是很多。学界对此一直存在批评的声音，认为法院对《刑事诉讼法典》第359条关于再审理由的解释过于严苛，导致无辜的被定罪人难以通过刑事再审获得救济。

三、小结

总体来讲，虽然法国、德国冤案的发现纠正机制存在一定差异，但总的立法精神和价值追求具有趋同性。二者最大的差异在于：法国冤案的发现纠正机制是最高司法法院的再审之诉制度，发现机制和纠正机制相对分离；德国冤案的发现纠正机制是向有管辖权的法院提出再审申请，发现机制和纠正机制没有明显的区分。二者的价值趋同和制度共性主要体现在：在适当坚持既判力的前提下，最大限度地纠正事实错误，尤其是不利于被告人的错误。在再审过程中，为了追求客观真相，不再受各种僵硬的证据规则的限制。只要不与刑事司法体制的根本原则相冲突，任何证据都具有证据能力。法庭为了作出正确的裁判进行全案审查，而不局限于再审申请理由。总而言之，法国、德国冤案的发现纠正机制带有强烈的审前侦查和法庭调查色彩。①

第四节　中国冤案的发现纠正机制

从立法和司法实践来看，我国唯一可以发现和纠正冤案的制度是刑事审判监督程序。刑事审判监督程序构成了我国冤案的发现纠正机制。下文将从立法、司法实践两个层面剖析刑事审判监督程序发现和纠正冤案的功用及其中存在的问题。

---

① 参见 Paul J. Saguil, “Improving Wrongful Conviction Review: Lessons from a Comparative Analysis of Continental Criminal Procedure”, Alberta Law Review, Vol. 45, 2007, pp. 123 - 126。

一、刑事审判监督程序的立法考察——冤案的视角

我国没有确立禁止双重危险规则，在“实事求是、有错必究”的理念指导下，设立了刑事审判监督程序。[①] 该程序认为只要存在错误，就必须予以纠正，不论是否有利于被定罪者。这既包括无罪被判为有罪的错误、轻罪重判的现象，也包括有罪而被错放的错误、重罪被轻判的现象。由此可见，我国的刑事审判监督程序虽然不是发现和纠正冤案的专门机制，但从再审事由上看，其具有发现和纠正冤案的作用。我国 2012 年修改刑事诉讼法时，对刑事审判监督程序进行了微调，仍然沿袭了刑事审判监督程序一贯坚持的基本理念和制度框架。就目前的立法规定而言，如果存在事实错误及无辜者被错判的情形，可以通过以下三种途径启动再审，经过重新审判予以纠正。

（一）启动再审的三条途径

1. 刑事再审申诉

根据我国刑事诉讼法的规定，当事人及其法定代理人、近亲属，对已经发生法律效力的判决、裁定，可以向人民法院或者人民检察院提出申诉。[②] 申诉可以委托律师代为进行。值得注意的是，申诉并不具有必然启动再审的效力，只有具有法定再审事由，经司法机关决定，才能启动再审。

根据 2012 年修改的刑事诉讼法的规定以及最新的司法解释，申诉启动再审的法定事由如下：①有新的证据证明原判决、裁定认定的事实确有错误，可能影响定罪量刑的，包括：a. 原判决、裁定生效后新发现的证据；b. 原判决、裁定生效前已经发现，但未予收集的证据；c. 原判决、裁定生效前已经收集，但未经质证的

---

① 参见陈光中、郑未媚：《论我国刑事审判监督程序之改革》，载《中国法学》2005 年第 2 期。

② 参见《刑事诉讼法》第 241 条。

证据；d. 原判决、裁定所依据的鉴定意见，勘验、检查等笔录或者其他证据被改变或者否定的。②据以定罪量刑的证据不确实、不充分，依法应当排除的。③证明案件事实的主要证据之间存在矛盾的。④主要事实依据被依法变更或者撤销的。⑤认定罪名错误的。⑥量刑明显不当的。⑦违反法律关于溯及力规定的。⑧违反法律规定的诉讼程序，可能影响公正裁判的。⑨审判人员在审理该案件时有贪污受贿、徇私舞弊、枉法裁判行为的。[①] 其中，以有新的证据证明原判决、裁定认定的事实确有错误为由申诉的，应当同时附有相关证据材料；申请人民法院调查取证的，应当附有相关线索或者材料。[②]

2. 法院启动再审

各级人民法院院长对本院已经发生法律效力的判决和裁定，如果发现在认定事实上或者在适用法律上确有错误，必须提交审判委员会处理。最高人民法院对各级人民法院已经发生法律效力的判决和裁定，上级人民法院对下级人民法院已经发生法律效力的判决和裁定，如果发现确有错误，有权提审或者指令下级人民法院再审。[③]

法院启动再审的材料来源不限于法院主动发现错误，可以是上文提到的申诉，可以是群众来信来访，可以是人大代表提出的纠正错案议案，还可以是有关单位或新闻媒体对生效裁判反应的意见，等等。

3. 检察院提起再审抗诉

最高人民检察院对各级人民法院已经发生法律效力的判决和裁定，上级人民检察院对下级人民法院已经发生法律效力的判决和裁

① 参见《刑事诉讼法》第 242 条；《最高人民法院关于适用〈中华人民共和国刑事诉讼法〉的解释》第 375 条、第 376 条。

② 参见《最高人民法院关于适用〈中华人民共和国刑事诉讼法〉的解释》第 372 条。

③ 参见《刑事诉讼法》第 243 条。

定，如果发现确有错误，有权按照审判监督程序向同级人民法院提出抗诉。根据最新的司法解释，这里的“确有错误”包括以下十种情形：①有新的证据证明原判决、裁定认定的事实确有错误，可能影响定罪量刑的；②据以定罪量刑的证据不确实、不充分的；③据以定罪量刑的证据依法应当予以排除的；④据以定罪量刑的主要证据之间存在矛盾的；⑤原判决、裁定的主要事实依据被依法变更或者撤销的；⑥认定罪名错误且明显影响量刑的；⑦违反法律关于追诉时效期限的规定的；⑧量刑明显不当的；⑨违反法律规定的诉讼程序，可能影响公正审判的；⑩审判人员在审理案件的时候有贪污受贿、徇私舞弊、枉法裁判行为的。[①] 以有新的证据为由提出抗诉，应附相关证据材料。

人民检察院提起再审抗诉的材料来源不限于检察院主动发现错误，还包括当事人的申诉、涉案上访、新闻媒体的意见等。

（二）启动再审后的重新审理

成功启动再审之后，如果原来是第一审案件，应当依照第一审程序进行审判，所作的判决、裁定，可以上诉、抗诉；如果原来是第二审案件，或者是上级人民法院提审的案件，应当依照第二审程序进行审判，所作的判决、裁定，是终审的判决、裁定。人民法院按照审判监督程序重新审判的案件，由原审人民法院审理的，应当另行组成合议庭进行。[②]

在重新审理过程中，人民法院应当重点针对申诉、抗诉和决定再审的理由进行审理。必要时，应当对原判决、裁定认定的事实、证据和适用的法律进行全面审查。经过重新审理后，如果是依照第二审程序审理的案件，原判决、裁定事实不清或者证据不足的，可以在查清事实后改判，也可以裁定撤销原判决、裁定，发回原审人

① 参见《人民检察院刑事诉讼规则（试行）》第591条。

② 参见《最高人民法院关于适用〈中华人民共和国刑事诉讼法〉的解释》第384条。

民法院重新审判。原判决、裁定事实不清或者证据不足，经审理事实已经查清的，应当根据查清的事实依法裁判；事实仍无法查清，证据不足，不能认定被告人有罪的，应当撤销原判决、裁定，判决宣告被告人无罪。对再审改判宣告无罪并依法享有申请国家赔偿权利的当事人，人民法院在宣判时，应当告知其在判决发生法律效力后可以依法申请国家赔偿。①

（三）立法评析

从现行的立法来看，我国刑事审判监督程序有着“全面纠错”的功能，不仅包括事实错误和法律错误，2012 年刑事诉讼法修改时还特意强调了可能影响公正审判的程序错误。② 在这种全面纠错制度中，当然包括无罪被判有罪的事实错误。从再审裁判来看，如果一旦查清原被告人无罪，应当作出无罪判决；如果（或经发回重审后）依然是无法查清，证据不足，应当撤销原判，宣告无罪。由此可见，如果只从立法上来看，我国刑事审判监督程序的一个重要目的是发现和纠正冤案。从发现和纠正冤案的角度来看，我国的刑事审判监督程序具有以下几个特点：

其一，刑事审判监督程序既是冤案的发现机制，又是冤案的纠正机制。

与德国冤案的发现机制和纠正机制合二为一的做法类似，我国刑事审判监督程序既是发现冤案的机制，又是纠正冤案的机制。在启动再审前，人民法院和人民检察院都会对案件进行慎重筛选，只

① 参见《最高人民法院关于适用〈中华人民共和国刑事诉讼法〉的解释》第 383 条、第 389 条、第 391 条。

② 2012 年我国修改刑事诉讼法时，对刑事审判监督程序只是以修改两条、增加两条的方式进行了简要修改，并没有触及刑事审判监督制度存在的根本问题。涉及的主要内容包括：新增非法证据未排除申诉再审的事由、新增程序违法行为可能影响公正审判的再审事由、明确指出指令再审中的管辖法院、强调开庭审理案件的检察院派员出庭义务、界分再审程序中使用强制措施的责任以及明确对原裁判的处理方式等。总体来说，对刑事再审程序的修改只是微调。参见陈卫东、杜磊：《再审程序的理解与适用——兼评〈刑事诉讼法〉关于再审程序的修改》，载《法学杂志》2012 年第 5 期。

有在发现再审申诉具备法定事由或者原裁判确有错误的情形下，才会启动再审。这是冤案的发现环节。一旦再审启动后，案件进入重新审判程序。这是冤案的纠正环节。

其二，人民法院和人民检察院具有纠正冤案的责任。

我国刑事诉讼法的一项基本原则是以事实为依据，以法律为准绳。当人民法院、人民检察院发现生效的裁判确有错误时，应当启动审判监督程序进行纠正。不论是事实错误，还是法律错误或程序错误，不论是有利于被告人的错误，还是不利于被告人的错误，都应当按照实事求是的原则纠正。由此看来，当人民法院或者人民检察院发现存在误判时，应当启动审判监督程序。然而，我国刑事诉讼法只是使用了“确有错误”的笼统表述，如何理解和把握这一“确有”标准，直接影响着人民法院和人民检察院发现纠正冤案的能力。

其三，当事人再审申诉是诉讼体制外的制度安排。

一直以来，学界都存在批评刑事再审申诉制度设置不科学、申诉未纳入诉讼程序的声音。再审申诉本身并不是一项诉讼内的救济途径，而是诉讼体制外的制度安排，缺乏合理有效的处理程序和处理机制。这样的制度安排，使原审被告人提出的再审申诉在启动再审时面临着极大限制，不利于冤案的发现和纠正。例如，有学者指出，“有权启动再审的主体为人民法院和人民检察院，当事人仅享有申诉权。与前两者相比，申诉仅是一种诉讼外的程序机制，不具有启动再审程序的效力。而申诉的运作缺乏基本的‘诉’的构造与要求，当事人请求纠错的权利得不到有效的保障，由此引发了大量的涉诉上访事件，成为威胁社会稳定的重要因素。就人民法院启动再审而言，最高人民法院和上级人民法院的信息来源有限可能影响纠错功能的发挥，原审人民法院基于利益攸关者的地位更不会轻易启动再审程序；而人民检察院启动再审程序往往是站在被害人的角度要求加重原审被告人的刑罚，对于有利于原审被告人的错误则怠于行使其抗诉权。可见，再审程序的纠错功能又面临着实现的难题，存在着忽视原审被告人救济权利的情况”。[①] 一言以蔽之，再审申诉未纳入诉讼程序，原审被告人的再审申诉权缺乏有效的立法保障，致使可能存在的误判无法进入再审程序。

其四，新的司法解释对“新证据”采取了较为宽松的界定。

本着“有错必纠”的原则，新的司法解释对“新证据”采取了宽松的界定，包括：原判决、裁定生效后新发现的证据；原判决、裁定生效前已经发现，但未予收集的证据；原判决、裁定生效前已经收集，但未经质证的证据；原判决、裁定所依据的鉴定意见，勘验、检查等笔录或者其他证据被改变或者否定的。由此可见，我国并没有要求“新证据”未在之前的程序中提出必须有“不可归责于当事人的事由”。与英美法系在定罪后救济程序中对“新证据”的新鲜性或崭新性要求较为严格相比，我国这一规定有利于使发生误判的案件进入再审程序，有利于冤案的纠正。

其五，再审审理程序具有很强的依附性。

根据我国刑事诉讼法的规定，再审审理程序要根据原生效裁判所作出的程序来进行审理。“一旦审判监督程序获得启动进入审判程序之后，除最高人民法院和上级人民法院决定再审的案件及最高人民检察院和上级人民检察院提起抗诉的案件外，其他再审案件按照刑事诉讼法第206条的规定，基本上没有什么特殊之处，而是又回归到普通审判程序之中，即除了应当另行组成合议庭外。”[②]“这种程序安排看似合理，对于没有经过二审审理的裁判给予了可以通过二审程序予以纠正的机会，实际上忽略了再审审理程序的实

① 参见陈卫东、杜磊：《再审程序的理解与适用——兼评〈刑事诉讼法〉关于再审程序的修改》，载《法学杂志》2012年第5期。

② 参见顾永忠：《特殊程序应当特殊安排——关于完善审判监督程序的几个问题》，载《中国刑事法杂志》2011年第2期，第54页。

质。"①

其六，再审后改判无罪的案件不一定是冤案。

从再审事由来看，有的是因为有新证据证明事实认定出现了错误，影响了定罪量刑；有的是因为证据不确实、不充分，应当予以排除；有的是因为证明案件事实的主要证据之间存在矛盾；等等。经过再审审理，如果有证据证明原被告人是无罪的，应当作出无罪判决；如果无法查清，只是证据不足，不能认定被告人有罪的，应当撤销原有罪判决，宣告被告人无罪。由此可见，经再审后被改判无罪的有两类人：一类是的确无罪之人；另一类是的确实施了犯罪，但有罪证据不足，因疑罪从无而被宣告无罪。因此，我国审判监督程序所改判无罪的案件并不都是冤案。

二、刑事审判监督程序的实证分析——冤案的视角

（一）司法实践中冤案发现和纠正的特点

从目前我国纠正的冤案来看，我国冤案的发现和纠正带有极大的偶然性和被动性，可以说是在迫不得已的情况下才开启了审判监督程序，在迫不得已的情况下才予以了纠正。简言之，启动再审难，纠正更是难上加难。

整理这些年所纠正的冤案的发现原因，大致可以分为两类：

1. 人民法院被迫启动再审

在有罪判决生效后，如果出现了足以令人信服的新证据，无可置疑地确定被定罪者是无辜的，那么面对这种铁证，人民法院不得不启动再审。从目前纠正的冤案来看，这类不可置疑的新证据主要包括两种：第一种是"真凶落网"，即在其他案件的侦办过程中，发现冤案中指控的犯罪实际上是他人所为，如杜培武案、赵新建

① 参见陈卫东、杜磊：《再审程序的理解与适用——兼评〈刑事诉讼法〉关于再审程序的修改》，载《法学杂志》2012 年第 5 期；陈卫东著：《刑事审判监督程序研究》，法律出版社 2002 年版，第 228～240 页。

案、郝金安案、黄亚全、黄圣育案、杨明银案、覃俊虎、兰永奎案、陈金昌案、李化伟案、史会清案等。第二种是“亡者归来”，即冤案中确认已经遇害的受害人再度出现如佘祥林案、赵作海案、滕兴善案等。

如果没有这两类铁一般的“新证据”的偶然出现，要纠正这些冤案几乎是不可能的。一方面，“真凶落网”或“亡者归来”的概率太低，不是每例冤案都会如此幸运地出现铁证；另一方面，人民法院在自我纠正冤案时，对“确有错误”的要求太高。在上述这些出现铁证的冤案中，大多数被定罪者在狱中一直在坚持申诉，但都是无果而终。总的来说，人民法院在纠正冤案时，都带有强烈的被动性。

2. “马拉松式”的艰难申诉

在没有新的证据证明原判决、裁定认定的事实确有错误的情形下，被告人唯一可能推翻有罪判决的途径只能是申诉。申诉没有启动再审的效力，而且还要受到法定理由、申诉期限的限制。当被告人以“据以定罪量刑的证据不确实、不充分”或者“证明案件事实的主要证据之间存在矛盾”这些带有较强主观性的理由提出申诉时，并不会引起人民法院和人民检察院的重视。因此，申诉在发现冤案方面的作用非常有限。目前，完全依靠申诉而得以再审并最后被宣告无罪的案件并不多。即使在这些依靠申诉发现的冤案中，申诉往往也需要历经数年。申诉成功有较大的偶然性，需要依赖某个人或者某个组织机构的重视。

例如，在孙万刚案中，孙万刚入狱服刑后，他和他的家人不断申诉。几年之后，当地发生一起凶杀案，孙万刚的父亲注意到李某某是真凶，并将这一信息写信告诉了孙万刚。孙万刚将李某某是真凶的情况写成申诉材料寄给有关部门后，才引起了云南省人民检察院和云南省高级人民法院的重视，最终得以沉冤昭雪。又如，在浙江叔侄冤案中，张高平入狱后一直在申诉，直到在监狱中发现了自己案件的重要疑点狱侦耳目袁连芳后，在检察官张彪的不懈努力下，案件最终才得以成功启动再审，张氏叔侄重获自由。

值得注意的是，在当前发现纠正的所有冤案中，没有一例是依靠检察机关的再审抗诉而启动再审的。这的确是一个令人颇感意外、但又在情理之中的现象。

通过上述分析，笔者发现我国刑事审判监督程序在发现和纠正冤案方面所发挥的实际功效是令人失望的。我国冤案的发现和纠正更多地呈现出个案救济、偶然救济和被动救济的特点。[①]

（二）司法实践中冤案发现纠正机制存在的问题

笔者认为，我国冤案的发现和纠正之所以呈现个案救济、偶然救济和被动救济的特点，根源问题在于启动再审难。[②] 由于无法启动再审，许多可能存在误判现象的案件根本无法进入再审程序，得不到重新审理并纠正的机会。造成启动再审难的原因主要有以下几个：

第一，原审被告人及其法定代理人、近亲属的再审申诉权无法发挥实际作用。

---

① 参见陈卫东：《刑事错案救济的域外经验：由个案、偶然救济走向制度、长效救济》，载《法律适用》2013 年第 9 期。

② 当然，这并不意味着我国再审审理程序没有问题。从立法规定来看，我国再审审理程序具有极大的依附性，忽略了再审审理程序的实质和特点。例如，顾永忠教授在《特殊程序应当特殊安排——关于完善审判监督程序的几个问题》一文中，指出了再审审理程序存在的三个突出问题：相当多的再审案件又进入普通程序一审、二审、发回重审的怪圈，再审审而不决，历时长久；再审案件无论由一审法院还是由二审法院审判，由于与原生效裁判的天然联系，不利于再审案件的最终解决；依照第二审程序审理的再审案件，除抗诉案件外，其他案件不一定开庭审理，这种审理方式与再审案件和再审程序的特殊性并不相称。参见顾永忠：《特殊程序应当特殊安排——关于完善审判监督程序的几个问题》，载《中国刑事法杂志》2011 年第 2 期，第 54～55 页。从审判监督程序整体的全面纠错功能而言，再审审理程序的确存在这一问题。但是在发现和纠正冤案的过程中，由于启动再审非常困难，一般能够进入再审审理程序的案件已经存在明显的无罪证据，所以在再审审理中，审判已经沦为纠正的形式，一般不存在上述拖延等问题。基于这一分析，笔者认为，在发现和纠正冤案上，审判监督程序最大的问题在于再审启动难。

一方面，申诉仅是一种诉讼外的程序机制，不具有启动再审程序的效力，立法对再审申诉应当如何处理也没有设置相应的程序机制，缺乏对受理机关的必要制约。“在具体的操作中，申诉制度也并未按照‘诉’的特点进行运作。由此，导致了实践中申诉难、申诉滥的乱象。”①

另一方面，立法对再审申诉设定了法定理由。这一做法的本意是遏制乱申诉，保障具有正当理由的申诉能够启动再审，但结果往往会成为人民法院和人民检察院恶意驳回申诉的借口，尤其是在原审被告人提出自己无罪的主张时，更是要求其提供确凿的证据。在大多数情况下，案件的终审法院负责审查处理申诉，对案件提起公诉的检察院负责审查处理申诉，无论是从法理上还是从经验上看，公正性难以得到保障。在可能被追究有关责任的风险下，办案人员和办案机关完全有可能不愿意承认错误，简单地以申诉不具有法定理由驳回。

第二，人民法院不愿意启动有利于原审被告人的再审，对“确有错误”的把握标准过高。

由于立法和司法解释并没有明确“确有错误”的标准，且自我监督存在内在动力不足的通病，人民法院在实践中通常会故意拔高地将之理解为“确定无疑地发生了错误”。如此一来，除非出现“真凶落网”或“亡者归来”等铁证，否则一般不会符合“确有错误”的标准，不愿意启动再审程序。

第三，人民检察院的抗诉权对于冤案的发现纠正没有实际意义。

无论是从理论上，还是从立法规定上来看，检察官客观公正的责任贯穿于刑事诉讼的始终，甚至是定罪后。当检察机关发现有可能存在误判时，应当提起再审抗诉纠正。然而，检察机关平时承担

① 未将申诉纳入诉讼程序机制的过程中，没有构建向人民法院申请再审的程序和向人民检察院申请抗诉的程序。

更多的是控诉职能，而且一旦就误判提起再审抗诉后，就意味着有可能完全否定之前提出的指控，所以检察机关的办案人员缺乏主动纠正这类错误的动力。检察机关在曾经的公诉中承担的指控职责已经使其失去了客观中立的立场，在产生了有罪的结论后，不太可能会再去否定之前的认识。如此一来，通过再审抗诉来发现纠正冤案就丧失了现实意义。

第四，在司法实践中对审判监督程序的认识和定位存在偏差。

由于任何刑事诉讼体制都不是完美的，都会发生错误，所以各国几乎都设立了裁判生效后的纠错机制。从这一理念出发，纠错制度应当是例外制度，主要目的是补救那些历经审判和上诉程序仍无法纠正的严重错误。这部分错误应该是一小部分错误。我国刑事审判制度是两审终审制，而且二审是全面审，死刑案件还要历经死刑复核程序。按理说，历经这些严密的审判程序作出的裁判，存在错误的几率应当很小。然而，事实并非如此。由于我国刑事诉讼制度在过去很长一段时间内存在这样那样的问题和缺陷，办案人员违法办案时有发生，导致被告人对裁判结果时常感到不公正，最后只能希冀通过审判监督程序予以纠正。同时从立法规定来看，我国刑事审判监督程序承载的功能太多，既要纠正事实错误，又要纠正法律错误和程序错误，这给被告人造成了一种假象：只要是错误，审判监督程序就能够纠正，于是在实践中产生了大量申诉。但由于刑事审判监督程序本质上只是补救性质的救济程序，人民法院和人民检察院启动再审时会相当慎重。于是出现了一种冲突，直接表现为申诉启动再审难。①

尽管从立法上看，我国的刑事审判监督程序具有全面纠错的功用，但从司法实践的运行来看，审判监督程序更多的时候是在纠正有罪判无罪、重罪判轻罪等有利于被告人的错误。在发现和纠正冤

① 陈卫东教授就此阐述了类似的观点，参见陈卫东、杜磊：《再审程序的理解与适用——兼评〈刑事诉讼法〉关于再审程序的修改》，载《法学杂志》2012 年第 5 期。

案上，刑事审判监督程序的实际作用并不突出，主要表现为申诉启动再审难。正因如此，我国当前冤案的发现纠正机制更多呈现出一种无序状态的个案、偶然、被动救济的特点，发现纠正机制有待制度化、规范化、长效化以及科学化。

第五节 比较、归纳与启示

一、冤案发现纠正机制的理论定位与现实困境

即使刑事审前程序和刑事审判程序设计得再精密，仍然会产生错误的裁判，所以就需要纠错机制，挽救司法公正于万一。由于存在禁止双重危险原则和既判力理论，各国基本上不纠正或者严格限定纠正有利于原审被告人的错误，而主要是纠正不利于原审被告人的错误。其中，冤案是重中之重。因此，构建一套有效的冤案发现纠正机制是追求司法公正的必然要求。

从理论上讲，经过刑事审前程序和审判程序后，大部分错误都已经得以纠正，最后发生效力的存有错误的有罪裁判应该只是一小部分。冤案发现纠正机制的定位应当是补救这一小部分“漏网之鱼”。在这种理念的指导下，出于维护法的安定性与司法权威的目的，不宜频繁地启动冤案发现纠正机制，所以各国一般均设置了较为苛刻的条件，如英美等国对“新证据”规定了近乎严苛的标准。总之，冤案发现纠正机制应当带有例外性和补救性，是一种非常救济机制。

然而，现实却不这样。虽然到目前为止，没有任何一个国家可以精确计算出冤案的发生数量，但从所发现纠正的数量来看，已经远远超出了预计水平。于是，在司法实践中充斥着大量的申请。一方面，发现纠正机制启动条件要求高，另一方面，发现纠正机构有懈怠的倾向，最终造成了冤案发现难、纠正难的困局。例如，在美国，申请人的重审动议难以获得批准；在法国，最高司法法院的再

审之诉具有非常严格的筛选机制，许多案件因无法满足高标准而得不到救济；在德国，法官在审查再审理由时，对于新证据和新事实的把握偏于保守，造成有些可疑案件无法进入实质审查程序。

我们应当反思，到底是我们对冤案发现纠正机制的理论定位出现了偏差，还是刑事审前制度和审判制度出现了功能性缺陷，产生了过多的冤案？笔者认为，解决这一困局的突破口首先是构建一套系统有效的预防机制。同时，应当结合各国司法实践情况，对冤案发现纠正机制的启动和纠正标准再进行具体调整，实现内在的动态平衡。例如，英国、美国近些年来围绕着冤案的预防对整个刑事司法系统进行了整体反思和制度改革，同时尽量放宽冤案发现纠正机制的启动标准，拓展其他发现途径。

二、冤案发现纠正机制的模式

综观美国、英国、法国、德国和中国的冤案发现纠正机制，依据发现机制和纠正机制的关系，笔者大致将其划分为三类模式：

（一）完全独立模式

所谓完全独立模式，是冤案的发现机制和纠正机制完全分离的模式。冤案的发现机制，是指决定哪些申请可以进入实质审查、接受重新审判的机制。冤案的发现机制相当于一个“过滤器”，将最有可能是冤案的案件筛选出来。冤案的纠正机制，是指通过重新审理推翻原有罪判决的机制。目前，采取这一模式的典型代表国家和地区是英国、苏格兰、挪威和美国的北卡罗来纳州。正在讨论或者计划、酝酿设立此种模式的国家有澳大利亚、加拿大、新西兰和美国等。①

具体来说，应成立一个独立于司法系统的专门机构，如英国的刑事案件审查委员会或北卡罗来纳州无辜者调查委员会，专职负责受理和审查当事人提出的申请。这一机构通常具有独立的调查权，以便核实当事人提出的理由是否成立，最终决定是否将案件发回有关法院开启重新审判。在发回案件的标准上，英国的刑事案件审查委员会与北卡罗来纳州无辜者调查委员会存在一定差距。前者审查是否存在刑事司法错误并决定有罪判决是否是“安全的”，关注的问题涉及事实、法律和程序；后者审查原审被告人是否可能在事实上是无罪的，关注的只是事实问题。一旦发回重审后，专门机构的工作即告完成。此时，案件进入冤案纠正阶段，由相关法院对案件重新进行审理，并依法作出裁判。

这种模式为英国所独创，后来被美国北卡罗来纳州进行了改良。这种模式最大的优点在于解决了冤案救济机制启动难的问题。如果只是向原审判机关或者其他司法机关提出再审申请，无法克服自我审查或者自我监督的通病，其审查结果缺乏足够的理性和公正性。专门机构由于独立于司法系统，完全处于中立地位，在审查申请时能够排除不当干扰，客观地作出决定。这充分保障了可疑案件能够进入重新审理阶段。从发现冤案的功用来看，美国北卡罗来纳州的做法比英国更胜一筹，因为前者更好地呈现出专门发现冤案机制的特点。

---

① 参见 R. Schehr, “The CCRC as Seen from the United States”, in Michael Naughton (ed.), The Criminal Cases Review Commission: Hope for the Innocent? Palgrave Macmillan, 2009; R. Schehr and L. Weathered, “Should the United States Establish a Criminal Cases Review Commission?” Judicature, Vol. 88, 2004; B. Sangha and B. Moles, “Why we need a Criminal Cases Review Commission”, Direct Link: NSW District and Local Courts Practice Newsletter, Vol. 8, 2011, pp. 23-26; C. Walker and K. Campbell, “The CCRC as Option for Canada: Forwards or Backwards?” in Michael Naughton (ed.), The Criminal Cases Review Commission: Hope for the Innocent? Palgrave Macmillan, 2009。

当然，对这一模式也存在许多批评。其中最严厉的批评是，这一模式有可能造成行政权对司法权的不当侵扰，有破坏三权分立宪法原则的嫌疑。

（二）相对分离模式

所谓相对分离模式，是指冤案的发现和纠正呈现出阶段性特点，而且各阶段之间彼此相对独立。采取这一模式的典型代表是法国。在法国，冤案的发现和部分纠正是由最高司法法院完成的，但发现工作和部分纠正工作却由不同的、相对独立的部门进行。最高司法法院下设的有罪判决审查委员会专门负责审查有关人员提出的再审之诉，并且具有独立的调查权来核实再审之诉的理由是否成立。如果再审之诉得到了委员会的认可，其随后可将案件移交给最高司法法院刑事庭受理，并发生移审效果。刑事庭通过调查和开庭等方式对再审之诉进行审理、作出裁判，或者驳回再审申请，或者撤销原判决，并根据具体情况决定是否发回重审。如果不需要发回重审，撤销原判决就等于无罪宣告；如果发回重审，则由重审法院进行重新审理，纠正冤案。

这种模式的优点在于，既最大限度地保障了发现机制的相对独立性和客观性，又没有造成司法权和行政权的冲突。这种模式是一种折中。但是，这一模式在实际运行中还是或多或少暴露了自我审查乏力的问题，使有罪判决审查委员会的中立性成疑。法国再审之诉制度实际纠正冤案的数量之少或许也印证了这一问题。

（三）同一模式

所谓同一模式，顾名思义就是冤案的发现纠正机制不仅在同一个程序内进行，而且没有相对独立的区分。这一模式的典型代表是德国和美国（北卡罗来纳州除外）。从德国刑事再审制度来看，有管辖权的法院受理审查再审申请，虽然有前后三个步骤，但发现和纠正工作始终由一个法院进行。从美国重审动议程序来看，当事人提出动议申请后，由原审法院进行审查决定是否受理，冤案的发现和纠正都是由原审法院完成的。

同一模式虽然具有高效的特点，但最大的问题在于自我审查基本没有任何效果，再审或者重审难以启动。值得注意的是，随着美国洗冤工程规模的日益壮大，其已经成为发现冤案的一个重要途径。这在某种程度上也弥补了美国同一模式的缺陷。

三、冤案发现纠正机制的启动问题

（一）原审被告人有权启动冤案发现纠正机制

原审被告人最清楚自己到底有没有实施犯罪行为，所以他们是启动冤案发现纠正机制最积极的主体。世界上几乎所有的国家都正式承认了原审被告人启动冤案发现纠正机制的权利。再审申请或重审动议是诉讼法上的一种权利，能够引发诉讼法上的效力。一旦原审被告人提出了符合法定要求的申请，有关机关必须按照既定程序进行审查处理。因此，许多国家具有发现纠正冤案功能的程序，被称为“非常上诉途径”。其中，最为典型是法国的再审之诉。“如同向最高司法法院提出上诉一样，向最高司法法院提出再审申请是一种受该法院刑事庭管辖的非常上诉。在确定的情况下，准许运用这种上诉途径。”①

（二）检察机关在冤案发现纠正机制中的地位

上文已经提到过，检察官的客观公正义务已经成为世界各国的共识。检察官的目的不是在诉讼中一味追求胜诉和有罪判决，而是追求事实真相和促进司法公正。从这个角度上来讲，检察官的确具有发现和纠正冤案的职责。特别是在英美法系国家，法官在法庭审判中消极中立，有罪判决的作出在很大程度上是由检察官一手积极促成的。因此，检察官具有发现和纠正冤案的职责，这是对其客观公正立场的必然要求。至于检察官如何参与发现和纠正冤案，的确是值得探讨和思考的一个问题。

---

① 参见［法］贝尔纳·布洛克著：《法国刑事诉讼法》，罗结珍译，中国政法大学出版社 2009 年版，第 556 页。

虽然在大多数国家，立法没有明确规定检察官有义务发现和纠正冤案，但这并不代表其无权参与发现和纠正活动。在大陆法系国家，几乎所有立法都规定了检察官可以提起有利于原审被告人的非常救济。例如，德国的检察官可以提起有利于原审被告人的再审；中国的检察官享有再审抗诉权，其中当然包括有利于原审被告人的再审抗诉；法国的检察机关可以启动再审之诉，美国个别地方的检察官办公室设立了专门审查和纠正冤案的定罪公正性调查组，探索着检察官发现纠正冤案的新举措。

由此可见，检察官参与发现和纠正冤案是一个必然趋势，也是一个非常值得赞赏的信号，但是，在现实中面临着一些难以破解的困境。例如，在实践中检察官参与发现和纠正冤案的积极性到底有多高，能在多大程度上实现，等等。检察官发现和纠正冤案的形式和机制有待于进一步研究和尝试。

（三）法院不应当具有启动冤案发现纠正机制的权力

法院具有被动性，应当严格恪守不告不理原则。如果允许法院启动发现和纠正冤案的机制，一方面，会造成法院的角色尴尬，有违诉讼的基本规律，另一方面，即使赋予法院启动权，也是形同虚设，不会有任何现实意义。因此，无论是在英美法系，还是在大陆法系，法院都不具有启动冤案发现纠正机制的职能。

四、冤案发现纠正机制中的证据和证明问题

（一）“新证据”和“新事实”

几乎所有国家都在启动再审事由中规定了“新证据”和“新事实”这一理由。在发现和纠正冤案的过程中，这是一个最为常见的援引事由。然而，各国在对“新证据”和“新事实”的把握标准上存在宽严差异。可以说，这一标准的宽严程度，在很大程度上影响着冤案发现纠正的概率。能否成功启动再审或重审，主要取决于对“新”的界定和这些新证据、新事实的证明力。

1. 对“新”的界定

在德国，只要法庭没有考虑过的事实和证据就是“新”的，不论被告人在庭审时是否故意隐藏了这些事实和证据。这是一种最为宽松的标准。在法国也有类似的规定，但同时规定如果原审被告人在原庭审中故意隐藏这些事实和证据，虽可提起再审，但会丧失国家赔偿权。尽管德法两国的规定都比较宽泛，但是在司法实践中，法官和法院都采取了相对谨慎保守的态度。由此可见，大陆法系的立法对“新”的要求并不高。

在英国，根据《1968 年刑事上诉法》第 23 条的规定，上诉法院在决定是否接收新证据时，应当特别考虑下列因素：①该证据显得可信；②该证据可能提供支持上诉的理由；③该证据在原审中也是可采的；并且④对原审中没有提供该证据有合理的解释。美国对此的规定与英国实质相同，只是强调必须是在初审后发现的并且不是累积性证据或弹劾性证据等。由此可见，英美法系对“新”的要求相对较高。

大陆法系和英美法系存在的这一差异与其诉讼体制和价值理念有着必然联系。在大陆法系中，实体真实是终极目标。在法庭审理过程中，法官处于积极角色，法官有权决定是否采纳某一证据。因此，只要新证据足以有利于查明案件事实，就可采纳。在英美法系中，正当程序理念优先，对抗式的法庭审理更多的是一种解决纠纷的机制。法官消极居中，审判完全由平等武装的控辩双方主导，充分激发控辩双方的竞争意识。如果当事人怠于行使权利，只能自己承担后果。因此，基于公平考虑，英美法系对新证据和新事实的界定要求较高。

笔者认为，在界定“新”的标准时，应当注意寻求内在平衡，主要考虑以下几个因素：一国的诉讼体制与价值追求；尽量少设置模糊的主观化标准；赋予法官一定裁量空间，根据具体案件具体处理；原审被告人举证的难度；等等。

2. 对“新证据”和“新事实”证明力的要求

对于“新证据”和“新事实”要在多大程度上动摇原有罪判

决的基础，各国法律的规定不尽相同。法国的要求是必须达到足以对原被告人是否有罪产生怀疑；德国的要求是必须达到“足够证明”，具体是指“依据迄今之侦查结果显示，显然基于受判决人之利益所提出之再审理由应足以促成再审进行一新的审判程序，其应得适用尚存有怀疑时，应偏向法律效力确定，或当罪不确定时，应为不利被告之判断”①；在英国，只有当刑事案件审查委员会认为重审中的有罪判决可能不会被继续维持存在现实可能性时，才会将案件发回上诉法院；在美国，要求新证据或者新事实在重审中很有可能导致无罪释放或者产生完全不同的裁判。

笔者认为，由于这些“新证据”和“新事实”是由申请人提供的，所以不应设置过高的标准，只要这些新证据和新事实足以对原有罪判决的证明构成合理怀疑即可。

（二）重新审判中的证据与证明问题

上文已经提到过，在法国和德国，一旦再审启动后，法官在重新审判中便不用受僵硬的证据规则的限制。只要没有根本违背刑事诉讼的基本原则，任何证据材料都可以具有证明能力。相反，在英美法系，只要是审判，特别是陪审团参与的案件，必须严格适用证据规则。最后，毫无疑问，重审审判与原审判一致，仍然贯彻无罪推定和疑罪从无，证明责任由控方承担，辩方在重新审判中不用承担任何证明自己有罪或者无罪的责任。

五、民间力量与冤案发现纠正机制

一方面，冤案发现纠正机制不可能是万能的，必然有遗漏的未能救济的冤案；另一方面，原审被告人在启动发现纠正机制时，往往需要提交专业的书面申请和有关的证据材料，这对于身陷囹圄的原审被告人来说是非常困难的。于是，从20世纪90年代开始，各

① 参见孙长永著：《探索正当程序——比较刑事诉讼法专论》，中国法制出版社2005年版，第742页。

类民间组织和民权运动人士投身对无辜者的救济。其中，起源于美国的洗冤工程（Innocence Project）是最为成功的典范，经验值得推广。目前，世界多个国家和地区都成立了类似的组织。

设立在法学院下的这种法律诊所，不仅可以直接帮助那些无能为力或者力不从心的无辜者，这种生动的实践教学还深深影响着未来法律职业人士的意识与思维。除此之外，洗冤工程不断总结在实践中发现的刑事司法体制存在的问题，提出有针对性的立法建议，积极推动司法改革。

总的来说，洗冤工程的成功在很大程度上能够弥补官方冤案发现纠正机制的不足，积极推动冤案发现纠正机制的有序运转。在辛辛那提大学俄亥俄州洗冤工程学习期间，笔者记得马克教授曾不断在公开场合强调洗冤工程不是与政府为敌，而是与政府协作，在推进司法公正方面是一个值得信赖的忠实伙伴。

六、启发：对中国冤案发现纠正机制的反思

通过如上比较和归纳，我们发现西方发达国家对冤案的发现和纠正给予了高度重视，并且构建了各自的体制。当然，它们的体制也并不是没有任何问题。因此，仿效西方法治国家的成功经验，吸取其失败的教训，“在立足我国现实的基础上探究与建立制度化、规范化、长效化以及科学化的冤案纠正机制是未来刑事司法制度改革的一项重要内容”。[①] 笔者认为，结合中国国情，至少可以从以下几个方面入手，去着手构建有中国特色的冤案发现纠正机制。

（一）刑事审判监督程序的定位需进一步明确

上文提到，我国的审判监督程序是全面纠错程序，包括事实错误、法律错误和程序错误，不区分有利于被告人的再审和不利于被

① 参见陈卫东：《刑事错案：由个案救济走向制度救济》，载《检察日报》2013年5月9日，来自于 http://newspaper.jcrb.com/html/2013-05/09/content_129706.htm，2013年12月10日最后访问。

告人的再审。这种“大而广”的程序设置，在司法实践中容易失去重点，导致大量的申诉蜂拥而至。全面纠错的程序定位本身已经违背了定罪后救济程序的补救性特征。更为糟糕的是，由于启动再审的权利掌握在司法机关手中，在很多情况下反而成为了专门启动不利于原审被告人再审的机制。要“拨乱反正”，必须从两个方面对刑事审判监督程序的定位进行改造。

其一，突出纠正事实错误的功能。

综观国外的类似制度，再审的重点是纠正无法容忍的不利于被告人的事实错误。在法国，这甚至是再审之诉的唯一功能。当然，笔者认为中国当前不适合一步到位直接效仿法国的做法。因为中国当前刑事审前和审判程序依然存在一定问题，办案人员违法办案时常发生，需要审判监督程序承载一定的纠错功能。但是，当前在制度设计上至少应当突出刑事审判监督程序纠正事实错误的定位，尤其是无辜者被定罪这类最严重的事实错误。

具体而言，笔者建议应当对再审事由进行类别划分，针对当事人提出的再审事由区分为两类申请：以事实错误为由提出的再审申请，以程序错误或法律错误为由提出的再审申请。这两类申请交由法院内部不同的部门分别负责审查处理。之所以进行这种区分，一方面是因为这两类错误的审查难度和发现规律有所不同，保障审查处理更具针对性，另一方面是因为以事实错误为由提出的再审申请需要给予高度的重视和格外的谨慎，这类申请很有可能是发现冤案的重要线索。总之，突出刑事审判监督程序纠正事实错误的功能，既是诉讼制度科学化的必然要求，也是有效发现冤案的重要途径。

其二，突出启动有利于原审被告人的再审的功能。

德国区分了有利于原审被告人的再审和不利于原审被告人的再审，规定了不同的启动条件，对后者进行了严格限制。结合中国当前的实际状况，废除不利于原审被告人的再审的时机暂不成熟，但可以对其加以严格限制。禁止双重危险原则已经是国际通行做法，而且被有关国际公约明确要求。我国应当朝这一方向努力迈进，削弱我国审判监督程序加重处罚原审被告人的可能性。

总之，我国审判监督程序的改造趋势是成为专门发现和纠正冤案的机制，但需要逐步调整，而且需要审前程序和审判程序改革的配合，方能取得成功。

（二）构建科学合理的运行机制

目前，我国刑事审判监督程序的首要问题是启动难，其中一个非常重要的原因是刑事审判监督程序的构建不甚合理，主要表现为错误的发现机制和错误的纠正机制没有实行必要的分离。设想，依靠人民法院或者人民检察院自我否定，发现可能存在的错误并去积极纠正，是不太现实的事情。世界各国为了解决类似的难题，克服自我审查或者自我监督的缺陷，对错误的发现机制和错误的纠正机制进行了适当分离。如上文所述，以英国为代表的国家实行了完全分离，以法国为代表的国家选择了相对分离。这一做法和经验值得我国借鉴。

于是，有学者指出，中国当前应当效仿英国，设置专门的冤案发现机构。笔者当然希望这一主张能在中国实现，但是结合中国国情，更多的是对此表示担忧。一方面，中国当前司法权本来就容易受到行政权的干预，司法尚未完全独立。假设设立了类似的独立于司法权的专门机构，是不是会进一步加剧对司法权的不当干预呢？从以三权分立为建国根本的英美等国的实践情况来看，尚未无法完全解决这一模式带来的弊病，笔者完全有理由对中国实行这一完全分离模式表示担忧。另一方面，如果效仿英国，在中央层面设立统一的专门机构，在中国申诉“漫天飞”的现状下，该专门机构的工作量可想而知。因此，笔者对采用完全分离模式、设立专门的发现机构的建议，并不持乐观态度。

笔者认为，目前较为适合的方案应当是法国模式，但也应根据中国的国情稍作改动。随着我国新一轮司法体制改革的推进，在省以下人民法院系统实行人、财、物等行政事务垂直领导后，笔者认为可以在省级人民法院内部设立专门机构。在明确原审被告人向原审法院或者上一级法院申请再审权的同时，增加原审被告人在穷尽上述申请再审途径后可以向省级专门机构提出再审申请。专门机构受理之后，应当享有广泛的调查权，就主张理由是否成立进行全面核查。经过核查，如果认为再审理由成立，则交由省级人民法院内部相关部门，启动再审纠正程序。值得注意的是，这种机制可能无法审查死刑案件的再审申请。经过最高人民法院核准的死刑案件，应当交由最高人民法院核查处理。

（三）规范刑事审判监督程序启动权

首先，上文已经指出，我国原审被告人提出的再审申诉是一种制度外安排，不是诉讼程序内的机制。这与世界各国的做法和趋势大相径庭。无论是从保障人权、有效发现冤案的角度出发，还是加强刑事诉讼法立法的科学化、规范化需要，都应当从诉讼法上确认原审被告人享有申请再审的权利。虽然这一权利并不必然能够成功启动再审，但是能够对司法机关形成有效约束，避免其疏忽或者懈怠审查处理。从具体制度设计上看，我国应当效仿他国，在刑事诉讼法中按照“诉”的本质特征进行相应的制度调整与设置，正式将申诉纳入诉讼程序机制，构建原审被告人等当事人向人民法院申请再审的程序和向人民检察院申请抗诉的程序。

其次，从世界各国的趋势来看，检察官应当在发现和纠正冤案上发挥更为积极的作用。从这一角度上来看，我国检察官的抗诉权有必要予以适当保留并加以改造：一方面，严格限定其提出不利于原审被告人的再审抗诉；另一方面，检察机关在审判监督程序中当事人化，取消再审抗诉必然启动再审的效力，经审查处理，符合法定条件时才能启动再审。同时值得注意的是，目前检察官的再审抗诉权在司法实践中并未实际发挥发现纠正冤案的功用，原因是多方面的。如何合理配置检察机关的职权，激活检察官发现和纠正冤案的功用，是值得深入研究的课题。

最后，应当取消人民法院的启动再审权。至于理由，上文已经明确阐述。当前，取消人民法院的启动再审权不会对我国刑事诉讼制度产生根本性影响，故不再赘述。

（四）关于“新证据”的界定和掌握

2012年刑事诉讼法修改后，最高人民法院的司法解释对新证据作出了明确的界定，包括四类：①原判决、裁定生效后新发现的证据；②原判决、裁定生效前已经发现，但未予收集的证据；③原判决、裁定生效前已经收集，但未经质证的证据；④原判决、裁定所依据的鉴定意见，勘验、检查等笔录或者其他证据被改变或者否定的。这一细化规定是非常值得肯定的，有利于发现事实真相和纠正冤案。从列举的四类情形来看，其背后的精神是放宽对新证据的限制。然而，这种列举式立法在实践中容易被办案人员僵硬曲解，从而排除其他情形的新证据。例如，证人改变证言算不算新证据？从理论上看，当然算。但是在实践中，办案人员可能会对此提出异议，认为不是新证据而驳回申请。因此，笔者认为增加一个兜底性条款更为妥当：其他不为审判法庭所知悉的新证据。

此外，考虑到当事人收集新证据存在一定困难，最高人民法院的司法解释特别规定了“以有新的证据证明原判决、裁定认定的事实确有错误为由申诉的，应当同时附有相关证据材料；申请人民法院调查取证的，应当附有相关线索或者材料”。这一规定是值得肯定的，无疑有利于冤案的发现纠正。但是，申请人如果申请定罪后DNA证据鉴定能否算是申请人民法院调查取证呢？笔者认为，只要申请人提供了有关线索或材料，人民法院应当准许定罪后DNA证据检测。一方面，这有利于尽快确定案件的再审事由是否成立；另一方面，也有利于原审被告人获得自己无罪的证据。因此，我国立法或司法解释应当具体细化这一问题，就申请人提出定罪后DNA检测制定一系列程序和规则。

提出的“新证据”要达到怎样的程度，才能启动再审呢？我国刑事诉讼法是这一样规定的：有新的证据证明原判决、裁定认定的事实确有错误，可能影响定罪量刑的。分析而言，以该项事由申诉启动再审的条件实际上为三项条件：其一，新颖性条件，即要有

"新的证据"；其二，显著性条件，即新的证据必须"证明原判决、裁定认定的事实确有错误的"；其三，关联性条件，即事实确有错误且必须达到"可能影响定罪量刑的"标准。[①] 这一表述引发了笔者的两个担忧：一个是"确有错误"可能会被办案人员人为地拔高理解；另一个是"可能影响定罪量刑"主观性太强，从而成为办案人员驳回申请的借口。

（五）再审审理程序的构建

"刑事审判监督程序是针对已经生效裁判而设置的特殊救济程序，是司法公正的最后一道屏障。但是，我国刑事审判监督程序只是在启动程序上是特殊的，一旦正式进入再审程序后，大多数案件都回到原审法院、原审程序，甚至回到一审、上诉、二审、发回重审的怪圈之中，再审案件的特殊性几无体现。"[②] 这种再审审理程序的依附性，背离了再审审理程序的实质，在实际中导致再审审而不决，裁判结果的公正性也难以保障。虽然当前在发现纠正冤案上首先是启动问题，但启动之后的再审审理程序也是不容忽视的。否则，只是启动，没有科学合理的再审审理程序，难以最终有效纠正冤案。防微杜渐，为了充分发挥刑事审判监督程序发现纠正冤案的功能，笔者建议应当根据再审审理的特殊性重构再审审理程序和规则，如再审案件应当实行开庭审理、一审终审、再审不加刑等。笔者赞同顾永忠教授的建议，即应当根据再审案件的特殊事由确定再审案件的审判法院，应当根据再审案件的特殊性确定再审案件的审判程序。[③]

---

① 参见陈卫东、杜磊：《再审程序的理解与适用——兼评〈刑事诉讼法〉关于再审程序的修改》，载《法学杂志》2012 年第 5 期。

② 参见顾永忠：《特殊程序应当特殊安排——关于完善审判监督程序的几个问题》，载《中国刑事法杂志》2011 年第 2 期，第 54 页。

③ 参见顾永忠：《特殊程序应当特殊安排——关于完善审判监督程序的几个问题》，载《中国刑事法杂志》2011 年第 2 期。

（六）刑事审判监督程序中的法律援助

上文指出，现代各国在定罪后的救济程序中普遍没有设立法律援助制度。一方面，许多被告人因为贫穷，无力聘请律师；另一方面，定罪后的救济程序更需要专业律师的帮助。这是大多数国家普遍存在的一个问题。2012 年我国刑事诉讼法修改后，最高人民法院出台的新的司法解释规定，申诉可以委托律师代为进行，但是也没有规定法律援助。从已经发现和纠正的冤案来看，大多无辜者的经济能力都不是很好，无力聘请律师，其中许多无辜者都是在狱中靠自学法律知识来不断书写申诉状，有的甚至还通过探监与亲人相互联系，收集各种申诉所需要的证据。这也是造成“马拉松式”申诉的一个重要原因。这些问题足以说明，在申请再审环节，完全有必要设立法律援助制度，帮助那些无辜者尽快启动再审程序，早日沉冤昭雪。

（七）民间力量的参与和尝试

美国当前日益兴起的洗冤工程，其成功经验被多国所借鉴。我国当前是否具有这样的条件成立类似的民间组织呢？客观地说，面临的困难不小。笔者认为，我们不能照搬美国的这一套经验，毕竟洗冤工程这一组织的成功在美国有着深厚的文化根源与社会根基。但是，我们或许可以从中受到一些启发，探索具有中国特色的路径。

笔者认为，在中国成立以法学院为依托的法律诊所式法律援助机构，是目前较为可行的道路。主要有以下几个原因：其一，党的十八大以来，中央一直强调预防和纠正冤假错案，类似组织与中央的精神保持了高度一致。其二，现在几乎每所重点高校都设立了法学院，这是一个非常广阔的平台；此外，这些重点高校中，一般都设有学生社团——法律援助中心，已经积累了一些相关经验。其三，近些年来，我国法学教育越来越重视法律诊所式教育模式的运用，尤其是在民商法领域，所以存在一系列中国开展法律诊所式教育的经验，可资借鉴。其四，在高校中，有一些富有实务经验的教授，他们完全有能力协调和领导好这样一个组织。其五，在中国成立类似组织，除了可以锻炼法学专业学生的实务操作能力，增强将来法律职业人士的防错纠错意识，帮助某些符合条件的申诉者外，还有一个特殊优势，就是可以吸收和化解一部分上访案件，这对于维护社会稳定、建构和谐社会肯定是有积极促进作用的。

具体来说，类似组织的大致规划轮廓应当是这样的：在法学教授的领导下，法学院学生参与设立的类似组织与当地的司法机关或者行政司法部门建立联系和合作关系，就承担再审申诉的法律援助工作达成协议，由其指派符合条件的案件，类似组织进行法律援助。

当然，在中国进行类似的尝试，也面临着诸多障碍。除了洗冤工程在其他国家面临的普遍困难，如资金来源问题、调查能力有限等之外，还存在一些特殊问题：其一，中国现行立法没有赋予原审被告人在提出再审申请时有获得法律援助的权利；其二，如何协调与司法机关或者司法行政机关的关系是一个难题，尤其是有些司法机关的办案人员仍然抱有落后的诉讼理念，对原审被告人的代理人充满敌意；其三，如何有效协助原审被告人获得正当的法律救济也是一个需要智慧解决的问题。

第五章 无辜者救济比较研究

2012年1月6日，胡安（Juan Rivera）在亲朋好友的期盼中终于走出了伊利诺伊州的监狱大门。在被三次误判奸杀罪后，他的冤情终于得以昭雪。在被羁押将近20年之后，他终于重获自由。在万分激动和狂喜的同时，他并没有对导致冤案的刑事司法人员充满愤恨，因为在重获自由后他面临着几乎一个全新的世界。他谈道：“我本应该充满怨恨，但是我没有时间和精力去生气，因为我要努力重新适应并融入这个熟悉而陌生的社会，我需要开始新的生活，接受教育，寻找新工作……我向往着未来，而不想留在过去。”①

相比之下，重获自由的尼尔（Neal Miller）的表达更为犀利和一针见血，他说：“我在监狱里至少还有工作。但是出来以后，我甚至在汉堡王快餐店都没法获得一个清洁员的工作机会。我没法获得任何机会，举步维艰。尽管许多人在努力帮助我，但是在社会中我仍然无法获得应有的尊重与认可。”②

同样，在中国，已经获释多年的佘祥林的生活也没有想象中平静和安逸，他一直在努力适应正常生活。以清白之身再获自由时，他面对的是一个急遽变化、已然陌生的社会。母亲殁了，熟悉的生活秩序被破坏了，而重新回到正常的社会，他显然需要付出比别人

---

① 参见 Northern Illinois University，“Wrongfully Imprisoned Juan Rivera Meets with Northern Illinois University College of Law Students”，YouTube，2012，from http://www.youtube.com/watch? v=X8qRwNx0PIQ。

② 参见 Frontline：Burden of Innocence（PBS television broadcast May 1，2003）（transcript on file with Emory International Law Review）。

更多的努力。人群让他焦虑，工作让他焦虑，情感让他焦虑，自身让他焦虑。出狱至今，佘祥林成为普通人的进程缓慢得像蜗牛爬行。说起出狱后这些年的处境，佘祥林一字一顿地用四个字来概括——举步维艰。“适应社会，适应城市，真的比适应监狱还要难得多。”在朋友看来，佘祥林是那么积极、努力地想融入新的社会，而令人担忧的是，他也因此显得心情过于急迫，精神压力巨大。一些一辈子挥之不去的阴影如影随形，改变了佘祥林，困扰着佘祥林，总使他与社会有些格格不入。① 赵作海出狱 4 年后，境遇也颇为尴尬，他一直试图寻找社会里自己的那个位置，但均以失败告终，转了一圈后，他觉得自己的人生又回到了原点。在接受采访时，赵作海表示，“蹲监狱，和社会脱节了十来年，外头的事情你都不知道，你看不到社会的发展，跟不上形势，你就得吃亏。……监狱里特别简单，就是吃饭、干活、学习，出来之后，才知道社会上的事儿最复杂”。②

上述实例说明，冤案的危害性不言而喻，对无辜者的伤害更是毁灭性的；尤其是在存在死刑的情况下，无辜者被错误执行死刑更是无法挽回的悲剧。无论是从刑事司法的正当性出发，还是基于人权神圣的逻辑起点，除罪释放仅仅是对无辜者救济的第一步工作。释放之后，如何弥补无辜者遭受的物质损害和精神损失，如何令在牢狱之中与世隔绝数年的无辜者重新回归社会、融入社会是一个至关重要的问题。从人权的角度来看，这甚至是冤案救济工作中最重

---

① 相关新闻报道参见：《佘祥林出狱周年专访：适应社会比适应监狱要难》，载南方新闻网，http：//news. qq. com/a/20060416/000023_ 1. htm；《佘祥林杀妻错案回访：出狱 8 年一直适应正常生活》，载《中国新闻周刊》网站，http：//news. sohu. com/20130221/n366663807. shtml；《反思湖北杀妻冤案：佘祥林 11 年后该如何重归社会》，载《三联生活周刊》网站，http：//news. sina. com. cn/c/2005 - 04 - 14/17206387978. shtml。

② 相关新闻报道参见：《赵作海被儿赶出家门后扫大街 称社会比监狱复杂》，载《新京报》网站，http：//news. qq. com/a/20140510/002187. htm。

要的部分。无辜者的救济不但需要国家赔偿，而且需要更加全面的救济和帮助。冤案的国家赔偿仅仅是无辜者被释放后救济措施中的一项重要内容。

从理论上看，冤案的救济应当包括两大部分：冤案的发现纠正和无辜者的救济。冤案的发现纠正已经在本书第四章专门论述，此章主要研究无辜者被释放后的救济问题。

第一节 国际公约中关于定罪后获得刑事赔偿权的规定与执行

一、《公民权利和政治权利国际公约》：定罪后获得刑事赔偿权

（一）第 14 条第 6 款之分析

“在一人按照最后决定已被判定犯刑事罪而其后根据新的或新发现的事实确实表明发生误审，他的定罪被推翻或被赦免的情况下，因这种定罪而受刑罚的人应依法得到赔偿，除非经证明当时不知道的事实的未被及时揭露完全是或部分是由于他自己的缘故。”

——《公民权利和政治权利国际公约》第 14 条第 6 款[①]

《公民权利和政治权利国际公约》将刑事赔偿分为两类，第一类是第 9 条第 5 款下刑事司法过程中国家机关非法侵犯个人的人身权利、财产权利的赔偿；第二类是第 14 条第 6 款的赔偿，笔者称之为“定罪后刑事赔偿”。[②] 从国际公约层面来看，上述条款是关

① 参见 International Covenant on Civil and Political Rights, Dec. 16, 1966, 999 U. N. T. S. 171；中文译本和解释参见杨宇冠、杨晓春著：《联合国刑事司法准则》，中国人民公安大学出版社 2003 年版，第 434 页。

② 参见陈光中主编：《〈公民权利和政治权利国际公约〉与我国刑事诉讼改革》，商务印书馆 2005 年版，第 357 页。

于定罪后获得刑事赔偿权的规定。《公民权利和政治权利国际公约》的这一条款肯定了冤案无辜者获得国家赔偿的权利。换言之，冤案当然在定罪后刑事赔偿的范围之内。只要冤案的无辜者不具有条款规定的除外情形，他们就有权获得国家赔偿。

在此，值得注意的是，该条款中使用了“Miscarriage of Justice”一语。笔者认为，将其翻译和理解为本书第一章建构的“刑事司法错误”并无不当。从第14条第6款的字面来看，条文的表达非常清晰明了，但具体含义仍然具有进一步解释的空间。正如杨宇冠教授所言：“这一款当中最重要的是对‘误审’（Miscarriage of Justice）一词的理解。如果在国家侦查、起诉和司法机关并没有不适当行为的情况下，判决与事实不符是否也为误审，这个问题现在还没有定论。即使在正当程序都得到严格遵守的情况下，在侦查、起诉和审判机关都没有违法行为的情况下，一个无辜的人也有可能被定为有罪。在这种情况下，国家是否有责任对当事人进行赔偿？对这个问题也存在不同意见。”① 由此可见，这是一个非常复杂的问题。笔者认为，应当从三个层面进行剖析：

第一，第14条第6款明确了定罪后刑事赔偿的充要条件，包括冤案这类情形，但不限于这类情形。当事人获得定罪后刑事赔偿的条件包括：其一，一人按照最后决定已被判定犯刑事罪，换言之，已经被成功定罪；其二，成功定罪之后，根据新的或新发现的事实确实表明发生刑事司法错误（误审）；其三，当事人的定罪因此已经被推翻或者被赦免；其四，当事人因这种定罪而受到了刑罚；其五，不存在除外情形，即当时不知道的事实的未被及时揭露

① 参见杨宇冠著：《人权法：公民权利和政治权利国际公约研究》，中国人民公安大学出版社2003年版，第317页。

不是由于被定罪者自己的缘故。[①②] 在符合这五个具体条件后，有关公民就有权获得刑事赔偿。由于已被发现纠正的冤案，特别是利用 DNA 技术发现纠正的冤案完全符合这五个具体条件，所以无辜者当然有权获得国家刑事赔偿。

第二，能否获得刑事赔偿不是定义“刑事司法错误”和“冤案”的要素。笔者在此需要再次强调在本书第一章中表达的观点，定义冤案（Wrongful Convictions）和刑事司法错误（Miscarriages of Justice）不需要将其与刑事赔偿联系起来。换言之，能否获得刑事赔偿并不是判断冤案和刑事司法错误的必然要素，有的刑事司法错误的当事人可以获得刑事赔偿，有的刑事司法错误的当事人无法申请刑事赔偿。一言以蔽之，刑事司法错误的内涵与刑事司法错误能否引发刑事赔偿是两个完全独立的问题，发生刑事司法错误只是导致刑事赔偿的其中一项必要条件。笔者反对国内某些学者从第 14 条第 6 款的角度来定义刑事错案或者冤案：将刑事赔偿作为刑事错案或者冤案的内涵要素。

第三，国家应当承担无过错责任，办案机关是否存在违法行为甚至不当行为不是决定是否进行定罪后刑事赔偿的条件。换言之，即使办案过程一切依照法定程序，但只要发生了刑事司法错误，符合了上述五个具体条件，国家就应当给予刑事赔偿。笔者在本书第一章中指出，从国际学术的最前沿来看，刑事司法错误是一个非常宽泛的概念，是刑事司法公正的对立面。简单而言，一切违背或者

① 关于这些条件的详细论述可参见［奥］曼弗雷德·诺瓦克著：《〈公民权利和政治权利国际公约〉评注》（修订第二版），孙世彦、毕小青译，生活·读书·新知三联书店 2008 年版，第 368 ~370 页。

② 对第一个条件不能进行片面解读。在此特别说明，《公民权利和政治权利国际公约》第 14 条第 6 款仅仅规定的是定罪后刑事赔偿问题。至于最终没有被定罪，但发生错误逮捕羁押的情形，当事人也有权获得刑事赔偿。这一规定在《公民权利和政治权利国际公约》第 9 条第 5 款。具体是：任何遭受非法逮捕或拘禁的受害者，有得到赔偿的权利。

损害刑事司法公正的客观现象（行为或者结果）都属于刑事司法错误。据此，办案机关存在违法行为甚至不当行为并不是刑事司法错误的必然应有之义。如此一来，即使办案机关不存在任何违法行为和不当行为，只要符合上述条款规定的条件，国家就应当给予刑事赔偿。一方面，条文并没有明确办案机关必须存在违法行为或者不当行为，不应当画蛇添足。另一方面，与公民相比较而言，国家无疑处于优势地位，应当承担无过错责任；只要代表国家的办案机关侵犯了公民的权利，在符合上述条件的情况下就应当进行刑事赔偿。具体到冤案而言，即使办案机关对于冤案的发生不存在主观过错，也应当对无辜者进行刑事赔偿。①

总之，《公民权利和政治权利国际公约》第 14 条第 6 款规定了刑事审判公正标准之一，即定罪后获得刑事赔偿权；明确了定罪后刑事赔偿的充分必要条件。尽管有权获得国家刑事赔偿的范围不限于冤案，但这一条款仍然奠定了冤案无辜者获得国家赔偿的国际法基础。

（二）对第 14 条第 6 款的接受、执行与保留

在签署和批准《公民权利和政治权利国际公约》时，绝大多数国家都接受了这一条款，并在国内法层面上设立了相关制度，但在具体形式和途径上存在些许差异。同时，也有极少数国家提出了保留或者解释性声明，暂时没有接受这一公约义务，甚至在刑事政策上与这一国际义务相去甚远。②

1. 接受国执行第 14 条第 6 款的方式

① 在此需要作出特殊说明，需要严格区分冤案赔偿责任和冤案追究责任。国家对于冤案的赔偿责任是无过错责任，无论办案人员本身有无过错，国家均应负赔偿责任。而冤案追究责任，是指办案人员在故意或重大过失的前提下造成冤案，既会产生国家赔偿责任，又要追究办案人员的责任。

② 参见 Jason Costa，“Alone in the World：The United States’ Failure to Observe the International Human Right to Compensation for Wrongful Conviction”，Emory International Law Review，Vol. 19，2005，p. 1621。

截至2005年,《公民权利和政治权利国际公约》的154个成员中,有145个国家没有对第14条第6款提出保留或者表达反对意见。为了履行这一条款规定的公约义务,保障定罪后获得刑事赔偿权落到实处,各国采取了不同的方式和路径,主要包括以下四种:

(1)直接转化为国内法。

执行这一条款最有效和最直接的方式是将其转换为国内法,为受到侵害的符合条件的公民提供最直接的救济。英国既是采用这种方式的先驱,又是采取这种方式最为成功的代表。1988年,英国制定并通过了《1988年刑事司法法》,履行了国际公约项下的这一义务。具体而言,该法第133条参照国际公约的相关条文,作出了如下规定:

"在一人按照最后决定已被判定犯刑事罪而其后根据新的或新发现的事实可以排除合理怀疑地表明发生误审,他的定罪被推翻或被赦免的情况下,国务大臣应当给予因这种定罪而受刑罚的人赔偿……"①

《1988年刑事司法法》不仅规定了定罪后获得刑事赔偿权,而且采取了与《公民权利和政治权利国际公约》极为类似的表述。根据该法,虽然国务大臣有权决定是否给予有关当事人刑事赔偿,但第133条明确了国务大臣作出决定所依据的条件和标准,国务大臣的工作只是判断具体案件是否符合这些法定条件,而没有裁量权。其中唯一的否定性限制情形是:如果被定罪的无辜者当初隐匿了新的或者新发现的事实,他将不会获得任何刑事赔偿。一旦国务大臣决定申请符合刑事赔偿的条件,赔偿数额将由独立的评估人员

---

① 参见 Criminal Justice Act, 1988, c. 33, Section 133 (Eng.)。英文条文为:…when a person has been convicted of a criminal offence and when subsequently his conviction has been reversed or he has been pardoned on the ground that a new or newly discovered fact shows beyond reasonable doubt that there has been a miscarriage of justice, the Secretary of State shall pay compensation for the miscarriage of justice to the person who has suffered punishment as a result of such conviction…

依据下列因素进行计算：刑罚的严厉性程度、侦查行为、起诉行为和犯罪前科等。

尽管曾经有人提出直接转化国际条约的这一条款可能会引来大量的刑事赔偿申请，但这一担心并没有成为现实。尽管英国的科技发展水平处于世界前列，DNA 技术相对成熟并被普遍应用，并且非常注重冤案的发现与纠正，但自该法生效以来的 20 多年间，政府支出的定罪后刑事赔偿并没有明显增长。事实上，每年的此项支出一直保持相对稳定，并在某些年有下降的迹象。①

英国将其直接转换为国内法的做法简单易行、清晰透明，而且容易为公众所接受，符合国际公约的精神，值得效仿。许多国家和地区都采取了类似的做法，保障了刑事司法的公正，如中国香港、俄罗斯、瑞典、冰岛、斯洛文尼亚、摩洛哥、阿塞拜疆、乌克兰等。

（2）确立定罪后刑事赔偿裁量机制。

尽管《公民权利和政治权利国际公约》明确规定符合条件的当事人当然有权获得刑事赔偿，但有些国家并没有当然接受这样的立法例，而是对刑事赔偿的给予设置了一定的裁量幅度，留有了一定的裁量余地。② 这些国家认为符合条件的当事人仅仅具有申请权，但最终是否能够获得刑事赔偿，由行政或者司法机构裁量决

---

① 历年根据《1988 年刑事司法法》第 133 条规定给予刑事赔偿的数额：

年份	数额（英镑）
2002 - 2003	8120000
2001 - 2002	6172000
2000 - 2001	8051000
1999 - 2000	5647000
1998 - 1999	5302000

② 参见《公民权利和政治权利国际公约》的有关声明和保留，https：//treaties. un. org/Pages/ViewDetails. aspx? src = TREATY&mtdsg_ no = IV - 4&chapter = 4&lang = en。

定。尽管与直接转换为国内法的方式相比，这种实现国际公约义务的方式使得国内法关于定罪后刑事赔偿的条件更为严格，但为冤案的无辜者提供了一条实实在在而且容易启动的顺畅的救济路径。

采取确立定罪后刑事赔偿裁量机制的典型代表国家是加拿大。虽然与英国相比，加拿大确立的定罪后刑事赔偿裁量机制使得当事人获得刑事赔偿的条件更为苛刻，但实践证明，加拿大的法律体系依然能够公正且有效地对相关案件的当事人进行赔偿。[①] 为了规范定罪后刑事赔偿裁量机制的合理运作，加拿大特意成立了由联邦和省司法人员组成的工作组，负责彻底研究冤案赔偿问题并制定冤案赔偿指导细则。[②] 1988 年，加拿大联邦政府和省政府正式采用了这些指导细则。自此以后，许多案件中的当事人据此获得了定罪后刑事赔偿。[③]

当然，加拿大执行国际条约的这一方式也存在弊端，即指导细则没有规定刑事赔偿的成本在当地政府、省政府和联邦政府之间如何分配。[④] 例如，在一例著名的冤案中，政府在调查后决定无辜者应当获得超过 200 万加元的赔偿，但该无辜者在几年内一直没有收到任何实际赔偿，主要原因是不同层级的政府就赔偿主体一直存在

---

① 其中最为知名的案件是米尔加得案（David Milgaard）与托马斯案（Thomas Sophonow），这两例案件的具体情况参见 http：//www. cbc. ca/news/background/wrongfully-convicted。

② 参见 Manitoba Justice，The Inquiry Regarding Thomas Sophonow，Canada's 1988 Federal – Provincial Guidelines on Compensation for Wrongfully Convicted and Imprisoned Persons，from http：//www. gov. mb. ca/justice/publicaitons/sophonow/comensation/canada. html。

③ 参见 U. N. Human Rights Comm.，Forth Periodic Reports of States Parties Due in 1995：Addendum：Consideration of Reports Submitted by States Parties Under Article 40 of the Covenant：Canada，II 173，U. N. Doc. CCPR/C/103/Add. 5。

④ 参见 Manitoba Justice，The Inquiry Regarding Thomas Sophonow，Canada's 1988 Federal – Provincial Guidelines on Compensation for Wrongfully Convicted and Imprisoned Persons，from http：//www. gov. mb. ca/justice/publicaitons/sophonow/comensation/canada. html。

争议，相互推诿。[1] 由于成文法上缺乏规范定罪后刑事赔偿裁量机制的具体规定，任何层级的政府都难以对此项支出作出充足预算，保障充分的资金来源也就无从谈起。

通过确立定罪后刑事赔偿裁量机制执行《公民权利和政治权利国际公约》，其最大优势在于，它可以否认和驳回那些仅仅证据存在问题的案件中的当事人提出的定罪后刑事赔偿申请。例如，在定罪后救济程序中，有罪判决得以撤销，重新审判得以启动。如果此时检方决定撤销起诉，裁量决定机关有权驳回赔偿申请。[2] 在类似情形下，并没有事实证明发生了刑事司法错误，驳回刑事赔偿申请没有明显违反《公民权利和政治权利国际公约》的规定。由此可见，确立定罪后刑事赔偿裁量机制的主要法理在于，极力避免对那些实际上实施了犯罪行为但因为证据不足而无法定罪的当事人进行刑事赔偿，否则会导致道义尴尬和伦理困境，即犯罪实施者不仅没有受到应有惩罚，而且还变相受益。当然，不得不承认，在司法实践中要实现这一理想是极其困难的，但定罪后刑事赔偿裁量机制具有一定的灵活性，为决定机关提供了充分的裁量空间，通过筛选申请，最大限度地保障定罪后刑事赔偿的正当性与合理性。如此一来，那些有证据证明是冤案的赔偿申请能够迅速显现出来，如依靠DNA 技术发现纠正的冤案，有关申请便能够最有效率地得以肯定。此外，有些国家的定罪后刑事赔偿裁量机制仅仅决定赔偿数额，而并不负责审查是否进行刑事赔偿，如澳大利亚。

尽管与直接转化为国内法的方式相比，确立定罪后刑事赔偿裁量机制的透明度略显不足，但其为冤案的无辜者提供了一条明确、便捷的救济途径。

---

① 参见 Leah Janzen， “Sophonow Drops Lawsuit，Accept ＄2. 3 – M Settlement”，Feb. 22，2003，from http：//www. injusticebusters. com/Sophonow. htm。

② 参见 The Queen v. Baltovich，73 O. R. 3d 481（Court of Appeals for Ont）。

（3）接受《公民权利和政治权利国际公约》任择议定书。

通过接受《公民权利和政治权利国际公约》任择议定书，即允宜授权人权事务委员会依照议定书所定办法，接受并审查个人声称因公约所载任何权利遭受侵害而为受害人的来文，许多国家为公民个人提供了一条国际救济途径，其中包括一国政府违反公约第14条第6款的情形。声称在公约规定下的任何权利遭受侵害的公民个人在穷尽国内补救办法仍无效时，可以向人权事务委员会提出书面申请，包括定罪后刑事赔偿的申请。①

到目前为止，至少已经有105个国家接受任择议定书，包括澳大利亚、加拿大、法国、德国、意大利，墨西哥、新西兰、挪威、俄罗斯、南非、西班牙、瑞典等。尽管任择议定书的接受具有了相当的普遍性，但这一机制的主要潜在问题是：人权事务委员会的决定对当事国没有当然约束力。然而，虽然缺乏正式的执行机制，但当事国经常会基于国际形象而遵守相关决定或者至少重新考虑有关问题。② 此外，在与其他赔偿机制结合发挥作用时，任择议定书机制为公民提供了一次诉求被国际组织审查的机会。

（4）道义抚恤金制度。

在某些国家，冤案的无辜者可以向政府寻求道义抚恤金，弥补其被关押期间所遭受的损害。道义抚恤金不是任何法律权利的强制性结果，而是无辜者提出的一种善意诉求。③

采取道义抚恤金制度的典型代表国家是新西兰。在新西兰，道义抚恤金制度是冤案无辜者唯一可利用的赔偿救济途径。④ 新西兰

---

① 参见 Optional Protocol to the International Covenant on Civil and Political Rights, opened for signature Dec. 19, 1966, 999 U. N. T. S. 302。

② 参见 David J. Bederman, International Law Frameworks (Concepts and Insights), Foundation Pr., 2001, p. 105。

③ 参见 Black's Law Dictionary, 7th ed., 1999, p. 594。

④ 参见 Christine E. Sheehy, "Compensation for Wrongful Conviction in New Zealand", Auckland University Law Review, Vol. 8, 1999, p. 990。

政府明确表示，道义抚恤金制度作为一项救济途径，实际上间接地实现了公约第14条第6款规定的义务。①

在道义抚恤金制度下，冤案无辜者获得赔偿的依据是指导准则，没有法定的具体条件。这使政府在进行赔偿救济时具有相当的灵活性。此外，由于没有严格的标准，政府既可以区别不同的情形、调整赔偿数额，又可以控制赔偿的构成、时机和形式。尽管如此，这一制度仍然饱受质疑。

其一，在道义抚恤金制度中，决定机关享有更广更大的裁量权。在过滤掉那些仅仅证据不足的案件中的当事人提出的申请的同时，很有可能会否决符合条件的申请，裁量权有失去控制的嫌疑和风险。②

其二，在决定是否给予道义抚恤金时，过程通常是保密的，作出决定所依据的因素通常也不会予以披露。这无疑会降低公众对刑事司法的信心，导致每个申请的处理结果带有极大的不确定性。

其三，在道义抚恤金制度下，赔偿的自愿性色彩非常浓重，更像是政府给予公民的一种怜悯或同情，而不是侵犯人权后的理所应当的赔偿。③

其四，道义抚恤金制度带有极大的裁量空间，适用范围带有极大的选择性，政府很有可能基于功利仅仅将之适用于知名案件或者影响力大的案件。④

或许是意识到了上述缺陷，新西兰成立了一个专门委员会，负

---

① 参见 International Covenant on Civil and Political Rights，New Zealand Reservations，registered Dec. 28，1978，1120 U. N. T. S. 488。

② 参见 Christine E. Sheehy，“Compensation for Wrongful Conviction in New Zealand”，Auckland University Law Review，Vol. 8，1999，p. 979 and p. 987。

③ 参见 Christine E. Sheehy，“Compensation for Wrongful Conviction in New Zealand”，Auckland University Law Review，Vol. 8，1999，p. 980。

④ 参见 Christine E. Sheehy，“Compensation for Wrongful Conviction in New Zealand”，Auckland University Law Review，Vol. 8，1999，p. 980。

责研究解决冤案赔偿问题的最佳途径。[①] 1998 年，这一委员会建议制定包括冤案赔偿问题在内的法定赔偿条款，但立法机构没有采纳，而是选择继续完善和扩大道义抚恤金制度。[②]

此外，值得注意的是，在那些已经制定冤案赔偿条款的国家或地区，道义抚恤金制度可以起到补充作用，发挥更加全面有效的救济功能。在这些国家，道义抚恤金制度可以为那些不符合法定条款规定条件的公民提供一条救济途径。例如，中国香港的成文法规定了与公约第 14 条第 6 款极为类似的赔偿条款，[③] 那些提出赔偿申请但又无法满足法定条款规定条件的公民会自动被考虑是否适用道义抚恤金制度。[④] 根据中国香港的有关判例，道义抚恤金制度可能适用于下列情况：因检察官不当起诉、警察隐藏证据或者法官或治安官错误行为导致的不正当羁押。[⑤] 在这些案件中，由司法机关来决定政府是否应当给予道义抚恤金。英国与中国香港类似，也采取了这种补充性制度。

总体而言，道义抚恤金制度是一条非常有价值的补充性救济途径。但是，对于那些将其作为定罪后刑事赔偿主要途径或者唯一途径的国家，则面临着赔偿带有任意性，从而导致放纵人权侵犯现象的现实风险和尴尬境况。

---

① 参见 New Zealand Ministry of Justice, 1999 Ministry of Justice Post Election Briefing for Incoming Ministers 3. 14 (1999), from http: //www. justice. gov. nz/pubs/reports/1999/post_ elec_ brief/chapter_ 3. html#3. 14。

② 参见 New Zealand Ministry of Justice, 1999 Ministry of Justice Post Election Briefing for Incoming Ministers 3. 14 (1999), from http: //www. justice. gov. nz/pubs/reports/1999/post_ elec_ brief/chapter_ 3. html#3. 14。

③ 参见 Hong Kong Bill of Rights Ordinance, (2004) Cap. 383, 11 (5). (H. K.)。

④ 参见 Hong Kong Dep't of Justice, Compensation for Persons Wrongfully Imprisoned: Information for Claimants (2004)。

⑤ 参见 Hong Kong Dep't of Justice, Compensation for Persons Wrongfully Imprisoned: Information for Claimants (2004)。

2. 少数国家对第 14 条第 6 款的保留与解释性声明

绝大多数国家至少采用了上述任冤案赔偿机制中的一种赔偿机制，还有许多国家采取了两种以上的混合机制。尽管直接转化为国内法的方式最为有效，道义抚恤金制度最具争议性，但这些国家都在竭尽全力为冤案无辜者提供赔偿救济，履行公约第 14 条第 6 款项下的国际义务。同时，少数国家在接受公约时对这一条款提出了保留和解释性声明。

截至 2005 年，154 个公约成员中只有 9 个国家对第 14 条第 6 款提出了保留或者作出了解释性声明。其中，有 5 个国家明确承认冤案无辜者享有获得赔偿的权利，但当前的国内法仍然不具备执行这一条款的条件；有 2 个国家明确指出他们采用了道义抚恤金制度或者其他行政救济措施；有 1 个国家在制定了国内法赔偿条款后已经撤回保留；有 1 个国家对该条款作出了解释性声明，实际上否认了国家刑事赔偿。①

特立尼达和多巴哥、马耳他、圭亚那、伯利兹和孟加拉国在提出保留时，几乎使用了完全相同的表述。例如，圭亚那的保留声明中指出：尽管圭亚那政府承认和接受冤案赔偿原则，但现在的时机根本无法执行这一原则。② 尽管这些国家没有明确阐述无法执行的具体原因，但是有关文件显示，经济状况是其重要的制约因素。此外，孟加拉国在保留声明中指出，国内法院系统已经可以作出赔偿冤案无辜者的决定，政府计划在不久的将来可以完全履行这一条款。③

---

① 参见《公民权利和政治权利国际公约》的有关声明和保留，https：//treaties. un. org/Pages/ViewDetails. aspx? src = TREATY&mtdsg_ no = IV - 4&chapter = 4&lang = en。

② 参见 International Covenant on Civil and Political Rights，Guyana Reservations，registered Feb. 15，1977，1035 U. N. T. S. 351，351。

③ 参见 International Covenant on Civil and Political Rights，Bangladesh Reservations，registered Sept. 6，2000，2121 U. N. T. S. 307，308。

新西兰在提出保留时指出，新西兰现行的赔偿救济途径是道义抚恤金制度，对第 14 条第 6 款的保留以现有的道义抚恤金制度不能满足公约规定的范围为限。① 这足以说明新西兰政府已经意识到仅仅利用道义抚恤金制度是不够的，无法全面履行第 14 条第 6 款下的国际义务，否则没有必要作出这一声明。但是，鉴于许多对该条款没有提出保留的国家实际上采用的也是道义抚恤金制度，新西兰的这一保留声明可以被视为缔结条约过程中的谨慎，而不是对第 14 条第 6 款的否认。

与此类似，澳大利亚作出保留声明，对第 14 条第 6 款所规定情况下发生的误审予以的赔偿，可由行政程序而非根据特别法律规定进行。② 在作出赔偿决定时，行政性质的机制具有相当裁量空间，可以灵活处理各类申请。这实际上并没有否认第 14 条第 6 款的定罪后获得刑事赔偿权，只是在缔结条约过程中的一种谨慎。

爱尔兰在接受《公民权利和政治权利国际公约》时对第 14 条第 6 款提出了保留，但是在 1998 年确立了冤案赔偿机制后已经撤回了这一保留。

与上述保留声明国的情况——暂时无法全面实现和满足第 14 条第 6 款的要求不同，美国对第 14 条第 6 款提出了质疑，并提出了自己的理解。下节对此会进行进一步阐述。

二、《欧洲人权公约》：定罪后获得刑事赔偿权

《欧洲人权公约》第 7 议定书第 3 条作出了与《公民权利和政治权利国际公约》第 14 条第 6 款几乎相同的规定，具体内容是：

“在一人按照最后决定已被判定犯刑事罪而其后根据新的或新

① 参见 International Covenant on Civil and Political Rights，New Zealand Reservations，registered Dec. 28，1978，1120 U. N. T. S. 488。

② 参见 International Covenant on Civil and Political Rights，Australia Reservations，deposited Aug. 13，1980，1197 U. N. T. S. 411。

发现的事实确实表明发生误审，他的定罪被推翻或被赦免的情况下，因这种定罪而受刑罚的人应依法或者依照惯例得到赔偿，除非经证明当时不知道的事实的未被及时揭露完全是或部分是由于他自己的缘故。”①

三、结论

综上，从国际公约的层面来看，当前针对冤案无辜者的救济主要集中在经济方面，即定罪后刑事赔偿。

从成员接受、执行和保留第 14 条第 6 款的情况来看，定罪后获得刑事赔偿权存在的主要争议问题是：是否只要符合第 14 条第 6 款规定的条件，申请人就必然有权获得刑事赔偿？决定机关是否应当具有裁量权？这一分歧背后的根源在于：最大限度地保障刑事赔偿的合理性与正当性，避免犯罪实施者变相受益。从公约的字面含义与人权事务委员会的态度来看，第 14 条第 6 款是定罪后刑事赔偿的充分必要条件，“国家无权根据这一附件条件设立超出第 14 条第 6 款规定的条件或前提。国家也不能通过不制定必需的法律而绕过赔偿的问题。如果国家觉得实际实施这一权利是不可能的，它们就必须对此提出保留”。② 人权事务委员会对该款的一般性意见也反映了这种立场：“第 14 条第 6 款规定，对该款所述的某些误审案件应当给予赔偿，从许多国家报告中似乎可以看到，国家立法往往没有遵守这项权利，或没有给予充分的保障，国家应视情况需要增补这方面的法规，使之符合公约的规定。”③

---

① 参见 Protocol No. 7 to the Convention for the Protection of Human Rights and Fundamental Freedoms, from http://conventions. coe. int/Treaty/en/Treaties/Html/117. htm。

② 参见［奥］曼弗雷德·诺瓦克著：《〈公民权利和政治权利国际公约〉评注》（修订第二版），孙世彦、毕小青译，生活·读书·新知三联书店 2008 年版，第 371 页。

③ 参见杨宇冠著：《人权法：公民权利和政治权利国际公约研究》，中国人民公安大学出版社 2003 年版，第 317 页。

第二节　美国关于无辜者的救济措施

一、关于第 14 条第 6 款的保留声明

美国在加入《公民权利和政治权利国际公约》时，对第 14 条第 6 款提出了解释性声明："美国对第 9 条第 5 款和第 14 条第 6 款所提到的得到赔偿的权利的理解是，这要求提供有效的、可执行的机制，遭受非法逮捕或拘禁或误审的受害人依据这种机制可以从对此负有责任的个人或适当的政府部门处寻求，并在证明合理的情况下获得赔偿。得到赔偿的资格可以受到国内法的合理要求的限制。"①

从字面上看，美国作出的解释性声明似乎承认了定罪后获得刑事赔偿权，并没有对第 14 条第 6 款进行实质性改变。然而，美国学界普遍认为这一解释性声明存在两个模糊之处，与第 14 条第 6 款的本意存在出入：其一，美国认为第 14 条第 6 款只是要求各国设立有效的、可执行的赔偿机制，而不是确立绝对的定罪后获得刑事赔偿权；其二，美国认为得到赔偿的资格可以受国内法的合理要求的限制。后来，美国 1994 年向人权事务委员会提供的年度执行报告②和 1995 年在联合国人权事务委员会陈述会上美国国务卿的法律顾问康拉德（Conrad Harper）的发言，③ 都进一步阐述了美国政府对这一条款的理解。具体而言：

---

① 参见［奥］曼弗雷德·诺瓦克著：《〈公民权利和政治权利国际公约〉评注》（修订第二版），孙世彦、毕小青译，生活·读书·新知三联书店 2008 年版，第 1021 页。

② 参见 U. N. Human Rights Comm.，Initial Reports of State Parties Due in 1993：United States of America，U. N. Doc. CCPR/C/91/Add. 4（Aug. 24，1994）。

③ 参见 U. N. Human Rights Comm.，53rd Sess.，1405th mtg.，U. N. Doc. CCPR/C/SR. 1405（Apr. 24，1995）。

第一，有效的、可执行的赔偿机制。在1994年的年度执行报告中，美国政府指出：几乎没有一个国家的国内法确立了绝对的获得刑事赔偿权，即在任何情形下的非法逮捕、羁押和误审的当事人都有权获得刑事赔偿。康拉德进一步指出："公约的本意可以理解为在所有情形下的非法羁押和误审的当事人享有绝对的获得刑事赔偿权。我们不赞同这一理解，而是认为国家仅仅有义务提供有效的、可执行的赔偿机制，当事人依据这种机制可以从对此负有责任的个人或适当的政府部门处寻求，并在证明合理的情况下，获得赔偿。"①

第二，得到赔偿的资格受到国内法的合理要求的限制。美国政府在解释性声明中的这一表述非常抽象，而且在以后也甚少谈及这一解释的目的和具体含义。从1994年的年度执行报告和康拉德的发言来看，美国的解释性声明背离了第14条第6款的基本精神。例如，在1994年年度报告中，美国政府认为在没有放弃的情况下，国家豁免权可以限制当事人获得刑事赔偿。换言之，在美国，得到赔偿的资格可以受到国家豁免权的限制，国家豁免权可以成为拒绝赔偿非法羁押或误审的受害者的正当理由。美国政府的这一主张实际上抽除了第14条第6款的核心精神，完全背离了《公民权利和政治权利国际公约》的基本宗旨——强化保护公民人权的国家责任。又如，1994年年度执行报告指出，根据美国法律，在善意前提下实施的后来被认定为非法的逮捕和羁押不属于刑事赔偿的法定情形，有关当事人无权寻求和获得刑事赔偿。这显然也与《公民权利和政治权利国际公约》的基本宗旨格格不入。再如，康拉德在1995年的发言只是逐字逐句地简单重复了美国政府的解释性声明，没有作出进一步的解释。但他却开诚布公地承认，这不仅仅是

① 参见Marian Nash，"U. S. Practice：International Covenant on Civil and Political Rights：U. S. Presentation Before Human Rights Committee"，Am. J. Int'l L.，Vol. 89，1995，p. 591。

美国政府对此条款的理论理解，而且也是美国当前的现实状况。从美国联邦政府和许多州的实践来看，获得刑事赔偿的资格的确受到了国内法的要求的限制。

二、美国冤案赔偿机制现状

（一）总体状况

由上可知，美国政府对《公民权利和政治权利国际公约》的定罪后获得刑事赔偿权作出了解释性声明，表达了不同的理解。这也反映了美国冤案赔偿救济制度的现实：竭力设立有效的、可执行的赔偿机制。尽管如此，从当前的现状来看，美国政府并没有实现这一义务，距离有效的、可执行的赔偿机制仍然存在巨大差距。

由于在定罪后刑事赔偿问题上缺乏联邦层面的强制性政策和法律，各州对此采取的措施千差万别。冤案无辜者的赔偿救济带有令人无奈的地域偶然性。有些州的成文法制定了明确的赔偿条款和赔偿标准，有的州通过特殊法案的方式进行赔偿救济，而许多州则根本没有设立申请赔偿机制。① 由于在联邦层面，政府没有针对定罪后获得赔偿权作出任何强制性规定，因此各州可以采取自己认为合适的措施，把冤案的赔偿问题留给各州自己解决。此外，美国联邦政府也没有对冤案赔偿问题制定指导性意见，各州的做法存在差异。

以克拉伦斯（Clarence Harrison）冤案为例，② 冤案赔偿机制的地域性差异可见一斑：如果该案发生在印第安纳州，克拉伦斯可能不会获得任何赔偿；如果发生在威斯康星州，克拉伦斯则有权申请赔偿。虽然不一定必然获得赔偿，但如果委员会经过裁量后认为应

---

① 参见 Adele Bernhard，"Justice Still Fails：A Review of Recent Effort to Compensate Individuals Who Have Been Unjustly Convicted and Later Exonerated"，Drake Law Review，Vol. 52，2004。

② 克拉伦斯冤案纠正于2004年8月，克拉伦斯曾因被判犯强奸罪和绑架罪而服刑达17年之久。

当进行赔偿，克拉伦斯很有可能获得最高25000美元的赔偿；如果发生在伊利诺伊州，克拉伦斯可以获得最高199150美元的赔偿；如果发生在亚拉巴马州，克拉伦斯将会获得850000美元的赔偿。①

（二）三种获得赔偿救济的机制

综合各州的做法，冤案的无辜者可以通过以下三种途径获得赔偿救济。②

第一种途径是个人赔偿特殊议案，即上文提到的特殊法案。通过这一制度，当事人可通过议员提请州议会通过个人赔偿特殊议案。这种申请赔偿的方式的成功率非常低，而且过程非常漫长；根据洗冤工程的统计，在其利用DNA技术发现纠正的冤案中，大约只有9%的无辜者通过这种方式成功获得了赔偿。

第二种途径是通过民事诉讼获取赔偿。同样，这种方式的成功率也非常低。总体来讲，冤案无辜者根据情况提出民事诉讼的依据有三：其一，美国第42号法典第1983条规定：任何人以法律的名义剥夺美国公民或在美国境内的其他人的美国宪法权利或联邦法律规定的权利，须承担法律责任。③ 根据该条款提起的诉讼，必须首先满足美国第28号法典第2513条的要求：①原告必须以法庭文件证明有罪判决已经被推翻或撤销、重审中被判无罪或者依据无罪证据获得了赦免；②原告没有参与被指控的行为，而且不是因为自己的不当行为而被指控涉嫌犯罪。其二，针对恶意指控可以提起侵权诉讼。确立恶意指控的存在需要证明以下四方面内容：①检察官正

---

① 参见Jason Costa，“Alone in the World：The United States’ Failure to Observe the International Human Right to Compensation for Wrongful Conviction”，Emory International Law Review，Vol. 19，2005，p. 1639。

② 参见Innocence Project，“Making up for Lost Time：What the Wrongfully Convicted Endure and How to Provide Fair Compensation”，from http：//www. innocenceproject. org/docs/Innocence_ Project_ Compensation_ Report. pdf。

③ 参见 42 U. S. C. § 1983，from http：//www. law. cornell. edu/uscode/text/42/1983。

式提起诉讼；②缺乏合理依据；③主观上属于恶意；④检方取得胜诉。其三，针对辩护律师的无效辩护行为提起诉讼。① 在司法实践中，通过民事诉讼的方式寻求获得赔偿困难重重，甚至几乎是无法完成的任务：要求的举证责任非常重，政府官员特别是警察、检察官通常享有豁免权的保护，导致原告难以胜诉。即使有可能胜诉，也需要大量的时间、精力和经济支持，这对于刚刚被释放的无辜者来说并非易事。② 有关数据表明，只有少数无辜者能够通过诉讼获得赔偿，大部分都是以败诉告终。在洗冤工程发现纠正的冤案中，只有约 1/4 的无辜者通过民事诉讼获得了赔偿，而且他们等待的平均时间是 4 年（从释放后到获得赔偿）。

第三种途径是依据制定法申请赔偿。由于上述两种申请赔偿途径困难重重，学者和专家一致建议各州应当出台关于冤案赔偿的成文法。伯恩哈德（Bernhard）认为这种方式才是为无辜者提供赔偿最公正和最持久的途径。③ 截至 2014 年，不仅美国联邦政府出台了适用于联邦法院层面的关于冤案赔偿的法律，④ 而且已经有 29

① 参见 Alberto B. Lopez，“＄10 and a Denim Jacket? A Model for Compensating the Wrongly Convicted”，Ga. Law Review，Vol. 36，2002，p. 690. Jessica Longergan，“Protecting the Innocent：A Model for Comprehensive，Individualized Compensation of the Exonerated”，Legislation and Public Policy，Vol. 11，2008，pp. 408 –409。

② 参见 A. Bernhard，“When Justice Fails：Indemnification for Unjust Conviction”，University of Chicago Law School Roundtable，Vol. 6，1999，pp. 72 –112；A. Bernhard，“A Short Overview of the Statutory Remedies for the Wrongly Convicted：What Works，What Doesn't，and Why”，Public Interest Law Journal，Vol. 18，2009，pp. 403 –425。

③ 参见 A. Bernhard，“When Justice Fails：Indemnification for Unjust Conviction”，University of Chicago Law School Roundtable，Vol. 6，1999，pp. 72 –112；A. Bernhard，“A Short Overview of the Statutory Remedies for the Wrongly Convicted：What Works，What Doesn't, and Why”，Public Interest Law Journal，Vol. 18，2009，pp. 403 –425。

④ 值得注意的是，联邦政府出台的赔偿法律仅适用于联邦法院造成的冤案，对各州并无当然约束力。

个州以及哥伦比亚特区制定了关于冤案赔偿的法律。① 据洗冤工程统计，在其利用 DNA 技术发现纠正的冤案中，有 1/3 的无辜者依据赔偿法律获得了赔偿。

有关证据已经表明，前两种寻求赔偿的途径作用有限，效率偏低，在司法实践操作中困难重重。② 于是，制定冤案赔偿法律成为一种主流趋势。下图是关于美国各州制定冤案赔偿法律的地理分布情况，阴影部分是已经出台立法的州，白色部分是尚未出台立法的州。

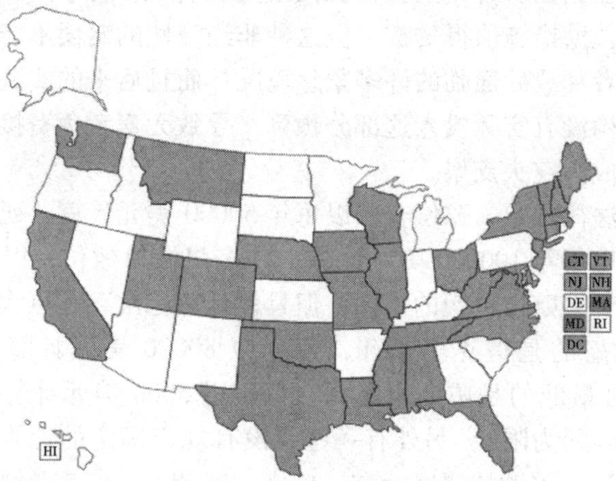

（三）当前冤案赔偿立法分析

诺里斯（Norris）就当前已经出台冤案赔偿立法的 27 个州的

① 当前仍然没有制定赔偿立法的 21 个州：Alaska，Arizona，Arkansas，Delaware，Georgia，Hawaii，Idaho，Indiana，Kansas，Kentucky，Michigan，Minnesota，Nevada，New Mexico，North Dakota，Oregon，Pennsylvania，Rhode Island，South Carolina，South Dakota and Wyoming。from http：//www. innocenceproject. org/news/LawView1. php。

② 参见 Deborah Mostaghel，"Wrongfully Incarcerated，Randomly Compensated—How to Fund Wrongful - Conviction Compensation Statues"，Indiana Law Review，Vol. 44，2011，pp. 510 - 517。

情况进行了系统化的实证研究，他从 10 个方面对此进行了分析：a. 经济赔偿；b. 其他救助；c. 犯罪记录的消除；d. 获得赔偿的资格与条件；e. 限制性条件或者排除情形；f. 诉讼时效；g. 证明责任；h. 税收条款；i. 民事救济；j. 死亡条款。[①] 通过调查，他的研究成果反映了美国当前关于冤案赔偿立法的真实情况。

1. 经济赔偿

几乎所有出台冤案赔偿法律的州都规定了经济赔偿。有一个例外，那就是蒙大拿州。蒙大拿州规定，只向冤案的无辜者提供教育救助，免去其在所有州立教育机构接受教育的费用。[②] 尽管这种免费教育的救助措施值得赞赏，但这种非经济性的赔偿不能帮助解决冤案无辜者释放后面临的许多紧急境况。而且后来的实践表明，由于立法机构没有实际投入这部分预算，导致无辜者免费接受教育的变相赔偿成为空头支票。

联邦法律规定，赔偿金额以每年 50000 美元计算，死刑案件的赔偿金额以每年 100000 美元计算。许多州纷纷效仿，以实际服刑时间作为计算赔偿金额的依据，但具体计算标准存在巨大差异。其中标准最高的是得克萨斯州，每年以 80000 美元计算，上不封顶；[③] 标准最低的是威斯康星州，每年以 5000 美元计算，总金额以 25000 美元为限。[④] 另外有一些州没有规定固定的计算标准，而是采取了逐年浮动的幅度标准，如佛蒙特州；[⑤] 或者根据当地的平

---

① 参见 R. J. Norris，"Assessing Compensation Statutes for the wrongly convicted"，Criminal Justice Policy Review，Vol. 23，2012，pp. 352 – 374。

② 参见 Mont. Code Ann. § 53 – 1 – 214。

③ 参见 Vernon's Texas Statutes and Codes Annotated，Civil Practice and Remedies Code (Refs & Annos)，Title 5，Chapter 103. C。

④ 参见 Wis. Stat. 775. 05。

⑤ 参见 West's Vermont Statutes Annotated，Title Thirteen. Crimes and Criminal Procedure (Refs & Annos)，Part 3. Proceedings Before Trial (Refs & Annos)，Chapter 182. Innocence Protection，Subchapter 2. Compensation for Wrongful Convictions，§ 5572。

均收入水平计算，如弗吉尼亚州。①

与以服刑时间为计算依据不同，有些州只是规定了赔偿金额的总数或者几个幅度，而这之中同样存在着巨大差异。例如，伊利诺伊州规定，服刑5年以内的可获得85350美元的赔偿，服刑5年以上14年以下的可获得170000美元的赔偿，服刑高于14年的可获得199150美元的赔偿。② 新罕布什尔州规定，无论服刑时间长短，最高可获得20000美元的赔偿。③

此外，还有一些州没有规定赔偿的计算依据和标准，而是将其留给法官或者委员会决定。例如，在纽约州，④ 既可以给予超出平均或者建议水平的经济赔偿，也可以尽量缩减赔偿数额。这种不确定性很有可能恶化刚获得释放的无辜者本已经非常艰难的处境。

虽然无辜者在狱中浪费的时间和失去的自由无法用金钱衡量，但上述各州尤其是那些水平偏低的州提供的经济赔偿金额，显然是不足的。此外，尽管死刑信息中心的有关数据显示美国至少已经发现纠正140例死刑冤案，但至今没有一个州就死刑冤案的赔偿单独制定计算标准。另外，只有得克萨斯州规定了在假释期间或者性犯罪者登记期间可获得的赔偿金额。

2. 其他救助

16个州的赔偿立法明确规定了上述损害赔偿之外的其他救助措施。有些州规定了基本损害赔偿之外的其他经济赔偿措施。例如，有8个州规定应当赔偿当事人聘请律师的费用，作出了一定的上限限制。伊利诺伊州规定，赔偿的律师费用不应当超过损害赔偿

① 参见 West's Annotated Code of Virginia, Title 8.01. Civil Remedies and Procedure (Refs & Annos), Chapter 3. Actions (Refs & Annos), Article 18.2. Compensation for Wrongful Incarceration for a Felony Conviction (Refs & Annos) §8.01－195.10。

② 参见 West's Smith－Hurd Illinois Compiled Statutes Annotated, Chapter 705. Courts (Refs & Annos), Act 505. Court of Claims Act (Refs & Annos), 505/8.C。

③ 参见 N.H. Stat. § 541－B：14。

④ 参见 N.Y. Ct. of Claims Act － 8－b。

总额的25%。还有5个州规定应当返还当事人所有的诉讼费用或量刑后接受的经济处罚。此外，还有3个州规定应当赔偿当事人损失的工资收入。其中，得克萨斯州还独一无二地规定了应当偿还当事人子女抚养费。

然而，冤案的无辜者获得释放后面临的困难除了是经济上的，最艰难的是如何重新融入社会。因此，许多州还制定了诸多社会救助措施，帮助他们重新开始正常生活。其中最为普遍的一项社会救助措施是提供教育服务救助，有8个州规定了此类措施。此外，其他社会救助措施包括职业培训或就业援助（5个州）、心理健康咨询或治疗服务（5个州）、生理健康医疗服务（4个州）。对于无辜者来说，这些措施至关重要，可以在某种程度上恢复他们的心理健康，最大限度地弥补他们因在监狱服刑而错过的接受高等教育或者创立事业的机会，帮助他们以最快的速度适应并融入社会。

3. 其他规定

除了经济赔偿和其他救助之外，有一些措施也是相当必要的。例如，有4个州规定应当消除犯罪记录。其中有3个州规定在释放无辜者的同时应当即时消除犯罪记录，有1个州规定需要进行单独的听证会来删除犯罪记录。消除犯罪记录是非常有意义的一项措施，它不仅彻底还无辜者清白，而且扫清了无辜者获释后在就业、医疗、住房等方面可能遭遇的歧视以及犯罪记录带来的社会偏见。①

另外，在经济赔偿政策上也存在一些有价值的保护措施。例如，有4个州明确规定经济赔偿金免税，其中有2个州允许仅对赔偿律师费用的部分征税。此外，有3个州明确允许无辜者可以另行

① 参见 A. M. Thompson et al.，“After Exoneration：An Investigation of Stigma and Wrongfully Convicted Persons”，Albany Law Review，Vol. 75，2012，pp. 1373 – 1413；S. D. Westervelt and K. J. Cook，“Framing Innocence：The Wrongly Convicted as Victims of State Harm”，Crime，Law，and Social Change，Vol. 53，2010，pp. 259 – 275。

针对州政府提起民事诉讼，7个州予以禁止，其他州则没有明确立场。在由法官或者委员会决定赔偿数额的情形下，这些保护性措施显然可以起到补充救济的功能，降低了无辜者面临的不确定性和困惑。

还有10个州制定了死亡条款，即无辜者在申请或者收到经济赔偿前死亡的情形。4个州规定一旦无辜者死亡，赔偿即时终止，只有受关押的无辜者本人有权申请或者接受经济赔偿。3个州允许作为年金，规定了受惠人条款。3个州视其为遗产，由继承人继承。只有2个州允许已故的无辜者的家属以自己的名义提出赔偿申请。

4. 获得赔偿的条件和限制

通常来说，无辜者获得释放之后，赔偿并不是自动的，也不是必然的。州法都规定了无辜者获得赔偿的资格和条件，并且明确排除了一些情形。

从肯定性条件来看，各州设置的赔偿资格也不尽相同。其中有12个州规定只有被误判重罪的无辜者才可以获得刑事赔偿。4个州要求必须获得异常艰难的州长赦免。概括而言，其中有2项适格条件很有可能阻碍了无辜者获得赔偿救济：一是必须证明属于无罪的情形，但各州的具体要求不尽相同；二是尚未通过民事诉讼获得赔偿救济的情形。①

除了规定了基本的适格条件外，许多州还排除和限制了某些情形。其中最为普遍的是数罪情形，有12个州规定，如果数罪中有被成功认定的犯罪行为，即使存在部分冤罪，当事人也无法获得任何赔偿。密苏里州对此规定了例外，如果同时合并服刑的罪行是因冤罪假释期间违反假释规定导致的，则不属于排除情形。另外有5

① 详细论述参见 Deborah Mostaghel, “Wrongfully Incarcerated, Randomly Compensated——How to Fund Wrongful - Conviction Compensation Statues”, Indiana Law Review, Vol. 44, 2011, pp. 518 - 523。

个州还排除了无辜者释放之后犯重罪的情形。

另一项较为普遍的排除情形是有罪答辩的案件，有的州甚至使用了更为宽泛的表述，即无辜者导致或者引起定罪的情形。在司法实践中，根据这一规定，通常被排除的情形是有罪答辩的案件和进行虚假供述的案件。根据有关心理研究成果，这一排除情形影响最深的是特定群体的无辜者，即那些年幼者或者心智不健全的人士。他们容易受到各种因素的影响而作出虚假供述，尤其是讯问人员讯问策略的引导。而这部分相对弱势的无辜者在获得释放后更需要政府的赔偿与救济。虽然有一些州针对这一排除情形设置了例外，但是需要无辜者承担难以实现的举证责任，证明当初的有罪供述是非自愿的。还有一些州认为阿尔福德答辩（哥伦比亚特区）、撤回的有罪答辩（马萨诸塞州）和死刑案件中的有罪答辩（弗吉尼亚州）也应当列入例外。

另外有一些州对无辜者提出申请赔偿的时效作出了限制。有 20 个州明确规定了 1 到 10 年不等时效，平均为 2.6 年。其中佛罗里达州的规定稍有不同，要求申请人必须在 90 日内提出确认冤案无辜者身份的申请，之后在 2 年内提出赔偿申请。总体上而言，较短的时效不利于无辜者获得赔偿，因为刚刚获得释放的无辜者面临着诸多紧迫问题，而且可能暂时缺乏提出申请的法律和经济资源。

最后值得一提的是，佛罗里达州的“清白条款”是值得商榷的。根据这一限制条件，之前有重罪犯罪记录的无辜者不能获得冤案赔偿。实践表明这一限制条件已经成为阻碍无辜者获得赔偿的主要障碍，因此遭到了大量专家学者的批判。因为许多之前有犯罪记录的公民非常容易进入警察的侦查视野，因涉嫌实施犯罪而被错误指控甚至是错误定罪。佛罗里达州洗冤工程的执行主任塞斯（Seth Miller）称佛罗里达州包含“清白条款”的赔偿法案是一个美丽的谎言。他指出：“这一条款最大危害在于它的逻辑，即在狱中为他人犯罪行为服刑并在艰苦条件下证明自己无罪的无辜者似乎要为自己被误判承担过错，他们之前的犯罪记录似乎莫名其妙地成为了他们被错误定罪和关押的合理理由。从本质上讲，这一条款无异于政府责任豁免条款。它变相地允许佛罗里达政府可以在不用承担任何责任的前提下错误地判处有犯罪前科的无辜者有罪。这种逻辑本身就是一个幌子，令人感到无奈又可笑。”①

5. 证明责任与证明标准

冤案赔偿的主要目的是救济被错误定罪的无辜者，因此申请人必须证明自己是无罪的，换言之，由申请赔偿的无辜者承担证明责任。至于证明标准，各州要求存在差异。大致可以分为四类：第一类是优势证据标准，采取这一标准的州包括加利福尼亚州、伊利诺伊州、佛蒙特州、密西西比州、康涅狄格州。第二类是清楚而令人信服的证据标准，采取这一标准的州包括哥伦比亚特区、佛罗里达州、艾奥瓦州、路易斯安那州、缅因州、马萨诸塞州、内布拉斯加州、新泽西州、纽约州、犹他州、西弗吉尼亚州和威斯康星州。第三类是可以证明自己确定无罪的 DNA 证据，蒙大拿州和密苏里州要求必须通过 DNA 检测得以释放的无辜者才可以申请赔偿。第四类是要求提供法定的司法证明文件，亚拉巴马州和俄亥俄州要求有罪判决必须被法庭撤销，马里兰州、北卡罗来纳州、俄克拉何马州、田纳西州、缅因州、得克萨斯州和弗吉尼亚州要求申请人必须获得赦免或者被认定为事实上无罪。②

总体上而言，无论证明标准高低，实现这些证明责任对于获得释放的无辜者来说是异常困难的。③ 尤其是第三种和第四种证明方式和证

① 参见 S. Miller，“Un bell nulla（a beautiful nothing），Plain Error”，from http：//floridainnocence. org/content/？ p＝400。

② 参见 Justin Brooks and Alexander Simpson，“Find the Cost of Freedom：The State of Wrongful Conviction Compensation Statues Across the Country and the Strange Legal Odyssey of Timothy Atkins”，San Diego Law Review，Vol. 49，2012，pp. 641－644。

③ 参见 Daniel S. Kahn，“Presumed Guilty Until Proved Innocent：The Burden of Proof in Wrongful Conviction Claims Under State Compensation Statutes”，University of Michigan Journal of Law Reform，Vol. 44，2010，p. 125。

明标准几乎是申请人单方面不可能完成的。因此，有的学者认为这种申请人承担证明责任的机制实际上阻碍了申请人获得赔偿，应当实行举证责任倒置，由政府来承担申请人有罪的证明责任。但如果实行这一倒置，很有可能导致另外一种不合理局面的出现：许多事实上有罪但仅仅因证据不足或者程序瑕疵而被释放的人获得赔偿。当然，这些学者辩称，在制定冤案赔偿法律时，可以通过其他规避措施来尽量避免出现这一不合理状况，并提出了具体方案。①

6. 申请程序②

有些州采取了行政听证程序来决定是否予以赔偿。以加利福尼亚州为例，加州的法律要求申请人必须向加利福尼亚州受害者赔偿和政府诉求委员会（California Victim Compensation and Government Claims Board）针对政府提出正式的赔偿申请。申请中必须附有支持诉求的事实证明。之后，委员会会在指定的时间、地点举行听证，由申请人提出支持性证据，总检察长可以提出相反的证据。这种形式的赔偿听证会类似于小型审判，申请人提出证明自己无罪的证据，政府可以继续提出证明申请人有罪的证据。有学者对此表示反对和担忧，他们认为这种审判形式的听证会是没有必要的资源浪费，不仅因为举行听证会的成本高，而且会导致许多申请蜂拥而至。③ 然而，从加利福尼亚州的经验来看，这一担忧是完全没有必要的。自 2000 年至 2011 年，加利福尼亚州总计收到 132 例冤案赔偿申请，平均每年收到 12 例。最后总计 11 个申请人获得了赔偿，

---

① 参见 Daniel S. Kahn，"Presumed Guilty Until Proved Innocent：The Burden of Proof in Wrongful Conviction Claims Under State Compensation Statutes"，University of Michigan Journal of Law Reform，Vol. 44，2010，pp. 145 – 168。

② 参见 Justin Brooks and Alexander Simpson，"Find the Cost of Freedom：The State of Wrongful Conviction Compensation Statues Across the Country and the Strange Legal Odyssey of Timothy Atkins"，San Diego Law Review，Vol. 49，2012，pp. 636 – 641。

③ 参见 Lawrence Rosenthal，"Second Thoughts on Damages for Wrongful Convictions"，Chicago – Kent Law Review，Vol. 85，2010，p. 127。

平均每年1人。如果政府同意申请人无罪的事实依据，听证会环节可以省略。在这11例成功获得冤案赔偿的案件中，只有4例举行了听证会。[①] 至少从理论上看，加州举行听证会的做法是较为合适的，它的灵活性可以避免正式民事诉讼和审判程序的繁冗，更利于实现冤案赔偿的目标，即迅速而公正地弥补和减轻冤案造成的损害。亚拉巴马州、康涅狄格州、伊利诺伊州、马里兰州、新罕布什尔州、北卡罗来纳州、田纳西州、威斯康星州都采取了类似于加利福尼亚州的做法，通过举行听证会的方式来决定是否进行赔偿。内布拉斯加州、俄克拉何马州和得克萨斯州也规定了听证会式的决定程序，同时又规定如果听证会否决了申请人的诉求，申请人还可以提起民事诉讼。

有些州则采用了更为正式的民事诉讼程序，即申请人作为原告提起关于冤案赔偿的民事诉讼。比较而言，民事诉讼更为耗时，成本相对偏高，原告胜诉难度较大。哥伦比亚特区、缅因州、马萨诸塞州、密西西比州、密苏里州、新泽西州、纽约州、俄亥俄州、佛蒙特州和西弗吉尼亚州均明确放弃了政府在冤案赔偿民事诉讼中的豁免权，要求申请人作为原告提起民事诉讼，由法庭决定是否予以赔偿。

还有一些州采用了混合模式，即混合了法庭审判程序和行政听证程序。总体上而言，这一混合程序更为繁冗，因为审查程序大致分为三步：申请人首先必须向法庭提出申请，由其决定申请能否继续；如果可以继续，则进入行政审查程序；行政审查机构提出建议结论后返还法庭，最后由法庭决定是否采纳建议结论。采取混合程序的州有佛罗里达州、艾奥瓦州、犹他州。

最后，有些州根本没有明确采取何种特殊程序。例如，弗吉尼

① 参见 Marie C. Baca，“Wrongly Convicted Face Uphill Battle to Obtain Compensation”，Cal. Watch，2011，from http：//californiawatch. org/publicsafety/wrongly - convicted - face - uphill - battle - obtain - compensation - 9014。

亚州和蒙大拿州都没有规定具体的申请程序。

总体而言，采取审查程序来决定是否予以赔偿是必要的，至于采取何种程序应当考虑到冤案赔偿问题的特殊性。鉴于冤案的无辜者获释后一般急需经济赔偿，应当设置快速、公正和有效、低成本的程序。从这个角度而言，行政听证程序比民事诉讼程序更为适合。

7. 总体评价

总之，美国当前针对冤案赔偿立法并没有统一的标准，各州之间千差万别、参差不齐，许多政策存在着改进的空间。不仅经济赔偿标准不一，差异巨大，而且如何帮助无辜者重新融入社会的措施也不尽相同，甚至有的州根本没有意识到释放后社会救助的必要性和重要性。例如，伯恩哈德①和罗纳根②从多个方面批评了当前关于冤案赔偿的立法——严苛的适用要求、有限和不合理的赔偿标准、大量的限制条件以及片面的救济措施，等等。洗冤工程在发布的报告中也指出了类似的问题，已经出台赔偿法律的州存在的主要问题包括：不够充分的经济赔偿、排除虚假供述或者有罪答辩导致的冤案、排除有犯罪前科的无辜者、社会帮助的缺失或者迟延，等等。③

三、未来的趋势：统一、全面、有效的无辜者救助体制

（一）释放之后的现实困境

很多研究表明，冤案无辜者获得释放后境遇并不乐观，不仅许

---

① 参见 A. Bernhard，“A Short Overview of the Statutory Remedies for the Wrongly Convicted：What Works，What Doesn't，and Why”，Public Interest Law Journal，Vol. 18，2009，pp. 403－425。

② 参见 J. R. Lonergan，“Protecting the Innocence：A Model for Comprehensive，Individual Compensation of the Exonerated”，Legislation and Public Policy，Vol. 11，2008，pp. 405－452。

③ 参见 Innocence Project，“Making up for Lost Time：What the Wrongfully Convicted Endure and How to Provide Fair Compensation”，from http：//www. innocenceproject. org/docs/Innocence_ Project_ Compensation_ Report. pdf。

多无辜者面临着得不到任何或者充足的经济赔偿的困境，而且还面临着一个长期困扰他们的问题：在被关押多年之后，如何适应和融入社会？长年的牢狱生活已经深深地影响了他们，令他们与社会脱节，不仅健康状况和心理状况堪忧，还有可能受到社会歧视。

萨卓拉（Saundra D. Westervelt）和金姆（Kimberly J. Cook）研究了18例死刑冤案中无辜者被释放后的生活状况，发现他们普遍面临着融入社会的种种困难，主要包括难以恢复日常生活、破裂的社会关系，精神和心理创伤依然严重、社会偏见的排斥等。[①] 安迪那（Adina M. Thompson）等学者对冤案无辜者获释后遭遇的社会歧视与舆论偏见进行了实证调查研究，他们以对应偏差理论为研究方法，发现获得释放的无辜者与获得假释的罪犯在某种程度上遭受着同样方式的社会歧视与羞辱，只是程度略有不同。[②] 还有学者系统论述了无辜者获释后在回归社会过程中所遭遇的种种困境，包括：①心理创伤，包括长年监禁所产生的精神抑郁、心理失衡以及愤怒，获释后对将来重建生活的迷茫与焦虑。②就业困难。长年监禁导致他们丧失了大量的教育培训机会，缺乏工作经验以及具有犯罪记录，这些都阻碍着无辜者就业。③居所困境。与那些服刑完毕的囚犯相比，获释后的无辜者无法得到有关政府救助部门提供的居所帮助。在获释不可预计的情况下，没有亲戚朋友或者亲朋关系已经断裂的无辜者刚被释放后面临着无处可去、无家可归的困境。

---

① 参见 Saundra D. Westervelt, Kimberly J. Cook, "Life After Exoneration: Examining the Aftermath of a Wrongful Capital Conviction", in C. Ronald Huff and Martin Killias, Wrongful Convictions & Miscarriages of Justice: Causes and Remedies in North Amerian and European Criminal Justice Systems, Routledge, 2012, pp. 261 – 278。

② 参见 Adina Thompson, Oscar Molina, and Lora Levett, "After Exoneration: An Investigation of Stigma and Wrongfully Convicted Persons", Albany Law Review, Vol. 75, 2012. 类似的研究参见 Kimberley Clow and Rosemary Ricciardelli, "Reducing stigma toward wrongly convicted persons: The impact of a guest lecture", Paper presented at the annual meeting of the American Psychology – Law Society / 4th International Congress of Psychology and Law, Hyatt Regency Miami, Miami, FL, 2014 – 01 – 05。

④身体健康堪忧和缺乏医疗服务。监狱是多种严重传染疾病盛行的地方，有限和狭窄的生活空间导致被羁押者面临着受传染的风险。此外，监狱内暴力和性侵盛行，被羁押者的身体健康更加难有保障。在刚刚获得释放后，无辜者无法享受公共医疗服务，其中许多无辜者短时间内无法获得经济赔偿，也得不到亲朋好友的帮助，疾病得不到及时必要的治疗。①

一言以蔽之，无辜者获得释放仅仅是第一步，只恢复他们的自由并不能一劳永逸，解决所有问题。经济状况惨淡、身心创伤、失业、无家可归、社会歧视等等一系列问题，成为冤案给无辜者带来的长期痛苦。② 尤其是在当下，许多冤案的无辜者连最基本的经济赔偿都无法获得，更谈不上其他社会救助。据不完全统计，约有三分之一的无辜者被证明无罪释放后没有获得任何经济赔偿。③

更为讽刺的是，当前针对罪犯释放后的救助制度和措施都比无辜者获释后要有效和完善。之前犯罪的公民出狱后，国家花费了大量的人力、财力和物力帮助他们重新回归社会；相比之下，被国家冤枉的无辜公民在获释后则显得无助、凄惨。由于他们不是罪犯，所以不能享受国家针对罪犯出狱后的各种救助。这明显是一种不合

---

① 参见 Jennifer L. Chunias & Yael D. Aufgang，“Beyond Monetary Compensation：The Need for Comprehensive Services for the Wrongfully Convicted”，B. C. Third World Law Journal，Vol. 28，2008，pp. 110 - 121。

② 这方面的研究非常多，而且已经相当深入。代表文献包括 Adrian Grounds，“Psychological Consequences of Wrongful Conviction and Imprisonment”，Canadian Journal Criminology and Criminal Justice，Vol. 46，2004；Adrian T. Grounds，“Understanding the Effects of Wrongful Imprisonment”，Crime and Justice，Vol. 32，2005；Heather Weigand，“Rebuilding a Life：The Wrongfully Convicted and Exonerated”，Boston University Public Interest Law Journal，Vol. 18，2008；Saundra D. Westervelt，Kimberly J. Cook，“Framing Innocents：The Wrongly Convicted as Victims of State Harm”，Crime，Law and Social Change，Vol. 53，2010。

③ 参见 Innocence Project，“Compensation for the Wrongly Convicted”，from http：//www. innocenceproject. org/fix/Compensation. php。

理的社会现象。①

(二) 未来的走向

通过研究无辜者获释后面临的困境，美国政府和社会逐渐意识到帮助他们回归社会的必要性和重要性。如果说以前针对是否要赔偿无辜者还存在理论争论，那么现在这一争议已经不复存在，国家原则上负有义务赔偿和救济被错误定罪的无辜公民已经成为主流意识和理念。② 未来的走向是不仅要设立冤案赔偿制度，制定冤案赔偿法律，而且要构建统一、全面、有效的无辜者救助体制。许多学者和有关机构团体都意识到了这一趋势，并且提出了各自的建议方案。③ 例如，2005 年，在研究现行冤案赔偿法律的基础上，美国律师协会起草了一份建议，强调了各州在制定和完善冤案赔偿法律时

① 参见 Heather Weigand，"Rebuilding a Life：The Wrongfully Convicted and Exonerated"，Boston University Public Interest Law Journal，Vol. 18，2008，p. 432。

② 有关冤案赔偿的理论依据探讨和争论参见文献：Deborah Mostaghel，"Wrongfully Incarcerated，Randomly Compensated——How to Fund Wrongful - Conviction Compensation Statues"，Indiana Law Review，Vol. 44，2011，pp. 523 - 537。

③ 这类文献参见 Adele Bernhard，"Justice Still Fails：A Review of Recent Efforts to Compensate Individuals Who Have Been Unjustly Convicted and Later Exonerated"，Drake Law Review，Vol. 52，2004；Cathleen Burnett，"Restorative Justice and Wrongful Capital Convictions：A Simple - Proposal"，Journal of Contemp. Criminal Justice，Vol. 21，2005；Jeffrey Chinn & Ashley Ratliff，"I Was Put Out the Door with Nothing - - Addressing the Needs of the Exonerated Under a Refugee Model"，Cal. W. Law Rev.，Vol. 45，2009；Jennifer L. Chunias & Yael D. Aufgang，"Beyond Monetary Compensation：The Need for Comprehensive Services for the Wrongfully Convicted"，B. C. Third World Law Journal，Vol. 28，2008；Alberto B. Lopez，"$10 and a Denim Jacket? A Model for Compensating the Wrongly Convicted"，Ga. Law Review，Vol. 36，2002；Karin D. Martin，"A Model State Policy for the Treatment of the Wrongfully Convicted"（Spring 2006）（unpublished Master's thesis，University of California at Berkeley）；Robert J. Norris，"Assessing Compensation Statutes for the Wrongly Convicted"，Criminal Justice Policy Review，Vol. 23，2012；Shawn Armbrust，"When Money Isn't Enough：The Case for Holistic Compensation of the Wrongfully Convicted"，American Criminal Law Review，Vol. 41，2004；Jessica R. Lonergan，"Protecting the Innocent：A Model for Comprehensive，Individualized Compensation of the Exonerated"，New York University Journal of Legislation and Public Policy，Vol. 11，2008。

应当注意的问题;[①] 2007 年，洗冤工程发布了冤案赔偿法律示范稿;[②] 2012 年，学者穆罕默德（Muhammad U. Faridi）等人提出了冤案赔偿法建议稿。[③]

早在1914 年，法学家就指出，所有的社会成员都在享受着国家通过追诉犯罪所带来的秩序和稳定，因此应当由全社会来共同承担为此付出的代价，而不是由个别社会成员来独自承担。[④] 1913 年，威斯康星州成为美国第一个制定冤案赔偿法律的州。随着上世纪 90 年代开始利用 DNA 技术发现纠正冤案，冤案的数量越来越多，冤案的赔偿问题日渐凸显出来。于是，从上世纪 90 年代开始，美国制定冤案赔偿法律的州越来越多；在短短 20 年内，数量从 12 个迅速攀升至 28 个（见下图）。截至目前，哥伦比亚特区和 29 个州已经制定了冤案赔偿立法。学者诺里斯（Norris）以罗杰斯的创新扩散理论（Diffusion of Innovation，简称 DOI）[⑤] 为主导框架展望

---

① 参见 American Bar Association，Section of Criminal Justice，Report to the House of Delegates 1，2005，from http：//www. abanet. org/crimjust/policy/my05108a. pdf。

② The Innocence Project，“About us：Mission Statement”，from http：//www. innocenceproject. org/about/Mission – Statement. php。

③ 参见 Muhammad U. Faridi，“Undoing Time：A Proposal for Compensation for Wrongful Imprisonment of Innocent Individuals”，Western New England Law Review，Vol. 34，2012。

④ 参见 Edwin M. Borchard，“State Indemnity for Errors of Criminal Justice”，Annals American Acad. Policy and Social Science，Vol. 52，1914，p. 110。类似的观点还有 Joseph H. King，“Compensation of Persons Erroneously Confined by the States”，University of Pennsylvania Law Review，Vol. 118，1970，p. 1092；J. H. Wigmore，“The Bill to Make Compensation to Persons Erroneously Convicted of Crime”，Journal of the American Institute of Criminal Law and Criminology，Vol. 3，1913，pp. 665 – 667。

⑤ 创新扩散理论是传播效果研究的经典理论之一，由是美国学者埃弗雷特·罗杰斯（E. M. Rogers）于 20 世纪 60 年代提出的一个关于通过媒介劝服人们接受新观念、新事物、新产品的理论，侧重大众传播对社会和文化的影响。罗杰斯认为，创新是一种被个人或其他采用单位视为新颖的观念、实践或事物；创新扩散是指一种基本社会过程，在这个过程中，主观感受到的关于某个新语音的信息被传播。通过一个社会构建过程，某创新的意义逐渐显现。

了冤案赔偿立法的前景。他从创新的特征、创新者的特征和环境背景三类变量出发，分析了影响冤案赔偿立法扩散因素，并最终得出结论：从目前的趋势来看，其他各州出台冤案赔偿法律只是时间问题。其中，一个可能阻碍其他州制定冤案赔偿法律的因素是成本问题，即2008年金融危机之后，经济状况尚未明显好转，未能彻底摆脱金融危机的影响，这在某种程度上成为了某些州出台冤案赔偿法律的顾虑。然而随着经济状况好转，这一担忧早晚会消失。① 由此可见，各州出台冤案赔偿法律是大势所趋。

近年来制定冤案赔偿立法的州增长趋势图

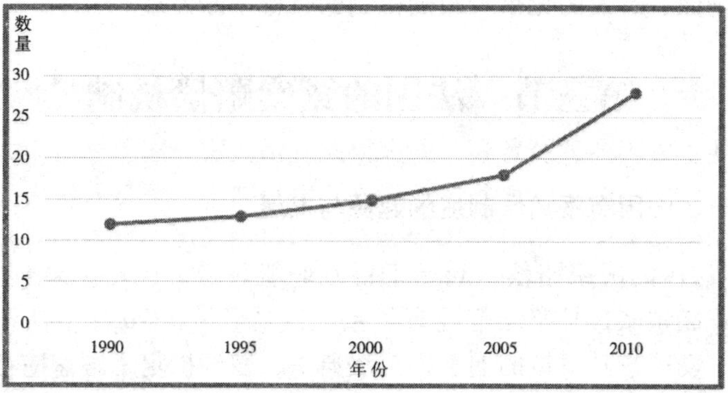

在各州出台冤案赔偿法律的同时，如何进一步协调一致各州的做法也是一个迫切需要解决的问题。由于美国是联邦制国家，各州的法律存在差异不足为奇。但如果各州赔偿法律之间差距过大，特别在赔偿标准和赔偿金额方面，会导致变相的地域不平等。因此，美国冤案赔偿立法的统一将来必然会成为联邦政府的一项重要工

① 参见 Robert J. Norris，“Exoneree Compensation：Current Policy and Future Outlook”，in Marvin Zalman and Julia Carrano（eds.），Wrongful Conviction and Criminal Justice Reform：Making Justice，Routledge，2014，pp. 295－301。

作。不仅需要设置统一、公平、合理的赔偿标准，而且在申请程序、资格条件以及证明责任、证明标准上采取最佳做法。

同时，司法实践已经表明，经济赔偿仅仅是冤案无辜者救助工作中的一部分。在保障无辜者尽快获得合理的经济赔偿的同时，如何有效地帮助他们重建生活和回归社会必然会成为将来冤案赔偿立法需要关注的问题。不仅要保障申请人及时、有效地获得公平合理的经济赔偿，更应当注重无辜者救济工作的全面性，从心理健康服务、身体医疗服务、教育培训救助、就业帮助、居所保障、犯罪记录删除等方面建构全面的无辜者救助体制。①

由此可见，美国正在以推进冤案赔偿立法为契机，朝着建构统一、全面、有效的无辜者救助机制的目标不断发展。

第三节　法国的冤案赔偿机制

一、法国冤案赔偿制度的起源与发展

“法国的国家赔偿，起始于行政职能领域，以后拓宽到立法、司法职能领域，其赔偿范围有了很大发展。”② 1790 年，法国法学家都·勃德在其草拟的刑事诉讼法典中，曾经拟定了国家应当承担冤狱赔偿责任的条款，并提交国会讨论，但其后由于法国大革命爆发，这一试图确立冤案赔偿制度的努力付诸东流。此后，法国经历了一段相对稳定的时期。在此期间，1895 年 6 月 11 日，法国政府颁布法律，对《法国刑事诉讼法典》第 443 条至第 446 条进行了修订，正式确立了刑事赔偿制度。根据当时的法律规定，如果在再

① 关于全面救助体制的深入论述参见 Jessica R. Lonergan，“Protecting the Innocent：A Model for Comprehensive，Individualized Compensation of the Exonerated”，New York University Journal of Legislation and Public Policy，Vol. 11，2008，pp. 428 – 440。

② 参见薛刚凌主编：《国家赔偿法教程》，中国政法大学出版社 1997 年版，第 29 页。

审中推翻了已经确定的刑事判决，被告人获得无罪释放时，国家应负赔偿责任。基于维持判决的既判力，对于已经确定的判决进行再审是极其例外的情况。除由法律明文规定以外，国家对于刑事司法不负赔偿责任。后来随着舆论界对司法职能不负赔偿责任的批评越来越多，1956 年最高法院在吉里案件的判决中承认国家对司法警察行为负赔偿责任，这一判决开创了国家对刑事司法行为负赔偿责任的先例。1970 年 7 月 17 日的《刑事诉讼法》将刑事司法行为的赔偿责任从司法警察行为扩展到刑事侦查和追诉行为。2000 年，法国通过了第 2000—516 号法律以及第 2000—1354 号法律，对刑事诉讼法中刑事赔偿部分进行了较大修改，使得法国刑事赔偿制度在赔偿范围、方式、标准以及赔偿程序等方面比以前更加科学，更具有可操作性。

从法典来看，法国的刑事赔偿制度大致可以分为两类：一是对错误羁押的赔偿，二是对错误裁判的赔偿。对刑事诉讼过程中错误羁押的赔偿规定在《法国刑事诉讼法典》第一卷（提起公诉及预审）第三编（预审法庭）第一章（预审法官：一级预审庭）第七节（司法监督与先行拘押）第三目中；[①] 对错误裁判的赔偿规定在《法国刑事诉讼法典》第三卷（非常上诉途径）第二编（申请再审）中。后者属于法国冤案赔偿机制的法律依据。

二、法国冤案赔偿制度的现状

对刑事诉讼过程中错误判决的赔偿，修订后的《法国刑事诉

---

① 对刑事诉讼过程中错误羁押的赔偿，修订后的《法国刑事诉讼法典》第 149 条第 1 款规定："在诉讼程序中受到先行羁押的人，在以最终确定的不起诉、免予处罚或宣告无罪之决定终结该程序时，有权对受到先行拘押给其造成的精神与物质上的损失请求全额赔偿……" 第 3 款规定："在向当事人通知不起诉、免予处罚或宣告无罪的决定时，应当告知当事人有权请求赔偿……" 参见《法国刑事诉讼法典》，罗结珍译，中国法制出版社 2006 年版，第 154 ~ 155 页。

讼法典》第626条作出了详细规定，具体内容如下：[①]

（2000年12月30日第2000—1354号法律）不影响《司法组织法典》第781—1条第2款与第3款之规定，依据本编之规定经认定无罪的被判刑人，有权按照判刑对其造成的物质与精神损失得到全额补偿金（赔偿金），但是，如当事人是为了让受到犯罪行为人逃避追诉，自由地并且是故意地接受或者听任受到错误指控而被判刑，不给予任何补偿（赔偿）。

能够证明判刑已对其造成损害的任何人，均可依相同条件请求补偿金（赔偿金）。

应当事人的请求，其受到的损失由鉴定人按照第156条及随后条款经对席程序进行评估。

补偿金（赔偿金）由当事人的居所在其辖区内的上诉法院的第一院长按照第149—2条至第149—4条规定的程序判定；如当事人提出请求，补偿金也可以由宣告其无罪的判决决定给予。在刑事法院，补偿金由该法院按照民事诉讼案件做出审理裁判，无需陪审团参与。

补偿金（赔偿金）由（1989年6月23日第89—431号法律）国家负担，但如判刑是由于民事当事人，告发人，伪证证人的过错而引起，且国家对此已提起追究时，国家不负担赔偿。补偿金（赔偿金）作为重罪、轻罪或违警罪案件诉讼费用支付。

（由1993年1月4日第93—2号法律废止）

如申请人有此要求，认定被判刑人无罪的再审判决应在原来宣告判刑的城市，重罪或轻罪实施地的市镇行区，再审之诉的申请人住所地的市镇行区，以及司法错误的受害人，如其已死亡，其出生地及最后住所地所在的市镇行区内张贴；在同样条件下，得命令将

① 参见《法国刑事诉讼法典》，罗结珍译，中国法制出版社2006年版，第374页。

此种判决摘录登载于《官方公报》以及由宣告决定的法院所选定的5家报纸。

以上公告，费用由国库负担。

具体而言，法国冤案赔偿制度有以下几个特点：

其一，冤案无辜者享有定罪后获得赔偿权，即只要符合法定条件，无辜者就有权获得赔偿，决定机关不具有审查裁量权。具体而言，冤案无辜者获得赔偿的法定条件包括以下几个要素：①之前已经被成功定罪判刑；②因判刑而遭受了损失；③后经过再审被宣告为无罪；④不是除外情形，即当事人是为了让受到犯罪行为人逃避追诉，自由地并且是故意地接受或者听任受到错误指控而被判刑。法国的这一规定与《公民权利和政治权利国际公约》第14条第6款的精神保持了一致。换言之，决定机关仅负责审查申请是否符合法定条件，不具备裁量权。

其二，从赔偿的内容来看，包括两项：精神赔偿和金钱性质的赔偿，即全面赔偿原则。前者是指由国库负担费用负责在相关报纸与官方公报上登载与公告再审判决，后者是指由国家支付的全部精神与物质损害赔偿金。

其三，从赔偿主体来看，赔偿金由国家负担，但对于进行告发的人或者作伪证的证人，因其过错致使法院错误宣告判刑判决的，国家有求偿权、可以请求赔偿。

其四，从赔偿程序来看，法国制定了专门的赔偿诉讼程序。如果申请人在再审程序中提出了请求，那么可以由再审法院决定给予赔偿，但要按照民事案件的程序进行。在再审判决之后，申请人必须在再审作出无罪判决起6个月内向上诉法院第一院长提出。在15日之内，赔偿申请转送检察长与国库司法人员。国库在2个月期限内提出意见，检察长在接收移送的案卷后的2个月期限内提出意见。申请人可以在1个月内提出辩驳意见。上诉法院第一院长可以进行一切必要的审前准备，甚至可以听取申请人的陈述。开庭日期一经确定，应通知申请人，并告知其可以反对公开开庭辩论。开庭之日，听取各方面当事人的意见说明；申请人第一个发言，并且最后一个发言。上诉法庭第一院长的决定公开开庭作出，并通知各当事人。各当事人被告知可以在10日之内向国家赔偿委员会提出申诉。国家赔偿委员会由最高司法法院第一院长（或者院长的代表）以及2名最高司法法院坐席司法官（法庭审判官或者调查审判官）组成。委员会实行的程序与上诉法院第一院长前实行的程序相同。对案卷进行审理准备之后，确定开庭日期，并通知各方当事人。言词辩论公开开庭进行，并按照相同的条件作出决定。在审查决定过程中，损失评估由鉴定人经过对席程序完成。①

其五，在刑事赔偿案件的管辖上，法国因存在普通法院和行政法院两套系统，对刑事赔偿的司法管辖权问题的争论由来已久。目前的司法实践中，已有明确的划分，即法官因贪污、武断行为、敲诈或拒绝司法公正而发生的不法侵害，由普通法院管辖；因无罪逮捕或正常的司法活动中的侵权行为发生的不法侵害，由行政法院管辖。

第四节　中国关于无辜者的救济措施

目前，我国针对冤案无辜者的救济主要集中在经济赔偿方面，主要法律依据是《国家赔偿法》。

一、刑事赔偿制度的历史变迁

1989年4月4日，第七届全国人民代表大会第二次会议通过了《行政诉讼法》，确立了行政赔偿制度，但对于刑事赔偿问题，仍然没有任何法律作出具体规定。在此之后，全国人大常委会法制

---

① 参见［法］贝尔纳·布洛克著：《法国刑事诉讼法》，罗结珍译，中国政法大学出版社2009年版，第422页。

工作委员会成立了专门的起草小组着手制定《国家赔偿法》。该小组在总结实践经验的基础上，借鉴了国外有关国家赔偿的规定，于1992年10月拿出《国家赔偿法》试拟稿，印发有关部门、各地方和法律专家征求意见，在此基础上，拟定了《国家赔偿法草案》。该草案又经多次讨论和修改，于1994年5月12日第八届全国人大常委会第七次会议上通过。《国家赔偿法》自1995年1月1日起施行，其中专设一章规定刑事赔偿问题，从而在我国正式建立了刑事赔偿制度。

刑事赔偿制度自1995年实施以来，在保护当事人合法权益，促进国家机关及其工作人员依法行使职权等方面发挥了重要作用。但随着我国经济、社会的快速发展和法制的进一步完善，《刑法》、《刑事诉讼法》相继修改，刑事赔偿制度与相关法律规定出现了不协调，在实施中暴露出了一些问题和不足，有关部门在执法实践中也产生了一些认识上的分歧。这些问题不同程度地导致了国家赔偿"确认难、决定难、执行难"的出现，社会各界对此反响强烈。

面对实践中暴露出来的突出问题，我国于2010年和2012先后对国家赔偿法进行了修改和完善，修改的重点是完善程序、畅通机制，同时适当扩大赔偿范围、增加赔偿项目。

二、现行国家赔偿法中的冤案赔偿制度

（一）归责原则

我国国家赔偿法第二条规定，国家机关和国家机关工作人员行使职权，有本法规定的侵犯公民、法人和其他组织合法权益的情形，造成损害的，受害人有依照本法取得国家赔偿的权利。可见，在冤案赔偿问题上，我国坚持了结果责任原则。这有利于保障人权，有利于立法的统一，有利于解决司法实践中的混乱局面，有利于将国家赔偿责任与冤案的责任追究问题分离开来。①

① 参见赵琳琳著：《冤案问题研究》，中国法制出版社2012年版。

（二）冤案赔偿的适用情形与条件

国家赔偿法第 17 条、第 18 条规定了刑事诉讼中引起刑事赔偿责任的行为或情形。其中第 17 条第三项规定了冤案赔偿的依据——再审改判无罪原判刑罚已经执行，即依照审判监督程序再审改判无罪，原判刑罚已经执行的。由此可见，我国冤案赔偿的适用条件包括：①原有罪判决已经生效，原判刑罚已经执行；②后经再审改判无罪；③不属于国家免责的情形。第 19 条规定了国家不承担赔偿责任的情形。具体到冤案赔偿免责情形，主要是指因公民自己故意作虚伪供述，或者伪造其他有罪证据被判处刑罚的。

（三）冤案赔偿请求人与赔偿义务机关

受害的公民、法人和其他组织有权要求赔偿。受害的公民死亡，其继承人和其他有扶养关系的亲属有权要求赔偿。受害的法人或者其他组织终止的，其权利承受人有权要求赔偿。

行使审判职权的机关为赔偿义务机关。具体而言，再审改判无罪的，作出原生效判决的人民法院为赔偿义务机关；二审改判无罪，以及二审发回重审后作无罪处理的，作出一审有罪判决的人民法院为赔偿义务机关；依照审判监督程序再审改判无罪，原判罚金已经执行的，由作出原生效裁判的人民法院作为赔偿义务机关。对于依照审判监督程序改判无罪，原判没收财产已经执行的，由第一审人民法院作为赔偿义务机关更为妥当。

（四）赔偿程序

《国家赔偿法》第 22 条第 1 款规定："赔偿义务机关有本法第十七条、第十八条规定情形之一的，应当给予赔偿。"因此，修改后的《国家赔偿法》取消了确认程序，对于赔偿请求人提出的赔偿申请应当及时进入赔偿程序。《国家赔偿法》第 22 条第 2 款规定："赔偿请求人要求赔偿，应当先向赔偿义务机关提出。"可见，赔偿请求人提出赔偿申请首先必须经过赔偿义务机关先行处理。

《国家赔偿法》第 23 条第 1 款规定："赔偿义务机关应当自收到申请之日起两个月内，作出是否赔偿的决定。赔偿义务机关作出赔偿决定，应当充分听取赔偿请求人的意见，并可以与赔偿请求人就赔偿方式、赔偿项目和赔偿数额依照本法第四章的规定进行协商。”本款明确了赔偿义务机关办理赔偿案件的基本程序要求。同时，《国家赔偿法》第24条和第25条的规定明确了赔偿复议程序。

《国家赔偿法》第27条、28条的规定还明确了人民法院赔偿委员会办理赔偿案件的程序：“人民法院赔偿委员会处理赔偿请求，采取书面审查的办法。必要时，可以向有关单位和人员调查情况、收集证据。赔偿请求人与赔偿义务机关对损害事实及因果关系有争议的，赔偿委员会可以听取赔偿请求人和赔偿义务机关的陈述和申辩，并可以进行质证。人民法院赔偿委员会应当自收到赔偿申请之日起三个月内作出决定；属于疑难、复杂、重大案件的，经本院院长批准，可以延长三个月。”

另外，根据《国家赔偿法》第31条的规定，刑事司法机关工作人员执行职务中故意或者过失造成损害的，赔偿义务机关应当向该工作人员追偿部分或者全部赔偿费用。行使追偿权的范围限于如下两种行为：①有刑讯逼供、殴打、虐待等行为或者违法使用武器、警械造成公民身体伤害或者死亡的；②在处理案件中有贪污受贿，徇私舞弊，枉法裁判行为的。

（五）赔偿方式与计算标准

根据《国家赔偿法》第32条的规定，国家赔偿以支付赔偿金为主要方式，以恢复原状、返还财产为辅。具体而言，侵犯公民人身自由的，每日赔偿金按照国家上年度职工日平均工资计算。侵犯公民生命健康权的，分为三种情况：一是造成身体伤害的，应当支付医疗费、护理费，以及赔偿因误工减少的收入。减少的收入每日的赔偿金按照国家上年度职工日平均工资计算，最高额为国家上年度职工年平均工资的5倍；二是造成部分或者全部丧失劳动能力的，应当支付医疗费、护理费、残疾生活辅助具费、康复费等因残疾而增加的必要支出和继续治疗所必需的费用，以及残疾赔偿金。

残疾赔偿金根据丧失劳动能力的程度，按照国家规定的伤残等级确定，最高不超过国家上年度职工年平均工资的20倍。造成全部丧失劳动能力的，对其扶养的无劳动能力的人，还应当支付生活费；三是造成死亡的，应当支付丧葬费和死亡赔偿金，总额为国家上年度职工年平均工资的20倍。对死者生前扶养的无劳动能力的人，还应当支付生活费。对于生活费的发放标准，参照当地最低生活保障标准执行。被扶养的人是未成年人的，生活费给付至18周岁止；其他无劳动能力的人，生活费给付至死亡时止。

侵犯财产权的赔偿标准分为以下几种情形：一是能够返还财产、恢复原状的，予以返还财产和恢复原状，即处罚金、追缴、没收财产的，返还财产，查封、扣押、冻结财产的，解除对财产的查封、扣押、冻结；二是财产被损坏、灭失或者拍卖、变卖的，予以恢复原状或给付赔偿金，即应当返还的财产损坏的，能够恢复原状的恢复原状，不能恢复原状的，按照损害程度给付相应的赔偿金，应当返还的财产灭失的，给付相应的赔偿金，财产已经拍卖或者变卖的，给付拍卖或者变卖所得的价款，变卖的价款明显低于财产价值的，应当支付相应的赔偿金；三是责令停产停业或者因查封等导致停产停业的，赔偿停产停业期间必要的经常性费用开支，排除了受害人在停产停业期间的其他可得收入；四是返还执行的罚金、追缴或者没收的金钱，解除冻结的存款或者汇款的，应当支付银行同期存款利息，这是修改后的《国家赔偿法》新增加的赔偿内容，属于间接损失。除此之外，《国家赔偿法》将赔偿范围限制为直接损失。

（六）对精神损害的赔偿

《国家赔偿法》第35条规定："有本法第三条或者第十七条规定情形之一，致人精神损害的，应当在侵权行为影响的范围内，为受害人消除影响，恢复名誉，赔礼道歉；造成严重后果的，应当支付相应的精神损害抚慰金。"从而明确了因错误定罪判刑而造成公民精神损害的救济方式。

（七）刑事赔偿时效

根据《国家赔偿法》第 39 条的规定，赔偿请求人请求国家赔偿的时效为两年，自其知道或者应当知道国家机关及其工作人员行使职权时的行为侵犯其人身权、财产权之日起计算，但被羁押等限制人身自由期间不计算在内。赔偿请求人在赔偿请求时效的最后 6 个月内，因不可抗力或者其他障碍不能行使请求权的，时效中止。从中止时效的原因消除之日起，赔偿请求时效期间继续计算。

三、评析

总体来说，从趋势上看，我国刑事赔偿制度处于不断进步之中。有关实证研究表明，我国刑事赔偿制度过去一直存在索赔难、赔偿范围窄、赔偿金额少等主要问题。[①] 2010 年国家赔偿法的修改一直在努力解决这些问题，特别是明确了冤案赔偿的结果责任原则、取消了确认程序、增加了精神损害赔偿、适当扩大了赔偿范围。至于实效如何，有待于实践的检验。尽管如此，我国冤案赔偿制度仍然存在提高的空间，主要包括以下几个方面：[②]

第一，免责条款有待细化。根据我国国家赔偿法的规定，对于因公民自己故意作虚伪供述或者故意伪造其他有罪证据被判处刑罚的，国家不予赔偿。如何理解“故意”成为关键，否则，极有可能导致司法实践中误用、滥用这一免责条款。从国外的立法例来看，应当区分自愿的故意和非自愿的故意。从理论上讲，国家免责的情形仅限于自愿的故意。对于刑讯逼供、心理强迫等非自愿的故意作虚假供述的情形，不能免除国家赔偿责任。

---

① 参见郭欣阳：《刑事错案赔偿的立法与实践问题》，载《人大法律评论》2012 年卷第二辑。

② 参见陈光中、范琳琳：《国家刑事赔偿制度改革若干问题探讨》，载《中国社会科学》2008 年第 2 期。

第二，赔偿标准有待提高和明确。就当前国家赔偿法设立的赔偿标准来看，采取了抚慰性原则。从实践来看，我国冤案的无辜者获得的赔偿金额过低，难以有效弥补其所遭受的经济损失和心理创伤。因此，我国应当建立以补偿性赔偿标准为主，抚慰性赔偿标准和惩罚性赔偿标准为补充的灵活赔偿标准体系。依据具体案件的情况，结合考虑多方面因素作出合理的赔偿。我国确立的精神赔偿是一大进步，但是由于条款过于抽象笼统，在司法实践中可操作性不大。特别是冤案给无辜者带来的精神创伤往往是非常严重的，精神损害赔偿对于补救冤案对无辜者带来的精神伤害发挥着不可替代的作用。

第三，赔偿程序需要进一步完善。由于刑事赔偿特别是冤案赔偿通常带有紧迫的救济功能，因此赔偿程序的设计应当出于人文精神，突出便捷、有效的原则。基于这一考虑，应当取消复议程序。一是因为赔偿义务机关的上级机关作为复议机关，很难保障复议程序和结果的公正性；二是因为复议程序是向人民法院赔偿委员会申请裁决的前置程序，表面上为赔偿请求人增加了一次机会，实际上相当于设置了一道障碍，赔偿程序变得复杂、繁冗，有悖于便捷、有效的原则，不利于发挥赔偿救济的及时性功能。

第五节　比较与启示

一、冤案赔偿的理论依据与归责原则

冤案赔偿的理论依据与国家赔偿几乎无异，国家原则上应当赔偿冤案的无辜者已经成为世界各国公认的道义。《公民权利和政治权利国际公约》第 14 条第 6 款也反映了这一主张。公约要求赋予无辜者定罪后获得刑事赔偿权，只要符合公约规定的条件，无辜者就应当获得刑事赔偿。各国在对待这一条款时采取了不同的态度和理解，大多数国家接受了这一条款，个别国家提出了保留和解释性

声明。纵观各国的做法，基本上可以分为两类：

第一类是按照公约规定，赋予无辜者定罪后获得刑事赔偿权。直接将第14条第6款转化为国内法的国家普遍采取了这一做法，例如英国。有的国家虽未直接转化，但是国内法秉承了公约第14条第6款的精神，例如法国。定罪后获得刑事赔偿权，意味着获得赔偿是无辜者的一种权利，只要符合公约规定的条件，国家就应当履行赔偿义务。在赔偿程序中，审查决定机关的任务是判断具体申请是否符合法定条件，并不具有裁量权。

第二类是对公约第14条第6款作出解释性声明或者保留，典型做法是仅仅承认冤案无辜者具有刑事赔偿申请权，国家具有刑事赔偿的决定权，例如美国。正因如此，美联邦政府没有强制要求各州必须设立冤案赔偿法律，只要求各州提供有效的、可执行的冤案赔偿机制。这一机制的具体设置不受限制，可以采取多种形式。同时，这一机制的最大特点是具有灵活性，除公约规定的条件之外，冤案赔偿还要受到国内法合理条件的限制，即各州在决定是否给予无辜者刑事赔偿时具有相当大的裁量空间。例如许多州要求获得刑事赔偿的冤案仅限于重罪。这实际违背了公约第14条第6款规定的基本精神。

依照公约第14条第6款规定的精神，冤案赔偿的归责原则是结果归责原则。结果归责原则与民事责任中的严格责任或者危险责任原则相近，目前在冤案赔偿责任中逐渐被越来越多的国家所认同。结果归责原则，是指不论国家机关及其工作人员是否违法行使职权，是否存在过错，只要证明损害结果的存在，国家即承担赔偿责任。[①] 结果归责原则具有与过错归责原则（是否有过错或违法）截然不同的内容，而是实行客观归责，所以结果归责原则也称为无过错归责原则。由于结果归责原则不评判侵权行为的成因、性质和内容，不查明是否违法或有无过错，而是从侵权行为的结果着眼，从损害结果出发，在人权意识日渐高涨的现代民主社会，对保护公民个人的权益无疑能起到重要作用。但无限扩大结果归责原则的适用范围，在一定程度上又会影响司法人员履行惩治犯罪职能的积极性，所以对结果归责原则的适用应注意范围不宜过宽。结果归责原则为英、美、法等国家相继采用，但并未将其作为一般的归责原则，而仅作为过错归责原则的补充，在整个归责原则体系中始终处于辅助从属地位。鉴于此，笔者主张应当在冤案赔偿问题上坚持结果归责原则。至于其他刑事赔偿领域则另当别论。

二、冤案赔偿的适用范围：疑罪从无案件

上文提到，有些国家之所以对公约第 14 条第 6 款提出保留或解释性声明，认为国家在决定是否赔偿冤案无辜者的问题上具有裁量空间，主要是因为想极力避免仅仅因证据不足或者程序瑕疵而在特殊救济程序中被无罪释放的实际上实施了犯罪行为的公民获得国家赔偿。这一考虑无可厚非，因为实施犯罪行为的人最终不仅没有

① 这项原则产生于 19 世纪下半叶，当时随着科学技术的迅猛发展和广泛运用，政府权力的不断扩张，公务活动造成的异常危险状态与日俱增。在这种背景下，即使不发生过错和违法行为，也可能导致公民合法权益受到损害，而过错责任原则对这种危害的救济显然力不从心，为弥补过错责任原则之不足，结果归责原则应运而生。结果归责原则的理论基础是社会连带主义思想和公共负担人人平等原则。法国学者瓦斯内尔对此指出："在公法领域，因公共或公益上必要而引起之损害，多半出于无过错，这等于是为公益之目的，而使特定个人单独负担损害，这种负担从本质上讲，是与租税同其性质，可是租税征收原则，原以人民按正义而各为公平缴纳，因此偶尔使人民遭受牺牲，应视同对公共负担原则之破坏，今将其损害予以弥补，可谓平等之重建。"也就是说，结果归责原则的宗旨在于将社会管理危险造成的风险损失，由个人承担而转嫁于全体社会成员共同承担，以实现危险责任社会化。

受到惩罚反而受益是一种极大的讽刺。从理念上，这种坚持是正确的。然而，在司法实践中，人类的审判不是万能的，在很多情况下只能妥协。如果在冤案赔偿制度设计上过分坚持这一原则，则会导致大量无辜者无法获得国家赔偿。两害相权取其轻，人类不得不作出妥协。这种妥协类似于不枉不纵理想破灭后的让步，宁可放纵犯罪，也不可冤枉无辜。当然，在制度设计上，我们可以尽量避免这种不合理现象，但是无法杜绝。这也是美国许多州在冤案赔偿立法上遇到的现实困境：因为要求申请人证明自己事实上无罪，许多州设置了过高的证明标准，导致许多冤案无辜者无法成功获得刑事赔偿。

基于这种考虑，笔者认为因疑罪从无而后在再审程序中被改判无罪的公民也有权申请国家赔偿。① 这与《公民权利与政治权利国际公约》的规定是一致的。正因如此，公约中使用了“刑事司法错误（Miscarriage of Justice）”，而未性使用“冤案（Wrongful Conviction）”。程序瑕疵或者证据不足之下被定罪后又被推翻，当然属于刑事司法错误，应当给予刑事赔偿。至于是否为冤案，则在所不问。

三、冤案赔偿程序

由于冤案无辜者具有获得赔偿的权利，同时考虑到冤案赔偿的独特性，无辜者往往需要及时得到赔偿，因此在设置冤案赔偿程序时，存在以下几个趋势：

其一，冤案赔偿程序的设置应当以人道主义为指导，坚持快捷、有效的原则。其二，冤案赔偿程序不应当设立确认等类似程序，应当直接进入赔偿决定程序。其三，冤案赔偿程序不应当采取严格诉讼的形式，而应采取类似于行政听证的形式，同时应当坚持

---

① 陈光中也持这一观点，参见陈光中、范琳琳：《国家刑事赔偿制度改革若干问题探讨》，载《中国社会科学》2008 年第 2 期。

灵活的特点，设立协商程序。其四，设立有效的申诉救济程序。

四、系统性的无辜者救济机制

纵观世界大多数国家的冤案赔偿制度，发现对无辜者的救济主要集中在经济赔偿方面，包括中国在内的某些国家还规定了精神赔偿措施。然而，从实践角度来看，这些都是远远不够的。无辜者在被羁押多年之后，经济赔偿固然重要，但还面临着如何快速良好地回归社会这一长期问题。因此，经济赔偿仅仅是无辜者救济工作中的一部分。从现实需要来看，精神创伤修复、医疗保障、就业帮助、教育需求等多方面都急需救助。于是，形成全面系统的无辜者救济机制是一个必然趋势，政府有义务帮助无辜者重新融入社会。

第六章　冤案预防比较研究

第一节　美国冤案的预防与司法改革

从冤案的客观存在到冤案的数量预计，再到冤案的成因和防治对策建议，尽管美国对冤案的研究成果已经相当丰富和深入，但是与此形成鲜明对比的是，在司法实践中采取预防对策或者司法改革的实际行动却稍显逊色。例如，当前对导致美国冤案成因的研究已经相当成熟，但是迟迟没有看到刑事司法系统对此进行统一的系统性修正。在美国这样一个典型的联邦制国家中，存在多套刑事司法系统和法律制度，这的确在某种程度上限制了联邦政府的作为范围和空间，更多具体的针对性预防措施和司法改革有待于州政府的积极作为。①

一、联邦层面的努力

（一）2004 年《无辜者保护法》

作为《全民正义法》的一部分，《无辜者保护法》于 2004 年 10 月 30 日正式成为法律。这部法律规定了一揽子全面性刑事司法系统改革措施，旨在减少无辜者被错误执行死刑的风险。总体而言，这部法律主要从四个方面规定了相关措施：

① 参见 Jon B. Gould，“Introduction”，in Marvin Zalman and Julia Carrano（eds.），Wrongful Conviction and Criminal Justice Reform：Making Justice，Routledge，2013，pp. 1－2。

其一，保障被定罪者有机会通过 DNA 检测来证明自己无罪；

其二，帮助各州在刑事司法的各个阶段为死刑案件的被告人提供充分的法律援助；

其三，保障那些已经证明自己无罪的无辜者能够获得赔偿；

其四，向公众公开关于死刑法律管理方面更多详细可靠的信息。[①]

这部法律通过后，由参议院司法委员会领导人提出的修正案获得通过，主要保障未来5年内不少于2亿美元的经费投入到《全民正义法》规定的司法项目运作中。其中大部分资金分配到了《无辜者保护法》中规定的实施项目：0.825 亿美元用于各种形式的 DNA 技术教育、培训、研究和检测；0.13 亿美元用于柯克·布鲁沃斯（Kirk Bloodsworth）定罪后 DNA 检测资助项目；1.11 亿美元投入到死刑案件改善资助项目，旨在提高死刑案件中针对贫穷被告人的法律援助质量。在这一修正案的推动下，美国当时因经费短缺问题已经积压的30万例待检测的 DNA 得以顺利鉴定，对锁定和惩罚真凶有极大的帮助；许多囚犯获准进行了定罪后 DNA 检测，有了可以证明自己无罪的机会；贫穷的被告人获得了高质量的法律援助，死刑案件的公正性得到大幅度提高。

（二）检察官的纠正冤案的义务

作为各州法律职业道德的重要参照，美国律师协会最新版的《职业行为示范规则》明确规定了检察官具有纠正冤案的职责。根据3.8（g）条的规定，如果检察官知悉或发现了新的、可靠的重要证据，合理地表明被定罪者很有可能没有实施被指控的犯罪，检察官应当立即将这一证据披露给法院。如果有罪判决是在检察官所在的司法管辖区内作出的，他还应当立即将这一证据披露给被定罪者，进一步调查被定罪者无罪的事实。一旦检察官认为有明显且令

① 参见 C. Ronald Huff and Martin Killias, Wrongful Conviction: International Perspectives on Miscarriages of Justice, Temple University Press, 2008, pp. 65－66。

人信服的证据证明被定罪者没有实施被指控的犯罪，应当启用救济程序纠正冤案。①

（三）暂时受挫的全国调查

2008 年，来自弗吉尼亚州的议员吉姆（Jim Webb）提出了设立全国刑事司法委员会的议案，旨在对美国刑事司法体制存在的问题，尤其是冤案现象展开为期 18 个月的深入调查。在吉姆看来，委员会的任务不仅仅是发现冤案频发的原因，而且还要寻找解决方案。② 如他所言，美国人口占世界人口的 5%，但羁押人口却占世界羁押人口的 25%。在这一奇怪现象背后，无非有两种可能：要么美国具有世界上最邪恶的公民，要么美国的刑事司法体制出现了某些严重性错误。③ 根据吉姆的建议，该委员会的调查工作应当具有全面性，负责审查各级刑事司法体制中存在的问题。委员会由 14 名成员组成，包括来自执法机构、司法机构、监狱、精神科学或者生理健康方面的代表。

然而，2011 年 10 月，吉姆的议案受到了议会中共和党人的质疑。有人批评指出，吉姆的议案已经超越了议会的能力，甚至还有人认为这是违反宪法的。尽管对此存在争议，但有一点共识是：18 个月的全面审查是远远不够的。另外，在支持者中，也有人提出了一些异议，认为这一调查工作应当由学界的专家完成，以保障更加真实、客观地反映现实刑事司法体制中存在的问题。

---

① 参见 American Bar Association, "Model Rules of Professional Conduct", 2009, from http://www.americanbar.org/groups/professional_responsibility/publications/model_rules_of_professional_conduct/model_rules_of_professional_conduct_table_of_contents.html。

② 参见 The National Criminal Justice Commission Act of 2009, from http://thomas.loc.gov/cgi-bin/bdquery/z? d111: S714。

③ 参见 Jim Webb, "Reviewing Criminal Justice", March 30, 2009, from http://virginiadem.wordpress.com。

二、各州的措施与改革

（一）辨认程序改革

联邦最高法院曾在多起判例中谈及了暗示性目击证人辨认问题。在曼森诉布拉思韦特案（Manson v. Brathwaite）中，最高法院创立了目击证人辨认证据可采性的双重检验规则。[①] 第一重检验重点是调查辨认程序是否带有不必要的暗示性。如果带有不必要的暗示性，第二重检验是关注辨认结果是否满足可靠性的最低标准。[②] 法官同时明确了应当从以下几重因素来考量目击证人辨认证言的可靠性：①犯罪发生时目击证人看见真凶的机会；②目击证人目睹真凶时的注意力程度；③目击证人对真凶的描述与被告人外貌的一致程度；④目击证人当初看见真凶与随后进行辨认的时间间隔；⑤目击证人对辨认结果的确定程度。[③]

然而，学者普遍认为，最高法院关于目击证人辨认证据可采性的指导规则不足以防止陪审团采纳不可靠的辨认结果。[④] 在已经发现的冤案中，目击证人的错误辨认是一个常见成因，这也支持了学者们的结论。许多学者以及包括美国司法研究所（National Institute of Justice，简称 NIJ）、美国律师协会（American Bar Association，简称 ABA）和洗冤工程在内的多家机构提出了系统性的改革建议，

① 参见 Manson v. Brathwaite，432 U. S. 98（1977）。

② 参见 Manson v. Brathwaite，432 U. S. 98，p. 106（1977）。

③ 参见 Manson v. Brathwaite，432 U. S. 98，p. 114（1977）。

④ 参见 Gary L. Wells and Death S. Quinlivan，“Suggestive Eyewitness Identification Procedures and the Supreme Court's Reliability Test in light of Eyewitness Science：30 Years Later”，Law and Human Behavior，Vol. 33，2009，p. 1。

旨在提高目击证人辨认的可靠性。[①] 其中许多改革方案直接来源于实验研究成果，基本精神是辨认程序应当尽量严格依照科学原理进行。当前的科学研究成果已经表明，辨认过程中存在发生错误的诸多风险，唯有通过程序保障措施才能降低这一风险。[②]

美国学界或实务界提出的各种建议方案主要包括以下六个方面：

1. 辨认列队的组成

在列队辨认程序中，警方锁定的嫌疑犯不应当以任何方式披露给或暗示给目击证人。在当今普遍利用的列队辨认程序中，警方应当向目击证人提供充足数量的相似填装者，防止将某一特定列队成

① 研究机构的成果参见 National Institute of Justice，“Eyewitness Evidence：A Guide for Law Enforcement”，1999，from https：//www. ncjrs. gov/pdffiles1/nij/178240. pdf；National Institute of Justice，“Police Lineups：Making Eyewitness Identification More Reliable”，2007，from https：//www. ncjrs. gov/pdffiles1/nij/219603a. pdf；National Institute of Justice，“Eyewitness Evidence：A Trainer´s Manual for Law Enforcement”，2003，from https：//www. ncjrs. gov/nij/eyewitness/188678. pdf；American Bar Association—Criminal Justice Section，“Report to the House of Delegates：Resolution Adopting the American Bar Association Statement of Best Practices for Promoting the Accuracy of Eyewitness Identification Procedures”，2004，from http：//www. abanet. org/leadership/2004/annual/111c. doc；American Bar Association，“Achieving Justice：Freeing the Innocent，Convicting the Guilty”，2006，Chapter 3，from http：//apps. americanbar. org/crimjust/committees/innocencebook. pdf；Innocence Project，“Reevaluating Lineups：Why Witnesses Make Mistakes and How to Reduce the Chance of a Misidentification”，2010，from http：//www. innocenceproject. org/docs/Eyewitness_ ID_ Report. pdf；The Justice Project，“Eyewitness Identification：A Policy Review”，2007，http：//www. psychology. iastate. edu/ ~glwells/The_ Justice%20Project_ Eyewitness_ Identification_ %20A_ Policy_ Review. pdf。

② 参见 Gary L. Wells et al.，“Eyewitness Identification Procedures：Recommendation for Lineups and Photospreads”，Law and Human Behavior，Vol. 22，1998，p. 627；Gary L. Wells and Eric P. Seelau，“Eyewitness Identification：Psychological Research and Legal Policy on Lineups”，Psychology，Public Policy and Law，Vol. 1，1995；Gary L. Wells and Elizabeth A. Olson，“Eyewitness Testimony”，Annual Review of Psychology，Vol. 54，2003。

员过分突显出来。[①] 根据有关建议，为了减少暗示性、增加准确性，可采取下列措施：[②]

● 每组列队中应当只包括一名犯罪嫌疑人。

● 除了警方锁定的嫌疑犯之外，在辨认照片时，应当至少包括5名填装者；在实人列队辨认时，应当至少包括4名填装者。

● 所挑选的填装者应当类似于证人对真凶的描述，包括证人所描述的重要或显著特征（如相貌、体重和体形等）以及其他独特的或不寻常的特征（如疤痕、文身等）。同时，他们彼此间必须存在一些可识别的差异。

● 当刑事案件涉及多名犯罪嫌疑人时，如果目击证人先前已经参与了对其中一名嫌疑人的辨认，那么他再参与对其他嫌疑人的辨认时，列队中的填装者应当不同于先前辨认程序中的列队填装者。

● 如果存在多名目击证人，那么每位目击证人进行辨认时，嫌疑人在照片列队或实人列队中的位置应当有所不同。每位目击证人在辨认之前、过程中和之后都应当接受隔离，并禁止他们相互讨论有关问题。

● 在辨认过程中，任何关于嫌疑人之前被逮捕、被指控或被定罪的书面材料或信息以及任何将嫌疑人与犯罪联系起来的信息都应当避免被目击证人知悉。

2. 使用不知情的辨认主持者

“不知情主持者”规则背后的科学依据是：检测对象会受到检测实施者的期望的影响——具体而言，在辨认程序中，目击证人会

① 参见 Roy S. Malpass et al.,“Lineup Construction and Lineup Fairness,” *Handbook of Eyewitness Psychology*: *Memory for People*, 2, 2007, p. 155。

② 参见 R. C. L. Lindsay and R. S. Malpass,“Issues in the Measurement of Lineup Fairness,” *Applied Cognitive Psychology*, *Vol.* 13, 1999。

受到辨认主持者的预期的影响。[①] 因此，主持辨认程序的那个人不应当知悉谁是警方锁定的嫌疑犯，谁是填装者。当主持者不知道谁是警方锁定的嫌疑犯时，他就不可能引导或暗示目击证人指认某人或者促使目击证人忽视其他列队成员，即使这种引导或暗示是无意识的。此外，证人也无法从主持者那里获得任何指导或确认，以防止污染或破坏目击证人的辨认结果以及人为地增加目击证人对辨认结果的自信心。[②] 在某些警察局，要找到一名对特定案件不知情的警察来组织和主持辨认，是一个极大的困难或挑战。例如，司法管辖区的范围可能会很小，所有警察都熟知案件情况和有关嫌疑犯。在这种情形下，执法机构可以采用诸如“文件袋方式”等措施，保障警察在不知情的情况下组织和主持辨认程序。[③]

3. 辨认前对目击证人进行特定说明和提示

通常情况下，目击证人在参与辨认时都会认为真凶在辨认列队中，他会承受潜在的压力，必须指认出其中一人。在这种情况下，非常容易导致错误辨认。因此，在辨认前，向目击证人进行特定说

---

① 参见 R. Rosenthal and D. B. Rubin，“Interpersonal expectancy effects：The first 345 studies，” Behavioral and Brain Sciences，Vol. 3，1978，pp. 377 – 386。

② 参见 Gary L. Wells et al.，“Eyewitness Identification Procedures：Recommendations for Lineups and Photospreads，” Law and Human Behavior，Vol. 22，1998，pp. 629 – 631。

③ 当所有的警察都参与到某个案件时，“文件袋方式”是一种保障主持者不知情的简单有效、成本低廉的方式。具体措施为：准备好嫌疑犯的照片、5 张填装者的照片和 10 个文件袋后，警察将每张照片放进一个独立的文件袋（最后剩下 4 个空的文件袋），然后在向目击证人展示之前将顺序打乱。随后，当目击证人打开文件袋时，主持者应当站在合适的位置以避免看到文件袋内的照片。通过此种方法，警察就无法得知在特定时间目击证人正在观看的是哪一张照片。警察还应当告诉目击证人他自己并不知道哪个文件袋中是嫌疑犯的照片。另外 4 个多余的文件袋不会装有任何照片，它们作为有形无实的文件袋以保障目击证人不知道哪个文件袋包含着最后一张照片。文件袋方式采用的是依次轮流展示列队成员照片的方式，而不是同时。关于依次展示的规则参看下文。在使用这种方式时，应当将列队辨认的其他建议和依次展示的规则结合起来运用。参见 Wisconsin Department of Justice，Bureau of Training and Standards for Criminal Justice，“Model Policy and Procedure for eyewitness Identification”，2005，from http：// www. doj. state. wi. us/dles/tns/eyewitnesspublic. pdf。

明和提示，有助于降低目击证人在选择时可能面临的压力。例如，为了保护无辜者，应当提示目击证人："真凶有可能在，也有可能不在其中"。因为有关研究已经表明，当目击证人被告知真凶可能不在其中时，他们指认无辜者为凶手的几率会大大较低。[1] 诸如此类的说明和提示，既可以防止目击证人简单地从列队中指认最类似于真凶的成员，还可以避免目击证人迫于压力而盲目作出选择。[2]洗冤工程指出，在辨认之前进行特定说明和提示是以社会科学研究为基础的，并已经全部或部分地得到了美国司法研究所、威斯康星州司法部和新泽西总检察长办公室的认可。这些提示和说明应当在开始辨认程序之前进行，主要包括：

- 向目击证人描述照片列队时，称为"照片汇总"。
- 告知目击证人犯罪之人可能在，也可能不在其中。
- 告知目击证人无论他是否作出辨认，警察都会继续进行侦查。
- 告知目击证人用自己的语言陈述对辨认结果的确定程度。
- 告知目击证人主持者并不知晓谁是嫌疑犯。
- 告知目击证人不要与本案的其他目击证人讨论辨认程序及结果，也尽量避免接触媒体。

4. 置信陈述

数十年确凿的实证证据表明，陪审团往往认为自信的目击证言是可靠的。社会科学家对此更为了解。加里解释道："如果你要将某人从列队中挑选出来，你需要开始回想那个人的脸部特征。于是，你便开始回忆犯罪现场，随后对比考虑从列队中挑选出那个人。此时，在没有意识到的情况下，目击证人的原始记忆已经开始

① 参见 Gary L. Wells et al.，"Eyewitness Identification Procedures：Recommendations for Lineups and Photospreads，" *Law and Human Behavior*，Vol. 22，1998，p. 623。

② 参见 Nancy M. Steblay，"Social Influence in Eyewitness Recall：A Meta – Analytic Review of Lineup Instruction Effects"，Law and Human Behavior，Vol. 21，1997，p. 283。

受到污染。”[①] 准备审判和交叉询问的过程同样也被证实会增加目击证人的自信。[②] 在审判时，陪审团通常只会听目击证人的确定性陈述，而往往忽视他们在辨认程序中的犹豫不决。一位证人可能会说，“他的确很像凶手” 或者 “我想就是他”，这与绝对确定性的辨认是不同的。无论目击证人的具体措辞是什么，辨认的主持者应当在目击证人辨认后立即询问并如实记录目击证人对辨认结果确定程度的描述。此外，在将目击证人关于确定程度的描述记录下来之前，应当禁止向目击证人提供任何关于辨认结果的信息。即使如此，在整个辨认过程中，仍不提倡给予目击证人任何回应。这项看似简单的改革措施对于陪审团充分理解目击证人辨认结果这一证据至关重要。

5. 对辨认程序进行录音录像

辨认程序是侦查阶段最重要的一部分，而且关于辨认程序的任何方面都有可能在审判中成为关键问题。在目击证人和主持者之间进行的口头的或者书面的交流细节，对于陪审员评估辨认结果的准确性至关重要。因此，对辨认程序进行录音录像可以回击在审判中面临的各种质疑。此外，规范的辨认程序录像同时还可以用来培训其他执法机关和执法人员，向其演示辨认程序中在挑选填装者、保障主持者不知情以及说明提示等方面的合理操作技巧与最佳做法。最后，对辨认程序进行录音录像有助于提升公众对刑事司法的信心。

6. 依次辨认

在典型的照片辨认和实人列队辨认中，列队成员都是同时立即呈现给目击证人的。这种方式增加了目击证人进行比较判断的倾向

---

① 参见 *Innocence Project*, “In Their Own Words: Q & A with Gary Wells, Professor of Psychology at Iowa State University and Eyewitness Identification Expert,” 2007, p. 17。

② 参见 Gary L. Wells and Amy L. Bradfield, “Good, You Identified the Suspect: Feedback to Eyewitnesses Distorts Their Reports of the Witnessing Experience,” *Journal of Applied Psychology*, *Vol.* 83, 1998, p. 361。

性，他可能将其中某个列队成员与其他人进行比较后，最终挑选那位最接近真凶的成员。依次辨认——每次只展示一名列队成员——有助于降低比较选择的倾向，鼓励目击证人将每位成员与他记忆中的真凶进行比较。当辨认主持者不知情时，这种改革措施被证实可以极大地降低错误辨认的可能性。当主持者知情时进行依次辨认，很有可能增加错误辨认的风险。[①] 研究同时发现，采用依次辨认程序获得（正确）辨认结果的数量减少了，因此有些州一直在犹豫是否采用依次辨认程序。[②]

各州的实践与改革情况：

目前，许多州已经在不同程度上对目击证人辨认程序进行了改革，或通过州总检察长的命令，或者采取州立法的形式。有的州要求警察机构必须将规则的书面形式置于办公场所，有的州要求必须在执法机构指南中明确阐述详细的指导规则和程序要求。截至 2014 年年初，已经有 13 个州实施了相关改革。

2001 年，在因错误辨认而被定罪的无辜者麦金来·考米迪（McKinley Cromedy）释放后不久，新泽西州成为全美第一个官方采纳美国司法研究所提出的辨认程序改革建议的州，其措施主要包括对目击证人进行特定说明和提示、选择合理的列队组成、置信陈述和书面记录并存档辨认程序。除此以外，新泽西州的总检察长还命令必须同时使用不知情的主持者和依次辨认列队成员的程序。[③] 2006 年，在释放了一位部分因错误辨认而被定罪的无辜者之后，

---

① 参见 Gary L. Wells et al.，"Eyewitness Identification Procedures：Recommendations for Lineups and Photospreads，" *Law and Human Behavior*，Vol. 22，1998，p. 619。

② 参见 Nancy M. Steblay et al.，"Eyewitness Accuracy Rates in Sequential and Simultaneous Lineup Presentations：A Meta – Analytic Comparison，" *Law and Human Behavior*，*Vol.* 25，2001，p. 468；Steven E. Clark，"Eyewitness Identification Reform：Data，Theory，and Due Process"，Perspectives on Psychological Science，Vol. 7，2012。

③ 参见 New Jersey Attorney General，Attorney General Guidelines for Preparing and Conducting Photo and Live Lineup Identification Procedures，2001，from http：// www. state. nj. us/lps/dcj/agguide/photoid. pdf。

威斯康星州的总检察长建议采纳不知情主持者下的依次辨认程序。但是，除书面记录存档辨认程序外，这一系列改革措施并不具有强制性，尽管后来在全州范围内很多执法机构采纳了它们。2007 年，西弗吉尼亚州在采纳一揽子计划的同时，还创立了特别工作组，专门负责检查辨认程序和建议最佳实践方案。① 随后，佐治亚州、马里兰州、北卡罗来纳州、俄亥俄州、罗得岛州、佛蒙特州等都对目击证人辨认制度进行了不同程度的改革。其中值得注意的是，2008 年北卡罗来纳州制定了目前所有州中最为全面的目击证人辨认程序法。它不仅规定了不知情主持者下的依次辨认程序，要求挑选合适的填装者、置信陈述和对目击证人进行特定的说明与提示，以及在可行的时候录像记录辨认程序，还规定了对执法人员的培训以及执法机构没有遵守这些政策时的救济措施。② 2010 年，俄亥俄州在采纳一揽子计划的同时，还明确规定了法官在决定目击证人辨认证据是否可采时应当考虑违反辨认规则这一情形。如果认为目击证人辨认证据具有可采性，法官需要同时向陪审团作出谨慎提示：在评价辨认证据可靠性的时候，应当考虑违反法定规则这一情形。③ 此外，一些更小的司法管辖区——市、县和城镇——也开始着手实施有关改革措施，解决错误辨认的问题。因为达拉斯市之前释放了 14 名因错误辨认而被定罪的无辜者，所以为了预防此种错误继续发生，2009 年 1 月达拉斯市警察局宣布将实施不知情主持者下的依次辨认程序。

总之，自美国司法研究所 1999 年发布建议方案以来，许多州在不同程度上采纳了相关方案。可以说，目击证人辨认程序在 15 年间取得了长足的进步。那些采纳程序变革措施的州、市、县和城镇已经向全美国证明了新程序的确可以轻而易举地、低成本地提高

① 参见 West Virginia Code Annotated，Section 62 - 1E - 2（LexisNexis 2013）。

② 参见 North Carolina General Statues，Section 15A - 284. 52 - 53（2009）。

③ 参见 Ohio Revised Code Annotated，Section 2933. 83（C）（LexisNexis 2013）。

目击证人辨认的准确性。[①] 然而，这些改革措施在个别州却遭到某些立法者和决策者的抵抗。例如，加利福尼亚州议会曾 3 次通过关于目击证人辨认程序的改革方案，但最后都被州长予以否决。再如，肯塔基州和新墨西哥州的相关法案得到了两党广泛的支持，但审议了 2 年之后形势依然不明朗。尽管如此，洗冤工程等组织依然在努力与全美范围内的立法机构密切合作，推动有关法案的通过。可以说，改革目击证人辨认制度已经逐渐成为一个席卷美国的运动。

州名	年份	目击证人辨认程序
佐治亚州	2007	在特别小组的建议之下，佐治亚州治安官标准培训委员会在全州开展包括不知情辨认在内的一系列培训
马里兰州	2007	执法机构必须采取书面记录辨认程序，同时建议采取 D. O. J 制定的最低标准程序
新泽西州	2001	州总检察长命令强制实施下列做法：目击证人提示、合适的填装者、目击证人置信陈述、不知情辨认主持、依次辨认以及书面记录辨认程序，
北卡罗来纳州	2008	必须采取下列程序标准：目击证人提示、合适的填装者、置信陈述、不知情辨认主持、依次辨认、对辨认程序录像，同时为执法人员提供培训

① 这一结论来自最新的实证研究成果，参见 Police Executive Research Forum，“A National Survey of Eyewitness Identification Procedure in Law Enforcement Agencies”，2013，from http：//www. policeforum. org/assets/docs/Free_ Online_ Documents/Eyewitness_ Identification/a%20national%20survey%20of%20eyewitness%20identification%20procedures%20in%20law%20enforcement%20agencies%202013. pdf。

续表

州名	年份	目击证人辨认程序
俄亥俄州	2010	必须采取下列程序标准：不知情辨认主持、目击证人提示、书面记录辨认程序
罗得岛州	2010	特别小组制定最佳做法
佛蒙特州	2011	成立特别小组。2010 年，立法部门指示佛蒙特州执法机构咨询委员会提出确立最佳做法的方案，其中包括依次一对一辨认、目击证人提示、不知情辨认、合适的填装者、置信陈述等。2011 年，该法案由立法机构表决通过
弗吉尼亚州	2003	执法机构必须采取书面记录辨认程序
西弗吉尼亚州	2007	必须采取下列程序标准：目击证人提示、置信陈述、书面记录，同时成立特别小组来检查辨认程序并提出关于最佳做法的建议
威斯康星州	2006	执法机构必须采取书面记录辨认程序。总检察长同时建议不知情的依次辨认、目击证人提示、合适的填装者和置信陈述等措施。有关部门提供培训，并协助当地执法机构有效实施这些措施
内华达州	2011	州法要求执法机构必须采取照片或者真人的列队一对一辨认程序，同时要求司法管理咨询委员会促进相关措施的实施
得克萨斯州	2011	州法要求执法机构必须采取照片或真人列队辨认程序，同时必须符合最佳做法的最低标准，包括不知情辨认主持等措施。得克萨斯州执法机构管理部门公布了示范程序规则

续表

州名	年份	目击证人辨认程序
康涅狄格州	2011	州法要求执法机构必须采取符合最佳做法的最低标准的辨认程序，包括不知情辨认、合适的填装者。同时，立法还成立了辨认程序特别小组，在2012年公布了相关报告

（二）讯问制度

尽管导致虚假供述的原因多种多样，也就此提出了预防虚假供述的多种措施，[①] 但在学界呼吁最为强烈、在实践中最普遍采用的

① G. Daniel Lassiter and Christian A. Meissner（ed.），Police interrogations and false confessions：Current Research，Practice and Policy Recommendations，American Psychological Association，2010. 例如，有的学者主张应当彻底检讨和全面反思警察的讯问观念，从对抗性、有罪推定的敌对色彩转向追求客观调查。英国已经开始推动这种转变，警察从实施传统的审问模式向调查讯问转变。换言之，这种调查讯问的目的不是获得有罪供述，而是发现事实真相。如果转变这种讯问观念不可行的话，有的专家建议从现有的案例中寻找导致虚假供述的风险因素，并采取有针对性的措施，例如，限制讯问的持续时间、禁止讯问人员骗供以及减少或者废除使用存在风险的策略等。另外，还有人建议或者通过规定强制性的律师在场，或者对讯问人员进行特殊培训，以保护那些脆弱的犯罪嫌疑人。参见 Saul M. Kassin et al.，"Police - Induced Confessions：Risk Factors and Recommendations：Looking Ahead"，Law and Human Behavior，Vol. 34，2010，pp. 27 - 30。再如，有学者提出了一系列较为全面的预防对策：严格控制讯问的条件，只能在有充分可能的犯罪嫌疑的前提下才能讯问；禁止使用那些已经被认定为容易引发虚假供述的讯问方式和策略；对执法人员进行培训，在实践中特别注意导致虚假供述的潜在因素；特别注意那些心理脆弱或者易受影响的群体，采取一定措施保障他们自由意志的表达。参见 Deborah Davis and Richard Leo. "Strategies for Preventing False Confessions and Their Consequences"，in Mark R. Kebbell and Graham M. Davies（eds.），Practical Psychology for Forensic Investigations and Prosecutions，Wiley & Sons，2006。又如，有的学者认为应当采用录音录像制度和强化警察、检察官和法官的培训，双管齐下。参见 Steven A. Drizin and Richard A. Leo，"The Problem of False Confessions in the Post - DNA World"，North Carolina Law Review，Vol. 82，2004，pp. 995 - 1007。

对策是对讯问过程进行录音录像等电子记录。[①] 例如，为了揭开讯问过程的“神秘面纱”，最大限度地避免虚假供述，卡辛（Kassin）及其同事强烈建议对重罪犯罪嫌疑人羁押期间的所有讯问都应当进行全程同步录像。尽管有些执法机构反对录像，但他们都在尝试或开始利用其他电子记录方式。[②] 除了在源头上预防虚假供述，有的学者还特别指出必须提升法庭审判发现和过滤虚假供述的能力，最大限度地减少因虚假供述导致冤案的现象。他们经过研究发现，当前审判过程中判断有罪供述可采性的规则存在严重缺陷，对有罪供述的自愿性和真实性的检验不够充分。[③] 但是，在重构法庭关于检验有罪供述的规则之前，推进讯问过程的全程录音录像制度必须先行。只有根据全面真实的记录，法官才有可能根据录音录像作出更为客观的判断。[④] 因此，对羁押期间的讯问进行全程录音录像是当前美国防治虚假供述的最核心的措施。

---

① 具体参见 Gail Johnson，“False Confessions and Fundamental Fairness：The Need for Electronic Recording of Custodial Interrogations”，Public Interest Law Journal，Vol. 6，1997；Lisa C. Oliver，“Mandatory Recording of Custodial Interrogations Nationwide：Recommending a New Model Code”，Suffolk University Law Review，Vol. 39，2005；Steven A. Drizin and Marissa J. Reich，“Heeding the Lessons of History：The Need for Mandatory Recording of Police Interrogations to Accurately Assess the Reliability and Voluntariness of Confessions”，Drake Law Review，Vol. 52，2003。

② 参见 Saul M. Kassin et al.，“Police – Induced Confessions：Risk Factors and Recommendations：Looking Ahead”，Law and Human Behavior，Vol. 34，2010，pp. 25 – 26。

③ 最高法院关于判断有罪供述可采性和真实性的规则存在的缺陷，具体参见 Corey J. Ayling，“Corroborating Confessions：An Empirical Analysis of Legal Safeguards against False Confessions”，Wisconsin Law Review，1984。

④ 参见 Richard A. Leo et al.，“Bringing Reliability Back in：False Confessions and Legal Safeguards in the Twenty – First Century”，Wisconsin Law Review，2006，from http：//ssrn. com/abstract = 1134948；又如，有的学者认为除了实施录音录像制度和提升有罪供述的真实性审查外，还应当对警察的讯问制度和程序进行一系列的改革。具体参见 Brandon L. Garrett，“The Substance of False Confessions”，Stanford Law Review，Vol. 62，2010，pp. 50 – 58。

对讯问过程进行录音录像是一个多赢的措施。① 首先，也是最重要的是，全程录音录像可以准确、客观地还原和再现犯罪嫌疑人接受讯问、供述犯罪的整个过程。这种潜在的监督可以震慑讯问人员，防止其使用身体上或者心理上的任何强制性的讯问手段。其次，全程录音录像还有助于讯问人员迅速、清楚地摆脱滥用权力的嫌疑，证明讯问过程的合法性。再次，全程录音录像制度可以彻底解放讯问人员，令其注意力全部集中在犯罪嫌疑人和其陈述的内容上，而不用分散精力进行书面记录。事后讯问人员可以多次全面仔细查看录音录像，发现在当初讯问过程中可能遗漏的重要细节和信息。最后，全程录音录像制度完全具有可行性，实践已经证明其成本没有想象中那么高昂，同时其似乎也没有降低犯罪嫌疑人与讯问人员进行交流对话的意愿。总之，对羁押期间的讯问进行全程录音录像不仅可以切实提升刑事司法尤其是侦查活动的准确性，而且也有助于促进公众对刑事司法体制的信心。②

同时，有一些机构也在大力推进讯问录音录像制度的立法或者改革。美国律师协会建议所有执法机构都应当对羁押期间的讯问进行全程录像，如果录像暂时不具备实践条件，至少应当进行全程录音。③ 司法工程（The Justice Project）和洗冤工程也明确阐述了类

---

① 参见 Thomas P. Sullivan，“Electronic Recording of Custodial Interrogations：Everybody Wins”，Journal of Criminal Law and Criminology，Vol. 95，2004；Thomas P. Sullivan，“Police Experiences with Recording Custodial Interrogations.” A Special Report Presented by Northwestern University School of Law Center on Wrongful Convictions，2004，from http：//mcadams. posc. mu. edu/Recording_ Interrogations. pdf。

② 参见 Saul M. Kassin et al.，“Police – Induced Confessions：Risk Factors and Recommendations：Looking Ahead”，Law and Human Behavior，Vol. 34，2010，pp. 26 – 27。

③ 参见 The New York County Lawyers’ Association and American Bar Association Section of Criminal Justice，“Report to the House of Delegates：Recommendation — Videotaping Custodial Interrogations”，from http：//www. abanet. org/crimjust/policy/revisedmy048a. pdf；American Bar Association，“Resolution 8A — Videotaping Custodial Interrogations”，Approved February 9，2004，Midyear 2004 Meeting，from http：//www. nacdl. org/sl_ docs. nsf/freeform/MERI_ attachments/ $ FILE/ABA – MERI_ Resolution（2 – 9 – 04）. doc。

似建议，并进一步指出，录音录像制度至少首先应当在所有重罪案件和未成年人案件以及犯罪嫌疑人心智有缺陷的案件中实施。当然这一制度也不是绝对的，应当设有严格的例外情形，如当录音录像的确缺乏可实施的必要条件，或者执法人员竭尽全力之后仍然无法修复设备存在的障碍等。如果执法人员没有按照规定进行录音录像，并且没有法定的例外情形，虽然法庭需要根据具体案件具体分析和判断未录音录像的犯罪供述是否具有可采性，但其原则上不具有可采性。另外，录音录像应当一直保存，直到穷尽了所有的定罪后救济程序。最后，有的机构强调了“全程”的含义应当包括两个方面：其一，作为犯罪嫌疑人在拘禁状态下接受的所有可能导致其获罪的讯问；其二，录像画面的视野应当全面涵盖犯罪嫌疑人和讯问人员，不能仅仅将画面局限于犯罪嫌疑人。①

各州的实践与改革情况：

到目前为止，已经有 21 个州设立了讯问全程录音录像制度。从实践情况来看，实施这一制度主要有三种途径：立法、州最高法院的判例以及警察部门的政策。其中，康涅狄格州、伊利诺伊州、马里兰州、密歇根州、密苏里州、蒙大拿州、内布拉斯加州、新墨西哥州、北卡罗来纳州、俄亥俄州、俄勒冈州、威斯康星州和哥伦比亚特区已经制定了讯问全程录音录像的立法。阿拉斯加州、印第

① 参见 The Justice Project，“Electronic Recording of Custodial Interrogations：A Policy Review”，from http：//web. williams. edu/Psychology/Faculty/Kassin/files/Justice%20Project(07) . pdf；Innocence Project，“An Act Directing the Electronic Recording of Custodial Interrogations”，2009，from http：//www. innocenceproject. org/docs/model/Recording_ of_ Custodial_ Interrogations_ Model_ Bill. pdf。此外，还有一些学术机构也发布了这方面的报告，如 Thomas P. Sullivan，“Police Experiences with Recording Custodial Interrogations”，A Special Report Presented byNorthwestern University School of Law Center on Wrongful Convictions，no 1.（Summer 2004）：1 – C3，from http：//www. law. northwestern. edu/depts/clinic/wrongful/documents/SullivanReport. pdf；National Association of Criminal Defense Lawyers，“Mandatory Electronic Recording of Interrogations Resources Page”，from http：//www. nacdl. org/sl_ docs. nsf/freeform/MERI_ resources? opendocument。

安纳州、艾奥瓦州、马萨诸塞州、明尼苏达州、缅因州、新罕布什尔州和新泽西州的最高法院创立了相关判例。另外，大约850个行政辖区采取了录音录像的政策。议员理查森（Laura Richardson）曾于2011年12月向美国联邦议会提交了《羁押期间讯问录像法案》，但最后没有获得通过。①

第一个要求执法人员采取录音录像措施的是阿拉斯加州，起始于阿拉斯加州最高法院斯蒂芬诉州（Stephan v. State）一案的判例。裁决以州宪法作为依据，要求警察在可行的情况下应当对讯问过程进行全程录音录像，包括向犯罪嫌疑人告知米兰达权利的过程。该裁决并没有对应当录音录像的案件类型作出任何限制，仅要求对在羁押场所进行的讯问进行录音录像。如果没有任何正当理由，未进行录音录像的犯罪嫌疑人的供述将不具有可采性。②

与之类似，1994年明尼苏达州最高法院通过行使其对司法公正的监督权，裁定在可行的情况下在羁押场所进行的讯问必须进行录音录像，包括向犯罪嫌疑人告知权利以及其放弃权利的任何信息。州最高法院同样没有规定适用这一制度的案件范围，但是明确对这一措施的实质性违反将会导致有罪供述这类证据被排除。③

阿拉斯加州和明尼苏达州是美国20世纪仅有的两个采取录音录像制度的州。④从2000年开始，其他一些司法管辖区也开始以不同的方式采取这一措施。哥伦比亚特区通过立法规定必须对暴力犯罪案件进行全程录音录像，包括向犯罪嫌疑人告知权利的环节。根据这一立法，任何违反这一规定而获取的有罪供述会被认定为是

① 消息来源于美国议会网站，载 https：//www. govtrack. us/congress/bills/112/hr3750，2014年3月最后访问。

② 参见 Stephan v. State，711 P. 2d 1156，54 USLW 2355（1985）。

③ 参见 State v. Scales，518 N. W. 2d 587，63 USLW 2078（1994）。

④ 参见 Saul M. Kassin et al.，“Police - Induced Confessions：Risk Factors and Recommendations：Looking Ahead”，Law and Human Behavior，Vol. 34，2010，p. 26。

不自愿的。[①] 伊利诺伊州[②]、蒙大拿州[③]和印第安纳州[④]都制定了类似的立法，只是对适用的案件范围稍有差异：伊利诺伊州规定仅适用于杀人类案件，蒙大拿州和印第安纳州规定仅适用于重罪案件。

另外有一些州要求实行录音录像制度，但是并没有强制要求排除未进行录音录像的口供。马萨诸塞州最高法院表达了在所有案件中实行录音录像的倾向，但是如果警察没有对讯问进行录音录像，在辩护律师的要求之下只会导致法官向陪审团作出警示性指示。[⑤] 包括内布拉斯加州[⑥]、俄亥俄州[⑦]、俄勒冈州[⑧]和威斯康星州[⑨]在内的一些州采取了类似的做法。另外还有一些州，虽然采取了类似的做法，但是同时明确规定法庭在判断口供的可采性时，应当考虑警察没有进行录音录像这一情节，如新泽西州和北卡罗来纳州。[⑩] 北卡罗来纳州的立法明确规定，对犯罪嫌疑人宪法权利的任何解释都应当被视为讯问过程的一部分而被录音录像。[⑪] 然而，新罕布什尔州则规定录音录像开始于米兰达权利告知完毕之后。警察如果违反这一规定，只能导致所制作的录音录像不具有可采性，但是在讯问

---

① 参见 D. C. Official Code，Section 5 – 116. 01 and 03（2005）。

② 参见 Illinois Complied Statutes，Chapter 725 Criminal Procedure，5/103 – 2. 1（2005）。

③ 参见 Montana Code Annotated，Section 36 – 4 – 406（2009）。

④ 参见 Indiana Rules of Evidence（Including Amendments Received Through January 1，2014），Rule 617。

⑤ 参见 Commonwealth v. DiGiambattista，813 N. E. 2d 516，pp. 533 – 534（Mass. 2004）。

⑥ 参见 Nebraska Revised Statutes，Chapter 29，Section 4501 – 4508（2008）。

⑦ 参见 Ohio Revised Code Annotated，Section 2933. 81（2010）。

⑧ 参见 Oregon Revised Statutes，Section 133. 400（2010）。

⑨ 参见 Wisconsin Statues，Section 972. 115（2009）。

⑩ 参见 Rules Governing the Courts of the State of New Jersey，Part III，Rule 17；North Carolina General Statutes，15A – 211（2009）。

⑪ 参见 North Carolina General Statutes，15A – 211（2009）。

过程中获取的信息仍然可以作为证据使用。①

还有一些州虽然明确要求必须对特定犯罪案件的讯问进行录音录像，但是对违反这一规定的惩罚对刑事审判并不会产生任何直接影响。例如，在密苏里州，如果执法机构违反这一规定，州长可以撤回向其分配的经费。② 马里兰州和新墨西哥州都没有明确规定违反这一规定给控方在刑事审判中带来的不利后果。③

有些州鉴于情况的复杂性，并没有采用一刀切的强制性命令，只是采取了相关措施加以鼓励和推动。例如，艾奥瓦州最高法院在判例中只是表面鼓励执法机构对讯问进行录音录像，但是并没有提出强制性要求。④ 又如，缅因州法律委托缅因州刑事司法学术委员会制定执法机构对讯问进行录音录像这一政策的最低标准，但只是要求执法机构对此提供有效的培训，并没有强制要求执行。⑤

州	年份	讯问要求
阿拉斯加州	1985	在可行的情况下，必须对讯问全程进行录制。没有正当理由的违反将构成对正当程序权利的侵犯
哥伦比亚特区	2005	在暴力犯罪案件中，必须对讯问进行录制。违反这一政策所获取的口供将被认定为是非自愿的
伊利诺伊州	2005	在杀人类案件中，必须对讯问进行同步录制，否则口供将不可采

① 参见 State v. Barnett，789 A. 2D 629，p. 632（N. H. 2001）。

② 参见 Missouri Revisited Statutes，Section 590. 701（5）（2011）。

③ 参见 Maryland Code Annotated，Criminal Procedure，Section 2 – 401 to 2 – 404（2008）；New Mexico Statutes Annotated，Section 29 – 1 – 16（2010）。

④ 参见 State v. Hajtic，724 N. W. 2d 449，p. 456（Iowa 2006）。

⑤ 参见 Maine Revised Statutes，Title 25，2803 – B（1）（K）（2009）。

续表

州	年份	讯问要求
印第安纳州	2011	在重罪案件中，必须对讯问进行录制，否则口供将不可采
艾奥瓦州	2006	州最高法院鼓励对讯问进行录制，但不是强制性要求
缅因州	2005	缅因州刑事司法学术委员会确立关于讯问录音录像政策的最低标准。执法机构必须至少采取最低标准的政策，并为此对执法人员进行培训
马里兰州	2008	在特定犯罪案件中，必须对讯问进行录制
马萨诸塞州	2004	州最高法院表达了对所有案件的讯问进行录制的政策倾向，否则将引发对陪审团的谨慎提示
明尼苏达州	2004	必须对所有案件的讯问进行录制，否则将引发对陪审团的谨慎提示
密苏里州	2009	在特定犯罪案件中，必须对讯问进行录制，否则州长有权撤回之前拨付给执法机构的所有经费。此外，执法机构必须就讯问录音录像制定具体的书面指导细则
蒙大拿州	2009	在重罪案件中，必须对讯问进行录制，否则获取的口供将被认定为是不自愿的
内布拉斯加州	2008	在特定犯罪案件中，必须对讯问进行录制，否则将引发对陪审团的谨慎提示
新罕布什尔州	2001	在米兰达警告作出后，对讯问进行录制，否则口供将不可采，但从中获取的其他信息仍然是可信的
新泽西州	2005	在绝大部分重罪案件中，对讯问进行录制。违反这一政策将会成为法官决定口供是否可采的重要参考

续表

州	年份	讯问要求
新墨西哥州	2005	执法机构必须就讯问录制制定详细的书面政策
北卡罗来纳州	2008	在杀人类案件中，对讯问进行录制。违反这一政策将会成为法官决定口供是否可采的重要参考
俄亥俄州	2010	必须对讯问进行录制。违反这一政策很有可能会成为法官决定口供是否可采的重要参考。如果可采，将会引发对陪审团的谨慎提示
俄勒冈州	2010	在特定犯罪案件中，必须对讯问进行录制，否则将会引发对陪审团的谨慎警示
威斯康星州	2005	在重罪案件中，对讯问进行录制，否则将会引发对陪审团的谨慎警示
密歇根州	2012	密歇根州要求执法人员在拘留所对涉嫌实施重罪的犯罪嫌疑人进行讯问时必须同步进行带有时间标识的录像。录制的内容包括执法人员向犯罪嫌疑人宣告米兰达权利的环节
康涅狄格州	2014	州法要求执法人员必须对涉嫌重罪的犯罪嫌疑人的口供进行录像。违反这一政策获取的口供将不可采

（三）法庭科学监管

鉴于错误的科学证据可能带来无法挽回的严重后果，各州采取监管措施对法庭科学进行监督规范是非常必要和极其重要的。美国2004 年通过的《全民正义法》就此作出了明确规定，要求所有州在依据“科夫代尔法庭科学改善资助项目”（Paul Coverdell Forensic Science Improvement Grant Program）获得联邦经费资助的同时，必须成立相应的州级机构对实验室的不当行为和玩忽职守进行独立的外部监督与调查。[①]《全民正义法》的通过表明：正是对法庭科学鉴定错误和冤案的担心，才最终促使这一外部监督调查的提案成为正式立法。在最早向议会提交的法案中，并没有这一规定。[②] 不过，在正式提交议会表决之前，美国众议院司法委员会下属的犯罪、恐怖主义和国土安全小组委员会举行了一场听证会，主题是“通过法庭 DNA 技术促进司法正义”。[③] 洗冤工程的创始人之一诺伊费尔德（Peter Neufeld）和得克萨斯州的众议院女议员希拉（Sheila Jackson Lee）在听证会上进行了发言。

在举行听证会之前，得克萨斯州曝光了一起法庭科学鉴定错误引发的冤案。于是，希拉在听证会上就此特意强调了对法庭科学实验室的监管问题。她认为立法必须对此有所回应，设立必要的监管机制和控制机制来预防类似的错误引发更多的冤案。诺伊费尔德对此赞同，他表示内部严格的质量控制机制和外部独立的调查机制同等重要。他积极肯定了在联邦层面存在的监管机制：联邦监督长办公室有权调查 FBI 实验内的渎职行为，呼吁州层面也应当设立类似的机制。

各州自从接受“科夫代尔法庭科学改善资助项目”以来，纷纷设立了类似的机构。当法庭科学实验室人员出现不当行为或者渎职行为时，该机构启动独立的外部调查。[④]

尽管这种独立的外部调查机制非常重要，但这仅仅是法庭科学实验室全面监管措施中的一项。2009 年，美国科学学术协会下设

---

① 参见 United States Code，42，Section 3797j（2006）。

② 参见 Innocence Protection Act of 2001，H. R. 912，107TH Cong.（2001）。

③ 参见 Advancing Justice Through Forensic DNA Technology：Hearing Before the Subcomm. On Crime，Terrorism and Homeland Sec. of the H. Comm. On the Judiciary，108the Cong.（2003）。

④ 参见 National Institute of Justice，“Fiscal Year 2009 Report on the Paul Coverdell Forensic Science Improvement Grants Program”，2010，from http：//www. nij. gov/topics/forensics/lab - operations/capacity/nfsia/pages/2009 - report. aspx。

的研究委员会发布了一份报告。在该报告中，委员会系统分析和讨论了美国当前法庭科学司法实践中存在的大量问题。“在大部分领域内，法庭科学的质量参差不齐，主要是因为缺少充分的培训或继续教育、严格认证和资格确认机制、严格的性能标准遵守制度和有效的监管。”① 此外，美国律师协会建议有关实验室和人员应当经认证取得特定资格，鉴定程序应当标准化和公开化，确保科学证据能够得到有效、可靠和及时的分析。②

采取全面的监管措施必然有利于预防导致冤案的鉴定不当行为或渎职行为。全面的监管措施不仅包括正面的促进机制，以确保法庭科学的质量，而且应当包括调查和救济机制，以及时纠正发生的错误。保罗（Paul Giannelli）教授指出，法庭科学委员会应当确立固定的认证机制，这一机制不仅仅局限于监管鉴定程序，还应当具备充分的经费，调查法庭科学实验室人员的不当行为或渎职行为，管理和登记为被告人提供服务的独立专家。③

各州的实践与改革情况：

到目前为止，有 13 个州的立法设置了常设的法庭科学监管机构，2 个州的总检察长确立了监管机构。④ 其中绝大多数机构是在法庭 DNA 鉴定出现之后才设立的。⑤

---

① 参见 Committee on Identifying the Needs of the Forensic Sciences Community，National Research Council，“Strengthening Forensic Science in the United States：A Path Forward”，2009，from https：//www. ncjrs. gov/pdffiles1/nij/grants/228091. pdf。

② 参见 Ad Hoc Innocence Committee to Ensure the Integrity of the Criminal Process，American Bar Association，“Achieving Justice：Freeing the Innocence，Convicting the Guilty”，2006，from http：//apps. americanbar. org/crimjust/committees/innocencebook. pdf。

③ 参见 Paul C. Giannelli，“Wrongful Convictions and Forensic Science：The Need to Regulate Crime Labs”，North Carolina Law Review，Vol. 86，2007，p. 229。

④ 这两个州是亚利桑那州和蒙大拿州。

⑤ 科学家首次将 DNA 鉴定技术引入法庭科学是在 1985 年，参见 Alec J. Jeffreys et al.，“Hypervariable ‘Minisatellite’ Regions in Human DNA”，Nature，Vol. 314，1985，p. 67；其中印第安纳州和罗得岛州的委员会成立于 1985 年之前。在 DNA 鉴定技术进入法庭科学之后，首个委员会成立于 1987 年。

虽然这些监管机构在组成和功能范围上存在一定差异，但也有着一些明显的共同点。从组成来看，这些机构的人员构成具有典型的多元化特点。其中，最为常见的组成人员是执法人员和检察官。有 8 个州的立法明确规定监管机构的人员必须有来自执法机构的执法人员，有 9 个州的立法明确规定监管机构的人员必须有一部分是检察官。另外比较常见的组成人员是辩护律师和法庭科学专家，分别有 7 个和 6 个州的立法明确要求必须有上述两类人员的代表参与。另一些常见的组成人员是学术专家，有 5 个州的立法规定必须有此类代表参与。此外，个别州还要求必须有医药界代表或法院系统的代表。在所有州设立的监管机构中，伊利诺伊州实验室咨询委员会的人员组成最具全面性，由 15 名来自不同部门的代表构成，包括农业部门、自然资源部门、公共健康部门、交通部门、执法部门、律师界和法庭科学界。①

上述各州法庭科学监管机构的职能也各不相同，从职能范围到具体的功能都存在一定差异。纽约州法庭科学委员会成立于 1994 年，是早期成立的监管机构之一。它的职权是所有州类似机构中最大的。纽约州法庭科学委员会的权力和职责是：为纽约州所有的法庭科学实验室制定统一的最低标准和认证体制，包括制定法庭科学实验室实验人员和其他人员的最低任职资格，批准法庭科学实验针对特定法庭科学方法的性能标准。② 此外，纽约州的立法还明确规定了法庭科学认证体制的几个重要目的，包括：提高和保障法庭科学实验室的有效性、高效性、可靠性和准确性，确保法庭科学分析是依照当时领域内最为先进的方法进行的。在各州关于认证制度的立法中，只有纽约州规定这一制度带有强制性。相比之下，明尼苏达州法庭科学实验室咨询委员会仅仅有权鼓励法庭科学实验室进行

① 参见 Illinois Compiled Statutes，Section 3981/5（West 2008）。

② 参见 New York Executive Law，Section 995（McKinney 2010）。

认证。[①] 马萨诸塞州法庭科学咨询委员会仅可以指导副手提出建议，进行认证和提供培训。[②]

由于鉴定不当行为是导致冤案的主要原因之一，因此某些委员会的特定职能主要是对法庭科学实验室暴露或者潜在的问题作出回应。其中，三个法定委员会有权调查可能存在的不当行为。密苏里州犯罪实验室调查委员会有权启动独立的外部调查，调查实验室工作人员可能实施的严重影响鉴定结果公正性的不当行为或渎职行为，提出训诫并建议纠正行为。[③] 明尼苏达州允许委员会开展针对不当行为的调查，并提出纠正建议。[④] 得克萨斯州法庭科学委员会要求法庭科学实验室报告不当行为或渎职行为，据此展开独立调查。[⑤]

绝大多数州的委员会都至少有过一次利用 DNA 发现纠正冤案的经历。这促使他们意识到法庭科学实验室和法庭科学的确存在或多或少的问题。[⑥] 因此，这些委员会能否取得成功，主要取决于他们如何帮助法庭科学实验室有效预防类似错误和如何回应与纠正发生的问题。[⑦]

---

① 参见 Minnesota Statutes Annotated，Section 299C. 156（2）（4）（West 2007）。

② 参见 Massachusetts General Laws Annotated，Chapter 6，Section 184A（2008）。

③ 参见 Missouri Revised Statutes，Section 650. 059（8）（2）（West 2006）。

④ 参见 Minnesota Statutes Annotated，Section 299C. 156 Subd. 2 – 3（West 2007）。

⑤ 参见 Texas Criminal Procedure Code Annotated，Section 38. 01（a）（Vernon 2010）。

⑥ 参见 Paul C. Giannelli，“Wrongful Convictions and Forensic Science：The Need to Regulate Crime Labs”，North Carolina Law Review，Vol. 86，2007，pp. 166 – 167。

⑦ 关于法庭科学监管制度的深入研究参见 Innocence Project，“Investigating Forensic Problems in the United States：How the Federal Government can Strengthen Oversight through the Coverdell Grant Program”，2008，from http：//www. innocenceproject. org/docs/CoverdellReport. pdf。

州名	年份	法庭科学监管机构
亚利桑那州	2007	法庭科学服务咨询委员会（总检察长设立）
阿肯色州	1991	阿肯色州犯罪实验室委员会
伊利诺伊州	2005	伊利诺伊州法庭科学实验室咨询委员会
印第安纳州	1959	法庭科学委员会
马里兰州	2007	法庭科学实验室咨询委员会
马萨诸塞州	2004	法庭科学咨询委员会
明尼苏达州	2006	法庭科学实验室咨询委员会
密苏里州	2009	犯罪实验室审查委员会
蒙大拿州	不详	法庭科学实验室咨询委员会（总检察长设立）
新墨西哥州	1997	DNA 鉴定体制监管委员会
纽约州	1994	纽约州法庭科学委员会
罗得岛州	1978	罗得岛州犯罪实验室委员会
得克萨斯州	2005	得克萨斯州法庭科学委员会
弗吉尼亚州	2005	弗吉尼亚州法庭科学委员会
华盛顿州	1999	华盛顿州法庭科学调查委员会

（四）线人与告密者问题

实践已经表明，线人或者告密者提供的伪证完全能够导致冤案。许多学者和研究机构已经对此已经进行了深入研究，并提出了有针对性的解决方案。[①] 例如，美国律师协会和正义组织、洗冤工程都提出了诸多对抗滥用线人或者告密者信息的建议，以保护无辜者不被定罪。[②] 概括而言，尽管提出的建议存在一定差异，但已经被某些州吸收并实施的建议仍有以下四个：

其一，调查和披露制度。检察官既有职责调查线人或告密者提供的信息，又有义务将相关信息披露给辩方，并且是在商议辩诉交易或者审判启动之前进行。需要披露的信息包括：检察官与线人或告密者之间达成的协议或者允诺；影响线人或者告密者可信度的任何事实，如犯罪前科；线人或告密者提供信息的时间和地点；线人或告密者对信息的实质性改变以及线人或告密者在其他案件中充当线人或告密者的情况等。这些信息的披露有助于保障辩方全面评估进行有罪答辩的利弊，同时有助于在将来的审判中针对线人或告密者进行更有意义的交叉询问。[③]

---

① 参见 Robert M. Bloom，“Jailhouse Informants”，Criminal Justice Magazine，Vol. 18，no. 1，2003，from http：//www. abanet. org/crimjust/spring2003/jailhouse. html；Northwestern University School of Law，“The Snitch System：How Snitch Testimony Sent Randy Steidl and Other Innocent Americans to Death Row”，A Center on Wrongful Convictions Survey，Winter 2004 – 2005，from http：//www. law. northwestern. edu/depts/clinic/wrongful/documents/SnitchSystemBooklet. pdf；Alexandra Natapoff，“Beyond Unreliable：How Snitches Contribute to Wrongful Convictions”，Golden Gate University Law Review，Vol. 37，2006；Sam Roberts，“Should Prosecutors be Required to Record their Pretrial Interviews with Accomplices and Snitches?” Fordham Law Review，Vol. 74，2005。

② 参见 Ad Hoc Innocence Committee to Ensure the Integrity of the Criminal Process，American Bar Association，“Achieving Justice：Freeing the Innocence，Convicting the Guilty”，2006，from http：//apps. americanbar. org/crimjust/committees/innocencebook. pdf；The Justice Project，“In – Custody Informant Testimony：A Policy Review 2”，2007；The Innocence Project，“An Act Regarding Disclosure and Regulation of Jailhouse Informant Testimony”，2011，from http：//www. innocenceproject. org/docs/model/Jailhouse_ Informant_ Model_ Bill. pdf。

③ 参见 Alexandra Natapoff，Snitching：Criminal Informants and The Erosion of American Justice，New York University Press，2009，pp. 192 – 193；The Justice Project，“In – Custody Informant Testimony：A Policy Review 2”，2007，pp. 2 – 3。

其二，审前可靠性听证。法庭应当在正式审判前审查线人或者告密者提供的信息，决定这些信息是否符合可采性规则。法庭的这一工作类似于审查科学证据或者专家证言可靠性工作，在这些信息进入陪审团视野之前发挥过滤作用。法庭应当根据审前披露的信息，判断并决定线人或告密者提供的信息是否满足证据的可靠性标准。①

其三，印证规则。线人或者告密者的证言必须有其他证据材料或者信息加以印证，这是其具有可采性的先决条件。禁止仅以监狱线人或者告密者提供的证言为依据提起指控。②

其四，警示陪审团规则。如果线人或者告密者的证言具有可采性，法官应当警示陪审团在评价受到利益刺激的告密证人的证言时需要特别谨慎和格外注意。虽然法官的警示不足以消除告密证人证言的潜在风险，但至少可以明确其固有的风险，帮助陪审团在评价该证据时保持适当谨慎。③

各州的实践与改革情况：

到目前为止，已经有 8 个州针对如何使用告密证言进行了改革和规范，旨在提供这类证据的准确性。下文将分析 5 项主要措施在有关州的实施情况：

其一，调查和披露制度。在伊利诺伊州，立法机构采纳了死刑

---

① 参见 Alexandra Natapoff, Snitching: Criminal Informants and The Erosion of American Justice, New York University Press, 2009, pp. 194 – 195; The Justice Project, "In – Custody Informant Testimony: A Policy Review 2", 2007, pp. 2 – 3。

② 参见 Alexandra Natapoff, Snitching: Criminal Informants and The Erosion of American Justice, New York University Press, 2009, p. 196; The Justice Project, "In – Custody Informant Testimony: A Policy Review 2", 2007, p. 2。

③ 参见 Alexandra Natapoff, Snitching: Criminal Informants and The Erosion of American Justice, New York University Press, 2009, p. 198; The Justice Project, "In – Custody Informant Testimony: A Policy Review 2", 2007, pp. 2。

委员会的建议，[①] 要求必须将有关告密证言的信息披露给辩方。这些信息包括：告密者的犯罪记录、告密者获得的任何允诺或者利益、针对被追诉者的陈述、告密者作出陈述的时间地点以及在场人物、告密者的证言是否发生过改变、告密者在其他案件中提供告密证言的情况以及其他所有涉及告密者可信度的信息。但是，这一披露制度仅适用于死刑案件，而且局限于告密者听到被追诉人陈述犯罪事实的情形。通过辩诉交易解决案件时，也不适用这一制度。[②] 俄克拉何马州刑事上诉法院的判例要求在涉及监狱线人证言的案件中应当适用类似的披露制度，而且应当至少在正式审判前10天进行。[③] 内布拉斯加州曾经制定过类似制度，但在2009年已经被废止。

其二，审前可靠性听证。曾经作为死刑案件程序改革的一部分，伊利诺伊州强制性要求必须对告密证言的可靠性举行审前听证。值得注意的是，政府必须承担证明可靠性的责任。[④] 俄克拉何马州的判例也确立了类似的规则。[⑤] 内华达州最高法院通过判例也明确了在死刑案件中审前可靠性听证是告密证言具有可采性的先决条件。[⑥]

其三，印证规则。目前，只有个别州采用了这一规则。如果监狱线人提供的证言无法得以印证，伊利诺伊州法院有权撤销死刑判决或者不同意控方提出的死刑量刑建议。尽管有些州一直在考虑类似的提案，但进程一直磕磕碰碰，尚无任何实质性进展。例如，加利福尼亚州立法机构曾经两次通过类似议案，但是最后都被州长否

---

① 参见 Rob Warden, "Illinois Death Penalty Reform: How It Happened, What It Promises", Journal of Criminal Law and Criminology, Vol. 95, 2005, pp. 407 -410。

② 参见 Illinois Comp. Statutes 725, Section 5/115 -20 (2010)。

③ 参见 Dodd v. State, 993 P. 2d 778, 784 (Okla. Crim. App. 2000)。

④ 参见 Illinois Comp. Statutes 725, Section 5/115 -21 (2010)。

⑤ 参见 Dodd v. State, 993 P. 2d 778, 784 (Okla. Crim. App. 2000)。

⑥ 参见 D' Agostino v. State, 823 P. 2d 283, 285 (Nev. 1992)。

决了。

其四，警示陪审团规则。有些州已经明确要求法官必须警示陪审团注意告密者证言。这种警示的内容通常是提醒陪审员在采信告密者证言时应当特别谨慎，或者是对告密者证言应当多加怀疑，又或者是必须考虑告密者获得的利益可能影响他提供的证言。明确要求适用这一规则的州有加利福尼亚州、康涅狄格州、蒙大拿州和俄克拉何马州。① 在俄亥俄州，只有告密证言没有得以印证的情况下，法官才需作出此类警示。②

其五，同案犯证言。目前，只有8个州对如何使用线人或者告密者提供的信息进行了调整。然而，有一类证言与告密证言非常类似，却受到了更多州的重视。这类证言就是同案犯证言。同案犯证言与告密证言一样，都存在虚假的风险。例如，有些州要求法官在涉及同案犯证言的案件中必须对陪审团作出谨慎警示，还有更多的州规定了同案犯证言可采的条件是有其他证据印证。

州名	线人/告密证言的使用
加利福尼亚州	警示陪审团规则
康涅狄格州	警示陪审团规则
伊利诺伊州	在死刑案件中，适用调查和披露制度；审前可靠性听证；如果监狱线人或告密者证言无法得以印证，法庭可以撤销死刑判决
蒙大拿州	警示陪审团规则

① 参见 California Jury Instruction，Crim. 3. 20（7th ed. 2008）；State v. Patterson，886 A. 2d 777，790（Conn. 2005）；State v. Grimes，982 P. 2d 1037，1043（Mont. 1999）；Dodd v. State，993 P. 2d 778，784（Okla. Crim. App. 2000）。

② 参见 State v. James，No. 86 – CA – 17，1998 WL 518135，at 5（Ohio Ct. App. 1998）。

续表

州名	线人/告密证言的使用
内布拉斯加州	在死刑案件中，适用调查和披露制度
内华达州	审前可靠性听证
俄亥俄州	如无其他证据印证，则适用警示陪审团规则
俄克拉何马州	在死刑案件中，适用调查和披露制度；审前可靠性听证；警示陪审团规则

（五）刑事司法改革委员会

面对着发现的冤案，一方面应当尽可能为无辜者提供各种救济，另一方面从长远来看，应当反思刑事司法体制存在的缺陷，并采取有效措施避免类似的错误再次发生。因此，许多社会学家、法学家和律师呼吁成立与本州情况相适应的无辜者委员会（Innocence Commission）。[①] 但是需要注意的是，这里要明确预期成立的无辜者委员会的任务和职责。因为当前学界认为“无辜者委员会”这一名称指代的机构实际上主要存在两类完全不同的组织：一类是

① 参见 Jon B. Gould，“The Innocence Commission：Preventing Wrongful Convictions and Restoring the Criminal Justice System”，New York University Press，2008；Keith A. Findley，“Learning from Our Mistakes：A Criminal Justice Commission to Study Wrongful Convictions”，California Western Law Review，Vol. 38，No. 2，2002；Kent Roach，“The Role of Innocence Commissions：Error Discovery，Systematic Reform or Both?”，Chicago - Kent Law Review，Vol. 85，No. 1，2010；Marvin Zalman，“Cautionary Notes on Commission Recommendations：A Public Policy Approach to Wrongful Convictions”，Criminal Law Bulletin，Vol. 41，2005；Barry C. Scheck and Peter J. Neufeld，“Toward the Formation of ‘Innocence Commission’ in America”，Judicature，Vol. 86，2002；Robert Carl Schehr and Jamie Sears，“Innocence Commissions：Due Process Remedies and Protection for the Innocent”，Critical Criminology，Vol. 13，2005。

官方专门负责审查可疑冤案的机构,① 另一类是负责研究冤案成因并提出建议对策的机构。② 前者例如北卡罗来纳州无辜者调查委员会，负责审查和纠正北卡罗来纳州的冤案，这是美国当前唯一一家此类性质的机构；后者才是专家、学者们所建议设立的机构，其本质上是一个研究机构，或者说是刑事司法体制改革建议机构。③ 就后者而言，又可以进一步分为由政府任命成立的委员会和独立成立的委员会、④ 常设委员会和临时委员会⑤。这些机构的具体名称各不相同，有的叫咨询委员会，有的叫特别小组，还有的叫研究委员会，等等。

例如，洗冤工程的合作创始人舍克和诺伊费尔德等呼吁设立常设的体制改革研究委员会，职责是研究已经发现的冤案的成因，反思刑事司法体制的缺陷，提出预防对策和建议。他们指出，所呼吁设立的这一机构与“全国交通安全委员会”（NTSB）极为类似。无辜者委员会在调查已经发现的冤案时，工作方式类似于交通安全委员会调查空难等交通事故的模式。通过详尽的调查，查明原因和确定责任，然后提出预防对策。无辜者委员会应当由检察官、辩护律师、执法人员、受害者群体代表、法官、立法人员、法庭科学专家和法学者组成。此外，舍克和诺伊费尔德指出，无辜者委员会的

---

① 使用这一概念的文献参见 David Horan, “The Innocence Commission: An Independent Review Board for Wrongful Convictions”, Northern Illinois University Law Review, Vol. 20, 2000; David Wolitz, “Innocence Commissions and the Future of Post – Conviction Review”, Arizona Law Review, Vol. 52, 2010。

② 参见 Kent Roach, “The Role of Innocence Commissions: Error Discovery, Systematic Reform or Both?” Chicago – Kent Law Review, Vol. 85, No. 1, 2010, p. 89。

③ 参见 Lissa Griffin, “Correcting Injustice: Studying How the United Kingdom and the United States Review Claims of Innocence”, University of Toledo Law Review, Vol. 41, 2009, pp. 109 – 110。

④ 参见 Kent Roach, “The Role of Innocence Commissions: Error Discovery, Systematic Reform or Both?” Chicago – Kent Law Review, Vol. 85, No. 1, 2010, p. 89。

⑤ 参见 Marvin Zalman, “Cautionary Notes on Commission Recommendations: A Public Policy Approach to Wrongful Convictions”, Criminal Law Bulletin, Vol. 41, 2005, p. 169。

本质特征要求该组织必须具有传唤他人的权力，配备一流的调查资源和保持政治独立性，同时还应当具有启动调查冤案的自由裁量权。[①] 据此，洗冤工程将这一建议成立的机构称为“刑事司法改革委员会”。[②] 虽然芬德利教授设想的机构名称为“刑事司法研究委员会”，但其与洗冤工程设计的这一机构在本质上是一致的，同样是由法官、检察官、执法人员、辩护律师、法庭科学专家等组成，有权调查冤案和提出体制改革建议。[③]

又如，有些学者建议设立由政府确立的临时性最高研究委员会，由必要的专家组成，来研究冤案所暴露出来的体制缺陷和政策问题。研究委员会只是集中存在一段时间，研究当前的文献和已经发现的冤案，查明导致冤案的成因，提出相应的改革建议。[④] 美国律师协会刑事司法部无辜者临时委员会就是这样一种机构，只不过它是非政府性的。它由检察官、辩护律师、法官、学者、执法人员代表、法庭科学专家组成。2006 年，美国律师协会刑事司法部无辜者临时委员会的报告指出了迄今为止一直广受诟病的导致冤案的因素：目击证人辨认程序、虚假供述、科学证据、辩护不力等，并提出了相应的解决建议。在报告的最后，还特意强调了政府设立专门研究冤案的司法改革机构是非常必要和极其重要的。[⑤]

---

① 参见 Barry Scheck et al.，When Justice Goes Wrong and How to Make it Right，New American Library，2003。

② 参见 Innocence Project，“Criminal Justice Reform Commissions”，from http：//www. innocenceproject. org/fix/Innocence – Commissions. php。

③ 参见 Keith A. Findley，“Learning from Our Mistakes：A Criminal Justice Commission to Study Wrongful Convictions”，California Western Law Review，Vol. 38，No. 2，2002，p. 353。

④ 参见 Marvin Zalman，“Cautionary Notes on Commission Recommendations：A Public Policy Approach to Wrongful Convictions”，Criminal Law Bulletin，Vol. 41，2005，p. 193。

⑤ 参见 Ad Hoc Innocence Committee to Ensure the Integrity of the Criminal Process，American Bar Association，“Achieving Justice：Freeing the Innocence，Convicting the Guilty”，2006，from http：//apps. americanbar. org/crimjust/committees/innocencebook. pdf。

总之，无论是临时性的还是常设的，对无辜者委员会的一个普遍共识是：它由刑事司法体制的利益相关者、必要的专家学者构成，目的是查明冤案的成因和提出改革建议。尽管美国当前针对冤案成因和预防对策的研究已经相当成熟和深入，但是这些研究基本上都是从美国整体来切入的，对于美国这样一个司法体制极具多样性的国家来说，缺乏针对性。当前的这些研究成果不一定适用于每一个州，毕竟州与州的具体情况存在很大差异。如此一来，成立各州的无辜者委员会便是现实性需要。它可以进一步推动各州针对自己的特殊情况深入研究，提出符合本州实际情况的方案。①

各州的实践情况：

如果将无辜者委员会限定为政府支持设立的机构，由政府创立或者任命，那么目前美国已经有 10 个州进行过此类尝试，包括常设或临时的在内，总计设立了 12 个委员会。

州名	无辜者委员会	成立时间
加利福尼亚州	司法公正管理委员会（临时）	2004
康涅狄格州	冤案咨询委员会（常设）	2003
佛罗里达州	佛罗里达州无辜者委员会（临时）	2010
伊利诺伊州	死刑委员会（临时）； 司法研究委员会（临时）	2000； 2007

① 参见 Keith A. Findley，“Learning from Our Mistakes：A Criminal Justice Commission to Study Wrongful Convictions”，California Western Law Review，Vol. 38，No. 2，2002，pp. 340 – 341。

续表

州名	无辜者委员会	成立时间
纽约州	司法特别小组（常设）	2009
北卡罗来纳州	事实无辜委员会（常设）	2002
宾夕法尼亚州	刑事司法体制改革分析委员会（临时）； 冤案咨询委员会（临时）	2003； 2006
得克萨斯州	提摩西冤案咨询委员会（临时）	2009
威斯康星州	艾弗里特别小组 （刑事司法改革特别小组）（临时）	2003
路易斯安那州	刑事司法研究委员会（临时）	2010

其中，有 7 个州的委员会是依据立法活动成立的。加利福尼亚州司法公正管理委员会、伊利诺伊州司法研究委员会、宾夕法尼亚州冤案咨询委员会是根据参议院的决议设立的。康涅狄格州冤案咨询委员会、得克萨斯州提摩西冤案咨询委员会和路易斯安那州刑事司法研究委员会是根据州立法成立的。在其他州，法院系统的人士在设立无辜者委员会的过程中发挥了主导作用。佛罗里达州最高法院的首席法官坎迪（Charles T. Canady）成立了佛罗里达州无辜者委员会。在纽约州律师协会冤案特别小组公布报告之后，纽约上诉法院的首席法官成立了司法特别小组，任务是发现冤案的成因并提出预防建议。由法院发起设立的第一家无辜者委员会是北卡罗来纳州事实无罪委员会，成立于 2002 年。由州长设立的无辜者委员会是伊利诺伊州死刑委员会和宾夕法尼亚州刑事司法体制改革分析委员会。

在这 12 个无辜者委员会中，只有 3 个是常设机构。与学界的建议一致，这些委员会由法官、检察官、执法人员、辩护律师、学者等人组成。尽管委员会构成的多样性非常重要，可以保障委员会具有开阔的事业和专长，改革方案能够得到最广泛的支持，[①] 但衡量委员会成功与否的终极标准是建议被采纳和实施的情况以及冤案的减少数量。因此，纽约州司法特别小组的一个重要特征是它会实时地监控改革措施的有效性。随着成立的无辜者委员会越来越多，提出的建议也付诸实践，当前迫切需要对这些措施的有效性进行评估。如果建议措施被忽视或者没有发挥实效，则不可能带来任何改变。例如，加利福尼亚州的立法机构通过了许多根据司法公正管理委员会提出的建议制定的法案，但最后都被州长否决了，落得一个前功尽弃的局面。[②]

（六）定罪后 DNA 检测立法

随着 DNA 鉴定技术的发展成熟，其在发现纠正冤案方面显示出了强大的能力。于是，在社会各界的大力呼吁和推动之下，现在美国 50 个州都已经制定了各自的定罪后 DNA 检测立法。但是，当前有一些州的立法在范围上存在一定限制和缺陷，主要包括：[③] ①有些州为申请人设置了一些难以克服的障碍，如要求申请人必须有效地破案并能证明 DNA 证据会揭露真凶。②尽管在现已发现和纠正的冤案中有许多虚假供述和辩诉交易的现象，但仍有许多州的立

① 参见 Christine C. Mumma, "The North Carolina Actual Innocence Commission: Uncommon Perspectives Joined by a Common Cause", Drake Law Review, Vol. 52, 2004, p. 656。

② 参见 Gov. Vetoes 3 Bills on Crime Case Procedures, L. A. Times, Oct. 16, 2007, at B4。

③ 参见 Innocence Project, Access To Post – Conviction DNA Testing, from http://www.innocenceproject.org/Content/Access_To_PostConviction_DNA_Testing.php; Justin Brooks and Alexander Simpson, "Blood Sugar Sex Magik: A Review of Postconviction DNA Testing Statutes and Legislative Recommendations", Drake Law Review, Vol. 59, 2011。

法禁止起初供述犯罪或者有罪答辩的申请人进行定罪后 DNA 检测。[①] ③许多州的立法未能为保存 DNA 证据规定充分的措施。④有些州未向被否定申请检测的申请人提供申诉等救济措施。⑤许多州未能设计全面、公正和快捷的检测程序，导致申请人在狱中处于无限的焦虑和漫长的等待之中。

针对这些存在的问题，洗冤工程制定了示范立法，并提出了如下建议：[②]

第一，根据联邦《全民正义法》的规定，接受联邦经费的州不应当设置申请期限限制，应当允许合格的被告人随时提出鉴定申请。

第二，当被告人提出定罪后 DNA 检测申请时，立法规定的启动标准应当合理——有正当理由相信申请者可能是无罪的。

第三，只要定罪后 DNA 检测有可能确认被告人是无罪的，就应当准许，而不论申请人是否还处于羁押之中，当初是否进行了有罪答辩或者提供了口供。

第四，确保法官有权将犯罪现场提取的证据与美国和本州刑事司法数据库进行比对，包括 CODIS 和 IAFIS。

第五，要求州执法人员适当保存和记载生物证据，期间是被定

---

① 关于这一问题的具体论述参见 Eunyung Theresa Oh，“Innocence after Guilt：Post-conviction DNA Relief for Innocents Who Pled Guilty”，Syracuse Law Review，Vol. 55，2004；J. H. Dingfelder Stone，“Facing the Uncomfortable Truth：The Illogic of Post – Conviction DNA Testing for Individuals Who Pleaded Guilty”，University of San Francisco Law Review，Vol. 45，2010；Rebecca Stephens，“Disparities in Postconviction Remedies for Those Who Plead Guilty and Those Convicted at trial：A Survey of State Statues and Recommendations for Reform”，The Journal of Criminal Law and Criminology，Vol. 103，2013。

② 参见 Innocence Project，“Access To Post – Conviction DNA Testing”，from http：//www. innocenceproject. org/Content/Access_ To_ PostConviction_ DNA_ Testing. php；Innocence Project，“An Act Concerning Access to Post – Conviction DNA Testing”，from http：//www. innocenceproject. org/docs/model/Access_ to_ Post_ Conviction_ DNA_ Testing_ Model_ Bill. pdf。

罪者被羁押的时间或者其他处罚方式的持续时间，并对其掌管的生物证据负责。

第六，消除阻碍提出DNA检测申请的各种程序障碍。

第七，允许被定罪者针对否决DNA检测申请的决定上诉。

第八，应当对DNA检测申请作出全面、公正和迅速的回复，包括避免就审判时DNA技术是否可资利用的争论而导致拖延。

第九，不得要求申请人缴纳检测费用，也不得以缺乏经费而拒绝申请。

第十，DNA检测的地点和方式应当具有灵活性。

（七）证据保存制度①

尽管各州都已经制定了定罪后DNA检测的法律，但是在定罪多年后进行检测往往不具备可能性，因为证据可能已经丢失、毁损或者受到污染。因此，洗冤工程建议对刑事案件中的所有物证都应当予以妥善保存，期间是被告人被羁押的期限、受监督的期限或者提起民事诉讼的期限。证据保存制度不仅可以帮助警察和检察官侦破一些陈年悬案，而且为囚犯提供了一次证明自己无罪的机会，甚至可以说是唯一的机会。例如，如果那么在洗冤工程利用DNA发现纠正的300多例冤案中，估计没有一起冤案会被纠正。

目前，已经有多于一半的州制定了包括强制自动保存证据制度的法律。然而，这些立法或多或少都存在一些问题。例如，许多州都严格限制了保存期限和案件类型。还有一些州要求根据物证的自然保存期限来决定保存证据的期间，这就意味着毁损可能证明无罪的或者可能有利于侦破悬案的旧证据是合法的。还有一些州要求根据被告人提出再次检测的期限来保存证据。结果在司法实践中，在定罪后和提出申请前，大量的证据都已经被毁损。普遍存在的另外一个问题是缺乏责任机制，这导致保管证据的人员在毁损证据后不

① 参见Innocence Project，“Preservation Of Evidence”，from http：//www. innocenceproject. org/Content/Preservation_ Of_ Evidence. php。

用承担任何实质性的责任。

就此，洗冤工程提出了如下建议：

第一，重罪案件中的所有物证都应当予以保存，无论当事人是否提交申请或者提出定罪后 DNA 检测。

第二，保存与悬案相关的犯罪现场证据。

第三，保存期限是处于羁押的期间或者缓刑、假释或者涉及民事诉讼的期间。

第四，制定责任追究机制，对不妥善保存证据的行为予以处罚，并规定相应的补救措施。例如，如果生物证据遭到毁损，法院可以撤销有罪判决，然后启动重新审判。在重新审判中，法官应当提示陪审团本案中本可以接受 DNA 检测的生物证据已经因为违法行为而遭到毁损。同时，法官还必须提示陪审团，如果他们认为证据是被故意毁损的，可以假定 DNA 检测的结果是有利于被告人的。

（八）加强律师辩护和法律援助制度

美国律师协会就美国向穷人提供刑事法律援助的状况发布了一篇报告，名为《吉迪恩案被打破的承诺：美国需要继续呼唤公平司法》（ABA's Gideon report）。该报告描述了多种不同体制的多样性，并坚持努力设立提高服务水平的标准：①

为了回应提供刑事辩护服务的宪法性要求，州政府和当地政府设立了多种多样的为穷人提供刑事辩护服务的体制。提供辩护的主要模式包括：

（1）传统的“公设辩护人”制度，即领取薪水的律师为穷人的案件提供法律代理服务；

---

① 参见 American Bar Association，“Gideon's Broken Promise：America's Continuing Quest For Equal Justice”，A Report on the American Bar Associations's Hearings on the Right to Counsel in Criminal Proceedings，2004，from http：//www. americanbar. org/content/dam/aba/administrative/legal_ aid_ indigent_ defendants/ls_ sclaid_ def_ bp_ right_ to_ counsel _ in_ criminal_ proceedings. authcheckdam. pdf。

（2）私人律师模式，法庭为不能聘请律师的被告人指定私人律师提供法律援助，由政府向私人律师根据案件具体情况支付相应报酬；

（3）合同制模式，即采用政府与私人律师事务所签订合同的方式，为刑事被告人提供法律援助。

在许多州，这些模式并存并混合使用以向贫穷的被告人提供法律援助。州、县、司法管辖区或其他地区层面都有可能存在这些组织模式。进一步讲，法律援助服务的资金可能来源于州、县、市、诉讼费用或者其他财政，又或者有多种来源。

尽管如此，被发现的冤案却一再暴露出各州刑事法律援助存在的突出问题：资金不足、案件数量过多、辩护质量直线下降。对此，美国律师协会在2002年整理发布了《提供公设制度的十大原则》，在2006年又出台了一系列加强律师辩护的建议举措，直指预防冤案。概括而言，主要包括以下七项内容：①

第一，参照《美国律师协会关于刑事司法中提供辩护服务的标准》第5-1.2、5-1.3条以及《美国律师协会关于死刑案件中为被告人指定辩护律师的细则》，正式设立为重罪案件被告人提供或者指定合适且合格的辩护律师制度：①采取和实施刑事辩护计划，具体由符合条件的责任机构（辩护人组织或者独立组织）负责执行；②授权责任机构确立和发布辩护律师的工作示范标准，包括专业知识、培训、重罪案件中的辩护经验等，借鉴或者参见《美国律师协会关于刑事司法中提供辩护服务的标准》第5-2.2条列举的标准和要求作为具体的指导规则。

① 参见 Ad Hoc Innocence Committee to Ensure the Integrity of the Criminal Process，American Bar Association，“Achieving Justice：Freeing the Innocence，Convicting the Guilty”，Southwestern University Law Review，Vol. 37，2008，pp. 862-863。

第二，合理分配和掌握辩护律师的工作量，确保其提供辩护的质量不低于刑事辩护计划所建议的标准。这一标准可借鉴或者参照《美国律师协会关于刑事司法中提供辩护服务的标准》第5-5.3条列举的要求。

第三，确保辩护律师获得的报酬水平不低于同等检察官的水平，辩护团队中其他成员的报酬水平不低于私立部门中同等职位的水平。这一水平可借鉴和参照《美国律师协会关于刑事司法中提供辩护服务的标准》第5-2.4条列举的要求。

第四，保障辩护律师具有充分的资源和培训机会来完成对案件彻底和独立的调查，特别是对那些依靠目击证人辨认结果、受到利益刺激的证人提供的证言、年幼者或精神残障者提供的口供作为主要不利证据的案件，需要更加全面认真的调查。

第五，无论被代理人是否承认或者陈述了有关犯罪事实，也不论是否表达了有罪答辩的意愿，辩护律师必须调查可能证明被告人无罪的各种情况。

第六，辩护律师必须全面配合继任辩护律师，包括妥善保存和移交所有相关材料和信息。

第七，无论是否是重罪案件，所有刑事案件中的辩护律师都必须满足《美国律师协会关于刑事司法中提供辩护服务的标准》中所列举的各种资格。

此外，还有一些著名学者和人士针对公设辩护面临的问题和改革路径提出了个人的见解。例如，美国纽约州法律援助办公室主任威廉姆（William J. Leahy）指出，应当支持或者拓宽私人律师参与法律援助辩护服务的路径，缓解目前法律援助案件数量带来的沉重压力。[①] 莱弗斯坦（Dean Norman Lefstein）系统地论述和分析了公

① 参见 William J. Leahy，"An Assessment of the Right to Counsel in the United States"，载顾永忠主编：《刑事法律援助的中国实践与国际视野》，北京大学出版社2013年版，第570~577页。

设辩护中出现的案件工作量超负荷现象，并提出了一系列如何控制案件数量在一个合理范围之内的方案。[①] 再如，托马斯（Thomas Giovanni）和帕特尔（Roopal Patel）针对当前公设辩护制度面临的困境，提出了三条改革意见：重新审视和分类一些违法行为，看其是列为轻罪还是民事违法行为抑或是合法行为；提高资金和资源投入；通过培训来提高公设辩护的质量和有效性。[②] 又如，托马斯（Thomas Giovanni）在其2012年提出的报告中指出，整体辩护实践可以潜在提高公设辩护服务，其中社区导向型辩护人联盟［Community－Oriented Defender（COD）Network］可以发挥这方面的作用。加入这一联盟的辩护人以向基层社区民众提供法律服务为主要任务，其中最主要的是涵盖了那些贫穷的公民。这一联盟不仅为无力聘请律师的贫困者在涉入的刑事案件中提供法律辩护，而且还会提供长期的法律服务，满足委托人的各种合理需求，如逮捕前的法律服务、多场合的法律代理等。从帕蒂拉判例到拉夫来判例，再到弗莱判例，[③] 美国最高法院逐渐意识到需要突破向贫穷者提供法律

---

① 参见 Norman Lefstein，"Securing Reasonable Caseloads：Ethics and Law in Public Defense"，2011，from http：//www. americanbar. org/content/dam/aba/publications/books/ls_ sclaid_ def_ securing_ reasonable_ caseloads. authcheckdam. pdf；Norman Lefstein，"Executive Summary and Recommendations：Securing Reasonable Caseloads "，2012，from http：//www. americanbar. org/content/dam/aba/publications/books/ls_ sclaid_ def_ securing_ reasonable_ caseloads_ supplement. authcheckdam. pdf。

② 参见 Thomas Giovanni and Roopal Patel，"Gideon at 50：Three Reforms to Revive the Right to Counsel"，2013，from http：//www. brennancenter. org/sites/default/files/publications/Gideon_ Report_ 040913. pdf。

③ 参见 Padilla v. Kentucky，130 S. Ct. 1473（2010）（holding that where the risk of deportation is clear，defense counsel must inform a non－citizen client that a plea carries a risk of deportation.）；Lafler v. Cooper，132 S. Ct. 1376（2012）（holding that a state habeas petitioner is entitled to relief when his counsel deficiently advises him to reject a favorable plea bargain，but the client is later convicted and sentenced pursuant to a fair trial.）；Missouri v. Frye，132 S. Ct. 1399（2012）（holding that defense counsel must communicate formal offers from the prosecution to the client.）。

援助的传统模式及其固有的缺陷。放眼美国，有些地方的公设辩护人机构已经开始尝试利用整体辩护实践来创立和运行一些创新性项目。例如，内华达州瓦肖县公设辩护人机构、马萨诸塞州公设辩护服务委员会、加利福尼亚州圣玛特奥县私人辩护律师协会、亚利桑那州玛丽帕克县公设辩护人办公室、肯塔基州公共辩护部等。①

（九）规范警察和检察官的行为

由于各州的立法存在较大差异，采取的措施也各具特色。这一特点在如何规范警察和检察官的行为上体现得淋漓尽致。尽管如此，其基本宗旨还是具有趋同性的。

总体而言，针对警察的侦查行为，主要采取了以下四项措施：其一，针对警察收集保存证据等侦查行为，制定和实施一系列具体的程序规则加以规范；其二，制定了警察培训项目和警察责任制度，确保侦查人员明白并能够为自己的侦查行为负责；其三，保障公民或者侦查人员有充分的机会报告侦查过程中的不当行为；其四，提供足够的经费实施上述举措。

此外，针对检察官的行为，主要采取了以下五项措施：其一，保障检察官办公室具备充足的资金；其二，合理分配检察官的工作量，保障其在每个案件中能够充分履职；其三，确保执法机构、实验室和其他专家明白并且能够如实地向检察官移交有利于被告人的证据，包括无罪证据；其四，制定具体的审查程序，审查那些依靠目击证人辨认结果、口供或受利益刺激的证人证言作为主要有罪证据的案件；其五，负责起草保存证据的立法，确保物证能够在上诉期限结束之后在合理期限得以妥善保存，以备定罪后的救济之需。

（十）强化检察官的审前证据开示义务和明确事后责任追究

当前，美国49个州、关岛、美属维尔京群岛和哥伦比亚特区已经参照美国律师协会《职业行为示范规则》第3.8条的规定制

① 参见Thomas Giovanni，“Community－Oriented Defense：Start Now”，2012，from http：//www. brennancenter. org/publication/community－oriented－defense－start－now。

定了关于检察官特殊责任的条款。[①] 这些条款均明确要求检察官必须在审前向辩方披露所有可能否定或者削弱有罪指控的证据。美国律师协会认为这一条款的基本精神是，这一证据开示义务独立于并且比布雷迪规则的范围更为宽泛。[②] 从审前角度来看，布雷迪规则的范围包括：①检察官知道或者应当知道的材料（包括那些存在于执法机关卷宗中但检察官并没有实际掌握的信息）；[③] ②上诉法院在定罪后救济程序中将会认为非常重要的材料，如果没有披露这些材料，将会导致撤销有罪判决和启动重新审判。[④] 显然，正如许多人所指出的那样，布雷迪规则这一宪法性义务实际上没有特别促进任何人去遵守审前程序规则——不论是检察官还是法官或者辩护律师来判断特定材料是否属于布雷迪规则的范围之内。布雷迪规则诞生后 50 多年的司法实践印证了这一结论，检察官的证据开示义务并没有得以全面贯彻履行。基于此，美国律师协会在设计第 3.8

---

① 参见 ABA Standing Comm. on Ethics & Prof' l Responsibility, Formal Op. 09 - 454 (2009)。加利福尼亚州是唯一一个没有参照美国律师协会《职业行为示范规则》制定相关规范的州，该州的职业行为规则完全不同于美国律师协会的示范规则。参见 David Keenan, Deborah Jane Cooper, David Lebowitz & Tamar Lerer, "The Myth of Prosecutorial Accountability After Connick v. Thompson: Why Existing Professional Responsibility Measures Cannot Protect Against Prosecutorial Misconduct", Yale L. aw Journal, Vol. 121, 2012, p. 222。

② 参见 Amicus Brief of ABA at 1, Smith v. Cain, No. 10 - 8145 (U. S. August 19, 2011)。

③ 参见 Kyles v. Whitley, 514 U. S. 419, 434 (1995) (Bagley's touchstone of materiality is a "reasonable probability" of a different result, and the adjective is important. The question is not whether the defendant would more likely than not have received a different verdict with the evidence, but whether in its absence he received a fair trial, understood as a trial resulting in a verdict worthy of confidence. A "reasonable probability" of a different result is accordingly shown when the government's evidentiary suppression "undermines confidence in the outcome of the trial.") Bagley, 473 U. S. at 678. See alsoSmith v. Cain, 2012 U. S. LEXIS 576, 575 (holding that the conflicting statements of the sole eyewitness to the crime contained in the police files that the prosecution failed to disclose to Smith "undermine [d] confidence in Smith's conviction")。

④ 参见 Brady v. Maryland, 373 U. S. 83, 87 (holding that "the suppression by the prosecution of evidence favorable to an accused upon request violates due process where the evidence is material either to guilt or to punishment, irrespective of the good faith or bad faith of the prosecution")。

条时特意明确了它的宽泛性：检察官必须向辩方及时开示已知的所有可能否定或者削弱犯罪指控的证据或信息，向辩方和法庭及时披露各种已知的减轻情节等量刑证据或信息。

在美国司法学会成立100周年暨布雷迪规则诞生50周年大会上，洗冤工程的创始人舍克和南希·盖特纳依据奥卡姆剃刀定律（Occam's Razor），提出了设立“职业规则审查令”制度的倡议，以解决布雷迪规则失灵的现象。根据这一制度，辩护律师可以直接提出职业审查令动议；如果检察官故意或者恶意地隐瞒无罪证据，将会承担严厉的法律责任。到目前为止，只有得克萨斯州于2013年通过了类似的法案，而且唯一一例追究检察官刑事责任的案例也发生在得克萨斯州。

迈克尔·莫顿（Michael Morton）出生于1954年8月12日，因涉嫌谋杀自己的妻子克莉丝汀于1987年被得克萨斯州的法院定罪。在狱中服刑近25年之后，在洗冤工程的帮助下，DNA证据检测表明他是无辜的，真凶另有其人。迈克尔于2011年10月4日被除罪释放，冤屈得以昭雪。在同一天，迈克尔的律师提出启动得克萨斯州调查法庭的申请，要求追究当时负责迈克尔案的检察官肯恩·安德森（Ken Anderson）（后来升任为威廉森县的法官）因不当行为导致冤案的法律责任。时任检察官的安德森故意向辩方和法庭隐瞒了可以排除迈克尔犯罪嫌疑的证据，其中包括迈克尔3岁的儿子所提供的目击真凶的证言以及证明迈克尔案发时不在家的不在场证言。2012年2月20日，得克萨斯州最高法院召集成立了专案调查法庭。2013年2月4日，调查法庭最终认定安德森在迈克尔案中的确存在违反布雷迪规则的行为。2013年4月19日，调查法庭命令逮捕安德森。2013年9月23日，安德森被迫辞去法官职务。最终，调查法庭认定安德森藐视法庭罪成立，判处其10日监禁，罚款500美元，从事500小时的社区服务。同时，据披露，威廉森县地区检察长命令复查安德森曾经负责的所有刑事案件。在这一案件的推动下，得克萨斯州的州长于2013年5月16日签署了参议院

1611 号法案，也被称为迈克尔·莫顿法案。这一法案旨在促进证据开示程序更加透明，更加强调检察官证据开示的法律义务。这一法案于 2014 年 1 月 1 日正式生效。这是美国第一例也是到目前为止唯一一例检察官因失职导致冤案而受到刑事处罚的案例，影响深远。其中，之所以是唯一一例案例的原因之一是，调查法庭是得克萨斯州所特有的制度，是专门负责调查被选举官员的不当行为的特殊法庭。

三、评析

通过上述介绍，可以发现美国预防冤案的改革具有以下几个显著特征：

第一，美国针对冤案的改革呈现出极大的不平衡性。美国是典型的联邦制国家，所以法律和司法制度存在多样性。除了联邦层面的一些原则性规定外，各州在预防冤案的司法改革上并没有保持一致，有的州采取了多项措施，有的州没有采取任何行动。这说明在某些州，类似的改革还是遇到了相当大的阻力。当然，正是因为每个州的具体情况存在差异，所以各州采取的措施也不尽相同，有的幅度大一些，有的幅度小一些。无一例外，各州在制定和采取相应措施时，都表现出了相当的谨慎。它们没有按照某些学术机构或者研究团体的建议全盘采用，而是更倾向于成立无辜者委员会，针对本州的具体情况具体分析，提出在本州具有可行性的针对性方案。

第二，预防措施和改革方案多有成熟的科学理论作为基础。例如，辨认制度的改革有着成熟的司法心理学理论作为基础，采取的改革方案不仅科学合理，而且能够发挥实效。又如，讯问制度的改革，重点是如何遏制警察利用心理强制策略等不适当手段获取口供，这也需要心理学理论作为支撑。总之，美国制定和实施的大部分预防措施都来源于科学研究成果，显示了科学立法的精神。

第三，学术机构等民间力量发挥着重要的推动作用。在提出改革建议方面，美国诸多学术机构或民间团体功不可没，如美国律师协会、洗冤工程、正义组织等。此外，这些机构还不遗余力地推广这些建议，希望被各州所采纳。这对于美国构建全面有效的冤案预防机构是非常必要的。一方面，政府在大多数时候难以主动发现存在的问题，或者说难以准确发现到底问题出现在哪里，这些学术机构或民间团体具备客观中立的态度，能够帮助政府迅速及时准确地发现问题；另一方面，这些学术机构或民间团体的建议在很大程度上代表了民意，合理地吸收这些建议，不仅相应的改革会得到广泛的社会支持，而且有利于恢复民众对刑事司法的信心。

第四，美国当前的总体改革有些相对滞后，甚至带有一定的保守性。美国关于冤案的研究取得了大量的成果，无论是研究方法还是结论，都遥遥领先于世界上其他国家。然而，与此极为不相称的是，预防冤案的司法改革却相对迟缓。例如，辩诉交易制度和上诉制度存在的一些致命性缺陷已经非常明显，但是却迟迟未有行动。从积极方面来看，这种保守态度是谨慎；从消极方面来看，这种滞后存在政府故意为之的嫌疑。尤其是在“9·11”事件之后，美国面临着反恐的巨大压力，在刑事政策上出现了强硬化的倾向，许多预防冤案的司法改革都暂缓了。

第二节　英国冤案的预防与司法改革

司法公正作为人类一个只能无限接近的梦想，既可以从正面积极追求，也可以通过反思和消除负面因素间接促进。综观英国司法制度的历史发展，其重要特点之一是通过不断纠正和反思刑事司法错误和冤案来改善刑事司法体制。从某种角度来看，英国的司法制度是在不断纠正和反思重大冤案中逐渐发展和完善起来的。无论是对现有法律的修订、新法律的出台，还是新机构的设立或是具体程序的改进，都是以当时发现和曝光的某些臭名昭著的冤案为契机的，这逐渐形成了英国程式化的冤案应对路径。具体来说，在社会热议具体冤案的舆论背景下，政府意识到刑事司法体制出现了问题。为了恢复公众对刑事司法体制的信心，政府迅速作出了积极回应，一方面对受害人进行安抚救济，另一方面组织力量成立专门委员会，对冤案的成因展开详细调查，并由其出具报告。政府非常重视专门委员会的调查报告，在向民众公开的同时，有些报告的一部分被立法机关采纳，转化为立法，成为预防类似冤案的官方对策。

总体来说，英国刑事司法在历史上有四次力在预防冤案的重大立法活动和司法改革，形成了今天预防冤案的框架。具体介绍如下：

一、《1907 年刑事上诉法》和设立刑事上诉法院

1904 年发现和纠正贝克（Adolf Beck）冤案后，[①] 政府召集成立了由著名法学家、大法官柯林斯（Richard Henn Collins）牵头的调查委员会，负责调查贝克冤案的成因并撰写调查报告。在该报告

① 案件简要情况如下：1896 年 12 月 16 日，长着一头白发、胡子密而长、大约 50 岁的阿道夫·贝克（Adolf beck）在马路上被一名叫奥古莉娅·麦松尼的女人指认说，贝克以索尔兹伯里勋爵的虚假身份诈骗了她的手表、戒指和 40 英镑的支票。经过调查，英国刑警总局发现自 1894 年 12 月以来，总局共收到 23 份独身女人的控告书，指控某个白头发、上了年纪的男人诈骗，诈骗手法和自称是索尔兹伯里勋爵的人所用手法相同。于是，通过请受害者进行辨认（每当辨认时，警察就会临时从街上请来 15 至 20 个男人，不管外貌与贝克有无共同之处，都让他们和贝克并排站在一起，在大多数情况下，贝克总是唯一长着白头发留着白胡子的男人），受害妇女都异口同声地说贝克就是那个骗子。而贝克却发誓说，他从未见过这些女士中的任何一位。1896 年 5 月 5 日，陪审团最终认定贝克有罪，法官富尔顿判处其 7 年监禁。由于当时英国没有上诉制度，贝克只能再三申诉，从 1896 年到 1901 年他先后写了 10 次申诉书要求复查，但直到 1901 年 7 月 8 日，贝克才得以交保假释——这时监狱当局对他是否有罪已经产生怀疑。1904 年 4 月 15 日，贝克再次被一位少妇指控诈骗了珠宝和英镑，随后又有多名妇女到警察局去指控贝克对她们进行了诈骗。正当法院再次就贝克系列诈骗的犯罪审理裁判之时，1904 年 7 月 7 日，巡管坎尼发现了另外一名诈骗妇女钱财的罪犯——威廉·托马斯，他也是一头白发，和贝克个头相近，面部特征也极其近似。随后案件真相大白，先前辨认贝克是诈骗犯的受害者纷纷承认认错了人，并指认托马斯才是真正的凶手。于是，一起骇人听闻的冤案终于大白于天下。英国内务部匆忙给贝克恢复了名誉，并赔偿了他 500 英镑的损失。参见［苏联］拉·比尔金著：《世界奇案新探》，李瑞勤译，外语教学与研究出版社 1981 年版，第 11～15 页；Wikipedia，"Adolf Beck case"，from http：//en. wikipedia. org/wiki/Adolf_ Beck_ case。

的直接影响之下，英国于 1907 年通过了《刑事上诉法》，并据此创立了刑事上诉法院。

19 世纪末，英国史学家施蒂芬写道：“英国刑事司法体制的一个显著特点是不存在任何可以适当地称之为上诉的制度，不管是基于事实问题还是基于法律问题的异议。尽管也存在一些在一定程度上显得是、在一定程度上也确实是这一原则例外的程序。”[①] 这里的例外包括三种程序：一是被定罪的被告人可以申请“程序错误令”。法院根据诉讼记录进行审查，如果认为确有程序错误时，可以签发令状撤销有罪判决。然而，由于诉讼记录内容具有简要性，并不包括完整的审判过程和事实证据，很难发现程序错误或者案件事实与所适用法律不相一致的情况，加之这一程序实乃自我审查，法院一般不会愿意承认自己的错误，所以在司法实践中这种令状的签发率极低。此外，1705 年以后，当事人不能再随意申请程序错误令，此类申请必须得到总检察长的批准，使得该类程序的使用更为罕见。二是在极其特殊的情况下，而且仅限于轻罪案件，应被定罪的被告人申请，可以批准进行重新审判。三是主审法官可依其裁量权将初审过程中出现的某一法律问题提交 1848 年设立的“刑事案件保留法院”（Court of Crown Cases Reserved）予以审查，如果确有错误，保留法院将裁定撤销原判（如果已经做出判决的话），并指令初审法院作出判决。这种法院每年只开庭三四次，每次开庭通常只持续半天，每年决定的案件可能不足 20 件。[②] 此外，还有一种非常特殊例外程序，即当事人或其家属可以向内政部申请启用皇家赦免权，以期获得完全赦免。然而，只有内政部认为当事人在事实上无罪，完全可以忽视有罪判决和免除当事

① 参见 James F. Stephen, A History of The Criminal Law of England, Macmillan and Company, 1883, p. 309。

② 参见 James F. Stephen, A History of The Criminal Law of England, Macmillan and Company, 1883, pp. 310 - 312。

人所有不利后果时，才会考虑给予完全赦免。[①] 这种形式的救济具有相当大的局限性，因为除非有影响力的人支持，否则申请到达内政部的机会非常渺茫。

正是由于这些例外程序的存在，许多人认为刑事上诉制度是完全没有必要的，因为冤案和刑事司法错误完全可以通过上述途径得以纠正。[②] 然而，实际情况则是大量司法不公尤其是冤案大量存在却无法得到纠正和有效救济。于是从 19 世纪中叶开始，社会民众开始呼吁正式设立旨在纠正冤案的上诉制度，并为此进行了长期的斗争。在这一过程中，许多报告显示法院并不反对自己的裁决接受法律适用和量刑方面的审查，但是明显反对审查事实错误的上诉制度，因为法官不愿意承认无辜者会被定罪。[③] 由于包括上述在内的多种阻力，从 1844 年至 1906 年间，议会一共 31 次否决了关于设立上诉制度的法案。[④] 随着 1904 年贝克冤案的纠正和曝光，呼吁正式设立上诉制度的主张达到高潮，民众对刑事司法体制纠正无辜者被定罪的信心降到谷底。政府在巨大的舆论压力下不得不有所行

---

① 参见 Home Office, "Remissions and Pardons", from http: //www. nationalarchives. gov. uk/catalogue/displaycataloguedetails. asp? CATID = 7743&CATLN = 3&accessmethod = 5。

② 参见 Rosemary Pattenden, English Criminal Appeals 1844 - 1944: Appeals against Conviction and Sentence in England and Wales, Clarendon Press, 1996, chapter one。

③ 这些报告有：Commissioners on Criminal Law, Second Report on the Criminal Law (1836); Commissioners on Criminal Law, Eighth Report on the Criminal Law (1845); House of Lords Select Committee, Report From the Select Committee of the House of Lords on an Act for the Further Amendment of the Administration of the Criminal Law (1848); Royal Commission on the Law Relating to Indictable Offences, Report of the Royal Commission on the Law Relating to Indictable Offences (1879)。

④ 参见 Rosemary Pattenden, English Criminal Appeals 1844 - 1944: Appeals against Conviction and Sentence in England and Wales, Clarendon Press, 1996, pp. 5 - 27; M. Colvin, "Miscarriages of Justice: The Appeal Process", in M. McConville and L. Bridges (eds.), Criminal Justice in Crisis, Edward Elgar, 1994。

动，积极组织力量成立了专门委员会展开调查，并根据调查报告[①]制定并通过了《1907 年刑事上诉法》，刑事上诉法院据此正式设立，取代了刑事案件保留法院。[②] 这直接推翻了一裁终局的旧的审判制度，在很大程度上给了被错误定罪者通过上诉翻案的转机，可谓是一条莫大的诉讼救济途径。

二、《1965 年杀人罪法》和废止死刑

1949 年的蒂莫西·伊文思（Timothy Evans）冤案、1952 年的德雷克·宾利（Derek Bentley）冤案以及 1955 年的露斯·埃利斯（Ruth Ellis）冤案震惊了英国人最敏感的神经，这些层出不穷的冤案激起了社会民众废除死刑运动的高涨热情，并最终成功促进了死刑的废除。

至少从 18 世纪开始，英国议会内坚定的改革派就有废除死刑或者部分废除死刑的声音。于是，英国议会内部就此开始了持续一百多年的争论：到底是否应当废除死刑？在这个争论过程中，有过反复，更有过停滞。[③] 1949 年，英国成立有关死刑问题的皇家委员

---

① 该调查报告强烈谴责了贝克案的办案方式和现行司法体制。报告首先指出现有的侦查、鉴定方法已完全不适合案件的侦破，特别是侦查中的辨认方式存在极大的不准确性。受到此报告的影响，英国警察部门开始越来越多地依靠各种物证等来认定案件，指纹鉴定等各种科学侦查手段、方法逐步登上历史舞台。其次，该报告更为重要的一点是其严厉抨击了现行司法体制中没有为被定罪的被告设立有效的诉讼救济途径的现状。

② 参见 B. Woffinden，Miscarriages of Justice，Hodder & Stoughton，1987，p. 321。

③ 英国牛津大学犯罪学研究中心前主任罗吉尔·胡德教授在一篇题为《英国死刑的废止进程》的论文中，对英国死刑的废止进行了全面、系统的考察。胡德教授将英国死刑废止进程考察的起点设定为 18 世纪，通过对英国死刑废止进程的分析，简约地勾勒出了英国死刑废止的轨迹图景。根据这一图景，英国死刑废止的进程在总体上是循着限制——再限制——国际公约的国内化而废止死刑的路径发展的。详见［英］罗吉尔·胡德：《英国死刑的废止进程》，载赵秉志主编：《刑法论丛》（第 13 卷），法律出版社 2007 年版，第 24 ~ 41 页。有关英文文献参见 Brian P. Block and John Hostettler，Hanging in the Balance：A History of the Abolition of Capital Punishment in Britain，Waterside Press，1997。

会（The British Royal Commission on Capital Punishment），对死刑问题进行研究分析。从该委员会的授权调查范围来看，仅限于研究和分析谋杀罪的刑事责任是否应当受到限制或者有关条款是否应当被修订。如果需要限制或者进行修订，应当在什么范围内，通过什么样的方法进行。换言之，该委员会的委员们不用调查支持或反对废除死刑的观点。在对大量证据进行了细致的考虑之后，委员会并没有找到解决当前死刑范围与废止死刑的中间道路，并大胆指出英国现在的真正问题是废除存废。① 虽然报告没有提出直接的解决方案，但这份报告作为深思熟虑之后的研究成果，无疑有助于为废除死刑制造民意，至少是英国社会精英人士的民意。从效果上看，这份报告将社会舆论引导至一个不可避免的选择：要么保留法律令人不满意的局面，要么完全废除它。②

正在这个风口浪尖的时代，3 例冤案的发现和纠正彻底激发了公众废除死刑的勇气和决心，直接推动了死刑的全面废止。③

第一个是蒂莫西·伊文思（Timothy Evans）冤案。伊文思是一个心智存在缺陷的男子，他供认谋杀了自己的妻子和襁褓中的女儿并于 1950 年被处决。然而，3 年之后人们发现杀害伊文思妻子（可能还包括其女儿）的真凶是住在同一个房子中的约翰·克里斯蒂（John Christie），一个针对女性的杀人狂。伊文思于 1966 年获

① 参见 Royal Commission on Capital Punishment 1949 - 1953，“Report of the Royal Commission on Capital Punishment（1949 - 1953）：A Review”，HMSO，1954。[“在大不列颠的刑事法律下遭受死刑的义务是否应受到限制或调整，如果答案是肯定的，那么这种限制或调整应该达到什么样的程度以及采用什么样的方式（这是我谈论的重点）”，“对谋杀罪作出法定定义以有效地限制死刑的范围，并且不会在其他方面产生压倒性的不利后果，这种想法是不可行的……这种想法只是空想，必须被放弃。”P. 167 and 278]

② 参见［英］罗吉尔·胡德：《英国死刑的废止进程》，载赵秉志主编：《刑法论丛》（第 13 卷），法律出版社 2007 年版，第 34 页。

③ 参见 Capital Punishment UK，“The Abolition of Hanging in Britain”，from http：//www. capitalpunishmentuk. org/abolish. html。

得了死后的平反。①

第二个是19岁的德雷克·宾利（Derek Bentley）冤案。宾利的智力水平只相当于11岁的儿童，他参与了某个仓库的入室行窃。宾利被认定为与同伙16岁的克里斯托福·克雷格（Christopher Craig）共同枪杀了一名警官而被判处死刑，并于1953年被执行。然而，宾利在枪击发生之前15分钟已经被警方拘捕了，而认定他构成共同犯罪的不利证据仅仅是他喊了一句“Let him have it”。首先，他是否说过这句话存在争议；其次，即使他真的说过这句话，那也是发生在枪击前15分钟；最后，这句话本身就有多种解释，存有歧义，他的真正意思是“让他拿走枪”而不是枪杀赤手空拳的警察，而法官则将其解释为“打死他”，并作为共同犯罪意图的证据。该案引发了大众对宾利的广泛同情，虽然大多数公众认为宾利是无辜的，但直到1998年他才获得了死后的平反。②

第三个是年轻妇人露斯·埃利斯（Ruth Ellis）冤案。她于1955年被处决，罪名是法国人所称的情感犯罪：枪杀了对她不忠的情人（同时对一个过路人造成了轻伤），但事后新发现的证据表明裁判存在认定事实错误。③

这些案件激发的不安情绪空前高涨，民间性质的“全国废除死刑运动”组织成立。为了应对当时日益巨大的压力，安抚民众

---

① 案件资料来源于 Ludovic Kennedy, 10 Rillington Place, Gollancz, 1961; Injustice Anywhere Forum, “Cases to Learn From”, from http://www.injusticeanywhereforum.com/viewtopic.php?f=130&t=1679; Wikipedia, “Timothy Evans”, from http://en.wikipedia.org/wiki/Timothy_ Evans。

② 案件资料来源于 J. Parris, Scapegoat: the inside story of the trial of Derek Bentley, Duckworth, 1991; M. J. Trow, “Let him have it Chris”: the Murder of Derek Bentley, Constable, 1990; Wikipedia, “Derek Bentley Case”, from http://en.wikipedia.org/wiki/Derek_ Bentley_ case。

③ 案件资料来源于 Wikipedia, “Ruth Ellis”, from http://en.wikipedia.org/wiki/Ruth_ Ellis; T. L. Jones, Ruth Ellis: The Last to Hang, from http://crimebibrary.com/clssiscs2/ellis。

的情绪，恢复民众对刑事司法体制的信心，1965 年西佛曼的议案——“五年暂停死刑执行”——最终在两院通过。又经过几年的激烈争论，在临时暂停执行死刑法案期满之前，上议院于 1969 年通过了《1965 年杀人罪法》，其中的规定彻底废除了死刑。尽管在此以后，英国议会中仍有少数议员提议应对某些特殊类型的犯罪判处死刑，但都无一例外失败了。主要原因是英国政府和社会都已深刻意识到，即使对极其特殊的犯罪恢复死刑，也可能会导致某些无辜者被冤枉处死，造成不可挽回的局面；只有彻底废除死刑，才能完全避免事后不可救济的死刑冤案。

三、《1984 年警察与刑事证据法》和规范警察的侦查行为

任何人不得享有特权，这是普通法的基本原则之一。出于维护社会秩序和打击犯罪的需要，“公众同意而治”的传统赋予警察某些强制性权力。因此，英国《1829 年都市警察法》、《1856 年郡市警察法》和《1964 年警察法》都没有规定警察的具体权力，警察的权力并非来源于法律，而是来源于公众的支持。受普通法中这种关于警察权力传统定位的影响，英国警察的权力具有模糊性和不确定性。然而，任何权力都有滥用的趋势，警察权力也不例外。特别是警察在刑事侦查中的权力，通常会涉及根本性的权利，一旦滥用往往会给社会和公民带来毁灭性的灾难。尽管长期以来都存在防治警察腐败和明确警察责任的主张，[①] 但该声音一直都没有推动官方

---

① 参见 S. Chibnall，“The Metropolitan Police and The News Media”，in S. Holdaway，The British Police，Edward Arnold，1979，pp. 138－142；P. K. Manning，“The Social Control of Police Work”，in S. Holdaway，The British Police，Edward Arnold，1979，p. 45；T. Jefferson and R. Grimshaw，Controlling the Constable：Police Accountability in England and Wales，Frederick Muller and The Cobden Trust，1984，pp. 71－72。

正式出台全面规范警察权力和行为的法律。① 加之各地警察素质和执法水平参差不齐，本无限制的警察侦查权力在司法实践中的使用更是带有较大的随意性和模糊性，这在客观上恶化了侦查行为肆意侵犯公民人权的现象。大量由于警察侦查行为而导致的冤案不断被曝光，不停地冲击和挑战着民众的心理底线。一个个鲜活的悲剧，一次次地表明毫无限制和不当的侦查行为是导致冤案的重要根源。在这些众多的冤案中，麦克斯韦尔·康菲特（Maxwell Confait）冤案②直接推动了官方正式开始对此有所行动。政府意识到，出于证据的可靠性考虑和犯罪嫌疑人的权利保障需要，完全有必要规范和限制警察的侦查权力和侦查行为。于是，1977 年官方正式成立了以菲利普为首的皇家刑事程序专门委员会（Royal Commission on Criminal Procedure，简称 RCCP）。在费希尔（Fisher）对于康菲特

---

① 为了弥补普通法在警察侦查权力规定上的空缺，也为了惩罚犯罪的实际需要，在 20 世纪 60 年代英国一些成文法开始在普通法之外对警察侦查权进行规范和限制，但是这些成文的法律规定零星分散且更多的只是针对某一类犯罪而言。例如，关于警察盘问检查的权力，在《1984 年警察与刑事证据法》出台之前，只有在《1968 年偷窃法》和《1971 年滥用毒品法》中才有规定。这种权力规定的零星分散状态，不仅给警察的执法活动带来诸多不便，使警察经常处于权力不明确的法律真空状态，同时也不利于保护当事人的利益。

② 1972 年 4 月 22 日，消防队员在伦敦地区一所燃烧的房屋内发现了一具被勒死的男尸，死者名叫麦克斯韦尔·康菲特。经过侦查，三名少年很快作为本案的嫌疑人被逮捕，他们当中一个只有 14 岁，另外两个均为低智商者。警察在成年监护人缺席、律师不在场的情况下对这三个少年实施了讯问和殴打，三人被迫作出了各种表面看来有罪的陈述（这些陈述在法庭上未经充分质证），随后他们被判处刑罚。1975 年，英国上诉法院重审此案，证明该案中当事人的供述是不真实的，而这些虚假供述来自于警察不适当的压力和刑讯，三名当事人被宣布无罪释放。此案在英国引起轰动，普林斯（Christopher Price）和卡普兰（Jonathan Caplan）两位学者专门为此案撰写并出版了《康菲特供述》（The Confait Confessions）一书。此书一经出版，就成为当年的畅销书，书中对于三名青少年不平遭遇的描述，激起了公众对警察侦查行为的强烈不满。参见 Doreen McBarnet，“The Fisher Report on the Confait Case”，The Modern Law Review，Vol. 41，1978，p. 455 – 563。

冤案调查的基础上,[①] 委员会于 1981 年提交了报告。该报告首先指出，康菲特冤案是现行侦查制度失败的典型例证，具体原因是警察在讯问中没有坚持中立性，警察并没有重视在侦查过程中发现的本可以排除三名男孩犯罪嫌疑的无罪证据，甚至为了制造有罪证据，不惜使用刑讯的方式逼取口供。另外，在讯问过程中并未有律师在场，必需的法律帮助严重缺失，警察的讯问也没有受到任何有效的限制。报告随后通过总结康菲特在内的大量冤案的原因，指出现行法律制度下侦查权力和侦查行为缺乏必要的限制和规范是造成侦查权滥用以至于造成冤案的根本原因。[②] 在这一报告的建议和推动下，官方认为对警察侦查权力的必要规制迫在眉睫，于是出台了《1984 年警察与形式证据法》(The Police and Criminal Evidence Act 1984)。[③]

该法不仅详细列举了警察在刑事侦查活动中的各项权力，并对诸如盘问、检查、拘留、逮捕、讯问和搜查等每一项权力的行使规定了严格的适用范围以及条件和程序，而且还包括后来陆续制定和颁布的关于本法的一系列实施细则。到目前为止，总共包括 8 个实施细则（Codes of Practice A – H)，分别是：《守则 A：警察行使责令停止和搜查权执行守则》（1997 年 5 月 14 日开始实施，2013 年最新修订)《守则 B：警察搜查住所和扣押在人身或住所内发现的

---

① 参见 H. Fisher，Report of an Inquiry by the Honourable Sir Henry Fisher into the Circumstances Leading to the Trial of Three Persons on Charges Arising out of the Death of Maxwell Confait and the Fire at 27 Doggett Road，HMSO，1977。

② 参见 Royal Commission on Criminal Procedure，Report of Royal Commission on Criminal Procedure，HMSO，1981。

③ 关于这一事件的讨论参见 D. J. Birch，“The Police and Criminal Evidence Act 1984：（2）Powers of Arrest and Detention”，Criminal Law Review，Sweet and Maxwell，1985；T. Gibbons，“The Police and Criminal Evidence Act 1984：（3）The Conditions of Detention and Questoning”，Criminal Law Review，Sweet and Maxwell，1985；P. Mirfield，“The Police and Criminal Evidence Act 1984：（4）The Evidence Provisions”，Criminal Law Review，Sweet and Maxwell，1985。

物品执行守则》（1995 年 4 月 9 日开始实施，2013 年最新修订），《守则 C：警察拘留、对待及讯问当事人（非涉嫌恐怖犯罪）执行守则》（1995 年 4 月 9 日开始实施，2013 年最新修订），《守则 D：警察辨认当事人执行守则》（1995 年 4 月 9 日开始实施，2011 年最新修订），《守则 E：会见犯罪嫌疑人录音执行守则》（1995 年 4 月 9 日开始实施，2013 年最新修订），《守则 F：讯问犯罪嫌疑人录音录像守则》（2010 年 5 月 1 日开始实施，2013 年最新修订），《守则 G：警察实施无证逮捕守则》（2005 年 12 月 31 日开始实施，2012 年最新修订）《守则 H：警察拘留、对待及讯问涉嫌恐怖犯罪当事人执行守则》（2012 年 7 月 10 日开始实施，2013 年最新修订）。[①] 此外，“徒法不足以自行”。为了保障警察严格遵守《1984 年警察与刑事证据法》及其实施细则，还制定了 5 种主要惩戒措施以阻止警察的滥用行为：①如果警察的行为已经构成刑事犯罪，那么警察将会受到指控起诉；②如果警察的行为构成民事侵权（如人身伤害、非法拘禁等），受害者可以起诉有责任的警官；③无论是否需要承担刑事责任或者民事责任，任何违反法令及其实施细则的行为都可能是违纪行为，由警察纪律规则调整；④违反法令及其实施细则可能导致由此获取的证据被裁定为不具有可采性；⑤如果一项违反法令及其实施细则的行为导致被告人作出有罪供述，那么依据具体性质，这一行为本身就可能足以使口供不被采纳，或作为一种辅助考虑因素而与其他情形结合时导致同样的后果。[②]

由上可知，《1984 年警察与刑事证据法》及其实施细则是一部关于警察权力的“大宪章”，是现代英国警察权力的奠基之作。它

① 最新信息来源于英国政府官网，这些细则最新英文版本可从以下网址下载获取，具体网址为 https：//www. gov. uk/government/collections/police - and - criminal - evidence - act - 1984 - pace - current - versions。

② 参见 John Sprack，Emmins on Criminal Procedure，Oxford University Press，2002，pp. 5 - 6。

通过规定警察权力的基本框架，不仅克服了传统法律中警察权力的不确定和分散状态，实现了警察权力的规范化发展，而且限制了警察权力的边界，为公民提供了一系列对抗警察不当干扰的防护措施，在警察权力与公民权利（尤其是犯罪嫌疑人权利）之间实现了基本平衡。这种“权力 - 权利”的平衡是这部法律的基本精神。[①] 这可以从以下几个方面得以体现：从内容上看，该法不仅扩展了警察盘问检查、入室搜查、扣押和逮捕的权力，规范了讯问权、逮捕后的人身搜查权、人体检查权和提取检验标本权，增加了拘留权，针对那些最容易侵犯公民权利的侦查权力制定了更为具体的实施细则，而且也非常注重对刑事诉讼中被追诉者权利的保护，明确规定了犯罪嫌疑人的以下权利和制度，如沉默权、录音录像权、律师帮助权、通知权、（特定人接受讯问时）适当身份成年人在场权、犯罪嫌疑人在羁押期间的待遇权以及证据排除规则、询问笔录的制作、专职羁押官和审查官。从法律条文的数量来看，赋予犯罪嫌疑人权利的法律条文数量与该法中确认警察权力的法律条文数量大致持平。从法律规定的细致程度和可执行程度来看，这部法律中关于犯罪嫌疑人权利的规定更加具有可操作性，并且更加具体，更加细致。

这部法律的出台在英国刑事司法历史上有着巨大意义，它通过直接规范警察在刑事侦查中的权力和行为，既提高了证据的可靠性与真实性，又充分保障了犯罪嫌疑人的权利。这对于改善英国刑事司法的运行质量，预防侦查权力滥用所导致的刑事司法错误和冤案发挥着举足轻重的作用。需要特别指出的是，该法的实施细则 C、D 和 F 对于刑事侦查制度中导致冤案的高发因素进行了最为细致的规制。细致详尽的讯问程序和录音录像制度，能够最大限度地抑制

---

① 这一评价来自英国政府官网对于该法的介绍，网址是 https：//www. gov. uk/government/collections/police - and - criminal - evidence - act - 1984 - pace - current - versions。

警察的刑讯逼供和其他因素导致的虚假供述;[①] 科学合理的辨认规则和程序，在吸收心理学最新研究成果的基础上，不定期进行修改，从而最大限度地确保目击证人辨认结果的可靠性，防止无辜者被牵涉其中。

四、《1995 年刑事上诉法》和设立刑事案件审查委员会

尽管在纠正冤案立法目的的直接推动下，英国于 1907 年创立了刑事上诉制度和刑事上诉法院，但是现实中的立法和体制设置并没有有效实现纠正冤案的预设功能。[②] 此外，虽然内政部有权将可能存在刑事司法错误的案件发回上诉法院，但是出于政治目的和避免紧张关系，内政部一般不愿意这么做。因此，刑事上诉制度设立后，仍然出现了大量的没有被刑事上诉制度及时有效纠正的冤案。20 世纪 80 年代末 90 年代初密集发现的多例冤案，尤其是吉尔福

---

① 英国是世界上最早适用讯问录音录像的国家。实施细则 F 是英国专门规定讯问犯罪嫌疑人录音录像的规则，主要内容包括：总则、录像原件的制作和封存、讯问录音录像的适用情形以及讯问开始、讯问聋人、犯罪嫌疑人提出异议和控告、更换录制介质、讯问的中断、录制设备故障、取出录制介质、讯问结束、讯问后录音录像的使用、录音录像原件的安全、通过安全数字网络进行讯问录像。该守则详尽、具体，有利于合法、规范地收集犯罪嫌疑人口供，免受非法取证的质疑。

② 参见 Carole McCartney and Stephanie Roberts, "Building Institutions to Address Miscarriages of Justice in England and Wales: 'Mission Accomplished?'" University of Cincinnati Law Review, Vol. 80, 2012, p. 1336。

德四人案（The Guildford Four）[①] 和伯明翰六人案（Birmingham Six）[②]，在英国各界引起了巨大反响，引起了学界和司法实务界对

① 1975年保罗·希尔（Paul Hill）、卡洛尔·理查森（Carole Richardson）、杰勒德·孔仁（Gerard Conlon）和帕特里克·阿姆斯壮（Patrick Armstrong）四人因被指控代表爱尔兰共和军（IRA）在英格兰南部萨里郡吉尔福德和伦敦南部沃尔威治两地制造公共爆炸而被判有罪。虽然事实上其他等待审判的IRA被告人已经宣称对此事负责，但前述四人对一审判决的上诉还是被否决了。然而，其他收集到的新证据（包括不在场证据和身体状况）使得内政部命令进一步调查，并把该案提交上诉法院。后经调查发现，萨里警察局负责该案的侦查人员曾经伪造供述和压制可能的辩护证据，检察长决定不再支持有罪判决，于是该判决于1989年10月19日被撤销。这个结果立即促使法院对马奎尔等七人案（ Maguire Seven）进行审查。在该案中，杰勒德·孔仁（吉尔福德四人案的被告人之一）对警察供述说，他的阿姨圣安妮·马奎尔（Anne Maguire）曾经教他制造炸弹，嫌疑随之落到了这位名叫马奎尔的主妇身上。警察搜查了她的房间，而且法院主要根据法庭鉴定认定房间中有硝酸甘油痕迹的事实，作出了有罪判决。上诉法院参考了1990年的案例，勉强推翻了这个判决，因为还存在第三者在房间里留下痕迹并引起无辜者受牵连的可能性（在本案中，证据未进行披露也是重大的反常做法）。但是，负责调查此案的梅（May）爵士在其中期调查报告和第二次报告中对马奎尔案提出了更实际的怀疑——是否法庭鉴定结果必然能当作证明制作炸药的决定性证据？参见［英］麦高伟、杰弗里·威尔逊主编：《英国刑事司法程序》，姚永吉译，法律出版社2003年版，第459~460页；P. J. Hill and G. Hunt，Forever Lost，Forever Gone，Bloomsbury，1995。

② 1974年11月，在伯明翰市中心的两个酒吧里先后发生了爆炸，爆炸共造成21人死亡，189人受伤。案件发生后，警察认为这是一起爱尔兰共和军参与的恐怖主义爆炸。经过调查，来自贝尔法斯特的帕特里克·希尔（Patrick Hill）、格里·亨特（Gerry Hunter）、理查德·麦克肯尼（Richard McIlkenny）、比尔·鲍尔（Billy Power）、庄尼·沃克（Johnny Walker）和修耶·卡拉格汉（Hughie Callaghan）6人进入了警方视线，并很快在案发当天被逮捕并被指控谋杀。控方证据立足于三项：有罪供述——但被告人声称那是在包括警察暴力在内的巨大压力下被迫作出的；法庭鉴定的科学证据——但被告人宣称它本质上不可靠，并且是由苏克斯博士（一位受雇于警方鉴定材料的法庭科学家）的疏忽大意实施的；高度的旁证——被告人的行为、举止以及与著名的共和党人有牵连（有证据证明该6名被告在爆炸发生后连夜搭船去了北爱尔兰，去参加一位知名的爱尔兰共和军军官的葬礼）。最后，这6人经过审判均被判有罪。被告人的上诉于1976年被驳回，1988年又提交到了上诉法院。然而，上诉法院没有被说服，但关于警方伪造供述以及法庭鉴定质量的不可靠之处等更多的证据于1991年得以公布，6人最终被还以清白。R. v. McIlkenny，Hunter，Walker，Callaghan，Hill and Power（1991）93 Crim. App. R. 287；G. Conlon，Proved Innocent，Hamish Hamilton，1990。

现行刑事司法制度对冤案纠正能力的反思。

1991 年 3 月 14 日，为了缓解公众对刑事司法体制的普遍信任危机，政府组织成立了皇家刑事司法专门委员会（Royal Commission on Criminal Justice，简称 RCCJ），意在考量和分析英国刑事司法体制惩治犯罪和保护无辜的能力和实效，全面反思刑事司法体制中的不足。经过两年多的深入调查和全面论证，专门委员会在 1993 年提交了著名的郎西曼报告（The Runciman Report）。通过对包括前述冤案在内的多例案件的调查，专门委员会认为除了警察侦查权力、专家证据、犯罪嫌疑人的权利、沉默权和口供、证据开示等存在问题外，在审前阶段、审判阶段以及上诉程序方面也存在诸多问题，如律师辩护的缺失、法律援助偏弱、主审法官存有偏见和明显的倾向等。针对这些问题，报告最终提出了 352 条建议。[①] 由于在上述许多问题上，政府认为并没有存在实质性缺陷，如该报告很多建议属于对《1984 年警察与刑事证据法》的微调，所以仅仅出于安抚社会民众情绪的目的，最后关注点集中在成立刑事案件审查委员会这一提议上。政府承认现行上诉制度中的安全性审查的确无法完全保障无辜者推翻有罪判决，吉尔福德四人案与伯明翰六人案在某种程度上就是上诉制度的失败例证，而且越来越意识到现行内政部纠正冤案的体制存在违宪嫌疑。于是，在时机成熟之时，于 1997 年成立了一个独立于政府和司法系统的中立机构——刑事案件审查委员会，专门负责审查可能存在刑事司法错误的案件。

值得注意的是，皇家刑事司法专门委员会这次调查的重点并没有完全放在保护无辜者这一方面，而是也分析了刑事司法体制惩罚犯罪的效率问题，并提出了一些提高效率的建议。这或许正是当时英国国内刑事司法政策开始发生转变的一个鲜明征兆，从偏向如何保障被追诉人的权利、保护无辜者转向了如何更加有效率地惩罚犯

---

① 参见 Royal Commission of Criminal Justice，Report（Cm. 2263），HMSO，1993，from http：//www. official - documents. gov. uk/document/cm22/2263/2263. pdf。

罪、避免罪犯逃避惩罚，从侧重个人权利与自由转向了偏向安全与效率。正因为如此，皇家刑事司法委员会的报告就有关改革英国刑事司法制度所提出的三百多项建议，大都没有被后来通过的成文法所接受，甚至还出台了一些与该报告中建议相左的制度或规则。从20世纪90年代中期开始，多部出台的法律体现了这一趋势。经过多年的争论之后，出于有效打击犯罪的需要，《1994年刑事司法与公共秩序法》首次对沉默权制度有了突破，出现了松动的迹象。根据改变后的规定，被告人仍然拥有沉默权，但如果被告人选择沉默，法庭对被告人在庭审阶段或警察讯问阶段保持沉默的行为可以作不利于被告人的推论。① 为了缓解控方过于沉重的证据开示义务，防止辩方使用突击辩护策略，《1996年刑事司法与侦查法》对英国普通法中的证据展示规则作出了较大的改革，在减轻了控方展示证据义务的同时，规定辩方在刑事法院开庭前展示他的辩护要点和证据。② 为了进一步平衡控方和辩方的权利，《2003年刑事司法法》又采取了诸多改革措施，包括缩减陪审团审判的适用范围、采纳传闻证据和不良品格证据以及犯罪前科证据的情形、强制辩方开示所有辩护性的专家报告（无论是否准备在法庭上使用）、设立禁止双重危险原则的例外等。③

---

① 参见 Criminal Justice and Public Order Act 1994, section 34 – 39；C. Walker and K. Starmer (eds.), Miscarriages of Justice, Blackstone Press, 1999, chap. 5。

② 参见 Criminal Procedure and Investigations Act 1996, Part I；The Rt. Hon. Lord Justice Gross and The Rt. Hon. Lord Justice Treacy, "Further Review of Disclosure in Criminal Proceedings: Sanctions for Disclosure Failure," 2012, from https://www.judiciary.gov.uk/Resources/JCO/Documents/Reports/disclosure_ criminal_ courts.pdf。

③ 参见 Criminal Justice Act 2003, Part II, V, VII, X and XI；Conor Mulcahy, "Unfair Consequences: How the Reforms to the Rule against Hearsay in the Criminal Justice Act 2003 Violate a Defendant's Right to a Fair Trial under the European Convention on Human Rights", Boston College International and Comparative Law Review, Vol. 28, 2005；Bad Character and The Criminal Justice Act 2003, from http://www.25bedfordrow.com/seminar – pdfs/bad – character – lecture – 2 – extended.pdf；Crown Prosecution Service, "Retrial of Serious Offences", from http://www.cps.gov.uk/legal/p_ to_ r/retrial_ of_ serious_ offences/。

五、评析

从上述英国意在预防冤案发生的司法改革历程来看，主要有以下几个特点：

第一，从措施上看，英国更加注重规范警察的侦查行为来预防冤案，更加侧重追求完善的救济制度来防治冤案。

英国出台的《1984 年警察与刑事证据法》及其不断更新的实施细则奠定了英国刑事侦查制度的基本法律框架，对警察的侦查行为有着事无巨细的规定。英国之所以如此注重严格规制刑事侦查阶段，主要原因如下：首先，从英国曝光的和专门委员会调查的冤案看，侦查阶段警察滥用权力收集的证据是导致冤案的根源性问题。警察滥用侦查行为，不仅仅侵犯了犯罪嫌疑人的权利，而且容易产生各种不可靠的证据，导致事实认定错误。只有严格规范警察的侦查行为，才能最大限度地保证侦查结果的准确性，将冤案消除在萌芽阶段。其次，英国皇家检察署的审查过滤作用有限。《1985 年犯罪起诉法》（Prosecution of Offences Act 1985）将起诉的职责从警察手里转交给新成立的皇家检察署（Crown Prosecution Service）。[①] 一方面，在英国司法传统中，检察官负责起诉属于新鲜制度；另一方面，由于其审查的材料都是来源于警察经过筛选的证据或材料，其很难发现其中的问题，所以一直到现在，都有学者批判皇家检察署没有实质的独立地位，只是警察的起诉代理人而已。[②] 最后，英国刑事司

① 参见 Alec Samuels, "Crown Prosecution Service", Journal of Criminal Law, Vol. 50, 1986, p. 432; Crown Prosecution Service, "History", from http: //www. cps. gov. uk/about/history. html。

② 参见 A. Sanders, "Prosecution Systems", in M. McConville and G. Wilson (eds.), Handbook of Criminal Justice, Oxford University Press, 2002, pp. 158 – 159。相比皇家检察署，警察明显处于主导地位，因为皇家检察署在现实中的地位仅仅是根据警察筛选的证据来审查警察移送的案件，“现实中，被提起公诉的案件通常是被塑造为具有可诉性；于是警察只会筛选支持起诉的事实和证据，而忽略、隐藏或者毁灭那些相反的证据”。(p. 158)

法的对抗制特征鲜明地体现在审判阶段，在繁杂的证据规则的规制之下，以及在控辩双方赢得诉讼的动机的直接刺激之下，法庭已经不再是发现事实真相的最佳场所。然而，不管设置怎样的审前程序和审判制度，仍然会有一些事实错误顺利通过审判。如何纠正错误的有罪判决，成为一个更为重要的问题。因为一旦作出有罪判决之后，包括上诉制度在内的救济制度能否及时有效地发现和纠正事实错误，是实现司法公正的最后一道屏障，也是无辜者的最后希望。加上在英国司法制度历史上有很长一段时间没有正式的上诉制度和救济制度，因此英国在近现代司法改革中特别重视上诉制度在内的救济制度的作用。

第二，从实效来看，英国刑事司法体制防治冤案的能力有所加强，但诸多的司法改革措施也背离了初衷。

上述四次司法改革的直接动因都是重大的冤案，因此付诸实践的诸多改革措施肯定能够发挥防治冤案的效果，例如，《1984 年警察与刑事证据法》在很大程度上抑制了警察的权力滥用。[①] 然而，也有一些措施并未实现预期的效果。例如，当初设立刑事上诉制度的主要目的是给那些被定罪的无辜者提供一条有效的救济途径，然而从《1907 年刑事上诉法》的制定与实施来看，其根本没有实现这一立法初衷，事实上无罪的被告人无法通过上诉制度来推翻错误的有罪判决，反而有些事实上有罪的被告人可能通过上诉制度逃避法律的制裁。后来刑事案件审查委员会的设立也充分说明了这一点。无独有偶，刑事案件审查委员会也未能很好地解决这一问题。郎西曼报告指出，设立刑事案件审查委员会的主要目的是弥补刑事上诉制度在救济无辜者方面的不足。然而，现实中的刑事案件审查委员会根本就不关注事实上是否无罪的问题，使得这一美好的初衷

---

① 参见 John Weeden, “The Criminal Cases Review Commission（CCRC）of England, Wales, and Northern Ireland”, University of Cincinnati Law Review, Vol. 80, 2012, p. 1425。

终落空。为什么会造成这个局面呢？在笔者看来，这种偏离初衷的结局是必然的。尽管设立上诉制度的出发点是救助无辜者，但是在现代司法体制中，司法系统是从法律的角度来判断应否作出或维持有罪判决的，事实问题并不是全部问题，法官也不会像侦探那样追求真相。因此，作为司法制度的组成部分，上诉制度也不可能脱离这一视野和思路。至于刑事案件审查委员会，虽然其独立于司法系统，但是其无权改变任何判决，其审查案件的机制——现实可能性检验——注定了其从根本上脱离不了上诉法院审查案件的视角，也注定了不可能突破上诉制度所面临的困境。总结这一教训，任何司法改革措施，包括防治冤案的改革措施，必须要与现代刑事司法的框架相契合，这是改革措施发挥效用的基本前提。如何在现代刑事司法的法律视角内预防和救济事实上无罪的被告人已经成为世界性难题，甚至是不太可能完成的任务，除非完全突破现有的司法框架。

第三，从路径上看，英国形成了一套防治冤案的程式化对策。

在重大冤案的促进下，政府无一例外都成立了相关的专门委员会，专门负责调查相关案件，检讨和反思刑事司法体制到底哪里出现了问题。在此基础上，由专门委员会提出报告，并提出建议供政府考虑。这种反思和改革刑事司法体制的路径极具优越性，主要体现在以下两点：首先，从委员会的组成来看，其都是由相关方面的专家组成，并由资深、权威的教授担任主席，这在最大程度上保证了最终报告的专业性和客观性。例如，1978 年的皇家刑事诉讼专门委员会由著名的法学家菲利普（Cyril Philips）担任主席，1991 年的皇家刑事司法专门委员会由权威教授郎西曼担任主席。尽管专门委员会由政府组织成立，但这种外面调查的模式完全区别于司法系统的自我反思，因为后者在很多情况下不能发现真正存在的问题，即使发现了问题，也很有可能不愿意去客观面对。这种由学术团体组成的专门委员会通过专业的视角检查刑事司法体制，最大限度地保证了结果的客观性。其次，专门委员会在完成调查之后，要向政府提交报告，并向社会民众公开。专门委员会的调查报告对政府并无拘束力，仅供政府参考。然而，从实践情况来看，报告中的诸多建议被立法者所采纳。当然，政府不能随随便便否定专门委员会的报告，因为在报告公开之后，其为民众参与讨论提供了全面的背景认识，其中的观点和主张有可能成为社会舆论的主流，间接推动立法决策和司法改革。这种专门委员会、政府和社会民众的互动模式，使得英国的刑事立法与司法改革既有专业科学的视角，又有坚实的舆论基础。

第四，从趋势上看，英国从防治冤案的小视角转变为控制刑事司法错误的大视角，实质上在自由与秩序之间寻求平衡。

在一次次被曝光的冤案的刺激下，社会民众对刑事司法的信心受到了严重打击。上述四次以重大冤案的发现纠正为契机的司法改革，重点无疑在于如何更好地保障犯罪嫌疑人的权利，避免无辜者被定罪。然而，在限制权力、加强救济的同时，不可避免地会导致一些犯罪分子逃避法律的制裁。虽然这种要求提高惩罚犯罪效率的立场一直存在，但几乎从未实际影响过英国的刑事司法改革。直到20世纪90年代中期，在保障犯罪嫌疑人的权利方面走得过远之后，不可避免地带来了日益繁杂的诉讼工作，效率低下、案件积压严重的问题日益突显出来，这逐渐成为英国刑事司法体制运转的最大矛盾。此外，北爱尔兰问题所频频引发的恐怖事件一直困扰着英国政府、民众和社会，的确需要更加强有力的刑事司法系统来惩罚犯罪。正如1993年保守党成员麦克·霍华德（Michael Howard）所言：在过去的30年中，英国刑事司法体制在保护犯罪分子的这条道路上走了太远，以至于忽视了社会公众的安全。现在已经到了纠正这一过分偏差的时候了。[①] 于是，不仅英国近些年来制定和出台的一些成文法都体现了这一精神，而且政府在2002年的司法报

① 参见 The Daily Telegraph，October 7，1993；T. Newburn，Crime and Criminal Justice Policy，Longmans，1995，p. 178。

告白皮书《所有人的正义》（Justice for All）中公布的司法改革计划也坚持了这一趋势。[①] 但这并不意味着英国放弃了防治冤案的努力，只是“当前最大的刑事司法错误是犯罪分子逃避了法律的制裁”，需要进行相应的调整和平衡。综观英国刑事司法体制的改革历史和趋势，可以清晰地发现，英国前期的司法改革更侧重于预防和救济冤案，后期的司法改革更侧重于避免错放和惩罚犯罪。总体上而言，其在追求刑事司法体制不枉不纵的理想状态，控制两类刑事司法错误的内在平衡——既要最大限度地避免无辜者被错误定罪，又要合理地避免放纵犯罪。

第三节　中国冤案的预防与司法改革

一、一个契机和转变的到来

一直以来，我国刑事诉讼坚持“实事求是”的原则，不枉不纵。公安、司法部门在司法实践中提出了“确保每一个案件的审判都经得起历史的检验”的口号。然而，借用一句流行语：“理想很丰满，现实很骨感！”由于人类主观能力和客观条件的限制等多重因素，刑事诉讼不可能与错误绝缘，这自不必多言。不论办案机关和办案人员如何尽职尽责，错误依然会发生，只是数量多少的问题。尽管错误不可避免，但我们可以选择对待错误的态度。正如国外学者所言，在某种程度上，是否会发生冤案已经不再是衡量一个刑事司法体制文明与否的绝对依据，而是一国刑事司法体制预防冤

---

① 该报告在前言中就开门见山地表示：白皮书阐述了政府关于如何才能更有效地改善刑事司法制度并使之现代化的观点。综观其内容，其现代化的刑事司法制度至少包括以下四点：以保护被害人的利益为核心，以打击犯罪为重点，以高效率为价值取向，以公众参与为基础。参见 The Secretary of State for the Home Department，Justice for All，Cm 5563，2002，from http：//image. guardian. co. uk/sys - files/Politics/documents/2002/07/17/Criminal_ Justice. pdf。

案的能力，以及纠正、救济客观存在的冤案的机制和勇气的体现。客观承认冤案的发生，竭尽所能采取预防措施，及时有效救济无辜者，方是现代法治国家对待冤案的正确态度。

在特定历史条件的影响下，我国公安、司法机关一直对冤案讳莫如深，甚至谈虎色变，不愿意承认甚至拒绝纠正已经证据非常明显的冤案。当前，我国正处于全面深化改革的起步阶段，更是司法改革的攻坚阶段。中共中央高瞻远瞩地把握了这一历史必然进程，在党的十八届三中全会上作出的全面深化改革的决议中，明确提出完善人权司法保障制度，健全错案防止、纠正、责任追究机制，严禁刑讯逼供、体罚虐待，严格实行非法证据排除规则。① 在这种大的时代背景下，政治氛围日益开明，冤案的预防与治理已经成为我国当前司法改革领域内的重要课题。借此契机，在冤案的防治问题上，我国刑事诉讼制度和刑事司法改革必然会有所作为，而且会大有作为。

二、我国冤案问题防治梳理

建国以来，尤其是改革开放以来，我国在冤案问题的防治上大致经历了四个明显的阶段，形成了当前“三位一体”的防控机制：

（一）“运动式纠错”

在“文化大革命”前，由于党在指导思想上的“左”倾错误，政治运动连续不断，造成了一大批冤假错案。“文化大革命”十年浩劫，民主被破坏，法制被践踏，公民的民主权利受到严重侵犯，大批干部和群众蒙受不白之冤，冤假错案俯拾皆是。鉴于十年动乱中公民权利处于毫无保障的地位，党的十一届三中全会明确提出了加强社会主义民主和法制建设的任务，强调指出：“宪法规定的公

① 参见《中共中央关于全面深化改革若干重大问题的决定》（2013 年 11 月 12 日中国共产党第十八届中央委员会第三次全体会议通过），载新华网，http：//news. xinhuanet. com/politics/2013 －11/15/c_ 118164235. htm。

民权利，必须坚决保障，任何人不得侵犯。”① 平反冤假错案，成为拨乱反正的重要一环。全党遵循“有反必肃、有错必究”的原则，进行了大规模的全面细致的复查与平反冤假错案的工作。

1979 年，最高人民法院发出《关于善始善终地完成复查纠正冤假错案工作几个问题的请示报告》。该报告指出：三中全会以来，全国各地人民法院在党委的统一领导下，全面复查“文化大革命”以来判处的反革命案件和普通刑事案件，纠正了一大批冤假错案。1967 年至 1976 年中的案件，已复查 24.1 万余件，约占总数的 83%，从中纠正了冤假错案 13.13 余万件，约占复查的 54%。同时复查了普通刑事案件 50.7 余万件，纠正冤假错案 3.58 余万件，占已复查总数的 7%。此外，各地法院从办理申诉的案件中，还纠正了许多“文化大革命”前判处的冤假错案。②

到 1985 年，全国规模的平反冤假错案的工作基本结束。据不完全统计，经中共中央批准平反的影响较大的冤假错案有 30 多件，全国共平反纠正了约 300 余万名干部的冤假错案，47 余万名共产党员恢复了党籍，数以千万计的无故受株连的干部和群众得到了解脱。③

由于改革开放初期百废待兴，且当时我国尚未出台刑事诉讼法，大量的冤假错案都是政治案件，冤案的纠正带有浓重的政治色彩，是一次政治运动下的冤案集中平反。这与现代法治背景下冤案的防治有着本质的区别。

---

① 参见王彦钊：《平反冤假错案：拨乱反正的重要一环》，载《检察日报》网站，http：//newspaper. jcrb. com/html/2011 - 12/28/content_ 88870. htm。

② 参见 1979 年 12 月 31 日中共中央批转《关于善始善终地完成复查纠正冤假错案工作几个问题的请示报告》，载人民网，http：//cpc. people. com. cn/GB/64162/64165/74856/75021/5198806. html。

③ 参见《平反冤假错案工作》，载人民网，http：//cpc. people. com. cn/GB/64156/64157/4512071. html。

（二）公安司法机关的反思与举措

进入21世纪，我国逐渐曝光了一系列恶性冤案。我国似乎进入了冤案的集中发现期，冤案的纠正接连不断。例如，杜培武案、李久明案、佘祥林案、王俊超案、滕兴善案、赵作海案等。这些冤案在引起国内民众和媒体震惊的同时，也引起了最高司法机关的重视。在开展自上而下的反思与检讨的同时，司法机关也以司法解释的形式制定和出台了相应对策。

1. 最高人民检察院的高度重视与反思

2005年7月4日，最高人民检察院专门下发《关于认真组织学习讨论佘祥林等五个典型案件剖析材料的通知》。通知要求，“各个省级检察院要把5个案件的剖析材料及时转发到所有的基层检察院，传达到每一个部门和全体干警，并结合实际组织干警认真讨论，举一反三，吸取教训，促进广大干警切实转变执法观念、端正执法思想，强化法律监督意识、执法责任意识、办案质量意识和办案安全防范意识，做到严格执法、规范执法、公正执法”。[①] 在此基础上，认真全面查找本地区、本单位和本部门存在的问题，制定相应措施，建章立制，规范长效机制。2006年9月21日，最高人民检察院再次下发《关于认真组织学习讨论滕兴善等七个典型案件剖析材料的通知》。通知要求全国检察机关和检察人员认真分析滕兴善等7起案件，剖析在检察工作中导致问题出现的原因，防微杜渐、吸取教训，把检察工作提高到一个新的水平。

2. 最高人民法院的重视

2005年9月，最高人民法院专门召开了全国“刑事重大冤错案件剖析座谈会”。对湖北佘祥林故意杀人案、海南黄亚权等抢劫案、河北李久明故意杀人案等14起社会关注的冤错案件进行剖析，帮助下级法院认真分析造成冤错案件的原因，深刻总结教训，追究

① 参见《最高检通知：运用5个典型案例进行警示教育》，载《检察日报》2005年7月12日。

相关责任，进一步提高和增强各级法院的程序正当意识、证据合法意识和人权保障意识。①

3. 严把死刑案件质量关

死刑冤案是最恶性的冤案，因为被告人一旦被执行死刑后，即使来日冤案得以纠正，也失去了实际意义。“死刑判决事关生杀予夺，不能不慎，也不得不慎。”肖扬说，“一旦发生冤错案件，什么司法成本都是无可比拟的，造成的损失是无可挽回的。”② 预防冤案是一项系统性、全局性的任务，针对当时曝光的大部分冤案都曾经存在死刑判决的现象，最高人民法院、最高人民检察院、公安部、司法部从2007年开始，重点治理死刑案件中存在的办案行为不规范甚至违法办案的现象，严把死刑案件的质量关。

首先，从2007年1月1日开始，下放了多年的死刑复核权收回最高人民法院，由最高人民法院统一行使。这一措施旨在统一死刑适用标准，分离死刑复核程序和死刑二审程序，增加预防死刑冤案的可能性。③

其次，2007年3月11日，最高人民法院、最高人民检察院、公安部、司法部联合出台《关于进一步严格依法办案确保办理死刑案件质量的意见》。该意见的总体要求是严格执行刑法和刑事诉讼法，切实把好死刑案件的事实关、证据关、程序关、适用法律关，使办理的每一起死刑案件都经得起历史的检验。具体而言，该意见明确了办案机关办理死刑案件应当遵守的五项原则，分别从侦查、起诉、辩护、审判、执行五个环节规定了办理死刑案件的具体

---

① 参见罗荣摄：《落实司法为民、深化法院改革——五大关键词解读最高人民法院工作报告》，载《法制日报》2006年3月11日。

② 参见《肖扬谈慎用死刑》，载新浪网，http：//news. sina. com. cn/c/2006 – 11 – 09/065510452429s. shtml。

③ 参见最高人民法院、最高人民检察院、公安部、司法部印发《关于进一步严格依法办案确保办理死刑案件质量的意见》的通知（法发〔2007〕11号）。

要求，最后明确了办理死刑案件应当严格执行责任追究制度。[①]

可以说，这次针对死刑案件的全面改革是成功的，对于死刑冤案的发生起到了积极的预防作用，同时也是一种大胆尝试和探索，为探索全面的冤案预防机制积累了经验，为整体全面推进相关司法改革打下了坚实基础。

4. 出台“两个证据规定”

“在多年来完善刑事证据制度、深化司法体制改革的广大民意的基础上，在不断揭露的重大刑事冤错案件的推动下，法律界期盼已久的有关刑事证据制度的司法文件终于以两院三部两个《规定》的形式于（2010 年）5 月 30 日出台了。这是三年来中央深化司法体制改革的重要成果。”[②] 甚至，有学者认为赵作海冤案直接推动了这“两个证据规定”的出台。例如，熊秋红教授就认为，“在中国刑事司法的历史上，赵作海冤案是一个具有标本意义的案件。……在全面修改刑诉法尚需时日的情况下，为了防止类似赵作海冤案的再次发生，率先进行刑事证据制度的完善具有某种紧迫性”。[③] 由此可见，2010 年 7 月 1 日起开始施行的《关于死刑案件审查判断证据若干问题的规定》和《关于办理刑事案件排除非法证据若干问题的规定》（本文简称“两个证据规定”）的一个重要目的即预防冤案。

中国当前产生冤案的根源在于不规范甚至是违法的侦查行为，

---

① 参见《公检法司联合出台意见、确保办理死刑案件质量》，载新华网，http://news.xinhuanet.com/legal/2007-03/11/content_5829716.htm。

② 参见顾永忠：《两个〈规定〉对刑事办案指导思想的重大突破》，载《证据科学》2010 年第 5 期。

③ 参见熊秋红：《刑事证据制度发展中的阶段性进步：刑事证据两个规定评析》，载《证据科学》2010 年第 5 期。

导致证据总是出现各种问题。[①] 然而，“两个证据规定”的出台直指这一最突出的问题。“两个《规定》的出台，透露出我国长期以来奉行的刑事办案指导思想发生了重大突破，这就是制约高于配合，质量重于数量，宁可放错，不可判错。”如此一来，“这两个《规定》……为证据制度从收集、判断、去伪存真、分辨真假等方面提供了程序上的保障性措施”。[②] 这必然能够提高刑事诉讼发现真相和预防冤案的能力。因此，有学者称“两个证据规定”的出台是“司法改革的重大成果”，[③] 属于“刑事司法改革的重大突破”。[④]

（三）刑事诉讼法的再修改

在2012年修改刑事诉讼法之前，我国刑事诉讼法的某些规定有着预防冤案的应然功能，如证据不足不起诉、证据不足的无罪判决、死刑复核程序、指定辩护等。然而，多年的司法实践表明，这些规定不仅是远远不够的，而且有被虚置架空的嫌疑。当整个诉讼体制存在根本性缺陷时，如非法证据规则缺失，讯问缺乏制约、监督措施，犯罪嫌疑人对讯问应当如实回答等，冤案的避免便无从谈起。这些年发生和纠正的冤案，已经充分证明我国1996年刑事诉讼法预防冤案的能力有待加强。尽管在2012年之前，公安、司法机关通过司法解释在一定程度上可以弥补这种不足，但只是权宜之计。

---

① 参见何家弘、何然：《刑事错案中的证据问题》，载《政法论坛》2008年第2期；王振川：《防范非法取证与刑事错案维护社会公平正义》，载《国家检察官学院学报》2007年第1期；参见陈卫东：《强化证据意识是避免错案的关键》，载《法学》2005年第5期。

② 中国政法大学法学院教授樊崇义参与了这两个《规定》的论证。他以赵作海案为例，认为这两个《规定》解决了目前认定事实和证据采信失实的问题。参见《两院三部联合发布证据规定、剑指刑讯逼供和冤假错案》，载新华网，http://news.xinhuanet.com/legal/2010-05/31/c_12159475.htm。

③ 参见樊崇义：《司法改革的重大成果》，载《检察日报》2010年6月2日。

④ 参见陈瑞华：《刑事司法改革的重大突破》，载《检察日报》2010年6月4日。

2012年，我国启动了刑事诉讼法的再修改，如何强化刑事诉讼法预防冤案的能力成为重要议题。从某种角度上看，所有条文的修改和内容变化都是为了实现准确惩罚犯罪，反过来说，也是在避免处罚无辜者。因此可以说，刑事诉讼法的再修改始终贯彻着这一指导思想。例如，《关于〈中华人民共和国刑事诉讼法修正案（草案)〉的说明》明确指出，“刑事诉讼法的修改完善，既要有利于保证准确及时地查明犯罪事实，正确应用法律，惩罚犯罪分子，又要保障无罪的人不受刑事追究，尊重和保障人权，保护公民的诉讼权利和其他合法权利”。[①] 尽管如此，笔者认为2013年新刑事诉讼法中的以下几项制度或措施最能直接发挥预防冤案的功能：

其一，确立不得强迫任何人自证其罪原则。其二，讯问录音录像制度。其三，确立非法证据排除规则。其四，确立羁押必要性审查制度。其五，明确举证责任和证明标准。其六，加强律师辩护和法律援助。其七，完善证人出庭作证制度。其八，限制发回重审的次数。

这些措施和制度“对症下药”，基本上“击中”了中国当前冤案的成因。在本书第三章中，笔者提出与欧美国家相比，中国当前冤案的成因非常特殊，中国冤案的发生模式是“侦查主导型”，处于冤案发生的初级阶段。这一模式直接体现为侦查行为不规范、侦查监督流于形式和审判时疑罪从有、从轻。上述这些具有代表性的具体措施主要是在根除和解决这一现象：限制和监督侦查行为，消除疑罪从有、从轻的空间。具体分析而言：

其一，限制和监督侦查行为。不得强迫任何人自证其罪原则、讯问录音录像制度以及非法证据排除规则，都可以对侦查行为发挥有效制约，形成“合力”，尤其是有助于克服我国侦查实践中频繁出现的刑讯逼供。此外，除了学界推崇非法证据排除规则的主流理

---

① 参见《关于〈中华人民共和国刑事诉讼法修正案（草案)〉的说明》，载中国人大网，http：//www. npc. gov. cn/huiyi/lfzt/xsssfxg/2012－03/09/content_ 1707027. htm。

由外，笔者认为非法证据排除规则另一个更为深远的意义是突出了审判权的权威性，这为审判人员怀疑甚至是否定侦查人员的证据提出了坚实依据。通过这种程序制裁规则，迫使侦查人员不得不转变观念，在办案过程中树立强烈的证据意识，使他们明白不仅要查明事实，而且要收集可被法庭采纳的证据。侦查人员办案理念的转变，无疑是规范侦查行为的根本之道，可以从源头上防止违法侦查行为导致的冤案。如果说刑事诉讼法关于规范侦查行为的各种规定是从正面提升侦查人员的办案能力和办案理念，那么非法证据排除规则则是在反面鞭策侦查人员必须依法办案。同时，在这一个转变过程中，非法证据排除规则的有效贯彻落实，还无形中推动着诉讼体制从“侦查中心主义”向“审判中心主义”转变。此外，新刑事诉讼法中有关侦查行为的进一步规范、明确律师侦查阶段辩护人的身份、确立公民申诉控告的程序等，都将对侦查机关发挥不同程度的制约、监督作用。

其二，保障疑罪从无落到实处。“从导致冤案发生的原因来看，无疑与侦查机关关系最大，检察机关次之，审判机关再次之；若从三机关防范冤案发生的地位和作用上看，审判机关责任最大，检察机关次之，侦查机关再次之。”① 审判机关这一重大责任的实现在很大程度上取决于疑罪从无原则的贯彻程度。

首先，明确控方的举证责任、细化有罪判决的证明标准、完善证人出庭制度为法庭坚持疑罪从无创立了现实基础。一方面，上述三项措施或制度在推定刑事诉讼从“侦查中心主义”向“审判中心主义”转变方面发挥着重要作用。明确控方的举证责任、细化有罪判决的证明标准，为审判机关客观中立地作出裁判提供了明确的和有可操作性的依据，使得审判机关否定检察机关的指控有了有理有力的理由。证人出庭作证制度保障了审判人员对证言的独立审

① 参见顾永忠：《刑事冤案发生的深层次认识原因剖析》，载《法学杂志》2013年第12期，第87页。

查判断，从真正意义上发挥着审判的功能。另一方面，明确和细化举证责任和证明责任也间接地明确了疑罪的内涵，为法庭坚持疑罪从无提供了独立可行的判断标准。证人出庭作证，可以最大限度保障法官发现证言中存在的疑点甚至是虚假成分，进而发现可能的疑罪。

其次，加强律师辩护为发现疑罪提供了重要渠道。正所谓“兼听则明”，律师的意见无疑可以帮助办案机关及时发现存在的错误。除了在审前程序中为犯罪嫌疑人提供法律服务外，审判程序中律师的作用也是不可替代的。然而，律师这种不可替代作用需要以律师权利得到充分保障为前提条件。于是，我国新刑事诉讼法完善和加强了律师的一系列权利，对律师开展工作、全面掌握案件信息和切实准备辩护提供了扎实基础。如此一来，律师可以提出高质量的辩护意见，帮助法庭发现检察机关指控中存在的合理疑点。

最后，二审发回重审次数受限保障了疑罪从无原则能够得到彻底贯彻。我国当前发现和纠正的冤案大都存在这样一个怪圈：疑罪在反复地发回重审中开始从有、从轻。这说明审判机关开始已经意识到其是疑罪，但是本着不枉不纵的原则，并没有果断地从无。此次修改刑事诉讼法，明确二审法院只能发回重审一次，为二审程序中贯彻疑罪从无原则提供了现实可能性和制度保障，同时也督促一审法院严格把关，坚决地贯彻疑罪从无。

笔者据此认为，从预防冤案的角度来看，我国 2013 年的新刑事诉讼法无疑是值得称赞的，特别是对限制监督侦查行为的规则和贯彻疑罪从无的配套措施都紧扣中国冤案的成因，针对性极强。虽然检验这些制度和措施对预防冤案的实效尚需时日，甚至需要十几年的时间，而且还存在能否切实执行的问题，但是从学理上和制度理念上已经得以充分论证。

与此同时，新刑事诉讼法在冤案防治问题上还存在一些不足或者隐忧，值得警醒。概括而言，主要有以下五点：

其一，缺乏前瞻性，没有合理吸收其他国家的经验和教训。当然，各国冤案的成因存在差异，但有一些原因带有人类普遍性。例如，错误的辨认、不可靠的科学证据、滥用告密者证言等。这些导致冤案的潜在风险同样存在于中国。只不过中国当前处于冤案发生的初级阶段，以刑讯逼供为代表的违法办案是当前导致冤案的主因。但是，这并不代表我国司法实践中辨认制度或者法庭科学的运用没有任何问题，相反应该是问题多多。只不过与当前违法办案的严重现象相比，这些潜在的问题看起来似乎并不那么突出，没有成为导致冤案的首要原因。然而，这只是一种假象。随着我国刑事诉讼制度的进步和刑事司法体制改革日益深入，冤案的发生必将迈向高级阶段。可以预见，这些带有普遍性的因素必将会在将来的司法实践中引发冤案。既然已经有前车之鉴，又何必重蹈覆辙呢？明智的做法应当是合理吸取国外的经验教训，结合中国的实际有所探索和行动，如尽快制定规范细致的辨认程序、借鉴国外的经验设立符合中国国情的法庭科学监管机构等。

其二，检察机关预防冤案的制度没有实质性突破。笔者在鉴定中国冤案的成因时，指出检察机关监督职责失守是导致冤案的重要环节。从理论上讲，无论是产生冤案还是预防冤案，检察机关的责任都居次之，似乎没有什么可以作为的空间。其实不然，在中国现有的政治体制下，检察机关是法律监督机关，公平正义是其理所应当的追求，其中当然包括预防冤案。如何保障检察机关在审查批准逮捕、羁押必要性定期审查和审查起诉中有效发现可能存在的错误，是一个值得研究的问题而且需要智慧构建的机制。对此，笔者不敢妄言，但是有一点是确定无疑的：如何保障检察机关在审查时能够接触到侦查机关收集的所有客观信息和材料，包括有利于犯罪嫌疑人的和不利于犯罪嫌疑人的证据材料，将是完善现有制度的突破口。因受到既定狭隘视野的影响，侦查人员会有意无意地选择性移送有罪证据材料，检察机关不具备广泛调查案件的资源和手段。如何克服侦查机关移送材料的片面性，是检察机关有效发挥侦查监督职责的关键。

其三，未构建辩护意见保障制度。在本书第三章中，笔者分析当前中国冤案的成因时，指出辩护制度存在的首要问题是有理有据的辩护意见无法发挥作用。造成这一现象的原因是多方面的，有体制的原因，有观念的原因，还有制度的原因。随着我国刑事诉讼转变为“审判中心主义”，这一情况应该会有所改善。如果构建了辩护意见保障制度，不仅会带来立竿见影的效果，对法官形成一种即时约束，而且从长远来看也顺应了“审判中心主义”的趋势，符合现代司法规律。保障辩护意见的制度有多种方案，笔者认为判决说理制度是最适合中国的。换言之，法官在作出判决时，必须对辩护意见作出具体的回应，不能泛泛而论。

其四，冤案的发现纠正机制没有实质性进展。虽然不属于冤案的预防问题，但从新刑事诉讼法防治冤案的整体布局来看，此处有必要提及。本书在第四章已经就此进行了详细阐述。此次修改刑事诉讼法，我国对刑事审判监督程序的修改只是微调，冤案的发现纠正依然存在制度障碍。

其五，新刑事诉讼法预防冤案的制度存在一个落实问题。冤案的预防是一个系统工程，不仅要依靠制度变革，还涉及理念更新、技术与司法队伍建设等问题。如何保障这些制度落到实处，其重要性不亚于刑事诉讼法修改的重要性。因此，在贯彻落实这些制度时，应当配套其他制度或者措施，力保这些规定能够发挥最大实效。从以往的经验教训来看，很有可能造成新制度、新规定无法切实贯彻的一个常见原因是办案机关的工作机制不科学，甚至违背基本的司法规律，导致新制度或新规定无法发挥实效。在此次贯彻落实新刑事诉讼法及其预防冤案的制度时，办案机关应当重视以往工作机制中存在的问题，及时进行整改。

（四）通知和指导意见密集出台

如果说根据刑事诉讼法的规定，公安司法机关在办案过程中预防冤案的目标还处于模糊地带的话，那么在新刑事诉讼法实施后，公安司法机关相继公布的一些部门指导意见已经非常明确地指出了办案机关和办案人员必须预防冤案，而且就如何在办案过程中具体开展预防工作提出了建设性的意见。

2013年6月，公安部发布了《关于进一步加强和改进刑事执法办案工作切实防止发生冤假错案的通知》；8月，中央政法委发布了《关于切实防止冤假错案的规定》；9月，最高人民检察院发布《关于切实履行检察职能防止和纠正冤假错案的若干意见》；11月，最高人民法院发布《关于建立健全防范刑事冤假错案工作机制的意见》。

虽然这些纲领性文件不具有法律效力，对于办案机关来说仅仅具有指导意义，但其在司法实践中可以发挥不容小觑的实际功用。这些文件的出台，具有相当的灵活性和可操作性，能够很好地衔接刑事诉讼法及其司法解释与办案机关工作机制之间的关系，保障二者之间的顺畅性和一致性。对于我国当前刑事诉讼处于转型时期，尚未形成完整的冤案预防机制的现状来说，是一种必要的补充。现将四个文件的内容简要介绍如下：

	《关于进一步加强和改进刑事执法办案工作切实防止发生冤假错案的通知》	《关于切实防止冤假错案的规定》	《关于切实履行检察职能防止和纠正冤假错案的若干意见》	《关于建立健全防范刑事冤假错案工作机制的意见》

续表

完善现有制度	健全完善执法办案场所建设、管理和使用制度； 健全完善证据的固定、保管、移送制度； 健全完善网上执法办案制度；完善证据审查判断标准；强化案件审核把关；健全完善执法办案考评标准；建立健全重大疑难案件集体讨论制度；健全完善执法办案考评标准	严格遵守法律程序制度，包括场所内讯问、全部证据移交、非法证据排除、人民检察院依法对侦查活动进行监督、严格把握逮捕、审查起诉和抗诉关、坚持证据裁判、严格执行法定的证明标准、以事实为依据办案、保障律师辩护权等规定；健全办案责任制、错案责任追究制、办案绩效考评制	严格规范职务犯罪案件办理程序；严格把好审查逮捕和审查起诉关；坚决纠正刑事执法司法中的突出问题	强化证据审查机制；强化案件审理机制；完善审核监督机制；建立健全制约机制
探索创设新制度	建立刑事案件统一登记、归口管理、统一审核、统一出口执法管理机制；建立无罪判决通报机制	政法委对事实不清、证据不足的案件，不予协调	建立健全办案质量终身负责制；积极推进案件管理机制改革；建立和完善符合司法规律的考评体系；落实案件协调报告制度	排除冻、饿、晒、烤、疲劳审讯等非法方法收集的被告人供述；合议庭成员独立发表评议意见并说明理由；不得就事实和证据问题请示上级人民法院；不得参与公安机关、检察院联合办案

四个机关发布的文件主要从本部门的角度（中央政法委从三个机关的角度）分别提出了具体防范冤案的对策，涵盖内容非常全面。从内容上看，主要涉及办案理念和具体工作机制：在理念上都强调了预防冤案的重要性，强化办案人员的这一认识；在制度上除了重复一些现有制度、明确要求严格依照刑事诉讼法办案外，还针对部门内部一些不利于防范冤案或者容易导致冤案的工作制度进行了调整和改革。其中许多问题涉及具体的工作机制层面，已经超出了刑事诉讼法及其司法解释规范的范围。从这个角度而言，这四个文件对办案过程中冤案的预防发挥着不可替代的功效。一言以蔽之，在冤案的预防上，这些文件从办案理念和工作机制上很好地配合了新刑事诉讼法有关举措的贯彻落实。

概括而言，这四个文件有以下五项改革创新内容，能够使办案人员在将来的办案工作中切实发挥预防冤案的功能：

其一，禁止政法委协调案件，禁止法院参与公检联合办案。现已发现的冤案表明，政法委协调办案或者公检法联合办案破坏了三个机关之间应有的关系，违背了基本的诉讼规律，导致刑事诉讼法中预设的程序和关卡失去了应有的功效，结果一错再错，将错就错。鉴于此，有关机关此次明令禁止了此类办案形式或办案机制。

其二，禁止下级法院就事实和证据问题向上级法院请示。在法院系统，一直存在下级法院向上级法院请示的传统。当然，这种传统和做法有一定可取之处，如就法律问题可以向上级法院请示，有利于下级法院准确适用法律，保证适用法律的一致性。然而，就事实和证据问题请示则是违背诉讼规律的，因此最高人民法院在其文件中明令禁止了这类做法。

其三，明确排除冻、饿、晒、烤、疲劳审讯等非法方法获取的口供。我国刑事诉讼法对刑讯逼供以外的非法方法并没有作出明确的规定，于是就为办案机关和办案人员留下了“打擦边球”的空间。面对疑难案件，有的办案机关和办案人员愿意“铤而走险”。最高人民法院的这一文件明确了法院系统对此问题的态度，坚决排除通过这些不人道的讯问方式所获取的口供。

其四，保障合议庭成员独立评议。这一规定强调了合议庭甚至是合议庭的每一个成员才是而且应当是唯一的事实裁判主体，严禁过去合议庭“审而不判”流于形式的法庭审理，避免审委会等机构以及上级法院的不当干扰。

其五，建立和完善符合司法规律的科学考评体系。例如，公安部要求严禁下达“刑事拘留数”、“发案数”、“破案率”、“退查率”等不科学、不合理的考评指标。其他三个文件都有此类的要求。虽然四个文件中都未指出采用何种考评体系，但是这种否定过去一直以来的错误认识和做法的规定是值得肯定的。同时，这也是我国办案机构面临的一个新课题，正处在积极探索尝试之中。

由此可见，上述五项内容是在检讨我国办案机关工作机制中长期存在的突出问题的基础上制定的，特别是一些容易导致冤案的办案机制。总体来说，上述四个文件为刑事诉讼法预防冤案的措施得以贯彻落实扫清了工作机制上的障碍。

（五）中央出台措施从顶层设计引领司法改革

中国共产党是执政党，依法领导各项事业。近年来，频频曝光的一系列重大冤案引起了中央注意。在全面深化改革的新进程中，防治冤假错案成为一项重要内容。2013 年 11 月 12 日，中国共产党第十八届中央委员会第三次全体会议通过了《中共中央关于全面深化改革若干重大问题的决定》，作为将来一个时期开展各项工作的总纲领。其中有一部分专门对如何推进法治中国建设作出了统一明确的部署，要求健全司法权力运行机制，确保依法独立公正行使审判权检察权，完善人权司法保障制度，健全错案防止、纠正、责任追究机制。

2014 年 10 月 23 日，中国共产党第十八届中央委员会第四次全体会议通过了《中共中央关于全面推进依法治国若干重大问题的决定》，更加细化了推进法治中国建设的各项任务。其中，第四部分明确了保证公正司法、提高司法公信力的各项措施，有些直指导致冤案的“顽疾”。

迄今为止，这些重大举措有些已经开始试点探索，有的已经全面落实，概括起来主要包括：

其一，建立领导干部干预司法活动、插手具体案件处理的记录、通报和责任追究制度。对干预司法机关办案的，给予党纪政纪处分；造成冤假错案或者其他严重后果的，依法追究刑事责任。2015年3月，中共中央办公厅、国务院办公厅印发了《领导干部干预司法活动、插手具体案件处理的记录、通报和责任追究规定》，并发出通知，要求各地区各部门认真贯彻执行。具体而言，《规定》主要建立了3项制度，分别是司法机关对领导干部干预司法活动、插手具体案件处理的记录制度，党委政法委对领导干部违法干预司法活动、插手具体案件处理的通报制度，纪检监察机关对领导干部违法干预司法活动以及司法人员不记录或者不如实记录的责任追究制度。这3项制度紧密衔接，前后呼应，构成一个有机的整体。

其二，改善政法委员会领导政法工作的形式。要求各级党委政法委员会要把工作着力点放在把握政治方向、协调各方职能、统筹政法工作、建设政法队伍、督促依法履职、创造公正司法环境上，带头依法办事，保障宪法法律正确统一实施。自2013年全国政法工作会议以来，中央政法委不仅率先垂范，不批示干预个案，还推动出台领导干部、司法机关内部人员插手具体案件、干预司法活动记录追责的规定等文件，从制度层面加强政法队伍建设，为防止司法腐败建立“防火墙”，架起“高压线”。

其三，优化司法职权配置。健全公安机关、检察机关、审判机关、司法行政机关各司其职，侦查权、检察权、审判权、执行权相互配合、相互制约的体制机制。我国刑事诉讼是在公安机关、人民检察院、人民法院主导下进行的，公、检、法三机关在刑事诉讼中的地位、作用、相互关系构成了我国刑事诉讼制度的基本内容，并且集中体现在“分工负责，互相配合，互相制约”的体制中。因此，从一定意义上讲，我国的刑事诉讼制度就是公、检、法三机关“分工负责，互相配合，互相制约”的诉讼制度。然而，司法实践中“互相配合”压过了“互相制约”，被总结表述为“配合有余，制约不足”，使我国刑事诉讼制度长期以来呈现出侦查中心主义和卷宗中心主义的明显特点。侦查中心主义体现为侦查机关及侦查活动在刑事诉讼中居主导地位，其认定有罪并移送审查起诉的案件，98%左右被检察机关提起公诉，其后又几乎100%地被法院判决有罪。[1] 对此，推进以审判为中心的诉讼制度改革，是对“分工负责，互相配合，互相制约”诉讼制度的重大创新和发展。

其四，推进以审判为中心的诉讼制度改革，确保侦查、审查起诉的案件事实证据经得起法律的检验。2016年6月27日，中央全面深化改革领导小组第25次会议通过了《关于推进以审判为中心的刑事诉讼制度改革的意见》，对推进以审判为中心的刑事诉讼制度改革的各个方面内容作出了全面规定，贯彻证据裁判规则，落实疑罪从无、非法证据排除等法律原则的法律制度，严格依法收集、固定、保存、审查、运用证据，完善证人、鉴定人出庭制度，保证庭审在查明事实、认定证据、保护诉权、公正裁判中发挥决定性作用。这为防范冤假错案发生，促进司法公正指明了新的方向。

其五，明确司法机关内部各层级权限，健全内部监督制约机制。司法机关内部人员不得违反规定干预其他人员正在办理的案件，建立司法机关内部人员过问案件的记录制度和责任追究制度。2015年3月，中央政法委印发《司法机关内部人员过问案件的记录和责任追究规定》，主要有五方面具体举措：一是明确要求司法机关办案人员应当拒绝内部人员干预、说情或者打探案情等不当要求；二是建立司法机关内部人员过问案件的记录制度；三是规定司法机关内部人员违反规定干预办案的调查处理职责与程序；四是建

① 参见顾永忠：《“以审判为中心”是对“分工负责、互相配合、互相制约”的重大创新和发展》，载《人民法院报》2015年9月2日。

立司法机关内部人员违反规定干预办案的通报制度；五是建立司法机关内部人员违反规定干预办案，或者对办案人员进行打击报复的责任追究制度。这些具体举措紧密衔接，相互联系，是一个有机的整体。

其六，促进司法人员履职的职业化、专业化和科学化。主要内容包括：建立健全司法人员履行法定职责保护机制，非因法定事由，非经法定程序，不得将法官、检察官调离、辞退或者作出免职、降级等处分。加快建立符合职业特点的法治工作人员管理制度，完善职业保障体系，建立法官、检察官、人民警察专业职务序列及工资制度。明确各类司法人员工作职责、工作流程、工作标准，完善办案责任制，实行办案质量终身负责制和错案责任倒查问责制。

2014 年以来，完善司法责任制、完善司法人员分类管理制度、健全司法职业保障制度、推进省以下地方法院检察院人财物省级统一管理四项改革逐步在全国推开试点。

2016 年 2 月，公安部发布了修订的《公安机关执法质量考核评议规定》和《公安机关人民警察执法过错责任追究规定》，建立了完善科学合理的执法质量考评机制，健全了执法过错纠正和责任追究制度，明确对实施刑讯逼供、违法使用警械武器等行为的人员严格追究执法责任。

2016 年 5 月，中央全面深化改革领导小组第 24 次会议审议通过《关于深化公安执法规范化建设的意见》。在完善执法制度机制方面，细化执法标准和指引，为公安民警提供健全、完备、可操作的执法指引；落实以审判为中心的诉讼制度改革要求，坚持全面客观及时收集证据，进一步明确非法证据排除、瑕疵证据补强的范围、程序及标准；健全公安机关保障律师执业权利的制度措施，落实告知辩护律师案件情况、听取辩护意见、接受律师申诉控告法律要求等。在完善执法监督管理体系方面，强化执法质量管控，加强对受立案环节的监督，全面实行公安机关刑事案件法制部门统一审核、统一出口制度；完善责任追究制度，健全执法过错纠正和责任追究程序，实行办案质量终身负责制和错案责任倒查问责制；完善当事人权利救济机制，健全举报投诉事项的受理处置、核查督办、结果回馈工作机制，完善公安机关负责人出庭应诉制度等。

2015年8月，中央全面深化改革领导小组第十五次会议审议通过了《关于完善人民法院司法责任制的若干意见》、《关于完善人民检察院司法责任制的若干意见》。完善人民法院司法责任制的主要内容包括改革审判权力运行机制、明确司法人员职责和权限、审判责任的认定和追究、加强法官的履职保障等，较为完整地明确了审判责任的前提、基础、范围、规则、程序、保障等主要问题，具体八个方面：探索改革审判组织模式；改革裁判文书签署机制；推行院庭长办案常态化；建立专业法官会议；改革审判委员会制度；明确司法人员职责和权限；明确违法审判责任的七种情形；加强法官依法履职保障。完善人民检察院司法责任制，目标是构建公正高效的检察权运行机制和公平合理的司法责任认定、追究机制，做到谁办案谁负责、谁决定谁负责。具体内容包括健全司法办案组织和运行机制、健全检察委员会运行机制、明晰各类检察人员职权、健全检察管理和监督机制、严格责任认定和追究等举措，形成对检察人员司法办案工作的全方位、全过程规范监督制约体系。检察人员应该对其履行检察职责的行为承担司法责任，在职责范围内对办案质量终身负责，依法履职受法律保护。通过逐步完善主审法官责任制、合议庭办案责任制和检察官办案责任制，明确法官、检察官办案的权力和责任，对所办案件质量终身负责，严格错案责任追究，形成权责明晰、权责统一、管理有序的司法权力运行机制，法官检察官办案主体地位更加凸显。

2015年9月，中央全面深化改革领导小组第十六次会议审议通过了《法官、检察官单独职务序列改革试点方案》、《法官、检察官工资制度改革试点方案》。开展法官、检察官单独职务序列和工资制度改革试点，是促进法官、检察官队伍专业化、职业化建设的重要举措。突出法官、检察官职业特点，对法官、检察官队伍给予特殊政策，建立有别于其他公务员的单独职务序列。要注重向基层倾斜，重点加强市（地）级以下法院、检察院。要实行全国统一的法官、检察官工资制度，在统一制度的前提下，体现职业特点，建立与法官、检察官单独职务序列设置办法相衔接、有别于其他公务员的工资制度。要建立与工作职责、实绩和贡献紧密联系的工资分配机制，健全完善约束机制，鼓励办好案、多办案。要加大对一线办案人员的工资政策倾斜力度，鼓励优秀人员向一线办案岗位流动。

2016 年 4 月，中央全面深化改革领导小组第二十三次会议审议通过了《保护司法人员依法履行法定职责的规定》，从排除阻力干扰、规范考评考核和责任追究、加强人身安全保护、落实职业保障四个方面作出了明确的规定，进一步严密了司法人员依法履职的制度保障。

2016 年 7 月，中央全面深化改革领导小组第二十六次会议审议通过了《关于建立法官、检察官惩戒制度的意见（试行）》，要求坚持党管干部原则，尊重司法规律，体现司法职业特点，坚持实事求是、客观公正、坚持责任和过错相结合，坚持惩戒和教育相结合，规范法官、检察官惩戒的范围、组织机构、工作程序、权利保障等，发挥惩戒委员会在审查认定方面的作用。

其七，完善律师执业权利保障制度，充分发挥律师维护当事人合法权益的作用。2015 年 9 月，中央全面深化改革领导小组第十六次会议审议通过了《关于深化律师制度改革的意见》。为完善律师执业保障机制，《意见》提出了 6 个方面的措施。一是保障律师诉讼权利。制定保障律师执业权利的措施，强化诉讼过程中律师的知情权、申请权、申诉权等各项权利的制度保障，严格依法落实相关法律赋予律师在诉讼中会见、阅卷、收集证据和发问、质证、辩论等方面的执业权利。完善律师收集证据制度，律师办理诉讼和非诉讼法律业务，可以依法向工商、公安、海关、金融和不动产登记等部门调查核实有关情况。二是完善便利律师参与诉讼机制。律师进入人民法院参与诉讼确需安全检查的，应当与出庭履行职务的检察人员同等对待。完善律师会见室、阅卷室、诉讼服务中心、专门通道等接待服务设施，规范工作流程，方便律师办理立案、会见、阅卷、参与庭审、申请执行等事务。三是完善律师执业权利救济机制。对阻碍律师依法行使诉讼权利的，有关司法机关要加强监督，依法启动相应程序予以纠正，追究相关人员责任。律师因依法执业受到侮辱、诽谤、威胁、报复、人身伤害的，有关机关应当及时制止并依法处理。四是建立健全政府购买法律服务机制。将律师担任党政机关和人民团体法律顾问、参与信访接待和处理、参与调解等事项统筹列入政府购买服务目录。五是研究完善律师行业财税和社会保障政策。推行律师事务所和律师强制职业责任保险。六是优化律师执业环境。严肃查处假冒律师执业的行为，明确对假冒律师执业的，依法追究刑事责任。

2015 年 9 月，最高人民法院、最高人民检察院、公安部、国家安全部、司法部联合发布《关于依法保障律师执业权利的规定》，进一步落实相关法律规定，明确律师执业权利保障的各项措施，便利律师参与诉讼，完善律师执业权利保障的救济机制和责任追究机制。司法机关在各自职责范围内依法保障律师知情权、申请权、申诉权，以及会见、阅卷、收集证据和发问、质证、辩论等方面的执业权利，确保律师依法履行辩护、代理职责不受阻碍，当事人合法权利不受侵害。

各级公安机关加快推进律师会见室建设，建立网上预约平台或者公布预约电话，为律师会见提供便利，并确保律师会见不被监听。检察机关切实履行对妨碍律师依法执业的法律监督职责。2016 年 1 月，最高人民法院发布《关于依法切实保障律师诉讼权利的规定》，进一步明确了人民法院对律师诉讼权利和人身安全的保障，并规定有条件的法院要为参加庭审的律师提供休息场所，配备桌椅、饮水及其他必要设施。

其八，强化诉讼过程中当事人和其他诉讼参与人的知情权、陈述权、辩护辩论权、申请权、申诉权的制度保障。保障当事人依法行使申诉权利，对不服司法机关生效裁判、决定的申诉，逐步实行由律师代理制度。对聘不起律师的申诉人，纳入法律援助范围。2015年5月5日，中央全面深化改革领导小组第十二次会议审议通过了《关于完善法律援助制度的意见》，要求落实刑事诉讼法及相关配套法规制度关于法律援助范围的规定，畅通刑事法律援助申请管道，加强司法行政机关与法院、检察院、公安机关等办案机关的工作衔接，完善被羁押犯罪嫌疑人、被告人经济困难证明制度，建立健全办案机关通知辩护工作机制，确保告知、转交申请、通知辩护（代理）等工作协调顺畅，切实履行侦查、审查起诉和审判阶段法律援助工作职责。开展试点，逐步开展为不服司法机关生效刑事裁判、决定的经济困难申诉人提供法律援助的工作。建立法律援助值班律师制度，法律援助机构在法院、看守所派驻法律援助值班律师。健全法律援助参与刑事案件速裁程序试点工作机制。建立法律援助参与刑事和解、死刑复核案件办理工作机制，依法为更多的刑事诉讼当事人提供法律援助。

其九，加强法律文书释法说理，建立生效法律文书统一上网和公开查询制度。2016年8月30日，最高人民法院召开新闻发布会，发布人民法院裁判文书上网工作的开展情况、《最高人民法院关于人民法院在互联网公布裁判文书的规定》的修订情况。此次修订本着“公开为原则，不公开为例外”的精神，确立了“依法、全面、及时、规范”的裁判文书公开原则，还将裁判文书公开工作模式由传统的专门机构集中公布模式，转变为办案法官在办案平台一键点击自动公布模式。除确实不宜公开的内容外，人民法院作出的所有裁判文书均应在中国裁判文书网公开，从制度层面确保裁判文书公开工作不留死角。

2015年2月，最高人民法院发布了《最高人民法院关于全面深化人民法院改革的意见》，并将之作为修订后的《人民法院第四个五年改革纲要（2014－2018）》贯彻实施。就推动裁判文书说理改革而言，要求根据不同审级和案件类型，实现裁判文书的繁简分流。加强对当事人争议较大、法律关系复杂、社会关注度较高的一审案件，以及所有的二审案件、再审案件、审判委员会讨论决定案件裁判文书的说理性。对事实清楚、证据确实充分、被告人认罪的一审轻微刑事案件，使用简化的裁判文书，通过填充要素、简化格式，提高裁判效率。重视律师辩护代理意见，对于律师依法提出的辩护代理意见未予采纳的，应当在裁判文书中说明理由。完善裁判文书说理的刚性约束机制和激励机制，建立裁判文书说理的评价体系，将裁判文书的说理水平作为法官业绩评价和晋级、选升的重要因素。

其十，规范媒体对案件的报导，防止舆论影响司法公正。2014年初，新浪传媒在微博上发起“关于媒体案件报导规范的承诺”的讨论。不少主流媒体积极响应，达成共识。媒体自觉地走进法治走进规范，规避案件报导中对司法审判的不当影响，完善媒体法治报导责任制度。

由上可见，在全面深化改革的新进程中，中央对司法改革勾勒了一幅宏大的任务方案，其中一个重要的目标就是预防和纠正冤案，内容涉及到刑事司法制度、体制和工作机制方方面面。这既是对过去一个时期预防和纠正冤案的经验的总结、提炼和推广，也是在不断反思的过程中对未来一个时期预防和纠正冤案举措的全面部署。

三、中国特色的冤案预防机制——“四位一体”

改革开放以来，我国当前已经形成了中央文件引领顶层设计、刑事诉讼法和有关司法解释以及“部门指导意见”细化落实的冤案预防机制，笔者称之为“四位一体”。所谓冤案预防机制，并不是一部法律，更不是一套制度，而是相互配合、层次分明的一个制度体系。具体而言，中央文件提纲契领，从司制度到体制、机制明确未来的方向，刑事诉讼法从立法的角度规定了预防冤案的原则制度和程序，各部门的司法解释负责细化这些制度和程序，各部门的指导意见负责指导下级各办案机关如何在具体的办案工作中落实这些制度和程序，构建科学合理、与之相适应的配套工作机制。四者之间形成一个相互配合、层次鲜明的体系，构建了中国冤案预防机制的框架。笔者反对将其整合成一个独立的、单一的专门制度，也反对在刑事诉讼法之外制定一部专门预防冤案的法律，理由如下：

其一，现有的体制兼具原则性和灵活性，更适合司法规律。当前，我国逐渐形成的冤案预防机制是土生土长的，与中国的立法体制有着天然的契合性。暂不说打破这一体制可能带来的种种不适应，仅当前体制的原则性和灵活性优势也将消失。刑事诉讼法作为基本法，应当具有稳定性和严谨性，对刑事诉讼进行整体布局和构建。然而，刑事司法实践中经常出现各种新问题，包括冤案的预防也面临着不断出现的新问题。特别是冤案的发现具有周期性，而且时间一般较长，相应的举措具有一定的滞后性。在这种情况下，司法解释在预防冤案方面的灵活性和及时性优势就能突显出来。例如，在修改刑事诉讼法不成熟的时候，我国 2007 年为了预防死刑冤案，通过司法解释的形式对死刑案件程序进行了大幅调整；为了预防冤案，在 2010 年发布了“两个证据规定”；等等。这些司法解释能够及时、灵活地应对冤案预防司法实践中迫切需要解决的问题，缓解立法滞后产生的弊端。部门内部的工作机制在很大程度上影响着法律和程序的贯彻实施，现已发现的冤案已经充分说明这一点。一方面，这些具体的工作机制超出了刑事诉讼法及其司法解释的规范范围；另一方面，办案机关和办案人员需要不断探索更加适合预防冤案的工作机制，需要不断地尝试和调整。如此一来，各部门的指导意见可以协调统一工作机制、及时作出相应调整，为冤案的预防提供最佳的落实途径。如果将这三个层面的内容整合为一部立法，现行体制的原则性和灵活性优势将丧失殆尽，也不符合司法规律。

其二，当今尚没有国家构建单一的专门防范制度。尽管美国针对冤案的研究处于世界领先水平，而且采取了大量的改革措施。但是，在学界和实务界从来没有人提出过设立一个专门制度或者制定一部专门法律，全面地预防冤案。这背后的原因有很多，其中一个非常重要的理由是，冤案的预防离不开刑事诉讼法，在很多问题上，二者犹如硬币的两面，无法严格区分开来。刑事司法内在相互博弈的两大价值——自由和秩序——也注定了无法将其剥离开来。尽管美国存在一部名为《无辜者保护法》的制定法，但很多人对其存在误解，它的主要内容并不是冤案的预防，而是冤案的发现和纠正。由此可见，设立单一的专门防范制度或者制定一部专门法律的想法是不现实的。

其三，冤案预防工作的系统性决定了预防机制的多层次性。冤案的预防不单单是制度或程序问题，而且涉及理念、办案机制和办案人员队伍建设等问题。刑事诉讼法可以在制度和程序层面制定预防冤案的措施，但并不意味着预防工作大功告成。制度需要人实施，程序需要人操控，只有及时更新办案理念和调整工作机制，才能切实发挥实效。从这个角度上来看，刑事诉讼法仅仅是冤案预防机制的一个环节。因此，冤案的预防绝非是单靠一部法律或者一项专门制度就能完成的。

由此可见，中国当前“四位一体”的冤案预防机制具有层次性，符合司法工作规律，贴合办案人员的现实需要，这种符合中国国情的预防机制完全能够有效、全面地发挥预防冤案的功效。

2016 年 9 月，国务院新闻办公室发表《中国司法领域人权保障的新进展》白皮书。其中指出，中国贯彻疑罪从无原则，积极防范和纠正冤假错案。2015 年，各级检察机关对侦查机关不应当立案而立案的，督促撤案 10384 件，监督纠正滥用强制措施、违法取证等侦查活动违法情形 31874 件次，对不构成犯罪或证据不足的，决定不批捕 131675 人、不起诉 25778 人，对认为确有错误的刑事裁判提出抗诉 6591 件。2014 年，河北省顺平县检察院在审查办理王某某涉嫌故意杀人案时，针对多处疑点，检察机关坚决排除非法证据，作出不批捕决定，提出补充侦查意见，公安机关最终抓获真凶。2012 年至 2015 年，各级法院依法宣告 3369 名被告人无罪。张辉、张高平案，念斌案，呼格吉勒图案，徐辉案，黄家光案，王本余案，于英生案，陈满案，钱仁风案，徐金龙案，杨明案等一批冤假错案得到依法纠正。①

然而同时，我们也必须清醒地认识到，中央文件的落实程度及其效果有待进一步观察和总结，刑事诉讼法还存在一些问题，司法解释的某些规定也有待于进一步明确或调整，办案机制和工作机制还需部门指导意见的改善。从当前中国冤案发生模式的现状出发，对症下药，有的放矢，才能切实发挥这一先进预防机制的优势。

第四节　比较与启发

虽然美国、英国关于冤案的研究处于世界领先水平，在冤案的发现和纠正方面率先做了大量的尝试和探索，但在冤案预防机制构建方面的成就则稍显逊色。在这个过程中，美国和英国也遇到了各自的困难。相比之下，以 2012 年刑事诉讼法的修改为契机，在政治日益开明的时代背景下，中国冤案的预防机制正在呈现出一种“三位一体”新趋势和迹象。或许从某种角度来说，中国冤案的预防机制带有一定的先进性。

因此，从机制建构上，英美两国的经验或许对我国并没有什么借鉴意义。但从具体的预防对策上，英美两国诸多的研究成果和实践做法肯定能够帮助我国少走弯路，发挥防微杜渐的作用，如如何规范辨认、如何限制讯问中的心理强制策略、如何合理使用线人或者告密者提供的信息、如何监管法庭科学等。随着我国法治的不断

① 参见《〈中国司法领域人权保障的新进展〉白皮书》，载中国政府网，http：//www.gov.cn/zhengce/2016-09/12/content_5107604.htm，2016 年 9 月 15 日访问。

进步，冤案发生会过渡到高级阶段，呈现出审判主导型的特征，这些带有世界普遍性的问题无疑会突显出来。这或许才是对我们最大的启发。因此，在冤案的预防对策上，我们既要立足于中国当前的现状，又要具有国际视野。

从中国当前冤案的发生模式来看，预防对策应当主要集中于以下三个大的问题：一是如何遏制非法的侦查行为，规范侦查权力的运作；二是如何切实实现检察机关的诉讼监督职能，全面有效落实检察官的客观公正义务；三是如何在审判阶段彻底贯彻疑罪从无原则。这三个大问题虽然带有笼统性，但同时具有统摄指导性，可以发现一系列具体问题，这在本书第三章中已经进行了详细阐述。当前，伴随着刑事诉讼法的再修改、司法解释的更新以及部门指导意见的密集出台，中国导致冤案的某些具体问题正在得以解决。实际效果如何，有待于实践检验。同时，某些具体问题依然存在，而且必然还会出现一些新问题。总而言之，预防冤案必须立足于中国国情，制定能解决中国问题的对策。

从冤案预防的国际视野来看，某些普遍性的成功经验是值得我国借鉴和吸收的。尤其是随着中国司法的进步，某些具有普遍性的问题会逐渐突显，国外的经验必然有利于我们少走弯路。正如当前国外诸多学者所言，冤案的预防促使了正当程序模式和犯罪控制模式的不断融合，冤案的预防对策体现出了全球化和趋同性的明显特点。[①] 总体而言，这些对策主要集中在以下几个方面：一是警察和检察官需要为自己的不当行为承担实际责任；二是严格辩诉交易和简易程序的适用；三是采取更加中立的讯问方式和合理的讯问制度，包括讯问全程录音录像等；四是有效发挥上诉制度的功效；五是管控科学证据的质量；六是改革目击证人辨认制度；七是加强警

---

① 参见 Keith A. Findley，“Toward a New Paradigm of Criminal Justice：How the Innocence Movement Merges Crime Control and Due Process”，Texas Tech Law Review，Vol. 41，2008。

察和检察官的职业道德教育和技能培训；八是加强刑事法律援助，明确无效辩护的救济；九是发挥法官在审判中的积极作用；十是真正落实检察官的全面客观公正义务。[①]

① 参见 Kent Roach，“Wrongful Convictions：Adversarial and Inquisitorial Themes”，North Carolina Journal of International Law and Commercial Regulation，Vol. 35，2010；Martin Killias and C. Ronald Huff，“Wrongful Convictions and Miscarriages of Justice – What Did We Learn?” in C. Ronald Huff and Martin Killias，Wrongful Convictions and Miscarriages of Justice：Causes and Remedies in North American and European Criminal Justice Systems，Routledge，2012，pp. 387 – 392。

结 论

在追求刑事司法公正的道路上，必然会出现刑事司法错误。冤案是最严重的刑事司法错误，不仅误判了无辜者，放纵了真凶，而且严重损及司法权威，动摇刑事司法的正当性和合法性。因此，我们应当客观承认冤案的存在，同时竭尽所能进行有效预防和及时纠正。这已经成为世界各国在构建和修正刑事司法体制过程中无法回避的课题。

从国际视野出发，本文提出了中国本土的“刑事司法错误”和“冤案”这两个概念。这是研究的逻辑起点。所谓冤案，是事实认定上发生了根本性错误的案件，即事实上无罪的人经法院审判被判决有罪且生效的案件。冤案产生的危害性是所有刑事司法错误中最严重的，将其与其他类型的刑事司法错误区分开来既是理论需要，又有现实意义。

在认识冤案现象的过程中，有一种声音指出，既然冤案不可避免，所以任何努力是徒劳的；少量的冤案是人类追求司法正义的必要代价，在我们的容忍范围之内。然而，越来越多的事实证明，冤案的数量远远超过了我们的预期，甚至在某些类型的犯罪案件中存在着惊人的高比例。于是，人类不能坐视不理，更不能放弃任何努力。正所谓，宁肯错放十个，也不冤枉一个，才是现代刑事司法的理念。当前，虽然我们同样无法准确计算出中国冤案的发生数量，但毫无疑问，这个数字肯定比我们预计的要多。因此，完全有必要充分重视冤案问题。从世界范围来看，准确地估算冤案的发生数量，已经逐渐开始成为各国考察刑事司法体制运行情况的重要指标。如何量化这一指标，以美国为代表的西方国家正在积极探索，中国将来必然也会朝着这一趋势发展。

解决问题，首先需要找到根源。要纠正和预防冤案，必须准确剖析冤案的成因。美、英等国对各自国家冤案的成因研究已经相当成熟。反观之，中国冤案的成因有着与英美两国相异的特点：从立案侦查阶段开始，侦查人员滥用侦查权力，片面收集甚至是捏造各种有罪证据；到审查起诉阶段，检察人员审查监督职责失守，沦为侦查机关的“代理人”；再到审判阶段，审判人员依照疑罪从有、从轻裁判，一件件冤案以“铁案”的表象出现在了公众面前。中国冤案的发生模式带有典型的“侦查主导型”特征，处于冤案发生的初级阶段。

无论人类如何努力，冤案依然会出现。因此，建构及时有效的发现纠正机制应当是建设现代法治国家的必然要求。综观世界各国冤案的发现纠正机制，存在三种模式，各有利弊。在中国，刑事审判监督程序在发现纠正冤案方面存在着重大缺陷，需要借鉴其他国家的先进经验，逐步改造刑事审判监督程序，强化其发现纠正冤案的功能。

如果存在过多的冤案，任何发现纠正机制都会失灵。因此，在构建发现纠正机制的同时，应当针对冤案的具体成因，构建一国预防冤案的机制，进行相关司法改革。美国、英国为此一直处于探索实践之中。针对冤案的成因及发生模式的特点，我国逐渐形成了“三位一体”式预防机制的雏形。在借鉴其他国家具体的预防对策时，既要从中国的实际情况出发，又要具有适当的前瞻性，防微杜渐，少走弯路。

即使构建再完美的预防机制，冤案依然会产生。在尽量降低冤案数量的同时，如何救济已经发生的冤案的无辜者同样重要。当然，第一步救济工作应当是发现和纠正冤案。除此以外，如何有效弥补无辜者遭受的损害，尽快帮助他们重新融入社会是一个更为重要的课题。《公民权利和政治权利国际公约》第 14 条第 6 款规定无辜者享有定罪后刑事赔偿权，各国对此态度和做法不尽相同。笔者认为，基于人权保障等多方面的考量，冤案的国家赔偿责任应当采取结果归责原则，赔偿范围应当包括疑罪从无的案件，赔偿程序应当坚持快速、灵活原则。在保障无辜者有效获得经济赔偿的基础上，还应当构建全面、系统的无辜者救济体制，多方面地帮助无辜者在释放后能够尽快恢复以往的生活，重新融入社会。

冤案的国际视野：从理论上看，当前国际上冤案的研究主要集中在以下八个方面：其一，什么是冤案和刑事司法错误，二者的关系如何？其二，冤案的发生数量和比例是多少？其三，冤案的具体成因有哪些？其四，检察官和其他刑事司法参与人员的地位与冤案发生有着怎样的关系？其五，不同诉讼模式下冤案的发生存在哪些区别？其六，冤案造成的后果有哪些？其七，如何构建冤案的发现纠正途径？其八，如何有效全面救济冤案中的无辜者？其中，有些领域的研究已经非常深入，而有些则刚刚起步，研究成果凤毛麟角。从实践来看，以美国为首的许多发达国家，尤其是英美法系的国家，正在如火如荼地开展无辜者运动，一方面通过一切可能的手段和力量发现和救济冤案的无辜者，另一方面借此推进刑事司法体制的相关改革。

冤案的中国现实：从理论上看，中国当前缺乏关于冤案的专门性深入研究，在冤案和刑事错案的概念内涵与外延上，存在着混用的现象。无论是冤案的概念提炼，冤案的成因剖析，以及冤案的预防与纠正研究，几乎都处于空白状态，更谈不上理论化和系统化。与国际相关研究相对照，中国关于冤案的理论探索明显远远处于落后状态。为此，本文对这些问题进行了大胆的比较研究。从实践来看，中国近些年来发现和曝光了一系列典型的冤案，为办案机关敲响了警钟。在推进和深入司法体制改革的大背景下，如何预防和纠正冤案，已经成为摆在办案机关和办案人员面前的一道现实性难题。将案件办成经得起历史和时间检验的铁案，坚守防范冤案的底线，将会成为我国刑事司法工作的必然要求。

参考文献

一、中文资料

（一）专著/编著

1. ［奥］曼弗雷德·诺瓦克著：《〈公民权利和政治权利国际公约〉评注》（修订第二版），孙世彦、毕小青译，生活·读书·新知三联书店 2008 年版。

2. ［德］克劳斯·罗科信著：《德国刑事诉讼法》，吴丽琪译，三民书局 1998 年版。

3. ［德］科劳斯·缇德曼著、宗玉琨译：《德国刑事诉讼法导论》，载《德国刑事诉讼法典》，宗玉琨译，知识产权出版社 2013 年版。

4. ［德］克劳斯·罗科信著：《刑事诉讼法》，吴丽琪译，法律出版社 2003 年版。

5. ［德］托马斯·魏根特著：《德国刑事诉讼程序》，岳礼玲、温小洁译，中国政法大学出版社 2004 年版。

6. ［法］贝尔纳·布洛克著：《法国刑事诉讼法》，罗结珍译，中国政法大学出版社 2009 年版。

7. ［美］布莱恩·福斯特著：《司法错误论——性质、来源和救济》，刘静坤译，中国人民大学出版社 2007 年版。

8. ［美］冯·贝塔朗菲著：《一般系统论：基础、发展和应用》，清华大学出版社 1997 年版。

9. ［美］戈尔丁著：《法律哲学》，齐海滨译，生活·读书·新知三联书店 1987 年版。

10. [美] 吉姆·佩特罗、南希·佩特罗著：《冤案何以发生——导致冤假错案的八大司法迷信》，苑宁宁、陈效等译，顾永忠审校，北京大学出版社2012年版。

11. [美] 特蕾莎·马丁内斯-莫尔韦恩编：《你好，真相！——蒙冤者的告白和他们的故事》，陈效、苑宁宁等译，顾永忠审校，北京大学出版社2013年版。

12. [美] 韦恩·R. 拉费弗等著：《刑事诉讼法》，卞建林等译，中国政法大学出版社2003年版。

13. [日] 松尾浩也著：《日本刑事诉讼法》，张凌译，中国人民大学出版社2005年版。

14. [意] 戴维·奈尔肯编：《比较刑事司法论》，张明楷等译，清华大学出版社2004年版。

15. 白建军著：《公正底线：刑事司法公正性实证研究》，北京大学出版社2008年版。

16. 卞建林著：《论检察》，中国检察出版社2013年版。

17. 陈光中主编：《〈公民权利和政治权利国际公约〉与我国刑事诉讼改革》，商务印书馆2005年版。

18. 陈光中主编：《沉默权问题研究——兼论如何遏制刑讯逼供》，中国人民公安大学出版社2002年版。

19. 陈光中主编：《刑事诉讼法》，北京大学出版社2013年版。

20. 陈光中著：《论检察》，中国检察出版社2013年版。

21. 陈瑞华著：《刑事审判原理论》，北京大学出版社1997年版。

22. 陈瑞华著：《看得见的正义》，中国法制出版社2000年版。

23. 陈卫东著：《刑事审判监督程序研究》，法律出版社2002年版。

24. 崔敏主编：《刑讯考论：历史 现状 未来》，中国人民公安大学出版社2011年版。

25. 董坤著：《侦查行为视角下的刑事冤案研究2012》，中国人民公安大学出版社2012年版。

26. 樊崇义等编著:《域外检察制度研究》，中国人民大学出版社2008年版。

27. 樊崇义主编:《检察制度原理：中国特色检察制度原理研究》，法律出版社2009年版。

28. 樊崇义著:《迈向理性刑事诉讼法学 樊崇义刑事诉讼法学文选》，中国人民公安大学出版社2006年版。

29. 高其才等著：《司法公正观念源流》，人民法院出版社2003年版。

30. 郭欣阳著：《刑事错案评析》，中国人民公安大学出版社2011年版。

31. 何家弘著:《检察制度比较研究》，中国检察出版社2008年版。

32. 胡志风著:《刑事错案的侦查程序分析与控制路径研究》，中国人民公安大学出版社2012年版。

33. 靳学仁著:《刑讯逼供研究》，中国检察出版社2007年版。

34. 李建明著：《刑事司法错误——以刑事错案为中心的研究》，人民出版社2013年版。

35. 李修源著:《司法公正理念及其现代化》，人民法院出版社2002年版。

36. 林喜芬著:《转型语境的刑事司法错误论——基于实证与比较的考察》，上海人民出版社2011年版。

37. 林钰雄著：《刑事诉讼法》（上），中国人民大学出版社2005年版。

38. 刘丽云主编：《刑事错案与七种证据》，中国法制出版社2009年版。

39. 刘品新主编:《刑事错案的原因与对策》，中国法制出版社2009年版。

40. 《法国刑事诉讼法典》，罗结珍译，中国法制出版社2006

年版。

41. 宋英辉、孙长永、朴宗根等著:《外国刑事诉讼法》，北京大学出版社 2011 年版。

42. 宋英辉著:《论检察》，中国检察出版社 2013 年版。

43. 孙谦主编:《中国特色社会主义检察制度》，中国检察出版社 2009 年版。

44. 孙长永著:《探索正当程序——比较刑事诉讼法专论》，中国法制出版社 2005 年版。

45. 王晨著:《司法公正的内涵及其实现》，知识产权出版社 2013 年版。

46. 王佳著:《追寻正义法治视野下的刑事错案》，中国人民公安大学出版社 2011 年版。

47. 王乐龙编:《刑事错案——症结与对策》，中国人民公安大学出版社 2011 年版。

48. 王兆鹏著:《刑事诉讼法讲义》（一），台湾元照出版公司 2003 年版。

49. 魏宏森著:《系统论——系统科学哲学》，中国出版集团 2009 年版。

50. 吴宏耀著:《诉讼认识论纲：以司法裁判中的事实认定为中心》，北京大学出版社 2008 年版。

51. 薛刚凌主编:《国家赔偿法教程》，中国政法大学出版社 1997 年版。

52. 杨一平著:《司法正义论》，法律出版社 1999 年版。

53. 杨宇冠、杨晓春著:《联合国刑事司法准则》，中国人民公安大学出版社 2003 年版。

54. 杨宇冠著:《人权法：公民权利和政治权利国际公约研究》，中国人民公安大学出版社 2003 年版。

55. 张德利、陈连福主编:《非法取证与刑事错案问题研究》，中国检察出版社 2007 年版。

56. 张曙著：《刑事司法公正论》，中国人民公安大学出版社2009年版。

57. 赵琳琳著：《刑事冤案问题研究》，中国法制出版社2012年版。

58. 甄贞等著：《检察制度比较研究》，法律出版社2010年版。

59. 中国社会科学院语言研究所词典编辑室编：《现代汉语词典》第6版，商务印书馆2012年版。

60. 朱孝清著：《论检察》，中国检察出版社2013年版。

（二）期刊/报纸

1. 刘新魁：《法国刑事再审制度研究》，载陈光中主编：《刑事再审程序与人权保障》，北京大学出版社2005年版。

2. 卞建林、白思敏：《守住证据底线 防止冤错案件》，载《法律适用》2013年第9期。

3. 卞建林、龙宗智等：《非法取证与刑事错案——法学名家高峰论坛》，载《证据学论坛》2007年第1期。

4. 陈光中、范琳琳：《国家刑事赔偿制度改革若干问题探讨》，载《中国社会科学》2008年第2期。

5. 陈光中、郑未媚：《论我国刑事审判监督程序之改革》，载《中国法学》2005年第2期。

6. 陈光中：《坚持程序公正与实体公正并重之我见——以刑事司法为视角》，载《国家检察官学院学报》2007年第4期。

7. 陈光中：《转变观念完善制度 严守底线防范冤案》，载《检察日报》2013年8月29日第3版。

8. 陈瑞华：《刑事司法改革的重大突破》，载《检察日报》2010年6月4日。

9. 陈卫东、杜磊：《再审程序的理解与适用——兼评〈刑事诉讼法〉关于再审程序的修改》，载《法学杂志》2012年第5期。

10. 陈卫东、刘计划：《关于完善我国刑事证明标准体系的若干思考》，载《法律科学》2001年第3期。

11. 陈卫东：《强化证据意识是避免错案的关键》，载《法学》2005 年第 5 期。

12. 陈卫东：《刑事错案救济的域外经验：由个案、偶然救济走向制度、长效救济》，载《法律适用》2013 年第 9 期。

13. 陈兴良：《刑事司法公正论》，载《中国人民大学学报》1997 年第 1 期。

14. 陈学权：《刑事错案的三重标准》，载《法学杂志》2005 年第 4 期。

15. 陈永生：《我国刑事误判问题透视——以 20 起震惊全国的刑事冤案为样本的分析》，载《中国法学》2007 年第 3 期。

16. 戴昕：《冤案的认知维度和话语困境》，载苏力主编：《法律与社会科学》（第 1 卷），法律出版社 2006 年版。

17. 邓子滨：《使刑事冤案得以昭雪的制度空间》，载《环球法律评论》2003 年第 2 期。

18. 樊崇义：《司法改革的重大成果》，载《检察日报》2010 年 6 月 2 日。

19. 顾永忠：《特殊程序应当特殊安排——关于完善审判监督程序的几个问题》，载《中国刑事法杂志》2011 年第 2 期。

20. 顾永忠：《从定罪的“证明标准”到定罪量刑的“证据标准”——新〈刑事诉讼法〉对定罪证明标准的丰富与发展》，载《证据科学》2012 年第 2 期。

21. 顾永忠：《检察官在刑事诉讼中的客观义务》，载法制网，http：//www. legaldaily. com. cn/fxy/content/2010 - 04/28/content _ 2128125. htm？ node = 21414，2014 年 1 月 10 日访问。

22. 顾永忠：《两个〈规定〉对刑事办案指导思想的重大突破》，载《证据科学》2010 年第 5 期。

23. 顾永忠：《司法公正和效率若干问题辨析》，载《诉讼法理论与实践》，中国政法大学出版社 2001 年版。

24. 顾永忠：《刑事冤案发生的深层认识原因剖析——以刑事

审判为分析视角》，载《法学杂志》2013 年第 12 期。

25. 顾永忠：《以最大的责任防范冤案发生》，载《人民法院报》2013 年 6 月 7 日第 2 版。

26. 郭欣阳：《刑事错案赔偿的立法与实践问题》，载《人大法律评论》2012 年卷第二辑。

27. 何家弘、何然：《刑事错案中的证据问题——实证研究与经济分析》，载《政法论坛》2008 年第 2 期。

28. 何家弘：《司法公正论》，载《中国法学》1999 年第 2 期。

29. 何家弘：《诉讼制度的改良与刑事错案预防》，载《法律适用》2003 年第 9 期。

30. 何家弘：《刑讯逼供和虚假口供是中国错案的主因》，载凤凰网，http：//news. ifeng. com/opinion/phjd/sjdjt/detail_ 2013_ 09/09/29438657_ 0. shtml，2014 年 1 月 10 日访问。

31. 何家弘：《中国刑事司法的十大误区》，载联合早报网，http：//www. zaobao. com/wencui/politic/story20131010 - 263108，2014 年 1 月 10 日访问。

32. 姜小川：《中国古代刑讯制度及其评析》，载《证据科学》2009 年第 5 期。

33. 刘玫、初殿清：《程序安定性与〈错案可能〉之间的张力》，载《清华法治论衡》2007 年第 2 期。

34. 吕忠梅：《司法公正价值论》，载《法制与社会发展》2003 年第 4 期。

35. 沈德咏：《我们应当如何防范冤假错案》，载《人民法院报》2013 年 5 月 16 日。

36. 宋英辉：《程序与实体，缺一都称不上诉讼公正》，载《检察日报》2012 年 8 月 3 日。

37. 宋英辉：《转变观念 规范执法 将修改后刑诉法落到实处》"，载《人民检察》2012 年第 7 期。

38. 孙笑侠：《两种程序法类型的纵向比较——兼论程序公正

的要义》，载《法学》1998 年第 8 期。

39. 汤维建：《论司法公正的保障机制及其改革》，载《河南省政法管理干部学院学报》2004 年第 6 期。

40. 王新环：《铁案、冤案：防错与追责》，载高鸿钧、张建伟主编：《清华法治论衡（第 10 辑）——冤狱是怎样造成的（下）》，清华大学出版社 2008 年版。

41. 王永杰：《程序异化的法社会学考察论纲》，载《政治与法律》2007 年第 3 期和第 4 期。

42. 王振川：《防范非法取证与刑事错案维护社会公平正义》，载《国家检察官学院学报》2007 年第 1 期。

43. 文敬：《论司法公正的评判原则》，载《人民司法》2000 年第 1 期。

44. 谢佑平、万毅：《论司法改革与司法公正》，载《中国法学》2002 年第 5 期。

45. 熊秋红：《刑事证据制度发展中的阶段性进步：刑事证据两个规定评析》，载《证据科学》2010 年第 5 期。

46. 徐显明：《何谓司法公正》，载《文史哲》1999 年第 6 期。

47. 姚莉：《司法公正要素分析》，载《法学研究》2003 年第 5 期。

48. 易延友：《冤狱是怎样炼成的——从〈窦娥冤〉中的举证责任谈起》，载高鸿钧、张建伟主编：《清华法治论衡（第 10 辑）——冤狱是怎样造成的（下）》，清华大学出版社 2008 年版。

49. 岳礼玲：《德国刑事再审制度及我国改革之借鉴》，载陈光中主编：《刑事再审程序与人权保障》，北京大学出版社 2005 年版。

50. 张保生：《刑事错案及其纠错制度的证据分析》，载《中国法学》2013 年第 1 期。

51. 赵春燕：《中国古代刑讯制度演变规律之研究》，载《中国刑事法杂志》2003 年第 4 期。

52. 朱石炎：《台湾地区的行政赔偿和冤狱赔偿制度》，载《法学家》1994 年第 3 期。

53. 庄琳：《刑事冤案形成的原因及对策》，载《河南公安高等专科学院学报》2010 年第 4 期。

54. 左卫民、周洪波：《从合法到非法：刑讯逼供的语境分析》，载《法学》2002 年第 10 期。

二、英文资料

（一）专著/编著/学位论文

1. Alan M. Dershowitz, Why Terrorism Works: Understanding the Threat, Responding to the Challenge, Yale University Press, 2003.

2. B. L. Gershman, Prosecutorial Miscouduct, Thomson/West, 2007 - 2008.

3. B. Scheck et al., Actual Innocence: When Justice Goes Wrong and How to Make It Right, NAL Trade, 2003

4. Barry Scheck et al., Actual Innocence: Five Days to Execution, and Other Dispatches from the Wrongful Convicted, Doubleday, 2000.

5. Brandon L. Garrett, "Convicting the Innocent: Where Criminal Prosecutions Go Wrong", Harvard University Press, 2011.

6. Brian Forst, Errors of Justice: Nature, Sources and Remedies, Cambridge University Press, 2004.

7. C. McCartney, Forensic Identification and Criminal Justice: Forensic Science, Justice, and Risk, Willan, 2006.

8. Cesare Beccaria, On Crimes and Punishments, Create Space Independent Publishing Platform, 2009.

9. Clive Walker and Keir Starmer, Miscarriages of Justice: A Review of Justice in Error, Oxford University Press, 1999.

10. Clive Walker and Keir Starmer, Justice in Error, Blackstone

Press, 1993.

11. D. Anderson and B. Anderson, Manufacturing Guilt: Wrongful Convictions in Canada (2nd ed.), Fernwood Publishing, 2009.

12. D. McBarnet, Conviction: Law, the State and the Construction of Justice, Macmillan, 1981.

13. D. Rose, In the Name of the Law: the Collapse of Criminal Justice, Vintage, 1996.

14. Daniel S. Medwed, Prosecution Complex : America's Race to Convict and Its Impact on the Innocent, New York University Press, 2012.

15. Donald E. Wilkes, Federal Postconviction Remedies and Relief Handbook: With Forms, The Harrison Company, 2013.

16. Donald E. Wilkes, State Postconviction Remedies and Relief Handbook with Forms, 2013, The Harrison Company, 2013.

17. Edwin Montefiore Borchard, Sixty – Five Actual Convicting the Innocent: Errors of Criminal Justice, Forgotten Books, 2012.

18. F. Belloni and J. Hodgson, Criminal Injustice: An Evaluation of the Criminal Justice Process in Britain, MacMillan, 2000.

19. F. R. Baumgartner et al., The Decline of the Death Penalty and the Discovery of Innocence, Cambridge University Press, 2008.

20. Gregg Barak, Battleground: Criminal Justice, Greenwood Press, 2007.

21. H. Kalven and H. Zeisel, The American Jury, Little, Brown, 1966.

22. J. A. Humphrey & S. D. Westervelt, Wrongly Convicted: Perspectives on Failed Justice, Rutgers University Press, 2002.

23. J. Baldwin and M. McConville, Jury Trials, Clarenden Press, 1978.

24. J. Batt, Stolen Innocence: The Sally Clark Story – A Mother's

Fight for Justice, Ebury Press, 2005.

25. J. P. Van Gigch, Applied General System theory (2nd ed.), Harper and Row Publishers, 1978.

26. James Fitzjames Stephen, A History of the Criminal Law of England, Macmillan and Company, 1883.

27. Jon Gould, The Innocence Commission: Preventing Wrongful Convictions and Restoring the Criminal Justice System, NYU Press, 2009.

28. Kathleen M. Reilly and Maurice Possley, Preventable Error: A Report on Prosecutorial Misconduct in California 1997 - 2009, Veritas Initiative, 2010.

29. Leon Radzinowicz, A History of English Criminal Law and it's Administration From 1750, Stevens & Sons, 1948.

30. Linda C. Relf, The Ombudsman, Good Governance, and the International Human Rights System, Martinus Nijhoff Publishers, 2004.

31. Lisa David, Wrongful Convictions: A Review and Assessment of Miscarriage of Justice in Canada [Dissertation], The University of British Columbia.

32. M. Miller and R. F. Wright, Criminal Procedures: Prosecution and adjudication: Cases, Statutes, and Executive Materials, Wolters Kluwer Law and Business/Aspen Publishers, 2007.

33. Marcello T. Maestro, Voltaire and Beccaria as Reformers of Criminal Law, Octagon Books, 1972.

34. Marvin D. Free and Mitch Ruesink, "Race and Justice: Wrongful Convictions of African American Men", Lynne Rienner Publishers, 2012.

35. Marvin Zalman and Julia Carrano (eds.), Wrongful Conviction and Criminal Justice Reform: Making Justice, Rougledge, 2014.

36. Michael N. Howard et al. , Phipson on Evidence, Sweet & Maxwell, 1990.

37. Michael Naughton, Miscarriages of Justice: Exception to the Rule [Dissertation], University of Bristol.

38. Michael Naughton, Rethinking Miscarriages of Justice: Beyond the Tip of the Iceberg, Palgrave MacMillan, 2012.

39. Michael Naughton, The Innocence and the Criminal Justice System: A Sociological Analysis of Miscarriages of Justice, Palgrave Macmillan, 2013.

40. Mike McConville, Plea Bargaining, Handbook of Criminal Justice Process, Oxford University Press, 2002.

41. Moses Maimonides, Charles B. Chavel trans. , The Commandments, Neg. Comm. 290, Soncino Press, 1967.

42. Orth John, Due Process of Law: A Brief History, University Press of Kansas, 2003.

43. Peter B. Kraska and John J. Brent, Theorizing Criminal Justice: Eight Essential Orientations, Waveland Pr. Inc. , 2004.

44. R. Brandon & C. Davis, Wrongful Imprisonment: Mistaken Convictions and Their Consequence, George Allen & Unwin, 1973.

45. R. Nobles and D. Schiff, Understanding Miscarriages of Justice: Law, the Media and the Inevitability of a Crisis, Oxford University Press, 2000.

46. Richard Leo, Police Interrogation and American Justice, Harvard University Press, 2009.

47. Robert J. Ramsey, False Positives in the Criminal Justice Process—An Analysis of Factors Associated with Wrongful Conviction of the Innocent [Dissertation], University of Cincinnati, 2003.

48. Ruth Brandon and Christie Davies, Wrongful Imprisonment: Mistaken Convictions and Their Consequences, George Allan & Unwin,

1973.

49. S. Christianson, Innocent: Inside Wrongful Convictions Cases, New York University Press, 2004.

50. Saundra D. Westervelt and John A. Humphrey (eds.): Wrongful Convicted: Perspectives on Failed Justice, Rutgers University Press, 2001.

51. Sion Jenkins, From Victimisation to Mobilisation: the Dynamics of Campaigning against Miscarriages of Justice [Dissertation], University of Portsmouth.

52. Tyler R. Tom and Yuen J. Huo, Trust in the law: Encouraging Public Cooperation with the Police and Court, Russell Sage Foundation, 2002.

53. Warren Goldstein, Defending the Human Spirit: Jewish Law's Vision for a Moral Society, Feldheim Publisher, 2010.

（二）期刊/报告

1. A. Bernhard, "A Short Overview of the Statutory Remedies for the Wrongly Convicted: What Works, What Doesn't, and Why", Public Interest Law Journal, Vol. 18, 2009.

2. A. Bernhard, "When Justice Fails: Indemnification for Unjust Conviction", University of Chicago Law School Roundtable, Vol. 6, 1999.

3. A. N. Doob, "An Examination of the Views of Defence Counsel of Wrongful Convictions", Centre of Criminology, University of Toronto, 1997.

4. Abbe Smith, "In Praise of the Guilty Project: A Criminal Defense Lawyer's Growing Anxiety About Innocence Projects, University of Pennsylvania Journal of Law and Social Change", Vol. 13, 2010.

5. Adele Bernhard, "Effective Assistance of Counsel", in Saundra D. Westervelt and John A. Humphrey (eds.), Wrongly Convicted:

Perspectives on Failed Justice, Rutgers University Press, 2001.

6. Adele Bernhard, "Justice Still Fails: A Review of Recent Effort to Compensate Individuals Who Have Been Unjustly Convicted and Later Exonerated", Drake Law Review, Vol. 52, 2004.

7. Adina Thompson, Oscar Molina, and Lora Levett, "After Exoneration: An Investigation of Stigma and Wrongfully Convicted Persons", Albany Law Review, Vol. 75, 2012.

8. Adrian Grounds, "Psychological Consequences of Wrongful Conviction and Imprisonment", Canadian Journal Criminology and Criminal Justice, Vol. 46, 2004.

9. Adrian Grounds, "Understanding the Effects of Wrongful Imprisonment", Crime and Justice, Vol. 32, 2005.

10. Alberto B. Lopez, "$10 and a Denim Jacket? A Model for Compensating the Wrongly Convicted", Ga. Law Review, Vol. 36, 2002.

11. Alexander Volokh, "n Guilty Men", University of Pennsylvania Law Review, Vol. 146, 1997.

12. Alexandra Natapoff, "Beyond Unreliable: How Snitches Contribute to Wrongful Convictions, Golden Gate University Law Review, Vol. 37, 2006.

13. Allison D. Redlich, "Mental Illness, Police Interrogation, and the Potential for False Confession, Law and Psychiatry", Vol. 55, 2004.

14. American Bar Association Criminal Justice Section, "Achieving Justice: Freeing the Innocent, Convicting the Guilty", 2006, fromhttp: //apps. americanbar. org/crimjust/committees/innocencebook. pdf.

15. American Bar Association, Section of Criminal Justice, "Report to the House of Delegates 1", 2005, from http: //www. abanet. org/crimjust/policy/my05108a. pdf.

16. Amy Bach, "Extraordinary Wrongful Convictions, Ordinary Errors—Why Measurement Matters", Albany Law Review, Vol. 73, 2010.

17. Andre A. Moenssens, "Novel Scientific Evidence in Criminal Cases: Some Words of Caution", Journal of Criminal Law and Criminology, Vol. 84, 1993.

18. Andrew E. Taslitz, "Wrongly Accused: Is Race a Factor in Convicting the Innocent?" Ohio State Journal of Criminal Law, Vol. 4, 2006.

19. Andrew M. Siegel, "Moving Down the Wedge of Injustice: A Proposal for a Third Generation of Wrongful Convictions Scholarship and Advocacy", American Criminal Law Review, Vol. 42, 2005.

20. Anna M. Franceschelli, "Motions for Postconviction DNA Testing: Determining the Standard of Proof Necessary in Granting Requests Comment", Cap. University Law Review, Vol. 31, 2003.

21. B. D. Spencer, "Estimating the Accuracy of Jury Verdicts", Journal of Empirical Legal Studies, Vol. 4, Issue 2, 2007.

22. Banach – Gutierrez and B. Joanna, "Some Reflections on the Concept of Due Process: What Kind of Doing Justice Is Emerging in Contemporary Criminal Proceedings", New Journal of European Criminal Law, Vol. 3, Issue 1, 2012.

23. Bennett L Gershman, "Prosecutor's Duty to Truth", Georgetown Journal of Legal Ethics, Vol. 14, 2000.

24. Bennett L. Gershman, "Effective Screening for Truth Telling: Is It Possible? Witness Coaching by Prosecutors", Cardozo Law Review, Vol. 23, 2002.

25. Brandon Garrett, "Judging Innocence", Columbia Law Review, Vol. 108, 2008.

26. Brandon L. Garrett and Peter J. Neufeld, "Invalid Forensic Sci-

ence Testimony and Wrongful Convictions", Virginia Law Review, Vol. 95, 2009.

27. Brandon L. Garrett, "Claiming Innocence", Minnesota Law Review, Vol. 92, 2008.

28. Brandon L. Garrett, "Judging Innocence", Columbia Law Review, Vol. 108, 2008.

29. Brian Forst, "Managing Miscarriage of Justice from Victimization to Reintegration", Albany Law Review, Vol. 74, Issue 3, 2010.

30. Brian Forst, "Wrongful Convictions in a World of Miscarriages of Justice", in C. Ronald Huff and Martin Killias (eds.), Wrongful Convictions and Miscarriages of Justice: Causes and Remedies in North American and European Criminal Justice Systems, Routledge of the Taylor & Francis Group, 2013.

31. Bruce A. Green, "Why Should Prosecutors 'Seek Justice'?" Fordham Urban Law Journal, Vol. 26, 1998.

32. Bruce Dyer, "Determining the Content of Procedural Fairness", Monash University Law Review, Vol. 19, Issue. 1, 1993.

33. Bruce Macfarlane, "Convicting the Innocent: A Triple Failure of the Justice System", Manitoba Law Journal, Vol. 31, 2006.

34. C. Coleman et al., "Police Investigative Procedures: Researching the Impact of PACE", in C. Walker & K. Starmer (eds.), Justice in Error, Blackstone Press Limited, 1993.

35. C. Taylor, "Advance Disclosure and the Culture of the Investigator: the Good Idea that Never Caught on?" International Journal of the Sociology of Law, Vol. 33, 2005.

36. C. Walker, "Miscarriages of Justice and the Correction of Error", in M. McConville & G. Wilson (eds.), The Handbook of the Criminal Process, OUP, 2002.

37. Carol S. Steiker and Jordan Steiker, "Seduction of Innocence:

The Attraction and Limitations of the Focus on Innocence in Capital Punishment Law and Advocacy", Journal of Criminal Law and Criminology, Vol. 95, Issue. 2, 2005.

38. Carolyn Strange, "Comment: 'Capital Case Procedure Manual'", Criminal Law Quarterly, Vol. 41, 1999.

39. Cathleen Burnett, "Failed Failsafe: The Politics of Executive Clemency", Texas Journal on Civil Liberties and Civil Rights, Vol. 8, 2003.

40. Cathleen Burnett, "Restorative Justice and Wrongful Capital Convictions: A Simple - Proposal", Journal of Contemp. Criminal Justice, Vol. 21, 2005.

41. Chrisje Brants, "Wrongful Conviction and Inquisitorial Process: The Case of the Netherlands", University of Cincinnati Law Review, Vol. 80, 2012.

42. Christine C. Mumma, "The North Carolina Innocence inquiry Commission: Catching Cases that Fall through the Cracks", in Marvin Zalman and Julia Carrano (eds.), Wrongful Conviction and Criminal Justice Reform: Making Justice, Routledge, 2013.

43. Christine E. Sheehy, "Compensation for Wrongful Conviction in New Zealand", Auckland University Law Review, Vol. 8, 1999.

44. Clifford Zimmerman, "From the Jailhouse to the Courthouse: The Role of Informants in Wrongful Convictions", in Sandra Westervelt and John Humphrey (eds.), Wrongly Convicted: Perspective on Failed Justice, Rutgers University Press, 2001.

45. Clive Walker, "Miscarriages of Justice: An Inside Job?" Paper presented at the Annual Lecture of the Institute for Criminology and Criminal Justice, University of Hull, 2002, from http://www.leeds.ac.uk/law/ccjs/an_reps/13rep07f.doc?.

46. D. Kyle, "Correcting Miscarriages of Justice: The Role of the

Criminal Cases Review Commission", Drake Law Review, Vol. 52, 2004.

47. D. L. Martin, "The Police Role in Wrongful Convictions: An International Comparative Study", in J. A. Humphrey & S. D. Westervelt (eds.), Wrongful Convicted: Perspectives on Failed Justice, Rutgers University Press, 2002.

48. D. McBarnet, "The Royal Commission and the Judges' Rules", British Journal of Law and Society, Vol. 8, 1981.

49. D. M. Risinger, "Innocents Convicted: An Empirically Justified Factual Wrongful Conviction Rate", Journal of Criminal Law and Criminology, Vol. 97, Issue 3, 2007.

50. Dan Simon, "Are Wrongful Convictions Episodic or Epidemic?" Paper presented at the annual meeting of the The Law and Society Association, Jul 04, 2006.

51. Daniel Givelber, "Meaningless Acquittals, Meaningful Convictions: Do We Reliably Acquit the Innocent?" Rutgers Law Review, Vol. 49, No. 2, 1997.

52. Daniel S. Kahn, "Presumed Guilty Until Proved Innocent: The Burden of Proof in Wrongful Conviction Claims Under State Compensation Statutes", University of Michigan Journal of Law Reform, Vol. 44, 2010.

53. Daniel S. Medwed, "Actual Innocents: Considerations in Selecting Cases for a New Innocence Project", Nebraska Law Review, Vol. 81, 2003.

54. Daniel S. Medwed, "Innocentrism", University of Illinois Law Review, Vol. 2008, 2008.

55. Daniel S. Medwed, "The Zeal Deal: Prosecutorial Resistance to Post – Conviction Claims of Innocence", Boston University Law Review, Vol. 84, 2004.

56. Daniel S. Medwed, "Up the River Without a Procedure: Innocent Prisoners and Newly Discovered Non - DNA Evidence in State Courts", Arizona Law Review, Vol. 47, 2005.

57. Danielle E. Chojnacki et al., "An Empirical Basis For the Admission of Expert Testimony on False Confessions", Arizona State Law Journal, Vol. 40, 2008.

58. David Horan, "The Innocence Commission: An Independent Review Board for Wrongful Convictions", Northern Illinois University Law Review, Vol. 20, 2000.

59. David Wolitz, "Innocence Commissions and the Future of Post - Conviction Review", Arizona Law Review, Vol. 52, 2010.

60. Deborah Mostaghel, "Wrongfully Incarcerated, Randomly Compensated—How to Fund Wrongful - Conviction Compensation Statues", Indiana Law Review, Vol. 44, 2011.

61. Duncan Campbell, "Guilty Until Proved Innocent", Guardian, Aug. 19, 1998.

62. E. Shepherd & R. Milne, "Full and Faithful: Ensuring Quality Practice and Integrity of Outcome in Witness Interviews", in A. Heaton - Armstrong et al. (eds.), Analysing Witness Testimony, Blackstone Press, 1999.

63. Earl Smith, "Race, Wrongful Conviction and Exoneration", Journal of African American Studies, Vol. 15, 2011.

64. Edward J. Imwinkelried, "Forensic Hair Analysis: The Case Against the Underemployment of Scientific Evidence", Washington and Lee University Law Review, Vol. 39, 1982.

65. Edwin M. Borchard, "State Indemnity for Errors of Criminal Justice", Annals American Acad. Policy and Social Science, Vol. 52, 1914.

66. Ellen Yankiver Suni, "Ethical Issues for Innocence Projects:

An Initial Primer", University of Missouri – Kansas City Law Review, Vol. 70, 2002.

67. Ellen Yaroshefsky, "Wrongful Convictions: It is Time to Take Prosecution Discipline Seriously", The University of the District of Columbia Law Review, Vol. 8, 2004.

68. Emily Hughes, "Innocence Unmodified", North Carolina Law Review, Vol. 89, 2011.

69. Eve Brensike Primus, "Structural Reform in Criminal Defense: Relocating Ineffective Assistance of Counsel Claims", Cornell Law Review, Vol. 92, 2007.

70. Felicia Sarner, "'Fact Bargaining' under the Sentencing Guidelines: The Role of the Probation Department", Federal Sentencing Reporter, Vol. 8, 1996.

71. Frank Belloni & Jacqueline Hodgson, Criminal Injustice: An Evaluation of the Criminal Justice Process in Britain, St. Martin's Press, 2000.

72. G. Edmond, "Constructing Miscarriages of Justice: Misunderstanding Scientific Evidence in High Profile Criminal Appeals", Oxford Journal of Legal Studies, Vol. 22, 2002.

73. Gary L. Wells and Amy L. Bradfield, "Good, You Identified the Suspect: Feedback to Eyewitnesses Distorts Their Reports of the Witnessing Experience," Journal of Applied Psychology, Vol. 83, 1998.

74. Gary L. Wells and Donna M. Murray, "What Can Psychology Say about the Neil v. Biggers Criteria for Judging Eyewitness Accuracy?" Journal of Applied Psychology, Vol. 68, 1983.

75. Gary L. Wells, "Applied Eyewitness Testimony Research: System Variables and Estimator Variables", Personality and Social Psychology, 36, 1978.

76. Gary L. Wells, Theory, Logic and Data: Paths to a More Coherent Eyewitness Science, Applied Cognitive Psychology, Vol. 22, 2008.

77. George P. Fletcher, "Two Kinds of Legal Rules: A Comparative Study of Burden - of - Persuasion Practice in Criminal Cases", Yale Law Journal, Vol. 77, 1968.

78. Gwladys Gilliéron, "Wrongful Convictions in Switzerland: A Problem of Summary Proceedings", University of Cincinnati Law Review, Vol. 80, 2012.

79. Hannah Quirk, "Identifying Miscarriages of Justice: Why Innocence in the UK is not the Answer?" The Modern Law Review, Vol. 70, Issue 5, 2007.

80. Heather Weigand, "Rebuilding a Life: The Wrongfully Convicted and Exonerated", Boston University Public Interest Law Journal, Vol. 18, 2008.

81. Helen A. Anderson, "Revising Harmless Error: Making Innocence Relevant to Direct Appeals", Texas Wesleyan Law Review, Vol. 17, 2011.

82. Hiroshi Fukurai and Kaoru Kurosawa, "Impact of Popular Legal Participation on Forced Confessions and Wrongful Convictions in Japan's Bureaucratic Court", Paper presented at the annual meeting of the The Law and Society Association, TBA, Berlin, Germany, Jul 25, 2007, fromhttp: //citation. allacademic. com/meta/p185269_ index. html.

83. Hiroshi Fukurai and Kaoru Kurosawa, "Impact of the Popular Legal Participation on Forced Confessions and Wrongful Convictions in Japan´s Bureaucratic Courtroom: A Cross - National Analysis in the U. S. and Japan", US - China Law Review, Vol. 7, 2010.

84. Hugo Adam Bedau and Michael L. Radelet, "Miscarriages of Justice in Potentially Capital Cases", Stanford Law Review, Vol. 40,

No. 1, 1987.

85. Independent Police Complaints Commission, "Corruption in the Police Service in England and Wales, Second Report", The Stationery Office, 2012.

86. Innocence Project, "Making up for Lost Time: What the Wrongfully Convicted Endure and How to Provide Fair Compensation", from http://www.innocenceproject.org/docs/Innocence_Project_Compensation_Report.pdf.

87. Iris Blandon-Gitlin et al., "Jurors Believe Interrogation Tactics Are Not Likely to Elicit False Confession: Will Expert Witness Testimony Inform Them Otherwise?" Psychology, Crime and Law, Vol. 17, 2011.

88. Isabel Kessler, "A Comparative Analysis Of Prosecution in Germany and the United Kingdom: Searching for Truth or Getting a Conviction?" in C. Ronald Huff, Martin Killias (eds), Wrongful Conviction: International Perspectives on Miscarriages of Justice, Temple University Press, 2008.

89. J. E. Chance et al., "The Other-Race Effect and Eyewitness Identification", in R. S. Malpass and G. Koehnken (Eds.), Psychological Issues in Eyewitness Identification, Lawrence Erlbaum Associates, 1996.

90. J. H. Langbein, "Land without Plea Bargaining: How the German Do It", Michigan Law Review, Vol. 78, 1979.

91. J. H. Wigmore, "The Bill to Make Compensation to Persons Erroneously Convicted of Crime", Journal of the American Institute of Criminal Law and Criminology, Vol. 3, 1913.

92. J. L. Devenport et al., "Eyewitness Identification Evidence: Evaluating Commonsense Evaluations", Psychology, Public Policy, and Law, Vol. 3, 1997.

93. J. L. Gastwirth and M. D. Sinclair, "Diagnostic Test Methodology in the Design and Analysis of Judge – Jury Agreement Studies", Jurimetrics, Vol. 39.

94. J. R. Lonergan, "Protecting the Innocence: A Model for Comprehensive, Individual Compensation of the Exonerated", Legislation and Public Policy, Vol. 11, 2008.

95. J. Savage, J. Grieve and S. Poyser, "Putting Wrongs to Right: Campaigns against Miscarriages of Justice", Criminology and Criminal Justice, Vol. 1, 2007.

96. James M. Doyle, "Learning from Error in American Criminal Justice", The Journal of Criminal Law and Criminology, Vol. 100, No. 1, 2010.

97. James S. Liebman et al., "Capital Attrition: Error Rates in Capital Cases 1973 – 1995", Tex. Law Review, Vol. 78, 2000.

98. Jan Stiglitz et al., "The Hurricane Meets the Paper Chase: Innocence Projects New Emerging Role in Clinical Legal Education", California Western Law Review, Vol. 38, 2001.

99. Jason Costa, "Alone in the World: The United States' Failure to Observe the International Human Right to Compensation for Wrongful Conviction", Emory International Law Review, Vol. 19, 2005.

100. Jean M. Landis and Lynne Goodstein, "When is Justice Fair? —An Integrated Approach to the Outcome Versus Procedure Debate", American Bar Foundation Research Journal, Vol. 1986, Issue 4, 1986.

101. Jeffrey Chinn & Ashley Ratliff, "I Was Put Out the Door with Nothing—Addressing the Needs of the Exonerated Under a Refugee Model", Cal. W. Law Rev., Vol. 45, 2009.

102. Jennifer Boemer, "In the Interest of Justice: Granting Post – Conviction Deoxyribonucleic Acid (DNA) Testing to Inmates",

Wm. Mitchell Law Review, Vol. 27, 2001.

103. Jennifer L. Chunias & Yael D. Aufgang, "Beyond Monetary Compensation: The Need for Comprehensive Services for the Wrongfully Convicted", B. C. Third World Law Journal, Vol. 28, 2008.

104. Jennifer P. Lyman, "Providing Criminal Defense Services to Indigent. Accused in the United States", 2012.

105. Jeremy Bentham, "Principles of Judicial Procedure: With the Outlines of a Procedure Code", The Works of Jeremy Bentham, Vol. 2, W. Tait, 1843.

106. Jerome M. Maiatico, "All Eyes on Us: A Comparative Critique of the North Carolina Innocence Inquiry Commission", Duke Law Journal, Vol. 56, 2007.

107. Jessica Longergan, "Protecting the Innocent: A Model for Comprehensive, Individualized Compensation of the Exonerated", Legislation and Public Policy, Vol. 11, 2008.

108. Jim Petro and Nancy Petro, "The Prosecutor and Wrongful Convictions: Misplaced Priorities, Misconduct, Immunity, and Remedies", in C. Ronald Huff and Martin Killias (eds.), Wrongful Convictions and Miscarriages of Justice: Causes and Remedies in North American and European Criminal Justice Systems, Routledge, 2013.

109. John B. Gould and Richard A. Leo, "One – Hundred Years Later: Wrongful Convictions After a Century of Research", Journal of Criminal Law and Criminology, Vol. 100, 2010.

110. John M. Collins and Jay Jarvis, "The Wrongful Convictions of Forensic Science", Forensic Science Policy & Management: An International Journal, Vol. 1, 2009.

111. John Padgett, "Plea Bargaining and Prohibition in the Federal Courts, 1908 – 1934", Law and Society Review, Vol. 24, 1990.

112. John Thibaut et. al, "Procedural Justice as Fairness", Stan-

ford Law Review, Vol. 26, Issue 6, 1974.

113. Jon B. Gould et al., "Predicting Erroneous Convictions: A Social Science Approach to Miscarriages of Justice", Iowa Law Review, 2013, from http://papers.ssrn.com/sol3/papers.cfm?abstract_id=2231740.

114. Joseph H. King, "Compensation of Persons Erroneously Confined by the States", University of Pennsylvania Law Review, Vol. 118, 1970.

115. Joshua Marquis, "The Myth of Innocence", Journal of Criminal Law and Criminology, Vol. 95, 2005.

116. Joshua Tepfler, Craig M. Cooley and Tara Thompson, "Convenient Scapegoats: Juvenile Confessions and Exculpatory DNA in Cook County, IL", Rutgers Law Review, Vol. 62, 2010.

117. Joyce Plotnikoff & Richard Woolfson, Information and Advice for Prisoners about Grounds for Appeal and the Appeals Process, Royal Commission on Criminal Justice Research No. 18, HMSO, 1993.

118. JUSTICE, "Miscarriages of Justice", JUSTICE, 1989.

119. Justin Brooks and Alexander Simpson, "Find the Cost of Freedom: The State of Wrongful Conviction Compensation Statues Across the Country and the Strange Legal Odyssey of Timothy Atkins", San Diego Law Review, Vol. 49, 2012.

120. K. E. Patterson & A. D. Baddeley, "When Face Recognition Fails", Journal of Experimental Psychology: Human Learning and Memory, Vol. 3, 1977.

121. K. Kerrigan, "Miscarriage of Justice in the Magistrates' Court: the Forgotten Power of the Criminal Cases Review Commission", Criminal Law Review, 2006.

122. K. Soothill et al., "Perjury and False Statements: A Criminal Profile of Persons Convicted 1979－2001", Criminal Law Review, No-

vember 2004.

123. Karin D. Martin, “A Model State Policy for the Treatment of the Wrongfully Convicted” (Spring 2006) (unpublished Master's thesis, University of California at Berkeley).

124. Kathleen M. Reilly and Maurice Possley, “Preventable Error: A Report on Prosecutorial Misconduct in California 1997 – 2009”, Veritas Initiative, 2010.

125. Kazuko Ito, “Wrongful Convictions and Recent Criminal Justice Reform in Japan”, University of Cincinnati Law Review, Vol. 80, 2012.

126. Keith A. Findley and Michael S. Scott, “The Multiple Dimensions of Tunnel Vision in Criminal Cases”, Wisconsin Law Review, Vol. 2, 2006.

127. Keith A. Findley, “Defining Innocence”, Albany Law Review, Vol. 74, 2011.

128. Keith A. Findley, “Innocence Protection in the Appellate Process”, Marquette Law Review, Vol. 93, 2009.

129. Keith A. Findley, “The Pedagogy of Innocence: Reflections on the Role of Innocence Projects in Clinical Legal Education”, Clinical Law Review, Vol. 13, 2006.

130. Keith A. Findley, “Toward a New Paradigm of Criminal Justice: How the Innocence Movement Merges Crime Control and Due Process”, Texas Tech Law Review, Vol. 41, 2008.

131. Keith A. Findley and Michael Scott, “The Multiple Dimensions of Tunnel Vision in Criminal Cases”, Wisconsin Law Review, Vol. 2, 2006.

132. Ken Whiteway, “The Origins of the English Court of Criminal Appeal”, Canadian Law Library Review, Vol. 33, 2008.

133. Kenneth Williams, “The Antiterrorism and Effective Death

Penalty Act: What's Wrong with It and How to Fix It", Connell Law Review, Vol. 33, 2001.

134. Kent Roach, "Exonerating the Wrongful Convicted: Do We Need Innocence Hearings", in Margaret E. Beare (ed.), Honouring Social Justice, University of Toronto, 2008.

135. Kent Roach, "The Role of Innocence Commissions: Error Discovery, Systematic Reform or Both?" Chicago – Kent Law Review, Vol. 85, No. 1, 2010.

136. Kent Roach, "Wrongful Convictions in Canada", University of Cincinnati Law Review, Vol. 80, 2012.

137. Kerry Scullion, "Wrongful Convictions and the Criminal Conviction Review Process pursuant to Section 696. 1 of the Criminal Code of Canada", Canadian Journal of Criminology and Criminal Justice, Vol. 46, 2004.

138. Kimberley Clow and Rosemary Ricciardelli, "Reducing stigma toward wrongly convicted persons: The impact of a guest lecture", Paper presented at the annual meeting of the American Psychology – Law Society / 4th International Congress of Psychology and Law, Hyatt Regency Miami, Miami, FL, 2014 – 01 – 05.

139. Krystal Moore, "Is Saving an Innocent Man a 'Fool's Errand'? The Limitations of the Antiterrorism and Effective Death Penalty Act on an Original Wirt of Habeas Petition", University of Dayton Law Review, Vol. 36, 2011.

140. L. E. Hasel and S. M. Kassin, "False Confessions", in B. Cutler (ed.), Conviction of the Innocent: Lessons from Psychological Research, American Psychological Association Press, 2010, Chapter 3.

141. L. Elks, "Righting Miscarriages of Justice?: Ten Years of the Criminal Cases Review Commission", JUSTICE, 2008.

142. L. H. Leigh, "The Criminal Cases Review Commission: Sev-

en Years On", The Barrister, Vol. 22, 2004.

143. L. Weathered, "Does Australia Need a Specific Institution to Correct Wrongful Convictions?" Australian and New Zealand Journal of Criminology, Vol. 40, Issue 2, 2007.

144. Lanrence H. Tribe, "Structural Due Process", Harvard Civil Rights – Civil Liberties Law Review, Vol. 10, Issue 2, 1975.

145. Larry May and Nancy Viner, "Actual Innocence and Manifest Injustice", Saint Louis University Law Journal, Vol. 49, 2004.

146. Larry S. Miller, "Procedural Bias in Forensic Science Examinations of Human Hair", Law and Human Behavior, Vol. 11, 1987.

147. Lawrence B. Solum, "Procedural Justice", Southern California Law Review, Vol. 78, Issue 1, 2004.

148. Lawrence C. Marshall, "The Innocence Revolution and the Death Penalty", Ohio State Journal of Criminal Law, Vol. 1, 2004.

149. Lawrence Rosenthal, "Second Thoughts on Damages for Wrongful Convictions", Chicago – Kent Law Review, Vol. 85, 2010.

150. Lester B. Orfield, "History of Criminal Appeal in England", Missouri Law Review, Vol. 1, 1936.

151. Limin Zheng, "Actual Innocence as a Gateway Through the Statute – of – Limitations Bar on the Filing of Federal Habeas Corpus Petitions", California Law Review, Vol. 90, 2002.

152. Lisa A. Henkel et al., "A Survey of People's Attitudes and Beliefs About False Confessions", Behavior Science and Law, Vol. 26, 2008, pp. 555 – 584.

153. Lissa Griffin, "Correcting Injustice: Studying How the United Kingdom and the United States Review Claims of Innocence", University of Toledo Law Review, Vol. 41, 2009.

154. Lissa Griffin, "The Correction of Wrongful Convictions: A Comparative Perspective", American University International Law Re-

view, Vol. 16, 2001.

155. Lucian E. Dervan, "The Innocent Defendant's Dilemma: An Innovative Empirical Study of Plea Bargaining's Innocence Problem", Journal of Criminal Law and Criminology, Vol. 103, 2012.

156. Lyn Entzeroth, "Struggling for Federal Judicial Review of Successive Claims of Innocence: A Study of How Federal Courts Wrestled with the AEEPA to Provide Individual Convicted of Non - Existent Crimes with Habeas Corpus Review", University of Miami Law Review, Vol. 60, 2005.

157. Lynne Weathered, "Wrongful Convictions in Australia", University of Cincinnati Law Review, Vol. 80, 2012.

158. M. Cherif Bassiouni, "Human Rights in the Context of Criminal Justice: Identifying International Procedural Protections and Equivalent Protections in National Constitutions", Duck Journal of Comparative and International Law, Vol. 3, 1993.

159. M. Maguire & C. Norris, "The Conduct and Supervision of Criminal Investigation, Royal Commission on Criminal Justice Research Study", NO. 5, HMSO, 1992.

160. M. McConville and L. Bridges, "Keeping Faith with their own Convictions: The Royal Commission on Criminal Justice", in M. McConville and L. Bridges (eds.), Criminal Justice in Crisis, Elgar, 1994.

161. M. Zalman, "Criminal Justice System Reform and Wrongful Convictions: A Research Agenda, Criminal Justice Policy Review", Vol. 17, 2006.

162. M. Zalman, B. Smith and A. Kiger, "Officials' Estimate of the Incidence of 'Actual Innocence' Convictions", Justice Quarterly, Vol. 25, Issue 1, 2008.

163. Margaret Raymond, "The Problem with Innocence", Cleve-

land State Law Review, Vol. 49, 2001.

164. Margolick David, "25 Wrongful Executed in U. S.: Study Finds", New York Times, Nov. 14, 1985.

165. Marian Nash, "U. S. Practice: International Covenant on Civil and Political Rights: U. S. Presentation Before Human Rights Committee", Am. J. Int' l L., Vol. 89, 1995.

166. Marie C. Baca, "Wrongly Convicted Face Uphill Battle to Obtain Compensation", Cal. Watch, 2011, from http: //californiawatch. org/publicsafety/wrongly - convicted - face - uphill - battle - obtain - compensation - 9014.

167. Mark Costanzo et al., "Juror Beliefs About Police Interrogations, False Confessions, and Expert Testimony", Journal of Empirical Legal Studies, Vol. 7, 2010.

168. Mark Tushnet and Larry Yackle, "Symbolic Statement and Real Laws: The Pathologies of the Antiterrorism and Effective Death Penalty Act and the Prison Litigation Reform Act", Duke Law Journal, Vol. 47, 1997.

169. Martin H. Redish and Lawrence C. Marhsall, "Adjudicatory Independence and the Values of Procedural Due Process", Yale Law Journal, Vol. 95, Issue 3, 1986.

170. Martin Killias et al., "Erreurs judiciaires en Suisse de 1995 à 2004: Report to the Swiss National Science Foundation", 2007, from http: //www. rwi. uzh. ch/lehreforschung/alphabetisch/killias/publikationen/Erreurs_ judiciaires_ rapport_ FNS. pdf;

171. Martin Killias, "Wrongful Convictions in Switzerland: The Experience of a Continental Law Country", in C. Ronald Huff and Martin Killias (eds.), Wrongful Conviction: International Perspectives on Miscarriages of Justice, Temple University Press, 2008.

172. Marvin Zalman, "An Integrated Justice Model of Wrongful

Convictions", Albany Law Review, Vol. 74, 2011.

173. Marvin Zalman, "Cautionary Notes on Commission Recommendations: A Public Policy Approach to Wrongful Convictions", Criminal Law Bulletin, Vol. 41, 2005.

174. Marvin Zalman, "Qualitatively Estimating the Incidence of Wrongful Convictions", Criminal Law Bulletin, Vol. 48, No. 2, 2012.

175. Michael Fox, "Wrongful Conviction and State Redress: Rising Consciousness in Japan", Paper presented at the annual meeting of the The Law and Society Association, Hilton Hawaiian Village Resort, Honolulu, HI, Jun 03, 2012, fromhttp: //citation. allacademic. com/meta/p558782_ index. html.

176. Michael Naughton and G. Tan, "The Need for Caution in the Use of DNA Evidence to Avoid Convicting the Innocent", International Journal of Evidence and Proof, Vol. 15, 2011.

177. Michael Naughton, "'Evidence - Based - Policy' and the Government of the Criminal Justice System—Only if the Evidence Fits!" Critical Social Policy, Vol. 25, 2005.

178. Michael Naughton, "The Innocent and the Criminal Justice System: A Sociological Analysis of Miscarriages of Justice", Palgrave Macmillan, 2013.

179. Michael Naughton, "Claims of Innocence: An Introduction to Wrongful Convictions and How They Might be Challenged", University of Bristol, 2010.

180. Michael W. Smith, "Making the Innocent Guilty: Plea Bargaining and the False Plea Convictions of the Innocent", Criminal Law Bulletin, 2010.

181. MichaelFox, "Wrongful Convictions in Japan: Problems and Solutions" Paper presented at the annual meeting of the The Law and

Society Association, Hilton Bonaventure, Montreal, Quebec, Canada, May 27, 2008, fromhttp: //citation. allacademic. com/meta/p236447_ index. html.

182. Mike Ware, "Dallas County Conviction Integrity Unit and the Importance of Getting It Right the First Time", New York Law School Law Review, Vol. 56, 2011.

183. Miranda Jolicoeur, "International Perspectives on Wrongful Convictions: Workshop Report, September 2010", pp. 10 and 55, fromhttp: //www. innocencenetwork. org. uk/wp – content/uploads/2011/11/international – perspective – on – wrongful – convictions. pdf.

184. Mirjan Damaska, "Reflections on Fairness in International Criminal Justice", Journal of International Criminal Justice, Vol. 10, Issue 3, 2013.

185. Morris B. Hoffman, "The 50TH Anniversary of 12 Angry Men: The myth of Factual Innocence", Chicago – Kent Law Review, Vol. 82, 2007.

186. Morris B. Hoffman, "The Myth of Factual Innocence", Chicago – Kent Law Review, Vol. 82, 2007.

187. Morris Zelditch, "Processes of Legitimation: Recent Development and New Directions," Social Psychology Quarterly, Vol. 4, Issue 1.

188. Muhammad U. Faridi, "Undoing Time: A Proposal for Compensation for Wrongful Imprisonment of Innocent Individuals", Western New England Law Review, Vol. 34, 2012.

189. Myles Frederick McLellan, "The Real Number of Wrongful Convictions and Presumptive Innocence", 2013, fromhttp: //papers. ssrn. com/sol3/papers. cfm? abstract_ id = 2337506.

190. Myrna Raeder, "What Does Innocence Have to Do with It?: A Commentary on Wrongful Convictions and Rationality", Michigan

State Law Review, Winter 2003.

191. N. M. Steblay, "Social Influence in Eyewitness Recall: A Meta – Analytic Review of Lineup Instruction", Law and Human Behavior, Vol. 21, 1997.

192. Nancy M. Steblay et al., "Eyewitness Accuracy Rates in Sequential and Simultaneous Lineup Presentations: A Meta – Analytic Comparison," *Law and Human Behavior*, *Vol.* 25, 2001.

193. Nathalie Dongois, "Wrongful Convictions in France: The Limits of 'Pourvoi en Révision'", in C. Ronald Huff and Martin Killias (eds.), Wrongful Conviction: International Perspectives on Miscarriages of Justice, Temple University Press, 2008.

194. Nathan B. Lenvin and Ernest S. Meyers, "Nolo Contendere: Its Nature and Implications", The Yale Law Journal, Vol. 51, 1942.

195. Oren Gazal – Ayal and Avishalom Tor, "The Innocence Effect", Duke Law Journal, Vol. 62, 2012.

196. P. Duff, "Straddling Two Worlds: Reflections of a Retired Criminal Cases Review Commissioner", The Modern Law Review, Vol. 72, 2009.

197. P. Foot, "Hanratty's Appeal is Over, But Justice is Yet to be Done", The Guardian, May 13, 2002.

198. P. Gill and A. Kirkham, "Development of A Simulaiton Model to Assess the Impact of Contamination in Casework Using STRs", Journal of Forensic Science, Vol. 49, 2004.

199. P. J. Lavrakas and L. Bickman, "What makes a good witness?" Paper presented at the annual mceting of the American Psychological Association, Chicago, IL, 1975, August.

200. P. Lord Devlin, "Report to the Secretary of State for the Home Department of the Departmental Committee on Evidence of Identification in Criminal Cases", HMSO, 1976.

201. P. Pleasence et al. , "The Justice Lottery? Police Station Advice 25 Years on from PACE", Criminal Law Review, January, 2011

202. Packer Herbert, "Two Models of the Criminal Process", University of Pennsylvania Law Review, Vol. 113, Issue 1, 1964.

203. Paul C. Glannelli, "Wrongful Convictions and Forensic Science: The Need to Regulate Crime Labs", North Carolina Law Review, Vol. 86, 2008.

204. Paul G. Cassell, "The Guilty and the 'Innocent': An Examination of Alleged Cases of Wrongful Convictions from False Confession", Harvard Journal of Law and Public Policy, Vol. 22, 1999.

205. Paul J. Saguil, "Improving Wrongful Conviction Review: Lessons from a Comparative Analysis of Continental Criminal Procedure", Alberta Law Review, Vol. 45, 2007.

206. Paul R. Wilson, "When Justice Fails: A Preliminary Examination of Serous Criminal Cases in Australia", Australian Journal of Social Issues, Vol. 24, Issue 1, 1989.

207. Philip B. Kurland, "Supreme Court, the Due Process Clause and the In Personam Jurisdiction of State Courts—From Pennoyer to Denckla: A Review", University of Chicago Law Review, Vol. 25, Issue 4, 1958.

208. Philos Svein Magnussen, "Prevention of Wrongful Convictions: Norwegian Legal Safeguards and the Criminal Cases Review Commission", University of Cincinnati Law Review, Vol. 80, 2012.

209. Povada Tony, "Estimating Wrongful Convictions", Justice Quarterly, Vol. 18, No. 3, 2001.

210. President's Commission on Law Enforcement and Administration of Justice (1967), "The Challenge of Crime in a Free Society", U. S. Government Printing Office, ISBN 0-306-70124-3.

211. R. A. Macdonald, "A Theory of Procedural Fairness", Wind-

sor Yearbook of Access to Justice, Vol. 1, 1981.

212. R. H. Gault, "Find No Unjust Hangings", Journal of the American Institute of Criminal Law and Criminology, Vol. 3, 1912.

213. R. Nobles and D. Schiff, "Miscarriages of Justice: A System Approach", The Modern Law Review, Vol. 58, No. 3, 1995.

214. R. Nobles and D. Schiff, "The Criminal Cases Review Commission: Reporting Success?" The Modern Law Review, Vol. 64, 2001.

215. R. P. Fisher, "Interviewing victims and witness of crime", Psychology, Public policy, and Law, Vol. 1, 1995.

216. R. S. Malpass and P. G. Devine, "Eyewitness Identification: Lineup Instructions and the Absence of Offender", Journal of Applied Psychology, Vol. 66, 1981.

217. R. Uphoff, "Convicting the Innocent: Why it is not just an isolated occurrence", The Journal of the Institute of Justice and International Studies, Vol. 7, 2007.

218. R. Warden, "The Snitch System: How Incentivized Witnesses Put 38 Innocent Americans on Death Row", Northwestern University School of Law, Center on Wrongful Convictions, 2004.

219. R. A. Leo, "Rethinking the Study of Miscarriages of Justice: Developing a Criminology of Wrongful Conviction", Journal of Contemporary Criminal Justice, Vol. 21, 2005.

220. R. M. Bohm, "Miscarriages of Criminal Justice: An Introduction", Journal of Contemporary Criminal Justice, Vol. 21, 2005.

221. Rachel E. Barkow, "Organizational Guidelines for the Proscecutor's Office", Cardozo Law Review, Vol. 31, 2010.

222. Report of the Federal/Provincial/Territorial Heads of Prosecutions Subcommittee on the Prevention of Wrongful Convictions, "The Path to Justice: Preventing Wrongful Convictions", 2011, fromht-

tp：//www. ppsc. gc. ca/Eng/pub/ptj – spj/index. html.

223. Ricard P. Conti，"The psychology of false confessions"，The Journal of Credibility Assessment and Witness Psychology，Vol. 2，1999.

224. Richard A. Leo and Deborah Davis，"From False Confession to Wrongful Conviction：Seven Psychological Processes"，The Journal of Psychiatry and Law，Vol. 38，2010.

225. Richard A. Leo and Richard J. Ofshe，"The Consequences of False Confessions：Deprivations of Liberty and Miscarriage of Justice in the Age of Psychological Interrogation"，Journal of Criminal Law and Criminology，Vol. 88，1998.

226. Richard A. Leo and Welsh S. White，"Adapting to Miranda：Modern Interrogators´Strategies for Dealing With the Obstacles Posed by Miranda"，Minnesota Law Review，Vol. 84，1999.

227. Richard A. Leo，"Miranda's Revenge：Police Interrogation As a Confidence Game"，Law and Society Review，Vol. 30，1996.

228. Richard A. Leo，"Rethinking the Study of Miscarriages of Justice：Developing a Criminology of Wrongful Conviction"，Journal of Contemporary Criminal Justice，Vol. 21.

229. Richard J. Ofshe and Richard A. Leo，"The Social Psychology of Police Interrogation：The Theory and Classification of True and False Confessions"，Studies in Law，Politics，and Society，Vol. 16，1997.

230. Robert Carl Schehr and Jamie Sears，"Innocence Commissions：Due Process Remedies and Protection for the Innocent"，Critical Criminology，Vol. 13，2005.

231. Robert Carl Schehr，"The Criminal Cases Review Commission as a State Strategic Selection Mechanism"，American Criminal Law Review，Vol. 42，2005.

232. Robert J. Norris，"Assessing Compensation Statutes for the

Wrongly Convicted", Criminal Justice Policy Review, Vol. 23, 2012.

233. Robert J. Norris, "Exoneree Compensation: Current Policy and Future Outlook", in Marvin Zalman and Julia Carrano (eds.), Wrongful Conviction and Criminal Justice Reform: Making Justice, Routledge, 2014.

234. Robert J. Ramsey and James Frank, "Wrongful Conviction: Perceptions of Criminal Justice Professionals Regarding the Frequency of Wrongful Conviction and the Extent of System Errors", Crime and Delinquency, Vol. 53 No. 3, 2007.

235. Rochelle L. Haller, "Innocence Protection Act: Why Federal Measures Requiring Post - Conviction DNA Testing and Preservation of Evidence are Needed in Order to Reduce the Risk of Wrongful Executions", New York Law School Journal of Human Rights, Vol. 18, 2001.

236. Ronald Huff, "What Can We Learn from Other Nations About the Problem of Wrongful Convictions?" Judicature, Vol. 86, 2002.

237. Ross Galin, "Above the Law: The Prosecutor's Duty to Seek Justice and the Performance of Substantial Assistance Agreements", Fordham Law Review, Vol. 68, 2000.

238. Russell D. Covey, "Police Misconduct as a Cause of Wrongful Convictions", Washington University Law Review, Vol. 90, 2013.

239. S. Bibas, "Harmonizing Substantive Criminal Law Values and Criminal Procedure: The Case of Alford and Nolo Contendere Pleas", Cornell Law Review, Vol. 88, 2003.

240. S. Israel, "Met Corruption Inquiry Ends with Nine Guilty, No Dismissals", Channel Four, December 30, 2012, fromhttp: //www. channel4. com/news/met - corruption - inquiry - finds - nine - guilty - but - no - dismissals.

241. S. J. Schulhofer, "Plea Bargaining as Dissster", The Yale

Law Journal, Vol. 101, 1992.

242. S. Liebman et al., "A Broken System: Error Rates in Capital Cases 1973 - 1995", Texas Law Review, Vol. 78, 2000.

243. S. M. Kassin, "Confession Evidence: Commonsense Myths and Misconceptions", Criminal Justice and Behaviour, Vol. 35, 2008.

244. S. Robert and L. Weathered, "Assisting the Factually Innocent: The Case of Contradictions and Compatibility of the Innocence Project and the Criminal Cases Review Commission", Oxford Journal of Legal Studies, Vol. 29, Issue 1, 2009.

245. S. Savage & J. Milne, "Miscarriages of Justice", in T. Newburn et at. (eds), Handbook of Criminal Investigation, Willan, 2007.

246. S. Savage et al., "Putting Wrongs to Rights: Campaigns against Miscarriages of Justice", Criminology and Criminal Justice, Vol. 7, 2007.

247. S. Walker, "Origins of the Contemporary Criminal Justice Paradigm: The American Bar Foundation Survey, 1953 - 1969", Justice Quarterly, Vol. 9, Issue 1, 1992.

248. Samuel Gross, "How Many False Convictions Are There? How Many Exonerations Are There?" in C. Ronald Huff and Martin Killias ed., Wrongful Convictions & Miscarriages of Justice: Causes and Remedies in North American and European Criminal Justice Systems, Routledge, 2013.

249. Samuel R. Cross et al., "Exonerations in the United States 1989 Through 2003", Journal of Criminal Law and Criminology, Vol. 95, No. 2, 2005.

250. Samuel R. Gross and Barbara O'Brien, "Frequency and Predictors of False Conviction: Why We Know So Little, and New Data on Capital Cases," Journal Empirical Legal Study, Vol. 5, 2008.

251. Samuel R. Gross and Michael Shaffer, "Exonerations in the

United States 1989 -2012: Report by the National Registry of Exonerations", 2012, fromhttp: //www. law. umich. edu/special/exoneration/Documents/exonerations_ us_ 1989_ 2012_ full_ report. pdf.

252. Samuel R. Gross, "Convicting the Innocent", Annual Review of Law & Social Science, Vol. 4, 2008.

253. Samuel R. Gross, "Convicting the Innocent", University of Michigan Public Law Working Paper No. 103 , Annual Review, 2007.

254. Samuel R. Gross, "Loss of Innocence: Eyewitness Identification and Proof of Guilt", Journal of Legal Study, Vol. 16, 1987.

255. Samuel R. Gross, "The Risks of Death: Why Erroneous Convictions are Common in Capital Cases", Buffalo Law Review, Vol. 44, 1996.

256. Saul M. Kassin and Gisli H. Gudjonsson, "The Psychology of Confessions: A Review of the Literature and Issues", Psychological Science in the Public Interest, Vol. 5, 2004.

257. Saul M. Kassin et al., "Police - Induced Confessions: Risk Factors and Recommendations", Law & Human Behavior, Vol. 34, 2010.

258. Saul M. Kassin, "Expert Testimony on the Psychology of Confessions: A Pyramidal Model of the Relevant Science", in E. Borgida and S. T. Fiske (eds.), Psychological Science in Court: Beyond Common Knowledge, Blackwell Publishing.

259. Saul M. Kassin, "The Psychology of Confessions", Annual Review of Law & Social Science, Vol. 4, 2008.

260. Saul M. Kassin, "Why Confessions Trump Innocence", American Psychologist, 2012, fromhttp: //www. ncbi. nlm. nih. gov/pubmed/22545597.

261. Saundra D. Westervelt, Kimberly J. Cook, "Framing Innocents: The Wrongly Convicted as Victims of State Harm", Crime, Law

and Social Change, Vol. 53, 2010.

262. Saundra D. Westervelt, Kimberly J. Cook, "Life After Exoneration: Examining the Aftermath of a Wrongful Capital Conviction", in C. Ronald Huff and Martin Killias, Wrongful Convictions & Miscarriages of Justice: Causes and Remedies in North Amerian and European Criminal Justice Systems, Routledge, 2012.

263. Schmolka Vicki, "Principles to Guide Criminal Law Reform", Department of Justice, Government of Canada.

264. Seth F. Kreimer and David Rudovsky, "Double Helix, Double Bind: Factual Innocence and Postconviction DNA Testing", University of Pennsylvania Law Review, Vol. 151, 2002.

265. Shawn Armbrust, "Reevaluating Recanting Witnesses: Why the Red – Headed Stepchild of New Evidence Deserves Another Look", Boston College Third World Law Journal, Vol. 28, 2008.

266. Shawn Armbrust, "When Money Isn't Enough: The Case for Holistic Compensation of the Wrongfully Convicted", American Criminal Law Review, Vol. 41, 2004.

267. Sheila Martin Berry, "Bad Lawyering: How Defense Attorneys Help Convict the Innocent", Northern Kentucky Law Review, Vol. 30, 2003.

268. Sophia S. Chang, "Protecting the Innocent: Post – Conviction DNA Exoneration", Hastings Constitutional Law Quarterly, Vol. 36, 2008.

269. St. T. E. Johnston, "The Judges' Rules and Police Interrogation in England Today", Journal of Criminal Law, Criminology, and Police Science, Vol. 57, 1966.

270. Stanley Z. Fisher, "Convictions of Innocent Persons in Massachusetts: An Overview", Boston Univ. Public Interest Law Journal, Vol. 12, 2002.

271. Stephen J. Markman and Paul G. Cassell, "Protecting the Innocent: A Response to the Bedau - Radelet Study, Stanford Law Review", Vol. 41, 1988.

272. Steven A. Drizen and Richard Leo, "The Problem of False Confessions in the Post - DNA World", North Carolina Law Review, Vol. 82, 2004.

273. Steven A. Krieger, "Why Our Justice System Convicts Innocent People and the Challenges Faced By Innocence Projects Trying to Exonerate Them", New Criminal Law Review, Vol. 14, 2011.

274. Steven E. Clark, "Eyewitness Identification Reform: Data, Theory, and Due Process", Perspectives on Psychological Science, Vol. 7, 2012.

275. Steven Greer, "Miscarriage of Criminal Justice Reconsidered", The Modern Law Review, Vol. 57, 1994.

276. Steven H. Goldberg, "Harmless Error: Constitutional Sneak Thief", Journal of Criminal Law and Criminology, Vol. 71, 1980.

277. Susan A. "Bandes, Framing Wrongful Convictions", Utah Law Review, Vol. 5, 2008.

278. Susan Bandes, "Loyalty to One's Convictions: The Prosecutor and Tunnel Vision", Howard Law Journal, Vol. 49, No. 2, 2006; Alafair Burke, "Neutralizing Cognitive Bias: An Invitation to Prosecutors", NYU Journal of Law & Liberty, Vol. 2, 2007.

279. T. Bucke and D. Brown, "In Police Custody: Police Powers and Suspects' Right under the Revised PACE Codes of Practice", Home Office Research Study No. 174, Home Office, 1997.

280. T. Newburn, "Understanding and Preventing Police Corruption: Lessons From the Literature", Police Research Paper 110, Home Office, 1999.

281. Terri Moore, "Prosecutors Reinvestigate Questionable Evi-